ASW-Handbuch für die Werkschutz-Fachkraft

# ASW-Handbuch für die Werkschutz-Fachkraft

Für die Arbeitsgemeinschaft
für Sicherheit in der Wirtschaft (ASW)
herausgegeben von Dr. Albert Riester

unter Mitarbeit von

Dr. Werner Britsch, Walter Bühler, Peter Bueß,
Dr. Hans Hermann Eberstein, Herbert Ehses,
Franz Xaver Königseder, Dr. Rudolf Luhr,
Walter A. Penka, Dr. Albert Riester,
Ferdinand Scheckenbach, Kurt Schwitzer,
Eilert Siemens, Wilhelm Siemon, Fritz Stiebitz,
Thomas Winkler

5., überarbeitete Auflage

Kriminalistik Verlag
Heidelberg

Die DIN-Normen werden wiedergegeben mit Erlaubnis des DIN Deutsches Institut für Normen e. V. Maßgebend für das Anwenden der Norm ist deren Fassung mit dem neuesten Ausgabedatum, die bei der Beuth Verlag GmbH, Burggrafenstraße 4–10, 1000 Berlin 30, erhältlich ist. Die UVV VBG 125 wird wiedergegeben mit Erlaubnis des Hauptverbandes der gewerblichen Berufsgenossenschaft e. V., Bonn.

Teile des Werkes, die über den Prüfungsstoff hinaus wissenswerte Hinweise geben, aber nicht Gegenstand der Prüfung sind, sind grau unterlegt.

CIP-Titelaufnahme der Deutschen Bibliothek

**Arbeitsgemeinschaft für Sicherheit in der Wirtschaft:**
ASW-Handbuch für die Werkschutz-Fachkraft / für d. Arbeitsgemeinschaft für Sicherheit in d. Wirtschaft (ASW) hrsg. von Albert Riester. Unter Mitarb. von Werner Britsch ... – 5., überarbeitete Aufl. – Heidelberg : Kriminalistik-Verlag, 1991.
ISBN 3-7832-0490-9

NE: Riester, Albert [Hrsg.]; Britsch, Werner [Mitverf.]; Handbuch für die Werkschutz-Fachkraft; HST


Satz: Lichtsatz Michael Glaese GmbH, Hemsbach
Druck und Bindung: Friedrich Pustet, Regensburg
ISBN 3-7832-0490-9

# Vorwort zur 5. Auflage

Die 5. Auflage wurde aufgrund von Vorschlägen von Autoren und der in der „Arbeitsgemeinschaft für Sicherheit in der Wirtschaft“ organisierten Verbände und ihrer Mitglieder sowie aufgrund von Erfahrungen von in den IHK-Prüfungsausschüssen tätigen Prüfern überarbeitet und auf den neuesten Stand gebracht. Dies gilt insbesondere für den Teil „Technische Einrichtungen und Hilfsmittel“, bei dem der rasche Fortschritt der Sicherheitstechnik den Anstoß gab. Allen Mitwirkenden sei an dieser Stelle der Dank ausgesprochen.

Stuttgart/Heidelberg, im Juni 1991

*Herausgeber*
*und Verlag*

# Vorwort

Das „ASW-Handbuch für die Werkschutz-Fachkraft“, das 1981 als bundeseinheitliche Lehrgrundlage für die Prüfung als „geprüfte Werkschutz-Fachkraft“ konzipiert wurde, ist mit zwei Ergänzungslieferungen über diesen Zweck hinaus zum Standardwerk für den Werkschutz geworden. Es enthält – jeweils auf gelbem Papier abgesetzt – über den Prüfungsstoff hinaus wissenswerte Hinweise auch für das gehobene Sicherheitspersonal. So stellt es gleichzeitig auch ein Nachschlagewerk für Fragen dar, die zwar im alltäglichen Dienstbetrieb des Werkschutzes weniger in Erscheinung treten, die aber dennoch in der Praxis bearbeitet und gelöst werden müssen.

Außerdem findet der Leser den Text der Rechtsverordnung für die Prüfung als geprüfte Werkschutz-Fachkraft sowie zusätzlich zum Inhaltsverzeichnis ein alphabetisches Sachverzeichnis.

Den Autoren des Werkes und den der „Arbeitsgemeinschaft für Sicherheit in der Wirtschaft“ (ASW), Bonn, angeschlossenen Verbänden bin ich für vielfältige Anregungen und Gestaltungsvorschläge zu Dank verpflichtet, die dazu beigetragen haben, das Werk noch instruktiver und praxisnaher zu gestalten.

Stuttgart, Februar 1984

*Dr. Albert Riester*
Präsident der
„Landesstelle für Betriebsschutz e. V.“

# Vorwort

Das vorliegende, von Sachkennern der in der „Arbeitsgemeinschaft für Sicherheit in der Wirtschaft“ zusammengeschlossenen Verbände erarbeitete „ASW-Handbuch für die Werkschutz-Fachkraft“ ist eine umfassende Darstellung des gesamten Werkschutzes – seiner Grundlagen und seiner Aufgaben. Die Anforderungen der künftigen Rechtsverordnung des Bundesministeriums für Bildung und Wissenschaft für die Ablegung der Prüfung als Werkschutz-Fachkraft sind im ASW-Handbuch berücksichtigt; darüber hinaus enthält es noch weiteres Wissenswertes.

Daß mit der Herausgabe des ASW-Handbuches eine Vereinheitlichung der Werkschutz-Ausbildung im gesamten Bundesgebiet erreicht werde, ist ein Hauptanliegen der Verbände und Autoren. Oftmals berührt eine spezielle Aufgabe des Werkschutzes, z. B. Personenkontrolle, eine Mehrzahl von Aspekten gleichzeitig, die rechtlicher, personeller, organisatorischer, psychologischer und technischer Art sein können; sie konnten daher bei der Behandlung nicht völlig voneinander getrennt werden.

Über seinen Lehrzweck hinaus wird das ASW-Handbuch, das durch Ergänzungslieferungen erweitert werden soll, ein unentbehrliches Werk bleiben, auf das der Praktiker im Bedarfsfall zurückgreifen kann.

Bonn, im November 1981

*Dr. Albert Riester*
Vorsitzender der Arbeitsgemeinschaft
für Sicherheit in der Wirtschaft, Bonn.

# Inhaltsverzeichnis

# Abkürzungsverzeichnis

| | |
|---|---|
| AFB | Allgemeine Feuerversicherungs-Bedingungen |
| AKW | Atom-Kraft-Werk |
| ArbStättV | Arbeitsstättenverordnung |
| ArbStoffV | Verordnung über gefährliche Arbeitsstoffe |
| ASB | Arbeiter-Samariter-Bund |
| BDSG | Bundesdatenschutzgesetz |
| BetrVG | Betriebsverfassungsgesetz |
| BGB | Bürgerliches Gesetzbuch |
| BGH | Bundesgerichtshof |
| BGS | Bundesgrenzschutz |
| BImSchG | Bundes-Immissionsschutzgesetz |
| BKO | Betriebliche Katastrophenschutz-Organisation |
| BVS | Bundesverband für den Selbstschutz |
| BVerwG | Bundesverwaltungsgericht |
| DIN | Deutsches Institut für Normung e.V. (früher: Deutsche Industrie-Norm) |
| DRK | Deutsches Rotes Kreuz |
| EBO | Eisenbahn-Bau- und Betriebsordnung |
| FwG | Feuerwehrgesetz |
| GewO | Gewerbeordnung |
| GG | Grundgesetz für die Bundesrepublik Deutschland |
| GGVS | Verordnung über die innerstaatliche und grenzüberschreitende Beförderung gefährlicher Güter auf Straßen (Gefahrgutverordnung Straße) |
| HGB | Handelsgesetzbuch |
| KatSG | Katastrophenschutzgesetz |
| KKW | Kernkraftwerk |
| KrWaffG | Kriegswaffengesetz |
| LG | Landgericht |
| LKA | Landeskriminalamt |
| OVerwG | Oberverwaltungsgericht |
| OWiG | Ordnungswidrigkeiten-Gesetz |
| RVO | Reichsversicherungsordnung |
| StGB | Strafgesetzbuch |
| StPO | Strafprozeßordnung |
| StVO | Straßenverkehrs-Ordnung |
| THW | Technisches Hilfswerk |
| TÜV | Technischer Überwachungs-Verein |
| UVV | Unfallverhütungsvorschrift |

| | |
|---|---|
| UZwGBw | Gesetz über die Anwendung unmittelbaren Zwanges und die Ausübung besonderer Befugnisse durch Soldaten der Bundeswehr und zivile Wachpersonen |
| VBG | Vorschrift der Berufsgenossenschaft |
| WaffG | Waffengesetz |
| ZPO | Zivilprozeßordnung |
| ZVEI | Zentralverband Elektrotechnik und Elektronische Industrie |

# Verordnung
# über die Prüfung
# zum anerkannten Abschluß
# Geprüfte Werkschutzfachkraft

# Verordnung über die Prüfung zum anerkannten Abschluß Geprüfte Werkschutzfachkraft

Vom 20. August 1982

**Unter maßgeblicher Mitwirkung der „Arbeitsgemeinschaft für Sicherheit in der Wirtschaft“ (ASW) und mehrjähriger Tätigkeit des Arbeitskreises „Ausbildung von Werkschutzfachkräften“ bei der Bundesvereinigung der Deutschen Arbeitgeberverbände ist die „Verordnung über die Prüfung zum anerkannten Abschluß Geprüfte Werkschutzfachkraft vom 20. 8. 1982“ entstanden. Sie ist in der nachstehenden Fassung im Bundesgesetzblatt 1982, I, S. 1232 veröffentlicht und trat am 1. 4. 1983 in Kraft. Die Ausbildungskonzeption für Werkschutzpersonal bei den Verbänden für Sicherheit in der Wirtschaft war schon vorher an dieser Verordnung ausgerichtet, so daß ein nahtloser Übergang zu den Prüfungen bei den Industrie- und Handelskammern gewährleistet war.**

**Aufgrund des § 46 Abs. 2 des Berufsbildungsgesetzes vom 14. August 1969 (BGBl. I S. 1112), der zuletzt durch § 24 Nr. 2 des Gesetzes vom 24. August 1976 (BGBl. I S. 2525) geändert worden ist, wird nach Anhörung des Hauptausschusses des Bundesinstituts für Berufsbildung gemäß § 19 Nr. 1 des Berufsbildungsförderungsgesetzes vom 23. Dezember 1981 (BGBl. I S. 1692) im Einvernehmen mit dem Bundesminister für Wirtschaft verordnet:**

## § 1 Ziel der Prüfung und Bezeichnung des Abschlusses

(1) Zum Nachweis von Kenntnissen, Fertigkeiten und Erfahrungen, die durch die berufliche Fortbildung zur Werkschutzfachkraft erworben worden sind, kann die zuständige Stelle Prüfungen nach den §§ 2 bis 9 durchführen.

(2) Durch die Prüfung ist festzustellen, ob der Prüfungsteilnehmer die notwendigen Kenntnisse, Fertigkeiten und Erfahrungen hat, im Betrieb folgende Aufgaben einer Werkschutzfachkraft wahrzunehmen:

1. Wahrnehmung des Schutzes und der Sicherung im Rahmen allgemeiner und besonderer Schadensabwehr für Betrieb und Beschäftigte,
2. Durchführen von Ordnungsaufgaben beim Tor-, Wach-, Streifen- und Verkehrsdienst,
3. Mitwirken bei der Aufklärung von Ordnungsverstößen und Straftaten zum Nachteil für Betrieb und Beschäftigte, unbeschadet der Befugnisse von Staatsanwaltschaft, Ordnungsbehörden und Polizei,
4. Mithilfe bei Brand- und Katastrophenschutz sowie im Bereich der Arbeitssicherheit und des Umweltschutzes.

(3) Die mit Erfolg abgelegte Prüfung führt zum anerkannten Abschluß Geprüfte Werkschutzfachkraft.

### § 2 Zulassungsvoraussetzungen

(1) Zur Prüfung ist zuzulassen, wer

1. eine mit Erfolg abgelegte Abschlußprüfung in einem anerkannten Ausbildungsberuf und danach eine mindestens zweijährige Berufspraxis im Werkschutzdienst oder
2. eine sechsjährige Berufspraxis, von der mindestens zwei Jahre im Werkschutzdienst abgeleistet sein müssen,

nachweist.

(2) Abweichend von Absatz 1 kann zur Prüfung auch zugelassen werden, wer durch Vorlage von Zeugnissen oder auf andere Weise glaubhaft macht, daß er Kenntnisse, Fertigkeiten und Erfahrungen erworben hat, die die Zulassung zur Prüfung rechtfertigen.

### § 3 Gliederung und Inhalt der Prüfung

(1) Die Prüfung gliedert sich in folgende Prüfungsteile:

1. Werkschutzdienstkunde und Technische Einrichtungen,
2. Grundlagen der Werkschutztätigkeit.

(2) Die Prüfung nach Absatz 1 ist unbeschadet des § 6 schriftlich und mündlich nach Maßgabe der Absätze 3 bis 5 sowie der §§ 4 und 5 durchzuführen.

(3) Die schriftliche Prüfung besteht je Prüfungsfach aus einer unter Aufsicht anzufertigenden Arbeit von in der Regel zwei Stunden Dauer. Die Prüfung soll nicht länger als zehn Stunden dauern. Wird die schriftliche Prüfung programmgemäß durchgeführt, so kann ihre Dauer gekürzt werden.

(4) Die mündliche Prüfung dauert je Prüfungsteilnehmer in der Regel 30 Minuten. In der mündlichen Prüfung soll der Prüfungsteilnehmer nachweisen, daß er in der Lage ist, berufsspezifische Situationen zu erkennen, ihre Ursachen zu klären und sachgerechte Lösungen vorzuschlagen.

(5) Die Prüfungsteile können an verschiedenen Prüfungsterminen geprüft werden; dabei ist mit dem letzten Prüfungsteil spätestens ein Jahr nach dem ersten Prüfungstag des bereits abgelegten Prüfungsteils zu beginnen.

### § 4 Werkschutzdienstkunde und Technische Einrichtungen

(1) Im Prüfungsteil „Werkschutzdienstkunde und Technische Einrichtungen“ ist in folgenden Fächern zu prüfen:

1. Werkschutzdienstkunde,
2. Technische Einrichtungen und Hilfsmittel.

(2) Im Prüfungsfach „Werkschutzdienstkunde“ soll der Prüfungsteilnehmer nachweisen, daß er die erforderlichen Kenntnisse hat, in den verschiedenen Dienstbereichen seine Aufgaben nach § 1 Abs. 2 wahrzunehmen. In diesem Rahmen können geprüft werden:

1. Tordienst: Überwachung, Regelung und Kontrolle des Personen-, Fahrzeug- und Güterverkehrs, Sonderzugangsrecht und Fundsachen,
2. Wach- und Streifendienst: Objektschutz, Schließwesen, Alarmdienst, Brandschutz (Vorbeugung und Abwehr), Rettungs- und Hilfsdienst, Katastrophenschutz, Mithilfe bei Unfallverhütung und Mithilfe bei Umweltschutz,
3. Verkehrsdienst: Regelung des innerbetrieblichen Verkehrs, Verkehrssicherung, Verkehrseinrichtungen und Verhalten am Unfallort,
4. Ermittlungsdienst: Grundkenntnisse der Kriminalistik, Verhalten am Tatort, Befragungstechnik und -taktik sowie Meldungs- und Berichtswesen.

(3) Im Prüfungsfach „Technische Einrichtungen und Hilfsmittel“ soll der Prüfungsteilnehmer nachweisen, daß er Kenntnisse und Fertigkeiten über technische Einrichtungen und Hilfsmittel des Werkschutzes besitzt und diese sinnvoll benutzen und handhaben kann. In diesem Rahmen können geprüft werden:

1. Sicherungseinrichtungen: Alarmanlagen, verschiedene Meldesysteme bei Feuer, Einbruch, Notruf, Funktionsweise von Fernsehüberwachung und andere Beobachtungseinrichtungen,
2. Funktionsweise und Anwendung von Funkgeräten: Feststation, Handfunksprechgeräte, Fahrzeugfunkgeräte und Rufanlagen,
3. Zweck und Anwendung von verkehrstechnischen Geräten: Geräte und Anlagen zur Verkehrsregelung und Verkehrssicherung sowie Hilfsmittel zur Unfallaufnahme,
4. Funktion und Anwendung von Feuerlöschgeräten: Handfeuerlöscher, Kleinfeuerlöschgeräte, Sprinkleranlagen und sonstige Löschgeräte,
5. sonstige technische Einrichtungen und Hilfsmittel: Notwehrgeräte, persönliche Schutzeinrichtungen gegen Feuer, Gasentwicklung und schädliche Stoffe.

### § 5 Grundlagen der Werkschutztätigkeit

(1) Im Prüfungsteil „Grundlagen der Werkschutztätigkeit“ ist in folgenden Fächern zu prüfen:

1. Rechtliche Grundlagen der Werkschutztätigkeit,
2. Grundsätze über den Umgang mit Menschen.

(2) Im Prüfungsfach „Rechtliche Grundlagen der Werkschutztätigkeit“ soll der Prüfungsteilnehmer nachweisen, daß er in der Lage ist, seine Tätigkeit als Werkschutzfachkraft auf der Grundlage von Recht und Gesetz auszuüben,

und daß er die Rechte, Pflichten und Grenzen seiner Tätigkeit kennt. In diesem Rahmen können geprüft werden:

1. Öffentliches Recht:
   a) Grundkenntnisse über die Grundrechte,
   b) Abgrenzung zu den Aufgaben der Polizei- und Ordnungsbehörden sowie der Staatsanwaltschaft,
   c) Abgrenzung von Privatrecht zum Öffentlichen Recht;

2. Privatrecht:
   a) §§ 226 bis 231, 823, 855, 858 bis 860, 903 und 904 des Bürgerlichen Gesetzbuchs,
   b) die rechtliche Stellung des Werkschutzes im Unternehmen;

3. Straf- und Strafverfahrensrecht:
   a) Grundlagen der Strafbarkeit (§§ 13 bis 15 des Strafgesetzbuches), Versuch (§ 23 des Strafgesetzbuches), Täterschaft und Teilnahme (§§ 25 bis 27 des Strafgesetzbuches),
   b) Notwehr, Notstand (§§ 32 bis 35 des Strafgesetzbuches) sowie die Straftaten nach den §§ 123, 132, 138, 145, 185, 201, 223, 223 a, 230, 239, 240, 242, 243, 246, 257, 259, 263, 267, 303, 308, 310 a und 232 c des Strafgesetzbuches,
   c) vorläufige Festnahme (§ 127 Abs. 1 der Strafprozeßordnung);

4. weitere Rechtsvorschriften:
   a) die Bedeutung des Betriebsverfassungsgesetzes für die Arbeit des Werkschutzes unter besonderer Berücksichtigung der §§ 74, 75, 77 und 87 Abs. 1,
   b) Rechte und Pflichten gemäß §§ 120 a, 120 b und 139 b der Gewerbeordnung,
   c) Vorschriften über Unfallverhütung (§§ 708 bis 710 der Reichsversicherungsordnung, VBG 1), Bewachung (VBG 68) und Erste Hilfe (VBG 109).

(3) Im Prüfungsfach „Grundsätze über den Umgang mit Menschen“ soll der Prüfungsteilnehmer nachweisen, daß er die für die Ausübung seiner Tätigkeit bedeutsamen Verhaltensweisen der Menschen kennt und die für die Werkschutzfachkraft maßgebenden Grundsätze über den Umgang mit Menschen beherrscht. In diesem Rahmen können geprüft werden:

1. Verhaltensweisen der Menschen:
   a) die verschiedenen Verhaltensweisen der Menschen:
      aa) im Normalfall,
      bb) in besonderen Situationen,
   b) die wichtigsten Motive menschlichen Verhaltens;

2. Umgang mit Menschen:
   a) das Verhalten der Werkschutzfachkraft unter Vermeidung von Fehlerquellen wie Überheblichkeit, Unbeherrschtheit, Unsachlichkeit,
   b) das Verhalten der Werkschutzfachkraft gegenüber Angehörigen verschiedener Personengruppen wie Jugendliche, Frauen, ältere Arbeitnehmer, Ausländer,
   c) das Verhalten der Werkschutzfachkraft in besonderen Situationen, vor allem
      aa) beim Ansprechen und Unterrichten von Personen,
      bb) beim Befragen von Verdächtigen, Opfern, Zeugen, sonstigen Personen,
      cc) beim Einsatz angesichts von Personengruppen und Massen,
      dd) beim Verhüten von Paniken,
      ee) bei Paniken.

### § 6 Anrechnung anderer Prüfungsleistungen

Von der Ablegung der Prüfung in einem oder mehreren Prüfungsfächern kann der Prüfungsteilnehmer auf Antrag von der zuständigen Stelle freigestellt werden, wenn er vor einer zuständigen Stelle, einer öffentlichen oder staatlich anerkannten Bildungseinrichtung oder vor einem staatlichen Prüfungsausschuß eine Prüfung mit Erfolg abgelegt hat, die den Anforderungen des jeweiligen Prüfungsfaches entspricht. Eine Freistellung von allen Prüfungsfächern ist nicht zulässig.

### § 7 Bestehen der Prüfung

(1) Die Prüfung ist bestanden, wenn der Prüfungsteilnehmer in jedem der vier Prüfungsfächer mindestens ausreichende Leistungen erbracht hat. Die Noten für die schriftlichen und mündlichen Prüfungsleistungen in einem Prüfungsfach sind in einer Note zusammenzufassen. Die Leistungen in der schriftlichen und in der mündlichen Prüfung haben das gleiche Gewicht.

(2) Über das Bestehen der Prüfung ist ein Zeugnis gemäß der Anlage, Seite 1, auszustellen. Auf Antrag des Prüfungsteilnehmers ist ein Zeugnis gemäß der Anlage, Seite 1 und 2, auszustellen, aus dem die in den einzelnen Prüfungsfächern erzielten Prüfungsnoten hervorgehen müssen. Im Falle der Freistellung gemäß § 6 sind – anstatt der Note – Ort, Datum und Bezeichnung des Prüfungsgremiums der anderweitig abgelegten Prüfung anzugeben.

### § 8 Wiederholung der Prüfung

(1) Eine Prüfung, die nicht bestanden ist, kann zweimal wiederholt werden.

(2) In der Wiederholungsprüfung ist der Prüfungsteilnehmer auf Antrag von der Prüfung in einzelnen Prüfungsteilen und Prüfungsfächern zu befreien,

wenn seine Leistungen darin in einer vorangegangenen Prüfung ausgereicht haben und er sich innerhalb von zwei Jahren, gerechnet vom Tage der Beendigung der nicht bestandenen Prüfung an, zur Wiederholungsprüfung anmeldet.

**§ 9 Übergangsvorschriften**

(1) Die am 1. April 1983 laufenden Prüfungsverfahren können nach den bisherigen Vorschriften zu Ende geführt werden.

(2) Prüfungsteilnehmer, die die Prüfung nach den bisherigen Vorschriften nicht bestanden haben und sich in der Zeit vom 1. April 1983 bis zum 31. März 1985 zu einer Wiederholungsprüfung anmelden, können die Wiederholungsprüfung nach den bisherigen Vorschriften ablegen. Die zuständige Stelle kann auf Antrag des Prüfungsteilnehmers die Wiederholungsprüfung gemäß dieser Verordnung durchführen. § 8 Abs. 2 findet in diesem Falle keine Anwendung.

**§ 10 Berlin-Klausel**

Diese Verordnung gilt nach § 14 des Dritten Überleitungsgesetzes in Verbindung mit § 112 des Berufsbildungsgesetzes auch im Land Berlin.

**§ 11 Inkrafttreten**

Diese Verordnung tritt am 1. April 1983 in Kraft.

Bonn, den 20. August 1982

Der Bundesminister
für Bildung und Wissenschaft
*Björn Engholm*

**Anlage**
Seite 1

Muster

..........................................................
(Bezeichnung der zuständigen Stelle)

**Zeugnis**

über die

Prüfung zum anerkannten Abschluß
Geprüfte Werkschutzfachkraft

Herr/Frau ..................................................

geboren am: ...................... in: ......................

hat am ................... die Prüfung zum anerkannten Abschluß

**Geprüfte Werkschutzfachkraft**

gemäß der Verordnung über die Prüfung zum anerkannten Abschluß Geprüfte Werkschutzfachkraft vom 20. August 1982 (BGBl. I S. 1232)

b e s t a n d e n .

Datum ......................................................

Unterschrift................................................

(Siegel der zuständigen Stelle)

Seite 2

| Ergebnis der Prüfung | Note |
|---|---|
| I. Werkschutzdienstkunde und Technische Einrichtungen | ..... |
| 1. Werkschutzdienstkunde | ..... |
| 2. Technische Einrichtungen und Hilfsmittel | ..... |
| II. Grundlagen der Werkschutztätigkeit | ..... |
| 1. Rechtliche Grundlagen der Werkschutztätigkeit | ..... |
| 2. Grundsätze über den Umgang mit Menschen | ..... |

(im Falle des § 6: „Der Prüfungsteilnehmer wurde gemäß § 6 im Hinblick auf die am ....... in ....... vor ....... abgelegte Prüfung von der Prüfung im Prüfungsfach.................... freigestellt.“)

# 1. Werkschutzdienstkunde

Zusammengestellt und bearbeitet von

Walter *Bühler,* Herrenberg
(Verband für Sicherheit in der Wirtschaft Baden-Württemberg e. V., Stuttgart)

Walter A. *Penka,* Ulm
(Verband für Sicherheit in der Wirtschaft Baden-Württemberg e. V., Stuttgart)

Wilhelm *Siemon,* Nürnberg
(Bayerischer Verband für Sicherheit in der Wirtschaft e. V., München)

unter Mitarbeit im Ausschuß von

Wolfgang *Riedel,* Berlin
(Arbeitskreis für Sicherheit in der Wirtschaft, Berlin)

# 1. Werkschutzdienstkunde

## 1.1 Einführung

### 1.1.1 Das betriebliche Sicherheitswesen

*1. Der Betrieb und seine Funktion*

Der Betrieb hat den Zweck, eine Leistung zu erbringen, d. h.

- Erstellung eines Produktes und/oder
- Erbringung einer Dienstleistung.

Jede betriebliche Leistungserstellung erfordert den Einsatz von

- Menschen (personelle Leistungsfaktoren)
- Sachen/Material (materielle Leistungsfaktoren)
- Organisation/Ordnung (immaterielle Leistungsfaktoren).

} Leistungsfaktoren

Diese Faktoren sind Gegenstand der betrieblichen Sicherheitsfunktionen.

*Siehe Übersicht „A" (S. 14)*

*2. Schutzobjekte des betrieblichen Sicherheitswesens*

Eine der Voraussetzungen für das Funktionieren eines Betriebes ist das Vorhandensein von Sicherheit und Ordnung.

Die drei großen Gruppen der Schutzobjekte des betrieblichen Sicherheitswesens sind:

*Menschen*

| | |
|---|---|
| Betriebsangehörige | (Leben, Unversehrtheit, Gesundheit, Grundrechte) |
| Betriebsfremde | |

*Sach- und Vermögenswerte*

| | |
|---|---|
| Betriebsmittel | (z. B. Gebäude, Anlagen, Maschinen, Fahrzeuge, Einrichtungen, Werkzeuge usw.) |
| Werkstoffe | (z. B. Rohstoffe, Hilfsstoffe/Energie, Betriebsstoffe u. ä.) |

| | |
|---|---|
| Produkte | (z. B. Fertigerzeugnisse, Teilerzeugnisse, Einzelteile, Ersatzteile, Ersatzteilzubehör u. ä.) und |
| Geistiges Eigentum | (z. B. Pläne, Daten, Informationen, Betriebs- und Geschäftsgeheimnisse, Know-how u. ä.) |
| Fremde Sachen | (z. B. Kleidung, Fahrzeuge, Werkzeuge u. a.) |

*Ordnung*

| | |
|---|---|
| Organisation, Arbeitsabläufe u. ä. | (z. B. Ordnungsvorschriften, Verfahrensvorschriften, Verkehrsordnung, Verhaltensregelungen, sonstige Ordnungsvorschriften) |

*Leistungspotential als Schutzobjekt des Sicherheitswesens*

Jede betriebliche Leistung (Produkt oder Dienstleistung) wird im Rahmen eines *Leistungsprozesses* erbracht. Jeder Leistungsprozeß bedarf des Einsatzes von *Leistungspotential.* Ohne Leistungspotential gibt es keinen Leistungsprozeß und damit keine Leistungserstellung.

*Übersicht „A“*

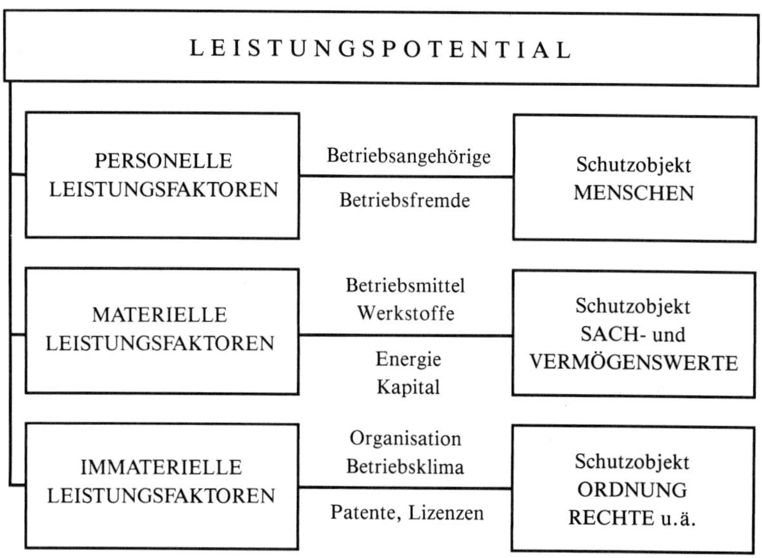


Das Leistungspotential, d. h. seine Leistungsfaktoren „Menschen“, „Sach- und Vermögenswerte“ und „Ordnung“ stellen die Schutzobjekte des betrieblichen Sicherheitswesens dar.

*3. Die betrieblichen Sicherheitsfunktionen*

Jeder Betrieb hat seine allgemeinen und spezifischen Gefahren und Risiken. Vorbeugung und Abwehr müssen deshalb ständig und auf vielfältige Weise betrieben werden.

Um der Vielfalt der Gefahren und Risiken begegnen zu können, ist

- Arbeitsteilung und
- Spezialisierung

erforderlich.

Im betrieblichen Sicherheitswesen gibt es folgende Sicherheitsfunktionen:

- Arbeitsschutz
- Brandschutz
- Betriebsschutz
- Umweltschutz
- Datenschutz.

*Siehe nachfolgende Übersicht „B“*

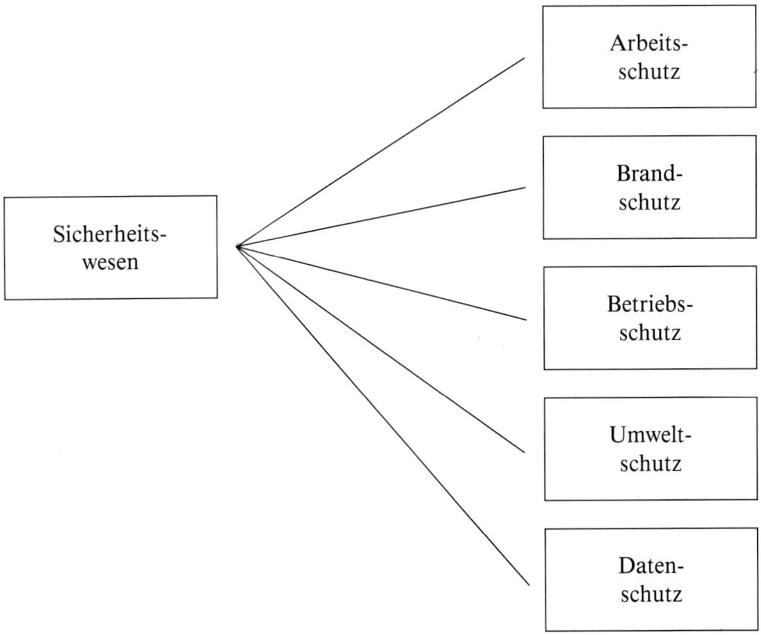

### *4. Der Betriebsschutz*

Der Betriebsschutz umfaßt alle personellen, materiellen und organisatorischen Maßnahmen, die vorbeugend und abwehrend zum Schutz des Betriebes, d. h. zum Schutz der Menschen, Sach- und Vermögenswerte sowie der Ordnung im Betrieb, vom Unternehmer auf Grund von ethischen, rechtlichen und ökonomischen Verpflichtungen zu treffen sind.

*Siehe nachfolgende Übersicht „C“*

**B E T R I E B S S C H U T Z**

Schutz vor *allgemeinen* Gefahren und Schäden:

**ALLGEMEINER BETRIEBSSCHUTZ**
- Schutz der Menschen
- Schutz der Sachwerte
- Schutz der Ordnung

Schutz vor *besonderen* Gefahren und Schäden:

**SPEZIELLER BETRIEBSSCHUTZ**
- Schutz der Betriebsgeheimnisse
- Schutz der Betriebsabläufe
- Schutz vor Gewalt
- Personenschutz
- Spezieller Objektschutz einschl. Geheimschutz

Schutz vor *sonstigen betriebsschutzrelevanten* Gefahren und Schäden in anderen funktionsübergreifenden Sicherheitsfunktionen:

**ERWEITERTER BETRIEBSSCHUTZ**
- Katastrophenschutz
- Arbeitsschutz
- Brandschutz
- Datenschutz (Datensicherheit)
- Umweltschutz

### 1.1.2 Das Wesen des Werkschutzes

*1. Generalauftrag des Werkschutzes*

Alle Werkschutztätigkeiten dienen der umfassenden Aufgabe, die Ordnung und Sicherheit im Betrieb aufrechtzuerhalten.

In diesem Zusammenhang spricht man vom *Generalauftrag* des Werkschutzes.

Dieser Auftrag lautet:

Werkschutz hat die Aufgabe, durch die Aufrechterhaltung der Ordnung und Sicherheit Gefahren und Schäden vom Betrieb abzuwenden.

Die Abwendung der Gefahren vom Betrieb bedeutet in der Werkschutzpraxis Schutz und Sicherung von

- Menschen
- Sach- und Vermögenswerten
- Ordnung.

*2. Funktion des Werkschutzes*

Der Generalauftrag legt den Status des Werkschutzes fest:

- Der Werkschutz ist eine betriebliche und damit *private* Ordnungs- und Sicherheitsinstitution.
- Als private Selbsthilfe-Einrichtung des Betriebes genießt der Werkschutz keinerlei Polizeirechte.
- Dem Werkschutz stehen zunächst die gleichen Rechte zu wie jedem Privatmann (z. B. die sogenannten „Jedermannsrechte").
- Alle weiteren Rechte des Werkschutzes können nur durch Übertragung begründet werden, und zwar in der Regel durch Arbeitsvertrag, Betriebsvereinbarung (Betriebsordnung), Dienstanweisungen.

*3. Voraussetzungen der Werkschutztätigkeit*

Grundvoraussetzung für jegliche Werkschutztätigkeit ist der betriebliche Auftrag. Dieser Auftrag findet seine Berechtigung (Quellen) in folgenden Bereichen:

- Arbeitsvertragsrechtliche und betriebsverfassungsrechtliche Vereinbarungen
  (z. B. Arbeitsvertrag, Betriebsordnung u. ä.).
- Fürsorgepflichten des Unternehmers
  (z. B. vertragliche, gewerberechtliche, versicherungsrechtliche und sonstige Fürsorgepflichten).

- Eigentumsschutzrecht
  (z. B. Besitzrecht, Hausrecht u. ä.).
- Sonstige Verpflichtungen des Unternehmers
  (z. B. Rechte und Pflichten aus Versicherungsverträgen, Kundenauflagen u. ä.).

(Eingehend siehe Teil „Rechtskunde“)

*4. Standort des Werkschutzes im Betrieb*

Der Werkschutz ist in der Sicherheitsfunktion *Betriebsschutz* angesiedelt.

Der Werkschutz ist die tragende Institution des Betriebsschutzes.

Im Rahmen des Funktionsbereiches des Betriebsschutzes nimmt der Werkschutz auch Aufgaben in allen anderen Sicherheitsfunktionen wahr.

Der *Generalauftrag* verpflichtet den Werkschutz zur Mitarbeit und Unterstützung in allen betrieblichen Sicherheitsfunktionen.

Deshalb bezieht der Werkschutz auch einen großen Teil der Berechtigung für sein Tätigwerden aus den rechtlichen Vorschriften der anderen Sicherheitsfunktionen, insbesondere aus dem Bereich des Arbeitsschutzes und Brandschutzes (z. B. Gewerbeordnung, Arbeitsstätten-Verordnung, Reichsversicherungsordnung, ggf. Unfallverhütungsvorschriften u. a.).

*Siehe nachfolgende Übersicht „D“*

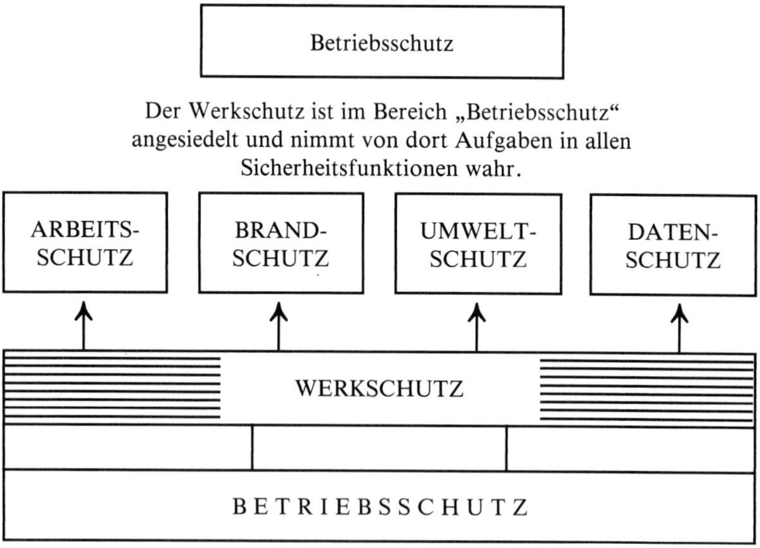

### 1.1.3 Die Werkschutzaufgaben

*1. Der Umfang der Werkschutzaufgaben*

Der Werkschutz erfüllt seine Schutz-, Sicherungs- und Ordnungsaufgaben in allen Funktionsbereichen des Betriebsschutzes.

Die Werkschutzaufgaben gliedern sich in folgende Dienstbereiche:

*Tordienst, Pfortendienst*
(Personen-, Fahrzeug- und Güterverkehr).

*Wach- und Streifendienst einschl. Alarmdienst*
(mit unterstützenden Diensten im Arbeitsschutz, Brandschutz, Katastrophenschutz, Umweltschutz, Datenschutz).

*Verkehrsdienst*
(Verkehrssicherung, -regelung, -kontrolle).

*Ermittlungsdienst*
(Aufklärung und Auswertung von Schadensfällen u. ä.).

*Siehe Übersicht „E“ (S. 20)*

*2. Sicherungsformen und Sicherungsarten der Werkschutzaufgaben*

Auf der Grundlage des Generalauftrages nimmt der Werkschutz Ordnungs- und Schutzaufgaben wahr. Diese Aufgaben werden in der Praxis durch Vorbeugung oder Abwehr von Gefahren und Schäden erfüllt (Sicherungsformen).

*Vorbeugung*
ist die Summe aller Sicherungsmaßnahmen, die auf die Verhinderung eines möglichen Schadens ausgerichtet sind.

*Abwehr*
ist die Summe aller Sicherungsmaßnahmen, die auf die Bekämpfung (Beseitigung) des bereits eingetretenen Schadens ausgerichtet sind.

Sowohl die Vorbeugung als auch die Abwehr umfassen Sicherungsmaßnahmen personeller, materieller und organisatorischer Art (Sicherungsarten).

Im Rahmen der Schutz- und Sicherungsaufgaben des Werkschutzes stellen die Kontrollaufgaben bei weitem den umfangreichsten und zugleich den wichtigsten Aufgabenbereich dar.

*Siehe Übersicht „F“ (S. 21)*

*Übersicht „E": Übersicht der Werkschutzaufgaben*

| | | |
|---|---|---|
| TOR-/PFORTEN-DIENST | PERSONENVERKEHR | Überwachung, Regelung, Kontrolle, Sicherung; Betriebsangehörige, Betriebsfremde; Zutritt, Aufenthalt, Ausgang |
| | FAHRZEUGVERKEHR | Überwachung, Regelung, Kontrolle, Sicherung; Betriebsfahrzeuge, Fremdfahrzeuge, Fahrzeuge der Betriebsangehörigen; Einfahrt, Aufenthalt, Ausfahrt |
| | GÜTER-/WAREN-/MATERIALVERKEHR | Überwachung, Regelung, Kontrolle, Sicherung; Firmeneigentum, Fremdeigentum, Eigentum der Betriebsangehörigen; Eingang, Verbleib, Ausgang |
| WACH-DIENST | POSTENDIENST | Standort- bzw. objektgebundener Wachdienst; Sicherung, Überwachung, Kontrolle; Schutzobjekte, Gefahrenquellen |
| | STREIFENDIENST | Objekt- bzw. bereichsgebundener Wachdienst; allgemeine und besondere Sicherung, Überwachung, Kontrolle; Arbeiten, Vorgänge, Zustände |
| | BEGLEITSCHUTZ | Personen- bzw. sachgebundener Wachdienst; Sicherung, Überwachung; allgemeiner Personenschutz, Schutz von Geld- und Materialtransporten |
| ALARM-DIENST | ALARMEINGANG | Annahme und Auswertung des Alarms bzw. der Notmeldung; Festlegung von Alarmart und Alarmumfang |
| | ALARMWEITERLEITUNG | Alarmierung von innerbetrieblichen und außerbetrieblichen hilfeleistenden Stellen; Einleitung sonstiger Erstmaßnahmen |
| | INFORMATION/MELDUNG/NACHWEIS | Instanzielle und funktionale Information; Erstellen der schriftlichen Alarmmeldung; Führung des Alarmregisters und sonstiger Unterlagen |
| VERKEHRS-DIENST | VERKEHRSABLAUF | Überwachung, Sicherung, Kontrolle; fließender, arbeitender und ruhender Verkehr |
| | VERKEHRSEINRICHTUNGEN | Überwachung, Sicherung, Kontrolle; Verkehrswege, Verkehrszeichen und sonstige Verkehrseinrichtungen |
| | VERKEHRSSTÖRUNGEN | Feststellung von Verkehrsstörungen durch Verhalten der Verkehrsteilnehmer, durch Mängel der Verkehrseinrichtungen und durch Unfälle; Hilfeleistung bei Unfall und Panne; Unfallaufnahme und Meldung |
| ERMITTLUNGS-DIENST | INFORMATIONSSAMMLUNG/ERMITTLUNG | Untersuchung der Ordnungswidrigkeiten, Betriebskriminalität, Schadensfälle, geschäftsschädigender Handlungen und besonderer Vorkommnisse; Bearbeitung von Funden und Verlusten |
| | INFORMATIONSAUSWERTUNG/ANALYSE | Aufklärung bzw. Feststellung der personellen, materiellen und immateriellen (organisatorischen) Faktoren der Tatbestände; Durchführung von Sicherheitsanalysen und Schwachstellenforschungen |
| | INFORMATIONSVERWERTUNG/BERICHTSWESEN | Berichterstattung; Empfehlungen zur Prävention, Restauration und Repression; Erstellung von Statistiken |
| SONSTIGE DIENSTE | NOTDIENSTE | Wahrnehmung von Aufgaben im Katastrophenschutz und bei anderen betrieblichen Notständen |
| | UNTERSTÜTZENDE DIENSTE | Übernahme von Aufgaben im Arbeitsschutz (z.B. Unfallverhütung, Erste Hilfe), im Brandschutz (Brandverhütung, Brandbekämpfung), im Datenschutz, im Umweltschutz |
| | HILFSDIENSTE | Übernahme bestimmter Aufgaben in anderen betrieblichen Funktionen; Produktion: Überwachung von Dauerversuchen; Administration: Verwaltung des Schließwesens/Ausweiswesens; Kommunikation: Telefondienst |

*Übersicht „F": Formen und Arten der Sicherung*

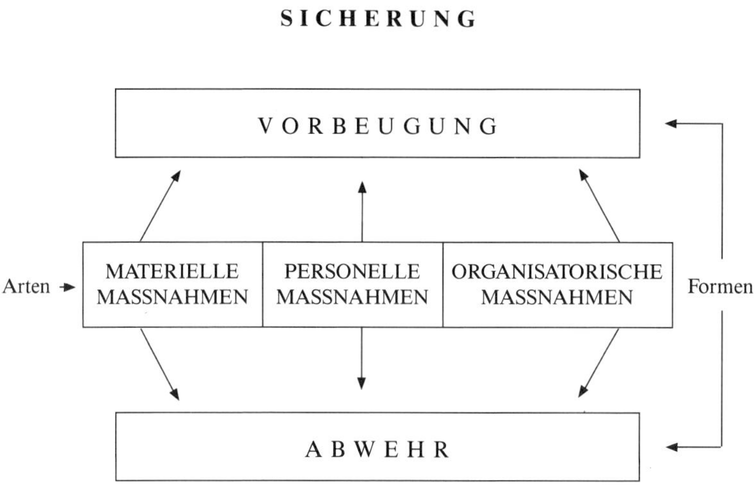


*3. Die Arten der betrieblichen Gefahren*

Man unterscheidet mehrere Arten der Gefahr. Für den Werkschutz und seine Kontrollaufgaben sind folgende zwei Gefahrenarten von Bedeutung:

*Abstrakte (potentielle) Gefahren*
Die abstrakte Gefahr ist eine Gefahr, bei der es sich nicht um bestimmte und unmittelbare Fälle der Gefahr handelt, sondern um die hinreichende Wahrscheinlichkeit eines künftigen Ereignisses, welches Störungen oder Schäden beinhaltet. Das bedeutet, daß der Werkschutz in diesem Falle Maßnahmen ohne besondere Eile treffen kann. Hier genügt vielfach nur eine Meldung.

*Konkrete (akute) Gefahren*
Die konkrete Gefahr – auch akute Gefahr genannt – ist eine Gefahr, deren Auswirkung für die allernächste Zeit bevorsteht. Das bedeutet, daß gefahrbeseitigende Maßnahmen getroffen werden müssen. In der Regel müssen alle Maßnahmen in aller Eile eingeleitet werden, oft verbunden mit der Auslösung eines Alarms. (Die Einleitung bzw. Durchführung der Maßnahmen hängt von der weiteren Differenzierung der konkreten Gefahr ab).

*Siehe nachfolgende Übersicht „G"*

*Übersicht „G“: Arten der Gefahren*

*Abstrakte (potentielle) Gefahren.*

- Mögliche, nicht unmittelbar drohende Gefahren.
- Maßnahmen müssen präventiv – früher oder später – ergriffen werden, aber ohne besondere Eile.

*Konkrete (akute) Gefahren*

- Unmittelbar drohende, bevorstehende Gefahren.
- Sofortige (repressive) Maßnahmen notwendig.

*4. Gefahrenquellen*

Wenn man Gefahren unter Kontrolle halten will, muß man die Gefahrenquellen kennen. Dem Betrieb drohen Gefahren aus drei Bereichen, und zwar von

- Menschen
- Sachen
- Zuständen (Ereignissen, Vorgängen).

*Siehe nachfolgende Übersicht „H“*

*Dem B E T R I E B*
*drohen Gefahren in dreierlei* Hinsicht,
und zwar von

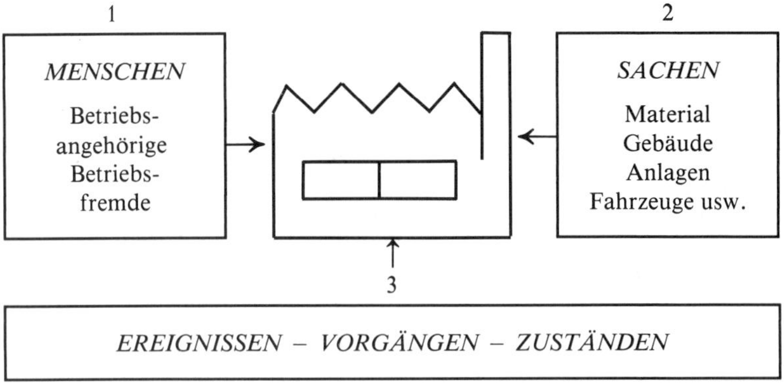

### 1.1.4 Die Werkschutzkontrolle

*1. Die Elemente der Kontrolle*

Die Werkschutzkontrolle besteht aus folgenden drei Elementen:

- Kontrollorgan
  (z. B. Werkschutzmann)
- Kontrollobjekt
  (Schutzobjekte, Gefahrenquellen)
- Kontrolltätigkeit
  (Soll-Ist-Vergleich).

*2. Die Kontrollarten/Kontrollabläufe/Hilfsmittel*

*Kontrollarten*

Da die Gefahren von Menschen, Sachen und Zuständen ausgehen, werden folgende Kontrollen unterschieden:

- Personelle Kontrollen
- Materielle Kontrollen
- Zustands-Kontrollen.

*Siehe Übersicht „I" (S. 24)*

*Kontrollabläufe*

Eine Werkschutzkontrolle ist ein komplizierter Vorgang, dessen Erfolg von einer ganzen Reihe von Voraussetzungen abhängt. Die wichtigsten Voraussetzungen sind die

- Qualifikation des Werkschutzes
  (Wissen, Können und Wollen)
- Festlegung der Kontrollobjekte und des Kontrollrahmens
  (Kontrollstationen, -zeiten, -routen u. ä.)
- Bestimmung des Kontrollzieles
  (Soll-Vorgabe, Ist-Aufnahme, Soll-Ist-Vergleich, Entscheidung, Maßnahme).

Die Bedeutung der genannten Voraussetzungen für eine sinnvolle Kontrolle wird verdeutlicht in der *Übersicht „K" (S. 25)*.

Das Verhalten des Werkschutzmannes bei der Gefahrenanalyse während der Kontrolle wird in der *Übersicht „L" (S. 26)* dargestellt.

*Hilfsmittel der Kontrolle*

Eine sinnvolle Kontrolle hängt in hohem Maße vom Einsatz entsprechender Hilfsmittel ab. Einen Überblick über die Hilfsmittel bietet die *Übersicht „M" (S. 27)*.

*Übersicht „I“: Übersicht der Werkschutzkontrollen*

**PERSONELLE KONTROLLEN**

- Kontrolle der Betriebsangehörigen
- Kontrolle der Betriebsfremden

**MATERIELLE KONTROLLEN**

- Kontrolle des Güter-, Material- und Warenverkehrs
- Kontrolle der Fahrzeuge
- Sonstige materielle Kontrollen

**ZUSTANDS-KONTROLLEN**

- Kontrollen im Rahmen des *ALLGEMEINEN BETRIEBSSCHUTZES*

  (Allgemeine Schadensverhütungskontrollen einschl. Kontrollen des betrieblichen Verkehrswesens)

- Kontrollen im Rahmen des *BESONDEREN BETRIEBSSCHUTZES*

  (Besondere Schadensverhütungskontrollen)

- Kontrollen im Rahmen des *ERWEITERTEN BETRIEBSSCHUTZES*

  (Betriebsschutzrelevante Kontrolle im Bereich des Katastrophenschutzes, Arbeitsschutzes, Brandschutzes, Datenschutzes und Umweltschutzes). Für Unternehmen, die amtlich geheimgehaltene Forschung, Entwicklung oder Fertigung betreiben, regelt das „Handbuch für den Geheimschutz in der Wirtschaft“ (Herausgeber Bundesminister für Wirtschaft) die Beteiligung des Werkschutzes beim GEHEIMSCHUTZ. Soweit Werkschutzangehörige im Sonderfall dabei Zugang zu Staatsgeheimnissen (schriftliche, zeichnerische, technische Unterlagen, Modelle, Prototypen) erlangen, müssen sie zum Umgang mit Verschluß-Sachen ermächtigt sein.

*Übersicht „K": Ablaufplan der WS-Kontrolle*

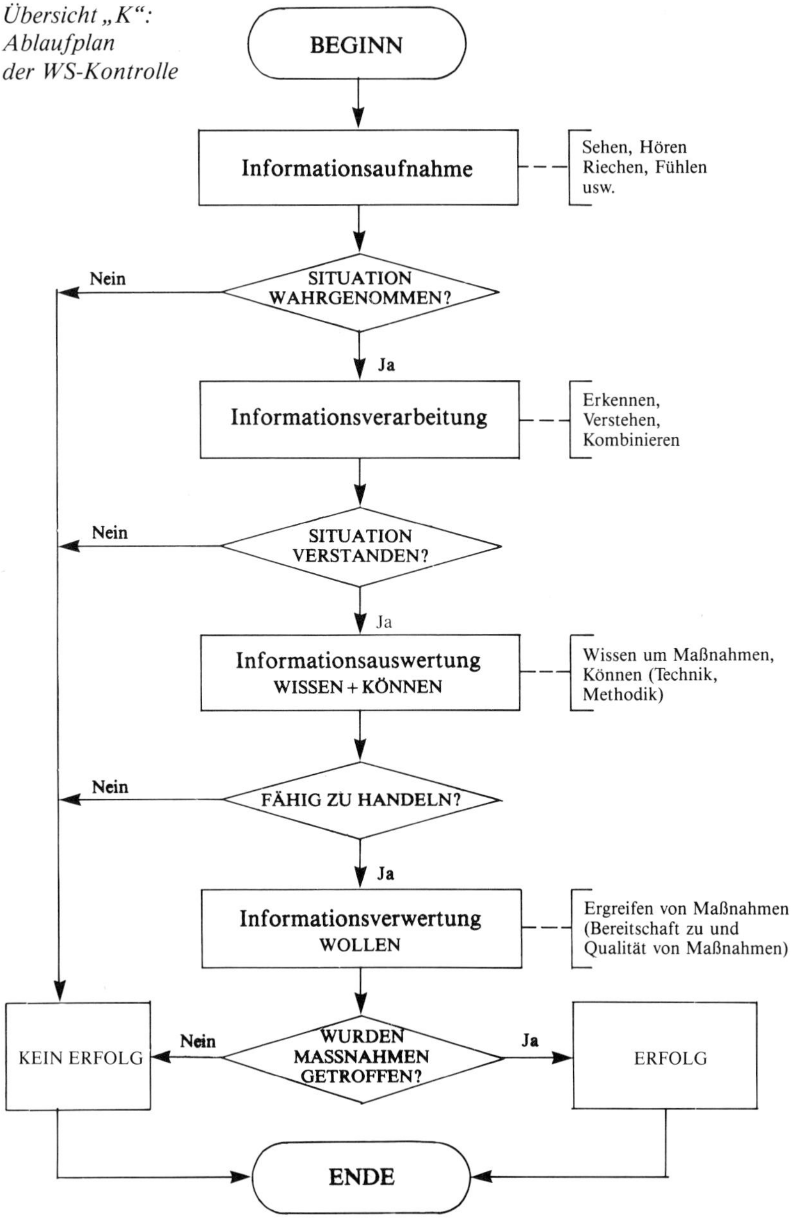

*Übersicht „L“: Gefahrenanalyse während der WS-Kontrolle*

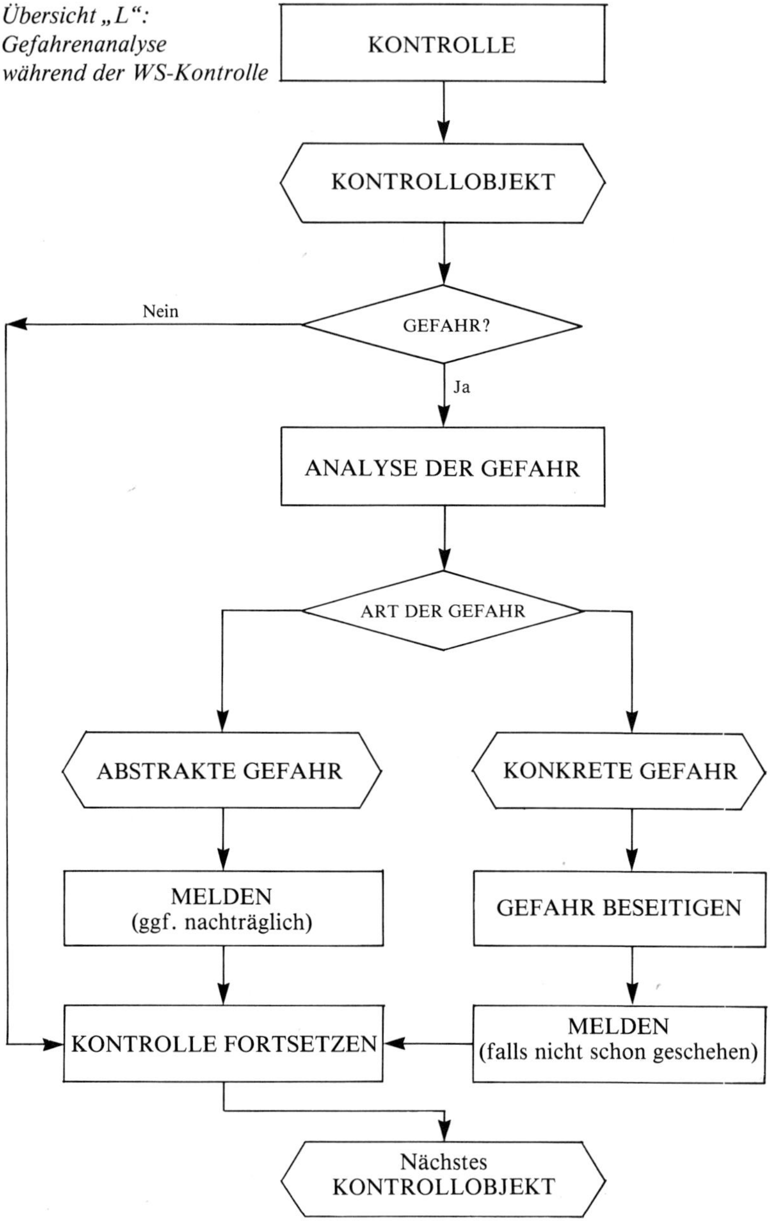

*Übersicht „M“*

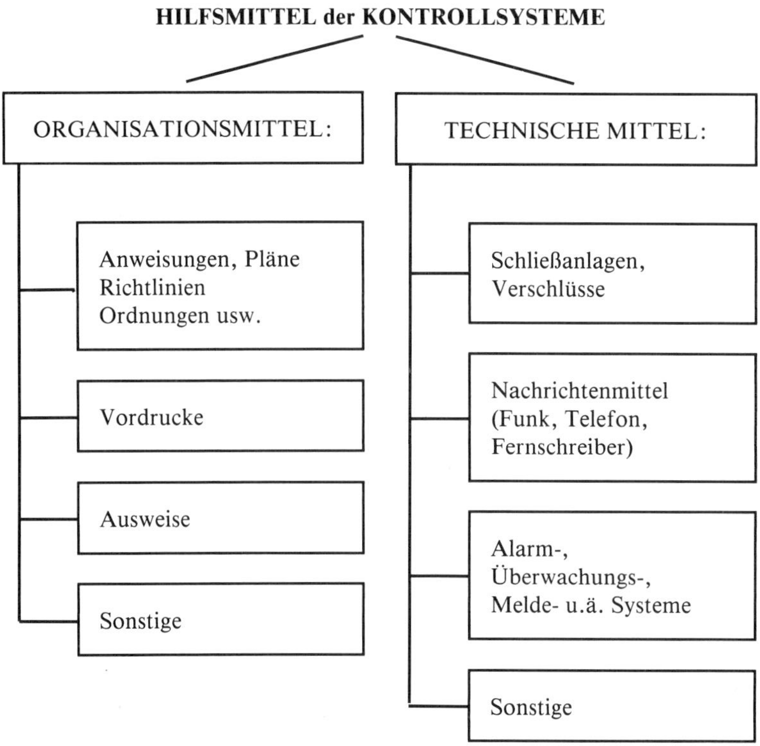


### *3. Die Grundsätze der Kontrolle von Personen und Sachen*

*Grundlagen*

Die persönlichen, sachlichen und örtlichen Voraussetzungen der Kontrollen sowie ihre Ausführung nach Art und Umfang werden durch die jeweilige Rechtsgrundlage der betreffenden Kontrolle bestimmt. Nach dieser Grundlage unterscheiden wir zwei Gruppen von Kontrollen (*siehe Übersicht „O“, S. 35*):

- Vertraglich vereinbarte Kontrollen
  (sogenannte Präventiv- oder Routinekontrollen ohne besonderen Anlaß)
- Aus Gesetz abgeleitete Kontrollen
  (sogenannte „gezielte“, repressive Kontrollen aus besonderem Anlaß).

*Rechtsgrundlage der vertraglich vereinbarten Kontrollen*

- Kontrolle der *Betriebsangehörigen:*
  Durch Betriebsvereinbarung bzw. Arbeitsvertrag können Kontrollen vereinbart werden, z. B. Torkontrollen, Fahrzeugkontrollen u. a.
- Kontrolle der *Betriebsfremden:*
  Durch freiwilligen Unterwerfungsakt (z. B. im Rahmen eines Dienstleistungsvertrages) oder durch Anerkennung der Geschäfts-/Besuchsbedingungen (z. B. Einverständniserklärung auf dem Besucherschein).

*Rechtsgrundlagen der aus Gesetz abgeleiteten Kontrollen*

„Jedermannsrechte“ und „Besitzdienerrechte“ (z. B. §§ 227, 229, 859, 860 BGB, §§ 32, 34 StGB) begründen die Berechtigung zur Kontrolle von Betriebsangehörigen und Betriebsfremden (bei beweisbarem Tatverdacht, Straftat und drohender Gefahr).

*Ziel der Kontrollen*

Vorbeugung und Abwehr von Gefahren und Schäden für den Betrieb, insbesondere

- Verhinderung rechtswidriger Verbringung von Sachen nach außen,
- Verhinderung rechtswidrigen Einbringens von Sachen in den Betrieb,
- Vorbeugung und Bekämpfung von sonstigen Gefahren und Verlusten,
- Abschreckung potentieller Täter.

*Objekte der Kontrolle*

- Gepäck, Taschen, Kleidung, Personen
- Fahrzeuge
- Spinde, Schreibtische, Arbeitsplätze
- Sonstige Sachen, Räume und Behältnisse.

*Durchführung der Kontrollen*

*Vertraglich vereinbarte Kontrollen*

- Einhaltung des Gleichbehandlungsgrundsatzes.
- Die Einwilligung des Betroffenen ist erforderlich; Zwangsmaßnahmen sind nicht gestattet.
- Achtung der Menschenwürde (keine Verletzung des Ehr- und Schamgefühls).
- Keine Schikane, keine ungebührliche Inanspruchnahme der Zeit.
- Höflichkeit wahren.
- Bei Kontrollverweigerung:
  Kontrolle einstellen,

keine Zwangsmaßnahmen durchführen,
Personalien feststellen,
Meldung erstatten.

*Aus Gesetz abgeleitete Kontrollen*

- Nur die tatsächlich durch Gesetz (Besitzdiener-, „Jedermanns-Rechte") gestatteten Mittel ausschöpfen.
- Bei Zwangsmaßnahmen das Prinzip der Verhältnismäßigkeit beachten:
- Betroffene Personen auffordern, Sachen freiwillig herauszugeben oder sich durchsuchen zu lassen. Bei Weigerung, sich kontrollieren zu lassen oder sich den Maßnahmen zu unterziehen, der Person die zwangsweise Durchführung der Kontrolle oder der Maßnahmen, z. B. Heranziehung der Polizei, ankündigen.
- Auch bei Zwangsmaßnahmen ist die Würde des Menschen zu beachten (nach Möglichkeit keine Maßnahmen im Beisein von anderen Betriebsangehörigen; Betroffene nicht „wie Verbrecher" behandeln; Frauen nur durch Frauen durchsuchen lassen usw.).
- Meldung erstatten.

*Kontrollregeln*

- Beachtung der jeweiligen Rechtslage der Kontrolle.
  *Hinweis:* Bei Verdächtigungen – insbesondere bei anonymen Verdächtigungen – ist besondere Vorsicht geboten. Maßnahmen dürfen in solchen Fällen nicht unternommen werden, sofern die Verdächtigung nicht durch eigene Erkenntnisse oder eigene Untersuchung bestätigt werden kann. Übrigens sollte nicht nur der Sachverhalt, sondern auch die anonyme Person ermittelt werden (wichtig als Zeuge oder als Person, die evtl. wegen übler Nachrede oder Verleumdung belangt werden kann). Dies trifft auch bei sogenannten pseudonymen Anzeigen zu; in solchen Fällen ist eine Vergewisserung (z. B. durch Rückruf) erst recht erforderlich. Grundsätzlich muß der Eindruck vermieden werden, daß der Werkschutz das Denunziantentum unterstützt – dies würde eine vertrauensvolle Zusammenarbeit mit den Betriebsangehörigen erheblich erschweren und die Institution Werkschutz in ihrer Wirkung sehr ungünstig beeinflussen.
- Schaffung einer günstigen Kontroll-Atmosphäre.
- Sorgfältige Ausführung der Kontrolle.
- Auswertung des Kontrollergebnisses.

### *4. Die personelle Kontrolle*

*Zweck*

Jede personelle Kontrolle dient der Feststellung der

- Person (Identifikation)
- Berechtigung (Legitimation).

Die Berechtigung ist in der Regel an personelle, räumliche, zeitliche, materielle und formelle Komponenten gebunden.

*Objekt*

Die personelle Kontrolle erstreckt sich auf

- Betriebsangehörige
- Betriebsfremde.

*Umfang*

Die personelle Kontrolle umfaßt die

- Eingangskontrolle
- Aufenthaltskontrolle
- Ausgangskontrolle

während und außerhalb der Arbeitszeit.

### *5. Die materielle Kontrolle*

*Zweck*

Die materielle Kontrolle dient

- dem Schutz der Sachwerte
  (Kontrollobjekt als Schutzobjekt)
- der materiellen Sicherung
  (Kontrollobjekt als Gefahrenquelle).

*Objekt*

Die materielle Kontrolle erstreckt sich auf das

- Betriebseigentum
- Fremde Eigentum
- Eigentum der Betriebsangehörigen.

(Als Eigentum werden alle Sach- und Vermögenswerte bezeichnet, wie Güter, Material, Waren, Fahrzeuge, Gegenstände usw.).

*Umfang*

Die materielle Kontrolle umfaßt die

- Eingangskontrolle
- Verbleibskontrolle
- Ausgangskontrolle

während und außerhalb der Arbeitszeit.

## *6. Die Zustandskontrolle*

*Zweck*

Die Zustandskontrolle hat den Zweck, Zustände, Vorgänge und Ereignisse, die in irgendeiner Weise zur Gefährdung oder Schädigung des Betriebes führen können, unter Kontrolle zu halten. In der Praxis wird die Zustandskontrolle mit der personellen Kontrolle oder materiellen Kontrolle, meistens aber mit beiden verbunden.

*Objekt*

Die Zustandskontrolle erstreckt sich auf

- das Verhalten der Personen,
- den Zustand der Kontrollobjekte.

Die Zustandskontrolle umfaßt ferner alle Zustände, Vorgänge und Ereignisse, die mit den Sicherheitseinrichtungen aller Sicherheitsfunktionen zusammenhängen, d. h. Einrichtungen des

- Arbeitsschutzes (z. B. Rettungswege)
- Brandschutzes (z. B. Feuerlöscheinrichtungen)
- Katastrophenschutzes (z. B. Rettungsgeräte) usw.

*Bereiche*

Zustandskontrollen des Werkschutzes werden durchgeführt in den Bereichen des

| | |
|---|---|
| Allgemeinen Betriebsschutzes | als Kontrollen im Rahmen der allgemeinen Vorbeugung und Abwehr von Gefahren und Schäden (z. B. Kontrolle von Türen, Toren, Absperrungen, Zäunen, Schließungen; Gebäuden, Räumen, Lagern, Abstellflächen, Versorgungseinrichtungen usw.);<br>als Kontrollen des betrieblichen Verkehrswesens (z. B. Kontrollen des fließenden, arbeitenden und ruhenden Verkehrs) und der betrieblichen Verkehrseinrichtungen (u. a. Kontrolle von Straßen, Wegen, Verkehrszeichen usw.) |
| Besonderen Betriebsschutzes | als Kontrollen im Rahmen der besonderen Vorbeugung und Abwehr von Gefahren und Schäden, z. B.:<br>Kontrollen zur Wahrung von Geschäfts- und Betriebsgeheimnissen (Spionageabwehr u. ä.).<br>Kontrollen zum Schutz der Betriebseinrichtungen vor Störung/Beschädigung/Zerstörung (Sabotageabwehr u. ä.). |

Kontrollen zum Schutz von Personen gegen Gewaltandrohung/Gewalteinwirkung sowie zum Schutz von speziellen Objekten (Personenschutz, Schutz vor Bombenanschlägen u. ä).

| | |
|---|---|
| Erweiterten Betriebsschutzes | als Kontrollen im Rahmen der Vorbeugung und Abwehr von betriebsschutzrelevanten Gefahren und Schäden in anderen Sicherheitsfunktionen, wie des<br>– Katastrophenschutzes<br>– Arbeitsschutzes (Unfallverhütung, Erste Hilfe)<br>– Brandschutzes (Abwässer, Abluft, Abwärme, sonstige Emissionen)<br>– Umweltschutzes (Immissionsschutz u. ä)<br>– Datenschutzes (Datensicherung). |

## 1.2 Schutz-, Sicherungs- und Ordnungsaufgaben

### 1.2.1 Tordienst

Der *Tordienst* umfaßt die

- Überwachung
- Regelung
- Kontrolle

des gesamten Verkehrs an den Ein- und Ausgängen (Pforten, Tore, Türen) der zu schützenden Objekte (Betrieb, Gebäude, Räume, Bereiche, Flächen usw.).

Die Überwachung, Kontrolle, Sicherung und Regelung des Verkehrs an den Ein- und Ausgängen erstreckt sich auf den

- Personenverkehr
- Fahrzeugverkehr
- Waren- und Güterverkehr.

Vielfach umfaßt der Tordienst (Pfortendienst) – entsprechend der betriebsbedingten Situation – noch weitere Dienste (Aufgaben), z. B.

- Alarmdienst
- Telefondienst u. ä.

*Siehe nachfolgende Übersicht „N“*

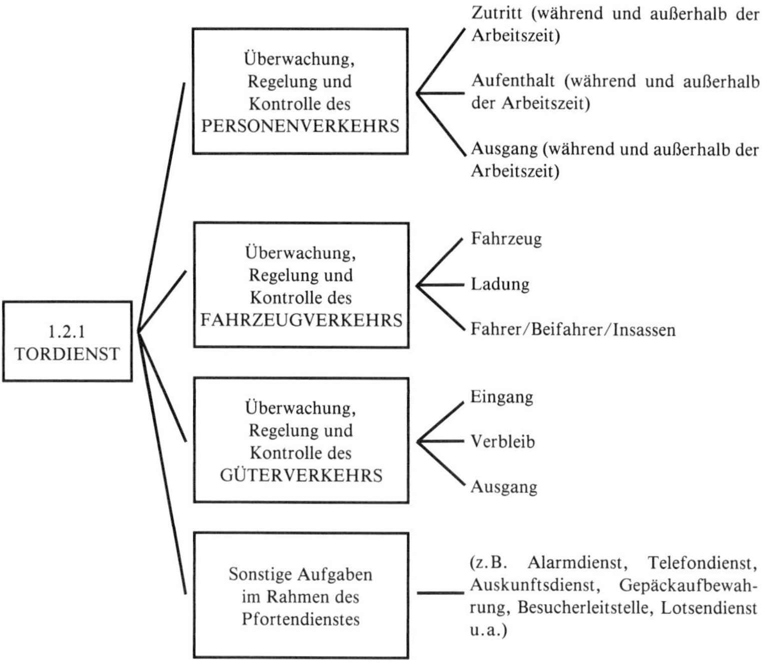


### 1.2.1.1 Personenverkehr

*1. Einführung*

Der Tordienst (Pfortendienst) des Werkschutzes hat den Zweck, den Verkehr an den Ein- und Ausgängen ordnungsgemäß und sicher abzuwickeln.

Deshalb unterliegt der Personenverkehr an den Ein- und Ausgängen der Überwachung, Regelung, Sicherung und Kontrolle durch den Werkschutz. Dabei erstrecken sich diese *Aufgaben* auf

- Betriebsangehörige und
- Betriebsfremde

in *bezug* auf

- Identität und
- Berechtigung zum
  Zutritt
  Aufenthalt
  Ausgang

der Betriebsangehörigen und Betriebsfremden während und außerhalb der Arbeitszeit.

Die *Grundsätze* der Überwachung, Regelung, Sicherung und Kontrolle des Personenverkehrs im Rahmen des Tordienstes werden in den nachfolgenden Abschnitten 2, 3 und 4 behandelt.

Darüber hinaus behandelt Abschnitt 5 auch die sogenannte „Spindrevision", die zwar nicht zum Tordienst gehört, aber dem Wesen nach den in den Abschnitten 2, 3 und 4 aufgeführten Grundsätzen unterliegt.

## *2. Die „Torkontrolle"*

### *Grundlagen*

- vertraglich vereinbarte Kontrollen
- aus Gesetz abgeleitete Kontrollen – siehe 1.1.4. Ziff. 3.

### *Kontrollumfang*

- Taschen, Gepäck
- Kleidung, Personen.

### *Durchführung*

- Bei vertraglich vereinbarten Kontrollen:
  Beachtung der Punkte 1.1.4. Ziff. 3. (Üblicherweise werden diese Kontrollen, z. B. in der Betriebsordnung, näher festgelegt).
- Bei aus Gesetz abgeleiteten Kontrollen:
  Beachtung der Punkte 1.1.4. Ziff. 3.
- Kontrolle durch zwei Werkschutzleute ausführen:
  Einer kontrolliert, der andere fungiert als Zeuge.
- Kleidungs- und Personenkontrolle nur im geschlossenen Raum durchführen; Gepäckkontrolle mindestens an Orten, die anderen Personen keine Möglichkeit bieten, den Inhalt des Gepäckstückes bzw. wesentliche Teile des Kontrollvorganges zu erkennen.
- Kleidungskontrolle nur durch Personen gleichen Geschlechts durchführen.
- Ansonsten sind bei der Kontrolle die unter 1.1.4 Ziff. 3 angegebenen Grundsätze zu beachten, insbesondere die Bedeutung des psychologisch richtigen Verhaltens.

*Hilfsmittel der Kontrolle*

- Personenauslosungsapparate
  (Wenn keine „willensunabhängige“ Kontrolleinrichtungen gegeben sind, bestimmt der Werkschutzmann die Kontrolle; in diesem Fall muß er peinlichst den Grundsatz der Gleichbehandlung wahren und jeden Anschein von Willkür vermeiden.)
- Kontrollräume
- Ausweise, Vordrucke.

*Siehe nachfolgende Übersicht „O“*

*Rechtsgrundlagen*
der
KONTROLLEN

GESETZLICHE
Grundlagen
(Gezielte Kontrollen)

- Jedermannsrechte
- Besitzdienerrechte u. a. (z. B. Straftat; drohende Gefahr)

Gezielte Kontrollen sind in der Regel *erzwingbar.*
Bei Betriebsangehörigen Androhung arbeitsrechtlicher Maßnahmen bei Verweigerung der Kontrolle.
Einschaltung der Polizei bei dringendem Verdacht einer Straftat.

VERTRAGLICHE
Grundlagen
(Präventivkontrollen)

Bei *Betriebsangehörigen:*
- Betriebsvereinbarung,
- Einzelarbeitsvertrag

Bei *Betriebsfremden:*
- Freiwilliger Unterwerfungsakt u. a.

Präventivkontrollen sind *nicht erzwingbar,* jedoch Androhung möglich, wenn Verweigerung der Kontrolle z. B. gegen Betriebsvereinbarung verstößt.

*3. Betriebsangehörige*

*Ausweise*

Die Kontrollen des Personenverkehrs sind nur mit Hilfe von geeigneten Mitteln durchführbar. Neben einer Reihe von Vordrucken und sonstigen Hilfsmitteln spielen besonders *Ausweise* eine wichtige Rolle.

- Sie geben Auskunft zur Identität.
- Sie legen Berechtigungen fest, z. B. durch farbliche Kennzeichnung, Verwendung von Buchstaben, Zahlen, Codierungen usw.
- Sie geben Hinweise für den Ausweisträger, wie
  Pflicht zum ständigen Mitführen,
  Vorzeigepflicht (z. B. beim Betreten oder Verlassen des Betriebes),
  Verhaltensregelungen bei Beschädigung, Verlust usw.
- Moderne Ausweise können auch für viele Arten von Datenerfassungen verwendet werden (z. B. im Rahmen der Gleitzeit, Kostenerfassung usw.).

Die vielseitige Verwendung von Ausweisen bedeutet auch ein Sicherheitsrisiko. Daher muß ein strenges Ausweissystem festgelegt werden, das Registrierung, Ausgabe, Verwendung, zeitliche bzw. räumliche Geltungsbereiche u. ä. bestimmt.

Die Ausweiskontrolle umfaßt grundsätzlich auch die Fälschungskontrolle (z. B. durch sporadische Handkontrolle). Mißbrauch von Ausweisen und Ausweisfälschungen können sowohl arbeitsrechtliche als auch strafrechtliche Folgen haben.

Die Verwendung von Ausweisen für Betriebsangehörige unterliegt in der Regel den betriebsverfassungsrechtlichen Bestimmungen, sofern nicht zwingende Voraussetzungen zum Zutritt zu bestimmten Bereichen (z. B. Rechenzentrum) durch andere Bestimmungen (z. B. Datenschutzgesetz) gegeben sind.

*Sonstige Hilfsmittel*

Für Kontrollen des Personenverkehrs werden in den Betrieben noch weitere Hilfsmittel (Vordrucke) verwendet:

- Passierscheine (z. B. zum Verlassen des Betriebes während der Arbeitszeit),
- Arbeitsmeldungen, Zutrittschein, Überstundenmeldungen usw. (z. B. zum Betreten des Betriebes außerhalb der Arbeitszeit).

### *4. Betriebsfremde*

Die *Grundsätze,* die bei der Kontrolle von Betriebsangehörigen genannt worden sind, gelten auch für Betriebsfremde. Bei diesen unterliegt die Verwendung von Ausweisen jedoch nicht den betriebsverfassungsrechtlichen Bestimmungen.

Zur Vermeidung von Verwechslungen sollten Betriebsfremdenausweise von Betriebsausweisen deutlich unterschieden werden (z. B. durch Farbe).

Man unterscheidet folgende Kategorien von Betriebsfremden:

- Besucher, Besuchergruppen, Besichtigungsgruppen, Bewerber,
- Vertreter, Lieferanten, Abholer usw.,

- Bau-, Handwerker- und Dienstleistungspersonal,
- Angehörige von Behörden, Überwachungsämtern mit Sonderzugangsrechten usw.,
- Sonstige (VIP's, Berater, Geschäftsfreunde, ehemalige Mitarbeiter, Tag der offenen Tür).

Die Betriebe können im Rahmen ihres Hausrechtes – sofern nicht gesetzliche Sonderzugangsrechte gegeben sind – das Verfahren des Zutritts und Aufenthaltes durch eine Besucherordnung festlegen. Diese unterliegt zwar nicht den betriebsverfassungsrechtlichen Bestimmungen, aber sie kann sich auf die Betriebsordnung stützen, falls eine besondere Hausordnung für die länger bzw. dauerbeschäftigten Firmenfremden geltend gemacht wird.

*Besuchsabwicklung*

Das Verfahren der Besuchsabwicklung richtet sich in der Regel nach der Besucherkategorie, wobei Anlaß und Aufenthaltsdauer eine Rolle spielen. Diese Faktoren entscheiden wesentlich darüber, welches Kontrollsystem angewendet werden muß.

Neben anderen Hilfsmitteln (Ausweise, Vordrucke, Besucherlisten usw.) spielt der *Besucherschein* (Besucherausweis, Besuchsanmeldung u. ä.) eine besondere Rolle. Dieser erfüllt eine ganze Reihe von Funktionen:

- Er dient als Ausweis (der Werkschutz kann u. a. anhand des Scheines feststellen, ob der Betriebsfremde sich zeitlich und örtlich richtig befindet).
- Er orientiert den Betriebsfremden (z. B. über Besuchsbedingungen, Verhaltensweisen u. a.).
- Er begründet ein Vertragsverhältnis (z. B. erklärt sich der Betriebsfremde durch seine Unterschrift mit den Besuchsbedingungen, Ordnungsvorschriften usw. einverstanden).
- Er dient als Unterlage oder Nachweis für spätere Auswertungen (z. B. kann nachträglich rekonstruiert werden, wer wen wo wie lange usw. besucht hat).

Vielfach werden für die Abwicklung eines Besuches eigene Empfangs-, Begleit- bzw. Lotsendienste eingerichtet.

*Grundlagen der Zutrittsberechtigung für Firmenfremde*

- Vereinbarung eines Besuches.
- Vertragliche Vereinbarung einer Arbeits- oder Dienstleistung.
- Gesetzliche Grundlagen.
- Sonstige Grundlagen.

*5. Spindrevision*

Unter „Spindrevsion“ verstehen wir im weitesten Sinne das Öffnen und die Kontrolle (Nachschau) von Behältnissen, wie Spinden, Schreibtischen, Werkbänken und ähnlichen Behältnissen, innerhalb des Betriebes.

*Grundlage*

- Spindrevision darf grundsätzlich beim Vorliegen einer gesetzlichen Grundlage und dringender Notwendigkeit (z. B. bei konkreter Gefahr usw.) durchgeführt werden.
- Kontrollen auf vertraglicher Grundlage, d. h. Präventivkontrollen (Routine-Kontrollen), wie z. B. bei der Torkontrolle, sind üblicherweise nicht erlaubt.

*Grundsatz*

- Die Einwilligung des Behältnisinhabers (des Verfügungsberechtigten) zur Kontrolle ist notwendig (möglichst schriftlich). Eine bereits erteilte Einwilligung kann während der Kontrolle zurückgezogen werden. Zwangsmaßnahmen sind in der Regel nicht statthaft.
- Ohne Einwilligung darf nur auf der Grundlage des § 34 StGB (rechtfertigender Notstand) kontrolliert werden, insbesondere bei Abwesenheit des Behältnisinhabers. (Das Einverständnis des Betroffenen zur Kontrolle wird in der Regel – auch nachträglich im Falle seiner Abwesenheit – erteilt werden. Sollte dies ausnahmsweise und wider Erwarten nicht der Fall sein, kann die Maßnahme auch gegen seinen Willen bzw. ohne seine Einwilligung durchgeführt werden, wenn es zum Zwecke der Gefahrenabwehr unaufschiebbar notwendig ist.)

*Kontrolldurchführung*

Kontrolle durch zwei Werkschutzleute (wenn möglich in Zivil; Diskretion!) in Anwesenheit des Betroffenen. Bei Abwesenheit des Betroffenen einen Zeugen hinzuziehen (Betriebsrat, Vertrauensmann usw.).

*Kontrolle bei Tatverdacht*

- Den Betroffenen hinzuziehen.
- Vom Betroffenen die Einwilligung einholen.
- Den Betroffenen bitten, die Gegenstände freiwillig herauszugeben.

*Wenn der Betroffene seine Einwilligung verweigert:*

- Keine Zwangsmaßnahmen (bereits begonnene Kontrolle unterbrechen).
- Meldung bzw. Klärung, ob Polizei eingeschaltet werden soll. (Bei Einschaltung der Polizei jedoch besteht nicht mehr die Möglichkeit, den Vorfall innerbetrieblich zu regeln, weil aufgrund der gesetzlichen Bestimmun-

gen – § 163 StPO – die Polizei verpflichtet ist, den Vorfall als Anzeige an die Staatsanwaltschaft weiterzuleiten.)
- Sicherstellen, daß Gegenstände bis zum Eintreffen der Polizei aus dem Behältnis nicht entfernt werden können.

*Kontrolle bei Gefahr*

- Ist Beseitigung der Gefahr nicht unverzüglich erforderlich, den Betroffenen hinzuziehen.
- Ist besondere Eile geboten und der Betroffene unerreichbar, Zeugen hinzuziehen.
- Die im Behältnis vorgefundenen Sachen des Betroffenen sind listenmäßig zu erfassen und in geeigneter Weise aufzubewahren.

*Protokoll/Meldung*

Über eine durchgeführte Kontrolle ist ein Protokoll/Bericht zu erstellen.

### 1.2.1.2 Fahrzeugverkehr

*1. Einführung*

Der Fahrzeugverkehr unterliegt an den Ein- und Ausgängen der Überwachung, Regelung und Kontrolle durch den Werkschutz. Dabei erstrecken sich diese Aufgaben auf

- betriebseigene Fahrzeuge
- Fahrzeuge von Betriebsangehörigen
- betriebsfremde Fahrzeuge

*Die Aufgaben* umfassen in der Hauptsache Kontrollen von

- Fahrzeug
- Ladung
- Fahrer, Beifahrer, Passagieren

des Betriebes, der Betriebsangehörigen und der Betriebsfremden im Zusammenhang mit den Berechtigungen für

- Zufahrt
- Aufenthalt
- Ausfahrt

während und außerhalb der Arbeitszeit.

*2. Fahrzeugkontrolle*

*Rechtsgrundlagen* siehe 1.1.4. Ziff. 3

*Kontrollumfang*

- Fahrzeug
- Ladung
- Fahrer
- Beifahrer/Insassen.

*Durchführung*

- Bei vertraglich vereinbarten Kontrollen:
  Beachtung der Punkte 1.1.4. Ziff. 3.
  Üblicherweise werden diese Kontrollen z. B. durch die Betriebsordnung näher erläutert.
  Bei Kontrollverweigerung ist zusätzlich das amtliche Kennzeichen des Fahrzeuges zu registrieren.
- Bei aus Gesetz abgeleiteten Kontrollen:
  Beachtung der Punkte 1.1.4. Ziff. 3.
- Kontrolle durch zwei Werkschutzleute ausführen:
  Einer kontrolliert, der andere fungiert als Zeuge. Kontrolle sorgfältig ausführen. Symbolische Kontrollen sind nicht nur nutzlos, sie bringen den Werkschutz in Verruf und ermuntern sogar zu Straftaten.
- Ansonsten sind bei der Kontrolle auch die unter 1.1.4 aufgeführten Grundsätze zu beachten.

*3. Hilfsmittel der Kontrolle*

- Ausweise
- Fahrzeugbegleitpapiere
- Warenbegleitpapiere
- Verwiegeeinrichtungen.

### 1.2.1.3 Güterverkehr

*1. Einführung*

Der Waren-, Güter-, Materialverkehr unterliegt an den Ein- und Ausgängen der Überwachung, Regelung, Sicherung und Kontrolle durch den Werkschutz. Dabei erstrecken sich die Aufgaben auf das

- Betriebseigentum
- Eigentum der Betriebsangehörigen
- betriebsfremde Eigentum

Die *Aufgaben* umfassen in der Hauptsache Kontrollen in bezug auf den

- Eingang
- Verbleib
- Ausgang

während und außerhalb der Arbeitszeit.

*2. Betriebseigentum*

*Allgemeines*

Für die Abwicklung und Abfertigung von Waren, Gütern und Material bei Eingang oder Ausgang sind in der Regel die zuständigen betrieblichen Stellen verantwortlich (z. B. Wareneingangsstelle, Versandstelle, Hausverwaltung u. ä.). Dem Werkschutz obliegt die Kontrolle der Ordnungsmäßigkeit der An- und Abtransporte an den Ein- und Ausgängen des Betriebes.

*Waren, Güter, Material*

- Die Ordnungsmäßigkeit des An- und Abtransportes wird in der Regel mit entsprechenden Warenbegleitpapieren bzw. Fahrzeugbegleitpapieren nachgewiesen.
- Die Aus- oder Einlieferungen werden z. T. auch durch den Werkschutz im Rahmen des Verwiegedienstes abgewickelt.
- Darüber hinaus müssen entsprechende betriebliche Kontrollverfahren durch den Werkschutz bei Abfall, Altmaterial und aller der Entsorgung unterliegenden Güter (z. B. Altöl – Altölgesetz) angewendet werden.

*Leihwesen/Verkauf an Betriebsangehörige*

Der Ausgang und Rücklauf der Leihgegenstände sowie der Ausgang der an die Betriebsangehörigen verkauften oder abgegebenen Gegenstände müssen durch den Werkschutz anhand der vorgegebenen Vordrucke (Leihschein, Verkaufsschein, Überlassungsschein, Reparaturschein usw.) kontrolliert werden.

*Kontrollauswertung*

Auftretende Differenzen müssen mit den betroffenen Stellen geklärt werden. Besondere Umstände, z. B. Diebstahl oder erhebliche Unstimmigkeiten, müssen an zuständige Stellen gemeldet werden.

*3. Fremdeigentum*

Alle in Punkt 2 aufgeführten Grundsätze finden entsprechende Anwendung.

*Eingebrachtes Fremdfirmeneigentum*

Werkzeuge, Geräte, Maschinen usw. werden in der Regel von den beauftragten Fremdfirmen bei der Einbringung in den Betrieb dem Werkschutz gegenüber in Aufstellungen, Erfassungen, Registrierungen usw. nachgewiesen.

*Gepäckaufbewahrung*

Besucher, ggf. Betriebsangehörige, haben die an den Betriebseingängen eingerichteten Gepäckaufbewahrungen zu benutzen (Hilfsmittel: Schließfächer, Gepäckschein usw.). Im Interesse der ordnungsmäßigen Abwicklung sollte die Gepäckaufbewahrung schriftlich geregelt sein (z. B. durch Anweisung).

*Behandlung abgegebener Gegenstände*

Beim Empfang von Besuchern wird es häufig erforderlich sein, beim Werkschutz Wertgegenstände, wie z. B. Fotoapparate, vorübergehend zu verwahren.

*Beachte*

Bei der *Entgegennahme* festhalten:

- Eigentümer (bzw. abgebende Person),
- Kurzbeschreibung (Bezeichnung, Marke, Typ, Gerätenummer, Farbe),
- Abgabezeit und voraussichtliche Verwahrungsdauer.

Sichere *Verwahrung*

Zur Vermeidung von Störungen ist größte Vorsicht geboten.

- Vor Verlust, Beschädigung oder Veränderung schützen,
- die abgebende Person und den Empfänger zweifelsfrei identifizieren,
- Gegenstände z. B. in einem durch massive Wände abgetrennten Raum verwahren,
- zur Vermeidung unberechtigter Forderungen bei der Entgegennahme ggf. mit einer Kurzbeschreibung registrieren.

Bei *Abholung*

- Empfänger eindeutig identifizieren,
- Empfang schriftlich bestätigen lassen,
- Abholzeit festhalten.

*Aushändigung*

gegen Unterschrift

- an den Eigentümer/Verlierer nach eindeutiger Identifizierung,
- an das Fundamt, wenn der Eigentümer/Verlierer nicht festgestellt werden kann.

*4. Eingebrachtes Eigentum der Betriebsangehörigen*

Betriebsangehörige dürfen nur die persönlich unentbehrlichen, unmittelbar und mittelbar arbeitsdienlichen Sachen in die Betriebe einbringen (eingebrachtes, der Fürsorgepflicht unterliegendes Eigentum: z. B. Kleidung, Taschen, Fachbücher, ggf. Fahrzeuge). Die Mitnahme von weiteren, nicht arbeitsdienlichen Sachen unterliegt der Genehmigungspflicht der zuständigen betrieblichen Stellen.

Das sogenannte *eingebrachte* Eigentum wird von Betriebsangehörigen an den zugewiesenen Plätzen aufbewahrt (Garderobe, Spinde, Räume, Schreibtische, Arbeitsplätze usw.).

Die *Mitnahme* von sonstigen Gegenständen in den Betrieb kann nur mit zuständiger Genehmigung geschehen. Zur Kontrolle werden entsprechende Vordrucke (z. B. Mitnahmeberechtigungen) verwendet.

### 1.2.1.4 Sonderzugangsrechte

*1. Grundlagen der Sonderzugangsrechte*

Das Grundgesetz (Artikel 13) garantiert die Unverletzlichkeit der Wohnung. Diese Unverletzlichkeit erstreckt sich auch auf Arbeits-, Betriebs- und Geschäftsräume.

Das Grundgesetz bietet jedoch die Möglichkeit, dieses Grundrecht – insbesondere soweit die Arbeits-, Betriebs- und Geschäftsräume betroffen sind – einzuschränken.

Die Einschränkung des Grundrechts ist möglich, wenn folgende Voraussetzungen gegeben sind:

- Es muß ein besonderes Gesetz zum Betreten der Betriebsräume ermächtigen.
- Das Betreten der Räume muß einem erlaubten Zweck dienen und für dessen Erreichung erforderlich sein.
- Das Gesetz muß den Zweck des Betretens sowie den Gegenstand und Umfang deutlich erkennen lassen.
- Das Betreten der Betriebsräume ist in der Regel nur während der Betriebszeiten erlaubt (Ausnahmen z. B. Polizei, Feuerwehr).

*2. Beispiele des Sonderzugangsrechtes*

Besondere Gesetze begründen das Sonderzugangsrecht zu den Arbeits-, Betriebs- und Geschäftsräumen für bestimmte Personen, Institutionen und Behörden einerseits und die Duldungspflicht, z. B. von seiten des Grundstückseigentümers, Betriebsinhabers, andererseits.

Dazu gehören:

- Polizei (StPO)
- Feuerwehren (Landesbrandschutzgesetze)
- Gewerbeaufsichtsbeamten (Gewerbeordnung)
- Sachverständige der technischen Überwachungsvereine (Gewerbeordnung)
- Technische Aufsichtsbeamte der Berufsgenossenschaften (Reichsversicherungsordnung)
- Gewerkschaften (Betriebsverfassungsgesetz) u. a.

### 1.2.1.5 Fundsachen

*1. Fundsachen* sind Gegenstände, die auf dem Betriebsgelände gefunden wurden und nicht eindeutig als Eigentum des Betriebes bzw. eines Mitarbeiters des Betriebes oder eines Besuchers oder einer Fremdfirma identifiziert werden können.

Auf Betriebsgelände gefundene Gegenstände, die möglicherweise dem Betrieb gehören, sind wie Fundsachen zu behandeln, wenn sie an einem für sie nicht bestimmten Ort oder ohne Aufsicht durch einen dazu befugten Betriebsangehörigen aufgefunden werden.

*Annahme*

in Anwesenheit des Finders, dabei

- Beschreibung des Fundgegenstandes,
- Zählen und Festhalten von Geldbeträgen,
- Schätzen des Wertes des Fundgegenstandes,
- Ausfüllen einer Fundmeldung mit folgenden Daten:
  Beschreibung (Wert/Geldmenge) des Fundgegenstandes,
  gefunden – wann?
  wo?
  durch wen?

Name und Anschrift (Erreichbarkeit des Finders)

Unterschrift – Finder
Werkschutz.

*Verwahrung*

- Verlust, Beschädigung, Verderb vermeiden.
- Übergabe oder Mitteilung an Fundamt, wenn der Wert des Fundgegenstandes mehr als DM 10,– beträgt und der Verlierer nicht ermittelt wurde (§ 965 BGB).
- Ermittlungen zur Feststellung des Eigentümers/Verlierers.

*Aushändigung*

gegen Unterschrift

- an den Eigentümer/Verlierer nach eindeutiger Identifizierung
- an das Fundamt, wenn der Eigentümer/Verlierer nicht festgestellt werden kann.

*2. Behandlung abgegebener Gegenstände*

Beim Empfang von Besuchern wird es häufig erforderlich sein, beim Werkschutz Wertgegenstände, wie z. B. Fotoapparate, vorübergehend zu verwahren.

*Beachte*

Bei der *Entgegenahme* festhalten:

- Eigentümer (bzw. abgebende Person),
- Kurzbeschreibung (Bezeichnung, Marke, Typ, Gerätenummer, Farbe)
- Abgabezeit und voraussichtliche Verwahrungsdauer.

*Sichere Verwahrung*

Zur Vermeidung von Störungen ist größte Vorsicht geboten.

- Vor Verlust, Beschädigung oder Veränderung schützen,
- die abgebende Person und den Empfänger zweifelsfrei identifizieren,
- Gegenstände z. B. in einem durch massive Wände abgetrennten Raum verwahren,
- zur Vermeidung unberechtigter Forderungen bei der Entgegennahme ggf. mit einer Kurzbeschreibung registrieren.

Bei *Abholung*

- Empfänger eindeutig identifizieren,
- Empfang schriftlich bestätigen lassen,
- Abholzeit festhalten.

*Beachte*

Mit Ausnahme verderblicher Güter dürfen Fundsachen nicht verändert, im Wert gemindert oder gegen einen angemessenen Gegenwert weggenommen werden.

Auch das Wechseln gefundenen Geldes (z. B. Hartgeld gegen Geldscheine) ist unerlaubt.

### 1.2.2 Wach- und Streifendienst

#### 1.2.2.1 Objektschutz

Der Objektschutz umfaßt den *gesamten Betriebsbereich* (Menschen, Sach- und Vermögenswerte sowie die innerbetriebliche Ordnung). Ein großer Teil dieser Schutzaufgaben liegt *beim Werkschutz* im Wach- und Streifendienst.

Der Objektschutz schützt u. a.

- vor unbefugtem Zutritt/Aufenthalt
- gegen Betriebs- und Eigentumsdelikte
- vor Verrat von Betriebs- und Geschäftsgeheimnissen
- gegen Sabotage/Sachbeschädigung
- vor Störungen des Betriebsablaufs.

An *Kontrollen* können im Rahmen des Wach- und Streifendienstes erforderlich sein:

- Ausweiskontrollen (personelle Kontrollen/Mitarbeiter, Betriebsfremde)
- materielle Kontrollen (Gepäck-/Warenkontrollen)
- Zustandskontrollen.

*1. Der Wach- und Streifendienst*

muß alle auftretenden Schäden bekämpfen/beseitigen bzw. erforderliche Maßnahmen veranlassen, auch wenn sie in den Dienstanweisungen *nicht ausdrücklich* erfaßt sind.

*Streifengänge* werden durchgeführt

- während und außerhalb der üblichen Arbeitszeit
- in Bedarfsfällen (z. B. erhöhte Einbruchgefahr, Brandgefahr).

*Ausrüstung und Bekleidung* (nach Art des Einsatzes)

- Funksprechgeräte, Kontrollmittel (z. B. Kontrolluhren)
- Lampen (ggf. explosionsgeschützt)
- Fernglas
- Trillerpfeife
- zweckmäßige Bekleidung
- Bewaffnung (soweit erforderlich)
- Schutzhund.

*Hinweise*

- Nicht regelmäßig von Kontrollpunkt zu Kontrollpunkt gehen (Beobachtungshalte einlegen).
- Streifenweg öfter wechseln (räumlich und zeitlich ständig ändern).

- Auf besonders gefährdete Bereiche achten.
- Auf Gefahrenquellen achten.
- Beschädigung der Einfriedigung feststellen.
- Verbindung zur Zentrale halten (Funk, Telefon).
- Außentüren und Innentüren auf Verschluß überprüfen.
- Kontakt zu im Betrieb befindlichen Mitarbeitern halten.

Die *Aufgaben* liegen in der Kontrolle

- besonders zu schützender Bereiche,
- diebstahlsgefährdeter Stellen,
- ungesicherter, magnetisierbarer Datenträger,
- störanfälliger Anlagen,
- von Verstößen gegen Unfallverhütungsvorschriften,
- feuergefährlicher Arbeiten,
- der Einhaltung von Ge- und Verboten (z. B. Rauchverbot),
- der Tätigkeit des Fremdpersonals,
- von Nachlässigkeiten (offene Türen und Fenster, laufende Geräte und Maschinen, eingeschaltete Beleuchtung oder Geräte, laufende Wasserhähne, unbeaufsichtigte, in Betrieb befindliche Datenstationen u. ä.),
- von Beladevorgängen (Rampenbetrügereien),
- von Fahrzeugen im Betriebsgelände (Verkehrswidrigkeiten, Unregelmäßigkeiten, Zuladung, Tauschaktion usw.),
- verdächtigter Personen,
- von Rohrbrüchen,
- von Wasser-, Frosteinbrüchen,
- von Schäden durch Schnee,
- von Feuer, Explosion, Verpuffung.

*Bei allen Vorkommnissen ist*

- in der Regel zuerst Meldung an zuständige Vorgesetzte/Stellen zu machen,
- die Verpflichtung zum eigenen Einsatz entsprechend dem Vorfall (z. B. Unfallhilfe, Brandbekämpfung, Tatortsicherung, Unfallortsicherung, vorläufige Festnahme, Abwehr eines rechtswidrigen Angriffes) gegeben.

*2. Besichtigungen*

Zu weiteren Aufgaben des Werkschutzes gehört der Einsatz bei Betriebsbesichtigungen, die im Rahmen der Öffentlichkeitsarbeit durchgeführt werden.

Diese Besichtigungen stellen neben der Werbewirksamkeit auch ein *Sicherheitsrisiko* dar.

Die Verantwortlichen haben rechtzeitig und umfassend den Werkschutz über die Besuchergruppe zu unterrichten. Danach sind Vorbereitungen für Kontrollen und Begleitung zu treffen. Alle erforderlichen Maßnahmen sind im Betrieb abzustimmen.

Während der Besichtigung ist sicherzustellen, daß

- die festgelegten Besucherwege eingehalten werden,
- Fotografier- und Filmverbot eingehalten werden (Apparate auf der Wache gegen Quittung hinterlegen),
- Ausnahmegenehmigungen dem Werkschutz bekannt sind,
- keine Baustellen oder sonstige Gefahrenstellen betreten werden (z. B. Krananlagen, Eisenbahnübergänge, brennbares oder explosives Material),
- von der Gruppe abwesende Personen sofort gesucht werden (evtl. Rundgang abbrechen).

### 1.2.2.2 Schließwesen

*1. Aufgaben*

- Vermeidung des Zuganges oder der Zugriffsmöglichkeit zu räumlich abgetrennten Bereichen oder Behältnissen durch Unbefugte,
- Schutz von Personen gegen Angriffe,
- Vermeidung von Unfällen und Betriebsstörungen,
- Sicherung des materiellen und geistigen Eigentums vor Verlust oder Beschädigung,
- Festlegung von Geh- und Fahrwegen, z. B. kontrollierte Ein- und Ausgänge.

*2. Durchführung*

*Gebäudeein- und -ausgänge*

- müssen mit Ausnahme personell oder technisch kontrollierter Ein- und Ausgänge verschlossen sein; Notausgänge müssen von innen ohne fremde Hilfe jederzeit zu öffnen sein, dürfen nicht verschließbar sein und müssen deshalb verplombt werden. Regelmäßige Kontrolle!
- sollten beim Öffnen beim Werkschutz Alarm auslösen;
- müssen mit einer Sonderschließung versehen sein, zu der außer dem Werkschutz nur ein sehr begrenzter Personenkreis einen Schlüssel besitzt.

*Innentüren*

- dürfen außerhalb der Arbeitszeit nur dann verschlossen bleiben, wenn in dem gesicherten Bereich/Raum Werte, Informationen oder Gefahren vorhanden sind, die trotz eines hohen Schutzwertes auf andere Art nicht gesichert werden können;

- sollten außerhalb der Arbeitszeit offen stehen, um dem Werkschutz die Rundgänge zu erleichtern sowie die Möglichkeit zur frühzeitigen Feststellung von Bewegungen (z. B. Straftäter), Gerüchen (Brand, Gas), Rauchentwicklungen oder Schäden (Wasserrohrbruch) zu geben;
- dürfen durch den Werkschutz ohne Genehmigung des Raumverantwortlichen, z. B. zur Durchführung handwerklicher Tätigkeiten, nicht geöffnet werden, wenn die zuständige Funktion durch das Verschließen der Tür den unbefugten Zutritt verhindern wollte.

*3. Verwahrung von Schlüsseln*

- Zugriff Unbefugter verhindern;
- Übersichtlichkeit sicherstellen, z. B. durch verschiedene Farben der Schlüsselanhänger für festgelegte Gruppen, wie z. B. Notschlüssel, Verwaltung, Sekretärinnen, Ver- und Entsorgung, Reinigung;
- Festlegen einer durch den Verantwortlichen des gesicherten Bereiches unterschriebenen Auflistung aller abholberechtigten Personen;
- Ausgabe nur gegen Unterschrift oder anderen geeigneten (personenbezogenen) Nachweis;
- Zeitregistrierung bei Entgegennahme und Ausgabe, mindestens bei qualifizierten Schlüsseln.

*4. Verlust von Schlüsseln*

- Sofortige Meldung an Vorgesetzte und zuständige Fachfunktionen.

*5. Übergeordnete Schlüssel*

- Besonders sichere Verwahrung,
- keine Ausgabe an Personen außerhalb des Werkschutzes ohne besondere Genehmigung,
- beim Tragen zusätzliche Sicherungen verwenden, z. B. an der Bekleidung befestigte Kette.

### 1.2.2.3 Alarmdienst

*Einführung*

Jede Betriebsleitung ist für den Schutz und die Sicherheit aller Mitarbeiter im Rahmen der gesetzlichen Bestimmungen *verantwortlich.*

Art und Umfang von Schutzmaßnahmen sind u. a. in

- den aufgrund der Gewerbeordnung erlassenen Verordnungen,
- der Arbeitsstättenverordnung,

- dem gemäß der Reichsversicherungsordnung erlassenen Unfallverhütungsvorschriften,
- weiteren amtlichen Auflagen im Einzelfall und
- den Bekanntmachungen von Empfehlungen für den betrieblichen Katastrophenschutz (1972)

enthalten.

Alle Maßnahmen dieser Art gehören zu den arbeits-, versicherungs- und gewerberechtlichen *Fürsorgepflichten.*

Danach sind in den Unternehmen vorbereitende Maßnahmen für „besondere Vorkommnisse", wie Unglücks- und Katastrophenfälle, zu treffen.

Voraussetzung zum Funktionieren von Alarmierung und Einsatz aller erforderlichen Kräfte eines Betriebes ist das Vorhandensein eines Alarmierungs- und Einsatzplanes sowie einer Alarmzentrale.

Das dort eingesetzte Personal muß jederzeit in der Lage sein, Alarmmeldungen zu empfangen und nach Alarmierungsplan *erste* Maßnahmen einzuleiten.

### *1. Entgegennahme und Entschlußfassung für Alarmmeldung*

Bei der Abgabe einer Alarmmeldung hat von der empfangenden Stelle eine *Auswertung* nach folgenden Merkpunkten zu erfolgen. Aufgrund der Entschlußfassung werden dann die erforderlichen *Maßnahmen* für das eingetretene Ereignis getroffen (*Siehe Ablaufschema S. 51 sowie die Übersichten auf S. 56, 57*).

*Jede zeitraubende Maßnahme ist grundsätzlich zu vermeiden.*

– Jeder Alarm steht unter Zeitdruck –

Die Alarmierung verliert ihre Gültigkeit erst nach Durchführung sämtlicher festgelegter Maßnahmen.

Bei der Alarmierung sind die erledigten Maßnahmen „abzuhaken" und die nur teilweise erledigten Maßnahmen mit entsprechenden Vermerken zu versehen.

Bei der Durchführung aller erforderlichen Maßnahmen erleichtert/beschleunigt das Vorhandensein folgender Unterlagen den Gesamtablauf:

- *Karte* des Betriebes und der Umgebung (1:25000).
- *Stadt-* oder *Ortsplan* (1:10000)
  (mit eigenem Standort, Nachbarunternehmen, Straßennetz, Eisenbahnen, Wasserläufen, Hafen, Versorgungsleitungen, Ausweichläger, Polizei, Krankenhäusern, Feuerwehr usw.).
- *Betriebs-Übersichtsplan* (1:1000)
  (mit Einzäunung, Toren, Straßen, Parkplätzen, Bahnen, Werksfeuerwehr, Sanitätsstelle und allen Gebäuden).

## ABLAUFSCHEMA

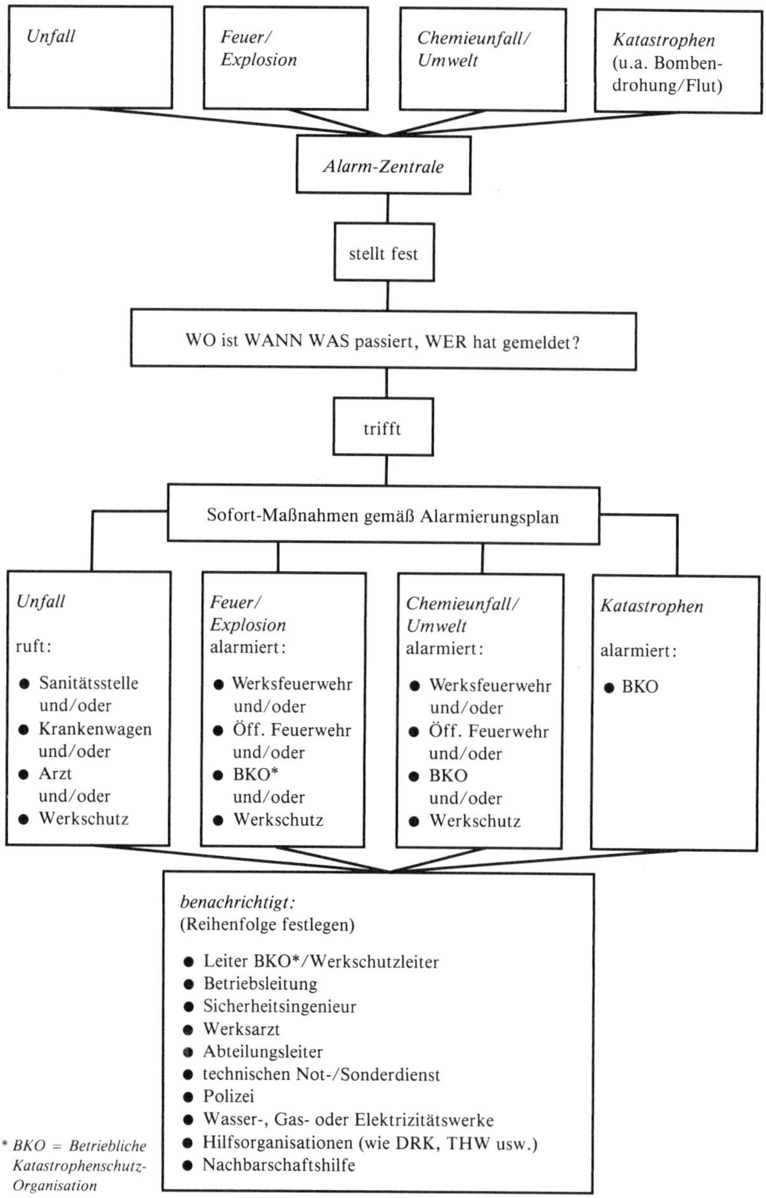


* *BKO = Betriebliche Katastrophenschutz-Organisation*

- *Plan* für die *einzelnen Gebäude* mit Belegschaftsstärke (1 : 1000).
- *Plan* über *innerbetriebliche Verkehrswege* (1 :1000) (Betriebsstraßen, Umgehungsstraßen, Gleise, Abstellgleise, Wasserwege, Hafenanlagen, Schiffsliegeplätze, Park- und Kfz-Abstellplätze, Tore, Zugänge).
- *Einzelpläne* über Wasserversorgung, Stromversorgung, Gasversorgung, Abwasserbeseitigung u. a. (1 : 1000).
- *Leitungspläne* über Ölleitungen, Säure, Preßluft-, Laugen-, Dampf-/ Heißwasserleitungen (1 : 1000).
- *Fernmeldeplan* (1 : 1000).
- *Brandschutzpläne* (1 : 1000) mit Angaben über den Standort von Feuerlöschern, Hydranten, Feuerlöschteich usw.
- *Pläne* von Lagern mit gefährlichen Gütern/Freilager.

**Anschriften und Telefonverzeichnis**

*Der Betrieb:*

- Anschrift
- Fernsprechanschluß
- Fernschreibanschluß

*Betriebsleitung:*

- Anschriften
- Fernsprechanschlüsse (Unternehmen/privat)

*Alarmzentrale:*

*Fernmeldezentrale:*

*Werkschutz:*

*Werksfeuerwehr:*

*Werksanitätsstelle:*

*Werksarzt:*

*Pfortendienste:*

*Abteilungsleiter:*

- Anschriften
- Fernsprechanschlüsse (Unternehmen/privat)

*Stromversorgung:*

*Bauabteilung:*

*Personalabteilung:*

*Läger:*

*Werkstätten:*

*Produktionsbetriebe:*

usw.

*Dienststellen der Hilfsorganisationen:*

Krankentransporte:
Technisches Hilfswerk (THW):
Bundesverband für den Selbstschutz (BVS):
Deutsches Rotes Kreuz (DRK):
Johanniter-Unfallhilfe:
Arbeiter-Samariter-Bund (ASB):
Malteser Hilfsdienst:
Ärzte der Nachbarschaft:

*Behörden - Dienststellen:*

Polizei:
Feuerwehr:
Katastrophenschutzamt:
Bundeswehr:
Umweltschutzamt:
Krankenhäuser:
Unfallstationen:
Gesundheitsamt:
Gewerbeaufsicht:
Berufsgenossenschaft:
Bezirksamt:
Handelskammer bzw. Industrie- und Handelskammer:
Handwerkskammer:
Arbeitsamt:
Technischer Überwachungsverein:
Fernmeldeamt:
Bundesbahn:
Bundespost:
Elektrizitätswerke:
Wasserwerk:
Gaswerk:

2. Der *Einsatzkalender* ist von dem für die Gesamtsicherheit des Betriebes zuständigen Mitarbeiter unter Verantwortung der Betriebsleitung zu erstellen und fortzuschreiben.

Er gibt *allen Verantwortlichen* und den für den Einsatz eingeteilten Mitarbeitern Einzelaufträge in organisatorischer, personeller und materieller Hinsicht für die Schadensbekämpfung.

Die *Anzahl* der Seiten des Einsatzkalenders sind im Seitenverzeichnis zu führen.

*Führen des Einsatzkalenders*

Was muß ersichtlich sein?

*Zeitlicher Ablauf des Vorkommnisses*

- Eingang der Meldung (Merkpunkte)
  WER?
  WANN?
  WAS?
  WO?
  WIE?
  WARUM?
  WODURCH?
- Vorgenommene Alarmierungen und Informationen.
- Alle Maßnahmen und Anweisungen.
- Alle eingehenden Meldungen und Anweisungen.
- Wichtige Rückfragen.
- Wichtige Beobachtungen.
- Besonderheiten.
- Uhrzeit bei jeder Eintragung.

*Zweck und Auswertungsmöglichkeiten des Einsatzkalenders*

- Übersicht des Einsatzablaufes und seine Auswertung.
- Erkennen von Einsatzfehlern und Abwägen von getroffenen Maßnahmen.
- Nachweis, ob alle Maßnahmen
  erforderlich waren,
  rechtzeitig eingeleitet waren,
  zweckmäßig waren.

*Beispiele für Einzelheiten*

- Ausgabe von Einzelanweisungen.
- Regelung des Schichtwechsels, evtl. Änderung der Schichteinteilung im Einvernehmen mit der Leitung des Betriebes (Vermeidung von Zusammenballungen auf Straßen, Parkplätzen usw.).
- Überwachung der Durchführung der gesamten Alarmanweisungen.
- Vorbereitung für Erfahrungsbericht.

*3. Flucht- und Rettungsplan (siehe auch § 55 ArbStättV)*

Auch die Räumung oder Teilräumung des Betriebes im Gefahrenfall ist im *Einsatzplan* festgelegt.

Zu den durch Verordnung geforderten vorbereitenden Maßnahmen gehört auch die Erstellung eines *Flucht- und Rettungsplanes.*

Dieser hat für Mitarbeiter (Eigenrettung) und für Besucher Bedeutung.

Da in beiden Fällen höchste Eile geboten ist, müssen alle nötigen Anordnungen kurz und verständlich sein.

Als Schnellinformation ist der *Lageplan* mit Hinweisen und Ausschilderung geeignet bzw. vorgeschrieben.

Das *Schema für einen Flucht- und Rettungsplan* findet sich auf den *Seiten 58/59.*

**1.2.2.4 Brandschutz**

*1. Vorbeugung*

Der Unternehmer ist gesetzlich verpflichtet, erforderliche und geeignete Maßnahmen für den Brandschutz zu schaffen.

Die in § 120a GewO und VBG 1 enthaltene öffentlich-rechtliche Verpflichtung des Unternehmers zum Brandschutz wird in folgenden Bestimmungen konkretisiert:

- In einer Vielzahl von Einzel-Unfallverhütungsvorschriften der Berufsgenossenschaften, die für bestimmte Betriebsarten bzw. Tätigkeiten ergangen sind, sowie in Durchführungsregeln und Erläuterungen zu diesen Unfallverhütungsvorschriften,
- in der Verordnung über Arbeitsstätten (Arbeitsstättenverordnung – ArbStättV –) vom 20. März 1975,
- in den Landesbauordnungen der Länder.

*Betrieblicher Brandschutz*

Allgemein ist der Betriebsablauf unter brandschutztechnischen Gesichtspunkten mitzugestalten. Danach sind

- brennbare Stoffe von Zündquellen fernzuhalten,
- die Mengen brennbarer Stoffe auf das für den Produktionsvorgang erforderliche Minimum zu begrenzen,
- brennbare Stoffe, Halbzeuge und fertige Produkte brandschutztechnisch getrennt zu lagern.

## BEISPIEL FÜR ALARMIERUNG

| Katastrophenarten / zu alarmierende Hilfsdienste, z.B. | Feuerwehr, Werksfeuerwehr | Werkschutz | Arzt, Werksarzt, Krankentransporte, Sanitätsdienste | Instandsetzung (THW falls erforderlich) | Strahlenschutztrupp und -beauftragter | Chemietrupp | Behörden | Gewerbeaufsichtsamt falls erforderlich |
|---|---|---|---|---|---|---|---|---|
| Unfall | ● | ● | ○ | | | | | |
| Feuer/Explosion | ● | ● | ○ | | | | | |
| Wasser/Hochwasser | ● | ● | | ● | ● | ● | | |
| Unwetter (Sturm, Eis, Schnee) | ● | ● | | | | | ○ | |
| Einsturz | ● | ● | ○ | ● | | | | |
| Verkehrskatastrophe (Eisenbahn, Flugzeug) | ● | ● | ● | ○ | | | | |
| Chemikalien: Ölkatastrophe | ● | ● | | | | ● | ● | ○ |
| Chemikalien: Auslaufen brennbarer Flüssigkeiten | ● | ● | ○ | ○ | | ● | ○ | |
| Chemikalien: Auslaufen von Säuren | ● | ● | ● | | | ● | | |
| Erdbeben/Erdrutsch | ● | ● | ● | ● | | ● | ● | |
| Radioaktive Verstrahlung | | ● | ● | | ● | | | ● |
| Bombendrohung | ○ | ● | | ● | | | ● | |

○ wenn erforderlich ● immer

## MASSNAHMEN DES WERKSCHUTZES

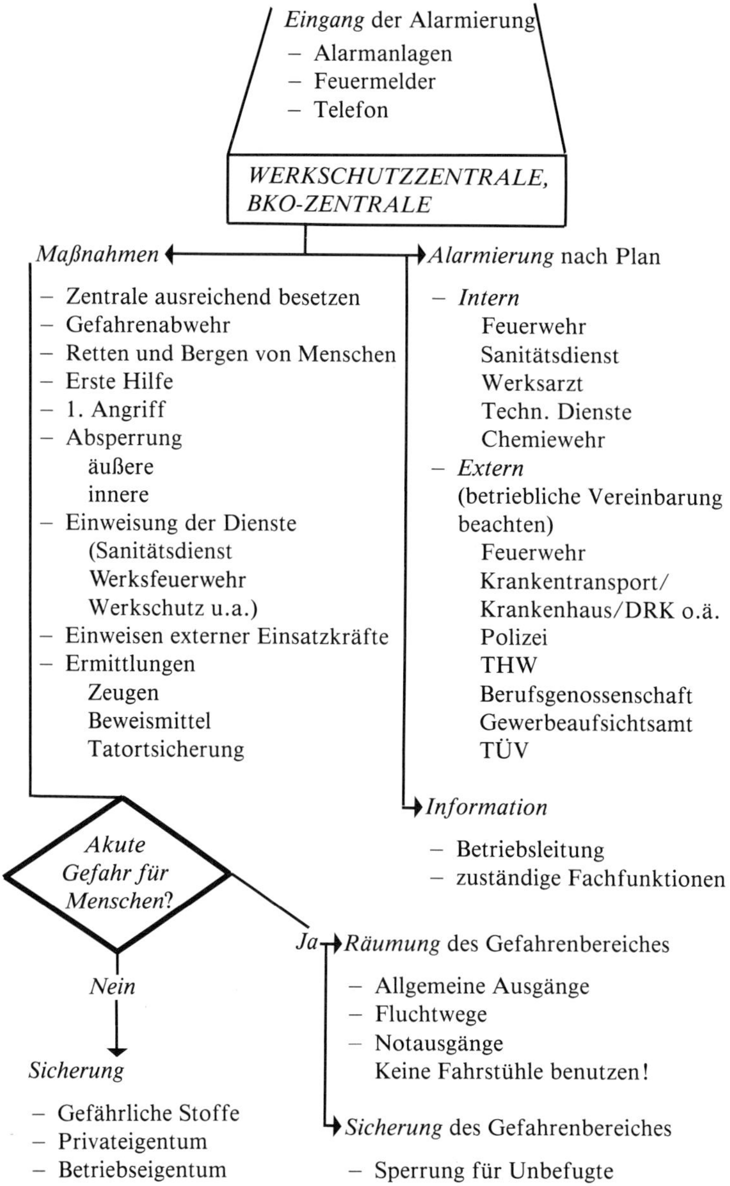

**Beispiel „Flucht- und Rettungsplan" (Teil 1)**

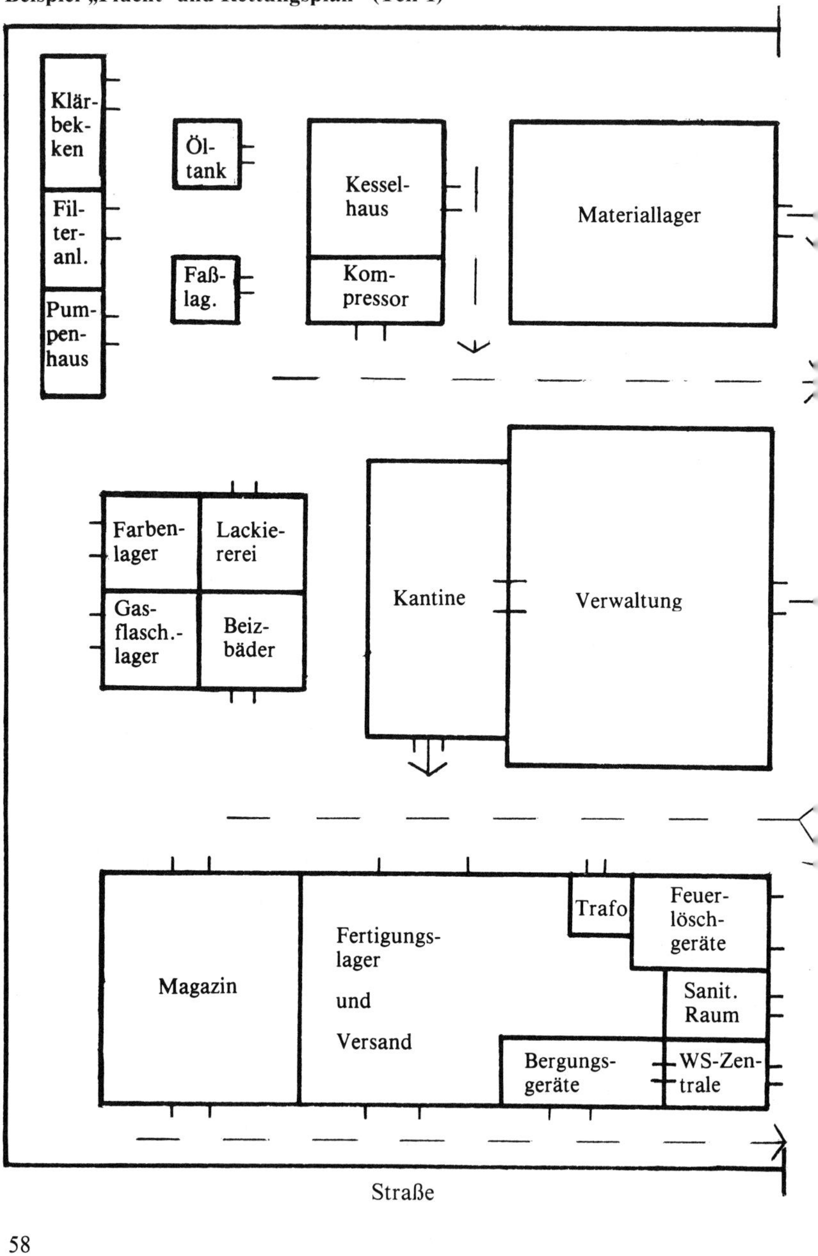

**Beispiel „Flucht- und Rettungsplan" (Teil 2)**

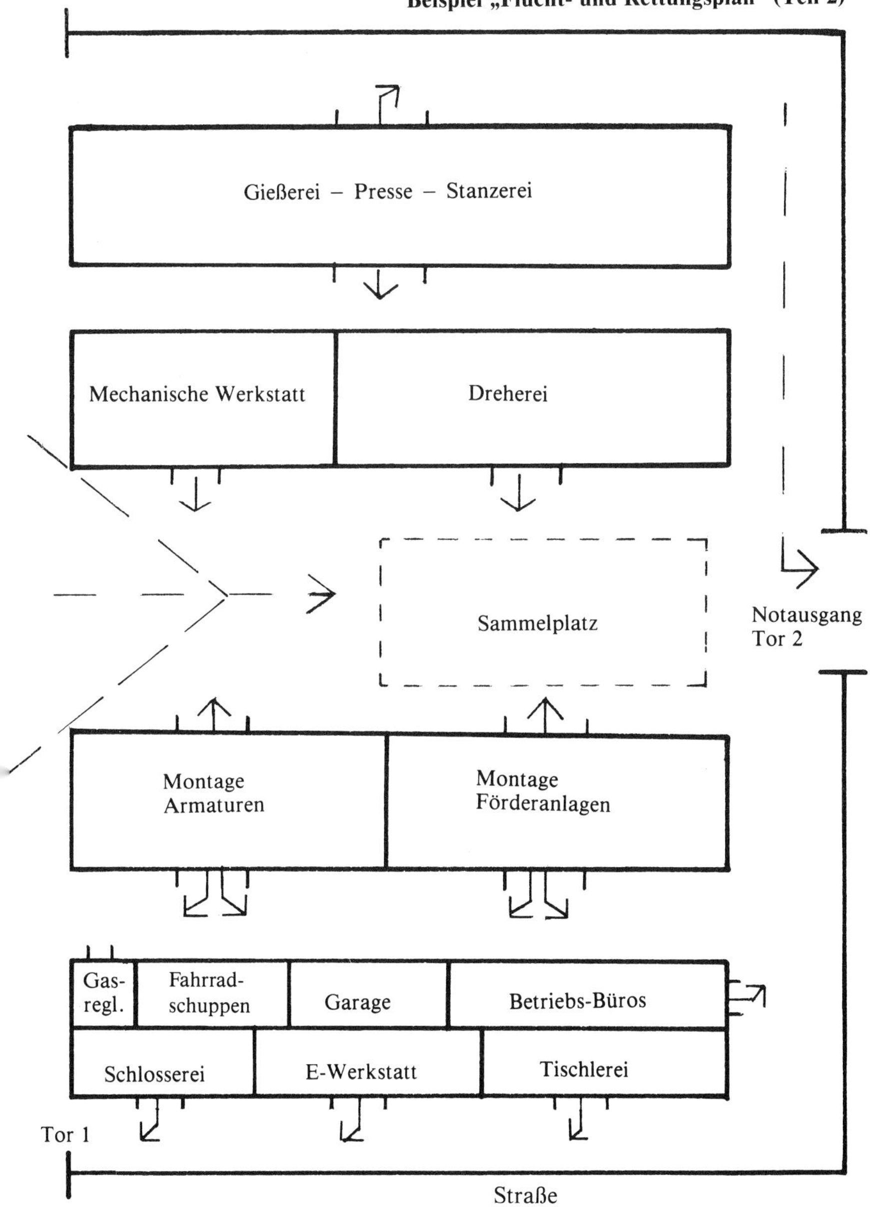

Ordnung und Sauberkeit sind Voraussetzungen eines erfolgreichen Brandschutzes.

*Sicherheitsmaßnahmen zur Brandverhütung*

- Altpapier und feuergefährliche Abfälle nicht auf Dachböden, in Heizräumen und Garagen lagern.
- Gebrauchte Putzlappen können sich von selbst entzünden. Deshalb nur in feuerfesten, verschlossenen Behältern lagern. Dies gilt auch für Späne brennbarer Metalle.
- Auf gefahrlose Lagerung brennbarer Flüssigkeiten achten. An Arbeitsplätzen nur den Bedarf für eine halbe Arbeitsschicht aufbewahren.
- Vorsicht beim Arbeiten mit brennbaren Flüssigkeiten, beim Umfüllen, beim Transport.
- Leere Sprühdosen nicht in Heizungsöfen werfen. Explosionsgefahr!
- Bei Schweiß- und anderen Feuerarbeiten unbedingt Vorschriften und Schutzmaßnahmen beachten. Feuerarbeiten, die außerhalb der dafür vorgesehenen Werkstätten durchzuführen sind, dürfen nur nach vorhergehender Kontrolle und Freigabe begonnen werden.
- Auftauarbeiten nie mit offenem Feuer oder Schweißbrenner durchführen.
- Zigarren- oder Zigarettenreste nie in Abfalltonnen oder aus dem Fenster werfen.
- Aschenbecher nie in den Papierkorb leeren.
- Sicherungen niemals – auch nicht zur kurzfristigen Überbrückung eines Notstandes – flicken.
- Elektrogeräte auf feuerfeste Unterlage stellen.
- Heizgeräte nicht in unmittelbarer Nähe von Möbeln oder Gardinen in Betrieb nehmen.
- Elektrische Geräte beim Verlassen des Arbeitsraumes abstellen bzw. Netzstecker ziehen.
- Rettungswege und Ausgänge müssen stets frei bleiben.
- Rauchverbot streng beachten!
- Nicht mit dem Feuerlöscher spielen. Keine Plomben abreißen, nicht am Ventil drehen.
- Unbrauchbare oder beschädigte Feuerlöschgeräte melden.
- Mitarbeiter auf Verstöße gegen Feuerschutzbestimmungen hinweisen.

*Kenntnisse des Werkschutzes im Brandschutz*

Der einzelne Werkschutzangehörige muß im Rahmen seiner Aufgaben folgende Kenntnisse besitzen:

- Die Brandschutzordnung seines Betriebes,
- Auslösen und Maßnahmen des Feueralarms,

- Standorte der Feuerlöschgeräte (stationäre und bewegliche), Löschwasseranschlüsse, Feuermeldeanlagen (*siehe Schaubilder S. 67, 68*),
- Einsatzmöglichkeiten der Feuerlöschgeräte,
- Brandabschnitte in den Gebäuden,
- Angriffswege, gefangene Räume, Schließtüren, Rauchabzugseinrichtungen, Gaswarnanlagen,
- Haupt-Absperr- und Abschaltanlagen (-einrichtungen) für Gas, Wasser, Strom,
- Lagerung brennbarer Flüssigkeiten,
- sonstige besondere Gefahrenpunkte,
- Flucht- und Rettungswege,
- Lesung und Deutung der Schilder der Hydranten und Löschwasserstellen,
- Kennzeichnung von Rohrleitungen nach dem Durchflußstoff gemäß DIN 2403,
- Kennzeichnung von Fahrzeugen nach der Gefahrgutverordnung Straße (orangefarbene Tafeln).

*2. Abwehr*

Kenntnisse des Werkschutzes im abwehrenden Brandschutz, *siehe* dazu auch die *Abbildung S. 63*.

Der einzelne Werkschutzangehörige muß im Rahmen seiner Aufgaben folgende Tätigkeiten ausüben können:

- Kontrolle der Feuerbekämpfungsgeräte und -mittel auf ihre Einsatzfähigkeit,
- Handhabung der Feuerlöschgeräte (Handfeuerlöscher),
- Hydrantenbedienung,
- Brandklassen-Unterscheidungen.

*Verhaltensregeln für den Brandfall*

Taktischer Grundsatz (Regelfall):

MELDEN – RETTEN – BEKÄMPFEN

(Ausnahmebeispiel: große Eigengefährdung).

*Melden*

Nach Rettung melden; waren keine Menschen zu retten, dann immer zuerst melden.

(Genaue Angaben über Brandstelle – Gebäude, Stockwerk, Abteilung – Ereignis und eigenes Verhalten).

*Retten*

Beim Eintreffen an der Brandstelle zuerst prüfen, ob Menschen in Gefahr sind.

*Wenn ja:* Rettung aus der Gefahr durchführen.
Auch Menschen in der Umgebung warnen.

*Bekämpfen*

Nachdem Retten und Melden ausgeführt wurde, muß sofort – sofern noch möglich – mit der Brandbekämpfung mit den zur Verfügung stehenden Geräten begonnen werden. Dieser Einsatz hat so lange zu erfolgen, bis

- das Feuer gelöscht ist,
- die Feuerwehr eintrifft,
- das Ausmaß des Feuers zum Rückzug zwingt.

In Kleidern brennende Menschen dürfen nicht laufen; am Boden wälzen, Feuerlöschdecken benutzen.

Türen, besonders in Brandwänden, schließen, Belüftungsanlagen abstellen, um Brandausbreitung und Zugluft zu verhindern.

Treppenräume und Fluchtwege vor Verqualmung schützen.

Bei Verwendung von Atemfiltern in verqualmten Räumen besteht Erstickungsgefahr und Vergiftungsgefahr. In Bodennähe ist am ehesten noch atembare Luft und auch bessere Sicht zu erwarten. Nasse Tücher vor Nase und Mund halten.

Verwendung von Atemschutzgeräten setzt Ausbildung voraus!

Im Notfall Brandstelle über die sichersten Rückzugswege (Ausgänge, Treppen, Notausstiege) rasch, jedoch ohne Panik, verlassen.

Bei der Räumung der Gebäude keine Aufzüge benutzen!

Verhalten bei Gefahr
F
112
Feuer!
Alarmieren!
Retten!
Brand bekämpfen!
Fahrstuhl
nicht benützen!
Treppen benützen!
Fluchtweg
Fluchtwege benützen!
Bei Räumung und Flucht:
Versehrten helfen!
Wichtige Geräte und Dokumente sichern!
Nach Räumung:
Sammelplatz aufsuchen
Vollzähligkeit feststellen

*Sicherheitsmaßnahmen*

Die Kontrolle erfolgt im Rahmen der Streifengänge des Werkschutzes.

- In den Räumen müssen alle elektrischen Verbraucher sowie die Licht- und Kraftverteiler ausgeschaltet, die Stecker von beweglichen Lampen und Geräten aus den Steckdosen gezogen und die Gas- und Wasserhähne geschlossen sein (Gashähne müssen direkt an den festen Rohren und nicht nur an den Schläuchen gesperrt sein).
- Gebrauchte Putzlappen, ölige Metallspäne, Holzabfälle, Holzwolle, Papierabfälle, Müll, Asche und dergleichen müssen aus den Betriebsräumen und Büros entfernt und zu den vorgesehenen Sammelstellen gebracht werden.
- Arbeitsplätze und Maschinen sind gründlich zu reinigen. Besonders sorgfältig sind Rückstände zu entfernen, die zu Bränden und Explosionen führen können, wie z. B. Lack- und Lösemittelreste, Magnesiumspäne, Zirkonstaub oder Kunststoffabfälle.
- Behälter mit brennbaren Flüssigkeiten sind gut zu verschließen und in den vorgeschriebenen eisernen Schränken unterzubringen. Transportable Schweiß- und Brenngeräte müssen an die dafür bestimmten Stellen gebracht werden.
- Feuerlöschgeräte, Hydranten, Feuermelder, Rauchklappenzüge und Hauptschalter für Licht und Kraft müssen zugänglich sein.
- Die Wege und Türen in den Werkstätten müssen stets in ihrer ganzen Breite frei sein. Treppenhäuser und -absätze sind unbedingt freizuhalten und dürfen nicht durch Kisten, Gasflaschen, Transportgeräte oder Werkzeuge eingeengt oder verstellt werden.
- Einfahrten, Tore und Hofwege müssen frei bleiben, um die ungehinderte Anfahrt der Feuerwehr zu ermöglichen.
- Die Lager- und Ausgabefenster, Drosselklappen, Schränke und Tischkästen müssen geschlossen werden.
- Aus Fertigungsgründen durchgehend betriebene elektrische Anlagen und Dauerversuche müssen dem Werkschutz gemeldet werden.
- Vor, während und nach Schweißarbeiten sind die Arbeitsstellen in entsprechenden Zeitabständen mehrfach – auch nach Arbeitsschluß – besonders sorgfältig zu kontrollieren.
- Sicherheitsschilder für die Elektrotechnik (Verbots-, Gebots- und Warnschilder) sind anzubringen, *siehe Schaubild S. 65.*

**Sicherheitsschilder für die Elektrotechnik nach DIN 40 008, Bl. 1–6/75**

**El-Verbotsschilder (V)**

Farben:
Beschriftung – schwarz
Kontrastrand – rot
Untergrund – weiß

**El-Gebotsschilder (G)**

Farben:
Beschriftung – weiß
Untergrund – blau

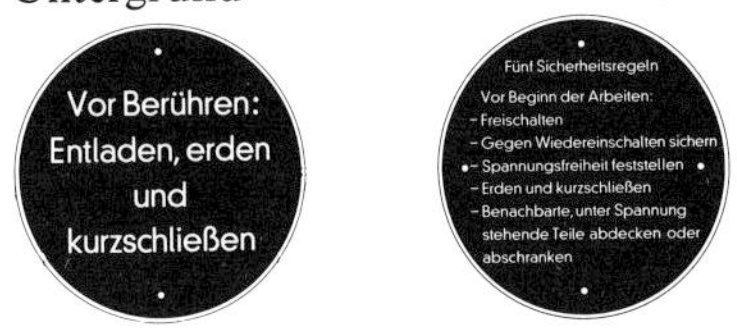


**El-Warnschilder (W)**
Hochspannung –
Vorsicht! Lebensgefahr!

Farben:
Rand und Beschriftung – schwarz
Blitzpfeil – rot
Untergrund – gelb

DIN 14 ... Feuerwehrnormen

*Vereinigung zur Förderung des Deutschen Brandschutzes e. V. (VFDB)*

Vorbeugender Brandschutz/Richtlinien und Merkblätter

*Verband der Sachversicherer e. V.*
§ 7 Allgemeine Feuerversicherungs-Bedingungen (AFB)
Form 2001 Merkblatt für die Ausrüstung der Betriebe mit Feuerlöschern.

### 1.2.2.5 Rettungs- und Hilfsdienst

*1. Betriebliches Rettungswesen*

Ziele, Aufgaben und Funktionen des betrieblichen Rettungswesens entsprechen grundsätzlich denen des öffentlichen Rettungsdienstes. Für beide ist die Forderung verbindlich, an Ort und Stelle Hilfe zu leisten bzw. in kürzester Zeit den optimal ausgebildeten und ausgerüsteten Helfer (ggf. Arzt) an den Notfallort zu bringen, um eine lebensbedrohende Gefahr abzuwenden und die Transportfähigkeit herzustellen.

Es ist anzustreben, die in vielen Groß- und Mittelbetrieben vorbildliche Organisation des Rettungswesens sinngemäß auf alle Betriebe zu übertragen.

Hierzu gehören:

- Schaffung der notwendigen sachlichen Voraussetzungen, wie insbesondere der Erste-Hilfe-Raum gemäß dem Merkblatt „Grundanforderungen an Erste-Hilfe-Räume in Betrieben". Bei besonderer Gefährdung zusätzliche Bereitstellung spezieller Hilfsmittel.
- Aufbau eines Alarm- und Meldesystems mit Verbindung zum öffentlichen Rettungsdienst.
- Ständige Einsatzbereitschaft gut ausgebildeter und gut ausgerüsteter Ersthelfer und Fachkräfte entsprechend den jeweils gegebenen Betriebsverhältnissen in Art und Umfang.
  Es sollen etwa 10 Prozent, jedoch mindestens 2 der anwesenden Betriebsangehörigen als Ersthelfer ausgebildet sein. Die Ausbildung des Ersthelfers umfaßt 8 Doppelstunden. In Betrieben mit besonderen Gefährdungen (z. B. durch elektrischen Strom oder gefährliche Arbeitsstoffe) sind zusätzliche Ausbildungen erforderlich (z. B. Herz-Lungen-Wiederbelebung).
- Für Betriebe mit geringer Unfallgefährdung ist der Einsatz von Betriebssanitätern zu fordern, deren Mindestausbildung etwa der des Sanitätshelfers der Sanitätsorganisationen entspricht.
  In Betrieben mit erheblicher Unfallgefährdung sind Betriebs- und Rettungssanitäter in ausreichender Zahl einzusetzen.
  Die Ausbildung des Betriebs-Rettungssanitäters entspricht der des Rettungssanitäters unter zusätzlicher Berücksichtigung der besonderen betrieblichen Belange.
  Für das gesamte Personal des betrieblichen Rettungswesens ist die ständige Wiederholung der Ausbildung erforderlich. Bei Ersthelfern wird die Wiederholung des Erste-Hilfe-Lehrgangs nach 3 Jahren verlangt.
  Die Ausbildung in der Herz-Lungen-Wiederbelebung soll längstens nach einem Jahr wiederholt werden.
  Betriebssanitäter und Betriebs-Rettungssanitäter sind durch geeignete Fortbildungsmaßnahmen auf der Höhe des Ausbildungsstandes zu halten.

*2. Durchführung von außerbetrieblichen Rettungs- und Krankentransporten*

*Der außerbetriebliche Rettungs- und Krankentransport*

Reichen die Maßnahmen der Ersten Hilfe, die vom Ersthelfer oder durch den Betriebsarzt bzw. den Betriebssanitäter am Ort des Geschehens oder auf der Erste-Hilfe-Station getroffen werden, wegen der Schwere der Verletzung nicht aus, so kommt die ärztliche (fachärztliche) Versorgung im Krankenhaus in Betracht. Dem Transport des Verletzten dorthin, dem Rettungs- und Krankentransport also, kommt eine erhebliche Bedeutung zu.

Auf den außerbetrieblichen Rettungs- und Krankentransport muß sich der Betrieb sorgfältig vorbereiten. Dabei sind personelle, technische und organisatorische Probleme zu lösen. Sie sind zu planen und sorgfältig vorzubereiten.

E 3 Hinweisschild für Treppe, die nicht bis zum Dachgeschoß bzw. nicht in das letzte Untergeschoß führt

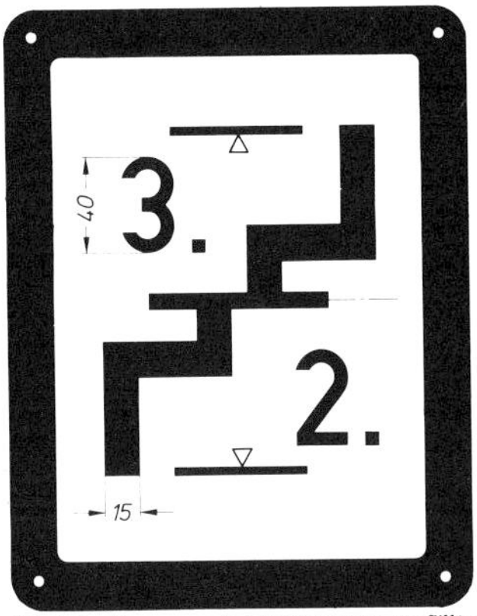


Führt die Treppe nur in Obergeschosse, so fällt die sinnbildliche Darstellung der Treppe zum Untergeschoß unterhalb der Niveaulinie weg.
Gleiches gilt entsprechend für die Kennzeichnung von Treppen, die nur in Untergeschosse führen.

Übrige Maße wie Schild E 1

E 4 Hinweisschild für Brandwand, die nicht ohne weiteres erkennbar ist oder durchbrochen ist

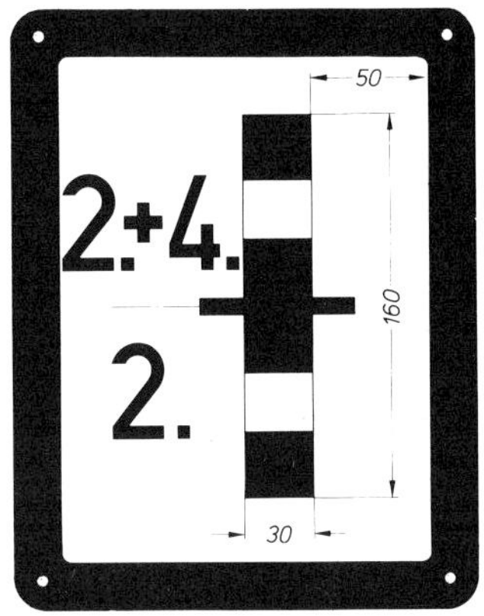


Bei einem Hinweisschild für eine Brandwand, die nicht ohne weiteres erkennbar aber nicht durchbrochen ist, fallen in der Darstellung die Aussparungen weg. Führt die Brandwand nur durch Obergeschosse, so fällt die sinnbildliche Darstellung der Brandwand unterhalb der Niveaulinie weg.

Bezeichnung eines Hinweisschildes E 1:

Schild E 1 DIN 4066

Bei der Bestellung sind außerdem zu vereinbaren:

bei E 1: Entfernungen für die Lage der Einspeisung zum Schild in Meter (auf eine Dezimale gerundet), z. B. 2 m rechts neben dem Schild und 6,1 m vor dem Schild (siehe Bild),

bei E 3 und E 4: Geschoßbezeichnung
Bildinhalt

FS Hinweisschild für Feuerlöschgeräte, die auch von Selbsthilfekräften eingesetzt werden können (z. B. Feuerlöscher, Wandhydranten), Maße siehe Tabelle 2.

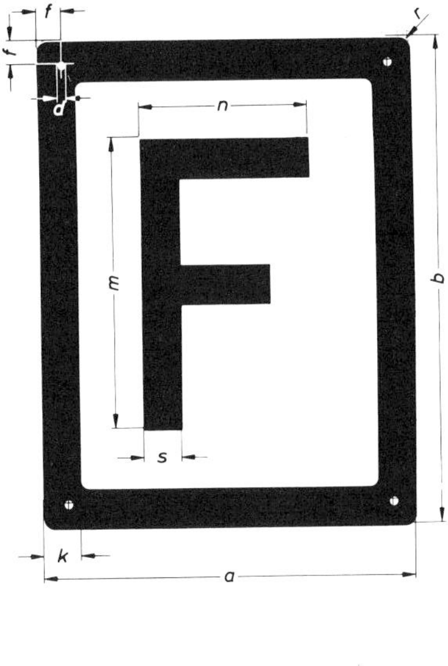


Bezeichnung eines Hinweisschildes FS der Größe 105 mm × 148 mm:

Schild FS 105 × 148 DIN 4066

Anwendungsbeispiele:

Durch Zusammensetzen von 2 Hinweisschildern unter einem Winkel von 90° zueinander und von 45° zu einer Wand kann dieser Körper zum Kenntlichmachen von Feuerlöschgeräten in Gebäuden (z. B. in Treppenräumen, langen Fluren) dienen. Dieses Prisma kann auch als Leuchtkörper ausgebildet werden.

Desgleichen können 3 Hinweisschilder zu einem Dreikantprisma oder 4 Hinweisschilder zu einem Quader zusammengesetzt werden. Im Freigelände sind diese Körper mindestens 2500 mm über Erdoberfläche anzuordnen.

Das Hinweisschild FS kann durch einen Richtungspfeil auf einem Hinweisschild D 2 ergänzt werden.

Tabelle 2.

| Schildgröße nach DIN 825 a x b | d | f | k | m | n | r | s |
|---|---|---|---|---|---|---|---|
| 105 x 148 | 3,6 | 10 | 15 | 85 | 45 | 5 | 12 |
| 200 x 250 | 4,8 | 12 | 20 | 150 | 90 | 6 | 20 |
| 400 x 500 | 5,8 | 18 | 40 | 300 | 180 | 8 | 40 |

**H Hinweisschild für Hydranten**

Das Hinweisschild H dient zur Kenntlichmachung von Hydranten auf weite Entfernungen, z. B. auf Betriebsgeländen oder in Ausstellungshallen.

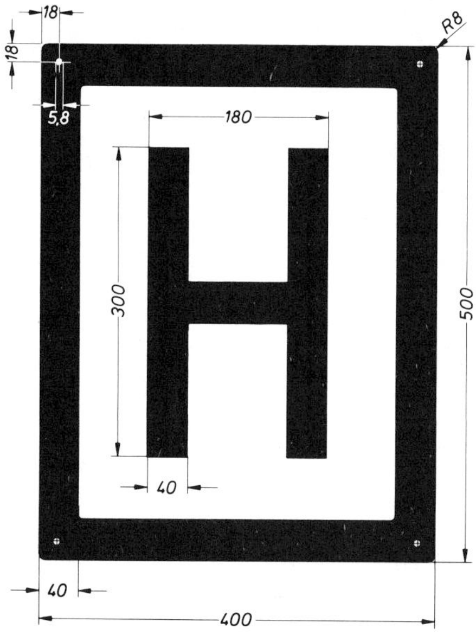


Anwendungsbeispiele siehe Hinweisschild FS.

Bezeichnung eines Hinweisschildes H: Schild H DIN 4066

Werkstoff: Metall oder Kunststoff nach Vereinbarung

Ausführung: Schlag- und korrosionsfest, alterungs- und lichtbeständig

- ungebohrt
- emailliert
- bedruckt
- gemalt
- Schrift auswechselbar
- beidseitig beschriftet

} nach Vereinbarung

Beschriftung:

Schriftform: Fette Eng- oder Mittelschrift nach DIN 1451

Schriftgröße: Entsprechend den Maßangaben in den Bildern bzw. der Tabelle

*Vorbereitung des Transportes in kleinen und mittleren Betrieben*

Die Vorbereitungen hängen wesentlich von der Größe, aber auch von der Art des Betriebes ab. Der kleine und mittlere Betrieb wird sich im allgemeinen der Rettungseinrichtungen im öffentlichen Bereich bedienen. Eigene betriebliche Krankenkraftwagen (Krankentransportwagen oder Rettungswagen) kommen aus finanziellen und personellen Gründen häufig nicht in Betracht.

Für derartige Betriebe gilt es, sich mit den an ihrem Sitz vorhandenen Rettungstransportmöglichkeiten vertraut zu machen.

Das Rettungstransportwesen ist zur Zeit in den einzelnen Bundesländern noch unterschiedlich geregelt. Es kommen als Träger sowohl öffentliche Institutionen (z. B. die Berufsfeuerwehr) als auch die Erste-Hilfe-Organisationen (Arbeiter-Samariter-Bund, Deutsches Rotes Kreuz, Johanniter-Unfall-Hilfe und Malteser-Hilfsdienst) sowie Krankenhäuser und private Unternehmen in Betracht.

Wichtig ist für kleinere und mittlere Betriebe, in ihren Betriebsstätten durch entsprechende Aushänge die zur Verfügung stehenden Transportmöglichkeiten bekanntzumachen. Steht am Ort des Betriebssitzes ein Rettungswagen, der unter ärztlicher Beteiligung eingesetzt wird, zur Verfügung, ist dieser natürlich in die Planung einzubeziehen. Soweit die Rettungswagen über besondere Rufnummern der Rettungsleitstellen oder der Rettungswachen erreichbar sind, müssen sie den für die Erste Hilfe im Betrieb verantwortlichen Personen neben der allgemeinen Notrufnummer bekannt sein. Sie sind durch Aushang (am Fernsprecher) bekanntzugeben.

*Vorbereitung in größeren Betrieben*

Anders liegen die Verhältnisse in größeren Betrieben mit erhöhter Unfallhäufigkeit. Selbstverständlich gelten hier zunächst die gleichen Empfehlungen, sich über die Transportmöglichkeiten zu informieren. Durch den gehäuften Bedarf wird es zu einer regelmäßigen Zusammenarbeit mit den Rettungsleitstellen oder Rettungswachen kommen. Das verlangt u. U. auch Vereinbarungen oder Absprachen, um im Bedarfsfall vorbereitet zu sein. Von besonderer Bedeutung kann das bei größeren Unglücksfällen werden, wenn eine Vielzahl von Verletzten gleichzeitig zu versorgen ist. Bei solchen Absprachen werden u. a. die Art des Betriebes, die Produktionsweise und die örtlichen Verhältnisse zu berücksichtigen sein.

*Betriebseigene Krankenkraftwagen*

Für den Rettungs- und Krankentransport sollten die Unternehmen nur die im DIN-Normblatt „Krankenkraftwagen" (DIN 75080, Blatt 1 – 3) beschriebenen Fahrzeuge verwenden, also den Rettungswagen oder den Krankentransportwagen.

*Transportvorbereitung bei bestimmten Verletzungen*

Je nach der für einen Betrieb eigentümlichen Gefährdung können bestimmte Verletzungen, die eine sofortige Verbringung in eine Spezialheilanstalt erfordern, zu erwarten sein. Zu denken ist, neben Wirbelsäulenverletzungen mit Querschnittslähmungen, an schwere Schädel-Hirn-Verletzungen, an schwere Verbrennungen. Die Unfallversicherungsträger haben Verzeichnisse der Spezialkliniken erstellt, die auf die Behandlung derartiger Verletzungen eingerichtet sind. Es gehört zu den Vorbereitungsmaßnahmen des Betriebes, sich über die Anschriften und Fernsprechnummern zu unterrichten.

*Begleitzettel für Unfallverletzte*

Besonders wichtig ist, daß der ärztlichen bzw. fachärztlichen Versorgungsstelle möglichst viel Information über den Verletzten und die Verletzung bzw. Symptome mitgeteilt wird.

Deshalb soll jedem Verletzten ein sog. Unfallbegleitzettel mitgegeben werden. Dieser Zettel sollte folgende Angaben enthalten:

- Name, Vorname
- Geburtstag
- Staatsangehörigkeit
- Personal-Nr.
- Unfalltag und -uhrzeit
- Krankenkasse
- Arbeitgeber
- Unfallhergang
- Angaben über Zustand des Verletzten
  (z. B. Bewußtsein, bewußtlos, Erbrechen, Erste Hilfe usw.)
- von wem bisher behandelt.

Jeder Betrieb hat aufgrund der Unfallverhütungsvorschriften für eine wirksame Erste Hilfe bei Unfällen zu sorgen.

Obwohl Erste Hilfe von jedem geleistet werden kann, hat der Werkschutzangehörige jedoch eine entsprechende Ausbildung zu erhalten, da an ihn oft das erste Hilfeersuchen gerichtet wird.

Dennoch ist die Erste Hilfe nur eine Sofortmaßnahme für Verunglückte oder Erkrankte. Sie muß immer durch ärztliche Hilfe ergänzt werden. Der Werkschutzangehörige hat deshalb zu überlegen und unter Umständen zu entscheiden, ob ein Arzt herbeigerufen wird oder ob ein Transport ins Krankenhaus nötig ist.

Er muß ruhig und sicher handeln und dem Verunglückten Zuversicht geben.

Hinweis: ERSTE HILFE, Fibel des Deutschen Roten Kreuzes.

*3. Erste Hilfe und Sanitätsausrüstungen*

UVV: Erste Hilfe und Verhalten bei Arbeits-Unfällen

VBG 109 (1979)

**Begriffsbestimmungen** (Auszug)

§ **2.**

1. Einrichtungen im Sinne dieser Unfallverhütungsvorschrift sind alle in Mitgliedsunternehmen zur Ersten Hilfe und zur Rettung aus Gefahr für Leben und Gesundheit eingesetzten sächlichen Mittel.
2. Meldeeinrichtungen sind nachrichtentechnische Anlagen, über die Hilfe herbeigerufen werden kann.
3. Sanitätsräume sind Räume, in denen bei einem Unfall oder bei einer Erkrankung im Betrieb Erste Hilfe geleistet oder die ärztliche Erstversorgung durchgeführt wird.
4. Erste-Hilfe-Material sind Verbandstoffe, alle sonstigen Hilfsmittel und medizinischen Geräte sowie Medikamente, die der Durchführung der Ersten Hilfe dienen.
5. Rettungsgerät sind technische Hilfsmittel zur Rettung aus Gefahr für Leben und Gesundheit, wie Löschdecken, Rettungsgurte, Atemgeräte, Schneidegeräte.
6. Rettungstransportmittel sind Geräte, mit denen ein notwendiger Transport von Personen sachgerecht durchgeführt werden kann, wie Krankentragen, Schleifkörbe, Rettungstücher.
7. Ersthelfer ist, wer bei einer für die Ausbildung in Erster Hilfe von der Berufsgenossenschaft anerkannten Stelle als Ersthelfer ausgebildet worden ist.
8. Betriebssanitäter ist, wer eine Fachausbildung für den Sanitätsdienst durch eine von der Berufsgenossenschaft anerkannten Stelle erhalten hat.

**Allgemeine Pflichten des Unternehmens**

§ **3.** (1) Der Unternehmer hat dafür zu sorgen, daß

1. die zur Leistung der Ersten Hilfe erforderlichen Einrichtungen, insbesondere Meldeeinrichtungen, Sanitätsräume, Erste-Hilfe-Material und Rettungstransportmittel,
2. die zur Rettung aus Gefahr für Leben und Gesundheit erforderlichen Einrichtungen, insbesondere Rettungsgeräte,
3. das zur Leistung der Ersten Hilfe und zur Rettung aus Gefahr für Leben und Gesundheit erforderliche Personal (Ersthelfer, Betriebssanitäter) zur Verfügung stehen und

4. nach einem Arbeitsunfall sofort Erste Hilfe geleistet und insbesondere eine etwa erforderliche ärztliche Behandlung veranlaßt wird.

(2) Die nach Absatz 1 vom Unternehmer zur Verfügung zu stellenden Einrichtungen müssen den Vorschriften dieser Unfallverhütungsvorschrift und den übrigen allgemein anerkannten technischen, medizinischen und hygienischen Regeln entsprechen.

**Meldeeinrichtungen und -maßnahmem**

§ **4.** Der Unternehmer hat unter Berücksichtigung der betrieblichen Verhältnisse, wie Ausdehnung und Struktur des Betriebes, durch Meldeeinrichtungen und organisatorische Maßnahmen sicherzustellen, daß unverzüglich die notwendige Hilfe herbeigerufen und an den Einsatzort geleitet werden kann.

**Sanitätsräume**

§ **5.** (1) Es muß mindestens ein Sanitätsraum oder eine vergleichbare Einrichtung vorhanden sein, wenn

1. mehr als 1000 Versicherte beschäftigt sind oder
2. mit besonderen Unfallgefahren zu rechnen ist und mehr als 100 Versicherte beschäftigt sind.

(2) Werden auf der Baustelle von einem Arbeitgeber mehr als 50 Versicherte beschäftigt, muß mindestens ein Sanitätsraum oder eine vergleichbare Einrichtung vorhanden sein.

(3) Die Räume oder Einrichtungen müssen mit einer Krankentrage leicht zu erreichen sein. Sie müssen mit den für die Erste Hilfe und die ärztliche Erstversorgung erforderlichen Einrichtungen ausgestattet sein; die Räume und Einrichtungen müssen dementsprechend bemessen sein.

**Erste-Hilfe-Material**

§ **6.** Das Erste-Hilfe-Material ist jederzeit leicht zugänglich, gegen schädigende Einflüsse, insbesondere Verunreinigung, Nässe und hohe Temperaturen, geschützt, in ausreichender Menge bereitzuhalten sowie rechtzeitig zu ergänzen und zu erneuern.

**Rettungsgeräte**

§ **7.** Soweit die Handhabung der bereitgehaltenen Rettungsgeräte besondere Kenntnisse verlangt, hat der Unternehmer sicherzustellen, daß dafür sachkundiges Personal zur Verfügung steht.

### Ersthelfer

§ **8.** (1) Der Unternehmer hat dafür zu sorgen, daß für die Erste-Hilfe-Leistung Ersthelfer mindestens in folgender Zahl zur Verfügung stehen:

1. Bei bis zu 20 anwesenden Versicherten ein Ersthelfer,
2. bei mehr als 20 anwesenden Versicherten
   a) in Verwaltungs- und Handelsbetrieben 5%.
   b) bei sonstigen Betrieben 10%.

Von der Zahl der Ersthelfer nach Nr. 2 kann im Einvernehmen mit der Berufsgenossenschaft unter Berücksichtigung der Organisation des betrieblichen Rettungswesens und der Gefährdung abgewichen werden.

(2) Ist nach Art des Betriebes, insbesondere wenn mit gefährlichen Stoffen umgegangen wird, damit zu rechnen, daß bei Arbeitsunfällen besondere Maßnahmen der Ersten Hilfe erforderlich werden, die nicht Gegenstand der allgemeinen Ausbildung zum Ersthelfer gemäß § 2 Nr. 7 sind, so hat der Unternehmer für die erforderliche Zusatzausbildung der Ersthelfer zu sorgen. Dies gilt auch für Arbeiten an unter Spannung stehenden elektrischen Anlagen oder Anlageteilen und anderen Tätigkeiten, bei denen nach Arbeitsunfällen Herz-Lungen-Wiederbelebung erforderlich werden kann.

(3) Der Unternehmer hat dafür zu sorgen, daß die Ersthelfer in angemessenen Zeiträumen fortgebildet werden.

### Betriebssanitäter

§ **9.** Der Unternehmer hat dafür zu sorgen, daß für die Erste-Hilfe-Leistung in den Betrieben mit mehr als 500 Versicherten Betriebssanitäter zur Verfügung stehen, sofern Art, Schwere und Zahl der Arbeitsunfälle ihren Einsatz erfordern.

### Unterrichtung

§ **10.** (1) Der Unternehmer hat die Versicherten über das Verhalten bei Arbeitsunfällen zu unterweisen. Die Unterrichtung ist in angemessenen Zeitabständen, mindestens jedoch einmal jährlich, zu wiederholen.

(2) Die von der Berufsgenossenschaft anerkannten Anleitungen zur Ersten Hilfe sind entsprechend den jeweiligen Gefährdungen an geeigneten Stellen auszuhängen. Auf den Aushängen sind mindestens Angaben einzutragen über Notruf, Einrichtungen sowie Personal der Ersten Hilfe, Arzt und Krankenhaus. Die Eintragungen sind auf dem neuesten Stand zu halten. Jedem Verbandkasten und Verbandschrank muß eine von der Berufsgenossenschaft anerkannte Anleitung zur Ersten Hilfe beigefügt sein.

**Kennzeichnung**

§ **11.** Erste-Hilfe-Einrichtungen sowie Aufbewahrungsorte von Erste-Hilfe-Material, Rettungsgeräten und Rettungstransportmitteln sind deutlich erkennbar und dauerhaft durch ein weißes Kreuz auf quadratischem oder rechteckigem grünen Feld mit weißer Umrandung zu kennzeichnen.

**Ärztliche Versorgung und Rettungstransport**

§ **13.** (1) Der Versicherte ist unverzüglich dem Arzt vorzustellen, sofern Art und Umfang der Verletzung oder des Gesundheitsschadens eine ärztliche Versorgung angezeigt erscheinen lassen. Die Vorstellung muß bei einem Durchgangsarzt erfolgen, wenn auf Grund einer Verletzung mit Arbeitsunfähigkeit zu rechnen ist. Bei schweren Verletzungen ist der Verletzte einem für das Verletzungsartenverfahren zugelassenen Krankenhaus zuzuführen. Liegt offensichtlich nur eine Augen- oder Hals-Nasen-Ohrenverletzung vor, ist der Versicherte dem nächst erreichbaren Arzt des entsprechenden Fachgebietes zuzuführen, es sei denn, daß sich die Vorstellung durch eine erste ärztliche Hilfe erübrigt hat.

(2) Der Unternehmer hat für einen fachgerechten Transport zum Arzt oder ins Krankenhaus zu sorgen.

**Aufzeichnung von Erste-Hilfe-Leistungen**

§ **14.** Der Unternehmer hat dafür zu sorgen, daß über jede Erste-Hilfe-Leistung Aufzeichnungen geführt und fünf Jahre lang aufbewahrt werden. Aus ihnen müssen Angaben über Zeit, Ort (Unternehmensteil) und Hergang des Unfalls bzw. des Gesundheitsschadens, Art und Umfang der Verletzung bzw. Erkrankung, Zeitpunkt, Art und Weise der Erste-Hilfe-Maßnahmen sowie die Namen des Versicherten, der Zeugen und der Personen, welche Erste Hilfe geleistet haben, hervorgehen.

**Allgemeine Pflichten des Versicherten**

§ **15.** Die Versicherten haben die der Ersten Hilfe dienenden Maßnahmen zu unterstützen.

§ **16.** Der Versicherte hat sich zum Ersthelfer ausbilden und in angemessenen Zeiträumen fortbilden zu lassen, sofern keine persönlichen Gründe entgegenstehen. Er hat sich nach der Ausbildung für Erste-Hilfe-Leistungen zur Verfügung zu stellen.

**Meldepflicht**

§ **17.** Der Versicherte hat unverzüglich jede Verletzung und jeden Gesundheitsschaden aus Anlaß eines Arbeitsunfalls der zuständigen betrieblichen

Stelle zu melden; ist er hierzu nicht imstande, hat die Meldepflicht der Betriebsangehörige, der zuerst von dem Arbeitsunfall erfährt.

**Ordnungswidrigkeiten**

§ **18**. Ordnungswidrig im Sinne des § 710 Reichsversicherungsordnung (RVO) handelt, wer vorsätzlich oder fahrlässig den Bestimmungen der §§ 4; 5; 6; 7; 8 Abs. 1 Satz 1, Abs. 2, 3; 9; 10; 11; 13; 14 zuwiderhandelt.

### 1.2.2.6 Katastrophenschutz

*1. Einführung und Begriffsbestimmung*

Die Katastrophenabwehr ist nicht allein Angelegenheit des „Staates", sondern eine

*Gemeinschaftsaufgabe*

von staatlicher und kommunaler organisierter Hilfe. Diese kann aber nur eine Ergänzung der betrieblichen Katastrophenschutzorganisation (BKO) sein.

Folgende Aufgaben müssen wahrgenommen werden können:

- Hilfeleistung bei Unfällen,
- Bergung und Rettung von Menschen und deren sachgemäße Versorgung, Betreuung und Abtransport,
- Bekämpfung von Bränden,
- Einsatz und Hilfeleistung bei schweren Schadensfällen und Katastrophen,
- Bewachung von Unternehmensanlagen,
- Aufrechterhaltung der Ordnung und Sicherheit im Betrieb,
- Nachbarschaftshilfe aufgrund von Absprachen bei Unglücksfällen, Bränden und sonstigen Katastrophen.

*Maßnahmen für den betrieblichen Katastrophenschutz*

Nachstehende Hinweise sind gezielte Hilfen.

Für alle Betriebe gibt es Empfehlungen des BMWi und einzelne Verordnungen, die jedoch in erster Linie auf Großbetriebe ausgerichtet sind. Mittel- und Kleinbetriebe müssen prüfen, in welchem Umfang die angegebenen Empfehlungen für sie zweckmäßig und praktikabel sind.

*Begriffsbestimmung*

„Katastrophe" im Sinne des Gesetzes ist ein durch Naturereignis, Unglücksfall, Explosion oder ähnliches Ereignis eingetretener öffentlicher Notstand für Leben, Gesundheit, Unterkunft, Versorgung der Bevölkerung sowie für die Sicherheit der Belegschaft, der Fabrikationsanlagen, der so umfangreich ist, daß er mit den vorhandenen Abwehrkräften des Betriebs, wie Werksfeuerwehr, Werkschutz, Werksärztlicher Dienst, technische Dienste, nicht behoben werden kann.

*2. Verantwortung/Weisungsbefugnis*

*Regelung der Verantwortung*

Die Betriebe haben sicherzustellen, daß im Falle einer Katastrophe jederzeit ein verantwortlicher Mitarbeiter verfügbar ist, um die notwendigen Maßnahmen einzuleiten und die Durchführung zu überwachen.

*Einsatzleitung*

Der BKO-Leiter muß umgehend eine funktionsfähige Einsatzleitung haben, die Maßnahmen zur Gefahrenabwehr veranlaßt.

Alle an der Katastrophenabwehr Beteiligten unterstehen dem BKO-Leiter. Die Leiter der verschiedenen Einsatzgruppen (Werksdienste) sind für ihren Bereich weisungsbefugt.

Vom Beginn des Einsatzes an sind alle Anweisungen und Meldungen mit Zeitangaben für einen Abschlußbericht festzuhalten.

*Informationen*

Grundsätzlich werden externe Auskünfte nur von der Einsatzleitung gegeben.

*3. Alarmierung*

*Ablauf*

Wer ein Schadensereignis feststellt, hat dies unverzüglich zu melden. Welche Stelle zu alarmieren ist, muß in Abhängigkeit vom Ereignis festgelegt und im Betrieb bekanntgemacht werden. *Siehe* dazu auch die *Pläne* auf den *Seiten 79/80.*

Bis zum Eintreffen des Einsatzleiters hat die weitere Alarmierung gemäß Katastrophenschutzplan sofort veranlaßt zu werden. Dabei soll eine Kurzinformation über Art, Umfang und Ort des Ereignisses gegeben werden.

*Warn- und Alarmeinrichtungen*

Es ist für ausreichende Warn- und Alarmeinrichtungen Sorge zu tragen. Als innerbetriebliche Warn- und Alarmeinrichtungen sind z. B. verwendbar: Pausenklingeln, Haussprechanlagen, Hausrufanlagen, Megaphone, Sirenen oder das Telefonnetz. Diese Nachrichtenmittel haben ständig betriebsbereit zu sein und sind regelmäßig auf Funktionsfähigkeit zu überprüfen.

*Rufnummern und Adressen*

Für den schnellen und sicheren Ablauf der Alarmierung muß ein vollständiges Verzeichnis sämtlicher eingeplanter Personen und weiterer Hilfsdienste vorliegen und fortgeschrieben werden.

### *4. Räumung*

#### *Vorbereitende Maßnahmen*

Für die Räumung des Betriebes oder von Betriebsteilen sind ausreichende Vorbereitungen zu treffen.

Die notwendigen Maßnahmen sind in einem Räumungsplan festzulegen. Im übrigen ist er für bestimmte Unternehmen nach § 55 der Arbeitsstättenverordnung vorgeschrieben. Dabei sind folgende Punkte besonders zu beachten:

- Art und Grund der Alarmierung sowie Notwendigkeit der Räumung bekanntgeben.
- Rettungswege, Ausgänge und Sammelplätze kennzeichnen und freihalten. Verantwortliche müssen eingeteilt sein.
- Für Behinderte sowie Betriebsfremde muß gesorgt werden.
- Aufzüge dürfen grundsätzlich nicht zur Flucht benutzt werden. Dieses Verbot muß im Unternehmen bekannt sein.
- Für das Abschalten wichtiger Anlagen ist ein Plan aufzustellen, zu dem auch sachkundige Mitarbeiter eingeteilt werden.
- Es ist festzulegen, welche wichtigen Unterlagen und Gegenstände vor der Räumung zu kennzeichnen sind und durch wen sowie wohin der Abtransport zu erfolgen hat.
- Persönliches Eigentum der Mitarbeiter soll nur dann mitgenommen werden, wenn es am Arbeitsplatz unmittelbar greifbar ist.
- Für die verschiedenen Betriebsbereiche geeignete Personen als „Räumungsbeauftragte" vorsehen.
- Anweisungen müssen auch für Gastarbeiter verständlich sein.
- Private Pkw's müssen am Abstellort bleiben.

#### *Räumungsverlauf*

Im Katastrophenfall muß der verantwortliche Einsatzleiter entscheiden, ob eine Räumung/Teilräumung zu erfolgen hat.

Der Ablauf der Räumung ist zu überwachen und eine Abschlußkontrolle durchzuführen.

Der geräumte Bereich darf nicht mehr betreten werden; er muß abgesichert sein.

Eine Personenerfassung ist vorzunehmen.

### *5. Einsatzgruppen (Fach-, Not-, Werkdienste) und deren Aufgaben*

Zahlreiche Fälle haben bewiesen, daß durch den sofortigen Einsatz betriebseigener Kräfte Menschenleben gerettet und größere Sachschäden verhindert werden konnten. Daher sollte jeder Betrieb über dafür geschulte und entsprechend ausgerüstete Kräfte verfügen. Es kommt darauf an, daß bei allen Katastrophenfällen schnell und wirkungsvoll eingegriffen wird. Für den Einsatz der Notdienste ist die erforderliche Ausrüstung bereitzuhalten. Durch laufende Wartung muß die Funktionsfähigkeit jederzeit gegeben sein (*siehe Tabelle S. 81*).

### *6. Unterstützung durch Fremdfirmen*

Fachfirmen, die für das Unternehmen besondere Leistungen und Lieferungen erbringen können (z. B. Kranfirmen, größere Baufirmen, Spezialbetriebe für Installation, Lüftung, Heizung, für Beseitigung von Ölschäden usw.) sind in einem Verzeichnis zu erfassen.

### *7. Pläne*

Folgende Pläne sollten für einen schnellen und reibungslosen Einsatz vorliegen:

- Grundstücks- und Gebäudepläne
- Brandschutzpläne
- Versorgungs- und Entsorgungsanlagen einschließlich Notversorgungsanlagen
- Spezifische Gefahrenschwerpunkte.

### *8. Ausrüstung*

Die Ausrüstung der Angehörigen der BKO richtet sich nach den betrieblichen Erfordernissen.

Dazu gehören:

- persönliche Ausrüstung und Schutzbekleidung
- Geräte für die einzelnen Werksdienste.

Eine jederzeit zugängliche Unterbringung und Bereitstellung des gesamten Gerätes ist sicherzustellen.

### *9. Schulung und Übung*

Die im Katastrophenschutz tätigen Mitarbeiter müssen für ihre Aufgaben laufend geschult werden.

Mögliche Katastrophenfälle sind in regelmäßigen Abständen zu üben, weil nur so die für den Ernstfall erforderliche Sicherheit erreicht werden kann.

*Betrieb:* *Beispiel* *Datum:*

**Alarmierungsplan***
(intern)

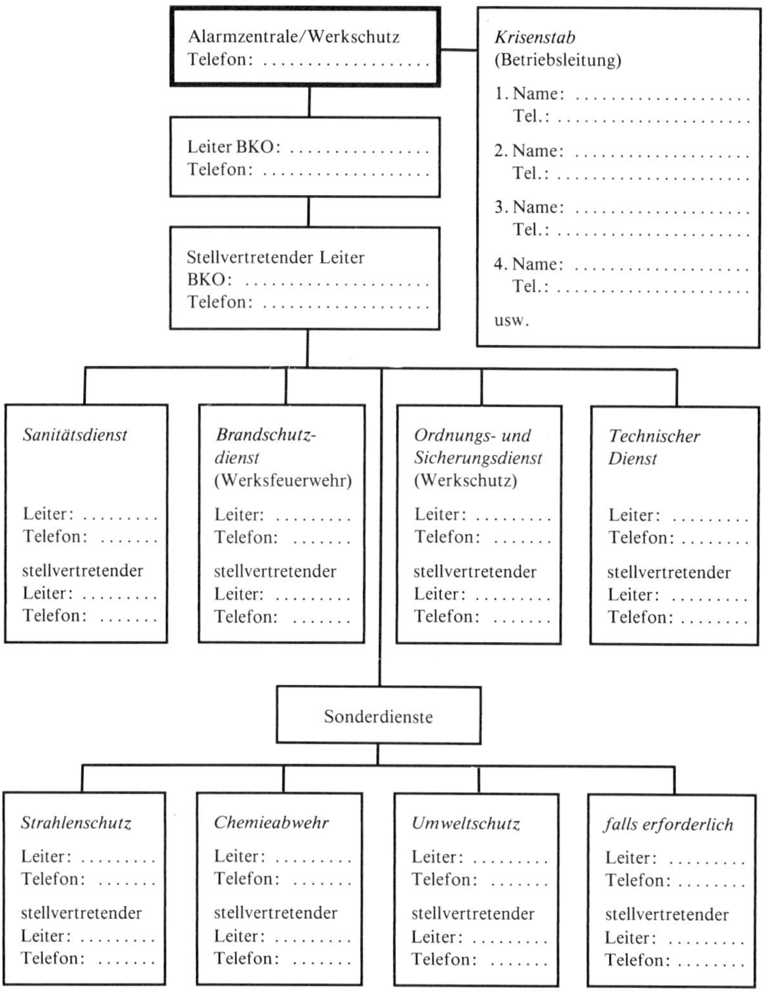


* Die Alarmierungsreihenfolge ist je nach Ereignisfall festzulegen,
z.B. *Unfall:* Sanitätsdienst, Werkschutz, ggf. Feuerwehr, Technischer Dienst
*Brand:* Feuerwehr, Werkschutz, Sanitätsdienst, Technischer Dienst, usw.

*Betrieb:* *Beispiel* *Datum:*

**Alarmierungsplan***
für Behörden und Institutionen

*Alarmzentrale* (Werkschutz)

*Krisenstab*
Betriebsleitung
Tel. ....................
Tel. ....................

*Polizei*
Präsidium
Tel. ..........
nächste Polizeiwache
Tel. ..........

*Feuerwehr*
Feuerwehramt
Tel. ..........
nächste Feuerwache
Tel. ..........

*Sanitätsdienste*
Deutsches Rotes Kreuz
Tel. ..........
Malteser Hilfsdienst
Tel. ..........
Johanniter Hilfsdienst
Tel. ..........
Arbeiter Samariter-Bund
Tel. ..........

Krankenhaus
Tel. ..........
Ärzte
Tel. ..........

Rundfunkanstalt
Tel. ..........

*Behörden*
Katastrophenschutzamt
Tel. ..........
Gewerbeaufsichtsamt
Tel. ..........
Technischer Überwachungsverein
Tel. ..........
Fernmeldeamt
Tel. ..........
Städt. Versorgungsbetriebe
Tel. ..........
u. a. m

Standortkdo. der B'wehr
Tel. ..........
Verteidigungskreiskommando
Tel. ..........

*Sonstige*
Technisches Hilfswerk
Tel. ..........
Berufsgenossenschaft
Tel. ..........
Handelskammer
Tel. ..........
Industrie- u. Handelskammer
Tel, ..........
Handwerkskammer
Tel. ..........
u. a. m.

* Reihenfolge ist je nach Ereignisfall festzulegen! Adressenumfang nach örtlichen Gegebenheiten erstellen.

**Aufgaben der Notdienste**

| *Aufgaben:* / *Notdienste:* | Sanitätsdienst | Brandschutzdienst | Ordnungs- und Sicherungsdienst | Technischer Dienst | Sonderdienste |
|---|---|---|---|---|---|
| Hilfeleistungen bei | ● | | | | |
| – Unfällen | ● | ○ | | | |
| – Rettung | ● | ○ | | | |
| – Versorgung und Abtransport | ● | ○ | ○ | | |
| Unterstützung anderer Notdienste | ● | | | | |
| – Brandbekämpfung | | ● | ○ | ○ | |
| – Rettung von Menschen | | ● | ○ | | |
| – Bergen von Sachwerten | | ● | ○ | | |
| – technische Hilfeleistungen | | ● | | ○ | ○ |
| Unterstützung anderer Notdienste | | ● | | ○ | ○ |
| – Entgegennahme u. Weiterleitung v. Meldungen | | | ● | | |
| – Alarmdienst | | | ● | | |
| – Einweisung der Einsatzkräfte | | | ● | | |
| – Abgrenzung und Sicherung der Schadensstelle | | | ● | | |
| – Räumung gefährdeter Bereiche | | ○ | ● | | |
| – Sicherung wichtiger Anlagen | | ○ | ● | ○ | |
| Unterstützung anderer Notdienste | ○ | ○ | | ○ | ○ |
| – Beseitigung von Schäden | | | | ● | ○ |
| Unterstützung anderer Notdienste | ○ | ○ | ○ | ● | ○ |
| – Strahlenschutz | | | ○ | | ● |
| – Chemiewehr | | | | | ● |
| – Umweltschutz | | | | | ● |
| – Gefährdungen anderer Art | | | ○ | | ● |
| Unterstützung anderer Notdienste | ○ | | | ○ | |

● Zuständigkeit ○ Unterstützung

### 1.2.2.7 Mithilfe bei Unfallverhütung

*1. Der Arbeitsschutz bedeutet*

- Sicherheit bei der Arbeitsdurchführung
- Verhütung von Unfällen
- Schutz vor Verletzungen
- Schutz vor dauernden körperlichen Schäden
- Schutz vor Berufskrankheiten
- Schutz vor sozialen Nachteilen
- Mithilfe der Werkschutzangehörigen ggf. bei der Überwachung und Durchführung dieser Aufgaben.

*2. Der Schutz wird gewährleistet durch*

- Sichere Betriebsmittel
- Sichere Arbeitsplätze
- Sicheren Arbeitsablauf
- Ordnung und Sauberkeit
- Sicherheitsbewußtes Verhalten
- Sicherer Umgang mit Werkstoffen

Im Rahmen des Arbeitsschutzes sind folgende gesetzliche Bestimmungen zu beachten:

| | |
|---|---|
| GewO | §§ 120a, 120b |
| RVO | §§ 708–710, 714, 719, 720, 721, 1552, 1553 |
| UVV | je nach Betrieb, jedoch stets VGB 1, 12, 12a, 15, 68, 109, 121, 125 |
| BGB | § 618 |
| HGB | § 62, sowie die Vorschriften der |
| ArbStättV | |

Für Werkschutz und Bewachungsunternehmen ist die oben angeführte VGB 68 über Wach- und Sicherheitsdienste (Fassung v. 1. 10. 90) von zentraler Bedeutung (abgedruckt im Anhang). Sie regelt sowohl die Verantwortlichkeit der Unternehmensleitung wie die des einzelnen Werkschutzmitarbeiters. Für die Beschäftigung im Werkschutz schreibt sie Eignung und Befähigungsnachweise vor (§ 3); als letztere sind Nachweise über Werkschutzlehrgänge bzw. über den Abschluß „Geprüfte Werkschutz-Fachkraft" anzusehen.

Der Einsatz des Werkschutzes muß durch Dienstanweisungen (§ 4) geregelt sein. Ein regelmäßiger Dienstunterricht (§ 4) muß stattfinden. Zu sichernde Objekte (§ 8) müssen überprüft, die Werkschutzmitarbeiter eingewiesen werden. Liegt die Möglichkeit besonderer Gefahr vor, so muß eine Überwachung des eingesetzten Personals (§ 7) z.B. durch Funkverbindung möglich sein. Voraussetzungen für Kontrollgänge (§ 19) werden festgelegt. Mängel und

Gefahren (§ 4) sind weiterzumelden. Ausführlich ist der Einsatz von Hunden (§§ 12–17) und der von Schußwaffen (§§ 18–22) geregelt. Die Einnahme berauschender Mittel vor dem Dienstantritt und während des Dienstes ist untersagt.

Die Geltung der VGB 68 erstreckt sich auch auf den Einsatz bei Geld- und Wert-Transporten sowie beim Personenschutz.

Die VGB 68 muß an geeigneter Stelle zur Einsichtnahme aufliegen.

Die gesetzlichen Regelungen geben dem Unternehmer die Möglichkeit, seine Pflichten im Rahmen der Unfallverhütung auf geeignete Mitarbeiter zu übertragen (z. B. Betriebsärzte, Sicherheitsfachkräfte, Sicherheitsbeauftragte, Werkschutz).

Daneben hat der Betriebsrat arbeitsschutzrechtliche Verpflichtungen aus dem Betriebsverfassungsgesetz.

Die Mitwirkung des Werkschutzes bei der Überwachung der Einhaltung von Vorschriften jeglicher Art ergibt sich aus folgenden Vorschriften:

- Arbeitsvertrag
  (Dienstvertrag nach § 611 BGB in Verbindung mit § 242 BGB)
- Besitzdiener – Verrichtungsgehilfe
  (§ 860 BGB und § 831 BGB).

*3. Die praktische Mithilfe des Werkschutzes im Arbeitsschutz ergibt sich aus der routinemäßigen Dienstausübung.*

Tätigkeiten im Rahmen des Arbeitsschutzes:

- Feststellen von Unfallquellen
- Überwachen der Einhaltung der Ordnungsvorschriften und Unfallverhütungsvorschriften
- Überwachen des Werksverkehrs
- Sicherung gefährlicher Güter und Arbeitsmittel (ArbStättV, GGVS)
- Schutz vor Mißbrauch von Rettungsgeräten, Schutz- und Sicherheitseinrichtungen und -geräten (vgl. § 145 StGB)
- Vermeidung mißbräuchlicher Benutzung von Fahrzeugen und Arbeitsgeräten
- Mitwirkung bei Arbeitsunfallaufnahmen und Untersuchungen.

Verstöße gegen die Vorschriften des Arbeitsschutzes sind Ordnungswidrigkeiten, die in der Regel mit Geldbußen geahndet werden können.

*4. Unfallverhütungsvorschriften*

Die Berufsgenossenschaften erlassen die Vorschriften über Unfallverhütung für Versicherte und Unternehmer, über die Maßnahmen, die sich aus dem

Gesetz über Betriebsärzte, Sicherheitsingenieure und weitere Fachkräfte des Arbeitsschutzes ergeben. Sie bedürfen der Genehmigung durch den Bundesminister für Arbeit und Sozialordnung (§ 708f. RVO). Verstöße gegen die Unfallverhütungsvorschriften sind Ordnungswidrigkeiten, die mit Geldbußen bis zu 20000 DM geahndet werden können (§ 710 RVO).

*5. Schaubilder: siehe 1.2.2.4ff. (S. 56ff.).*

### 1.2.2.8 Mithilfe beim Umweltschutz

*1. Umweltschutz* geht uns alle an. Nicht nur, weil die hohen Kosten des Umweltschutzes letztlich von jedem einzelnen zu tragen sind, sondern auch, weil Erfolg oder Mißerfolg jeder Umweltpolitik davon abhängt, ob und wie weit sich die Gesellschaft in allen ihren Teilen umweltfreundlich verhält. Das Ziel, unsere Umwelt in einer lebenswerten Form zu erhalten, kann nur dann verwirklicht werden, wenn alle Menschen die erforderlichen Umweltschutzmaßnahmen

- begreifen,
- bejahen und daran
- tatkräftig mitarbeiten.

Das aber setzt Umweltbewußtsein bei jedem Menschen voraus, nämlich die Erkenntnis: Uns allen droht aus einem Versagen eine Umweltkrise, wenn nicht jeder einzelne in Zukunft bereit ist, umweltbewußt zu handeln, Opfer zu bringen und Einschränkungen auf sich zu nehmen.

Unseren Lebensraum, in dem wir atmen, Nahrung aufnehmen, arbeiten, wohnen usw., gilt es zu erhalten, denn nur dieser kann uns unsere biologische Existenz sichern. Dazu gehören:

- Luftreinhaltung
- Wasserreinhaltung
- Bodenreinhaltung
- Vermeidung von übermäßigem Lärm
- Verwertung (Recycling) von Abfallstoffen.

Der Mensch als hochzivilisiertes Lebewesen lebt in verschiedenen Umweltarten:

*Der biologischen Umwelt* in Form der natürlichen Bedingungen, wie Klima, Luft, Wasser, Bodenformen mit Erde, Gestein usw., den Pflanzen und Tieren, was uns im Ganzen als Landschaft begegnet.

*Der zivilisatorischen Umwelt,* wie Städte, Industrieanlagen, Flugplätze, sonstige technische Einrichtungen, die der Mensch erbaut hat, um ein besseres, leichteres Dasein zu führen und um die immer größer werdende Menschheit versorgen zu können.

*Der sozialen Umwelt*, die menschliche Gesellschaft, der wir angehören, mit allen Wünschen, Risiken, Erfolgen und Mißerfolgen.

Dieses Zusammenspiel von Naturhaushalt (Ökologie) und Mensch darf nicht aus dem Gleichgewicht durch umweltfeindliches Verhalten gebracht werden.

Gerade aus dem Bereich der Arbeitswelt droht hier besondere Gefährdung. Der Arbeitswelt als Teil der Gesamtumwelt kommt besondere Bedeutung zu. In der Bundesrepublik sind Millionen Erwerbstätige etwa ein Drittel des Tages besonderen, durch den Arbeitsprozeß bedingten Einwirkungen ausgesetzt. Lärm, Erschütterungen, Hitze, Kälte, schlechte Luftverhältnisse, Dünste oder gesundheitsgefährliche Stoffe sind nur einige Beispiele für Einwirkungen der Arbeitsumwelt auf den Menschen.

Durch entsprechende Gesetze und Durchführungsverordnungen soll der Umweltzerstörung Einhalt geboten und entgegengewirkt werden. Zum Beispiel:

| | |
|---|---|
| Luftreinhaltung | Bundes-Immissionsschutzgesetz<br>Rechtsverordnung über Bau- und Verkehrsrecht |
| Wasserreinhaltung | Wasserhaushaltsgesetz<br>Abwasserabgabengesetz |
| Bodenreinhaltung | Abfallbeseitigungsgesetz<br>Mineralölgesetz<br>1. Strahlenschutzverordnung<br>Gift- und Arzneimittelgesetz |
| Lärm | Verschiedene Lärmverordnungen des Bundes und der Länder (BImschG, VGB 121, OWiG) |
| Verwertung (Recycling) | z. T. im Bundes-Immissionsschutzgesetz<br>Abfallwirtschaftsprogramme. |

Dazu kommen Verordnungen über Feuerungsanlagen, Chemischreinigungsanlagen, genehmigungspflichtige Anlagen, Rasenmäherlärm, Auswurfbegrenzung von Holzstaub, Schwefelgehalt von leichtem Heizöl und Dieselkraftstoff, Immissionsschutzbeauftragte usw. Weitere Verordnungen sind in Vorbereitung.

*2. Begriffsbestimmungen:*

Schädliche Umwelteinwirkungen im Sinne des Gesetzes sind Immissionen, die nach Art, Ausmaß oder Dauer geeignet sind, Gefahren, erhebliche Belästigungen für die Allgemeinheit oder die Nachbarschaft herbeizuführen.

*Immissionen* im Sinne des Gesetzes sind auf Menschen sowie Tiere, Pflanzen oder andere Sachen einwirkende Luftverunreinigungen, Geräusche, Erschütterungen, Licht, Wärme, Strahlen und ähnliche Umwelteinwirkungen.

*Emissionen* im Sinne des Gesetzes sind die von einer Anlage ausgehenden Luftverunreinigungen, Geräusche, Erschütterungen, Licht, Wärme, Strahlen und ähnliche Erscheinungen.

Luftverunreinigungen im Sinne des Gesetzes sind Veränderungen der natürlichen Zusammensetzung der Luft, insbesondere durch Rauch, Ruß, Staub, Gase, Aerosole, Dämpfe oder Geruchsstoffe.

*3. Tätigkeiten des Werkschutzes im Rahmen des Umweltschutzes*

Überwachung von:

- Schornsteinen
- Abluftaustritten
- Kanalauslässen
- Einmündungen von Abwässergräben in Bach- und Flußläufe
- Filteranlagen für Luft und Wasser
- Rohrleitungen, in welchen umweltgefährdende Stoffe transportiert werden,
- Waschplätzen
- Abfall-Deponien (Brandgefahr, Geruchsbelästigung)
- Lagerplätzen von gefährlichen Materialien
- abgestellten Tankwagen (Kfz und Eisenbahn)
- Fahrbahnverschmutzungen
- Beseitigung von vermeidbaren Lärmquellen (z. B. schlagende Türen und Fenster, laufende Lastwagen-Motoren)
- wilden Müllablagerungen.

### 1.2.3 Verkehrsdienst

#### 1.2.3.1 Regelung des betrieblichen Verkehrs

*1. Einführung in den Verkehrsdienst*

Der Verkehrsdienst nimmt im Rahmen der Werkschutzaufgaben einen wichtigen Raum ein.

Gleichgültig, ob innerhalb des jeweiligen Werkschutzes ein eigener „Verkehrsdienst“ besteht oder nicht, die allgemeinen Verkehrsdienstaufgaben bestimmen sich nach den einschlägigen Vorschriften.

Das Recht und die Pflicht zum Handeln ergibt sich unter strengster Beachtung der örtlichen sowie der sachlichen Zuständigkeit aus den jeweiligen betrieblichen Vorschriften.

Die „örtliche Zuständigkeit“ des Werkschutzes für die „Verkehrsregelung“ beschränkt sich auf den „nichtöffentlichen Verkehrsbereich“, d. h. auf den

Betriebsbereich. Im „tatsächlich öffentlichen Verkehrsraum" darf der Werkschutz nur einweisen oder warnen!

Öffentlicher und nichtöffentlicher Verkehr:

Eine Verkehrsfläche ist öffentlich, wenn sie tatsächlich einem unbestimmten, nicht durch persönliche Beziehungen verbundenen Personenkreis uneingeschränkt zur Benutzung offensteht. Dies kann z. B. auf Parkplätzen außerhalb des Betriebsbereiches der Fall sein.

Für ein Betriebsgelände treffen diese Voraussetzungen in der Regel nicht zu. Die Einfahrt ist nur einem begrenzten Personenkreis erlaubt. Der Werkschutz am Tor kontrolliert und bestimmt, wer einfahren darf. Auf Straßen, Wegen und Plätzen im Betriebsgelände findet deshalb nichtöffentlicher Verkehr statt.

Diese Unterscheidungen sind für den Werkschutz im Verkehrsdienst, z. B. bei der

- Verkehrsregelung
- Verkehrsüberwachung
- Unfallaufnahme,

von Bedeutung, sofern nicht aufgrund anderer gesetzlicher Bestimmungen die Zuständigkeit der Polizei begründet wird.

Bei der Regelung des betrieblichen Verkehrs unterscheidet man

- Verkehrsregelung, d. h. Eingriffe in den fließenden/arbeitenden Verkehr,
- Verkehrsüberwachung, d. h. eine spezielle Form der Kontrolle z. B. auf Einhaltung der Verkehrsvorschriften bei dem fließenden, arbeitenden und ruhenden Verkehr.

Sinn der Verkehrsregelung und -überwachung ist es, den Verkehr aufrechtzuerhalten und dadurch Unfälle oder sonstige Betriebsstörungen zu vermeiden.

## *2. Verkehrsregelung*

### *Verkehrsregelung bei Schichtwechsel*

Verkehrsregelung an den Toren bei Schichtwechsel kann zweckmäßig und erforderlich sein, um den Verkehr im Betrieb fließend zu erhalten und um Stauungen zu vermeiden.

Im Betriebsbereich bedient sich der Werkschutz bei der Verkehrsregelung der gleichen Zeichen, wie sie die StVO in § 36 (Zeichen und Weisungen der Polizeibeamten) vorschreibt.

Das zur Verkehrsregelung eingesetzte Werkschutzpersonal hat seine Zeichen *ausreichend, rechtzeitig* und *eindeutig* zu geben.

Je nach den örtlichen Verhältnissen, der Tageszeit und den Witterungsverhältnissen kann es zweckmäßig sein, das eingesetzte Personal z. B. mit

- reflektierender Ausrüstung wie Warnkleidung
- beleuchtetem Anhaltestab

usw. entsprechend auszustatten.

*Verkehrsregelungsmaßnahmen im Betriebsbereich*

Neben der Verkehrsregelung an den Toren kann auch die Verkehrsregelung im Betriebsbereich zweckmäßig sein, um bei z. B. Unfällen oder Bauarbeiten Störungen zu vermeiden.

Die Verkehrsregelungsmaßnahmen des Werkschutzes können durch Hilfsmittel, wie z. B.

- Warnkegel
- vorbereitete Schildersätze für Umleitungen

personalsparend ergänzt werden (vgl. auch 4. 9. 10).

*Organisatorische Maßnahmen,*

wie z. B. Gleitzeitregelung oder ein rollierendes Parkplatzsystem für einzelne Abteilungen oder eine zeitlich begrenzte Öffnung mehrerer Tore, können die Verkehrsregelungsmaßnahmen des Werkschutzes unterstützen und erleichtern.

*3. Verkehrsüberwachung*

Durch die Verkehrsüberwachung wird sichergestellt, daß die betrieblichen Verkehrsvorschriften von allen Personen im Betriebsbereich beachtet werden.

Zweckmäßig ist an den Einfahrten folgender Hinweis:

„Im gesamten Betriebsbereich gelten die Bestimmungen
des Straßenverkehrsrechts
*Der Eigentümer*“

Zur Verkehrsüberwachung gehört auch die Kontrolle der Parkplätze.

Die Parkplatzkontrolle erstreckt sich u. a. auf:

- Park- und Einfahrtserlaubnis
- Benutzung des zugewiesenen Parkplatzes
- Beachtung der Parkplatzmarkierungen
- Ordnungsgemäßer Verschluß des abgestellten Fahrzeuges.

Parkflächen für Motorräder und sogenannte Fahrradschuppen sind in diese Kontrollen mit einzubeziehen.

Durch diese Kontrollen sollen auch Diebstähle verhindert werden.

### 1.2.3.2 Verkehrssicherung

Der Unternehmer hat eine *gesetzliche Pflicht* zur Verkehrssicherung.

Einzelmaßnahmen zur Verkehrssicherung sind z. B.:

*1. Kontrolle der Verkehrsflächen*

Verkehrswege müssen freigehalten werden und ggf. ausreichend beleuchtet sein, um eine gefahrlose Benutzung der Verkehrsflächen zu gewährleisten.

Der Werkschutz hat durch seine Kontrollgänge sicherzustellen, daß diese Auflagen auch erfüllt werden.

Bei Verstößen dagegen hat er einzuschreiten und Störungen zu beseitigen. Mängel, die der Werkschutz nicht selbst beseitigen kann, sind der zuständigen Stelle zu melden.

Zur Verkehrssicherung gehören z. B. die Durchführung bzw. Einleitung des Räum- und Streudienstes oder das Einleiten der Ausbesserungsarbeiten zum Beseitigen von Schlaglöchern.

*2. Verkehrszeichen*

Das Aufstellen von Verkehrszeichen ist ein Mittel zur Verkehrssicherung (VGB 125, § 3).

Die Verkehrszeichen sind regelmäßig auf ihren Zustand zu überprüfen. Außerdem ist zu prüfen, ob das jeweilige Verkehrszeichen zweckmäßig, richtig angebracht oder noch erforderlich ist. Dazu werden Verkehrsbegehungen durchgeführt.

Die erforderlichen Verkehrsbegehungen nimmt z. B. der Arbeitssicherheitsausschuß vor, ein Vertreter des Werkschutzes ist daran zu beteiligen.

Handelt es sich um Verkehrszeichen im ‚tatsächlich öffentlichen Verkehrsraum', so ist auch die zuständige Straßenverkehrsbehörde an der Verkehrsbegehung zu beteiligen.

*3. Kontrolle von (Kraft)-Fahrzeugen*

Eine weitere Maßnahme der Verkehrssicherung ist die Kontrolle von Fahrzeugen hinsichtlich der Verkehrssicherheit bei der Ein- und Ausfahrt.

Dabei werden die Fahrer auf beobachtete Mängel (z. B. Reifen, Beleuchtung, Ladung) aufmerksam gemacht (vgl. auch 1.2.1.2).

Besondere Kontrollen sind beim Transport gefährlicher Güter erforderlich. Hier ist z. B. das Mitführen von

- Befähigungsnachweis des Fahrers,
- Begleitpapieren,
- Gefahren- und Unfallmerkblättern,
- Bescheinigung über die besondere Zulassung von Tank- und anderen bestimmten Fahrzeugen (Prüfbescheinigung für Kfz und Behälter),
- Beförderungserlaubnis für bestimmte Güter,
- Orangefarbener ADR-Bescheinigung

zu überprüfen.

Weiterhin ist zu kontrollieren, ob diese Kraftfahrzeuge

- entspechend gekennzeichnet sind,
- Gefahrenklasse und Gefahrensymbol sichtbar tragen,
- die erforderlichen Feuerlöscher und Schutzbekleidung gem. Merkblatt mitführen.

*4. Kennzeichnung der Gefahrguttransporte*

Fahrzeugkennzeichnung (Kemmlerzahl) – Obere Zahlengruppe
Erste Ziffer = Kennzeichnung der Gefahr:

2 = Gas
3 = entzündbarer flüssiger Stoff
4 = entzündbarer fester Stoff
5 = entzündbare organische Peroxide
6 = giftiger Stoff
8 = ätzender Stoff

Zweite und weitere Ziffer(n) = zusätzliche Gefahren:

0 = ohne Bedeutung
1 = Explosion
2 = Entweichen von Gas
3 = Entzündbarkeit
5 = entzündende oxydierende Eigenschaften
6 = Giftigkeit
8 = Ätzbarkeit
9 = Gefahr einer heftigen Reaktion, die aus der Selbstzersetzung oder Polymerisation entsteht.

X = vor der oberen Zahlengruppe = Verbot mit Wasser zu löschen!

Die untere Zahlengruppe = UN-Zahl = ergibt den Hinweis auf die Zusammensetzung des jeweiligen Stoffes.

Bei Unfall-/Brandmeldungen an die Feuer- oder Chemiewehr ist die *untere* Zahlengruppe durchzugeben.

Das Unfallmerkblatt ist in einer Segeltuchtasche hinter der Gefahrentafel und im Führerhaus mitzuführen (vgl. 1.2.2.5 und 4.9.9).

Die Gefahrguttransporte werden wie folgt eingeteilt:

Transporte besonderer Qualität

- brennbare: leichtes Heizöl, Kerosin
- chemische: Salpetersäure, Natronlauge
- technische Gase: Wasserstoff, Methan
- explosive: Sprengstoffe (Sprengmittel, Zündmittel)
- radioaktive: verbrauchte und neue Brennelemente, Uranylnitrat, verstrahlte Bauteile.

*5. Einweisen der Kfz in den Straßenverkehr*

Eine besondere Maßnahme der Verkehrssicherung stellt das Einweisen von Fahrzeugen beim

- Ausfahren
- Abbiegen
- Wenden
- Rückwärtsfahren
- Einfahren
- Ausfahren

dar (vgl. §§ 9 u.10 StVO).

Müssen Fahrzeuge in den öffentlichen Straßenverkehr eingewiesen werden, stellt sich der Werkschutz am Fahrbahnrand mit Blick zum herannahenden Verkehr auf und *warnt* diesen, indem er entweder

- mit ausgestrecktem Arm betont langsam auf und ab winkt

oder

- beide Arme ausstreckt und mit gespreizten Fingern betont langsam von Kopfhöhe bis zu den Knien auf und ab bewegt.

Diese Zeichen sind rechtzeitig, eindeutig und ausreichend zu geben. Bei Nacht oder schlechter Sicht kann zusätzliche Ausstattung für das Werkschutzpersonal erforderlich sein.

Eine Warnweste ist gem. VBG 12, § 50 (5) zu tragen.

### 1.2.3.3 Verkehrsanlagen

Zu den Verkehrsanlagen gehören

- Verkehrsflächen
- Verkehrswege

- Rettungswege
- Fahrtreppen und Fahrsteige
- Verkehrsmittel.

Die Kenntnis der für den jeweiligen Betrieb geltenden Vorschriften wird vorausgesetzt. *Siehe* dazu auch die *Übersicht* auf den *Seiten 98, 99.*

*Verkehrsflächen*

Bei den Verkehrsflächen unterscheidet man

- tatsächlich öffentliche Verkehrsflächen im Sinne des Straßenverkehrsrechts,
- nichtöffentliche Verkehrsflächen im Sinne des Straßenverkehrsrechts.

*Verkehrswege*

Hierbei unterscheidet man

- Verkehrswege auf dem Betriebsgelände im Freien,
- Verkehrswege in Räumen und Gebäuden,
- Verkehrswege in nicht allseits umschlossenen Räumen.

*Rettungswege*

Rettungswege sind u. a.

- besonders zu kennzeichnen,
- freizuhalten.

*Fahrtreppen und Fahrsteige*

Neben der Forderung nach sicherer Benutzungsmöglichkeit wird hier zusätzlich gefordert, daß diese Einrichtungen im Gefahrenfall leicht stillgesetzt werden können und daß die Notabschalteeinrichtungen für Benutzer und Dritte gut erkennbar und leicht zugänglich sein müssen.

*Verkehrsmittel*

Bei den Verkehrsmitteln unterscheidet man

- Firmenfahrzeuge
- Mitarbeiterfahrzeuge
- Fremdfahrzeuge
- Flurförderzeuge
- Gleisfahrzeuge

Für die Benutzung und das Führen der Fahrzeuge im Betriebsbereich gelten die allgemeinen gesetzlichen und zusätzliche betriebliche Bestimmungen.

Für Flurförderzeuge, d. h.

- Stapler
- Torschlepper
- Hebelroller
- Hubwagen

gelten besondere Vorschriften.

Eine besondere Stellung nehmen Gleisfahrzeuge ein. Für deren Betrieb können die Vorschriften der Eisenbahnbau- und Betriebsordnung gelten.

### 1.2.3.4 Verhalten am Unfallort und Unfallaufnahme

*1. Aufgabe des Werkschutzes* ist es,

- Erste Hilfe zu leisten und den Unfallort abzusichern,
- Spuren zu sichern,

wenn sich der Unfall auf dem Betriebsgelände ereignet (vgl. § 34 StVO).

Ereignet sich der Unfall im tatsächlich öffentlichen Verkehrsraum, so ist die Zuständigkeit der Polizei gegeben. Bei Blechschäden und gütlicher Einigung der Beteiligten ist eine Zuziehung der Polizei nicht angebracht, wohl aber bei erheblichem Personenschaden (Spätfolgen!). Die Polizei ist hinzuzuziehen, wenn

- eine Person getötet wurde (§ 1559 RVO),
- der Verletzte nach Hinweis auf sein „Antragsrecht" von diesem Recht Gebrauch machen will,
- der Verletzte zur Zeit nicht in der Lage ist, sein Antragsrecht selbst wahrzunehmen.

*2. Weitere Maßnahmen* sind:

- Feststellen und Befragung von Zeugen und Beteiligten,
- Kennzeichnen des Fahrzeugstandes und der Spuren,
- Vermessen der Unfallstelle (z. B. nach dem Dreieckmeßverfahren) und Anfertigen von Fotos,
- Fertigen des Unfallberichtes (*s. nachfolgende Muster*).

*3. Folgende Ausstattung* ist zweckmäßig:

*Koffer* (Tasche) mit Klemmbrett, Bandmaß, Meterstab (Geometerzollstock), Ölkreide, Blei- und Buntstifte, Fotoapparat mit Blitzlicht (Sofortbildkamera?), Nummernsatz, Reifenprofilmesser, Melde- und Befragungsvordrucke, Musterskizzen

*zusätzliche Ausstattung:* Straßenbesen (zum Beseitigen von Unfallspuren), Absperrmaterial (Warndreiecke, Leitkegel, Blickleuten), 60-cm Quadrat.

*Ziel* der Unfallaufnahme durch den Werkschutz ist es, für die Beteiligten die erforderlichen Unterlagen zu schaffen. Es ist zweckmäßig, standardisierte Vordrucke zu verwenden.

Handschriftlich – so kurz wie möglich –!

Werkschutz

*Betr.:* Kraftfahrzeug-/Arbeitsunfall des/der

.......................................................................

(Name, Vorname, Geburtsdatum und -ort, Personal-Nr., Anschrift)

*hier:* Ermittlungsbericht

*Vorg.:* Werkschutz-Unfallaufnahme durch ............. vom ...........

*Meldung*

a) WER hat WANN und WIE WAS gemeldet?
b) WANN traf Werkschutz am Unfallort ein?
c) Veränderungen am Unfallort.

*Besichtigung und Beschreibung der Unfallstelle*

Bei der Unfallstelle handelt es sich um ... (genaue Beschreibung, Lage usw.). Besonderheiten – z. B. Straßenart und -belag, Witterungs- und Beleuchtungseinflüsse, Straßenbreite usw.

*Vermutlicher Unfallhergang*

Aufgrund von eigenen Ermittlungen, gesicherten Spuren und der Angabe von Beteiligten und Zeugen ergibt sich folgender Unfallhergang: (Schilderung – neutral in zeitlicher Reihenfolge).

*Unfallfolgen*

a) Personenschäden: Name der Verletzten/Getöteten
Art der Verletzung
Verbleib

b) Sachschäden: Kfz/Gerätetyp, amtliches Kennzeichen, Maschinen-Nr., Art und Höhe des Schadens

*Maßnahmen*

a) eigene
b) fremde

*Stellungnahme zur Schuldfrage* (soweit im Betrieb gefordert)

............................. gesehen: ......................
(Unterschrift WS-Mitarbeiter) (Werkschutzleiter)

*Anlage* (Soweit zutreffend)
1 Verkehrsunfallbericht
1 Skizze
1 Bildtafel

*Beachten:* WER hat WANN WAS WO WIE WOMIT und WARUM getan

Werkschutz Blatt 1

## Verkehrsunfallbericht

| Unfalltag | Datum | Uhrzeit | Unfallort | Straße |
|---|---|---|---|---|

### *1. Eigenes Kraftfahrzeug*

| Kfz-Typ | amtl. Kennzeichen | Baujahr | Km-Stand | Schadenshöhe |
|---|---|---|---|---|

### *2. Unfallgegner*

| Fahrzeug | Fahrer | Halter |
|---|---|---|
| Typ | Name<br>Vorname | Name<br>Firma |
| amtl. Kennz. | Wohnung | Wohnung |
| Versicherung | Wohnort | Wohnort |
| Schadenshöhe | Führerschein<br>Klasse/seit | Telefon |

### *3. verletzte/getötete Personen*

| Name/Vorname | Anschrift | Verletzung/Todesursache |
|---|---|---|

### *4. Zeugen*

| Name/Vorname | Anschrift | Alter | Beruf |
|---|---|---|---|

### *5. Verkehrsunfallaufnahme durch Polizei*

| Bezeichnung/Anschrift der Dienststelle | Name des Beamten | Telefon |
|---|---|---|

### *6. Sonstige Angaben*

| Straßenart | Fahrbahnart | Straßenzustand | amtl. Verkehrszeichen |
|---|---|---|---|

| Witterungsverhältnisse | Sichtverhältnisse | Beleuchtung |
|---|---|---|
| Alkoholeinfluß<br>ja/nein – wer | Übermüdung<br>ja/nein – wer | technische Mängel<br>ja/nein – welche |
| Verwarnung mit Verwarnungsgeld<br>ja/nein – wer – Höhe | | Anzeige<br>ja/nein – gegen wen |

Werkschutz
Verkehrsunfallbericht

Blatt 2

Unfallhergang (aus der Sicht des -Fahrers)

Unfallskizze (Straßenbreite und amtl. Verkehrszeichen bitte angeben)

........................, ...........
(Ort) (Datum)

Unterschrift des Fahrers

gesehen: ____________
Werkschutzleiter

An

Rechts-/Versicherungsabteilung
mit der Bitte um Kenntnisnahme
und weitere Veranlassung

*Durchschrift* Ablage – Kfz-Akte

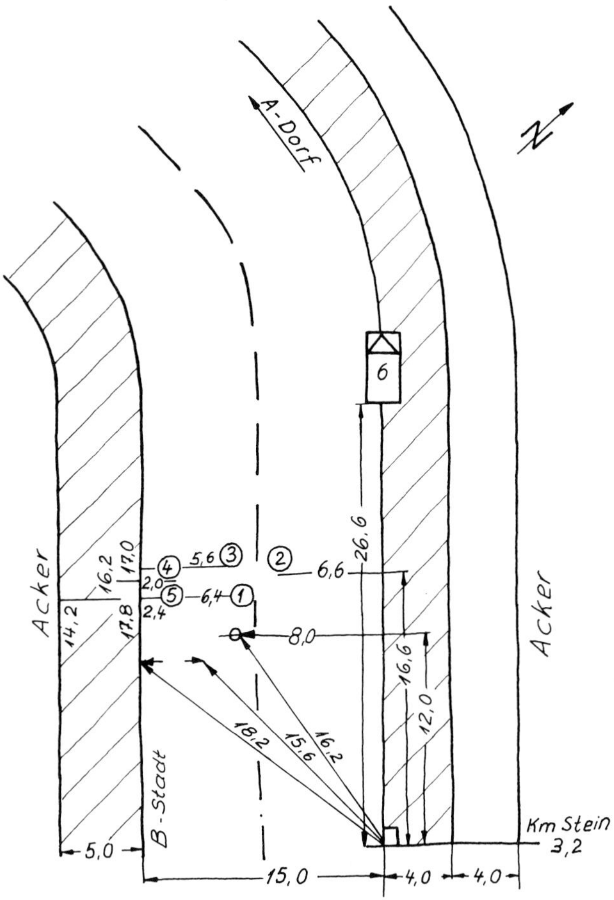


1 Scheinwerferglas
2 Blinklichtgehäuse
3 Außenspiegel

4/5 Glassplitter
6 Stand des Pkw beim Eintreffen der Polizei

Unfall Verbindungsstraße Werk I / Werk II zwischen A-Dorf / B-Stadt bei Km-Stein 3,2

Datum: Gefertigt:

## AUSZÜGE AUS GESETZLICHEN BESTIMMUNGEN (HINWEISE)

| Gebräuchliche Abkürzung | Bezeichnung des Gesetzes bzw. der Verordnung | Bestimmung für den Verkehrsdienst |
|---|---|---|
| ArbStättV | Verordnung über Arbeitsstätten | § 17 – Verkehrswege<br>§ 18 – zusätzliche Anforderungen an Fahrtreppen und Fahrsteige<br>§ 19 – zusätzliche Anforderungen an Rettungswege<br>§ 41 – allgemeine Anforderungen an Verkehrswege<br>§ 52 – Freihalten der Verkehrswege |
| ArbStoffV | Verordnung über gefährliche Arbeitsstoffe | § 6 – Kennzeichnung der Stoffe<br>§ 11 – Verkehrsrechtliche Vorschriften |
| BGB | Bürgerliches Gesetzbuch | § 618 – Pflicht zu Schutzmaßnahmen |
| EBO | Eisenbahnbau- und Betriebsordnung | |
| GewO | Gewerbeordnung | § 120 a – Betriebssicherheit |
| GGVS (Gefahrgut-VStr) | Verordnung über die Beförderung gefährlicher Güter auf der Straße | § 3 – Mitführen der Beförderungspapiere<br>§ 4 – Begleitpapiere<br>§ 5 – Unfallmerkblätter<br>§ 7 – Beförderungserlaubnis<br>§ 8 – Kennzeichnung der Fahrzeuge<br>§ 9 – Melde- und sonstige Pflichten |
| RVO | Reichsversicherungsordnung | Unfallanzeige – § 1552 Anzeigepflicht des Unternehmers<br>– § 1553 – Erstattung der Anzeige<br>– § 1559 – Untersuchung durch Ortspolizeibehörde |
| StVG | Straßenverkehrsgesetz | § 5 b – Unterhaltung der Verkehrszeichen |

| | | |
|---|---|---|
| StVO | Straßenverkehrsordnung | § 9 – Abbiegen, Wenden, Rückwärtsfahren<br>§ 10 – Einfahren und Anfahren<br>§ 36 – Zeichen und Weisungen der Polizeibeamten |
| VBG | Vorschrift der Berufsgenossenschaft | VBG 1. O – Allgemeine Vorschriften v. 28. Juli 1977 |
| UVV | Unfallverhütungsvorschrift | § 24 – Verkehrswege<br>§ 25 – Verkehrswege in Gebäuden und Räumen<br>§ 26 – Verkehrswege in nicht allseits umschlossenen Räumen<br>§ 27 – Verkehrswege auf dem Betriebsgelände im Freien<br>§ 30 – Rettungswege, Notausgänge<br>§ 31 – Fahrtreppen, Fahrsteige<br>§ 32 – Laderampen<br>VBG 12 – Fahrzeuge<br>IV. Betrieb (§§ 27 – 50)<br>V. Ordnungswidrigkeiten<br>VBG 12a – Flurförderzeuge<br>IV. Betrieb und Verkehr (§§ 21 – 34)<br>IV. a – Strafbestimmungen<br>VGB 125, § 3 (bei Benutzung öffentlicher Verkehrszeichen) |

### 1.2.4 Ermittlungsdienst

#### 1.2.4.1 Grundkenntnisse der Kriminalistik

Bei der Tätigkeit des Ermittlungsdienstes im Werkschutz handelt es sich um die private Durchführung von Aufgaben, die im öffentlichen Leben überwiegend durch die Polizei wahrgenommen werden.

Diese Aufgabe umfaßt:

– Vorbeugende Maßnahmen zum Schutz des Betriebseigentums und der Personen im Betriebsbereich.

- Ermittlungen bei Verstößen gegen Gesetze und betriebliche Vorschriften.
- Ermittlungen zur Wiederbeschaffung abhandengekommener Werte/ Sachen.

Der Ermittlungsdienst hat ein Informationsrecht mit legalen Mitteln im Rahmen der für jedermann gültigen Gesetze. Er hat keine Sonderrechte wie die Polizei. Desgleichen auch keine Ermittlungs- bzw. Strafverfolgungspflicht.

Die Tätigkeit muß sich auf die Erfordernisse zur Aufrechterhaltung der betrieblichen Sicherheit und Ordnung beschränken.

Die Privatsphäre darf ohne ausdrückliche Zustimmung des Betroffenen nicht beeinträchtigt werden.

*Voraussetzungen* für eine erfolgreiche Tätigkeit im Ermittlungsdienst:

- Einfühlungsvermögen und Kontaktfreudigkeit gegenüber Mitarbeitern, Fremdfirmenangehörigen und internen und externen Kontaktpersonen,
- schnelle Auffassungsgabe, analytische Fähigkeiten, selbständiges Arbeiten,
- Gesetzeskenntnisse
- kriminaltechnische und kriminaltaktische Kenntnisse,
- Ortskenntnisse im Betrieb, von gefährdeten Bereichen und deren Sicherungseinrichtungen, Sicherheitsschwachstellen und Wegen und Versteckmöglichkeiten,

*Kenntnisse* über

- Mitarbeiterstruktur
- extremistische Personen
- Mitarbeiter, die zu vertraulichem Material Zugang haben
- Mitarbeiter mit besonderen Befugnissen (z. B. übergeordnete Schlüssel)
- betriebliche Organisation.

*Technische Ausrüstung*

- Fotogerät
- Spurensicherungsgerät
- Mittel und Geräte zum Legen von Diebesfallen
- Fachliteratur usw.

## Schema betrieblicher Ermittlungen

Erhalt der Information/Meldung/eigene Wahrnehmung.

↓

Besichtigung des Tatortes, der Unterlagen oder Ergebnisse einer unerlaubten Handlung.

↓

TATORTSICHERUNG

↓

Tatortbefundaufnahme und Beweismittelsicherung.

↓

Prüfung und Auswertung von Spuren und Beweismitteln.

↓

Prüfung evtl. Zusammenhänge mit früheren Vorkommnissen.

JA — ZUSAMMENHÄNGE? — NEIN

**JA:**

↓

Vergleich von Spuren und Beweismitteln

↓

Feststellung gleicher Zeugen und Auskunftspersonen

↓

Koordinieren aller Erkenntnisse aus dem früheren und dem jetzigen Vorkommnis

**NEIN:**

↓

Erstellen möglicher Hypothesen über
- den Tatablauf
- den Täter

↓

Beschaffen und Auswerten von Vergleichsmaterial für Spuren und Beweismittel

↓

Zwischenbericht über den Ermittlungsstand an
- zuständigen betrieblichen Vorgesetzten
- Personalabteilung

zur Entscheidung, ob eine Befragung von Zeugen oder Verdächtigen/Beteiligten erfolgen soll.

↓

↓

Wird der Befragung zugestimmt?

**JA**

↓

Ermittlung und Befragung von Auskunftspersonen, Zeugen, Tatverdächtigen

↓

Nach Möglichkeit Wiederbeschaffung abhandengekommener Gegenstände

↓

Prüfung von Möglichkeiten zur Verhinderung ähnlicher Vorkommnisse

↓

Fertigen eines Ermittlungsberichtes und Weiterleitung an

- zuständigen betrieblichen Vorgesetzten
- Personalabteilung

und andere berechtigt interessierte Stellen, wie z.B.

- Rechtsabteilung
- Versicherungsabt.

↓

Sollen weitere Ermittlungen durch staatliche Stellen durchgeführt werden?

NEIN

↓

Abschluß der Ermittlungen

JA

↓

Je nach Erfordernis formelle oder formlose Mitteilung an die zuständige Stelle

↓

Durchführung weiterer Ermittlungen nach Absprache oder auf Ersuchen der eingeschalteten staatlichen Stelle

↓

Fertigen und Weiterleitung eines Ermittlungsberichtes

↓

Abschluß der Ermittlungen

**NEIN**

↓

Fertigung eines Ermittlungsberichtes mit dem Ermittlungsergebnis und Weiterleitung an

- zuständigen betrieblichen Vorgesetzten
- Personalabteilung

↓

Einstellen der Ermittlungen

↓

Je nach Erfordernis formelle oder formlose Mitteilung an die zuständige Stelle (weiter wie oben)

**Kontaktfunktionen des Ermittlungsdienstes**

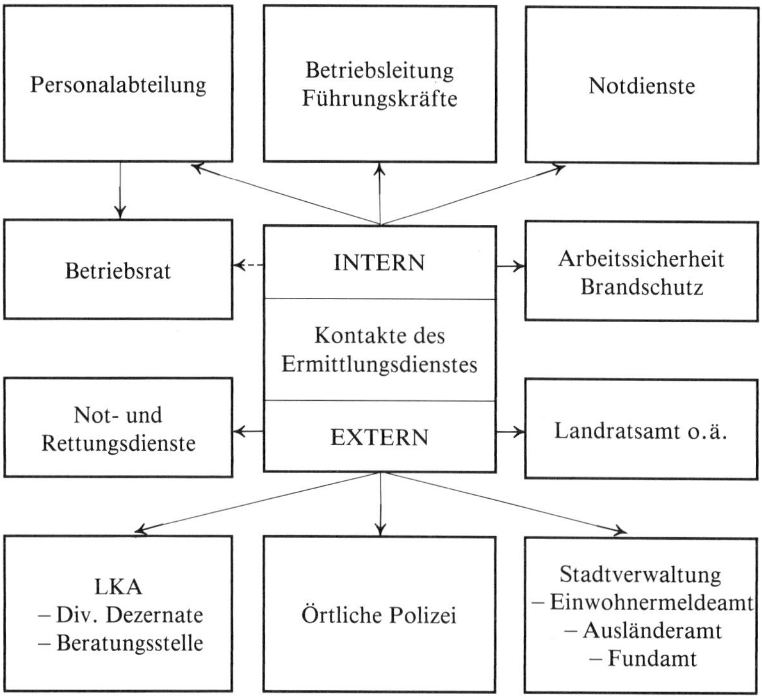

### 1.2.4.2 Verhalten am Tatort

Tatort ist der Ort, an dem eine mit Strafe bedrohte Handlung begonnen, fortgesetzt und beendet wurde.

*1. Entgegennahme von Meldungen*

- Mitteilungen, Meldungen ohne Unterbrechung vortragen lassen.
- Fragen am Ende der Mitteilung/Meldung stellen.
- Folgende Angaben festhalten:
  Name und Erreichbarkeit des Informanten,
  Uhrzeit des Eingangs der Meldung,
  wer? wo? was?
  wie? womit? wann?
  warum?
- Anweisungen geben, z. B. Sicherung des Tatortes.

*2. Tatortbesichtigung*

- Allgemeiner Überblick, Erfassen der Situation.
- Tatort nach Möglichkeit nicht betreten.
- Keine vermeidbaren Veränderungen.
- Unvermeidbare Veränderungen (z. B. durch die Bergung von Verletzten) festhalten und bei der Tatortauswertung berücksichtigen.
- Keine eigenen Gegenstände am Tatort zurücklassen (z. B. Zigarettenkippen, Taschentücher usw.).
- Keine eigenen Spuren legen.
- Wenn Tatort betreten werden muß, „Trampelpfad" festlegen.

*3. Tatortsicherung*

- Absperren des Tatortes und erkennbarer Spuren.
- Keine Unbefugten den Tatort betreten lassen.
- Beachte: Zum Tatort gehören alle Bereiche, in denen die Tat begonnen, fortgeführt oder beendet wurde.
- Spuren können auch auf dem Weg des Täters zum und vom Tatort vorhanden sein.
- Keine Gegenstände vom Tatort entfernen lassen.

*4. Tatortbefundaufnahme*

- Aufnahme von außen nach innen.

*fotografisch,*
Übersichtaufnahmen,
Ausschnittsaufnahmen,
Nahaufnahmen (Spuren)

*zeichnerisch*, Grundriß des Tatortes und der Tatsituation

*protokollarisch* (schriftlich), nur IST-Zustand in Gegenwartsform, keine Vermutungen.

*5. Beweissicherung*

Beweis ist alles, was durch die Tat entstanden ist, verändert oder vom Täter am Tatort zurückgelassen wurde und was über Tat oder Täter aussagefähig ist.

Wir unterscheiden:

*Personenbeweis:*

- *Auskunftspersonen*
- *Zeugen*
- *Tatverdächtige*
- *Täter*
- *Gutachter/Sachverständige*

*Sachbeweis:*

- *Spuren*
- *Veränderungen*
- *Tatwerkzeuge*
- *Erzeugnisse aus der unerlaubten Handlung*
- *vom Täter stammende Gegenstände*

*Ablauf der Beweissicherung*

- Auskunftspersonen und Zeugen feststellen und befragen.
- Sichtbare oder vermutete Spuren und Beweismittel vor Veränderung oder Zerstörung schützen.
- Sicherung von Spuren und Beweismitteln, soweit möglich im Original.
- Ort, Lage und Zeit der Sicherung festhalten.

*6. Spurensuche und -sicherung*

Spuren sind alle Veränderungen, die einen Zusammenhang mit dem Täter oder der Tat aufweisen und zur Tataufklärung oder zur Beweisführung beitragen können.

Wir unterscheiden:

- Sichtbare Spuren (z. B. Substanzübertragung),
- latente Spuren (z. B. Fingerspuren).

Bei der Suche nach Spuren müssen der Weg und die Arbeitsweise des Täters beachtet werden. Spuren können sich überall befinden, wo sich der Täter aufgehalten oder wo sich der Einfluß des Täters ausgewirkt hat.

Soweit möglich, sollten alle Spuren vor der Anwendung jeder anderen Sicherungs-Methode fotografisch festgehalten werden.

- Keine Gefahr der Veränderung oder Zerstörung.

Jede gesicherte Spur muß gekennzeichnet werden mit Zeit und Ort der Sicherung, Lage der Spur, Name der Person, durch die die Spur gesichert wurde.

Beachte: Spuren können nur durch Personen mit geeigneter Ausbildung gesichert werden!

Fehler bei der Spurensicherung können nie mehr gutgemacht werden.

**Spuren-Beispiele**

| Spuren | Beweiskraft | Sicherungsmethode |
|---|---|---|
| Fingerspuren | a) Einmaligkeit<br>b) Unveränderlichkeit des Papillarlinienbildes | a) Mit Kontrastmittel zum Spurenträger sichtbar machen<br>● Argentorat<br>● Rußpulver<br>● Kampfer<br>● Magna Brush (nur bei nichtmetallischem Spurenträger)<br>● Jod (Papier)<br>b) Mit Kontrastfolie sichern<br>c) Beschriftung (Kennzeichnung) |
| Werkzeugspuren | Art, Form, Größe, Beschädigungen | Fotografisch<br>Abformmasse oder Original |
| Paßstücke | Paßform, Material | Original |
| Schuh- und Reifenspuren | Profil, Größe<br>Abnützung, Beschädigungen | Fotografisch<br>Abformen mit Gips<br>Evtl. mit Folie abnehmen (evtl. bei Substanzübertragung, wie Staub usw.) |
| Handschrift | Schreibgewohnheiten<br>Schreibgerät | Original |
| Maschinen-schrift | Maschinenmarke (-type) Merkmale<br>Beschädigungen<br>Verunreinigungen<br>Schreibgewohnheiten | Original |

| Spuren | Beweiskraft | Sicherungsmethode |
|---|---|---|
| Brandspuren | Material (Vorhandensein, chemische Zusammensetzung, Herkunft) | Fotografisch<br>Zeichnerisch |
| | Funktionsweise von Anlagen, Geräten und Gegenständen | Original |
| | Fundort | |
| Schußspuren | Art der Waffe<br>Kaliber<br>Verformung (Hülse, Projektil, Ein- und Ausschuß)<br>Pulverspuren<br>Kontaktspuren | Fotografisch<br>Original |
| Blut | Blutgruppe<br>● A<br>● B<br>● AB<br>● 0 | Original |
| | Form von Blutspuren | Fotografisch |
| Körperausscheidungen | Blutgruppe | Fotografisch |
| z. B. Speichel | Gewohnheiten des Spurenlegers | Original |
| Haare | Beschaffenheit<br>Länge<br>Farbe | Original |
| Mikrospuren<br>● Stoffreste<br>● Pflanzen<br>● Schmutz | Art<br>Zusammensetzung<br>Farbe<br>Ort des Vorkommens oder der Herstellung | Original |
| Glasspuren | Stärke und Art des Glases<br>Tatablauf durch Splitterverteilung | Fotografisch<br>Zeichnerisch<br>Original |

| Spuren | Beweiskraft | Sicherungsmethode |
|---|---|---|
| | Nachweis der Druck- bzw. Schlagrichtung<br>Splitter in der Bekleidung von Tatverdächtigen | |
| Lackspuren | Farbe<br>Zusammensetzung<br>Schichten<br>Paßformen | Fotografisch<br>Zeichnerisch<br>Original |
| Gift | Zusammensetzung<br>Herkunft | Fotografisch<br>Gutachten<br>Original |
| Substanz-übertragung | Zusammensetzung<br>Herkunft | Fotografisch<br>Original |
| Zurückgelassene Gegenstände | Aussehen<br>Material<br>Herkunft<br>Besonderheiten | Fotografisch<br>Original |
| Taterzeugnisse | Material<br>Form/Gestaltung<br>Verwendungszweck<br>Herkunft des Grundstoffes | Fotografisch<br>Original |

### *7. Täter – Ermittlung*

Durch Feststellungen am Tatort, Befragen von Zeugen und Auskunftspersonen und durch die Auswertung von Spuren und Zusammenhängen muß versucht werden, die „SIEBEN GOLDENEN W“ zu beantworten:

WER
- war zur Tatzeit am Tatort?
- hatte eine Möglichkeit, zum Tatort zu kommen?
- hätte ein Motiv?
- hat Vorteile durch die Tat?
- hat Nachteile durch die Tat?
- hat die Tat festgestellt?

WAS
- hat sich ereignet?
- war der vom Täter beabsichtigte Erfolg?
- wurde durch Verantwortliche versäumt?

| | |
|---|---|
| WO | – ist der Tatort?<br>– ist der Beginn, die Weiterführung und die Beendigung der Tat?<br>(Lage, Sicherung, Zugangsmöglichkeiten, vorgetäuschter Tatort) |
| WOMIT | – wurde die Tat begangen? (Hilfsmittel, Werkzeuge) |
| WARUM | – wurde die Tat begangen? (Motiv) |
| WIE | – wurde die Tat begangen?<br>– wurde versucht, die Tatentdeckung zu verhindern?<br>– wurde die Tat begünstigt/erschwert?<br>– haben Dritte auf die Tat eingewirkt? (Tatablauf) |
| WANN | – wurde die Tat geplant?<br>– wurde die Tat begangen? (Zeitraum)<br>– trat der Erfolg der Tat ein?<br>– wurde die Tat festgestellt? |

Persönliche Gefühle sowie Sympathie oder Antipathie gegenüber bestimmten Personengruppen dürfen auf die Durchführung von Ermittlungen keinen Einfluß haben.

*8. Legen von Diebesfallen*

*Voraussetzungen*

- Serienstraftat
- Feststehender Personenkreis, der als Täter in Frage kommen kann, (nicht bei Foto- und Beobachtungsfallen)
- Zustimmung durch Betriebsleitung (zum Auslegen der Falle, zur Überprüfung *aller* Personen aus dem möglichen Täterkreis).

*Fangmittel*

- Chemische Mittel, wie z. B. Silbernitrat, Methylviolett, Phenolphtalein, Fuchsin, Eosin, Rhodamin, fluoreszierende Stoffe
- Fotofallen
- Mechanische und elektrische Fallen
- Beobachtungsfallen (z. B. Fernsehüberwachung)
- Spurenfallen.

Ausgelegte chemische Fallen müssen regelmäßig durch die gleiche Person kontrolliert werden. Dadurch ist eine unverzügliche Möglichkeit zur Überprüfung des in Frage kommenden Personenkreises und evtl. noch ein Überraschungseffekt sichergestellt.

*Fotofallen* werden so angebracht, daß (räumlich getrennt) der Auslöser betätigt werden kann durch

- Öffnen einer Türe
- Trittkontakt
- Wegnahme eines Gegenstandes
- ein Blitzlichtgerät.

Je nach Kontroll- und Installationsmöglichkeit kann die Funktionsweise variiert und den örtlichen Verhältnissen angepaßt werden.

*Mechanische und elektrische Fallen* können in einer nahezu unbegrenzten Vielfalt den örtlichen Gegebenheiten angepaßt werden. Hierzu zählen u. a.

- Tür- und Fensterkontakte mit Alarmauslösung an beliebiger Stelle (einfache Klingel)
- Lichtschranken
- Mikrofone
- Tonbandgeräte
- Stromunterbrechung an Uhren zur Feststellung der genauen Tatzeit.

Bei *Beobachtungsfallen* wird ein bestimmter Bereich durch eine Person überwacht. Diese Person hält sich an einer vom Täter nicht einsehbaren Stelle auf.

Zur Tarnung dieser Person kann u. U. auch bedampftes Glas verwendet werden, das nur von der Seite des Beobachters durchsichtig ist. Es ist aber nicht möglich, den Beobachter hinter der Scheibe zu erkennen.

*Spurenfallen* werden dann angewandt, wenn

- von einem Tatverdächtigen unauffällig Vergleichsmaterial beschafft werden soll (z. B. Hinstellen eines Gegenstandes, der vom Tatverdächtigen berührt werden muß).
- von einem Straftäter zur Täterermittlung und Beweisführung gut auswertbare Spuren beschafft werden sollen (z. B. Ausstreuen von feinem Pulver auf dem Fußboden zum Erhalt von Schuhspuren).

Die Wirkung einer Diebesfalle hängt neben der fachgerechten Anwendung insbesondere auch davon ab, daß

- die Falle durch den Täter nicht erkannt werden kann,
- der informierte Personenkreis auf ein unumgängliches Mindestmaß beschränkt bleibt.

*9. Technische Hilfsmittel*

- Kleinbildkamera (Tele- und Weitwinkelobjektiv, Einrichtungen für Nahaufnahmen, Spurenfotografie)
- Blitzlicht
- Stativ
- Polaroidkamera
- Spurensicherungsgerät
- Diebesfallenbesteck
- Zeichengerät
- Lampen
- Fernglas
- Metallsuchgerät
- Bewegliche Klein-Alarmgeräte.

### 1.2.4.3 Befragungstechnik und -taktik

*Voraussetzungen*

- Zustimmung durch zuständigen Vorgesetzten, Personalabteilung.

*Terminplanung*

- Kein Zeitzwang, Befragungsdauer, Folgemaßnahmen.

*Raum*

- Ungestört, nicht hellhörig
- nicht einsehbar.

*Teilnehmer*

- Ermittlungsdienst
- bei Befragung von Frauen sollte eine weitere Frau anwesend sein.

*Belehrung*

- Sachverhalt
- mögliche Verweigerungsrechte.

*Beachte*

- die Würde des Menschen
- keine Tricks
- kein Bluff
- keine unzulässigen Versprechungen
- keine Drohungen oder Beleidigungen
- keine Beeinträchtigung des körperlichen Wohlbefindens

- freundlicher Umgangston
- auch Entlastendes festhalten.

*Widerruf – Absicherung*

- Verdächtiger sollte Einzelheiten schildern, die nur der Täter wissen kann.

*Protokoll*

- Klare, eindeutige Formulierungen
- Ort, Zeit und beteiligte Personen bei der Befragung festhalten
- Tatbestandsmerkmale herausstellen
- Unterschriften (alle Anwesenden, Abzeichnung auf jeder Seite)
- kein freier Raum zwischen Protokollende und Unterschriften.

### 1.2.4.4 Nachschau

Die Nachschau ist nur dann zulässig und sinnvoll, wenn ein betriebliches Interesse

- am Auffinden von Beweismitteln,
- an der Wiederbeschaffung abhandengekommener Gegenstände

besteht.

Eine Nachschau ist grundsätzlich nur mit Genehmigung des Betroffenen (möglichst schriftlich) zulässig. Wird eine erteilte Genehmigung widerrufen, muß die Nachschau abgebrochen werden. Ob in diesem Fall die Einschaltung der Polizei zweckmäßig ist, entscheiden die zuständigen Stellen (z. B. Betriebsleitung).

Eine gewaltsame Nachschau durch den Ermittlungsdienst ist nicht zulässig!

Die Nachschau sollte aus Gründen der eigenen Sicherheit und aus Gründen der Beweisführung grundsätzlich durch mindestens zwei Personen durchgeführt werden.

Werden im Verlauf einer Nachschau Gegenstände mit Genehmigung des Betroffenen, oder wenn das betriebliche Eigentum eindeutig festgestellt werden konnte, sichergestellt, so ist grundsätzlich eine von zwei Personen unterzeichnete Aufstellung aller mitgenommenen Gegenstände zu erstellen und dem Betroffenen eine Mehrfertigung hiervon zu übergeben.

### 1.2.4.5 Meldungs- und Berichtswesen

*1. Die Meldung*

ist eine Information über den Sachverhalt eines rechts-, sicherheits- oder ordnungswidrigen Vorganges oder Zustandes im Betrieb.

*Der Bericht*

umfaßt neben dem Inhalt der Meldung auch die Zusammenfassung durchgeführter Maßnahmen, Hinweise auf noch durchzuführende Maßnahmen, Erkenntnisse und Ermittlungsergebnisse sowie Folgerungen aus dem gemeldeten Sachverhalt.

*WARUM muß gemeldet werden?*

Durch den Werkschutz und den Ermittlungsdienst im Werkschutz sind Meldungen und Berichte über außergewöhnliche Vorgänge oder Zustände zu fertigen:

- zwecks Verhinderung oder Beseitigung von Gefahren und Schäden sowie ordnungswidriger Zustände,
- zur Ermöglichung oder Unterstützung erforderlicher Maßnahmen gegen Personen,
- zum Nachweis über Maßnahmen oder Entscheidungen durch die eigene Organisation.

*WAS muß gemeldet werden?*

Gemeldet werden müssen alle Erkenntnisse über rechts-, sicherheits- und ordnungswidrige Vorgänge und Zustände, hinsichtlich derer

- entweder Folgemaßnahmen erforderlich sind (z. B. Mängelberichte, Ermittlungsberichte),
- die Information über den Vorgang für andere von Bedeutung ist (z. B. Klärung von Beschwerden),
- die Berichte durch den Werkschutz als neutrale Funktion z. B. zur Unterstützung von Mitarbeitern gefertigt werden (Verkehrsunfallmeldungen).

*WIE muß gemeldet werden?*

Sofort (telefonisch oder mündlich) müssen Feststellungen oder Vorgänge gemeldet werden, bei denen

- durch geeignete Gegenmaßnahmen Gefahren und Schäden verhindert oder abgewendet werden können, z. B. Unfallgefahren, Brandgefahren, Notfälle,
- Eingriffe in die persönliche Freiheit von Menschen erforderlich waren oder werden, z. B. vorläufige Festnahmen.

Eine SOFORT-Meldung schließt einen späteren formellen Bericht nicht aus.

Spätere, in der Regel schriftliche Meldungen oder Berichte müssen gefertigt werden, wenn alle noch zu treffenden Maßnahmen eine zeitliche Verzögerung gestatten, ohne daß dadurch Gefahrensituationen oder Nachteile für Personen oder Sachen entstehen.

*WEM muß gemeldet werden?*

Meldungen und Berichte werden je nach Erfordernis und genereller oder spezieller Weisung der Betriebsleitung an folgende Stellen weitergegeben:

*Intern* an Werkschutz-Vorgesetzte (grundsätzlich), zuständige Fachfunktionen, Notdienste, Personalabteilung, Rechtsabteilung, Betriebsrat

*Extern* (entsprechend betrieblicher Regelungen) an Polizei (z.B. Anzeigen), Rettungs- und Notdienste (z.B. Gefahrensituationen und Unfälle), Stadtverwaltung (z.B. Fundmeldungen), Landratsamt (z.B. Paß-Verstöße) usw.

*2. Form und Inhalt von Meldungen und Berichten*

Für Berichte über Vorgänge, die sich entweder häufig wiederholen, wie z.B.

- Diebstahls-, Verlust- oder Fundmeldungen,
- Mängel- oder Schadensmeldungen,
- Unfallmeldungen,

oder deren Inhalt für eine weitere Entscheidungsfindung auch im Detail wichtig ist, wie z.B.

- Meldungen über den Eingang von Drohungen,

stehen in der Regel Vordrucke zur Verfügung. Wichtig ist hierbei, daß der Vordruck durch den Werkschutz vollständig ausgefüllt wird.

Bei Meldungen und Berichten, für die kein Vordruck verwendet werden kann, müssen folgende Punkte beachtet werden:

*Die Form* sollte den Normen des betrieblichen Schriftverkehrs entsprechen. Er muß folgende allgemeine Informationen enthalten:

| | |
|---|---|
| Verfasser/Absender | Betreff |
| Anschriften/Verteiler | Bezug |
| Datum | Unterschrift. |

*Der Inhalt* muß vollständig sein. Er soll in chronologischer Reihenfolge alle speziellen Informationen enthalten, wie z.B.

*Wann*

- ging die Information beim Werkschutz ein?
- wurde der Vorfall festgestellt?
- ist die Unfall-Tat-Schadenszeit?

*Wo*

- ist der Ort des Schadens/Vorkommnisses?

*Was*

- ist geschehen?
- wurde am Ort des Vorkommnisses festgestellt? (Tatortbeschreibung, Spurenbericht, Zeugenaussagen)
- wurde durch den Werkschutz veranlaßt?
- muß noch veranlaßt werden?

*Wie*

- hat sich der Vorfall ereignet?

*Womit*

- wurde die „Tat“ ausgeführt (Tatwerkzeuge/Hilfsmittel)?

*Warum*

- wurde die „Tat“ begangen (Motiv)?

*Wer*

- hat den Vorfall/Schaden festgestellt?
- hat den Vorfall dem Werkschutz gemeldet?
- hat welche Beobachtungen gemacht?
- ist der Täter/Verursacher?
- ist der Geschädigte?

Bei Hinweis auf Personen müssen mindestens folgende Daten festgehalten werden:

- Name, Vorname
- Wohnort, Straße
- Geburtstag und -ort (bei Straftaten)
- Beruf
- Abteilungsnummer und interne Telefonnummer bei Betriebsangehörigen
- Firma bei Betriebsfremden (Grund des Aufenthaltes im Betrieb).

Die Formulierungen müssen sachlich, kurz, klar und eindeutig sein.

Es darf nur der (tatsächliche/objektive) Sachverhalt gemeldet werden.

Nicht beweisbare Annahmen oder Hinweise durch Dritte müssen als solche klar erkennbar sein.

Bei Straftaten müssen Tatbestandsmerkmale eindeutig herausgestellt werden.

Einige *Beispiele von Muster-Vordrucken* sind im folgenden als Anlage beigefügt.

| Werkschutz | **Schichtplan** | vom ________ 06.00 Uhr<br>bis ________ 06.00 Uhr |
|---|---|---|

| Name | 05 06 | 06 07 | 07 08 | 08 09 | 09 10 | 10 11 | 11 12 | 12 13 | 13 14 | 14 15 |
|---|---|---|---|---|---|---|---|---|---|---|
| | | | | | | | | | | |
| | | | | | | | | | | |
| | | | | | | | | | | |
| | | | | | | | | | | |
| | | | | | | | | | | |
| | | | | | | | | | | |
| | | | | | | | | | | |
| | | | | | | | | | | |

**Frühschicht**

**Plan:**

Unterschrift
Schichtführer

| Name | 13 14 | 14 15 | 15 16 | 16 17 | 17 18 | 18 19 | 19 20 | 20 21 | 21 22 | 22 23 |
|---|---|---|---|---|---|---|---|---|---|---|
| | | | | | | | | | | |
| | | | | | | | | | | |
| | | | | | | | | | | |
| | | | | | | | | | | |
| | | | | | | | | | | |
| | | | | | | | | | | |
| | | | | | | | | | | |
| | | | | | | | | | | |

**Spätschicht**

**Plan:**

Unterschrift
Schichtführer

| | |
|---|---|
| Z | Zentrale |
| PF_ | Pforte Geb. ____ |
| PF_ | Pforte Geb. ____ |
| PF_ | Pforte Geb. ____ |
| PK | Parkplatzkontr. |
| V | Verwaltungsaufg. |
| SE | Sondereinsatz |
| P | Pause |

| Name | 21 22 | 22 23 | 23 24 | 24 01 | 01 02 | 02 03 | 03 04 | 04 05 | 05 06 | 06 07 |
|---|---|---|---|---|---|---|---|---|---|---|
| | | | | | | | | | | |
| | | | | | | | | | | |
| | | | | | | | | | | |
| | | | | | | | | | | |
| | | | | | | | | | | |
| | | | | | | | | | | |
| | | | | | | | | | | |
| | | | | | | | | | | |

**Nachtschicht**

**Plan:**

Unterschrift
Schichtführer

| | |
|---|---|
| A | A-Runde |
| B | B-Runde |
| C | C-Runde |
| D | D-Runde |
| AR | Außenstellen-R. |
| | |
| | |
| | |

| | | |
|---|---|---|
| **Werkschutz** | ☐ **Tagesbericht**<br>☐ **Mängelmeldung** | vom ______________ 06.00 Uhr<br>bis ______________ 06.00 Uhr |

| festgestellt<br>um → Uhrz. | durch → Name | Vorkommnisse/Mängel | bereits veranlaßt,<br>noch z. veranlassen | Mangel beseitigt<br>am: |
|---|---|---|---|---|
| | | | | |

**An/Verteiler**

| | | |
|---|---|---|
| ☐ Leiter Werkschutz | ☐ Ermittlungsdienst | ______________________<br>Unterschrift Werkschutz |
| ☐ Leiter Betriebsschutz | ☐ Betriebstechnik | |
| ☐ Leiter Personal | ☐ ______________ | |
| ☐ siehe Rückseite | | |

**Werkschutz**

Gebäude: ______________________

An
Name: ______________________

Name: ______________________

Abteilg: ______________________

Tel.: ______________________

Gebäude: ______________________

Datum: ______________________

# Mängelmeldung

Am __________ um __________ Uhr wurden folgende Mängel festgestellt: ______________________

Gebäude ______________________ Raum ______________________

Mängel: ______________________

**Wir bitten um Bestätigung der Beseitigung der Mängel und um Rücksendung dieser Meldung an den Werkschutz.**

☐ siehe Rückseite

______________________
Unterschrift Werkschutz

Die vorstehend aufgeführten Mängel wurden am __________ durch (Name/Abteilung/Firma)

______________________ beseitigt.

______________________
Datum

______________________
Unterschrift des Sachbearbeiters der ausführenden Funktion

**Werkschutz** Datum: ____________

☐ **Diebstahlsmeldung** ☐ **Verlustmeldung**

**Meldung:** Datum ____________ Zeit ____________

durch: Vorname ____________ Name ____________ P/N ____________

Wohnort ____________ Straße ____________

Abteilung/Firma ____________

Geschädigt: Vorname ____________ Name ____________ P/N ____________

Wohnort ____________ Straße ____________

Abteilung/Firma ____________

**Diebstahl/Verlust:**

Ort: Gebäude ____________ Raum ____________

Zeit: Datum ____________ zwischen ____________ Uhr und ____________ Uhr

**Fehlende Gegenstände:**

| Beschreibung | Wert in DM |
|---|---|
| | |
| | |
| | |
| | |

Tatausführung bei Diebstahl (evtl. Rückseite benutzen):

____________

____________

**Spuren:** ____________

**Zeugen:**

| Vorname/Name | Personalnr. | Abteilung/Firma |
|---|---|---|
| | | |
| | | |

Bemerkungen: ____________

____________

Ausführlicher Bericht ☐ ist beigefügt ☐ wird nachgereicht ____________

☐ siehe Rückseite Unterschrift Werkschutz

Datum: __________

Uhrzeit: __________

**Werkschutz**

# Fundmeldung

**Gefundene Gegenstände:**

| Beschreibung: | Geschätzter Wert: |
|---|---|
| | |
| | |
| | |
| | |

Fundzeit: Datum __________ Uhrzeit: __________

Fundort: Geb./Platz __________ Raum: __________

Finder: Vorname __________ Name __________ P/N: __________

Wohnort __________ Straße __________

Abteilung/Firma __________

**Der Finder** ☐ beansprucht den gesetzlichen Finderlohn

☐ möchte Eigentum an dem Fund erwerben, soweit der Finder nicht ermittelt werden kann.

☐ siehe Rückseite

__________ Unterschrift Finder

__________ Unterschrift Werkschutz

Die Fundgegenstände wurden am __________

☐ dem Fundamt in __________ übergeben.

☐ wegen Wertlosigkeit vernichtet.

☐ dem Eigentümer, Vorname __________ Name __________ P/N: __________

Wohnort __________ Straße __________

Abteilung/Firma __________

ausgehändigt. Dieser erklärt, daß es sich zweifelsfrei um sein Eigentum handelt.

__________ Unterschrift Fundamt/Eigentümer

__________ Unterschrift Werkschutz

**Werkschutz** **Drohung**

**Eingang:** Datum ______ Zeit ______ Tel. App. ______

**bei:** Name ______ Vorn. ______ Kst. ______ Tel. ______

**Informant:** Name ______ Vorname ______

Anschrift ______

**Information:**
**Was?**
☐ Bombe ☐ Brand ☐ Explosion
☐ Gift ☐ Mord ☐ Entführung

**Wann?** Tag ______ Uhrzeit ______

**Wo?** Ort ______ Gebäude ______

Besondere Ortsbezeichnung ______

**Warum?** ______

**Ihr Verhalten:**
- Vereinbartes Signal für Bombendrohung geben
- Zuhören
- Nicht unterbrechen
- Sofort Notizen machen
- Weitersprechen erreichen durch wiederholen lassen,

**Rückfragen stellen:**
- Wo befindet sich die Bombe?
- Was ist das für eine Bombe?
- Wie ist die Bombe verzögert?
- Warum haben Sie die Bombe gelegt?

**Sie notieren:**
(genauer Text)
______
______
______
______
______
______
weitere Schreibfläche auf der Rückseite

**Angaben zum Anrufer/Anruf:** ☐ Mann ☐ Frau ☐ Bursche ☐ Mädchen Alter:

**Stimmlage:** ☐ hoch ☐ mittel ☐ tief

**Sprechweise:** ☐ normal ☐ schnell ☐ stockend

**Sprache:** ☐ hochdeutsch ☐ Dialekt (welcher? )
☐ Ausländischer Akzent (welcher? )

**Hintergrund-geräusche**
☐ Keine ☐ Musik (Art)
☐ Stimmen ☐ Verkehrslärm (Art)
☐ Maschinengeräusche
☐ Sonstiges

**Art des Anrufs:** ☐ Hausgespräch ☐ Auswärtsgespräch

**Sonstige Bemerkungen:** (z.B. Stimme verstellt, vom Tonband abgespielt, Alkoholeinwirkung, Sprachfehler, Verwendung bestimmter Fachausdrücke, Redewendungen, Stimme bekannt, hat schon einmal angerufen)

______

☐ siehe Rückseite: ______
Unterschrift

**Sofortmeldung der Drohung an:** Name ______ Vorn. ______ Kst. ______

Datum ______ Uhrzeit: ______

**Werkschutz**

Datum: ______________________

Meldung am: ____________ um ________ Uhr

# Verkehrsunfall-Protokoll

**Unfallart:** Zusammenstoß zwischen fahrenden Fahrzeugen – Auffahren auf ein haltendes Fahrzeug – Anfahren eines Gebäudes oder Gegenstandes – Schaden durch herabfallende Gegenstände – Unfallflucht – Sonstiges *)

**Unfallort:** ______________________

(Ort, Parkplatzbezeichnung oder Straße, Hausnummer, Außenstelle)

**Unfallzeit:** ______________________

(Wochentag, Datum, Uhrzeit)

**1. Unfallbeteiligter A**

**1.1 Fahrer:** ______________________

Vor- und Familienname, Personal-Nr., Kostenstelle, Telefon, Firma

______________________

Postleitzahl, Wohnort, Straße und Hausnummer

**1.2 Halter:** ______________________

Vor- und Familienname, Personal-Nr., Kostenstelle, Telefon, Firma

______________________

Postleitzahl, Wohnort, Straße und Hausnummer

**1.3 Kraftfahrzeug:** ______________________

Art (Lkw, Pkw, Kombi usw.), Fabrikat, Typ, Baujahr

______________________

Amtliches Kennzeichen (bei Lkw, Zugwagen und Anhänger)

**1.4 Versicherung:** ______________________

Name, Anschrift, Versicherungsnummer

**1.5 Personenschäden:** ______________________

______________________

**1.6 Schäden am Fahrzeug A** ______________________

______________________

______________________

______________________

(unverbindlicher Schätzwert in DM)

**1.7 Unfallschilderung:** ______________________

______________________

______________________

______________________

______________________

______________________

Unterschrift des Unfallbeteiligten

2. Unfallbeteiligter B

2.1 Fahrer: ______________________________
Vor- und Familienname, Personal-Nr., Kostenstelle, Telefon, Firma

______________________________
Postleitzahl, Wohnort, Straße und Hausnummer

2.2 Halter: ______________________________
Vor- und Familienname, Personal-Nr., Kostenstelle, Telefon, Firma

______________________________
Postleitzahl, Wohnort, Straße und Hausnummer

2.3 Kraftfahrzeug: ______________________________
Art (Lkw, Pkw, Kombi usw.), Fabrikat, Typ, Baujahr

______________________________
Amtliches Kennzeichen (bei Lkw, Zugwagen und Anhänger)

2.4 Versicherung: ______________________________
Name, Anschrift, Versicherungsnummer

2.5 Personenschäden: ______________________________

______________________________

2.6 Schäden am Fahrzeug B ______________________________

______________________________

______________________________

______________________________
(unverbindlicher Schätzwert in DM)

2.7 Unfallschilderung: ______________________________

______________________________

______________________________

______________________________

______________________________

______________________________

______________________________
Unterschrift des Unfallbeteiligten

**3. Unfalleinflüsse** Werden von den Beteiligten oder Zeugen irgendwelche Einflüsse als ursächlich für den Unfall benannt? (Blendung durch Sonnenstrahlen, Unebenheiten in der Fahrbahn, technische Mängel an den Fahrzeugen, Unübersichtlichkeit der Unfallstelle, Verkehrstüchtigkeit der Fahrer oder ähnliches) Wer nennt welche Einflüsse? Ladegut bei LKW und Tankwagen: Wurden ggfls. die Bestimmungen der GGVS eingehalten?

______________________________

______________________________

______________________________

______________________________

**4. Unfallskizze** ☐ nicht maßstabsgerecht ☐ maßstabsgerecht 1: ____________
(bei Unfällen mit Unfallflucht, hohem Sachschaden oder unklarer Rechtslage immer fertigen)

Diese Unfallskizze entspricht dem Stand der Fahrzeuge beim ☐ Unfall ☐ Eintreffen des Werkschutzes

| | |
|---|---|
| 1. Beteiligter A | 2. Beteiligter B |

**5. Zeugen:** (Vor- und Familienname, Personal-Nr. und Kostenstelle, Anschrift, Telefonnummer, Unfallschilderung)

______________________________________________

______________________________________________

______________________________________________

______________________________________________

______________________________________________

______________________________________________

**6. Schuldfrage:** (Übernimmt einer der Beteiligten die Schuld an diesem Unfall, kann er dies hier erklären)

______________________________________________

______________________________________________

______________________________________________

______________________________________________

______________________________________________

______________________________________________

**7. Bemerkungen des Werkschutzes:**

Unterschrift des Unfallbeteiligten ☐ A ☐ B

______________________________________________

______________________________________________

______________________________________________

______________________________________________

______________________________________________

______________________________________________

______________________________________________

8. Lichtbilder gefertigt? ☐ ja ☐ nein
Separate Skizze? ☐ ja ☐ nein

9. Den Beteiligten wurde erklärt, daß dieses Unfallprotokoll nur internen Zwecken dient. Von den Beteiligten können Kopien für die Versicherung angefordert werden. Diese Unfallaufnahme ersetzt in keinem Fall eine Unfallaufnahme durch die Polizei.

*) Nichtzutreffendes streichen!

Unterschrift des Aufnehmenden

## 2. Rechtskunde

Zusammengestellt und bearbeitet von

Dr. jur. Werner *Britsch*, ORR a. D., Stuttgart,
Leiter des Instituts für Sicherheitsforschung e. V., München
(Verband für Sicherheit in der Wirtschaft Baden-Württemberg e. V., Stuttgart)

Peter *Bueß*, Jurist, Frankfurt/M.
(Referent für die Vereinigung für Sicherheit in der Wirtschaft e. V., Mainz)

Dr. jur. Hans Hermann *Eberstein*, Rechtsanwalt, Köln
(ehem. Bundesverband der Deutschen Industrie, Köln)

Franz Xaver *Königseder*, Rechtsanwalt,
Leiter des Instituts für Sicherheitsforschung e. V., München

Dr. Albert *Riester*, Stuttgart
(Verband für Sicherheit in der Wirtschaft Baden-Württemberg e. V., Stuttgart)

# 2. Rechtskunde

## 2.1 Die rechtliche Stellung des Werkschutzes im Betrieb

### 2.1.1 Die Abwehr von Gefahren für die öffentliche Sicherheit und Ordnung als staatliche Aufgabe und die Mitwirkung privater Einrichtungen

Die Abwehr von Gefahren für die öffentliche Sicherheit und Ordnung, also die Wahrung der Sicherheit der Bürger, ist nach dem Grundgesetz für die Bundesrepublik Deutschland unbestritten eine zwingende staatliche Aufgabe. Da die zur Abwehr von Gefahren gegebenenfalls erforderliche Anwendung von Gewalt in einem demokratischen und sozialen Rechtsstaat nur vom Staat und von seinen durch Gesetz hierzu Beauftragten ausgeübt werden darf *(„staatliches Gewaltmonopol“)*, ist der Staat gleichzeitig verpflichtet, gefahrenabwehrend tätig zu werden.

#### 2.1.1.1 Gesetzliche Regelungen und Zuständigkeiten

Die Bundesrepublik Deutschland ist ein Bundesstaat. Grundsätzlich sind zur Gefahrenabwehr nach dem Grundgesetz die einzelnen Bundesländer zuständig, die diese Aufgabe durch ihre Polizeien wahrnehmen *(„Polizeihoheit der Länder“)*. Aber auch der Bund verfügt über einzelne polizeiliche Zuständigkeiten (z. B. Bundesgrenzschutz, Bundeskriminalamt).

Alle Bundesländer haben die Aufgaben und Befugnisse der Polizei in besonderen Gesetzen geregelt.

#### 2.1.1.2 Die Mitwirkung Privater bei der Gefahrenabwehr

Die Tatsache, daß die Gewalt beim Staat monopolisiert ist und zahlreiche Behörden zur Abwehr von Gefahren für die Sicherheit und Ordnung zuständig sind, bedeutet nicht, daß Private zur Gefahrenabwehr nicht tätig werden dürfen.

Zunächst einmal gibt es zahlreiche Fälle, bei denen Private auf privatrechtlicher Grundlage, teilweise mit Billigung des Staates und seiner Förderung, Aufgaben der Gefahrenabwehr freiwillig übernehmen. Sodann sind in zahlreichen Fällen durch staatliche Vorschriften Privaten Gefahrenabwehrmaßnahmen vorgeschrieben oder empfohlen. Schließlich berechtigen verschiedene Rechtsnormen Private zur Abwehr von Gefahren, notfalls unter Einsatz von Gewalt.

#### 2.1.1.2.1 Die freiwillige Übernahme von Gefahrenabwehraufgaben durch Private

Private (Einzelpersonen oder Vereinigungen) sind befugt, freiwillig zur Schaffung eines möglichst gefahrfreien Zustands tätig zu werden. In erster Linie sind hier zu nennen die *karitativen Hilfsorganisationen* (z. B. Deutsches Rotes Kreuz, Malteser Hilfsdienst, Johanniter-Unfall-Hilfe, Arbeiter-Samariter-Bund), die Kraftfahrerorganisationen (z. B. ADAC-Straßenwacht) sowie *besondere Rettungsorganisationen* (z. B. Bergwacht, Deutsche Lebensrettungsgesellschaft, Deutsche Gesellschaft zur Rettung Schiffbrüchiger).

Die Tatsache, daß solche Organisationen im Interesse des Staates und mit seiner Billigung und Förderung tätig werden, sagt freilich noch nichts darüber aus, welche Befugnisse ihnen zustehen.

*Private* (Einzelpersonen, Organisationen oder Unternehmen) dürfen ferner im gesetzlichen Rahmen freiwillig sämtliche *Maßnahmen für ihre eigene Sicherheit oder zum Schutz ihres Eigentums* treffen. Diese private Vorsorge, etwa durch Einsatz technischer Mittel, ist staatlicherseits erwünscht. Die Polizeibehörden haben überall Beratungsstellen hierfür eingerichtet.

#### 2.1.1.2.2 Die Zuweisung von Gefahrenabwehrmaßnahmen durch Gesetze oder andere staatliche Vorschriften

In zahlreichen Gesetzen, Verordnungen, Richtlinien oder Verwaltungsakten werden Privaten Maßnahmen zur Gefahrenabwehr zwingend zur Erledigung in eigener Verantwortung vorgeschrieben oder empfohlen.

Zu nennen sind hier z. B. die Normen des *Arbeitnehmerschutzrechts* (Gewerbeordnung, Verordnung über Arbeitsstätten, Verordnung über gefährliche Arbeitsstoffe).

Beim *Betrieb bestimmter gefährlicher Anlagen* werden dem Betreiber durch Gesetze zahlreiche Pflichten auferlegt, die die Gefahrenabwehr bezwecken (z. B. Immissionsschutzgesetze mit Störfallverordnung, Atomgesetz, Verordnung über den Schutz vor Schäden durch Strahlung radioaktiver Stoffe).

Auch einzelne *Verwaltungsakte*, durch die eine Behörde z. B. eine Genehmigung ausspricht, können mit zahlreichen Auflagen zur Abwehr von Gefahren verbunden sein, denen nachzukommen der Begünstigte des Verwaltungsaktes verpflichtet ist. So werden z . B. Ausnahmegenehmigungen nach § 37 Waffengesetz (verbotene Gegenstände) regelmäßig mit solchen Bestimmungen versehen.

Beim *Katastrophenschutz* unterstellt der Bundesgesetzgeber die Existenz eines Katastrophenselbstschutzes in den Betrieben (§ 10 Abs. 3 KatSG), der durch die Behörden zu fördern ist. Der Bundesminister des Innern hat am 6. Juni

1972 umfangreiche Empfehlungen für den betrieblichen Katastrophenschutz erlassen. Die Landeskatastrophenschutzgesetze erfassen die betrieblichen Katastrophenschutzorganisationen und schreiben als vorbereitende Maßnahmen die Förderung der Zusammenarbeit staatlicher und betrieblicher Katastrophenschutzstellen vor (z. B. § 2 badwürttLKatSG).

Auch die Regelungen in den *Feuerwehrgesetzen* über die Betriebsfeuerwehren befassen sich letztlich mit Gefahrenabwehrmaßnahmen durch Private (vgl. z. B. §§ 2, 22 badwürttFwG).

Schließlich sind der Straftatbestand des § 323c StGB (*unterlassene Hilfeleistung*) sowie die privatrechtliche *Verkehrssicherungspflicht* zu erwähnen, die Privaten Pflichten bei Gefahrenlagen auferlegen. Das zivilrechtlich anerkannte Institut der Verkehrssicherungspflicht besagt – auf das Wesentliche reduziert –, daß der Verursacher von Gefahrenquellen die notwendigen Vorkehrungen zum Schutz Dritter zu treffen hat.

### 2.1.1.2.3 Allgemeine, für jedermann geltende gesetzliche Regelungen

In besonderen Situationen und Notlagen sind Private gesetzlich berechtigt, Gefahrenabwehrmaßnahmen notfalls mit Gewalt zu ergreifen. Hierzu gehören z. B. die Vorschriften über Notwehr und Nothilfe, zivil- und strafrechtliche Notstandsregelungen sowie das Recht des Besitzschutzes, aber auch das in der Strafprozeßordnung festgelegte vorläufige Festnahmerecht durch Private. All diese Rechte werden zusammengefaßt als *„Jedermannsrechte"* bezeichnet.

### 2.1.1.3 Der Werkschutz als private Einrichtung ohne hoheitliche Befugnis

Die Einrichtung eines Werkschutzes ist – wenngleich traditionell in den Betrieben vorhanden – gesetzlich nicht vorgeschrieben. Er wird jedoch in staatlichen Richtlinien u. ä. als Teil der betrieblichen Organisationen erfaßt. Ferner ist er in allen Betrieben, in denen er eingerichtet ist, Teil der betrieblichen Katastrophenschutzorganisationen, deren Existenz nach dem Willen des Gesetzgebers (siehe oben 2.1.1.2.2) gefördert werden soll.

Der Werkschutz ist daher bei staatlichen Stellen anerkannt. Ernstzunehmende Stimmen, die seine Rechtmäßigkeit im Rahmen der gesamten staatlichen Ordnung bezweifeln, gibt es nicht.

Da jedoch ein *„Gesetz über den Werkschutz und andere private Sicherungskräfte" nicht existiert, fehlt dem Werkschutz eine generelle Aufgaben- und Befugniszuweisung.*

Der Werkschutz entsteht durch den Organisationsakt eines privaten Unternehmens und kann weder Aufgaben noch Befugnisse aus hoheitlichen Bestimmungen ableiten. Die von ihm zu erfüllenden gesetzlichen Aufgaben treffen zunächst den Unternehmer, der sie nach Belieben an Fachabteilungen des

Unternehmens delegieren kann. Gesetzliche Befugnisse, die den Werkschutz als solchen ermächtigen, gibt es nicht. Er leitet seine Rechte zum Einschreiten aus einer Fülle von Vorschriften ab, deren Adressat nicht ausdrücklich der Werkschutz ist. Soweit diese Vorschriften nicht staatlicher, sondern innerbetrieblicher Natur sind, müssen sie mit der Rechtsordnung in Einklang stehen.

Als entscheidende Kriterien können festgehalten werden:

- *Der Werkschutz ist* – rechtlich betrachtet – *ausschließlich privater Natur*, auch wenn er – mit den Mitteln des Privaten – Aufgaben erfüllt, die gesetzlich festgelegt sind.
- *Der Werkschutz ist der Polizei somit weder in den Aufgaben noch Befugnissen vergleichbar.* Er stellt keine „Werkpolizei" dar.
- *Der Werkschutz hat die gesetzlichen Zuständigkeiten der Polizei und anderer Gefahrenabwehrbehörden zu achten.*

### 2.1.2 Einführung in das Recht und die Rechtsgebiete

Unter Recht versteht man die *Gesamtheit der Rechtssätze* (Gesetze, Rechtsverordnungen, Satzungen, Gewohnheitsrecht), die für ein bestimmtes Gebiet (Staat) und für bestimmte Personen gelten. Die Gesamtheit dieser Rechtssätze wird auch als *Rechtsordnung* bezeichnet.

Die Rechtsordnung hat die Aufgabe, verbindliche Regelungen für das soziale Zusammenleben der Menschen aufzustellen, um damit eine dauerhafte Friedensordnung unter Wahrung der Gerechtigkeit herzustellen.

Die Rechtsordnung weist dem einzelnen bestimmte Berechtigungen zu, z. B. *Beherrschungsrechte* wie das Eigentum, sowie *Ansprüche*, also das Recht, von einem anderen ein bestimmtes Tun oder Unterlassen zu verlangen.

Steht auf der einen Seite einem Berechtigten ein Beherrschungsrecht oder ein Anspruch zu, erwachsen andererseits dem Nichtberechtigten die *Pflichten*, das Beherrschungsrecht zu achten bzw. dem Anspruch nachzukommen.

#### 2.1.2.1 Einteilung des Rechts in einzelne Rechtsgebiete

Das Recht wird in die wichtigsten Rechtsgebiete „Privatrecht" („Zivilrecht") und „öffentliches Recht" eingeteilt.

Das *Privatrecht* regelt die Beziehungen der im Staat lebenden Bürger zueinander sowie die Beziehungen privatrechtlich organisierter Gruppen (z. B. Vereine, Aktiengesellschaften). Ein wesentliches Grundprinzip dieser Regelung ist, daß alle Partner des Privatrechts gleichberechtigt sind. Die Privatrechtsordnung weist dabei den einzelnen Betroffenen Rechte und Pflichten zu.

So regelt etwa das Privatrecht, was ein Arbeitnehmer im Rahmen des Arbeitsverhältnisses tun oder unterlassen darf bzw. muß sowie was der Arbeitgeber vom Arbeitnehmer verlangen darf.

Das *öffentliche Recht* enthält die Regelung der Verhältnisse zwischen dem Staat und dem einzelnen, also im wesentlichen die Pflichten des Staates bzw. der für ihn tätig werdenden Behörden gegenüber dem Bürger und die Verpflichtungen der Bürger gegenüber dem Staat. Dabei gilt hier nicht der Grundsatz der Gleichberechtigung, sondern regelmäßig der der Über- und Unterordnung: Die einzelnen Bürger treten der hoheitlichen Gewalt nicht als Gleichberechtigte gegenüber, sondern sind ihr untergeordnet. Zum öffentlichen Recht gehören z. B. das Gewerberecht, Baurecht, Waffenrecht sowie als wichtigste Materie das Verfassungsrecht (Grundgesetz).

Das *Strafrecht* ist ein Teilgebiet des öffentlichen Rechts. In ihm sind die strafbaren Handlungen und die Strafen festgehalten. Das Strafrecht beantwortet also die Frage, unter welchen Voraussetzungen sich ein Bürger strafbar gemacht hat und ob und zu welcher Strafe (Freiheitsstrafe, Geldstrafe) er verurteilt werden kann. Die Verfahrensgesetze (z. B. Strafprozeßordnung, Zivilprozeßordnung, Verwaltungsgerichtsordnung) gehören ebenfalls zum öffentlichen Recht.

Tatbestände des täglichen Lebens sind häufig in der rechtlichen Würdigung unter zahlreichen Aspekten zu werten:

Wenn z. B. ein Arbeitnehmer, dem als Jäger eine Erlaubnis nach dem Waffenrecht erteilt wurde, unter Gebrauch der Waffe den Arbeitgeber zwingt, bestimmte Gegenstände herauszugeben, so sind folgende rechtlichen Überlegungen angezeigt:

| | |
|---|---|
| *Privatrecht:* | Sind *arbeitsrechtliche* Maßnahmen (z. B. fristlose Kündigung) zulässig?<br>Kann nach *zivilrechtlichen* Vorschriften Schadensersatz verlangt werden? |
| *Öffentliches Recht:* | Hat die zuständige Behörde *verwaltungsrechtliche* Maßnahmen nach dem Waffengesetz wegen Mißbrauchs der Waffe zu ergreifen?<br>Hat sich der Arbeitnehmer wegen der erzwungenen Herausgabe von Gegenständen *strafbar* gemacht? |

### 2.1.2.2 Die Bedeutung der Unterscheidung der einzelnen Rechtsgebiete

Die Einteilung des Rechts in verschiedene Einzelmaterien hat vielfältige Auswirkungen. Hier sollen nur folgende erwähnt werden:

#### 2.1.2.2.1 Zuständigkeit verschiedener Gerichte

Die Zuständigkeit der Gerichte richtet sich im wesentlichen nach der Rechtsmaterie:

Die *ordentlichen Gerichte* (Zivil- und Strafgerichte) sind für bürgerlichrechtliche Streitigkeiten und Strafsachen zuständig.

Vor den *Arbeitsgerichten* werden arbeitsrechtliche Streitigkeiten ausgetragen, z. B. ob eine Kündigung rechtmäßig ist oder ob der Werkschutz Kontrollen an den Toren durchführen darf.

Die *Verwaltungsgerichte* entscheiden in Fragen des Verwaltungsrechts, z. B. Entzug einer Fahrerlaubnis, Erteilung eines Waffenscheins, Erteilung einer Baugenehmigung, Erteilung einer gewerberechtlichen Genehmigung.

Für besondere Gebiete des öffentlichen Rechts gibt es noch weitere Gerichte: Die *Sozialgerichte* sind z. B. zuständig für Sozialversicherungsrecht oder die Frage der Anerkennung als Schwerbehinderter. Die *Finanzgerichte* werden auf dem Gebiet des Steuerrechts tätig.

#### 2.1.2.2.2 Die Bedeutung der Unterscheidung der einzelnen Rechtsmaterien für den Werkschutz

Die oben erwähnte Unterscheidung der einzelnen Rechtsgebiete ist für die Praxis des Werkschutzes von erheblicher Bedeutung.

Einmal kann sein *Recht zum Tätigwerden auf unterschiedlichen Rechtsgebieten* beruhen. So kann z. B. eine Vorschrift des öffentlichen Rechts dem Unternehmer gebieten, Zugangskontrollen vorzunehmen, deren Durchführung der Unternehmer dem Werkschutz überträgt.

Die Entscheidung, ob der Werkschutz eine Privatperson festnehmen darf, ist nach der Strafprozeßordnung zu treffen (§ 127 Abs. 1 StPO).

Wenn ein Werkschutzmitarbeiter einen Arbeitnehmer festhält und er sodann wegen Freiheitsberaubung bei den Strafverfolgungsbehörden angezeigt wird, so ist nach dem Strafrecht zu prüfen, ob für die Handlung, deren Strafbarkeit vom Anzeigenden behauptet wird, ein Rechtfertigungsgrund, z. B. Notwehr (§ 32 StGB), vorliegt.

Beschädigt der Werkschutzmann bei der Abwehr eines Angriffs die Kleidung des Angreifers und begehrt dieser sodann Schadensersatz, so stellt sich die bürgerlich-rechtliche Frage, ob die grundsätzlich zum Schadensersatz verpflichtende Handlung etwa durch Notwehr gerechtfertigt war, so daß die Schadensersatzpflicht entfällt.

Nimmt der Werkschutz auf der Grundlage der Arbeitsordnung Kontrollmaßnahmen vor, deren Zulässigkeit – etwa wegen einer unklaren Formulierung in der Arbeitsordnung – bezweifelt werden, so muß die Arbeitsordnung unter Heranziehung des Arbeitsrechts ausgelegt werden.

### 2.1.2.3 Grundgesetz und Grundrechte

Im Grundgesetz für die Bundesrepublik Deutschland sind die *obersten Prinzipien der staatlichen Gestaltung* festgelegt. Das gesamte Recht, also alle Teilgebiete des Privatrechts und des öffentlichen Rechts, müssen mit dem Grundgesetz in Einklang stehen.

#### 2.1.2.3.1 Die Bedeutung der Grundrechte im allgemeinen

Für den Bürger ist – in seiner Stellung zur staatlichen Gewalt – der Grundrechtskatalog der bedeutsamste Teil des Grundgesetzes.

Die Grundrechte gelten unmittelbar gegen den Staat, d. h. sie sind *Abwehrrechte des Bürgers* gegen staatliche Akte (vgl. Art. 1 Abs. 3 GG).

Dagegen ist die Frage der Wirkung der Grundrechte gegen Dritte nicht einfach zu beantworten. Es geht dabei um das Problem, ob sich ein Privater bei Beeinträchtigung seiner Rechte durch einen anderen Privaten auf die Grundrechte berufen kann (sog. *„Drittwirkung der Grundrechte“*).

Es dürfte als gesichert angesehen werden, daß die Grundrechte mittelbar in die Privatrechtsordnung einwirken können. Insbesondere müssen bestimmte Rechtsbegriffe und Generalklauseln des Privatrechts (z. B. „die guten Sitten“, „Treu und Glauben“) in ihrer Bedeutung an der durch die Grundrechte vorgegebenen Ordnung näher präzisiert werden.

Zahlreiche, in den Grundrechten angesprochene Rechte werden in den Gesetzen näher ausgeprägt: z. B. wird der Gleichbehandlungsgrundsatz, der seine Wurzeln letztlich in Art. 3 GG findet, als allgemeiner Rechtsgedanke in § 75 Abs. 1 BetrVG wiederholt, so daß er durch diese besondere Erwähnung im Betriebsverfassungsrecht ohne weiteres im Arbeitsleben verbindlich ist. Ferner trat 1980 das Gesetz über die Gleichbehandlung von Männern und Frauen am Arbeitsplatz in Kraft, das ebenfalls eine besondere Ausprägung des grundrechtlichen Gleichheitssatzes darstellt.

Das Recht der freien Meinungsäußerung (Art. 5 Abs. 1 GG) ist durch das Verbot der politischen Betätigung im Betrieb (§ 74 Abs. 2 Satz 3 BetrVG) eingeschränkt. Ein Betriebsrat kann sich daher nicht bei politischer Werbung auf das Recht zur freien Meinungsäußerung berufen.

#### 2.1.2.3.2 Die Bedeutung der Grundrechte für den Werkschutz

Der Werkschutz als private Organisation kann nach dem oben dargestellten Grundrechtsverständnis nicht unmittelbar gegen Grundrechte verstoßen, wie das bei Akten der hoheitlichen Gewalt (z. B. der Polizei) der Fall ist.

Der Werkschutz ist jedoch eingebunden in die Gesamtrechtsordnung, die den grundrechtlichen Positionen entsprechen muß. Insoweit wird auch seine Tätigkeit daran gemessen werden können, ob sie dem durch die Grundrechte vorgegebenen Wert- und Ordnungssystem entspricht.

Leitet der Werkschutz seine Befugnisse aus Gesetzen ab, so ist zu unterstellen, daß die gesetzlichen Regelungen grundrechtskonform sind. Fehlt dieser Gesetzesbezug und stützt sich der Werkschutz etwa auf Betriebsvereinbarungen, so dürfen diese nicht im Widerspruch zu den Grundrechten der Arbeitnehmer stehen.

Als Beispiel hierzu kann angeführt werden: Über Kontrollen durch den Werkschutz gibt es keine gesetzliche Regelung. Sie werden in der Regel auf der Grundlage von Betriebsvereinbarungen durchgeführt. Es wäre z. B. ein Verstoß gegen Art. 1 Abs. 1 GG *(„Die Würde des Menschen ist unantastbar")*, wenn eine Betriebsvereinbarung ohne stichhaltigen Grund die Kontrolle von Damenhandtaschen weiblicher Mitarbeiter durch männliche Werkschutzmitarbeiter zulassen würde.

### 2.1.3 Die Lösung von Konflikten unter Privaten im Rechtsstaat

Wo Menschen zusammenleben, gemeinsam arbeiten oder ihre Freizeit gestalten, bleiben Konflikte nicht aus. Wenn die Beteiligten solche Konflikte nicht selbst lösen können oder wollen, muß vom Staat ein Instrumentarium angeboten und bereitgestellt werden, um die Wahrung der Rechtsordnung zu garantieren.

Grundsätzlich gilt, daß niemand ein Recht geltend machen kann, wenn die Geltendmachung nur den Zweck haben kann, einem anderen einen Schaden zuzufügen (§ 226 BGB, Schikaneverbot).

#### 2.1.3.1 Keine gewaltsame Durchsetzung von Rechten durch Private, sondern Inanspruchnahme der Gerichte

Die Bundesrepublik Deutschland ist ein Rechtsstaat (vgl. Art. 20 Abs. 2 und 3 GG). Ein wesentliches Kennzeichen des *Rechtsstaates* ist die Gewaltenteilung. Dieses Prinzip besagt, daß die Funktionen der staatlichen Macht von voneinander unabhängigen staatlichen Organen wahrgenommen werden: Gesetzgebung (Legislative), Regierung und Verwaltung (Exekutive), Rechtspflege (Judikative).

Aufgabe der Rechtspflege ist es, den Bürgern *Rechtsschutz* nach den Regeln eines gesetzlich vorgeschriebenen Verfahrens (z. B. Zivilprozeßordnung, Verwaltungsgerichtsordnung, Strafprozeßordnung, Gerichtsverfassungsgesetz) zu gewähren.

Wenn also ein Bürger glaubt, durch die öffentliche Gewalt oder durch einen anderen Privaten in seinen Rechten verletzt zu sein, so ist er darauf angewiesen, die Gerichte anzurufen und dadurch auf die Beseitigung der Rechtsverletzung hinzuwirken und gegebenenfalls die zur Vollstreckung gerichtlicher Entscheidungen berufenen Organe (z. B. Gerichtsvollzieher) einzuschalten, wenn eine gütliche Einigung nicht möglich ist und er die Beeinträchtigung seiner Rechte nicht hinnehmen will.

Die Gerichte sind in der Lage, durch *einstweilige Verfügungen oder Anordnungen* sehr schnell vorläufigen Rechtsschutz zu gewähren, um zu verhindern, daß durch eine Änderung des bestehenden Zustandes die Verwirklichung eines Rechts vereitelt oder wesentlich erschwert werden könnte. Auch zur Sicherung einer Zwangsvollstreckung sind einstweilige Maßnahmen möglich.

Daraus wird deutlich, daß es dem Privaten grundsätzlich (vgl. zu Ausnahmen unten 2.1.3.3.) verboten ist, Recht mit Gewalt durchzusetzen. Ein sogenanntes „Faustrecht" existiert in einem Rechtsstaat nicht, es würde jede staatliche Ordnung beseitigen und zur Anarchie führen.

Daher darf der Werkschutz Rechtsansprüche grundsätzlich nicht mit Gewalt durchsetzen, also z. B. eine Torkontrolle gegen den Willen des Betroffenen erzwingen.

### 2.1.3.2 Polizei und privatrechtliche Ansprüche

Auch die Polizei ist nicht dazu berufen, zum Schutz privatrechtlicher Ansprüche tätig zu werden. So darf sich z. B. die Polizei nicht in einen Streit zwischen Vermieter und Mieter um die sachgerechte Benutzung der Mietsache einmischen. Ebensowenig wäre die Polizei zuständig, wenn ein Arbeitnehmer sich weigert, beim Betreten des Werks seinen Werksausweis vorzuzeigen.

Nur ausnahmsweise obliegt der Polizei der Schutz privater Rechte, wenn

- gerichtlicher Schutz nicht rechtzeitig zu erlangen ist und
- ohne polizeiliche Hilfe die Verwirklichung des Rechts vereitelt oder wesentlich erschwert würde.

Wenn die Polizei im Rahmen dieser engen Zuständigkeit zum Schutz privater Ansprüche tätig wird, darf sie nur vorläufige Maßnahmen zur Sicherung gefährdeter Rechte ergreifen.

Die häufigste Maßnahme dieser Art besteht darin, daß die Polizei Personalien zur Sicherung privater Ansprüche feststellt.

Wenn z. B. eine Person fahrlässig den Werkzaun beschädigt, so löst sie eine zivilrechtliche Schadensersatzpflicht aus; lediglich bei Vorsatz läge Sachbeschädigung, § 303 StGB, vor. Weigert sich der Schädiger, Namen und Anschrift zu nennen, so ist die Polizei zur Personalienfeststellung berechtigt.

Selbstverständlich ist die Polizei berechtigt und – von Ausnahmen abgesehen – verpflichtet, tätig zu werden, wenn eine strafbare Handlung oder eine Ordnungswidrigkeit vorliegt. Soweit durch solche Taten auch private Rechte verletzt wurden, die z. B. eine Schadensersatzpflicht auslösen, so darf die Polizei nur zur Aufklärung der strafbaren Handlung bzw. der Ordnungswidrigkeit tätig werden. Will der Geschädigte Schadensersatzansprüche geltend machen, muß er dies auf dem Zivilrechtsweg tun.

#### 2.1.3.3 Ausnahmesituation: Notrechte

Vom Grundsatz, daß Private ihre Rechte nicht gewaltsam durchsetzen dürfen, gibt es Ausnahmen, die insgesamt als *„Notrechte"* oder – da sie jedermann zustehen – als „Jedermannsrechte" bezeichnet werden.

Diese Rechte sind dadurch gekennzeichnet, daß

- ein *rechtswidriger Angriff* erfolgt, gegen den sich der Private mit Gewalt zur Wehr setzen darf, z. B. Notwehr, Nothilfe, §§ 32 StGB, 227 BGB;
- der *Besitz entzogen oder gestört* wird (verbotene Eigenmacht) und der Besitzer sich dagegen notfalls mit Gewalt wehren darf, Selbsthilfe des Besitzers, §§ 859 Abs. 1, 858 Abs. 1 BGB, oder
- im Falle des *Notstands* eine fremde Sache, von der eine Gefahr droht (Verteidigungsnotstand, § 228 BGB) beschädigt werden darf. Ferner kann zur Beseitigung einer Gefahr auf fremde Sachen (Angriffsnotstand, § 904 BGB) oder auch sonstige Rechtsgüter (Rechtfertigender Notstand, § 34 StGB) eingewirkt werden.

In diesen Fällen ist es rechtlich nicht erforderlich, vor den Maßnahmen staatliche Hilfe in Anspruch zu nehmen bzw. dies zu versuchen (vgl. jedoch 2.1.7.2.2).

Dagegen dürfen Maßnahmen der *allgemeinen Selbsthilfe*, §§ 229ff. BGB, nur erfolgen, wenn „obrigkeitliche Hilfe nicht rechtzeitig zu erlangen" ist. Eine Sonderstellung nimmt das *Festnahmerecht* durch Private (§ 127 Abs. 1 StPO) ein, das weniger der Selbstverteidigung oder dem Eigentums- bzw. Besitzschutz dient, sondern den Zweck hat, die strafrechtliche Verfolgung zu ermöglichen bzw. zu sichern.

### 2.1.4 Die Maßnahmen und Pflichten des Unternehmers zur Gewährleistung der betrieblichen Sicherheit

Den Unternehmer treffen – unterschiedlich nach Größe und Art des Betriebs – eine Fülle von Pflichten, die die Schaffung eines gefahrfreien Zustandes bezwecken.

Gefahren können drohen den Mitarbeitern im Betrieb, sonstigen sich im Betrieb aufhaltenden Personen, dem Unternehmen als solchem (Sachanlagen) sowie in fremdem Eigentum stehende Sachen, die in den Betrieb verbracht wurden. Auch Personen und Sachen außerhalb des Betriebs – etwa in der unmittelbaren Nachbarschaft oder bei gefährlichen Anlagen sogar in einem größeren Umkreis – können durch Gefahren bedroht sein.

Die Gefahren können ausgehen von betrieblichen Anlagen oder von Mitarbeitern und anderen Personen im Betrieb. Sie können aber ihren Entstehungsgrund auch außerhalb des Betriebs haben. Sie können sich richten gegen jedes Rechtsgut, z. B. gegen Leben, Gesundheit, Freiheit, Eigentum, Besitz, Unternehmensrechte.

Die Pflichten zur Bekämpfung der Gefahren sind ebenfalls mannigfaltig. Dabei werden im folgenden solche Gefahren außer acht gelassen, deren Bekämpfung in der Regel nicht dem Werkschutz obliegt, also Aufgaben des Brandschutzes und des Arbeitsschutzes.

#### 2.1.4.1 Pflichten kraft unmittelbarer gesetzlicher Zuweisung

Der Kreis dieser Pflichten ist so umfangreich, daß im folgenden nur Beispiele erwähnt werden können.

Die *Gewerbeordnung* (§ 120a Abs. 1 GewO) verpflichtet den Unternehmer, Arbeitsräume, Betriebsvorrichtungen, Maschinen und Gerätschaften so einzurichten und zu unterhalten und den Betrieb so zu regeln, daß die Arbeitnehmer gegen Gefahren für Leben und Gesundheit so weit geschützt sind, wie es die Natur des Betriebes gestattet.

Diese Vorschrift enthält zunächst die grundsätzliche Bestimmung des technischen Arbeitsschutzes. Jedoch beinhaltet insbesondere der letzte Teil der Vorschrift die Verpflichtung des Unternehmers, bereits in der Organisation des Betriebs den Aspekt der *Gefahrenvorsorge und Gefahrenabwehr* zu beachten.

Dieser Teil der Vorschrift geht über den reinen technischen Arbeitsschutz hinaus. Beispielsweise muß als Maßnahme der Organisationssicherheit auch der Einsatz von geeignetem und zuverlässigem Aufsichtspersonal erachtet werden, das nicht nur die Einhaltung der Maßnahmen des technischen Arbeitsschutzes überwacht, sondern auch die Einhaltung der allgemeinen Regeln der Betriebssicherheit beaufsichtigt (z. B. Kontrolle der Ausweise beim Zugang).

Nach § 120a Abs. 4 GewO sind die *Vorschriften über die Ordnung des Betriebs und das Verhalten der Arbeitnehmer* zu erlassen, welche zur Sicherung eines gefahrlosen Zustands erforderlich sind.

§ 120a Abs. 4 GewO verdeutlicht ebenfalls, daß Gefahrenabwehrmaßnahmen im Sinne der GewO, präventiv wie repressiv, nicht nur als technischer Arbeitsschutz zu werten sind, sondern daß darüber hinaus die allgemeine Ordnung des Betriebs sowie das Verhalten der Mitarbeiter im Gefahrenfall einen entscheidenden Stellenwert einnehmen. Die Sicherung eines gefahrlosen Betriebs ist z. B. nicht möglich, wenn jedermann das Betriebsgelände betreten kann und Gelegenheit hat, alle zur Sabotage geeigneten Handlungen in die Wege zu leiten.

§ 120b Abs. 1 GewO verpflichtet den Unternehmer, die Vorschriften über das Verhalten der Arbeitnehmer zu erlassen, welche erforderlich sind, um die Aufrechterhaltung der *guten Sitten* und des *Anstandes* zu sichern. Dieses Gebot wird ergänzt durch § 120b Abs. 2 GewO: Trennung der Geschlechter bei der Arbeit, § 120b Abs. 3 GewO: nach Geschlechtern getrennte Ankleide- und Waschräume sowie § 120b Abs. 4: Bedürfnisanstalten. Insgesamt kommt der Generalklausel des § 120b Abs. 1 GewO keine überragende praktische Auswirkung zu, zumal die wesentlichen Gesichtspunkte in den nachfolgenden Absätzen angesprochen sind. Jedoch gebietet sie, nicht nur Unsittlichkeiten im eigentlichen Sinne zu verhindern, sondern auch Roheiten wie Schlägereien usw.

§ 139b GewO regelt Aufgaben und Befugnisse der Gewerbeaufsichtsbehörde, die Pflicht der Arbeitgeber zur Auskunftserteilung an sie und die Zusammenarbeit mit weiteren Behörden und Versicherungsträgern.

Die GewO bietet ferner die Rechtsgrundlage dafür, daß *Rechtsverordnungen* erlassen werden, in denen auch Anordnungen über das Verhalten der Arbeitnehmer im Betrieb zum Schutz von Leben und Gesundheit aufgenommen werden können (§ 120e GewO).

Eine der wichtigsten Verordnungen dieser Art ist die *Arbeitsstättenverordnung*. Nach § 55 ArbStättV hat der Unternehmer unter bestimmten Voraussetzungen einen Flucht- und Rettungsplan aufzustellen. In angemessenen Zeitabständen ist entsprechend dem Plan zu üben, wie sich Arbeitnehmer im Gefahr- oder Katastrophenfall in Sicherheit bringen oder gerettet werden können. Diese Planung ist im Zusammenhang mit dem allgemeinen Katastrophenschutz zu sehen.

Die *Unfallverhütungsvorschriften* der Berufsgenossenschaften enthalten zwar überwiegend Materien, die dem Arbeitsschutz zuzuordnen sind. In zahlreichen Fällen werden jedoch auch Pflichten festgelegt, die die allgemeine betriebliche Sicherheit betreffen. So dürfen z. B. „Versicherte, die infolge Alkoholgenusses oder anderer berauschender Mittel nicht mehr in der Lage sind, ihre Arbeit ohne Gefahr für sich oder andere auszuführen", nicht mit Arbeiten beschäftigt werden (§ 38 Abs. 2 Unfallverhütungsvorschrift VBG 1). Objekte dürfen nur bewacht werden, wenn vermeidbare Gefahrstellen im jeweiligen Objektbereich beseitigt oder ausreichend abgesichert sind (§ 6 Abs. 1 Unfallverhütungsvorschrift VBG 68 „Bewachung").

Das *Bundesdatenschutzgesetz* (BDSG) stellt insbesondere in der Anlage zu § 6 Abs. 1 Satz 1 BDSG zahlreiche Vorschriften auf, die zur Datensicherung bei automatischer Datenverarbeitung eingehalten werden müssen. Besonders zu erwähnen sind z. B. die Zugangs- und Abgangskontrollen bei Datenverarbeitungsanlagen; Anlage zu § 6 Abs. 1 Satz 1 BDSG, Nr. 1 und 2. Aber auch für personenbezogene Daten, die nicht zur Übermittlung an Dritte bestimmt sind und in nicht automatisierten Verfahren verarbeitet werden, sind technische und organisatorische Maßnahmen zur Sicherung der Daten zu treffen.

#### 2.1.4.2 Pflichten aus hoheitlichen Verfügungen

Durch hoheitliche Verfügungen (Verwaltungsakte) können dem Unternehmer einzelne Pflichten zur Gewährleistung der Sicherheit auferlegt werden. Solche Verfügungen erfolgen insbesondere beim Betrieb gefährlicher Anlagen oder beim Umgang mit gefährlichen Stoffen. Sie können gerade die Art der Sicherung des Betriebsgeländes betreffen.

Neben solchen Verfügungen, die sich allein schon wegen der Art der Anlage ergeben, können aber auch Einzelfälle Anlaß für die zuständige Behörde sein, zur Gewährleistung der Sicherheit eine Verfügung zu erlassen. So kann z. B. verfügt werden, einen Gebäudeteil aus Gründen der Bausicherheit zu sperren oder eine Unfallstelle über einen bestimmten Zeitraum abzusperren und zu bewachen. Es sind hier Verfügungen aller Behörden denkbar, die sich im weitesten Sinne mit Gefahrenabwehr befassen (vgl. dazu auch Ziffer 2.1.1.1).

Nach der Rechtsprechung des Bundesverwaltungsgerichts kann die atomrechtliche Betriebsgenehmigung für ein Kernkraftwerk mit der Auflage versehen werden, einen bewaffneten Werkschutz einzurichten.

#### 2.1.4.3 Pflichten aus vertraglichen Regelungen

Neben Pflichten aus Gesetzen und Verwaltungsakten sind ebenso bedeutsam Pflichten, die aus Verträgen erwachsen.

##### 2.1.4.3.1 Verträge mit Arbeitnehmern

Der Arbeitsvertrag, ein Unterfall des im BGB geregelten Dienstvertrages (§§ 611 ff.), beinhaltet als Hauptpflicht des Arbeitnehmers die Verpflichtung zur Arbeitsleistung und als Hauptpflicht des Arbeitgebers die Pflicht zur Zahlung der Vergütung. Die Vorschriften der Tarifverträge gelten im Rahmen des tarifgebundenen Bereichs zusätzlich zu arbeitsvertraglichen Vorschriften. Gleiches gilt für Bestimmungen in Betriebsvereinbarungen.

Neben den Hauptpflichten gibt es eine Fülle von arbeitsvertraglichen Nebenpflichten, deren im vorliegenden Themenkreis wichtigste die sogenannte *Fürsorgepflicht* ist.

Die Fürsorgepflicht ist eine Vertragspflicht und in ihrer Gesamtheit nicht abdingbar (vgl. auch § 619 BGB). Jeder Arbeitnehmer hat einen Anspruch auf Erfüllung der Fürsorgepflicht.

Nach den Grundsätzen der allgemeinen Fürsorgepflicht muß der Arbeitgeber alle Schäden vom Arbeitnehmer – soweit überhaupt vermeidbar – abwenden. Hierzu gehören insbesondere Aufklärungs- und Schutzpflichten. So muß der Arbeitgeber z. B. im Falle der Räumung von Gebäuden – etwa wegen einer Bombendrohung – die Räumungsdurchsage auch fremdsprachig erfolgen lassen, wenn regelmäßig Arbeitnehmer ohne hinreichende deutsche Sprachkenntnisse dort arbeiten.

Besonders ausgeprägt und gesetzlich geregelt (vgl. §§ 618 BGB, 62 HGB, 28, 29 JArbSchG, 12 HeimArbG) ist die Fürsorgepflicht für Leben und Gesundheit der Arbeitnehmer. Sie entspricht im wesentlichen den in § 120a GewO festgelegten Pflichten. Ihr Einbezug in das privatrechtliche Arbeitsverhältnis hat zur Folge, daß jeder Arbeitnehmer einen Anspruch auf Erfüllung dieser Pflicht zu Schutzmaßnahmen hat und bei ihrer Verletzung ggf. Schadensersatzansprüche geltend machen kann, vgl. auch § 618 Abs. 3 BGB.

Die Fürsorgepflicht bezieht sich insbesondere darauf, daß alle Räume und Flächen des Betriebsgrundstücks, auch Baustellen am Wege zur eigentlichen Arbeitsstätte, in gefahrlosem Zustand einzurichten und zu unterhalten sind.

Gleiches gilt für Vorrichtungen und Gerätschaften, also für alle Gegenstände, mit denen der Arbeitnehmer während seines Aufenthalts im Betrieb in Berührung kommen kann. Beispielsweise müssen Dienstkraftfahrzeuge in verkehrssicherem Zustand sein. Ferner ist die Art der Dienstleistung so zu regeln, daß die Arbeitnehmer gegen Gefahren für Leib und Leben geschützt sind. Diese Verpflichtung zur gefahrfreien Regelung der Arbeit betont den elementaren Gesichtspunkt, daß die betriebliche Sicherheit umfassend zu würdigen und nicht nur auf sichere Gebäude und Gerätschaften zu achten ist.

Als Ausfluß der Fürsorgepflicht wird ferner – die gesetzlich nicht geregelte – Verpflichtung angesehen, für Sachen, die üblicherweise zur Arbeit mitgebracht werden, eine Verwahrungsmöglichkeit zu schaffen, jedenfalls das Zumutbare zu tun, um einen Diebstahl solcher Gegenstände (z. B. Kleidung, üblicherweise mitgeführte Geldbeträge, Ausweise, Uhren) zu verhindern.

Stellt der Arbeitgeber für Fahrräder und PKW Abstell- bzw. Parkplätze zur Verfügung, so hat er diese in verkehrssicherem Zustand zu halten. In Einzelfällen kann er zu weiteren Maßnahmen verpflichtet sein, etwa zu Werkschutzstreifen bei einer übermäßigen Diebstahlsquote. Der Arbeitgeber muß ferner – soweit im Einzelfall erforderlich – manuelle Verkehrsregelungen vornehmen lassen.

### 2.1.4.3.2 Verträge mit anderen privaten Partnern

Auch Verträge mit anderen privaten Einrichtungen, Einzelpersonen wie Firmen, können den Unternehmer zu Sicherungsmaßnahmen verpflichten. So ist es durchaus keine Seltenheit, daß im Bereich der Forschung und Entwicklung

Geschäfts- und Betriebsgeheimnisse anderer Firmen in den Unternehmensbereich gebracht werden, um für das zu erstellende Gesamtprodukt eine spezielle Einrichtung entwickeln oder testen zu lassen. Hier kann der Vertragspartner sich die Einhaltung bestimmter Sicherheitsvorschriften ausbedingen und etwa Zugangskontrollen zum Aufbewahrungsort des Produktes, Einrichtung bestimmter Sicherheitsanlagen, nächtliche Streifengänge usw. verlangen.

Bei Leistungen durch Fremdfirmen, z. B. Datenverarbeitungsleistungen, kann nicht ausgeschlossen werden, daß Angehörige der Fremdfirma mit vertraulichen Unterlagen in Berührung kommen. Hier kann es angezeigt erscheinen, daß Kontrollen durchgeführt werden. Der Unternehmer der Fremdfirma muß dann – wenn solche Kontrollmaßnahmen vertraglich vereinbart sind – alles rechtlich und tatsächlich Zumutbare tun, damit die Kontrollen erfolgen können.

#### 2.1.4.3.3 Verträge mit hoheitlichen Einrichtungen

Der Staat vergibt in nicht unerheblichem Maße Aufträge an die private Wirtschaft, an denen er – etwa bei Aufträgen im Bereich der Rüstung – ein elementares Interesse daran hat, daß bestimmte Sicherheitsvorkehrungen eingehalten werden. Diese Sicherheitsmaßnahmen, die sehr weitgehend sein können, sind in Unterlagen, die Vertragsbestandteil werden, im einzelnen festgelegt.

#### 2.1.4.4 Pflichten aus Betriebsvereinbarungen

Betriebsvereinbarungen sind Verträge zwischen dem Arbeitgeber und dem Betriebsrat. Hierdurch werden im Rahmen der Zuständigkeit des Betriebsrats rechtliche Vorschriften erlassen, die wie ein Gesetz auf die einzelnen Arbeitsverträge einwirken. In Betriebsvereinbarungen werden im wesentlichen Angelegenheiten geregelt, die der Mitbestimmung des Betriebsrats unterliegen und somit vom Arbeitgeber nicht allein festgelegt werden können.

Das Musterbeispiel einer Betriebsvereinbarung ist die Arbeitsordnung, die – neben anderen Vorschriften – insbesondere Fragen der betrieblichen Ordnung und der betrieblichen Sicherheit regelt.

Die Frage, welche Punkte der betrieblichen Sicherheit und Ordnung in der Arbeitsordnung erfaßt sein sollen und damit auch dem Unternehmer als Pflichten erwachsen, kann nicht allgemeingültig beantwortet werden. Zahlreiche Faktoren sind hier von Bedeutung: der Gegenstand des Unternehmens und die damit zusammenhängende Gefahrenverursachung, die Größe des Unternehmens, die örtliche Lage, die Zahl der Mitarbeiter, die Frage, ob und in welchem Umfang ein Werkverkehr stattfindet, usw.

Zu berücksichtigen ist ferner, daß die als Betriebsvereinbarung in Kraft gesetzte Arbeitsordnung zwingend nur die Materien enthalten muß, bei denen der Betriebsrat ein Mitbestimmungsrecht hat (vgl. zu Fragen der Mitbestimmung Abschnitt 2.5), wobei sich dieses nur auf Mitarbeiter des Betriebs und nicht auf Betriebsfremde erstreckt.

In der Regel sollen in einer Arbeitsordnung neben Aspekten der Arbeitssicherheit und anderen das Arbeitsverhältnis betreffende Regelungen insbesondere folgende Punkte der betrieblichen Sicherheit und Ordnung angesprochen werden, die teilweise freilich eine Wiederholung oder Präzisierung gesetzlicher Vorschriften oder von Unfallverhütungsvorschriften darstellen:

- Zugangskontrollen zum Betrieb
- Zugangskontrollen zu besonderen Bereichen innerhalb des Betriebs
- Kontrollen auf dem Werksgelände
- Allgemeine Verpflichtungen beim Verlassen des Werksgeländes (z. B. Mitführen von Waren und Gegenständen)
- Ausgangskontrollen ohne besonderen Anlaß (Routinekontrollen)
  - Fußgänger, Zweiradfahrer, Kraftfahrer, Werksbusse
  - Methode der Auswahl der zu Kontrollierenden
  - Verpflichtungen der zu Kontrollierenden zur sachgerechten Durchführung der Kontrolle
  - Verbot, Kontrollen mit Gewalt zu erzwingen
  - Benachrichtigung und ggf. Anwesenheit des Betriebsrats bei Kontrollen
- Ausgangskontrollen aus besonderem Anlaß (Verdacht auf strafbare Handlungen)
- Kontrollen von Kleiderschränken, Spinden und anderer dem Arbeitnehmer zur Nutzung überlassener Sachen aus besonderem Anlaß (Verdacht auf strafbare oder ordnungswidrige Handlungen)
- Kontrollen auf Parkplätzen des Betriebs
- Regelung der Herausnahme von Gegenständen aus dem Betrieb (Schriftstücke, Akten, Zeichnungen usw.) sowie Verbot, ohne sachliche Berechtigung Vervielfältigungen herzustellen oder sie Unbefugten zugänglich zu machen sowie Stillschweigen über Betriebs- und Geschäftsgeheimnisse
- Sicherung des Betriebsfriedens (Verbreitung von Schriftstücken, Flugblättern, Fragebögen, politische Propaganda, Benutzung von Anschlagtafeln, Sammlungen)
- Privater Handel
- Glücksspiele
- Alkoholgenuß
- Bild- und Tonaufnahmen auf dem Werksgelände
- Verpflichtung zur Meldung von gefährlichen oder gesetzeswidrigen Zuständen.

Neben der Arbeitsordnung können noch weitere Betriebsvereinbarungen Fragen der betrieblichen Sicherheit behandeln. Dies gilt insbesondere z. B. für die Parkplatzordnung.

#### 2.1.4.5 Die freiwillige Wahrnehmung von Aufgaben der betrieblichen Sicherheit durch den Unternehmer

Der Unternehmer ist berechtigt, im Rahmen und in den Grenzen der geltenden Gesetze alle Maßnahmen zur betrieblichen Sicherheit zu ergreifen, ohne hierzu durch Gesetze, Verfügungen, Verträge oder Betriebsvereinbarungen verpflichtet zu sein.

Zunächst einmal kann der Unternehmer bestehende Verpflichtungen nicht nur erfüllen, sondern er kann darüber hinaus Maßnahmen veranlassen, um das Sicherheitsniveau zu erhöhen. Wenn er z. B. verpflichtet ist, dafür Sorge zu tragen, daß bestimmte Sachen nicht in die Hände Unbefugter geraten, so genügt er seiner Pflicht, wenn er diese Gegenstände unter Verschluß hält. Er kann aber auch darüber hinaus eine elektronische Sicherungsanlage verwenden und somit die Sicherungsmaßnahme, zu der er verpflichtet ist, erheblich verstärken.

Ferner kann der Unternehmer von sich aus Maßnahmen ergreifen, ohne daß jegliche Verpflichtung hierzu besteht. So kann er das Betriebsgelände durch nächtliche Streifen sichern; die Häufigkeit der Streifen liegt ebenso in seinem Ermessen wie die Frage, ob hierzu Hunde eingesetzt werden. Gleiches gilt etwa für die technische Ausstattung der Alarmzentrale und die Frage, mit welcher Personalstärke Werkstore besetzt werden.

### 2.1.5 Die Rechte des Unternehmers im Zusammenhang mit der betrieblichen Sicherheit

#### 2.1.5.1 Vertragliche Rechte

Der Unternehmer kann von seinen Vertragspartnern (Arbeitnehmer und andere) verlangen, daß sie den Pflichten im Zusammenhang mit der betrieblichen Sicherheit nachkommen, die zu erfüllen sie vertraglich zugesagt haben.

Die Arbeitnehmer sind – neben ihrer primären Verpflichtung zur Leistung der vereinbarten Dienste – verpflichtet, alle gesetzlichen oder sonst bindenden Sicherheitsvorschriften einzuhalten. Dies gilt unabhängig davon, ob die Sicherheitsvorschrift unmittelbar den Arbeitnehmer trifft oder ob sie sich an den Unternehmer wendet, der seinerseits für ihre Einhaltung Sorge zu tragen hat. Denn Gegenstand des Arbeitsvertrages ist auch, im Rahmen der Arbeitsleistung sich so zu verhalten, daß dem Unternehmer ermöglicht wird, Sicherheitsvorschriften einzuhalten. Unerheblich ist dabei, ob die Sicherheitsvorschrift in einem Gesetz, einem Verwaltungsakt, einer Betriebsvereinbarung oder im Vertrag mit dem Arbeitnehmer statuiert ist.

Soweit nicht im Arbeitsvertrag, Gesetz, in Tarifverträgen oder Betriebsvereinbarungen bestimmt ist, wie die Arbeitsleistung im einzelnen zu erbringen ist, kann der Unternehmer im Rahmen seines *Direktionsrechts* Verhaltensregeln für die Durchführung der Arbeitsleistung anordnen. Dieses Direktionsrecht bezieht sich auch auf das Verhalten des Arbeitnehmers gegenüber seinen Kollegen und gilt auch in Sicherheitsangelegenheiten. Das Direktionsrecht ist jedoch in vielen Fällen durch das Betriebsverfassungsrecht eingeschränkt.

Kommt der Arbeitnehmer seinen Pflichten zur Einhaltung der betrieblichen Ordnung und der Sicherheitsvorschriften nicht nach, so kann der Unternehmer arbeitsrechtliche Maßnahmen ergreifen (z. B. mündliche oder schriftliche Abmahnung, schriftliche Verwarnungen, Kündigung), auf Erfüllung der Verpflichtungen klagen oder gegebenenfalls Schadensersatz verlangen. Unter bestimmten, allerdings engen Voraussetzungen können Ansprüche auch im Wege der Jedermannsrechte durchgesetzt werden (vgl. Abschnitt 2.4).

#### 2.1.5.2 Der Schutz des Eigentums und Besitzes

Zur Wahrung der betrieblichen Sicherheit kann der Unternehmer alles veranlassen, um sein Eigentum und seinen Besitz zu schützen. Welche Maßnahmen zum vorbeugenden Schutz er hierbei ergreift, steht in seinem Ermessen, sofern ihn nicht – wie oben dargestellt – Verpflichtungen hierzu treffen. Wird das Eigentum oder der Besitz gestört, entzogen oder sonst beeinträchtigt, so kann auf Wiederherstellung des ursprünglichen Zustands, auf Unterlassung, Beseitigung und gegebenenfalls auf Schadensersatz geklagt werden. Unter bestimmten Voraussetzungen stehen dem Unternehmer auch hier Selbsthilferechte zu. Maßnahmen zum Schutz des Eigentums und des Besitzes bei bereits eingetretener Störung unterliegen nicht der Mitbestimmung. Gleiches gilt, wenn der Störer kein Betriebsangehöriger ist.

### 2.1.6 Die Übertragung der Rechte und Pflichten zur Gewährleistung der betrieblichen Sicherheit durch den Unternehmer auf Mitarbeiter

Der Unternehmer – sei es der Eigentümer, der Vorstand, der Geschäftsführer oder der leitende Angestellte – kann ebenso wie bei allen anderen Betätigungen des Unternehmens nicht die Rechte und Pflichten zur Gewährleistung der betrieblichen Sicherheit selbst wahrnehmen bzw. erfüllen, wenngleich er letztlich rechtlich, unter bestimmten Voraussetzungen auch strafrechtlich, verantwortlich ist.

#### 2.1.6.1 Die Schaffung der Organisationseinheit „Werkschutz“

Der Unternehmer entscheidet nach eigenem Ermessen, welche Organisationseinheiten die Rechte und Pflichten zur betrieblichen Sicherheit wahrzunehmen haben. Bei dieser Entscheidung sind Gründe der Zweckmäßigkeit und Wirtschaftlichkeit, aber auch der Effizienz maßgeblich, wobei als Entscheidungsfaktoren die Größe, Lage sowie der Unternehmensgegenstand herangezogen werden müssen.

Es kann als Regel gelten, daß eine besondere Organisationseinheit die Aufgaben der betrieblichen Sicherheit wahrnimmt, die allgemein als „Werkschutz" bezeichnet wird.

Denkbar ist aber auch, daß – je nach Lage des Einzelfalles – insgesamt oder für bestimmte Aufgaben ein gewerbliches Bewachungsunternehmen vertraglich beauftragt wird, die dem Unternehmer obliegenden Pflichten zu erfüllen bzw. seine Rechte wahrzunehmen.

Die Erfüllung von Pflichten durch Hilfspersonen ist grundsätzlich zulässig (Ausnahme: sog. höchstpersönliche Pflichten). Auch bei der Wahrnehmung von Rechten dürfen Hilfspersonen eingeschaltet werden. Die Handlungen der Hilfspersonen werden rechtlich dem Unternehmer zugerechnet, für ihr Versagen haftet er nach den gesetzlichen Bestimmungen (vgl. 2.1.6.3.3).

### 2.1.6.2 Die Aufgaben des Werkschutzes

Die Aufgaben des Werkschutzes sind äußerst vielfältig und in jedem Unternehmen unterschiedlich ausgestaltet. Im wesentlichen lassen sich folgende Aufgabenbereiche aufgliedern, die der Unternehmer dem Werkschutz zur Erledigung überträgt (vgl. zu Einzelheiten den Teil „Werkschutzdienstkunde").

#### 2.1.6.2.1 Ordnungsaufgaben

Die wichtigste Ordnungsaufgabe des Werkschutzes ist die Durchführung der Zugangs- sowie der Abgangskontrollen, die sich auf alle Personen erstrecken, die Zugang zum Unternehmen begehren oder das Betriebsgelände verlassen. Arbeitnehmer werden ebenso kontrolliert wie Betriebsfremde, z. B. auch Aktionäre einer Aktiengesellschaft. Die Kontrollen erstrecken sich ferner auf alle Fahrzeuge und Güter. Neben Kontrollen an den Werkstoren können im Einzelfall weitere Kontrollen innerhalb des Betriebes erforderlich sein.

Zu den Ordnungsaufgaben des Werkschutzes gehört es ferner, darauf zu achten, daß die innerbetrieblichen Ordnungsvorschriften eingehalten werden. So hat der Werkschutz z. B. einzuschreiten, wenn entgegen einem allgemeinen Verbot Lichtbildaufnahmen hergestellt werden, ein unerlaubter Handel mit Waren stattfindet, eine Person in offensichtlich betrunkenem Zustand sich im Werk aufhält oder wenn unerlaubt Flugblätter im Werk verteilt werden.

Einen weiteren wichtigen Aspekt der Ordnungsaufgaben des Werkschutzes stellt der Verkehrsdienst dar, d. h. die Regelung des Fahrzeugverkehrs und dessen Überwachung sowie die Erfüllung der allgemeinen zivilrechtlichen Verkehrssicherungspflicht bzw. die Überwachung ihrer Erfüllung. Der Werkschutz hat daher z. B. das Erforderliche zu veranlassen, wenn auf einer Werkstraße eine Ölspur vorhanden ist, eine werksinterne Verkehrsampel ausfällt, Werkstraßen abzusperren oder Verkehrsschilder aufzustellen sind.

Der Ordnungsdienst umfaßt die Feststellung und Weitermeldung von allgemeinen Gefahrenquellen, damit von den zuständigen Fachabteilungen das Erforderliche veranlaßt werden kann. Sofern der Werkschutz nach der betriebsinternen Aufgabenverteilung nicht zuständig ist, ist er berechtigt, bei Gefahr im Verzuge Notmaßnahmen zu veranlassen.

Zum Kreis dieser Aufgaben gehört z. B. das Abdrehen versehentlich geöffneter Wasser-, Gas- oder Preßlufthähne, das Schließen versehentlich noch geöffneter Fenster; ferner das Melden sämtlicher Schadensfälle an Gebäuden, Einzäunungen, Fahrzeugen, Einrichtungen usw., die der Werkschutz im Rahmen seiner Tätigkeit bemerkt.

#### 2.1.6.2.2 Schutzaufgaben

Die zweite wesentliche Säule der Werkschutztätigkeit liegt in der Erfüllung von Aufgaben zum Schutz des Unternehmens und der im Unternehmen befindlichen Personen. Der Wach- und Streifendienst sowie Maßnahmen zur Sicherung von Geldtransporten gehören ebenso zu diesem Aufgabenbereich wie die Abwehr von rechtswidrigen Angriffen auf das Eigentum und den Besitz des Unternehmers oder seiner Mitarbeiter. Auch zum Schutz der körperlichen Unversehrtheit der Mitarbeiter, etwa bei Schlägereien unter Werksangehörigen, hat der Werkschutz einzuschreiten.

Der Werkschutz ist aber nur zuständig, wenn der Angriff unmittelbar bevorsteht oder noch andauert. Bei Vorgängen, die erst im Entstehen begriffen sind, darf der Werkschutz im Rahmen des geltenden Rechts nur aufklären. Abgeschlossene Vorgänge werden regelmäßig von anderen Fachabteilungen, etwa der Rechtsabteilung, der Revision oder Personalabteilung weiterbearbeitet.

#### 2.1.6.2.3 Ermittlungsaufgaben

Dem Werkschutz wird ferner regelmäßig die Aufgabe übertragen, die notwendigen Ermittlungen zu führen bei Fällen der Betriebskriminalität (im wesentlichen Eigentumsdelikte sowie Sachbeschädigung und Hausfriedensbruch) sowie bei Ordnungswidrigkeiten oder Ordnungsverstößen gegen innerbetriebliche Vorschriften. Das Auffinden von Zigarettenstummeln in Zonen, in denen Rauchverbot herrscht, wäre z. B. ein Fall, bei dem der Werkschutz zu Ermittlungen verpflichtet ist. Der Werkschutz kann aber auch ermitteln, wenn z. B. der Verdacht einer Ordnungswidrigkeit nach § 118 oder § 119 OWiG (Belästigung der Allgemeinheit bzw. grob anstößige und belästigende Handlungen) vorliegt und die Tat auf dem Werksgelände begangen wurde.

Der Werkschutz ermittelt ferner in der Regel bei allgemeinen Schadensfällen und nimmt – sofern keine andere Fachabteilung zuständig ist – den Vorgang auf. Dies gilt z. B. bei Verkehrsunfällen.

### 2.1.6.2.4 Katastrophenschutz

Der Werkschutz ist regelmäßig eine Basisorganisation des Katastrophenschutzes, der bei der Vorbereitung der Katastrophenbekämpfung eine entscheidende Funktion zukommt (Werksanalysen usw.).

### 2.1.6.2.5 Sonstige Aufgaben

Üblicherweise wird der Werkschutz mit weiteren Aufgaben betraut, die – zusammengefaßt – als Verwaltungsaufgaben bezeichnet werden können: Schlüssel-, Ausweis-, Parkplatzwesen, Fundbüro.

### 2.1.6.3 Die Verantwortlichkeit für die Tätigkeit des Werkschutzes

Da – wie oben dargelegt – der Unternehmer seine im Zusammenhang mit der Betriebssicherheit stehenden Rechte und Pflichten dem Werkschutz überträgt, stellt sich die Frage, wer für ein fehlerhaftes Verhalten des Werkschutzes verantwortlich ist. Im folgenden sollen nur strafrechtliche und zivilrechtliche Verantwortlichkeiten, nicht aber disziplinarische und arbeitsrechtliche Maßnahmen dargestellt werden.

### 2.1.6.3.1 Die strafrechtliche Verantwortung

Begeht ein Werkschutzmitarbeiter bei der Ausübung seiner dienstlichen Tätigkeiten eine strafbare Handlung oder eine Ordnungswidrigkeit, so ist er hierfür nach dem Strafgesetzbuch bzw. nach den Gesetzen über Ordnungswidrigkeiten verantwortlich. Die Weisung des Vorgesetzten, eine strafbare oder ordnungswidrige Handlung zu begehen, beseitigt nicht die eigene Verantwortlichkeit des Werkschutzmitarbeiters. Hat der Werkschutzmann nicht erkannt, daß die Weisung seines Vorgesetzten einen strafbaren oder ordnungswidrigen Inhalt hatte, so gelten die allgemeinen strafrechtlichen Regeln zur Irrtumsproblematik.

Die nach der innerdienstlichen Regelung für den Werkschutz hierarchisch und disziplinarisch Zuständigen sind zunächst für ein eigenes Handeln, etwa eine Weisung an den Werkschutz, verantwortlich. Daneben können sie über die Teilnahmevorschriften (Anstiftung und Beihilfe), gegebenenfalls auch unter zusätzlicher Heranziehung der unechten Unterlassungstatbestände (vgl. zu den strafrechtlichen Begriffen näher Abschnitt 2.3), strafrechtlich für Handlungen des Werkschutzmannes mitverantwortlich sein.

Ferner ist bei Führungskräften, die ausdrücklich beauftragt sind, in eigener Verantwortung Pflichten zu erfüllen, die an sich den Inhaber des Betriebes treffen, die Vorschrift des § 14 Abs. 2 StGB zu beachten: Diese Vorschrift rechnet strafbegründende Tätermerkmale, die beim Unternehmer vorliegen, der Führungskraft zu. Gleiches gilt im Bereich der Ordnungswidrigkeiten (vgl. § 9 Abs. 2 OWiG).

### 2.1.6.3.2 Verletzung der Aufsichtspflicht in Betrieben und Unternehmen als Ordnungswidrigkeit

§ 130 OWiG enthält als besonderen Tatbestand die Verletzung der Aufsichtspflicht in Unternehmen. Dieser Tatbestand ist von Bedeutung, wenn der Inhaber des Unternehmens oder ihm nach § 130 Abs. 2 OWiG gleichgestellte Personen dem Werkschutz Pflichten zur Erfüllung übertragen, deren Verletzung mit Strafe oder Geldbuße bedroht ist. In diesem Fall müssen der Inhaber bzw. die in § 130 Abs. 2 OWiG genannten Personen die erforderlichen Aufsichtsmaßnahmen treffen, wozu auch die Bestellung, sorgfältige Auswahl und Überwachung von Aufsichtspersonal gehören. Der Tatbestand der Ordnungswidrigkeit ist aber nur erfüllt, wenn durch eine gehörige Aufsicht die Zuwiderhandlung gegen die Pflichten hätte verhindert werden können und die Aufsichtsmaßnahme vorsätzlich oder fahrlässig unterlassen wurde. Die Höhe der Geldbuße kann in Einzelfällen bis zu einer Million Deutsche Mark betragen.

### 2.1.6.3.3 Die zivilrechtliche Haftung

Hat ein Arbeitnehmer oder ein Dritter infolge der Handlung eines Werkschutzmannes einen Anspruch (z. B. auf Schadensersatz oder Unterlassung), so ist zunächst der Werkschutzmann zivilrechtlich verantwortlich. Ob der Arbeitgeber verpflichtet ist, den Werkschutzmann von auf dienstlichen Gegebenheiten beruhenden Ansprüchen Dritter freizustellen (im Rahmen der Haftung des Arbeitgebers für den Erfüllungs- bzw. Verrichtungsgehilfen), ist eine arbeitsrechtliche Frage, die hier nicht erörtert werden kann.

Der Arbeitgeber hat für schuldhafte Handlungen des Werkschutzmannes, die im Rahmen vertraglicher Beziehungen erfolgen, unter den Voraussetzungen des § 278 BGB (Haftung für Verschulden des Erfüllungsgehilfen) einzustehen.

Begeht der Werkschutzmann eine unerlaubte Handlung im Sinne des Zivilrechts (§ 823 BGB, vgl. näher Abschnitt 2.4.2.6.6), so hat der Unternehmer im Rahmen des § 831 BGB (Haftung für den Verrichtungsgehilfen) den Schaden eines Dritten zu ersetzen.

## 2.1.7 Überblick über die zur Erfüllung des Werkschutzes bestehenden Möglichkeiten und Befugnisse

Der Werkschutz muß zur Erfüllung seiner Aufgaben Handlungen vornehmen. Diese Handlungen können Dritte in ihrer Rechtsstellung nicht betreffen, mit ihrer Zustimmung erfolgen oder sie greifen in die Rechte anderer ein.

### 2.1.7.1 Die Aufgabenerfüllung ohne Eingriff in die Rechte Dritter oder mit Einwilligung des Betroffenen

Diese Gruppe von Handlungen ist vollkommen unproblematisch. Soweit der Werkschutz bei der Erfüllung seiner Aufgaben nicht in die Rechte anderer Personen (Arbeitnehmer und Betriebsfremde) eingreift, also weder etwas gebietet noch verbietet, sind diese Handlungen zulässig, es sei denn, sie würden der Gesamtrechtsordnung zuwiderlaufen, also z. B. sittenwidrig oder strafbar sein. Handlungen dieser Art stellen den weit überwiegenden Anteil aller Aktivitäten des Werkschutzes dar. Hierzu sind z. B. zu rechnen: Streifengänge, Beobachtungen, Feststellungen über jedermann zugängliche Tatsachen usw. Unproblematisch sind ferner alle Handlungen, denen eine geschäftsfähige Person zustimmt. Wer z. B. bei Befragungen freiwillig antwortet, ist mit der Befragung einverstanden. Gleiches gilt auch für die freiwillige Herausgabe von Sachen sowie für alle Handlungen, die auf Veranlassung des Werkschutzes freiwillig erfolgen, wobei der Werkschutz allenfalls die Bitte ausgesprochen hat, die Handlung vorzunehmen oder zu unterlassen.

### 2.1.7.2 Die Aufgabenerfüllung mit Eingriffen in die Rechte Dritter

Verlangt der Werkschutz hingegen von einem Arbeitnehmer oder Betriebsfremden, daß dieser etwas tut oder unterläßt, spricht der Werkschutz also Gebote oder Verbote aus und kommt der Adressat diesen freiwillig nicht nach, so stellt sich die Frage, ob der Werkschutz hierzu berechtigt ist und ob er gegebenenfalls sein Ge- oder Verbot mit Gewalt durchsetzen darf.

#### 2.1.7.2.1 Notwendigkeit einer Rechtsgrundlage

Handlungen des Werkschutzes, die in die Rechtsstellung einer anderen Person eingreifen, sind nur zulässig, wenn sie auf einer Rechtsgrundlage beruhen. Fehlt diese Rechtsgrundlage, so wird die Handlung von der Rechtsordnung mißbilligt. Diese Mißbilligung kann zur Folge haben, daß eine strafrechtliche Sanktion eingreift. Ferner kann die Handlung mit einer Fülle zivilrechtlicher Sanktionen belegt sein: z. B. Schadensersatz, Unterlassungsanspruch, Feststellung der Rechtswidrigkeit der Handlung usw.

#### 2.1.7.2.2 Überblick über einzelne Rechtsgrundlagen

Die wichtigste Rechtsgrundlage für ein Tätigwerden des Werkschutzes gegenüber Betriebsangehörigen ist der Arbeitsvertrag des jeweiligen Arbeitnehmers mit dem Arbeitgeber. Dieser Vertrag beinhaltet auch die Verpflichtung, sämtliche im Betrieb geltenden Sicherheits- und Ordnungsvorschriften zu beachten und dem Arbeitgeber zu ermöglichen, seinerseits seinen gesetzlichen Pflichten nachzukommen. Da der Unternehmer seine Rechte gegenüber den Arbeitnehmern insoweit zur Ausübung dem Werkschutz übertragen hat, ist der Werkschutz berechtigt, vom Arbeitnehmer die Einhaltung dieser Vorschriften zu verlangen und sie notfalls im Wege der Selbsthilfe durchzusetzen (vgl. zu den engen Voraussetzungen hierfür Abschnitt 2.4.2.7.3).

Darüber hinaus kann der Werkschutz, soweit die sogenannten „Jedermannsrechte“ dies zulassen (vgl. zum Umfang der Befugnisse eingehend Abschn. 2.4.), im Rahmen dieser Rechte rechtmäßig notfalls gewaltsam tätig werden, wobei die „Jedermannsrechte“ sowohl ein Eingreifen gegenüber Betriebsangehörigen als auch gegenüber Betriebsfremden rechtfertigen.

Die Entscheidung der Frage, ob von den Jedermannsrechten Gebrauch gemacht wird, bedarf – auch wenn es sich typischerweise stets um Eilentscheidungen handeln wird – einer äußerst sorgfältigen Abwägung, wobei folgende Punkte in die Überlegung einbezogen werden müssen:

- Kann der Vorfall durch Einschaltung der insoweit zuständigen Polizei rechtzeitig geklärt werden? Wenn nein:
- Gebieten die Interessen des Unternehmens es zwingend, gewaltsam tätig zu werden? Wenn ja:
- Liegen die rechtlichen Voraussetzungen für ein Einschreiten nach den Jedermannsrechten vor? Wenn ja:
- Mit welchem geringstmöglichen Eingreifen kann der erstrebte Zweck erreicht werden? Es sollten immer nur die Maßnahmen getroffen werden, die bis zum Eintreffen der Polizei zwingend erforderlich sind, selbst wenn die rechtlichen Möglichkeiten der Jedermannsrechte weitergehend sind.

Insgesamt muß berücksichtigt werden, daß ein gewaltsames Eingreifen des Werkschutzes zu unterbleiben hat, wenn auch nur in einem Punkt der obigen Fragestellungen Zweifel bestehen.

### 2.1.8 Überblick über die Rechte und Pflichten des einzelnen Werkschutzmitarbeiters

Von den Rechten und Pflichten des Unternehmers, die dieser auf den Werkschutz zur Wahrnehmung übertragen hat, sind zu unterscheiden die Rechte und Pflichten des einzelnen Werkschutzmitarbeiters, die diesem selbst zustehen bzw. erwachsen (originäre Rechte und Pflichten).

#### 2.1.8.1 Die Rechte und Pflichten aus dem Arbeitsvertrag

Aus dem *Arbeitsvertrag* folgt für den Werkschutzmitarbeiter die Hauptpflicht, die Arbeitsleistung als Werkschutzmann zu erbringen. Eine weitere Beschreibung der Tätigkeit erfolgt im schriftlichen Arbeitsvertrag in der Regel nicht.

Die genauere Festlegung der Tätigkeit ergibt sich insbesondere aus der *Dienstanweisung* für den Werkschutz, mit der sich der Werkschutzmitarbeiter eingehend vertraut machen muß. Ferner wird die Art der Tätigkeit näher konkretisiert durch Weisungen des Vorgesetzten, die ihre rechtliche Grundlage im Direktionsrecht haben. Dieses wird zur Ausübung in der Regel dem Werkschutzleiter übertragen, jedenfalls soweit es die fachliche Ausgestaltung des

Werkschutzdienstes und Regelungen der laufenden, sich täglich wiederholenden Geschäftsabwicklung betrifft.

Da Gegenstand der Dienstleistung des Werkschutzmitarbeiters die Mitwirkung bei der Gewährleistung der betrieblichen Sicherheit ist, erwächst ihm im Verhältnis zu anderen Mitarbeitern eine *gesteigerte Gehorsamspflicht.* Denn ein Ungehorsam des Werkschutzmitarbeiters bei wegen der Eilbedürftigkeit sofort durchzuführenden Handlungen kann erhebliche Folgen haben. Der Werkschutzmitarbeiter darf nur solche Handlungen nicht ausführen, durch die er sich strafbar machen würde, die den Tatbestand einer Ordnungswidrigkeit erfüllen oder die im Gegensatz zu solchen innerbetrieblichen Vorschriften stehen, die auch den Anweisenden binden.

Aus der Natur der Werkschutztätigkeit folgt ferner die *Verpflichtung zur Meldung* aller sicherheitsmäßig relevanten Wahrnehmungen aus dem betrieblichen Bereich oder mit unmittelbarem Bezug zum Unternehmen. Auch hier trifft den Werkschutzmitarbeiter eine gegenüber anderen Mitarbeitern stärker ausgeprägte Verpflichtung.

Der Werkschutzmitarbeiter muß ferner alles Erforderliche tun, um *Straftaten und Ordnungswidrigkeiten* auf dem Betriebsgelände zu *verhindern*, soweit ihm dies möglich und zumutbar ist. Er ist z. B. verpflichtet einzuschreiten, wenn ein Mitarbeiter einen Diebstahl im Versuchsstadium begeht. Bei Delikten, die gegen das Unternehmen gerichtet sind, jedoch außerhalb des Betriebsgeländes geplant, versucht oder begangen werden und bei denen keine unmittelbaren Aktivitäten gegen Sachanlagen des Unternehmens erfolgen, wird der Werkschutzmitarbeiter jedenfalls verpflichtet sein, eine Meldung zu erstatten.

Der Werkschutzmitarbeiter muß ferner in Gefahrenfällen ein *größeres Maß an Gefahren für Leib und Leben* auf sich nehmen als andere Belegschaftsmitglieder. Jedoch ist hier die Grenze der Zumutbarkeit dann gegeben, wenn die aus dem Einsatz folgenden Gefahren für Leib und Leben den zu erreichenden Zweck bei weitem überwiegen (Grundsatz der Verhältnismäßigkeit). So ist zum Beispiel der Werkschutzmitarbeiter nicht verpflichtet, eine Gefahr für sein Leben in Kauf zu nehmen, um unbedeutende Sachwerte zu retten. Dagegen muß er etwa im Falle einer drohenden Bombenexplosion Gefahren auf sich nehmen, soweit dies erforderlich ist, um andere Mitarbeiter zu schützen (Phase der Räumung und anschließenden Absperrung). Eine *Selbstaufopferung* ist jedoch in keinem Fall zumutbar.

Im Falle eines Streiks gehört der Werkschutzmitarbeiter regelmäßig zum Personal, das *Notarbeiten* zu verrichten hat. Die Weigerung, Notarbeiten durchzuführen, kann erhebliche arbeitsrechtliche Konsequenzen haben. Auch Schadensersatzansprüche sind nicht ausgeschlossen.

Die *Rechte* des Werkschutzmitarbeiters ergeben sich zunächst einmal aus den vertraglichen, tariflichen und betriebsinternen Vorschriften, die für den Werkschutzmitarbeiter ebenso wie für alle anderen Mitarbeiter gelten.

Darüber hinaus kann der Werkschutzmitarbeiter vom Arbeitgeber verlangen, ihn nicht mehr Gefahren auszusetzen, als dies nach den Umständen notwendig ist. Insbesondere hat der Werkschutzmitarbeiter einen Anspruch darauf, mit den Gerätschaften ausgerüstet zu werden, die zur sachgerechten Erfüllung seiner Aufgaben erforderlich sind. Bei Streifengängen zur Nachtzeit kann es – je nach den Umständen – notwendig sein, daß z. B. bestimmte Gefahrenpunkte ausgeleuchtet sind, daß er jederzeit über Funk Hilfe herbeirufen kann oder daß bei einem großen Betriebsgelände mit langen Streifenwegen eine Doppelstreife eingesetzt wird. Es ist nicht möglich, hier für Einzelfälle eine bindende Festlegung zu treffen. Eine Abwägung aller Gesichtspunkte kann nur die Frage beantworten, welche Maßnahmen aus Gründen der *Fürsorgepflicht* der Arbeitgeber zu veranlassen hat.

Im täglichen Geschehen des Betriebs bleibt es nicht aus, daß Mitarbeiter des Werkschutzes im Rahmen ihrer pflichtgemäßen und nicht zu beanstandenen Erfüllung ihres Dienstes von anderen Mitarbeitern beschimpft oder beleidigt werden. Der Werkschutzmitarbeiter hat dann das Recht, vom Arbeitgeber zu verlangen, daß er ihn gegen solche Vorfälle in *Schutz* nimmt. In besonders gelagerten Ausnahmefällen muß sogar ein Anspruch des Werkschutzmitarbeiters bejaht werden, vom Arbeitgeber *Rechtsschutz* zu verlangen (z. B. Übernahme der Kosten für ein Privatklageverfahren wegen Beleidigung).

Kommt ein Werkschutzmitarbeiter in Ausübung seines Dienstes durch rechtswidrige Handlungen Dritter zu Schaden (Sach- oder Körperschaden), so hat er zunächst einen *Anspruch auf Schadensersatz* gegen den Schädiger. Im Einzelfall ist jedoch denkbar, daß der Arbeitgeber den Schaden nach den *Grundsätzen der „gefahrgeneigten Arbeit“* zu ersetzen hat, auf die hier nicht eingegangen werden kann.

### 2.1.8.2 Die Wahrnehmung der vom Unternehmer übertragenen Rechte und Pflichten

Wie oben dargestellt, überträgt der Unternehmer die Ausübung von Rechten und die Wahrnehmung von Pflichten dem Werkschutzmitarbeiter. Dieser wird daher nicht aus eigenem Recht tätig, sondern leitet seine Befugnisse vom Unternehmer ab. Dies hat zur Folge, daß der Werkschutzmitarbeiter auch bei der Wahrnehmung von Notrechten an die *Weisungen des Unternehmers* gebunden ist. Wenngleich Notwehr zugunsten eines anderen (sog. „Nothilfe“) zulässig ist, darf der Werkschutz nicht gegen den Willen des Unternehmers Nothilfe üben. Obwohl jedermann nach § 127 Abs. 1 StPO bei Vorliegen der tatbestandlichen Voraussetzungen eine vorläufige Festnahme durchführen kann, ist sie dem Werkschutzmitarbeiter nicht gestattet, wenn der Unternehmer auf die Festnahme verzichtet. Handlungen gegen den ausdrücklich erklärten oder mutmaßlichen Willen des Unternehmers sind nicht zulässig.

#### 2.1.8.3 Die Wahrnehmung der dem Werkschutzmitarbeiter selbst zustehenden Rechte

Neben seinen Befugnissen aus abgeleitetem, vom Unternehmer übertragenem Recht kann sich der Werkschutzmitarbeiter auf eigene Rechte berufen, wenn *er selbst in seiner Person von rechtswidrigen Handlungen betroffen ist.* Richtet sich ein Angriff gegen ihn, so kann er sich unter den Voraussetzungen der Notwehr verteidigen. Freilich muß er bei solchen Notwehrhandlungen im Rahmen dienstlicher Vorfälle beachten, daß er als Werkschutzmitarbeiter auch die Interessen des Unternehmers zu berücksichtigen hat. So kann von ihm verlangt werden, einen geringfügigen Angriff hinzunehmen, obwohl die Notwehrvoraussetzungen gegeben sind. Dies muß insbesondere dann gelten, wenn die Abwehrmaßnahmen als Nebenwirkung das Unternehmen schädigen könnten.

#### 2.1.8.4 Die Pflichten zum Tätigwerden auf strafrechtlicher Grundlage

Straftatbestände können nicht nur durch eine aktive Handlung, sondern auch durch „Nichtstun", *Unterlassen,* erfüllt werden (vgl. Abschnitt 2.3.4.12ff.).

##### 2.1.8.4.1 Besondere Straftatbestände

Für den Werkschutzmitarbeiter ist von besonderer Bedeutung der Tatbestand der *Nichtanzeige geplanter Straftaten* (§ 138 StGB) sowie der *unterlassenen Hilfeleistung* (§ 323c StGB), vgl. im einzelnen die Ausführungen in Abschnitt 2.3.4.13.

##### 2.1.8.4.2 Die Garantenstellung bei unechten Unterlassungsdelikten

Die ursächliche Herbeiführung eines strafbaren Erfolgs durch „Nichtstun" ist nur dann strafbar, wenn eine Pflicht zum Tätigwerden besteht (unechte Unterlassungsdelikte, vgl. Abschnitt 2.3.4.15). Die Pflicht zum Tätigwerden wird *Garantenpflicht* genannt. Für den Adressaten der Garantenpflicht ist die Bezeichnung *Garant* gebräuchlich.

Der Werkschutzmitarbeiter ist Garant für folgende Rechtsgüter:

- Besitz und Eigentum des Unternehmers;
- Eigentum der Mitarbeiter, soweit dieses erlaubt und üblicherweise in den Betrieb verbracht wird;
- Eigentum anderer Personen, z. B. anderer Unternehmen, wenn es in den Betrieb verbracht wurde und eine Obhutspflicht des Unternehmers besteht;
- sonstige Rechtsgüter, wenn der Schutz ausdrücklich dem Werkschutzmitarbeiter übertragen wurde.

Droht diesen Rechtsgütern eine Gefahr und erfüllt die Gefahr bei ihrer Verwirklichung einen strafrechtlichen Erfolg, so ist der Werkschutzmitarbeiter verpflichtet, das Erforderliche und ihm Zumutbare zu veranlassen, wenn dadurch die Abwehr des Erfolges möglich ist.

#### 2.1.8.5 Geschäftsführung ohne Auftrag

Ohne daß eine rechtliche Verpflichtung des Werkschutzmitarbeiters besteht, kann er im Rahmen seiner dienstlichen Tätigkeit zugunsten Dritter tätig werden, wenn diese Tätigkeit vom Rechtsinstitut der Geschäftsführung ohne Auftrag (§§ 677 ff. BGB) gedeckt wird. Die Handlungen sind dabei insbesondere so zu tätigen, wie das Interesse des Dritten „mit Rücksicht auf dessen wirklichen oder mutmaßlichen Willen es erfordert" (vgl. § 677 BGB). Der Werkschutzmitarbeiter kann daher z. B. das Fahrzeug eines Besuchers, für das den Unternehmer keine besondere Schutzverpflichtung trifft, vom Parkplatz schleppen lassen, um es aus einer Gefahrenzone zu verbringen. Auch hier muß der Werkschutzmitarbeiter zusätzlich beachten, ob die Geschäftsführung ohne Auftrag den Interessen seines Arbeitgebers dient.

## 2.2 Grundrechte

### 2.2.1 Begriff und Bedeutung

#### 2.2.1.1 Begriff

Grundrechte sind die im Abschnitt 1, Art. 1–19 des Grundgesetzes (GG) zusammengefaßten Rechte. Die durch diese Vorschriften geschützten Rechtsgüter und Rechtspositionen sind für den Menschen von grundlegender Bedeutung und haben deshalb die Bezeichnung „Grundrechte" erfahren.

#### 2.2.1.2 Bedeutung

Die Grundrechte sind überragend wichtige Rechte jedes Menschen. Sie beruhen überwiegend auf der in der menschlichen Natur begründeten Wertvorstellung.

Sie haben überstaatlichen Charakter, d. h. der Staat hat diese Rechtspositionen vorgefunden und sie überdauern ihn. Er bestätigt sie lediglich in seinen Gesetzen.

Dieser Bedeutung entspricht es, daß die Grundrechte im ranghöchsten Gesetz der Bundesrepublik Deutschland an erster Stelle, in den Art. 1 ff. festgeschrieben sind.

Die Grundrechte sind unmittelbar geltendes Recht. Sie richten sich in erster Linie an den Staat (Gesetzgebung, vollziehende Gewalt und Rechtsprechung). Sie sind für den Bürger Abwehrrechte der staatlichen Macht.

Sie wenden sich darüber hinaus aber auch an jeden Bürger, die Grundrechte seiner Mitbürger zu achten.

Insbesondere wird das Verständnis aller anderen Rechtsvorschriften von den Grundrechten geprägt.

Bedeutung der Grundrechte für den Werkschutz
vgl. Ziffer 2.1.2.3.2

## 2.2.2 Einzelne Grundrechte

### 2.2.2.1 Art. 1 GG Schutz der Menschenwürde

#### 2.2.2.1.1 Vorbemerkung

Die besondere Bedeutung des Schutzes der Menschenwürde innerhalb der Grundrechte wird durch die Spitzenstellung im Grundrechtskatalog nochmals betont.

Es ist eine Vorschrift, die nach allgemeiner Ansicht uneingeschränkt von jedem, also auch dem Werkschutz, zu beachten ist.

#### 2.2.2.1.2 Gesetzestext

Art. 1 GG

*(1) Die Würde des Menschen ist unantastbar. Sie zu achten und zu schützen ist Verpflichtung aller staatlichen Gewalt.*

*(2) Das Deutsche Volk bekennt sich darum zu unverletzlichen und unveräußerlichen Menschenrechten als Grundlage jeder menschlichen Gemeinschaft, des Friedens und der Gerechtigkeit in der Welt.*

*(3) Die nachfolgenden Grundrechte binden Gesetzgebung, vollziehende Gewalt und Rechtsprechung als unmittelbar geltendes Recht.*

#### 2.2.2.1.3 Erläuterungen

Die Menschenwürde ist ein Wert- und Achtungsanspruch, der in der Natur des Menschen als einem mit Geist ausgestattetem Wesen begründet ist.

Sie steht jedem Menschen zu. Sie ist unverlierbar und unverzichtbar. Sie steht schon dem werdenden Leben zu und dauert über den Tod hinaus fort.

Sie schützt den Menschen unter anderem auch davor, wie ein Gegenstand behandelt zu werden.

Eine Verletzung der Menschenwürde liegt z. B. vor bei:

- Veröffentlichung von privaten Briefen und Aufzeichnungen ohne Zustimmung
- Heimlichen Ton- und Bildaufnahmen
- Folterung

- Erniedrigender Bestrafung
- Verächtlicher Behandlung
- Verwendung eines Lügendetektors
- Bekanntgabe der Personalien eines ertappten Diebes über die Lautsprecheranlage

### 2.2.2.2 Art. 2 GG Schutz der Persönlichkeit

#### 2.2.2.2.1 Vorbemerkung

Der Art. 2 GG enthält vier Grundrechte:

- Allgemeine Handlungsfreiheit Art. 2 Abs. 1 GG
- Recht auf Leben Art. 2 Abs. 2 GG
- Recht auf körperliche Unversehrtheit Art. 2 Abs. 2 GG
- Recht auf Freiheit der Person Art. 2 Abs. 2 GG

#### 2.2.2.2.2 Gesetzestext

*(1) Jeder hat das Recht auf die freie Entfaltung seiner Persönlichkeit, soweit er nicht die Rechte anderer verletzt und nicht gegen die verfassungsmäßige Ordnung oder das Sittengesetz verstößt.*

*(2) Jeder hat das Recht auf Leben und körperliche Unversehrheit. Die Freiheit der Person ist unverletzlich. In dieses Recht darf nur auf Grund eines Gesetzes eingegriffen werden.*

#### 2.2.2.2.3 Allgemeine Handlungsfreiheit Art. 2 Abs. 1 GG

Die allgemeine Handlungsfreiheit beinhaltet das Recht auf freie Entfaltung des persönlichen Wesens und der Anlagen. Dadurch soll dem Menschen die Möglichkeit der Selbstverwirklichung gegeben sein.

Art. 2 Abs. 1 enthält jedoch drei wesentliche Grenzen für diese Entfaltungsmöglichkeiten. Grenzen sind die Rechte anderer, die verfassungsmäßige Ordnung und das Sittengesetz. Danach darf die Entfaltung nicht zu Lasten anderer erfolgen, alle bestehenden Rechtsvorschriften müssen eingehalten werden und schließlich muß den sittlichen Wertvorstellungen der Zeit Rechnung getragen werden.

Denn bei allen Entfaltungsmöglichkeiten, die der Mensch hat und haben muß, ist zu berücksichtigen, daß auch allen anderen Menschen diese zustehen – sie begrenzen sich deshalb notwendig gegenseitig.

Bedeutsam ist diese Vorschrift vor allem gegenüber dem Staat. Die allgemeine Handlungsfreiheit verbietet es dem Staat, diesen grundgesetzlich garantierten Freiraum so durch Rechtsvorschriften einzuschränken, daß dem Bürger kein Freiraum mehr verbleibt. Die staatlichen Regelungen dürfen nur so weit gehen, daß ein angemessener Freiraum zur Entfaltung verbleibt. Dieser Kernbereich ist unantastbar.

Aus Art. 1 und Art. 2 GG wird auch das sogenannte „*Allgemeine Persönlichkeitsrecht*" abgeleitet. Durch dieses Recht werden vor allem drei Bereiche geschützt. Zunächst die Möglichkeit, sich von anderen zu unterscheiden, also ein Individium zu sein (Individualsphäre). Dann die Möglichkeit, einen Lebensbereich zu haben, von dem die Öffentlichkeit ausgeschlossen ist (Privatsphäre), und schließlich die Möglichkeit, den eigenen Gedanken und Gefühlen ungestört zu entsprechen (Intimsphäre).

#### 2.2.2.2.4 Recht auf Leben Art. 2 Abs. 2 GG

Das menschliche Leben ist das höchste Rechtsgut in unserer Rechtsordnung.

Dieses Grundrecht verbietet nicht nur Einwirkungen auf das Leben, sondern gebietet, daß das zum Leben unbedingt Erforderliche zur Verfügung gestellt wird. Dies ist durch die Sozialgesetze (z. B. Bundessozialhilfegesetz) gewährleistet.

Art. 2 Abs. 2 Satz 3 GG führt aus, daß in dieses Recht nur auf Grund eines Gesetzes eingegriffen werden darf. Nach Art. 102 GG ist die Todesstrafe abgeschafft. Damit kommen als Möglichkeiten staatlicher Eingriffe im Extremfall die Polizeigesetze (Stichwort: Gezielter Rettungsschuß) in Betracht.

Für den Werkschutz und andere Private sind allenfalls die Vorschriften der Notwehr (§ 32 StGB) und des entschuldigenden Notstands (§ 35 StGB) als Rechtsgrundlagen für einen Eingriff in das Rechtsgut (nicht Grundrecht!) Leben anwendbar.

#### 2.2.2.2.5 Recht auf körperliche Unversehrtheit

Dieses Recht gewährleistet eine Unversehrtheit des Körpers. Es verbietet die Verletzung, die Verunstaltung und die Zufügung von Schmerzen.

Dieses Grundrecht gewährleistet auch die Unversehrtheit des psychischen Bereichs. Es verbietet damit auch ein Einwirken auf Geist und Gefühle.

Im übrigen besteht zwischen Körper, Geist und Gefühlen eine sehr enge Wechselwirkung.

Der Werkschutz ist z. B. unter den Voraussetzungen der Notwehr (§ 32 StGB) oder des rechtfertigenden Notstands (§ 34 StGB) zu Eingriffen in die körperliche Unversehrtheit als Rechtsgut befugt.

#### 2.2.2.2.6 Freiheit der Person

Dieses Grundrecht schützt die Freiheit der Person. Sie umfaßt die Fortbewegungsfreiheit, also die Freiheit, sich von einem Ort wegzubewegen. Sie beinhaltet aber auch die Freiheit des Willens und zwar die Freiheit der Willensentschließung wie auch der Willensbetätigung.

Als gesetzlich vorgesehene Eingriffsmöglichkeit kommen hier vor allem die Festnahmerechte (z. B. § 127 StPO) in Betracht.

### 2.2.2.3 Art. 3 GG Gleichheitsgrundsatz

#### 2.2.2.3.1 Gesetzestext

Art. 3 GG

*(1) Alle Menschen sind vor dem Gesetz gleich.*
*(2) Männer und Frauen sind gleichberechtigt.*
*(3) Niemand darf wegen seines Geschlechtes, seiner Abstammung, seiner Rasse, seiner Sprache, seiner Heimat und Herkunft, seines Glaubens, seiner religiösen oder politischen Anschauungen benachteiligt oder bevorzugt werden.*

#### 2.2.2.3.2 Erläuterungen

Art. 3 GG gebietet eine Gleichbehandlung der Menschen. Dies bedeutet jedoch nicht eine absolute und mechanische Gleichbehandlung, sondern vielmehr eine Gleichbehandlung des Gleichen und eine Ungleichbehandlung des Ungleichen. Die Ungleichbehandlung muß jedoch in der Sache begründet sein.

Abs. 1 gewährleistet die Gleichheit vor dem Gesetz.

Abs. 2 gewährleistet die Gleichberechtigung von Mann und Frau. Jedoch gebietet der Gleichheitsgrundsatz nach obigen Ausführungen ebenso der natürlichen Unterschiedlichkeit zwischen Mann und Frau Rechnung zu tragen.

Abs. 3 führt Beispiele für Unterschiede an, die jedoch nach dem Willen des Gesetzgebers gerade nicht zu einer Ungleichbehandlung führen dürfen.

Mit § 75 BetrVG wurde der Gleichheitsgrundsatz aus der Grundrechtsebene (Staat – Bürger) in die Ebene des Betriebes übertragen. Vgl. Abschnitt 2.5.1.5.

### 2.2.2.4 Art. 5 GG Meinungs- und Informationsfreiheit

#### 2.2.2.4.1 Gesetzestext

Art. 5 GG

*(1) Jeder hat das Recht, seine Meinung in Wort, Schrift und Bild frei zu äußern und zu verbreiten und sich aus allgemein zugänglichen Quellen ungehindert zu unterrichten. Die Pressefreiheit und die Freiheit der Berichterstattung durch Rundfunk und Film werden gewährleistet. Eine Zensur findet nicht statt.*
*(2) Diese Rechte finden ihre Schranken in den Vorschriften der allgemeinen Gesetze, den gesetzlichen Bestimmungen zum Schutze der Jugend und in dem Recht der persönlichen Ehre.*
*(3) Kunst und Wissenschaft, Forschung und Lehre sind frei. Die Freiheit der Lehre entbindet nicht von der Treue zur Verfassung.*

### 2.2.2.4.2 Erläuterungen

Art. 5 Abs. 1 GG gewährleistet das Recht der freien Meinungsäußerung und das Recht der Informationsbeschaffung.

Wesentliches Augenmerk ist hier jedoch den in Abs. 2 aufgezeigten Grenzen zu widmen. Die Ausübung dieser beiden Rechte muß sich vor allem im Rahmen der Gesetze halten. Sie gestatten weder gegen andere gesetzliche Vorschriften noch gegen die Ehre anderer Personen zu verstoßen.

Auch der § 74 Abs. 2 BetrVG, der eine störende parteipolitische Betätigung im Betrieb verbietet, stellt eine zulässige Einschränkung des Art. 5 GG dar. Vgl. Abschnitt 2.5.1.5.

### 2.2.2.5 Art. 9 Abs. 3 GG Vereinigungsfreiheit

### 2.2.2.5.1 Gesetzestext

Art. 9 GG

*(1)* ...

*(2)* ...

*(3) Das Recht, zur Wahrung und Förderung der Arbeits- und Wirtschaftsbedingungen Vereinigungen zu bilden, ist für jedermann und für alle Berufe gewährleistet. Abreden, die dieses Recht einschränken oder zu behindern suchen, sind nichtig, hierauf gerichtete Maßnahmen nach den Artikeln 12a, 35 Abs. 2 und 3, Artikel 87a Abs. 4 und Artikel 91 dürfen sich nicht gegen Arbeitskämpfe richten, die zur Wahrung und Förderung der Arbeits- und Wirtschaftsbedingungen von Vereinigungen im Sinne des Satzes 1 geführt werden.*

### 2.2.2.5.2 Erläuterungen

Art. 9 Abs. 3 GG gewährleistet das Recht, Vereinigungen zur Förderung und Wahrung der Arbeitsbedingungen (= Gewerkschaften, Arbeitnehmervereinigungen) und Vereinigungen zur Förderung und Wahrung der Wirtschaftsbedingungen (Arbeitgebervereinigungen) zu bilden.

Dieses Recht wird vor einschränkenden oder behindernden Maßnahmen geschützt. Ausnahmsweise hat hier ein Grundrecht auch unmittelbar Wirkung zwischen Privatpersonen.

Es liegt in der Natur der Sache, daß zwischen Gewerkschaften und Arbeitgebervereinigungen ein Interessenwiderstreit besteht. Eine Möglichkeit zur Durchsetzung der gegensätzlichen Interessen ist der Arbeitskampf.

Mittel des Arbeitskampfes sind der Streik und die Aussperrung.

Auf die detaillierten Voraussetzungen der Zulässigkeit von Streik und Aussperrung soll hier nicht eingegangen werden.

Ein Streik ist jedoch nur zulässig und damit rechtmäßig, wenn er von einer Gewerkschaft getragen ist und ein Ziel verfolgt, das in einem Tarifvertrag geregelt werden kann.

Nicht zulässig und damit rechtswidrig sind alle nicht von einer Gewerkschaft getragenen Streiks sowie solche Streiks, die der Erreichung anderer als tarifvertraglicher Ziele dienen sollen.

Z. B. Streiks zur Einflußnahme auf Parlament, Regierung oder Rechtsprechung (politische Streiks), Streik zur Erreichung der Wiedereinstellung eines zu Recht entlassenen Mitarbeiters usw.

Der Werkschutz ist während eines Streiks grundsätzlich dem Notdienstpersonal zuzuordnen.

*Notdienstarbeiten* sind solche Arbeiten, die auch während des Streiks durchgeführt werden müssen, um den Betrieb in einem Zustand zu erhalten, der nach Streikende eine unverzügliche Arbeitsaufnahme gestattet (Sicherungs- und Erhaltungsfunktionen).

Notdienstpersonal sind u. a. Feuerwehrkräfte, technische Wartungskräfte und der Werkschutz.

### 2.2.2.6 Art. 14 GG Eigentum und Erbrecht

#### 2.2.2.6.1 Gesetzestext

Art. 14 GG

*(1) Das Eigentum und das Erbrecht werden gewährleistet. Inhalt und Schranken werden durch die Gesetze bestimmt.*

*(2) Eigentum verpflichtet. Sein Gebrauch soll zugleich dem Wohle der Allgemeinheit dienen.*

*(3) ...*

#### 2.2.2.6.2 Erläuterungen

Art. 14 Abs. 1 GG schützt das Rechtsgut Eigentum. Eigentum ist die Basis der persönlichen Entfaltung nach Art. 2 Abs. 1 GG.

Nach Abs. 2 verpflichtet Eigentum aber auch. Es soll so gebraucht werden, daß damit zugleich dem Wohl der Allgemeinheit gedient wird.

Dies ist beim Einsatz von Eigentum im Rahmen eines Wirtschaftsbetriebes der Fall. Dadurch werden benötigte Güter produziert, Arbeitsplätze und damit auch die Möglichkeit für den Eigentumserwerb anderer geschaffen.

Die Erhaltung des Betriebes durch Schutz vor Gefahren jeglicher Art dient damit auch zugleich dem Wohle der Allgemeinheit.

Es kann hieraus sogar eine gewisse Pflicht zu derartigen Schutzmaßnahmen abgeleitet werden.

### 2.2.3 Wechselwirkung zwischen Grundrechten, strafrechtlichen Vorschriften und Befugnissen

#### 2.2.3.1 Verstoß gegen Grundrechte

Verstößt der Staat gegen die Grundrechte, so ist seine Maßnahme verfassungswidrig und damit rechtswidrig.

Verletzt ein Bürger ein Rechtsgut eines anderen, so knüpft das GG daran unmittelbar keine Rechtsfolge. Eine Rechtsfolge tritt nur dann ein, wenn diese sich aus anderen Rechtsvorschriften ergibt.

#### 2.2.3.2 Grundrechte – Strafrecht

Wird gegen ein Grundrecht verstoßen, so liegt damit sehr häufig gleichzeitig eine Straftat vor.

*Beispiele*

| | |
|---|---|
| Leben | – Mord, Totschlag |
| Körperliche Unversehrtheit | – Körperverletzungsdelikte |
| Freiheit | – Freiheitsberaubung, Nötigung |
| Ehre | – Beleidigung |
| Eigentum | – Diebstahl, Unterschlagung, Betrug, Hehlerei |
| Unverletzlichkeit der Wohnung | – Hausfriedensbruch |

Soweit durch die Grundrechtsverletzung gleichzeitig eine Straftat verwirklicht ist, erwächst den Grundrechten durch das Strafrecht ein gewisser Schutz.

#### 2.2.3.3 Grundrechte – Befugnisse

Wenn der Werkschutz im Rahmen seiner Tätigkeit ein einem Grundrecht entsprechendes Rechtsgut einer anderen Person verletzen will, so darf er dies nur tun, wenn eine gesetzliche Ausnahmevorschrift dies unter den gegebenen Umständen ausdrücklich erlaubt.

*Beispiele*

| | |
|---|---|
| Leben oder körperliche Unversehrtheit | – Notwehr § 32 StGB |
| Freiheit | – Vorläufige Festnahme § 127 Abs. 1 StPO |
| Hausrecht | – Selbsthilfe § 229 BGB |

Diese Rechtsvorschriften, die ausnahmsweise eine Verletzung eines Rechtes eines anderen erlauben, sind gleichzeitig strafrechtliche Rechtfertigungsgründe, so daß dann auch keine Bestrafung erfolgen kann.

### 2.2.4 Grundsatz der Verhältnismäßigkeit

#### 2.2.4.1 Vorbemerkung

Der Grundsatz der Verhältnismäßigkeit wird aus verschiedenen Vorschriften des GG abgeleitet.

Es handelt sich dabei um einen grundlegenden Rechtsgedanken unserer Rechtsordnung.

#### 2.2.4.2 Inhalt

Der Inhalt dieses Grundsatzes ist von der Rechtsprechung ausgeprägt. Er findet sich am deutlichsten in § 2 des Musterentwurfs eines einheitlichen Polizeigesetzes des Bundes und der Länder.

§ 2 Musterentwurf

*(1) Von mehreren möglichen und geeigneten Maßnahmen hat die Polizei diejenige zu treffen, die den einzelnen und die Allgemeinheit voraussichtlich am wenigstens beeinträchtigt.*
*(2) Eine Maßnahme darf nicht zu einem Nachteil führen, der zu dem angestrebten Erfolg außer Verhältnis steht.*
*(3) Eine Maßnahme ist nur so lange zulässig, bis ihr Zweck erreicht ist oder sich zeigt, daß er nicht erreicht werden kann.*

#### 2.2.4.3 Erläuterungen

Der Grundsatz der Verhältnismäßigkeit gilt generell im Recht und damit auch grundsätzlich für die Maßnahmen des Werkschutzes.

Er verlangt, daß von allen möglichen und geeigneten Maßnahmen diejenige getroffen wird, die den einzelnen und die Allgemeinheit am wenigsten beeinträchtigt.

Häufig ist eine Auswahlmöglichkeit nicht vorhanden, so daß auf die einzig mögliche Maßnahme zurückgegriffen werden muß.

Kernpunkt des Grundsatzes der Verhältnismäßigkeit ist, daß die Auswirkungen der Maßnahme zum angestrebten Erfolg nicht erkennbar außer Verhältnis stehen darf.

Hier geht es vor allem um die Abwehr von Gefahren für Rechtsgüter in geringem Umfang mit Maßnahmen, die zu schweren Rechtsgutsverletzungen auf der anderen Seite führen.

Typisiert werden kann der Inhalt dieses Kernpunktes mit dem bekannten Ausspruch: „*Nicht mit Kanonen auf Spatzen schießen*".

Weiterhin gebietet der Grundsatz der Verhältnismäßigkeit, eine Maßnahme nicht länger als nötig oder sinnvoll anzuwenden. Sie muß mit dem Erreichen des Zwecks entfallen. Dies ergibt sich aber auch meist schon daraus, daß die gesetzlichen Voraussetzungen der Maßnahme dann nicht mehr vorliegen.

Der Grundsatz der Verhältnismäßigkeit gebietet aber auch ein Abbrechen der Maßnahme, wenn sich zeigt, daß der angestrebte Zweck mit der angewandten Maßnahme nicht erreicht werden kann.

#### 2.2.4.4 Auswirkungen

Der Grundsatz der Verhältnismäßigkeit ist grundsätzlich bei Rechtseingriffen von jedermann, also auch dem Werkschutz, zu beachten.

Wird der Grundsatz der Verhältnismäßigkeit zur generellen Richtschnur des Handelns gemacht, so führt dies zu einer rechtmäßigen und beanstandungsfreien Dienstausübung.

## 2.3 Strafrecht

### 2.3.1 Einführung in das Strafrecht

#### 2.3.1.1 Begriff

Strafrecht ist die Gesamtheit derjenigen Rechtsvorschriften, für deren Nichtbeachtung eine Strafe angedroht ist.

Strafrecht ist ein Teil des öffentlichen Rechts, also ein Rechtsbereich, in dem der Staat aufgrund seiner „Staatsgewalt" einseitig anordnend tätig wird.

#### 2.3.1.2 Typischer Inhalt

Strafrechtliche Vorschriften beinhalten entweder ein

- Verbot (z. B. zu töten, zu stehlen, zu unterschlagen, Sachen zu beschädigen usw.) oder ein
- Gebot (z. B. Hilfe bei Unglücksfällen zu leisten, Anzeige zu erstatten usw.).

Für den Fall der Nichtbeachtung der Verbote oder Gebote wird eine Strafe angedroht.

Die Verbote und Gebote sind von jedem überall zu beachten. Sie gelten für jeden, also auch für Werkschutzmitarbeiter während und auch außerhalb des Dienstes.

Sie gelten überall, also auch auf dem Betriebsgelände.

Ob ein Täter diese Strafvorschriften kennt, ist nicht von Bedeutung, denn „Unwissenheit schützt vor Strafe nicht".

### 2.3.1.3 Strafarten

Das Strafrecht kennt zwei Arten von Strafe

- Freiheitsstrafe
- Geldstrafe

Beide Arten können auch nebeneinander verhängt werden.

Außerdem kennt das Strafrecht verschiedene Nebenfolgen sowie Maßregeln der Besserung und Sicherung, die neben der eigentlichen Strafe verhängt werden können und für den Betroffenen in der Regel sehr unangenehm sind, z. B.

- Fahrverbot
- Entzug der Fahrerlaubnis
- Verlust der Fähigkeit, öffentliche Ämter zu bekleiden
- Unterbringung in einem psychiatrischen Krankenhaus
- Führungsaufsicht
- usw.

### 2.3.1.4 Sinn der Strafe

In erster Linie soll durch die Androhung der Strafe erreicht werden, daß die strafrechtlichen Verbote und Gebote beachtet und potentielle Täter von Verstößen abgeschreckt werden.

In zweiter Linie soll die Verhängung einer Strafe für einen Rechtsverstoß

- der Begehung von Straftaten allgemein entgegenwirken,
- den Täter zukünftig von der Begehung weiterer Straftaten abhalten,
- und die durch die Tat aufgeladene Schuld des Täters durch Sühne ausgleichen.

### 2.3.1.5 Nebenstrafrecht

Die wichtigsten Straftaten sind im Strafgesetzbuch (StGB) zusammengefaßt.

Eine sehr große Zahl von Straftaten ist jedoch in anderen Gesetzen zu finden, z. B.

- Straßenverkehrsgesetz
- Fernmeldeanlagengesetz
- Bundeswaffengesetz
- Versammlungsgesetz
- Gewerbeordnung
- Bundes-Immissionsschutzgesetz.

Diese Vorschriften des „Nebenstrafrechts“ sind nicht Stoff der Werkschutzfachprüfung.

#### 2.3.1.6 Aufbau des Strafgesetzbuches

Das StGB besteht aus dem

- Allgemeinen Teil (§§ 1–79b) und dem
- Besonderen Teil (§§ 80–358)

Der Besondere Teil enthält die einzelnen Straftaten, wie z. B. Diebstahl § 242 StGB, Unterschlagung § 246 StGB, Urkundenfälschung § 267 StGB, Körperverletzung § 223 StGB, Sachbeschädigung § 303 StGB usw.

Der Allgemeine Teil enthält hingegen „allgemeine Regelungen“, wie z. B. Täterschaft, Beihilfe, Anstiftung, Versuch, Rechtfertigungsgründe, Vorschriften betreffend die Strafzumessung, Verjährung usw.

Es handelt sich um „allgemeine“ Vorschriften, die für jede Straftat gleichermaßen von Bedeutung sind.

Z. B. die Vorschriften des Versuchs §§ 22, 23 StGB sind für jede Straftat (sogar für die außerhalb des StGB) von Bedeutung.

Für die Orientierung im StGB ist es wichtig, die Unterscheidung zwischen dem Allgemeinen Teil (AT) und dem Besonderen Teil (BT) zu kennen.

### 2.3.2 Die Straftat

Hinter dem Begriff „Straftat“ verbirgt sich ein wohlgeordnetes System von Voraussetzungen, deren Vorliegen für die Bejahung einer Straftat notwendig ist.

Für jede Straftat ist das Vorliegen von drei Voraussetzungen notwendig:

- Tatbestandsmäßige Handlung
- Rechtswidrigkeit
- Schuld

#### 2.3.2.1 Tatbestandsmäßige Handlung

##### 2.3.2.1.1 Handlung

Bei jeder Straftat muß zunächst eine Handlung vorliegen. Eine Handlung im Sinne des Strafrechts ist nur eine Handlung eines Menschen, die von seinem Willen getragen ist.

Handlung kommt von Handeln und ist nach allgemeinem Verständnis ein aktives Tun (Begehungsdelikt).

Im Strafrecht versteht man unter „Handeln“ aber auch ein passives Nichtstun (Unterlassungsdelikt), d. h. wer nichts tut, kann dennoch im Sinne des Strafrechts handeln.

Doch nur in wenigen Fällen ist Nichtstun auch strafbar.

*Menschliches Handeln*

Daraus folgt, daß nur Menschen strafrechtlich verantwortlich sind. Es versteht sich von selbst, daß Sachen strafrechtlich nicht verantwortlich sind. Tiere sind zwar rechtlich keine Sachen mehr (§ 90a BGB), aber dennoch strafrechtlich nicht verantwortlich.

*Willentliches Handeln*

Dies bedeutet, daß ein Mensch nur dann strafrechtlich zur Verantwortung gezogen werden kann, wenn sein Handeln von seinem Willen getragen war.

Das ist normalerweise der Fall, jedoch nicht z. B. bei

- Reflexhandlungen
- Handlungen im Schlaf oder in Bewußtlosigkeit
- Handlungen aufgrund unwiderstehlicher Gewalt (z. B. Hand mit unwiderstehlicher Gewalt zum Schuß führen).

Natürlich sind derartige Fallgestaltungen in der Werkschutzpraxis äußerst selten.

Liegt aber eine derartige Fallgestaltung vor, so mangelt es dann bereits an der „Handlung" und eine weitere Prüfung der Strafbarkeit erübrigt sich, da die Handlung Voraussetzung aller weiteren Strafbarkeitsmerkmale ist. Eine Straftat kann dann nicht mehr vorliegen.

In einer Fallbearbeitung sollte auf die Handlung nur eingegangen werden, wenn der Sachverhalt dazu Anlaß gibt.

#### 2.3.2.1.2 Tatbestand

Die Handlung muß tatbestandsmäßig sein.

Tatbestand ist die Beschreibung des verbotenen (bei Unterlassungsdelikten des gebotenen) Tuns, also die genaue Beschreibung dessen, was vom Gesetz zu tun verboten ist.

Die einzelnen Merkmale dieser Beschreibung nennt man *Tatbestandsmerkmale.*

*Beispiel:* Diebstahl § 242 StGB

1. Gesetzestext
   *Wer eine fremde bewegliche Sache einem anderen in der Absicht wegnimmt, dieselbe sich rechtswidrig zuzueignen, wird mit Freiheitsstrafe bis zu fünf Jahren oder mit Geldstrafe bestraft.*
2. Tatbestand (= Beschreibung des verbotenen Tuns)
   *Wer eine fremde bewegliche Sache einem anderen in der Absicht wegnimmt, dieselbe sich rechtswidrig zuzueignen,*

3. Strafdrohung (Rechtsfolge)
   *..., wird mit Freiheitsstrafe bis zu fünf Jahren oder mit Geldstrafe bestraft.*

Gesetzestext = Tatbestand + Strafdrohung

Die Handlung ist tatbestandsmäßig, d. h. erfüllt den Tatbestand, wenn alle Tatbestandsmerkmale erfüllt sind.

*Vorsicht:* In manchen Tatbeständen stehen Tatbestandsmerkmale in einem Alternativverhältnis (erkennbar an „oder" zwischen den Tatbestandsmerkmalen bzw. an einer Aufzählung mit Komma). Dann ist es natürlich ausreichend, wenn eines dieser alternativen Tatbestandsmerkmale vorliegt.

Fehlt ein notwendiges Tatbestandsmerkmal, so ist der Tatbestand nicht vollständig und die Handlung nicht tatbestandsmäßig.

Mangelt es am Tatbestand, so ist eine weitere Prüfung nicht erforderlich, weil dann eine strafbare Handlung nicht mehr vorliegen kann.

#### 2.3.2.2 Rechtswidrigkeit

Als weiteres muß die tatbestandsmäßige Handlung auch rechtswidrig sein. Rechtswidrig handeln heißt, dem Recht zuwider handeln.

##### 2.3.2.2.1 Normalfall

Was rechtmäßig ist, wird durch das Gesetz (genauer: Tatbestand ist die gesetzliche Beschreibung des verbotenen Tuns) bestimmt.

Erfüllt jemand den Tatbestand, tut also etwas, was vom Gesetz verboten ist, so handelt er damit grundsätzlich rechtswidrig.

##### 2.3.2.2.2 Ausnahmefall – Rechtfertigungsgründe

Es gibt jedoch Ausnahmesituationen, in denen man etwas tun darf, was in Normalsituationen rechtwidrig ist.

In dieser Ausnahmesituation ist man für den Rechtsverstoß gerechtfertigt. Der Grund für diese Rechtfertigung ist die ungewöhnliche Situation.

Man nennt die in Betracht kommenden Gründe Rechtfertigungsgründe.

Das strafrechtliche Verbot oder Gebot stammt vom Gesetzgeber. Es versteht sich, daß Ausnahmen davon nur wiederum der Gesetzgeber, ausnahmsweise die Rechtsprechung, einräumen kann.

*Beispiele*

- Notwehr § 32 StGB
- Vorläufige Festnahme § 127 Abs. 1 StPO

- Rechtfertigender Notstand § 34 StGB
- Einwilligung des Verletzten
- Elterliches Züchtigungsrecht

Ein Rechtfertigungsgrund, der die Rechtswidrigkeit des Tun ausschließt, liegt nur dann vor, wenn die in der einzelnen Rechtfertigungsvorschrift beschriebene Situation vorliegt und deren Grenzen eingehalten werden.

Die rechtfertigenden Vorschriften sollten jedem Werkschutzmitarbeiter im eigenen Interesse geläufig sein.

#### 2.3.2.3 Schuld

Schuld ist die Vorwerfbarkeit der Tat, mit anderen Worten, daß man dem Täter wegen seines Tuns einen rechtlichen Vorwurf machen kann.

Die Schuld eines Täter liegt vor, wenn ein schuldfähiger Täter vorsätzlich oder fahrlässig handelt und kein Entschuldigungsgrund vorliegt.

##### 2.3.2.3.1 Schuldfähigkeit

Die Fähigkeit eines Täters, das Unrecht seines Tuns einzusehen und nach dieser Einsicht zu handeln, wird als Schuldfähigkeit bezeichnet.

Mangelt es einem Täter zum Zeitpunkt der Tat an dieser Fähigkeit, so ist er schuldunfähig und damit strafrechtlich nicht verantwortlich. Wer schuldunfähig ist, bestimmt sich nach § 20 StGB.

§ 20 Schuldunfähigkeit wegen seelischer Störungen

*Ohne Schuld handelt, wer bei der Begehung der Tat wegen einer krankhaften seelischen Störung, wegen einer tiefgreifenden Bewußtseinsstörung oder wegen Schwachsinns oder einer schweren anderen seelischen Abartigkeit unfähig ist, das Unrecht der Tat einzusehen oder nach dieser Einsicht zu handeln.*

Schuldunfähig sind danach z. B.

- Geisteskranke
- Schwachsinnige
- Rauschgiftsüchtige unter Drogeneinfluß
- Volltrunkene (ab ca. 3‰).

Außerdem sind, unabhängig von der tatsächlichen Einsichtsfähigkeit, Kinder bis zur Vollendung des 14. Lebensjahres kraft Gesetz (§ 19 StGB) schuldunfähig.

§ 19 Schuldunfähigkeit des Kindes

*Schuldunfähig ist, wer bei der Begehung der Tat noch nicht vierzehn Jahre alt ist.*

Nicht verwechselt werden darf die Schuldunfähigkeit mit der nur verminderten Schuldunfähigkeit nach § 21 StGB.

§ 21 Verminderte Schuldfähigkeit

*Ist die Fähigkeit des Täters, das Unrecht der Tat einzusehen oder nach dieser Einsicht zu handeln, aus einem der in § 20 bezeichneten Gründe bei der Begehung der Tat erheblich vermindert, so kann die Strafe nach § 49 Abs. 1 gemildert werden.*

Durch § 21 StGB wird die Schuldfähigkeit und damit die strafrechtliche Verantwortlichkeit nicht ausgeschlossen, sondern es wird lediglich die Möglichkeit einer Strafmilderung durch das Gericht geschaffen.

#### 2.3.2.3.2 Schuldformen

##### 2.3.2.3.2.1 Vorsatz

Vorsätzlich handelt, wer den Tatbestand einer Straftat mit Wissen und Wollen verwirklicht. D. h. er weiß, was er tut, und will den dadurch erzielten strafrechtlichen Erfolg.

Z. B. der Täter schlägt mit einem Hammer auf das Dach eines PKWs und will dadurch eine Beule verursachen.

##### 2.3.2.3.2.2 Fahrlässigkeit

Fahrlässig handelt, wer einen Tatbestand verwirklicht, ohne dies zu erkennen, obwohl er bei Anwendung der ihm möglichen und zumutbaren Sorgfalt dies hätte erkennen können.

Z. B. ein Bauarbeiter wirft einen Sack voll Schutt vom Gerüst und trifft den unten zufällig vorbeigehenden X.

Auf eine weitere Untergliederung der Schuldformen Vorsatz und Fahrlässigkeit soll hier verzichtet werden.

##### 2.3.2.3.2.3 Strafbarkeit vorsätzlichen und fahrlässigen Handelns § 15 StGB

§ 15 StGB Vorsätzliches und fahrlässiges Handeln

*Strafbar ist nur vorsätzliches Handeln, wenn nicht das Gesetz fahrlässiges Handeln ausdrücklich mit Strafe bedroht.*

Dies bedeutet, daß die vorsätzliche Begehung einer Tat immer strafbar ist, die fahrlässige Begehung nur dann, wenn dies ausdrücklich im Gesetz steht.

*Beispiel*

§ 303 StGB Sachbeschädigung

*(1) Wer rechtswidrig eine fremde Sache beschädigt oder zerstört, wird mit Freiheitsstrafe bis zu zwei Jahren oder mit Geldstrafe bestraft.*
*(2) Der Versuch ist strafbar.*

Prüfung nach § 15 StGB:

Vorsätzliche Begehung der Sachbeschädigung ist jedenfalls strafbar.

Fahrlässige Begehung der Sachbeschädigung wäre nur dann strafbar, wenn dies ausdrücklich im Gesetz bestimmt ist.

Eine solche ausdrückliche Bestimmung (z. B. durch den Wortlaut „auch die fahrlässige Begehung dieser Tat ist strafbar") ist weder im § 303 StGB noch in einer der nachfolgenden Vorschriften enthalten. Somit ist die fahrlässige Sachbeschädigung nicht strafbar.

*Beispiel*

§ 223 StGB Körperverletzung

*(1) Wer einen anderen körperlich mißhandelt oder an der Gesundheit beschädigt, wird mit Freiheitsstrafe bis zu drei Jahren oder mit Geldstrafe bestraft.*
*(2) . . .*

Prüfung nach § 15 StGB.

Vorsätzliche Körperverletzung ist in jedem Fall strafbar.

Fahrlässige Körperverletzung wäre nur dann strafbar, wenn dies im Gesetz ausdrücklich vorgesehen ist.

§ 223 StGB sieht dies nicht ausdrücklich vor, aber § 230 StGB ist eine solche ausdrückliche Bestimmung:

§ 230 StGB Fahrlässige Körperverletzung

*Wer durch Fahrlässigkeit die Körperverletzung eines anderen verursacht, wird mit Freiheitsstrafe bis zu drei Jahren oder mit Geldstrafe bestraft.*

Bei der Prüfung nach § 15 StGB ist besonders darauf zu achten, daß die ausdrückliche Bestimmung der Strafbarkeit bei fahrlässiger Begehungsweise manchmal nicht unmittelbar in der Vorschrift zu finden ist, sondern einige Paragraphen danach.

#### 2.3.2.3.3 Entschuldigungsgründe

Ähnlich wie die Rechtwidrigkeit in besonderen Ausnahmefällen durch Rechtfertigungsgründe ausgeschlossen werden kann, kann die Schuld durch Entschuldigungsgründe ausgeschlossen werden.

D. h. obwohl eine tatbestandsmäßige Handlung, Rechtswidrigkeit, Schuldfähigkeit, Vorsatz oder Fahrlässigkeit vorliegen, trifft den Täter wegen des Ausnahmecharakters der Situation keine Schuld. Sie ist in dieser Situation ausgeschlossen.

Diese Freistellung vom normalerweise vorliegenden Schuldvorwurf kann wiederum nur durch Rechtsvorschriften erfolgen. Zwei Vorschriften sind für den Werkschutz von Bedeutung:

- Überschreitung der Notwehr § 33 StGB
- Entschuldigender Notstand § 35 StGB

Die Schuld wird nur dann ausgeschlossen, wenn die Voraussetzungen dieser Vorschriften (festgelegte Ausnahmesituation) vorliegen und der Handlungsrahmen eingehalten wird.

*Anmerkung*

Da die Schuldfähigkeit bzw. Schuldunfähigkeit in der Praxis vor Ort nicht festzustellen ist, beschränkt sich die Bedeutung der Schuld auf das Wissen um die Schuldunfähigkeit von Kindern bis zur Vollendung des 14. Lebensjahres, Vorsatz und Fahrlässigkeit im Zusammenhang mit § 15 StGB sowie auf die Prüfung, ob einer der beiden o. a. Entschuldigungsgründe vorliegt oder nicht.

#### 2.3.2.4 Straftat – Rechtswidrige Handlung

Die „Straftat" ist für die praktische Arbeit von nachrangiger Bedeutung (d. h. Vorliegen von tatbestandsmäßiger Handlung, Rechtswidrigkeit und Schuld).

Wesentlich ist jedoch das Vorliegen einer „rechtswidrigen Handlung" (d. h. Vorliegen von tatbestandsmäßiger Handlung und Rechtswidrigkeit).

Dies deshalb, weil als Voraussetzung für das Tätigwerden des Werkschutzes das Vorliegen einer rechtswidrigen Handlung ausreicht.

Es ging auch nicht an, gegen einen Täter nicht vorgehen und ihm Einhalt gebieten zu können, nur weil er nicht schuldfähig ist. Wäre er schuldfähig und damit strafrechtlich verantwortlich, könnte man gegen ihn vorgehen. Dies zeigt sehr deutlich, daß das Einschreiten gegen einen Täter auch vom praktischen Bedürfnis her nur vom Vorliegen der rechtswidrigen Tat abhängen kann.

### 2.3.3 Strafrecht – Allgemeiner Teil

Um die Straftatbestände des besonderen Teils des StGB sachgerecht anwenden zu können, bedarf es der Kenntnis einiger weniger Vorschriften des allgemeinen Teils.

Diese Vorschriften des allgemeinen Teils gelten gleichermaßen für jeden Straftatbestand und sind deshalb besonders wichtig.

### 2.3.3.1 Verbrechen und Vergehen § 12 StGB

#### 2.3.3.1.1 Vorbemerkung

- Im Strafrecht wird zwischen Verbrechen und Vergehen unterschieden. Jede Straftat ist entweder Verbrechen oder Vergehen.
  Übertretungen gibt es heute nicht mehr. Ordnungswidrigkeiten sind keine Straftaten.
- Diese Unterscheidung ist für die Beurteilung der Strafbarkeit des Versuchs von Bedeutung.
- Weiterhin hat diese Unterscheidung zwar bedeutsame, aber den Werkschutz nicht tangierende Auswirkungen, wie z. B. für die Zuständigkeit der Gerichte, für die Haftgründe nach der StPO sowie den polizeilichen Schußwaffengebrauch.

#### 2.3.3.1.2 Gesetzestext

§ 12 Verbrechen und Vergehen

*(1) Verbrechen sind rechtswidrige Taten, die im Mindestmaß mit Freiheitsstrafe von einem Jahr oder darüber bedroht sind.*

*(2) Vergehen sind rechtswidrige Taten, die im Mindestmaß mit einer geringeren Freiheitsstrafe oder die mit Geldstrafe bedroht sind.*

*(3) . . .*

#### 2.3.3.1.3 Erläuterungen

##### 2.3.3.1.3.1 Verbrechen

Entscheidend für die Klassifizierung ist die im Gesetz angedrohte Freiheitsstrafe und nicht die für die Tat tatsächlich verhängte Freiheitsstrafe, sonst würde der Charakter der Straftat auch nicht von vornherein feststehen, sondern sich erst nach Verhängung der Strafe ergeben.

Mindestmaß der angedrohten Freiheitsstrafe ist ein Jahr oder darüber.

*Beispiel:* § 242 StGB

. . . *wird mit Freiheitsstrafe bis zu fünf Jahren oder mit Geldstrafe bestraft.*

Das Mindestmaß der angedrohten Freiheitsstrafe ist hier nicht ein Jahr, sondern sie kann auch darunter sein. Hilfreich ist in diesen Fällen zu lesen „von . . . bis. . .“. Ebenfalls ein Indiz ist „oder Geldstrafe“. Immer wenn Geldstrafe angedroht ist, ist dies eine mindere Strafe als ein Jahr Freiheitsstrafe.

In den Fällen, in denen ein Mindestmaß von einem Jahr oder darüber angedroht ist, findet sich meist der Wortlaut: „nicht unter einem Jahr“ oder „von einem Jahr bis zu. . .“ Vgl. Brandstiftung § 308 Abs. 1 StGB.

#### 2.3.3.1.3.2 Vergehen

§ 12 Abs. 2 StGB enthält den entsprechenden Wortlaut für das Vergehen.

Sich diesen einzuprägen ist jedoch überflüssig, da jede Straftat, die nicht Verbrechen ist, zwangsläufig ein Vergehen ist, weil es ja nur die zwei Arten von Straftaten gibt.

### 2.3.3.2 Versuch §§ 22, 23 StGB

#### 2.3.3.2.1 Vorbemerkung

- Gelegentlich vollendet ein Täter seine Tat nicht. Er bricht sie ab, weil sich unvorhergesehene Schwierigkeiten in der Ausführung ergeben oder er durch andere Umstände an seinem Vorhaben gehindert wird.
- Prüft man in diesen Fällen den Tatbestand, so stellt man fest, daß mit der Verwirklichung der Tatbestandsmerkmale zwar begonnen wurde, aber noch nicht der gesamte Tatbestand verwirklicht wurde. In diesen Fällen kommen die Vorschriften des Versuchs zur Anwendung.
- Die Prüfung des Versuchs erfolgt zweistufig.
  Zunächst ist zu prüfen, ob vom Tatgeschehen her ein Versuch nach § 22 StGB vorliegt.
  Wird dies bejaht, so muß in einem zweiten Schritt nach § 23 StGB geprüft werden, ob der Versuch dieser Straftat auch strafbar ist.
  Natürlich kann die Prüfung aus taktischen Gründen umgekehrt erfolgen. Ist der Versuch nicht strafbar, so kann man sich die oft schwierige Prüfung, ob bereits eine Versuchshandlung vorliegt, ersparen.

#### 2.3.3.2.2 Begriff des Versuchs

#### 2.3.3.2.2.1 Gesetzestext

§ 22 StGB Begriffsbestimmung

*Eine Straftat versucht, wer nach seiner Vorstellung von der Tat zur Verwirklichung des Tatbestandes unmittelbar ansetzt.*

#### 2.3.3.2.2.2 Erläuterungen

Bei der Prüfung, ob ein Versuch vorliegt, ist auf die Vorstellung des Täters von der Tat abzustellen.

Er muß danach unmittelbar zur Verwirklichung des Tatbestandes ansetzen.

Das entscheidende Merkmal ist *„unmittelbar"*.

Die Rechtsprechung legt diesen Begriff eng aus. Der Täter muß praktisch im Begriff sein, die Tathandlung zu beginnen.

*Beispiele*

- Anlehnen einer Leiter an die Hauswand, um durch ein Fenster einzusteigen (noch nicht das Herantragen der Leiter zum Haus),
- Ansetzen eines Brecheisens an der Türe, um diese aufzubrechen,
- Anfassen der Schreibtischschublade, um daraus zu stehlen,
- Ziehen einer Pistole, um auf eine Person zu schießen,
- Ausschütten einer brennbaren Flüssigkeit, um diese anzuzünden.

**2.3.3.2.3 Strafbarkeit des Versuchs**

**2.3.3.2.3.1 Gesetzestext**

§ 23 Strafbarkeit des Versuchs

*(1) Der Versuch eines Verbrechens ist stets strafbar, der Versuch eines Vergehens nur dann, wenn das Gesetz es ausdrücklich bestimmt.*

*(2) ...*

*(3) ...*

**2.3.3.2.3.2 Erläuterungen**

Da der Versuch eines Verbrechens stets strafbar ist, steht darüber nichts bei der einzelnen Vorschrift. Vgl. § 308 StGB.

Der Versuch eines Vergehens ist nur dann strafbar, wenn das Gesetz es ausdrücklich bestimmt, m. a. W. wenn sich bei der einzelnen Vorschrift eine Anmerkung wie z. B. „der Versuch ist strafbar“ findet.

Vgl. z. B. § 242 Abs. 2 StGB oder § 303 Abs. 2 StGB, anders § 239 Abs. 1 StGB.

**2.3.3.3 Täterschaft und Teilnahme**

Soweit ein einzelner Täter eine Straftat begeht, ist er Täter (Alleintäter) dieser Tat.

Begehen jedoch mehrere Personen im Zusammenwirken eine Straftat, so ist das strafrechtliche Verhältnis dieser Personen zueinander zu klären.

**2.3.3.3.1 Täterschaft**

**2.3.3.3.1.1 Alleintäter**

§ 25 StGB Täterschaft

*(1) Als Täter wird bestraft, wer die Straftat selbst oder durch einen anderen begeht.*

Hier ist der typische Einzeltäter bzw. Alleintäter erfaßt.

Der Fall, daß die Straftat durch einen anderen begangen wird (mittelbare Täterschaft), ist selten und schwierig. Deshalb soll hierauf nicht eingegangen werden.

#### 2.3.3.3.1.2 Mittäter

§ 25 StGB Täterschaft

*(1) ...*

*(2) Begehen mehrere die Straftat gemeinschaftlich, so wird jeder als Täter bestraft (Mittäter).*

Mittäterschaft liegt also vor, wenn eine Straftat *gemeinschaftlich* begangen wird.

Dies bedeutet gemeinsame Entschlußfassung und gemeinsame Druchführung der Tat.

Nicht bedeutet es jedoch, daß beide Täter alles gemeinsam tun müßten. Es kann durchaus zu einer „Arbeitsteilung“ kommen.
Z. B. ein Täter wartet in einem Fahrzeug mit laufendem Motor vor einer Bank, der andere bedroht den Kassierer mit seiner Waffe und erhält das Geld.

Hier liegt eine gemeinschaftliche Begehung und damit Mittäterschaft vor.

Der Mittäter wird wie ein Täter bestraft.

#### 2.3.3.3.2 Teilnahme

#### 2.3.3.3.2.1 Anstiftung

§ 26 StGB Anstiftung

*Als Anstifter wird gleich einem Täter bestraft, wer vorsätzlich einen anderen zu dessen vorsätzlich begangener rechtswidriger Tat bestimmt hat.*

Der Anstifter ruft in einem anderen einen noch nicht vorhandenen Entschluß zu einer bestimmten Tat hervor, will aber mit dieser Tat des anderen dann nichts zu tun haben.

Dies kann geschehen durch Zureden, Bedrohen, Provozieren, Darlegen eines exakten Tatplans und scheinbares Abraten usw.

Der Anstifter wird nur bestraft, wenn der Angestiftete die Tat, zu der er angestiftet wurde, auch begangen oder wenigstens verursacht hat.

#### 2.3.3.3.2.2 Beihilfe

§ 27 StGB Beihilfe

*(1) Als Gehilfe wird bestraft, wer vorsätzlich einem anderen zu dessen vorsätzlich begangener rechtswidriger Tat Hilfe geleistet hat.*

*(2) ...*

Der Gehilfe darf nicht die Stellung eines Mittäters haben. Er leistet nur Hilfe zur Tat eines anderen. Die Tat beruht aber nicht auf seinem Entschluß, und er führt sie auch nicht durch.

Die Hilfeleistung kann durch Rat oder Tat erfolgen, z. B.

- Lageplan für den Täter fertigen
- Auskünfte über Streifengänge und Alarmanlagen erteilen
- Schlüsselabdruck anfertigen
- Fenster offen lassen.

Beihilfe kann nur vor oder während der Tat begangen werden. Nach Beendigung der Tat ist sie nicht mehr möglich. Wird nach der Tat Hilfe geleistet, so liegt Begünstigung nach § 257 StGB vor.

Auch der Gehilfe wird nur bestraft, wenn die Tat, zu der er vorsätzlich Hilfe geleistet hat, auch tatsächlich begangen oder wenigstens versucht wurde.

#### 2.3.3.4 Abgrenzung Straftat – Ordnungswidrigkeit

Mit besonderer Sorgfalt muß zwischen Straftat und Ordnungswidrigkeit unterschieden werden.

Die Straftat beinhaltet „kriminelles Unrecht", während die Ordnungswidrigkeit nur „Verwaltungsunrecht" darstellt. Die Schwere des Rechtsverstoßes ist bei der Ordnungswidrigkeit wesentlich geringer.

Die Rechtsfolge einer Straftat ist eine Strafe (Freiheits- oder Geldstrafe). Die Rechtsfolge einer Ordnungswidrigkeit ist eine Geldbuße.

Der Straftäter ist dann „vorbestraft". Wer nur ein Bußgeld bezahlt, ist nicht vorbestraft.

Die Straftat ist an den Worten „strafbar" oder „Strafe", die Ordnungswidrigkeit an den Worten „ordnungswidrig" oder „Geldbuße" erkennbar.

Die allgemeinen Regeln für die Straftaten sind im StGB geregelt, die allgemeinen Regeln für die Ordnungswidrigkeiten im Ordnungswidrigkeitengesetz (OWiG).

Nicht verwechselt werden darf die Ordnungswidrigkeit mit „betrieblichen Ordnungsverstößen", die lediglich einen Verstoß gegen eine betriebliche Anordnung oder eine Betriebsvereinbarung nach § 77 BetrVG darstellen.

### 2.3.4 Strafrecht – Besonderer Teil

#### 2.3.4.1 Hausfriedensbruch § 123 StGB

##### 2.3.4.1.1 Vorbemerkung

- Durch den Hausfriedensbruch (§ 123 StGB) werden das Rechtsgut „Hausrecht" und das Grundrecht der Unverletzlichkeit der Wohnung nach Art. 13 GG geschützt.

- Für die Werkschutzpraxis ist diese Vorschrift von ganz besonderer Bedeutung, da sie Grundlage aller Maßnahmen gegen Personen ist, die unberechtigt in das Betriebsgelände eindringen, schon unberechtigt hineingelangt sind oder die zwar berechtigt hineingelangt sind, deren weiterer Aufenthalt aber nicht erwünscht ist.
- In der Werkschutzfachprüfung ist diese Vorschrift unverzichtbares Grundwissen.

**2.3.4.1.2 Gesetzestext**

§ 123 StGB Hausfriedensbruch

*(1) Wer in die Wohnung, in die Geschäftsräume oder in das befriedete Besitztum eines anderen oder in abgeschlossene Räume, welche zum öffentlichen Dienst oder Verkehr bestimmt sind, widerrechtlich eindringt oder wer, wenn er ohne Befugnis darin verweilt, auf die Aufforderung des Berechtigten sich nicht entfernt, wird mit Freiheitsstrafe bis zu einem Jahr oder mit Geldstrafe bestraft.*

*(2) Die Tat wird nur auf Antrag verfolgt.*

**2.3.4.1.3 Tatbestandsmerkmale**

**2.3.4.1.3.1 Geschützte Räumlichkeiten**

Die Straftat Hausfriedensbruch kann nur an den vom Gesetz geschützten Räumlichkeiten begangen werden. Das Gesetz nennt fünf geschützte Räumlichkeiten:

- Wohnung
- Geschäftsräume
- Befriedetes Besitztum
- Abgeschlossene Räume, die zum öffentlichen Dienst bestimmt sind
- Abgeschlossene Räume, die zum öffentlichen Verkehr bestimmt sind.

Sie werden deshalb „geschützte Räumlichkeiten“ genannt, weil unberechtigtes Eindringen oder unberechtigtes Verweilen nach der Aufforderung sich zu entfernen mit Strafe bedroht ist. Daraus erwächst für diese Räumlichkeiten ein gewisser strafrechtlicher Schutz.

**Wohnung**

Wohnung sind Räume, die Menschen zum Wohnen dienen.

Z. B. Wohnzimmer, Küche, Bad, Schlafzimmer usw.

Zur Wohnung gehören auch Hausgang, Treppenhaus, Keller, Waschküche. Soweit diese Räume in einem Mehrfamilienhaus gemeinschaftlich genutzt werden, gehören sie im Rahmen des Mietvertrages gleichermaßen zu jeder Wohnung.

Wohnung ist auch ein Hotelzimmer, da der Aufenthalt nicht auf Dauer gerichtet zu sein braucht.

Auch bewegliche Sachen, wie z. B. ein Wohnwagen, können Wohnung sein. Ein Wohnwagen ist jedoch nur dann eine Wohnung im Sinne des § 123 StGB, wenn er dem Wohnen von Menschen dient. Dies ist dann nicht der Fall, wenn er zum „Überwintern" abgestellt ist.

PKW sind in der Regel keine Wohnungen. Auch die Schlafkoje eines LKW ist keine Wohnung, da sie nicht zum Wohnen, sondern nur zum Ausruhen in den Arbeitspausen dient.

Für den Werkschutz ist das Tatbestandsmerkmal „Wohnung" dann von Bedeutung,

- wenn es um das Aufsuchen von Mitarbeitern in ihrer Wohnung geht (z. B. zur Befragung) oder in der Wohnung eines Mitarbeiters eine Nachschau durchgeführt werden soll (z. B. bei Diebstahlsverdacht) mit Einwilligung des Mitarbeiters,
- oder es sich um Wohnungen im Betriebsbereich handelt, wie z. B. bei der Hausmeisterwohnung oder den Wohnräumen eines Mitarbeiterwohnheims.

**Geschäftsräume**

Geschäftsräume sind Räume, die auf eine gewisse Dauer zum Betrieb von Geschäften bestimmt sind.

Z. B. Lagerhalle, Werkstatt, Büroräume, Montagehalle, Schulungsraum, Gasthausraum usw.

Nahezu alle Räume in einem Betrieb sind im weitesten Sinne geschäftlich bestimmt und damit Geschäftsräume.

So z. B. auch der Behandlungsraum des Werksarztes, die Kantine oder die Werkschutzbüros. „Nichtgeschäftsräume" sind im Betrieb die Ausnahme.

**Befriedetes Besitztum**

Befriedetes Besitztum sind Grundstücke, die eingefriedet sind.

Eine Einfriedung ist eine „bauliche Begrenzung". Sie muß das Grundstück durchgehend umgeben und so beschaffen sein, daß zum einen die Grenze deutlich wird, zum anderen aber auch der Wille des Berechtigten deutlich wird, daß nicht jedermann das Grundstück betreten soll.

Als Einfriedungen kommen in Betracht: Zaun, Mauer, Hecke, Ketten usw. Nicht ausreichend ist in der Regel ein Verbotsschild. Ebenso sind Begrenzungen zu beurteilen, die wetterabhängig sind, wie z. B. ein Farbstrich am Boden.

**Abgeschlossene Räume, die zum öffentlichen Dienst bestimmt sind**

Dabei handelt es sich um Räume, in denen öffentlich-rechtliche Geschäfte erledigt werden, d. h. staatliche Funktionen erfüllt werden.

Z. B. Parlamentarischer Sitzungsraum, Gerichtssaal, Polizeirevier, Strafanstalten, Wahllokale, aber auch Kirchen der staatlich anerkannten Religionsgemeinschaften.

**Abgeschlossene Räume, die zum öffentlichen Verkehr bestimmt sind**

Das sind Straßenbahnwagen, Bahnhofshallen, Warteräume, U-Bahnhöfe, Flughafengebäude usw.

Der Raum muß dem öffentlichen Verkehr gewidmet sein.

Die letzten beiden Räumlichkeiten sind für den betrieblichen Werkschutz in der Regel nicht von Bedeutung. Sie können für Mitarbeiter privater Sicherheitsdienste jedoch durchaus bedeutsam sein.

#### 2.3.4.1.3.2 Tathandlungen

Hausfriedensbruch kann auf zwei verschiedene Arten begangen werden:

- Widerrechtliches Eindringen oder
- Unbefugtes Verweilen und sich auf Aufforderung des Berechtigten nicht Entfernen

**Widerrechtliches Eindringen**

- Eindringen bedeutet gegen den erkannten oder mutmaßlichen Willen des Hausrechtsinhabers in die geschützte Räumlichkeit hineingelangen. Der entgegenstehende Wille des Hausrechtsinhabers ist in der Regel bereits an der Einfriedung deutlich erkennbar. Er kann aber auch daran erkennbar sein, daß Aufsichtspersonen den Zutritt untersagen oder entsprechende Schilder aufgestellt sind. Dieser Wille ergibt sich natürlich auch alleine aus einem verschlossenen Zufahrtstor. „Eindringen“ bedeutet also wenigstens die Überwindung einer psychischen Barriere. Es kann offen oder verdeckt (Einschleichen), mit oder ohne Gewalt erfolgen. Z. B.:
- über eine Mauer steigen
- den Drahtzaun aufschneiden und durchsteigen
- den protestierenden Werkschutzmitarbeiter ignorieren und weitergehen.

Es ist nicht nötig, daß der ganze Körper in die geschützte Räumlichkeit hineingelangt. Das Hineinstellen des Fußes in die geöffnete Tür ist ausreichend.

### Unbefugtes Weiterverweilen

Diese zweite Begehungsweise des Hausfriedensbruchs ist nur für die Fälle von Bedeutung, wo eine Person zwar zunächst berechtigerweise in eine geschützte Räumlichkeit hineingelangt, aber danach die Berechtigung zum Aufenthalt verliert.

Der Verlust der Berechtigung zum Aufenthalt kann auf verschiedene Weisen erfolgen.

Z. B.:
- Widerruf der Berechtigung durch den Hausrechtsinhaber oder einen Beauftragten
- Zeitablauf (Besuchszeit ist abgelaufen)
- Lautsprecherdurchsage im Kaufhaus

Nicht geht die Berechtigung zum Aufenthalt bereits durch einen Verstoß gegen die Hausordnung oder Betriebsordnung verloren. Sie muß dann erst noch entzogen werden.

Auch führt der nun „unberechtigte Aufenthalt“ noch nicht zum Hausfriedensbruch. Es muß noch eine Aufforderung, sich zu entfernen, erfolgen und der Täter dieser Aufforderung nicht unverzüglich nachkommen.

Kommt er der Aufforderung nach, so liegt kein Hausfriedensbruch vor.

Die Aufforderung kann erst dann erfolgen, wenn der Täter bereits unberechtigt verweilt. Solange er sich dort berechtigt aufhält, kann sie noch nicht sozusagen vorbeugend erfolgen.

Der Entzug der Berechtigung zum Aufenthalt und die Aufforderung sich zu entfernen, kann jedoch zeitlich zusammenfallen. Durch die Aufforderung „Bitte verlassen Sie unverzüglich das Betriebsgelände“ wird sowohl die Berechtigung zum Aufenthalt entzogen als auch gleichzeitig zum Verlassen des Geländes aufgefordert.

Sowohl der Entzug der Berechtigung als auch die Aufforderung müssen für den Täter klar und eindeutig erkennbar sein. Vorsicht ist bei Ausländern mit Verständigungsschwierigkeiten geboten. Eindeutige Gesten können die gesprochenen Worte verständlich machen.

### Exkurs zum Hausrecht

- Das Hausrecht wird von Art. 13, 14 GG sowie § 903 BGB abgeleitet.
- Es ist das Recht, uneingeschränkt zu bestimmen, wer, wie lange und unter welchen Bedingungen den Hausrechtsbereich (geschützte Räumlichkeit) betreten oder darin verweilen darf.

  In der Betriebspraxis haben die Bedingungen, unter denen ein Werk betreten werden darf, große Bedeutung. Übliche Bedingungen dieser Art sind z. B.:

  - Ausfüllen eines Besucherscheins
  - Hinterlegen eines Ausweises
  - Tragen einer Ausweisplakette
  - Tragen von Schutzkleidung
  - Ablegen von Fotogerät in Schließfächern
  - Ablegen von Gepäck in Schließfächern.
- Inhaber des Hausrechts ist primär der Eigentümer der geschützten Räumlichkeit. Ist diese vermietet, so hat das Hausrecht der Mieter (Übertragung durch Mietvertrag). Im Betrieb liegt das Hausrecht in jedem Fall bei der Geschäftsleitung. Der Werkschutz ist nicht Inhaber dieses Rechtes und es wird ihm in der Regel auch nicht übertragen, sondern er wird lediglich beauftragt, für die Geschäftsleitung dieses Recht nach vorgegebenen Richtlinien (Dienstanweisung) auszuüben. Zwischen dem Inhaber des Hausrechts und einem Beauftragten ist zwar ein rechtlicher Unterschied, der jedoch für den § 123 StGB ohne Bedeutung ist, denn beide sind *„Berechtigte“* im Sinne dieser Vorschrift.

### 2.3.4.1.3.3 Übersicht Tatbestandsmerkmale

§ 123 StGB (Hausfriedensbruch) kennt 7 Tatbestandsmerkmale:

*Geschützte Räumlichkeiten*

1. Wohnung
2. Geschäftsräume
3. Befriedetes Besitztum
4. Abgeschlossene Räume für den öffentlichen Dienst
5. Abgeschlossene Räume für den öffentlichen Verkehr

*Tathandlungen*

6. Widerrechtliches Eindringen
7. Unbefugtes Verweilen und sich auf die Aufforderung des Berechtigten nicht unverzüglich Entfernen.

### 2.3.4.1.4 Antragsdelikt

Der Hausfriedensbruch nach § 123 StGB ist, wie sich aus Absatz 2 ergibt, ein Antragsdelikt. D. h. die Straftat wird nur verfolgt, wenn der Geschädigte einen Strafantrag stellt (vgl. dazu „Exkurs: Deliktsarten im Strafprozeß“ unter 2.3.4.2.5.2.).

Das Antragsrecht kann für den Hausfriedensbruch auf eine andere Person, z. B. den Werkschutzleiter, übertragen werden.

#### 2.3.4.1.5 Weitere Hinweise

- § 124 StGB (Schwerer Hausfriedensbruch) stellt einen Sonderfall des Hausfriedensbruchs dar. Er kann zu einer schwereren Bestrafung führen und ist ein Offizialdelikt.
  Schwerer Hausfriedensbruch greift ein, wenn sich eine Menschenmenge öffentlich zusammenrottet und in eine geschützte Räumlichkeit eindringt in der Absicht, Gewalttätigkeiten gegen Personen oder Sachen zu begehen.
  In jedem Fall des § 124 StGB liegt aber auch für jeden Beteiligten ein Fall des § 123 StGB automatisch mit vor. Der § 123 StGB tritt aber dann hinter der spezielleren Vorschrift des § 124 StGB zurück.
- Wird von Mitarbeitern ein Hausfriedensbruch begangen, so kann darin gleichzeitig auch noch ein Verstoß gegen eine Betriebsvereinbarung (Arbeitsordnung, Hausordnung etc.) vorliegen, der nach den dort vorgesehenen Regeln geahndet werden kann.

### 2.3.4.2 Diebstahl/Unterschlagung

#### 2.3.4.2.1 Diebstahl § 242 StGB

#### 2.3.4.2.1.1 Vorbemerkung

- Geschützte Rechtsgüter sind das Eigentum und der Gewahrsam.
- Nach wissenschaftlichen Erkenntnissen sind von 100 im Betrieb begangenen Straftaten 90 Diebstähle.
- Entsprechend bedeutsam ist diese Strafvorschrift in der Praxis wie auch in der Werkschutzfachprüfung.

#### 2.3.4.2.1.2 Gesetzestext

§ 242 StGB Diebstahl

*(1) Wer eine fremde bewegliche Sache einem anderen in der Absicht wegnimmt, diesselbe sich rechtswidrig zuzueignen, wird mit Freiheitsstrafe bis zu fünf Jahren oder mit Geldstrafe bestraft.*

*(2) Der Versuch ist strafbar.*

#### 2.3.4.2.1.3 Tatbestandsmerkmale

Gegenstand eines Diebstahls kann nur eine fremde, bewegliche Sache sein.

**Sache**

Eine Sache ist ein körperlicher Gegenstand, z. B. Hammer, Buch, Schraubenschlüssel, Kugelschreiber usw.

Der Aggregatzustand des Gegenstands ist ohne Bedeutung. Es können feste, flüssige oder gasförmige Gegenstände sein.

Z. B. Heizöl, Benzin, Progangas usw.

Keine Sache ist Strom. Strom ist weder ein fester noch ein flüssiger oder gasförmiger Gegenstand. Er hat eine besondere physikalische Natur.

Da Strom keine Sache ist, kann er folglich nicht „gestohlen" werden. Jedoch ist die unerlaubte Entziehung nicht straflos, sondern durch die Sondervorschrift des § 248c StGB mit Strafe bedroht.
Der Wert der Sache ist ohne Bedeutung. Es gibt vor allem keine Untergrenze, sogar wertlose Sachen können Gegenstand des Diebstahls sein.
Z. B. Kugelschreiber, Briefpapier, Radiergummi, Büroklammer usw.
Es ist jedoch wohl davon auszugehen, daß die Verwendung dieser Gegenstände in geringem Umfang von der Geschäftsleitung geduldet wird.
Je geringer der Wert einer Sache, um so vorsichtiger sollte das Vorgehen des Werkschutzes sein.
Keine Sachen sind Menschen, Rechte und Ideen (z. B. Patentrecht, Urheberrecht usw.). Ein Diebstahl ist hier begrifflich nicht möglich.
Tiere sind rechtlich zwar keine Sachen mehr, die für Sachen geltenden Vorschriften werden jedoch grundsätzlich entsprechend angewendet (§ 90a BGB). Damit ist Diebstahl an Tieren weiter möglich.

**Beweglich**

Sachen sind beweglich, wenn sie tatsächlich fortgeschafft werden können.
Ob dies durch Wegtragen erfolgt oder mit irgendwelchen Hilfsmitteln geschieht, ist ohne Bedeutung.
Es ist sogar ausreichend, wenn die Sache erst zum Zwecke des Diebstahls beweglich gemacht wird. Z. B. Abschrauben eines Waschbeckens oder Spiegels, Abmontieren eines Schildes für die Hausbar.

**Fremd**

Fremd ist eine Sache, wenn sie einer anderen Person als dem Täter gehört. Diese Frage regelt sich nach den Vorschriften des BGB.
Nicht Gegenstand des Diebstahls können somit eigene Sachen sein. Wird aus Versehen eine eigene Sache „gestohlen", so kann höchstens ein Versuch des Diebstahls vorliegen.
Auch nicht gestohlen werden können Sachen, die niemandem gehören, die sogenannten *„herrenlosen Sachen"*.
Herrenlos sind Sachen, an denen der Eigentümer willentlich sein Eigentumsrecht aufgegeben hat.
Z. B. Weggeworfene Zigarettenschachtel, weil der Eigentümer das Rauchen aufgeben wollte, oder kaputter Regenschirm im Straßengraben, Zeitung im Abfalleimer usw.
Nicht herrenlos sind verlorene Sachen, weil der Eigentümer sein Recht daran nicht willentlich aufgegeben hat.
Im Betrieb sind herrenlose Sachen selten. Betriebsbedingte Abfälle sind schädlich für die Umwelt, und es besteht eine Verpflichtung zur ordnungsgemäßen Abfallbeseitigung durch das Unternehmen. Auch das Ordnungsinteresse im Betrieb führt dazu, daß es keine herrenlosen Gegenstände gibt, sondern daß

Gegenstände, an denen der Eigentümer sein Recht aufgibt, sofort in die Sphäre des Betriebes fallen.
Z. B. Abfallholz einer Baustelle wird in einen aufgestellten Abfallcontainer geworfen. Das Holz ist nicht herrenlos.

**Wegnahme**

Wegnehmen heißt fremden Gewahrsam brechen und neuen Gewahrsam begründen.

- *Gewahrsam*
  Gewahrsam ist die tatsächliche und gewollte Herrschaft einer Person über eine Sache.
  Ob eine solche tatsächliche Sachherrschaft besteht, ist nach den Anschauungen des täglichen Lebens zu beurteilen. Z. B.
  - Buch, das gerade gelesen wird
  - PKW auf dem Parkplatz
  - Alle Gegenstände in der Wohnung, auch wenn Beherrschungsperson nicht dort ist.

  Tatsächliche Sachherrschaft bedeutet nicht ein ständiges aktives Beherrschen irgendwelcher Art. Der Gewahrsam bleibt erhalten, auch wenn sich die Person von der zu beherrschenden Sache entfernt. Gewahrsam besteht, solange der Aufbewahrungsort bekannt ist und der Beherrschung kein anderes Hindernis als die räumliche Entfernung entgegensteht.
  An einer Sache können auch gleichzeitig mehrere Personen Gewahrsam haben. Dann ist zu unterscheiden:
  - gleichgeordneter Gewahrsam
  - übergeordneter Gewahrsam
  - untergeordneter Gewahrsam.
- *Fremden Gewahrsam brechen*
  bedeutet, den Gewahrsam eines anderen, also die Sachherrschaft einer anderen Person über eine Sache, ohne oder entgegen deren Willen beenden.
  Z. B. Fremdfirmenmitarbeiter X nimmt unbemerkt ein Taschendiktiergerät aus dem Büro des Y weg. Y kann über das Gerät nicht mehr herrschen, auch wenn er es wollte, da er nicht mehr weiß, wo sich sein Diktiergerät befindet.
  Haben mehrere Personen Gewahrsam an einer Sache, so reicht im Falle des gleich- oder untergeordneten Gewahrsams aus, daß eine Person von der Herrschaft ausgeschlossen wird.
  Der übergeordnete Gewahrsamsinhaber ist berechtigt, den untergeordneten Gewahrsamsinhaber gegen seinen Willen von der Sachherrschaft auszuschließen.
- *Neuen Gewahrsam begründen*
  liegt vor, wenn eine andere Person über die Sache herrscht und zwar in der

Weise, daß sie durch den vorherigen Inhaber der Herrschaftsgewalt nicht mehr behindert wird.
Dies liegt in der Regel dann vor, wenn der vorherige Gewahrsamsinhaber keine Möglichkeit mehr hat, den neuen Gewahrsamsinhaber bei der ungehinderten Ausübung seiner Herrschaftsgewalt zu beeinträchtigen.
Die herrschende Meinung hat für Diebstähle in Supermärkten bezüglich der Begründung neuen Gewahrsams eine Unterscheidung zwischen kleineren Gegenständen, die in der Kleidung am Körper oder in mitgeführten Behältnissen verborgen werden können, und zwischen größeren Gegenständen getroffen.
Für die kleineren Gegenstände ist nach der Rechtsprechung mit dem Verbergen in der Kleidung oder einem Behältnis neuer Gewahrsam begründet, da der Gewahrsamsinhaber keine echte Chance der Beeinträchtigung mehr hat, wenn der Gegenstand erst einmal in dieser Weise verborgen ist. Bei größeren Gegenständen ist neuer Gewahrsam erst dann begründet, wenn der Täter die Kassensperre damit passiert hat.
Diese Lehre kann auf den Betrieb übertragen werden. Was im Supermarkt die Kassensperre, ist im Betrieb die Ausgangskontrolle des Werkschutzes. Im Betrieb sind jedoch die Verhältnisse anders gelagert als in einem Supermarkt. Die Mitarbeiter halten sich länger im Betrieb auf und die Kontrollen durch den Werkschutz sind intensiver. Die überwiegende Zahl der Betriebe kennt eine Vorzeigepflicht von Taschen und ähnlichen Behältnissen beim Verlassen des Betriebes, und einige Betriebe kennen sogar die Leibesvisitation.
Aus diesen Gründen ist es gerechtfertigt, die konkrete Art der in der Betriebsvereinbarung zugelassenen Routinekontrollen einzubeziehen: An Gegenständen, die bei den üblichen Routinekontrollen als Diebesgut auffallen können, ist erst nach Passieren des Werkschutzes am Tor neuer Gewahrsam begründet. So z. B. im Fall regelmäßiger Taschenkontrollen, wenn der Täter eine werkseigene Bohrmaschine in der Aktentasche mitnehmen will.
Anders wäre es bei gestohlenem Geld, das der Täter in seiner Brieftasche mitführt. Hier ist der neue Gewahrsam bereits mit dem Einstecken in die Brieftasche hergestellt, da dem Täter kein Hindernis (insbesondere nicht die Torkontrolle) zur Erlangung der tatsächlichen Herrschaft darüber mehr im Wege steht.

**Rechtswidrige Zueignungsabsicht**

Die Wegnahme der Sache muß in der Absicht erfolgen, diese sich rechtswidrig zuzueigenen.
Das bedeutet, daß der Täter im Zeitpunkt der Wegnahme die Absicht haben muß, nach der Wegnahme wie ein Eigentümer mit der Sache zu verfahren. Z. B. verkaufen, verschenken, sie als eigene zu benützen usw.

Gelegentlich taucht das Problem auf, daß eine beim Wegschaffen eines Gegenstandes betroffene Person einwendet, die Sache doch nicht stehlen, sondern nur für kurze Zeit ausleihen zu wollen.
Ob es sich hierbei um die wirkliche Absicht handelt oder nur um eine „Ausrede", muß nach Anhaltspunkten und Glaubwürdigkeit der Person beurteilt werden.
Hat die Person wirklich nur die Absicht des „Ausleihens", so liegt keine Zueignungsabsicht vor und es fehlt ein Tatbestandsmerkmal.
Kann das Gericht dem Täter eine Zueignungsabsicht nicht nachweisen, so kann eine Verurteilung nicht erfolgen.
Unberechtigtes Ausleihen ist nur in dem Sonderfall des § 248 b StGB (Unbefugter Gebrauch eines Fahrzeugs) strafbar.
Handelt es sich bei dem Ausleihen um eine längerfristige oder stark wertbeeinträchtigende Verwendung, so wird von der Rechtsprechung dennoch Diebstahl angenommen, da dann ja der wirtschaftliche Wert der Sache entzogen wird. Z. B. neue Bohrmaschine zwei Jahre zum Hausbau „ausleihen" und das Gerät schrottreif zurückbringen.
In den meisten Betrieben ist das unberechtigte Ausleihen von betriebseigenen Gegenständen durch Betriebsvereinbarung untersagt. Der Werkschutz hat dann auch hier eine Ansatzmöglichkeit.

#### 2.3.4.2.1.4 Übersicht Tatbestandsmerkmale

Der Diebstahl nach § 242 StGB hat 5 Tatbestandsmerkmale.

*Gegenstand des Diebstahls*

1. Sache
2. beweglich
3. fremd

*Tathandlung*

4. Wegnahme
   - Bruch fremden Gewahrsams
   - Begründung neuen Gewahrsams

*Innere Einstellung des Täters*

5. Rechtswidrige Zueignungsabsicht

#### 2.3.4.2.2 Besonders schwerer Fall des Diebstahls § 243 StGB

- § 243 StGB ist eine reine Strafzumessungsregel, die vom Gericht bei der Festsetzung der Strafe zu beachten ist.

- Die in § 243 StGB beschriebenen besonders schweren Fälle des Diebstahls sind in der Praxis häufig vorkommende Tatausführungsformen und deshalb auch für den Werkschutz wissenswert.
- § 243 StGB darf immer erst dann geprüft werden, wenn ein Diebstahl nach § 242 StGB vorliegt. § 243 StGB setzt das Vorliegen eines Diebstahls nach § 242 StGB voraus.

#### 2.3.4.2.2.1 Gesetzestext

§ 243 Besonders schwerer Fall des Diebstahls

*(1) In besonders schweren Fällen wird der Diebstahl mit Freiheitsstrafe von drei Monaten bis zu zehn Jahren bestraft. Ein besonders schwerer Fall liegt in der Regel vor, wenn der Täter*

1. *zur Ausführung der Tat in ein Gebäude, eine Wohnung, einen Dienst- oder Geschäftsraum oder in einen anderen umschlossenen Raum einbricht, einsteigt, mit einem falschen Schlüssel oder einem anderen nicht zur ordnungsgemäßen Öffnung bestimmten Werkzeug eindringt oder sich in dem Raum verborgen hält,*
2. *eine Sache stiehlt, die durch ein verschlossenes Behältnis oder eine andere Schutzvorrichtung gegen Wegnahme besonders gesichert ist,*
3. *gewerbsmäßig stiehlt,*
4. *aus einer Kirche oder einem anderen der Religionsausübung dienenden Gebäude oder Raum eine Sache stiehlt, die dem Gottesdienst gewidmet ist oder der religiösen Verehrung dient,*
5. *eine Sache von Bedeutung für Wissenschaft, Kunst oder Geschichte oder für die technische Entwicklung stiehlt, die sich in einer allgemein zugänglichen Sammlung befindet oder öffentlich ausgestellt ist,*
6. *stiehlt, indem er die Hilflosigkeit eines anderen, einen Unglücksfall oder eine gemeine Gefahr ausnutzt oder*
7. *eine Handfeuerwaffe, zu deren Erwerb es nach dem Waffengesetz der Erlaubnis bedarf, ein Maschinengewehr, eine Maschinenpistole, ein voll- oder halbautomatisches Gewehr oder eine Sprengstoff enthaltende Kriegswaffe im Sinne des Kriegswaffenkontrollgesetzes oder Sprengstoff stiehlt.*

*(2) In den Fällen des Absatzes 1 Nr. 1 bis 6 ist ein besonders schwerer Fall ausgeschlossen, wenn sich die Tat auf eine geringwertige Sache bezieht.*

#### 2.3.4.2.2.2 Erläuterung der Tatbestandsmerkmale

§ 243 Abs. 1 Nr. 1 StGB

- Schutzbereich ist ein *umschlossener Raum.*

  Umschlossener Raum ist ein Raumgebilde, das von Menschen betreten werden soll.

Als Beispiele nennt das Gesetz Gebäude, Wohnung, Dienst- oder Geschäftsräume.
Aber auch Wohnwagen und Autos fallen darunter. Nicht darunter fällt z. B. eine Kassette oder ein Tresor.

– Tathandlungen sind
*Einbrechen* (gewaltsames Öffnen der Umschließung), z. B. Tür eintreten, Fenster aufhebeln, Decke durchbrechen usw.
*Einsteigen* (Betreten des Raumes durch eine nicht zum ordnungsgemäßen Zugang bestimmte Öffnung), z. B. durch das Fenster, über den Balkon, durch Lüftungsschächte, durch Kellerschacht, durch das Dach usw.
*Mit einem falschen Schlüssel eindringen* (d. h. mit einem Schlüssel, der vom Berechtigten nicht zur Öffnung dieses Schlosses bestimmt ist), z. B. unberechtigt angefertigter Nachschlüssel, ein als verloren gemeldeter Schlüssel oder ein verlorener Schlüssel, für den ein Ersatz angefertigt wurde, nun aber von einem Täter gefunden wird usw.

  *Mit einem nicht zur ordnungsgemäßen Öffnung bestimmten Werkzeug eindringen* (d. h. Werkzeuge, die auf den Schließmechanismus einwirken), z. B. Sperrhaken, Dietrich, Spezialzangen usw.

  *Sich in dem Raum verborgen halten* (d. h. sich dem Blick der Berechtigten entziehen).
  Z. B. hinter einem Vorhang verstecken, unter den Schreibtisch setzen, sich in einer Toilettenkabine ohne Verschluß aufhalten usw.

§ 243 Abs. 1 Nr. 2 StGB

Erfaßt wird das Stehlen von Sachen, die gegen Wegnahme besonders gesichert sind,

– entweder durch ein *verschlossenes Behältnis* (Raumgebilde, das zur Aufnahme von Sachen, nicht aber zum Betreten von Menschen bestimmt ist)
  Z. B. Stahlschrank, Tresor, verschlossene Schreibtischschublade, mit Vorhängeschloß verschlossener Spind usw.

– oder durch eine *andere Schutzvorrichtung* (als ein verschlossenes Behältnis)
  Z. B. angekettetes Arbeitsgerät, am Boden von innen festgeschraubte Werkzeugkiste, erkennbare Alarmanlage.
  Nicht ausreichend ist eine Befestigung, die nicht auch dem Schutz gegen Wegnahme dient. Z. B. Festzurren einer Ladung gegen Verrutschen, Kette gegen Umfallen von Gasflaschen.

§ 243 Abs. 1 Nr. 3 StGB

*Gewerbsmäßiges Stehlen* liegt vor, wenn der Täter das Stehlen als Gewerbe oder Beruf betreibt bzw. beabsichtigt, davon seinen Lebensunterhalt zu bestreiten.

§ 243 Abs. 1 Nr. 4 und 5 StGB

Diese Ziffern sind für den Werkschutz ohne Bedeutung.

§ 243 Abs. 1 Nr. 6 StGB

Als besonders schwerer Fall des Diebstahls wird hier qualifiziert, wenn ein Täter die *Hilflosigkeit* eines anderen, einen *Unglücksfall* oder eine *gemeine Gefahr* zur Begehung seiner Tat ausnützt.

- *Hilflosigkeit*
  liegt vor bei einem Gelähmten, einem Bewußtlosen, einem Volltrunkenen, einem Schlafenden oder einem Blinden.
- *Unglücksfall*
  Verkehrsunfall, Arbeitsunfall, Explosion usw.
  Ein Ausnützen des Unglücksfalls kann darin bestehen, daß der Verletzte bestohlen wird, daß Helfer bestohlen werden oder daß ganz einfach die Aufregung und Verwirrung in einer solchen Situation ausgenutzt wird.
- *Gemeine Gefahr*
  Z. B. Überschwemmung, Großbrand, Giftgaskatastrophe, Verseuchung, usw.
  Eine gemeine Gefahr im Sinne des Gesetzes liegt vor, wenn die Gefahr so beschaffen ist, daß eine größere Zahl von Personen oder Sachen von bedeutendem Wert bedroht sind, also eine Gefahr nicht nur für den einzelnen, sondern für die „Allgemeinheit" besteht.
  Der Begriff der „gemeinen Gefahr" wird im StGB mehrfach verwendet. (Vgl. § 323 c StGB).

Ein besonders schwerer Fall des Diebstahls liegt vor, wenn wenigstens eine Begehungsform des § 243 Abs. 1 StGB vorliegt. Natürlich gibt es Fälle, wo gleichzeitig mehrere Varianten des § 243 Abs. 1 verwirklicht sind.
In der Prüfungsaufgabe ist es wichtig, zunächst wenigstens eine Variante zu erkennen. Günstig ist es natürlich, wenn alle Varianten erkannt werden.

§ 243 Abs. 1 Nr. 7 StGB

Der Diebstahl einer Handfeuerwaffe (für deren Erwerb nach dem WaffG eine Erlaubnis erforderlich ist), eines Maschinengewehrs, einer Maschinenpistole, eines voll- oder halbautomatischen Gewehrs, einer Sprengstoff enthaltenden Kriegswaffe oder Sprengstoffs gilt grundsätzlich als besonders schwerer Fall.

*Ausnahme*

Ein besonders schwerer Fall des Diebstahls liegt nach § 243 Abs. 2 StGB nicht vor, wenn sich die Tat auf eine geringwertige Sache bezieht. Das ist dann gegeben, wenn der Täter von Anfang an lediglich eine geringwertige Sache stehlen wollte und auch nur eine solche gestohlen hat.

§ 243 Abs. 2 StGB findet keine Anwendung auf das Regelbeispiel Nr. 7.

Geringwertig ist eine Sache, wenn deren Wert DM 50,– nicht übersteigt.

Ein besonders schwerer Fall ist dann trotz der Begehungsform des § 243 Abs. 1 ausgeschlossen.

Dies deshalb, weil das Gesetz davon ausgeht, daß bei einer geringwertigen Sache es in jedem Fall, auch wenn eine Begehungsweise nach Abs. 1 vorliegt, nicht die erforderliche kriminelle Energie eines besonders schweren Falles vorliegt.

In einer Prüfungsaufgabe sollte auf § 243 Abs. 2 StGB erst nach der Darlegung der Begehungsweise nach Abs. 1 kurz hingewiesen werden.

### 2.3.4.2.3 Unterschlagung § 246 StGB

#### 2.3.4.2.3.1 Vorbemerkung

- Die Abgrenzung zwischen Diebstahl und Unterschlagung macht erfahrungsgemäß Schwierigkeiten. Sie ist jedoch rechtlich sehr einfach.
- Diebstahl und Unterschlagung schließen einander aus. In bezug auf ein und dieselbe Sache kann nur Diebstahl oder Unterschlagung vorliegen. Beides nebeneinander bezüglich der gleichen Sache ist ausgeschlossen.
- Die Abgrenzung zwischen Taten ist auf Grund der manchmal nicht ganz klaren tatsächlichen Verhältnisse gelegentlich sehr schwierig.

  In der Praxis ist dabei eine Falschbeurteilung erträglich, weil Diebstahl wie Unterschlagung strafbar sind und als Vergehen sich in der Schwere der Verfehlung in etwa entsprechen.

#### 2.3.4.2.3.2 Gesetzestext

§ 246 StGB Unterschlagung

*(1) Wer eine fremde bewegliche Sache, die er in Besitz oder Gewahrsam hat, sich rechtswidrig zueignet, wird mit Freiheitsstrafe bis zu drei Jahren oder mit Geldstrafe und, wenn die Sache ihm anvertraut ist, mit Freiheitsstrafe bis zu fünf Jahren oder mit Geldstrafe bestraft.*

*(2) Der Versuch ist strafbar.*

#### 2.3.4.2.3.3 Tatbestandsmerkmale

Gegenstand der Unterschlagung

- Fremde bewegliche Sache
  Vgl. hierzu beim Diebstahl (§ 242 StGB)
- die er in Besitz oder Gewahrsam hat.

Es besteht Einigkeit darüber, daß dem Besitz in dieser Formulierung keine von Gewahrsam unterschiedliche Bedeutung zukommt, so daß der Begriff „Besitz“ weggedacht werden kann. Die maßgebliche Formulierung lautet dann:

*„die er in Gewahrsam hat“*

Zum Begriff Gewahrsam vgl. Ausführungen beim Diebstahl.
Der Täter muß also die Sache, die er unterschlagen will, bereits vorher in Gewahrsam haben. Spätestens muß sie gleichzeitig mit der Zueignung in seine tatsächliche und gewollte Sachherrschaft gelangen.

*Beispiele*

- Der für seine Kasse alleinverantwortliche Kassierer nimmt einen für die Firma eingenommenen Geldschein aus der Kasse und steckt ihn in seine Brieftasche, um damit einzukaufen.
  Er hatte im Zeitpunkt der Unterschlagung bereits Gewahrsam an dem Geldschein.
- Der Stadtstreicher X findet eine Brieftasche. Er hebt sie auf, entnimmt das Geld (um es später auszugeben), steckt es ein und wirft die Brieftasche in eine Mülltonne.

  An dem verlorenen Geld (in der Brieftasche) hatte niemand Gewahrsam. Mit dem Aufheben gelangte es in den Gewahrsam des X. Zum gleichen Zeitpunkt erfolgte die Zueignung. Das ist ausreichend.

Tathandlung

Tathandlung bei der Unterschlagung ist die rechtswidrige Zueignung.

Die Zueignung muß nach außen irgendwie erkennbar sein, sich manifestieren. Dies ist zu einer sicheren Anwendung dieser Vorschrift erforderlich. Vgl. zur Zueignung Ausführungen beim Diebstahl.

*Beispiele*

- Geldschein aus der Firmenkasse in die eigene Brieftasche stecken
- Besucherausweis auf Aufforderung nicht herausgeben, sondern sein Vorhandensein ableugnen
- Ein ausgeliehenes Kraftfahrzeug zum Kauf anbieten
- Eine firmeneigene Taschenlampenbatterie in das mitgebrachte Kofferradio einlegen
- usw.

Im Unterschied zum Diebstahl, wo die Absicht rechtswidriger Zueignung ausreicht, muß hier die Zueignung tatsächlich erfolgen.

**Sonderfall der Unterschlagung**

Ein Sonderfall der Unterschlagung, die *veruntreuende Unterschlagung*, liegt vor, wenn die unterschlagene Sache dem Unterschlagenden anvertraut war.

Anvertraut ist eine Sache, die dem Gewahrsamsinhaber im Vertrauen darauf überlassen wurde, daß er damit nur im Sinne des Anvertrauenden verfahren werde, in der Regel bestimmten Anweisungen entsprechend. Ein allgemeines Wissen des Unterschlagenden um das Wollen des Anvertrauenden reicht jedoch aus.

Z. B. es wird ein Schmuckstück mit der Bitte um besonders sorgfältige Verwahrung während der Abwesenheit übergeben.

Durch erhöhte Strafdrohung der veruntreuenden Unterschlagung soll das Vertrauen des Anvertrauenden besonders geschützt werden.

#### 2.3.4.2.3.4 Abgrenzung Diebstahl – Unterschlagung

Diebstahl ist der Bruch fremden Gewahrsams und die Begründung neuen Gewahrsams in rechtswidriger Zueignungsabsicht.

Unterschlagung ist die Zueignung einer Sache, die der Unterschlagende bereits in Alleingewahrsam hat.

Schwierig erscheint die Beurteilung, wenn mehrere Personen Gewahrsam an einer Sache haben. Sie erfolgt jedoch nach den gleichen Regeln.

Haben mehrere Personen gleichgeordneten Gewahrsam an einer Sache, und nimmt eine ohne das Wissen und Einverständnis der anderen die Sache für sich, so bricht er den Gewahrsam der anderen und es liegt Diebstahl vor.

Lediglich wenn alle zusammenwirken und die Sache gemeinsam beiseiteschaffen, liegt Unterschlagung vor, weil es an einem Gewahrsamsbruch fehlt.

Ganz vereinfacht ausgedrückt, könnte die Unterscheidung zwischen Diebstahl und Unterschlagung so verdeutlicht werden:

*Diebstahl:* *Gewahrsamsbruch mit Zueignungsabsicht*
*Unterschlagung:* *Zueignung ohne Gewahrsamsbruch*

#### 2.3.4.2.4 Diebstahl und Unterschlagung geringwertiger Sachen § 248a StGB

#### 2.3.4.2.4.1 Gesetzestext

§ 248a StGB Diebstahl und Unterschlagung geringwertiger Sachen

*Der Diebstahl und die Unterschlagung geringwertiger Sachen werden in den Fällen der §§ 242 und 246 nur auf Antrag verfolgt, es sei denn, daß die Strafverfolgungsbehörde wegen des besonderen öffentlichen Interesses an der Strafverfolgung ein Einschreiten von Amts wegen für geboten hält.*

### 2.3.4.2.4.2 Tatbestand

- § 248a StGB setzt tatbestandsmäßig das Vorliegen eines Diebstahls nach § 242 oder einer Unterschlagung nach § 246 StGB voraus.
  Daraus wird auch deutlich, daß in einem Prüfungsfall nicht mit dem § 248a begonnen werden soll, sondern daß sich die Prüfung des § 248a StGB immer nur an die Prüfung des § 242 oder § 246 StGB anschließen darf.
- *Geringwertige Sache*
  Die Sache, auf die sich Diebstahl oder Unterschlagung beziehen, müssen von geringem Wert sein.
  Maßgebend ist dafür der objektive Wert der Sache und nicht, wieviel die Sache für den Geschädigten wert ist.
  Die entscheidende Wertgrenze liegt heute bei 50 DM.
  Diese Wertgrenze unterliegt dem zeitlichen Wandel und wurde nach und nach von 20 DM über 30 und 40 DM bis jetzt zu 50 DM angehoben.

### 2.3.4.2.4.3 Rechtsfolge

Die Offizialdelikte Diebstahl oder Unterschlagung werden durch den § 248a StGB zu Antragsdelikten.
Die Delikte bleiben ihrer Natur nach erhalten, d. h. es bleibt ein Diebstahl oder eine Unterschlagung, also ein Vergehen. Auch die Strafdrohung bleibt erhalten.
Lediglich wird die Verfolgung nun nur aufgenommen, wenn der Geschädigte einen Strafantrag stellt.

*Ausnahme*

Die Rechtsfolge des § 248a StGB tritt ausnahmsweise nicht ein, wenn die Strafverfolgungsbehörde wegen des besonderen öffentlichen Interesses an der Strafverfolgung ein Einschreiten von Amts wegen für geboten hält.

Dieser Ausnahmefall kann hier vernachlässigt werden, weil er einerseits nur selten vorliegen wird, zum anderen dies im Einzelfall von der Strafverfolgungsbehörde entschieden werden muß.

### 2.3.4.2.4.4 Weitergehende Hinweise

In diesem Zusammenhang soll noch auf den Diebstahl mit Waffen und den Bandendiebstahl nach § 244 StGB hingewiesen werden.

Da diese Vorschrift aber nicht Prüfungsstoff ist, soll die Wiedergabe des Gesetzestextes ausreichen.

§ 244 StGB Diebstahl mit Waffen; Bandendiebstahl

*(1) Mit Freiheitsstrafe von sechs Monaten bis zu zehn Jahren wird bestraft, wer*

*1. einen Diebstahl begeht, bei dem er oder ein anderer Beteiligter eine Schußwaffe bei sich führt,*

*2. einen Diebstahl begeht, bei dem er oder ein anderer Beteiligter eine Waffe oder sonst ein Werkzeug oder Mittel bei sich führt, um den Widerstand eines anderen durch Gewalt oder Drohung mit Gewalt zu verhindern oder zu überwinden, oder*

*3. als Mitglied einer Bande, die sich zur fortgesetzten Begehung von Raub oder Diebstahl verbunden hat, unter Mitwirkung eines anderen Bandenmitglieds stiehlt.*

*(2) Der Versuch ist strafbar.*

### 2.3.4.2.5 Entziehung elektrischer Energie § 248c StGB

Da elektrische Energie keine „Sache" i. S. d. § 242 StGB ist, mußte für diesen dem Diebstahl ähnlichen Sachverhalt eine eigene Strafvorschrift geschaffen werden.

#### 2.3.4.2.5.1 Gesetzestext

§ 248c Entziehung elektrischer Energie

*(1) Wer einer elektrischen Anlage oder Einrichtung fremde elektrische Energie mittels eines Leiters entzieht, der zur ordnungsmäßigen Entnahme von Energie aus der Anlage oder Einrichtung nicht bestimmt ist, wird, wenn er die Handlung in der Absicht begeht, die elektrische Energie sich rechtswidrig anzueignen, mit Freiheitsstrafe bis zu fünf Jahren oder mit Geldstrafe bestraft.*

*(2) Der Versuch ist strafbar.*

*(3) Wird die in Absatz 1 bezeichnete Handlung in der Absicht begangen, einem anderen rechtswidrig Schaden zuzufügen, so ist die Strafe Freiheitsstrafe bis zu zwei Jahren oder Geldstrafe.*

#### 2.3.4.2.5.2 Tatbestandsmerkmale

- Entziehung ist Minderung des Energievorrats.
- Die Tat muß unter Verwendung eines ordnungswidrigen Stromleiters begangen worden sein. Ordnungswidrig ist ein Stromleiter, der nicht zu der elektrischen Anlage gehört, z. B. zur Überbrückung oder Umgehung des Stromzählers, Anschließen an die fremde Leitung, eigenmächtige Anlage von Fernsprechanschlüssen. Nicht nur die unbefugte Entnahme elektrischer Energie aus Versorgungsleitungen, sondern auch aus Akkumulatoren, Generatoren ist strafbar.

- Der Sonderfall der Entziehung zum Zwecke der Schädigung eines Dritten, z. B. durch Erdung, wird nur auf Antrag verfolgt.

*Exkurs: Deliktsarten im Strafprozeß*

Im Strafrecht unterscheidet man zwischen Offizial-, Antrags- und Privatklagedelikten.

Offizialdelikte werden von Amts wegen verfolgt. D. h. wenn sie der Polizei oder Staatsanwaltschaft bekannt werden, nehmen diese die Verfolgung auf und zwar unabhängig davon, ob der Geschädigte dies will oder nicht, ja dies sogar gegen seinen Willen.

Antragsdelikte werden hingegen nur dann verfolgt, wenn der Geschädigte einen Strafantrag stellt, d. h. zum Ausdruck bringt, daß er die Strafverfolgung des Täters will.

Zur Stellung des Strafantrags ist der Geschädigte berechtigt (vgl. § 77 StGB).

Der Strafantrag kann nur innerhalb einer Frist von drei Monaten gestellt werden. Sie beginnt mit dem Ablauf des Tages, an dem der Berechtigte von der Tat und der Person des Täters Kenntnis erlangt (vgl. § 77 b).

Wie kann man nun erkennen, welcher Deliktsart eine Straftat zugehört?

Das Offizialdelikt ist im StGB der Normalfall. Antragsdelikte und Privatklagedelikte sind Ausnahmefälle.

Ein Ausnahmefall, also ein Antragsdelikt, liegt nur dann vor, *wenn dies bei einer Strafvorschrift ausdrücklich dabeisteht.*

Z. B. mit dem Wortlaut „Die Tat wird nur auf Antrag verfolgt".

Steht bei einer Straftat dies nicht ausdrücklich dabei, so liegt der Normalfall des Offizialdelikts vor.

Da in der Werkschutzprüfung ohne Hilfsmittel gearbeitet werden muß, ist es zweckmäßig, sich die Antragsdelikte des StGB einzuprägen. Antragsdelikte sind z. B.:

- Hausfriedensbruch (§ 123 Abs. 2)
- Beleidigung (§ 194 Abs. 1)
- Körperverletzung (§ 232 Abs. 1)
- Fahrlässige Körperverletzung (§ 232 Abs. 1)
- Diebstahl und Unterschlagung geringwertiger Sachen (§ 248 a)
- Sachbeschädigung (§ 303 c StGB)

Sinn des Antragsdeliktes ist es, die Ermittlungs- und Strafverfolgungsbehörden von der Belastung mit relativ leichten Rechtsverstößen frei zu halten, wenn nicht einmal der Geschädigte ein Interesse daran hat, daß der Täter bestraft wird.

Privatklagedelikte sind in den Vorschriften der §§ 374 ff. StPO geregelt. Dort ist auch abschließend aufgezählt, welche Straftaten Privatklagedelikte sind. Für den Werkschutz sind davon

- Hausfriedensbruch,
- Beleidigung,
- Körperverletzung, gefährliche Körperverletzung und fahrlässige Körperverletzung und
- Sachbeschädigung

von Bedeutung. Der Staatsanwalt wird bei Privatklagedelikten nur tätig, wenn öffentliches Interesse vorliegt. In den übrigen Fällen muß der Geschädigte selbst aktiv werden. Vorausgesetzt ist einer Privatklage aber grundsätzlich ein erfolgloser Sühneversuch beim Schiedsmann.

Ist ein Delikt zugleich Antrags- und Privatklagedelikt (z. B. der Hausfriedensbruch), wird der Strafprozeß vom Staatsanwalt grundsätzlich nur dann betrieben, wenn die Voraussetzungen für beides vorliegen: Strafantrag und öffentliches Interesse.

### 2.3.4.3 Sachbeschädigung und Brandstiftung

#### 2.3.4.3.1 Sachbeschädigung § 303 StGB

##### 2.3.4.3.1.1 Vorbemerkung

- Das durch diese Strafvorschrift geschützte Rechtsgut ist das Eigentum (Vgl. Ziffer 2.2.2.6)
- Der Sachbeschädigung kommt erhebliche praktische Bedeutung zu.

##### 2.3.4.3.1.2 Gesetzestext

§ 303 StGB Sachbeschädigung

*(1) Wer rechtswidrig eine fremde Sache beschädigt oder zerstört, wird mit Freiheitsstrafe bis zu zwei Jahren oder mit Geldstrafe bestraft.*

*(2) Der Versuch ist strafbar.*

##### 2.3.4.3.1.3 Tatbestandsmerkmale

- *Sache*
  vgl. Ausführungen zu § 242 StGB
  Beachte, daß bei der Sachbeschädigung die Sache nicht beweglich sein muß. Sachbeschädigung kann auch an unbeweglichen Sachen begangen werden.
  Z. B. Beschädigen einer Hauswand durch Verschmutzen mit Farbe, Beschädigen des Firmenzauns mit einem PKW usw.

- *Fremd*
  vgl. Ausführungen zu § 242 StGB
  Eine Sachbeschädigung an eigenen Sachen ist nach dem Tatbestand nicht möglich. Eigene Sachen bedürfen auch nicht des strafrechtlichen Schutzes vor dem Eigentümer. Vielmehr ist der Eigentümer einer Sache nach § 903 BGB berechtigt, mit seiner Sache nach Belieben zu verfahren, soweit nicht das Gesetz oder Rechte Dritter entgegenstehen und andere von jeder Einwirkung ausschließen.

- *Beschädigen*
  Beschädigen bedeutet, daß die bestimmungsgemäße Brauchbarkeit der Sache beeinträchtigt wird.
  Dies kann auf verschiedene Weise geschehen, z. B.

  - durch Verletzung der *Substanz*
    - Maschinenteil verbiegen
    - Kabel abschneiden
    - PKW-Radioantenne abbrechen

  - durch Verletzung der äußeren *Erscheinung oder Form*
    - Mit einer Farbsprühdose einen Protestaufruf auf eine Hausmauer sprühen
    - Ankleben von Plakaten
    - Bestreichen eines PKW's mit Unterbodenschutz

  - durch alleinige Beeinträchtigung der *Brauchbarkeit*
    - Zündkerzenstecker heimlich abziehen
    - Luft aus dem Reifen lassen
    - Kontakt durch Einlegen von Isoliermaterial unterbrechen.

- *Zerstören*

  Zerstören ist weitergehend als Beschädigen.
  Es bedeutet, daß die Gebrauchsfähigkeit so weit aufgehoben wird, daß eine Wiederinstandsetzung nicht möglich oder unwirtschaftlich ist.

  *Beispiele*

  - Fensterscheibe einwerfen
  - Reifen zerstechen
  - Gartenmöbel verbrennen
  - Töten eines Tieres (s. hierzu auch § 17 Tierschutzgesetz – Tierquälerei)

Als Faustregel zur Abgrenzung zwischen Beschädigen und Zerstören kann das Kriterium herangezogen werden, ob eine Reparatur der Sache noch möglich und sinnvoll ist.

### 2.3.4.3.1.4 Vorsatz – Fahrlässigkeit

§ 303 StGB enthält zu den Schuldformen keinen Hinweis. Es ist der § 15 StGB heranzuziehen.

Danach ist vorsätzliche Sachbeschädigung strafbar.

Fahrlässige Sachbeschädigung wäre es nur dann, wenn das Gesetz dies ausdrücklich vorsieht. Dies ist nicht der Fall, also ist fahrlässige Sachbeschädigung nicht strafbar. (Die Frage der Strafbarkeit darf nicht mit der Frage der zivilrechtlichen Schadensersatzpflicht verwechselt werden).

Da in den Fällen der fahrlässigen Sachbeschädigung keine Straftat vorliegt, fehlt es hier auch an einer polizeilichen Aufgabe. Die Polizei wird grundsätzlich ein Tätigwerden ablehnen und auf den Zivilrechtsweg (Geltendmachung von Schadensersatz) verweisen.

### 2.3.4.3.1.5 Anmerkung

In der Praxis ist es oft sehr schwierig, einem Täter die vorsätzliche Begehungsweise seiner Tat nachzuweisen.

Viele Fälle von vorsätzlicher Sachbeschädigung werden unter dem „Mäntelchen" der Fahrlässigkeit strafrechtlich ungeahndet bleiben.

Bei häufigeren Fällen von Sachbeschädigung sollte der Möglichkeit, den Vorsatz nachzuweisen, besonderes Augenmerk gewidmet werden.

### 2.3.4.3.1.6 Antrags- und Privatklagedelikt

Die Sachbeschädigung ist gemäß § 303c StGB Antragsdelikt (Ausnahme: besonderes öffentliches Interesse an der Strafverfolgung).

Nach § 374 StPO ist sie daneben Privatklagedelikt.

### 2.3.4.3.2 Brandstiftung § 308 StGB

### 2.3.4.3.2.1 Vorbemerkung

- Geschützes Rechtsgut ist bei der Sachbeschädigung das Eigentum. Darüber hinaus soll durch die Brandstiftungsdelikte aber auch die Allgemeinheit vor der Naturgewalt „Feuer" geschützt werden, da diese vom Brandstifter nicht kalkuliert und gesteuert werden kann. Ist ein Feuer erst einmal entfacht, so kann es auf eine unbestimmte Zahl von Menschen und Sachen einwirken, ohne daß der Täter darauf Einfluß nehmen könnte.
- Brandstiftung ist eine Sonderform der Sachbeschädigung, die außerdem gemeingefährlich ist.

#### 2.3.4.3.2.2 Gesetzestext

§ 308 StGB Brandstiftung

*(1) Mit Freiheitsstrafe von einem Jahr bis zu zehn Jahren wird bestraft, wer Gebäude, Schiffe, Hütten, Bergwerke, Magazine, Warenvorräte, welche auf dazu bestimmten öffentlichen Plätzen lagern, Vorräte von landwirtschaftlichen Erzeugnissen oder von Bau- oder Brennmaterialien, Früchte auf dem Felde, Waldungen oder Torfmoore in Brand setzt, wenn diese Gegenstände entweder fremdes Eigentum sind oder zwar Eigentum des Täters sind, jedoch ihrer Beschaffenheit und Lage nach geeignet sind, das Feuer einer der in § 306 Nr. 1–3 bezeichneten Räumlichkeit oder einem der vorstehend bezeichneten fremden Gegenstände mitzuteilen.*

*(2) In minder schweren Fällen ist die Strafe Freiheitsstrafe von sechs Monaten bis zu fünf Jahren.*

#### 2.3.4.3.2.3 Tatbestandsmerkmale

**Unmittelbare und mittelbare Brandstiftung**

§ 308 StGB enthält zwei Fälle der Brandstiftung, die unmittelbare Brandstiftung und die mittelbare Brandstiftung.

Eine unmittelbare Brandstiftung liegt vor, wenn der Täter die Sache unmittelbar in Brand setzt.

Mittelbare Brandstiftung liegt vor, wenn der Täter zwar auch eine Sache in Brand setzt, aber diese geeignet ist, das Feuer auf weitere Sachen zu übertragen.

**Unmittelbare Brandstiftung**

Der Täter setzt einen fremden, nach § 308 StGB geschützten Gegenstand in Brand.

- Durch den § 308 StGB geschützte Gegenstände
  - Gebäude
  - Schiffe
  - Hütten
  - Magazine (Räume, in denen Waren lagern)
  - Warenvorräte, welche auf dazu bestimmten öffentlichen Plätzen lagern
  - Vorräte von landwirtschaftlichen Erzeugnissen
  - Vorräte von Bau- oder Brennmaterialien
  - Früchte auf dem Felde
  - Waldungen oder Torfmoore

  Von diesen Gegenständen sind im Betrieb lediglich Gebäude, Magazine und Vorräte an Brennmaterialien von Bedeutung.

- Diese Gegenstände müssen in fremdem Eigentum stehen.
  Stehen sie im Eigentum des Täters und ergibt sich keine konkrete „Übergreifgefahr", so ist die Tat straffrei (Eigentum des Täters und keine Allgemeingefährlichkeit). Wenn konkrete Übergreifgefahr besteht, dann liegt eine mittelbare Brandstiftung vor.
- Tathandlung ist das Inbrandsetzen.
  Eine Sache in Brand zu setzen bedeutet, sie so anzuzünden, daß der Brand auch nach Entfernen des Zündstoffes sich an der Sache weiter auszubreiten vermag. Z. B. angezündete Putzwollelappen verbrennen, dadurch wird der Fußboden entzündet und brennt eigenständig weiter. Nicht ausreichend ist, wenn der Boden nur angekohlt wird und das Feuer nach Abbrennen der Lappen erlischt.

**Mittelbare Brandstiftung**

Der Täter setzt eigene oder herrenlose Gegenstände des § 308 StGB in Brand, und es besteht eine konkrete Übertragungsgefahr auf andere Gegenstände.

- Geschützte Gegenstände
  Die gleichen Gegenstände wie bei der unmittelbaren Brandstiftung, s. o.
- Sie sind jedoch nicht fremd, d. h. sie gehören dem Täter oder sind herrenlos (vgl. dazu Ziffer 2.3.4.2.1.3).
- Täter setzt einen geschützten Gegenstand in Brand.
- Er ist jedoch nach Beschaffenheit und Lage geeignet, das Feuer einer nach § 306 Nr. 1 – 3 StGB bezeichneten Räumlichkeit oder einem der geschützten Gegenstände des § 308 StGB mitzuteilen, der dem Täter fremd ist.
  Räumlichkeiten nach § 306 Nr. 1 – 3 StGB sind:
  - ein zu gottesdienstlichen Versammlungen bestimmtes Gebäude
  - ein Gebäude, ein Schiff oder eine Hütte, welche zur Wohnung von Menschen dient, oder
  - eine Räumlichkeit, welche zeitweise zum Aufenthalt von Menschen dient, und zwar zu einer Zeit, während welcher Menschen in derselben sich aufzuhalten pflegen.

### 2.3.4.3.2.4 Weitergehende Hinweise

Auf die erschwerenden Tatbestände der §§ 306 (Schwere Brandstiftung) und 307 StGB (Besonders schwere Brandstiftung) soll nur hingewiesen werden.

### 2.3.4.3.3 Fahrlässige Brandstiftung § 309 StGB

### 2.3.4.3.3.1 Vorbemerkung

Nach § 15 StGB ist vorsätzliches Handeln stets strafbar, fahrlässiges Handeln nur dann, wenn dies ausdrücklich im Gesetz bestimmt ist.

§ 309 StGB ist bei den Brandstiftungsdelikten eine derartige ausdrückliche Bestimmung.

**2.3.4.3.3.2 Gesetzestext**

§ 309 StGB Fahrlässige Brandstiftung

*Wer einen Brand der in §§ 306 und 308 StGB bezeichneten Art fahrlässig verursacht, wird mit Freiheitsstrafe bis zu drei Jahren oder mit Geldstrafe und, wenn durch den Brand der Tod eines Menschen verursacht wird, mit Freiheitsstrafe bis zu fünf Jahren oder mit Geldstrafe bestraft.*

**2.3.4.3.3.3 Erläuterungen**

- Der Brand muß durch die Handlung des Täters verursacht sein.
  D. h. die Handlung des Täters muß Ursache für den Brand sein. Kommt es durch die Handlung des Täters zu keinem Brand, so fehlt es jedenfalls an der Verursachung und der § 309 StGB greift nicht ein.
- Es muß sich um einen Brand im Sinne der §§ 306 und 308 StGB handeln (Vgl. bei §§ 308 und 310a StGB.
- Die Verursachung muß fahrlässig erfolgen, d. h. unter Außerachtlassung der möglichen und zumutbaren Sorgfalt.
  Z. B. mangelnde Aufsicht bei oder nach Schweißarbeiten. Aschenbecher mit noch glimmenden Zigarettenresten in einen Papierkorb schütten, Tauchsieder anstecken und sich entfernen usw.
  Soweit es im Einzelfall Brandverhütungsvorschriften gibt, wird durch diese der Grad der erforderlichen Sorgfalt bestimmt.

**2.3.4.3.3.4 Anmerkung**

Fahrlässige Brandstiftung nach § 309 StGB liegt nur dann vor, wenn es zu einem Brand kommt (verursacht).

Kommt es durch die fahrlässige Handlung hingegen nur zu einer konkreten Brandgefahr, dann kommt unter Umständen § 310a StGB in Betracht.

Kommt es nicht einmal zu einer konkreten, sondern nur zu einer abstrakten Brandgefahr, dann kommt allenfalls ein Verstoß gegen eine Brandschutzverordnung in Betracht.

**2.3.4.3.4 Herbeiführen einer Brandgefahr § 310a StGB**

**2.3.4.3.4.1 Vorbemerkung**

- Geschütztes Rechtsgut vgl. § 308 StGB.
- Durch die Vorschrift des § 310a StGB sollen feuergefährliche Betriebe, Anlagen und Bereiche vor leichtfertigem Umgang mit Feuer besonders geschützt werden.
- Kommt es zum Brandausbruch, dann tritt das „Gefährdungsdelikt“ des § 310a StGB hinter dem „Verletzungsdelikt“ §§ 306ff. StGB zurück.

### 2.3.4.3.4.2 Gesetzestext

§ 310a StGB Herbeiführen einer Brandgefahr

*(1) Wer*

*1. feuergefährdete Betriebe und Anlagen, insbesondere solche, in denen explosive Stoffe, brennbare Flüssigkeiten oder Gase hergestellt oder gewonnen werden oder sich befinden, sowie Anlagen oder Betriebe der Land- oder Ernährungswirtschaft, in denen sich Getreide, Futter- oder Streumittel, Heu, Stroh, Hanf, Flachs oder andere land- oder ernährungswirtschaftliche Erzeugnisse befinden,*

*2. Wald-, Heide- oder Moorflächen, bestellte Felder oder Felder, auf denen Getreide, Heu oder Stroh lagert, durch Rauchen, durch Verwenden von offenem Feuer oder Licht oder deren ungenügende Beaufsichtigung, durch Wegwerfen brennender oder glimmender Gegenstände oder in sonstiger Weise*

*in Brandgefahr bringt, wird mit Freiheitsstrafe bis zu drei Jahren oder mit Geldstrafe bestraft.*

*(2) Verursacht der Täter die Brandgefahr fahrlässig, so ist die Strafe Freiheitsstrafe bis zu einem Jahr oder Geldstrafe.*

### 2.3.4.3.4.3 Tatbestandsmerkmale

- Geschützte Betriebe und Anlagen der Nr. 1 auf beliebige Weise in konkrete Brandgefahr bringen, d. h. der Ausbruch des Brandes muß im einzelnen Fall bereits handgreiflich sein.
- Geschützte Bereiche und Gegenstände der Nr. 2 auf eine der beschriebenen Weisen oder auf sonstige Weise in konkrete Brandgefahr bringen.
  D. h. Rauchen, Verwenden von offenem Licht usw. ist zwar sicherlich bereits gefährlich, aber für eine konkrete Brandgefahr im Sinne dieser Vorschrift noch nicht ausreichend. Es muß immer noch ein Umstand hinzukommen, der die Gefahr greifbar werden läßt.

### 2.3.4.3.4.4 Abstrakte Brandgefahr

Fehlt es an der konkreten Brandgefahr und liegt nur eine abstrakte Brandgefahr vor, so kann dies u. U. eine Ordnungswidrigkeit nach landesrechtlichen Vorschriften sein, z. B. nach der Bayerischen Verordnung zur Verhütung von Bränden (VVB), nach Unfallverhütungsvorschriften.

## 2.3.4.4 Beleidigung § 185 StGB

### 2.3.4.4.1 Vorbemerkung

- Geschütztes Rechtsgut ist die Ehre.
- Die Kenntnis dieser Vorschrift ist deshalb empfehlenswert, damit eine derartige Straftat sicher beurteilt werden kann.

#### 2.3.4.4.2 Gesetzestext

§ 185 StGB Beleidigung

*Die Beleidigung wird mit Freiheitsstrafe bis zu einem Jahr oder mit Geldstrafe und, wenn die Beleidigung mittels einer Tätlichkeit begangen wird, mit Freiheitsstrafe bis zu zwei Jahren oder mit Geldstrafe bestraft.*

#### 2.3.4.4.3 Tatbestand

Der Tatbestand des § 185 StGB stellt hier keine Beschreibung des verbotenen Tuns dar und bietet damit für die Beurteilung keinen Anhalt.

Die Rechtsprechung hat jedoch diese Lücke gefüllt und die Beleidigung genau definiert.

Ausgehend von dem Gedanken, daß es sich um ein Ehrverletzungsdelikt handelt, ist eine Beleidigung jede Handlung, welche die Ehre eines Menschen verletzt. Die Rechtsprechung hat dies wie folgt definiert: Beleidigung ist die Kundgabe der Nichtachtung oder Mißachtung gegenüber dem Betroffenen oder Dritten.

Die Kundgabe der Mißachtung oder Nichtachtung kann auf verschiedene Weise erfolgen, z. B. durch

- Wort (Idiot, Bulle, ...)
- Schrift (beleidigender Brief, ...)
- Bild (Karikatur, Fotomontage, ...)
- Symbol („Autofahrergruß“, ...)
- Tätlichkeit (Unsittlich berühren, Anspucken, Ausspucken vor einer Person usw.).

Eine Beleidigung liegt nicht vor, wenn eine bestimmte Verhaltensweise nach den Gepflogenheiten beider Beteiligter nicht als Ehrverletzung zu werten ist, z. B. rauher Umgangston zwischen Handwerkern auf einer Baustelle.

#### 2.3.4.4.4 Antragsdelikt

Der Tatbestand der Beleidigung erfordert nicht, daß sich der Betroffene auch beleidigt fühlt. Ob eine Ehrverletzung vorliegt, ist aus objektiver Sicht zu beurteilen.

Jedoch ist die Beleidigung nach § 185 StGB ein Antragsdelikt (§ 192 StGB). D. h. eine Strafverfolgung tritt nur ein, wenn der Beleidigte einen Strafantrag stellt.

Fühlt sich eine Person nicht beleidigt, wird sie einen Strafantrag nicht stellen.

Will ein Werkschutzmitarbeiter aus einem betrieblichen Vorfall einen Strafantrag stellen, so kann er dies sehr wohl tun. Wegen sich daraus u. U. ergebender praktischer Probleme für die zukünftige Tätigkeit ist eine vorherige Rücksprache mit dem Vorgesetzten unbedingt angeraten.

#### 2.3.4.4.5 Weitergehende Hinweise

Weitere Ehrverletzungsdelikte sind die üble Nachrede nach § 186 StGB und die Verleumdung nach § 187 StGB.

### 2.3.4.5 Körperverletzungsdelikte

#### 2.3.4.5.1 Körperverletzung § 223 StGB

##### 2.3.4.5.1.1 Vorbemerkung

- Geschütztes Rechtsgut ist die körperliche Unversehrtheit.
- Körperverletzung ist oft die Folge vorausgehender Beleidigungen.

##### 2.3.4.5.1.2 Gesetzestext

§ 223 StGB Körperverletzung

*(1) Wer einen anderen körperlich mißhandelt oder an der Gesundheit beschädigt, wird mit Freiheitsstrafe bis zu drei Jahren oder mit Geldstrafe bestraft.*

*(2) Ist die Handlung gegen Verwandte aufsteigender Linie begangen, so ist auf Freiheitsstrafe bis zu fünf Jahren oder auf Geldstrafe zu erkennen.*

##### 2.3.4.5.1.3 Tatbestandsmerkmale

- *Wer einen anderen*
  D. h. Körperverletzung kann nur von einem Menschen gegen einen Menschen begangen werden.
  Beißt ein Hund eine Person, so ist dies keine Körperverletzung im Sinne des § 223 StGB, soweit er nicht durch einen Menschen gehetzt wurde.
  Auch die Selbstverletzung ist durch den § 223 StGB nicht erfaßt.

- *Körperlich mißhandelt*
  Körperlich mißhandeln ist ein üble, unangemessene Behandlung, durch die das körperliche Wohlbefinden oder die Unversehrtheit des Körpers nicht nur unerheblich beeinträchtigt wird.
  Wohlbefinden in diesem Sinne ist der Zustand, der vor der Einwirkung durch den Täter bestand, z. B. vor Unfallschock, Schlag, Stoß, Hervorrufen starken Ekels.
  Abschneiden von Haaren oder Bart beeinträchtigen die körperliche Unversehrtheit.

- *An der Gesundheit beschädigen*
  bedeutet das Herbeiführen oder Steigern einer körperlichen oder seelischen Krankheit.
  Z. B. Übertragen einer Krankheit, Verabreichen von Drogen, Versetzen in einen Rauschzustand, Herbeiführen einer Nervenerkrankung durch häufige nächtliche Anrufe.

- *Überschneiden der Tatbestandsmerkmale*
  In der Praxis überschneiden sich die beiden Tatbestandsmerkmale meist. D. h. daß durch ein und dieselbe Handlung sowohl eine körperliche Mißhandlung wie auch eine Gesundheitsbeschädigung erfolgt.
  Z. B. Stich, Schuß, Schlag, der zu Bluterguß oder Abschürfungen führt, usw.
  Dies ist völlig unproblematisch, da ja bereits das Vorliegen einer der beiden Tatbestandsalternativen ausreichen würde.

**2.3.4.5.1.4 Rechtfertigungsgründe**

Ein besonders wichtiger Rechtfertigungsgrund im Zusammenhang mit der Körperverletzung ist die Notwehr gemäß § 32 StGB.

D. h. wird eine Körperverletzung im Rahmen einer Notwehrhandlung begangen, so liegt eine Körperverletzung tatbestandsmäßig zwar vor, auch die Rechtswidrigkeit wird durch das Vorliegen des Tatbestandes zunächst indiziert, aber durch den Rechtfertigungsgrund der Notwehr wieder ausgeschlossen.

**2.3.4.5.1.5 Antrags- und Privatklagedelikt**

Die Körperverletzung nach § 223 StGB ist, wie sich aus § 232 StGB ergibt, ein Antragsdelikt.

Weiterhin ist die Körperverletzung gemäß § 374 StPO ein Privatklagedelikt.

**2.3.4.5.2 Gefährliche Körperverletzung § 223a StGB**

**2.3.4.5.2.1 Vorbemerkung**

- Geschützes Rechtsgut vgl. § 223 StGB.
- Die gefährliche Körperverletzung ist eine qualifizierte Form der Körperverletzung, die durch eine für den Verletzten erfahrungsgemäß besonders gefährliche Art der Ausführung gekennzeichnet ist.
- Eine Prüfung des § 223 a StGB darf immer erst nach der Prüfung des § 223 StGB erfolgen, da die gefährliche Körperverletzung das Vorliegen einer Körperverletzung voraussetzt (Vgl. Wortlaut: „Ist die Körperverletzung . . .“).

**2.3.4.5.2.2 Gesetzestext**

§ 223 a StGB Gefährliche Körperverletzung

*(1) Ist die Körperverletzung mittels einer Waffe, insbesondere eines Messers oder eines anderen gefährlichen Werkzeugs oder mittels eines hinterlistigen Überfalls oder von mehreren gemeinschaftlich oder mittels einer das Leben gefährdenden Behandlung begangen, so ist die Strafe Freiheitsstrafe bis zu fünf Jahren oder Geldstrafe.*
*(2) Der Versuch ist strafbar.*

### 2.3.4.5.2.3 Tatbestandsmerkmale

Die Körperverletzung wird zur gefährlichen Körperverletzung, wenn sie in einer bestimmten Weise ausgeführt wird:

Als besonders gefährliche Ausführungsart wird vom Gesetz qualifiziert, wenn die Körperverletzung wie folgt begangen wird:

- *Mittels eines gefährlichen Werkzeugs*
  Ein gefährliches Werkzeug ist jeder Gegenstand, der nach Art und Benutzung geeignet ist, im konkreten Fall erhebliche Verletzungen herbeizuführen.
  *Beispiele*
  - Waffe (Ein Gegenstand, der seiner Natur nach zum Angriff oder zur Verteidigung bestimmt ist, z. B. Pistole, Schlagstock, Schlagring usw.).
  - Messer (jeder Art)
- Sonstige Gegenstände nur dann, wenn sich die geforderte Gefährlichkeit aus der konkreten Art der Verwendung ergibt.
  *Beispiele*
  - Stuhlbein auf den Kopf schlagen
  - Säure in das Gesicht schütten
  - Bleistift in das Auge stechen
  - Schäferhund auf Person hetzen
  - usw.
- *Mittels eines hinterlistigen Überfalls*
  Ein hinterlistiger Überfall liegt vor, wenn ein überraschender, unerwarteter Angriff auf das Opfer (= Überfall) durchgeführt wird, der durch Verdecken der wahren Absicht vorbereitet wurde.
  Z. B. Hilfe anbieten, Friedfertigkeit vortäuschen, Versöhnung anbieten, usw.
- *Von mehreren gemeinschaftlich*
  Dazu müssen mindestens zwei Personen dem Opfer als Mittäter gegenüberstehen.
- *Mittels einer das Leben gefährdenden Behandlung*
  Die körperverletzende Handlung muß geeignet sei, eine Gefährdung des Lebens herbeizuführen. Die Eignung ist dabei ausreichend, es muß nicht zu einer konkreten Lebensgefährdung kommen.
  Z. B.
  - eine Person mit dem PKW anfahren
  - eine Person die Treppe hinabstoßen
  - Karateschalg
  - Person in einen Fluß stoßen.

### 2.3.4.5.2.4 Privatklagedelikt

Die gefährliche Körperverletzung ist nach § 374 StPO ein Privatklagedelikt.

### 2.3.4.5.2.5 Weitergehende Hinweise

Auf die weiteren Körperverletzungsdelikte, die durch die besondere Schwere des durch sie herbeigeführten Verletzungserfolges gekennzeichnet sind, soll nur hingewiesen werden:

§ 224 StGB Schwere Körperverletzung

§ 225 StGB Beabsichtigte schwere Körperverletzung

§ 226 StGB Körperverletzung mit Todesfolge.

### 2.3.4.5.3 Fahrlässige Körperverletzung § 230 StGB

### 2.3.4.5.3.1 Vorbemerkung

- Geschütztes Rechtsgut vgl. § 223 StGB.
- Nach § 15 StGB ist die fahrlässige Begehung einer Tat nur dann strafbar, wenn das Gesetz dies ausdrücklich bestimmt.
  § 230 StGB ist im Falle der Körperverletzung diese ausdrückliche Bestimmung.

### 2.3.4.5.3.2 Gesetzestext

§ 230 StGB Fahrlässige Körperverletzung

*Wer durch Fahrlässigkeit die Körperverletzung eines anderen verursacht, wird mit Freiheitsstrafe bis zu drei Jahren oder mit Geldstrafe bestraft.*

### 2.3.4.5.3.3 Tatbestandsmerkmale

- Ursache für die Körperverletzung im Sinne des § 223 StGB muß die Handlung des Täters sein.
- Diese Handlung wird vom Täter fahrlässig begangen, d. h. er läßt bei seiner Handlung die Sorgfalt außer acht, die ihm nach seinen persönlichen Kenntnissen und Fähigkeiten möglich und zumutbar wäre.
  Z. B.
  - Einhaltung der Unfallverhütungsvorschriften
  - Beachtung der Regeln des Straßenverkehrs
  - Sorgfältige Aufbewahrung von Schußwaffen
  - Besondere Umsicht eines Hundeführers.

### 2.3.4.5.3.4 Antrags- und Privatklagedelikt

Nach § 233 StGB ist auch die fahrlässige Körperverletzung, ebenso wie die Körperverletzung nach § 223 StGB ein Antragsdelikt.

Daneben ist die fahrlässige Körperverletzung ein Privatklagedelikt (§ 374 StPO).

### 2.3.4.6 Amtsanmaßung § 132 StGB

#### 2.3.4.6.1 Vorbemerkung

- Geschütztes Rechtsgut ist der Schutz der Allgemeinheit. Sie soll vor Personen geschützt werden, die unberechtigt als Amtsperson auftreten.
- Der Werkschutz soll um die Gefahr, die von derartigen Personen ausgehen kann, wissen.
- Andererseits steht der Werkschutz häufig in der Gefahr, sich den Schein einer „Polizei“ oder einer zu besonderen Maßnahmen berechtigten Stelle zu geben. Dieses Risiko kann durch eine genaue Kenntnis dieser Vorschrift vermieden werden.

#### 2.3.4.6.2 Gesetzestext

§ 132 StGB Amtsanmaßung

*Wer unbefugt sich mit der Ausübung eines öffentlichen Amtes befaßt oder eine Handlung vornimmt, welche nur kraft eines öffentlichen Amts vorgenommen werden darf, wird mit Freiheitsstrafe bis zu zwei Jahren oder mit Geldstrafe bestraft.*

#### 2.3.4.6.3 Tatbestandsmerkmale

#### 2.3.4.6.3.1 Öffentliches Amt

Ein öffentliches Amt ist eine Stellung, deren Inhaber Organ der Staatsgewalt ist. Er ist sozusagen verlängerter Arm der Staatsgewalt.

Z. B. Polizeibeamter, Gerichtsvollzieher, Gewerbeaufsichtsbeamter, Staatsanwalt, Richter usw.

#### 2.3.4.6.3.2 Begehungsmöglichkeiten

Bei der Amtsanmaßung nennt das Gesetz zwei Begehungsmöglichkeiten.

*1. Alternative*

Ein Täter befaßt sich unbefugt mit der Ausübung eines öffentlichen Amtes.

Dies bedeutet, daß der Täter

- sich als Inhaber eines öffentlichen Amtes gebärdet
  z. B.
  - Vorstellen als Kriminalkommissar
  - Vorzeigen einer gefälschten Dienstmarke
  - Aushändigen einer falschen Visitenkarte
  - usw.

und

– irgendeine Handlung in dieser Eigenschaft vornimmt. Dabei ist es unbeachtlich, ob er als Privatmann diese Handlung sogar hätte vornehmen dürfen (z. B.: Werkschutzmitarbeiter in Zivilkleidung nimmt unter den Voraussetzungen des § 127 Abs. 1 StPO einen Dieb fest und stellt sich diesem als Kriminalbeamter vor).

Das Auftreten als Amtsinhaber ohne entsprechende Amtshandlung reicht für das Vorliegen einer Amtsanmaßung nicht aus.

Es kann aber nach einer anderen Vorschrift, z. B. Mißbrauch von Titeln, Berufsbezeichnungen und Abzeichen (§ 132a StGB), strafbar sein.

*2. Alternative*

Der Täter nimmt unbefugt eine Handlung vor, die nur auf Grund eines öffentlichen Amtes vorgenommen werden darf.

Z. B. Erteilung einer gebührenpflichtigen Verwarnung, Anordnung der Blutprobe, Einziehung eines Gegenstandes usw.

Hier braucht der Täter nicht vorzutäuschen, daß er Inhaber eines öffentlichen Amtes ist. Hier reicht allein die Vornahme der Amtshandlung.

#### 2.3.4.6.4 Vorbeugung

Damit sich der Werkschutz erst gar nicht dem Vorwurf einer Amtsanmaßung aussetzt, ist dringend zu empfehlen, Begriffe für Maßnahmen, die von Polizeigesetzen und der Strafprozeßordnung den zuständigen Beamten eingeräumt werden, zu vermeiden.

Z. B. Beschlagnahme, Durchsuchung, Sicherstellung, Verhaftung, Platzverweis usw.

Stattdessen sollten „zivile" Begriffe wie z. B. Abnehmen, Nachschau, Aufbewahrung, Festhalten, Wegschicken usw. benützt werden.

### 2.3.4.7 Straftaten gegen die Freiheit der Person

#### 2.3.4.7.1 Freiheitsberaubung § 239 StGB

##### 2.3.4.7.1.1 Vorbemerkung

- Geschützes Rechtsgut ist die „Fortbewegungsfreiheit" der Person.
- Die Freiheitsberaubung greift u. a. auch ein, wenn eine Person unberechtigterweise vorläufig festgenommen wird. Der § 127 StPO ist ein Rechtfertigungsgrund für die Freiheitsberaubung. Liegt dieser nicht vor, handelt der Festnehmende rechtswidrig.

#### 2.3.4.7.1.2 Gesetzestext

§ 239 StGB Freiheitsberaubung

*(1) Wer widerrechtlich einen Menschen einsperrt oder auf andere Weise des Gebrauchs der persönlichen Freiheit beraubt, wird mit Freiheitsstrafe bis zu fünf Jahren oder mit Geldstrafe bestraft.*

*(2)* . . .

*(3)* . . .

#### 2.3.4.7.1.3 Tatbestandsmerkmale

Durch die Freiheitsberaubung wird ein Mensch, wenn auch nur vorübergehend, der Möglichkeit beraubt, seine persönliche Freiheit zu gebrauchen.

Daraus ergibt sich, daß Freiheitsberaubung nicht vorliegt, wenn er gar nicht die Möglichkeit hat, von der Freiheit Gebrauch zu machen. Z. B. Schlafender, solange er nicht aufwacht, Bewußtloser, Säugling usw.

Der Entzug der Fortbewegungsfreiheit kann auf verschiedene Weise geschehen. Das Gesetz nennt zwei Gruppen:

- *Einsperren*
  bedeutet ein Festhalten in einem umschlossenen Raum durch äußere Vorrichtungen, so daß der Betroffene gehindert ist, sich von diesem Ort wegzubewegen, wenn er dies wollte. Z. B. in einem Raum einschließen (Tür und Fenster verschlossen).
- *Auf andere Weise als Einsperren*
  Dies ist eine Sammelbezeichnung für alle anderen Möglichkeiten der Freiheitsberaubung, außer Einsperren.
  *Beispiele*
  - Betäuben
  - Drohen
  - Scharfen Hund vor der Tür anbinden, so daß Person den Raum nicht verlassen kann
  - Fesseln oder Anbinden
  - Nichtanhalten mit dem Kraftfahrzeug, obwohl es die Verkehrssituation erlauben würde.

#### 2.3.4.7.2 Nötigung § 240 StGB

#### 2.3.4.7.2.1 Vorbemerkung

- Geschütztes Rechtsgut ist die Willensfreiheit.
- Auch diese Vorschrift sollte jeder Werkschutzmitarbeiter im eigenen Interesse sehr genau kennen. Da der Werkschutz häufig von Personen ein bestimmtes Tun verlangen muß, besteht ein gewisses Risiko, daß dem Werkschutz eine Nötigung vorgeworfen wird.

In kritischen Fällen der Werkschutztätigkeit kann es auf die Genauigkeit der Formulierung einer Aufforderung ankommen.

### 2.3.4.7.2.2 Gesetzestext

§ 240 StGB Nötigung

*(1) Wer einen anderen rechtswidrig mit Gewalt oder durch Drohung mit einem empfindlichen Übel zu einer Handlung, Duldung oder Unterlassung nötigt, wird mit Freiheitsstrafe bis zu drei Jahren oder mit Geldstrafe, in besonders schweren Fällen mit Freiheitsstrafe von sechs Monaten bis zu fünf Jahren bestraft.*

*(2) Rechtswidrig ist die Tat, wenn die Anwendung der Gewalt oder die Androhung des Übels zu dem angestrebten Zweck als verwerflich anzusehen ist.*

*(3) Der Versuch ist strafbar.*

### 2.3.4.7.2.3 Tatbestandsmerkmale

- *Ziel der Nötigung*

  Ziel der Nötigung ist, den Genötigten zu einer Handlung, Duldung oder Unterlassung zu veranlassen.

  Z. B.

  - Bekanntgabe eines Codes
  - Duldung des Wegschaffens firmeneigener Sachen
  - Unterlassung einer Diebstahlsmeldung

  Wird dieses Ziel vom Nötigenden nicht erreicht, so liegt nur ein Versuch der Nötigung vor.

- *Nötigungsmittel*

  § 240 StGB nennt zwei Nötigungsmittel, Gewalt und Drohung mit einem empfindlichen Übel.

  *Gewalt*

  Gewalt sind Handlungen, die unmittelbar auf den Willen des Genötigten einwirken.

  Es kommt die Anwendung körperlicher Kraft, der Einsatz von Hilfsmitteln wie auch der nur passive Einsatz des Körpers in Betracht.

  *Beispiele*

  - Schlagen bis zum Geständnis
  - Versperren einer Einfahrt durch Kraftfahrzeuge
  - Sitzstreik in einer Ausfahrt
  - Blockieren eines geparkten Fahrzeugs

  *Drohen mit einem empfindlichen Übel*

  Drohen bedeutet das In-Aussicht-Stellen eines Übels.

  Übel ist etwas Unerfreuliches oder Unangenehmes für den Betroffenen.

Empfindlich ist ein Übel, wenn es so beschaffen ist, daß seine Ankündigung geeignet ist, einen besonnenen Menschen zu dem mit der Drohung bezweckten Verhalten zu veranlassen.

Z. B. Androhung von zukünftiger Gewaltanwendung, Androhung des öffentlichen Bekanntmachens einer Straftat, Androhung der Entlassung usw.

**2.3.4.7.2.4 Rechtswidrigkeit**

Grundsätzlich wird bei einer tatbestandsmäßigen Handlung die Rechtswidrigkeit indiziert.

§ 240 StGB ist davon allerdings eine Ausnahme. Das Vorliegen des Tatbestandes besagt bezüglich der Rechtswidrigkeit noch nichts. Ob die Handlung auch rechtswidrig ist, steht noch offen. § 240 StGB wird deshalb auch als *offener Tatbestand* bezeichnet.

Die Rechtswidrigkeit muß besonders geprüft werden.

Wann die Rechtswidrigkeit des Tatbestandes vorliegt, ergibt sich aus § 240 Abs. 2 StGB.

*„Rechtswidrig ist die Tat, wenn die Anwendung der Gewalt oder die Androhung des Übels zu dem angestrebten Zweck als verwerflich anzusehen ist."*

Dies kann nur im Einzelfall beurteilt werden.

Es muß dazu das *Verhältnis*

*Angewandtes Mittel ... Angestrebter Zweck*

untersucht werden.

Verwerflich bedeutet nach der Anschauung der Allgemeinheit eindeutig sittlich zu mißbilligen.

*Beispiele*

- Blockade einer Werksausfahrt mit PKWs um die Wiedereinstellung eines zu Recht entlassenen Mitarbeiters zu erreichen.

  Mittel: Blockieren des Werksverkehrs
  Zweck: Wiedereinstellung des Entlassenen
  Ergebnis: Verwerflich!

- Einem Dieb mit der Polizei drohen, wenn er nicht die Hälfte seiner Beute abgibt.

  Mittel: Drohung mit einem empfindlichen Übel, Polizei für den Dieb
  Zweck: Anteil an der Diebesbeute zu erhalten
  Ergebnis: Verwerflich!

- Mit Strafanzeige drohen, wenn gestohlene Sache nicht unverzüglich zurückgegeben wird.

  Mittel: Drohung mit einem empfindlichen Übel
  Zweck: Zurückerhalten des Eigentums
  Ergebnis: Nicht verwerflich!

- Gewaltsame Verhinderung eines Selbstmords

  Mittel: Gewalt
  Zweck: Erhalt von Leben
  Ergebnis: Nicht verwerflich!

#### 2.3.4.7.2.5 Besondere Vorsicht

Besondere Vorsicht ist bei Befragungen durch den Werkschutz sowie der Zustimmung eines Mitarbeiters zur Nachschau in dessen Wohnung geboten. Daher Zustimmung zur Nachschau sich schriftlich bestätigen lassen und bei Widerruf Nachschau abbrechen. Ggf. Polizei bei dringendem Tatverdacht verständigen. Bei solchen Maßnahmen wird dem Werkschutz sehr leicht der Vorwurf der Nötigung gemacht.

Dies glaubhaft zu widerlegen, ist, wie die Praxis zeigt, nicht immer leicht.

### 2.3.4.8 Urkundenfälschung § 267 StGB

#### 2.3.4.8.1 Vorbemerkung

- Geschütztes Rechtsgut ist die Sicherheit und Zuverlässigkeit des Rechtsverkehrs.
  Es soll durch diese Strafvorschrift sichergestellt werden, daß man sich auf die Richtigkeit von Urkunden verlassen kann.

#### 2.3.4.8.2 Gesetzestext

§ 267 StGB Urkundenfälschung

*(1) Wer zur Täuschung im Rechtsverkehr eine unechte Urkunde herstellt, eine echte Urkunde verfälscht oder eine unechte oder verfälschte Urkunde gebraucht, wird mit Freiheitsstrafe bis zu fünf Jahren oder mit Geldstrafe bestraft.*

*(2) Der Versuch ist strafbar.*

*(3) In besonders schweren Fällen ist die Strafe nicht unter einem Jahr.*

#### 2.3.4.8.3 Tatbestandsmerkmale

#### 2.3.4.8.3.1 Urkunde

Der § 267 StGB definiert den Begriff der Urkunde nicht, sondern setzt ihn voraus.

Die Rechtsprechung hat diese Lücke gefüllt. Danach hat eine Urkunde fünf Merkmale:

*1. Eine verkörperte Gedankenerklärung*
(Ein Gedanke wird z. B. auf Papier verkörpert.)

*2. Allgemein oder wenigstens für Eingeweihte verständlich.*
(Eingeweihte sind Personen, die sich mit einer speziellen Materie auskennen, z. B. Eichzeichen, Inventurlisten usw.)

*3. Zum Beweis geeignet*
(d. h. geeignet, etwas zu beweisen, was außerhalb der Urkunde liegt!)
Wertzeichen wie Briefmarken und Zahlungsmittel haben keine Beweiskraft über sich selbst hinaus und sind damit keine Urkunden.

*4. Zum Beweis bestimmt*
(Grund für die Anfertigung muß sein, daß die Erklärung zukünftig zu Beweiszwecken herangezogen werden kann.)

*5. Erkennbarkeit des Ausstellers*
(an der Unterschrift oder an sonstigen Umständen, ja sogar ausreichend, wenn er aus dem Zusammenspiel verschiedener Umstände erkennbar ist.)
Z. B. Erkennbar am Handzeichen oder an der Gepflogenheit, daß nur die servierende Bedienung Striche auf dem Bierdeckel anbringt.

Beispiele für Urkunden

- Geburtsurkunde
- Reisepass
- Schulzeugnis
- Kfz-Kennzeichen mit Stempel
- Jeder Eintrag im Wachbuch
- Stempelkarte
- Lieferschein
- Auszahlungsanweisung

**2.3.4.8.3.2 Tathandlung**

§ 267 StGB kennt *drei Begehungsarten* der Urkundenfälschung:

- Eine unechte Urkunde herstellen
- Eine echte Urkunde verfälschen
- Eine unechte oder verfälschte Urkunde gebrauchen.

Dazu nun im einzelnen:

- *Eine unechte Urkunde herstellen*

  Unecht ist eine Urkunde, wenn sie nicht von dem Aussteller stammt, von dem sie herzustammen scheint.

Z. B. X fertigt sich einen Gesellenbrief und unterzeichnet ihn mit IHK A-Stadt.

Die Urkunde scheint von der IHK A-Stadt zu stammen, in Wirklichkeit stammt sie aber von X. Die Urkunde ist unecht. X hat eine unechte Urkunde hergestellt.

- *Eine echte Urkunde verfälschen*

  Eine Urkunde ist echt, wenn sie von dem Aussteller stammt, von dem sie herzustammen scheint.

  Verfälschen bedeutet nun, den Inhalt und damit die Beweisrichtung der echten Urkunde zu verändern.

  Z. B. X hat einen Gesellenbrief der IHK B-Stadt als Elektriker. Er möchte sich jedoch verändern und benötigt dazu einen Gesellenbrief als Schreiner. Deshalb ändert er seine echte Urkunde entsprechend ab.

  Die Urkunde war echt. Der Inhalt und damit die Beweisrichtung wurden verändert. Die echte Urkunde ist verfälscht.

- *Eine unechte oder verfälschte Urkunde gebrauchen*

  Damit soll auch der Täter erfaßt werden, der zwar weder die unberechtigte Herstellung noch die Verfälschung vornimmt, aber durch Benützung der „gefälschten" Urkunde den Vorteil daraus in Anspruch nehmen möchte.

  Ein „Gebrauchen" liegt bereits dann vor, wenn der Täter alles auf seiner Seite Erforderliche getan hat, daß der zu Täuschende in die Urkunde Einsicht nehmen kann.

  Es ist ausreichend, sie mit der Post zum Empfänger auf den Weg zu bringen. Hier liegt dann schon ein „Gebrauchen" vor.

#### 2.3.4.8.3.3 Zur Täuschung im Rechtsverkehr

Der Täter einer Urkundenfälschung muß die Absicht haben, mit der „gefälschten" Urkunde im rechtlichen Verkehr zu täuschen, also eine andere Person zur Abgabe einer rechtlich erheblichen Erklärung zu veranlassen, die ohne Verwendung der „gefälschten" Urkunde so nicht abgegeben worden wäre.

In seltenen Ausnahmefällen fehlt es an dieser Absicht, z. B. wenn der Täter nur zur Hebung des Selbstbewußtseins sich „Leistungsurkunden" anfertigt. Auch die Anhebung des Ansehens im Bekanntenkreis reicht zur Täuschungsabsicht nicht aus, wenn sich daran nicht irgendwelche Rechtsbeziehungen (z. B. Kreditverträge, Kaufverträge, Arbeitsverträge usw.) anknüpfen.

#### 2.3.4.8.3.4 Weitergehende Hinweise

- In den meisten Fällen folgt der Herstellung oder Verfälschung der Urkunde auch der Gebrauch. Es sollten dann beide vorliegenden Tatbestandsalternativen angeführt werden.
- Im Gebrauchen liegt oftmals gleichzeitig ein Betrug nach § 263 StGB, der bei der Fallbearbeitung meist übersehen wird.
- Auf eine in der Praxis immer wichtiger werdende Vorschrift, den § 268 StGB (Fälschung technischer Aufzeichnungen), soll nur hingewiesen werden, da diese Vorschrift nicht zum Prüfungsstoff gehört.

### 2.3.4.9 Betrug § 263 StGB

#### 2.3.4.9.1 Vorbemerkung

- Geschütztes Rechtsgut ist fremdes Vermögen.
- Betrug ist eine der schwierigsten Vorschriften des StGB. Es kann und soll in diesem Zusammenhang nur ein kurzer Überblick gegeben werden.

#### 2.3.4.9.2 Gesetzestext

§ 263 StGB Betrug

*(1) Wer in der Absicht, sich oder einem Dritten einen rechtswidrigen Vermögensvorteil zu verschaffen, das Vermögen eines anderen dadurch beschädigt, daß er durch Vorspiegelung falscher oder durch Entstellung oder Unterdrückung wahrer Tatsachen einen Irrtum erregt oder unterhält, wird mit Freiheitsstrafe bis zu fünf Jahren oder mit Geldstrafe bestraft.*

*(2) Der Versuch ist strafbar.*

*(3) In besonders schweren Fällen ist die Strafe Freiheitsstrafe von einem Jahr bis zu zehn Jahren.*

*(4) § 243 Abs. 2 sowie die §§ 247 und 248a gelten entsprechend.*

*(5) . . .*

#### 2.3.4.9.3 Tatbestandsmerkmale

Der Tatbestand des Betruges ist einfacher zu erfassen, wenn man nicht von dem sehr komplizierten und unvollständigen Gesetzestext ausgeht, sondern sich die von der Rechtsprechung erarbeiteten Merkmale einprägt. Dies sind:

1. Täuschungshandlung
2. Irrtumserregung
3. Vermögensverfügung
4. Vermögensschaden
5. rechtswidrige Bereicherungsabsicht

Nun zu den Merkmalen im einzelnen:

*1. Täuschungshandlung*

Typische Betrugshandlung ist die Täuschung. Es muß über Tatsachen getäuscht werden.

Tatsachen sind Umstände, die in der Vergangenheit oder in der Gegenwart liegen und damit in gewisser Weise überprüfbar sind.

Nicht Tatsachen sind Umstände, die in der Zukunft liegen, so Prognosen oder Chancen.

Die Täuschung kann durch Vorspiegelung falscher Tatsachen, Entstellung oder Unterdrückung wahrer Tatsachen erfolgen.

Z. B.

- Glaubhaft machen, daß es sich um einen goldenen Ring handelt
- Falsche Eintragungen in der Reisekostenabrechnung
- Bestellung im Gasthaus aufgeben, obwohl Gast zahlungsunfähig ist
- Schweren Unfall eines PKW dem Käufer verschweigen

*2. Irrtumserregung*

Durch die Täuschungshandlung wird beim Gegenüber ein Irrtum erregt oder unterhalten.

Irrtum ist eine unrichtige Vorstellung von der Wirklichkeit.

Z. B.

- Käufer glaubt, daß es sich um einen goldenen Ring handelt
- Reisekostenabrechner glaubt, daß Spesen in dieser Höhe entstanden sind
- Bedienung glaubt, daß der Gast bezahlen kann
- Käufer glaubt, daß der PKW unfallfrei ist

*3. Vermögensverfügung*

Aufgrund des Irrtums verfügt der Getäuschte über einen Vermögenswert. Ohne Irrtum hätte er dies nicht getan.

Z. B.

- Übergabe von Geld
- Anweisung der Spesenbeträge
- Servieren von Speisen und Getränken
- Unterschreiben eines Kaufvertrages

*4. Vermögensschaden*

Ein Vermögensschaden liegt vor, wenn der Verfügende nach der Verfügung schlechter steht als vorher.

D. h. wenn kein dem weggegebenen Vermögenswert entsprechender neuer Posten einkommt.

Z. B.

- DM 500 gegen „vergoldete“ Uhr
- Nicht entstandene Spesenbeträge wurden überwiesen
- Zeche wird nicht bezahlt
- Wegen Unkenntnis des Unfallschadens wurden DM 2000 mehr bezahlt.

*5. Bereicherungsabsicht*

Die ganzen Bemühungen des Betrügers sind von der Absicht getragen, sich unerlaubt zu bereichern.

#### 2.3.4.9.4 Typisierung im Vergleich zu anderen Taten

- Der Dieb bricht fremden und begründet neuen Gewahrsam in rechtswidriger Zueignungsabsicht.
- Der Unterschlagende eignet sich eine Sache zu, die er in Alleingewahrsam hat.
- Der Betrüger täuscht, ruft dadurch einen Irrtum hervor und läßt sich die begehrte Sache geben, um sich rechtswidrig zu bereichern.

#### 2.3.4.9.5 Weiterführende Hinweise

Häufige Vortat des Betruges ist eine Urkundenfälschung. Der Betrüger verwendet die Urkunde als Täuschungsmittel.

### 2.3.4.10 Begünstigung § 257 StGB

#### 2.3.4.10.1 Vorbemerkung

- Geschütztes Rechtsgut ist die Rechtspflege und das Vermögen.
- Vgl. hierzu vor der weiteren Lektüre die Ausführungen zur Beihilfe (2.3.3.3.2.2).

#### 2.3.4.10.2 Gesetzestext

§ 257 StGB Begünstigung

*(1) Wer einem anderen, der eine rechtswidrige Tat begangen hat, in der Absicht Hilfe leistet, ihm die Vorteile der Tat zu sichern, wird mit Freiheitsstrafe bis zu fünf Jahren oder mit Geldstrafe bestraft.*

*(2) Die Strafe darf nicht schwerer sein als die für die Vortat angedrohte Strafe.*

*(3) Wegen Begünstigung wird nicht bestraft, wer wegen Beteiligung an der Vortat strafbar ist. Dies gilt nicht für denjenigen, der einen an der Vortat Unbeteiligten zur Begünstigung anstiftet.*

*(4) Die Begünstigung wird nur auf Antrag, mit Ermächtigung oder auf Strafverlangen verfolgt, wenn der Begünstiger als Täter oder Teilnehmer der Vortat nur auf Antrag, mit Ermächtigung oder auf Strafverlangen verfolgt werden könnte. § 248a gilt sinngemäß.*

### 2.3.4.10.3 Tatbestandsmerkmale

- Wer einem anderen, der eine rechtswidrige Tat begangen hat

  Die Tat des anderen – die Vortat – muß abgeschlossen sein. Ist sie nicht abgeschlossen, so kommt nur Beihilfe in Betracht.

- Hilfe leistet

  Hilfeleistung ist jede Art von Unterstützung, die dem Vortäter zur Erreichung seines Zieles weiterhilft.

  Sie kann durch Rat oder Tat erfolgen.

  Z. B.

  - Verwahrung des Diebesgutes
  - Ratschläge zum Verbergen des Diebesgutes
  - Irreführen der ermittelnden Beamten

- In der Absicht, dem Täter die Vorteile der Tat zu sichern

  Der Begünstiger braucht kein eigenes Interesse an der Hilfeleistung zu haben. Es reicht, wenn er völlig uneigennützig dem Täter die erlangten Vorteile erhalten will.

### 2.3.4.10.4 Abgrenzung Begünstigung – Beihilfe

In beiden Fällen wird Hilfe durch Rat oder Tat geleistet.
Die Abgrenzung sieht wie folgt aus:

vor der Tat ... Beihilfe

während der Tat ... Beihilfe

nach der Tat ... Begünstigung

### 2.3.4.11 Hehlerei § 259 StGB

### 2.3.4.11.1 Vorbemerkung

- Geschütztes Rechtsgut ist das Vermögen.

### 2.3.4.11.2 Gesetzestext

§ 259 StGB Hehlerei

*(1) Wer eine Sache, die ein anderer gestohlen hat oder sonst durch eine gegen fremdes Vermögen gerichtete rechtswidrige Tat erlangt hat, ankauft oder*

*sonst sich oder einem Dritten verschafft, sie absetzt oder absetzen hilft, um sich oder einen Dritten zu bereichern, wird mit Freiheitsstrafe bis zu fünf Jahren oder mit Geldstrafe bestraft.*

*(2) Die §§ 247 und 248a gelten sinngemäß.*

*(3) Der Versuch ist strafbar.*

### 2.3.4.11.3 Tatbestandsmerkmale

- *Sache*

  Vgl. Ausführungen beim Diebstahl 2.3.4.2ff.

- *Die ein anderer gestohlen hat oder sonst durch eine gegen fremdes Vermögen gerichtete rechtswidrige Tat erlangt hat.*

  Die Hehlerei setzt eine Vortat voraus. Diese kann zum Beispiel

  - ein Diebstahl nach §§ 242, 243, 244 StGB oder
  - eine Unterschlagung § 246 StGB oder
  - ein Betrug § 263 StGB oder
  - ein Raub § 249 StGB

  sein.

  Häufig wird dies der Hehler nicht positiv wissen. Dies ist auch nicht erforderlich. Es reicht aus, wenn er aufgrund der Umstände annehmen muß, daß mit der Sache „etwas" nicht stimmt (Nachweis des Wissens oder Wissenmüssens – subjektiver Tatbestand – in der Praxis wichtig).

  Ergeben sich bestimmte Momente der Unsicherheit, so mutet man einem Erwerber die Pflicht zur Nachfrage und zur Rückversicherung zu.

  Umstände, aus denen sich Bedenken ergeben, sind z. B.

  - eine Privatperson verkauft fabrikneue Einrichtungsgegenstände (Zahlungsbeleg vorlegen lassen).
  - ein Mitarbeiter einer Firma will 1000 Kugellager an eine Kfz-Werkstatt veräußern.
  - ein Mitarbeiter einer Firma bietet Autoradios zu ca. 20% des üblichen Preises an.

- *Tathandlung*

  - Ankaufen (Erwerb der Ware gegen Geld)
  - Auf sonstige Weise Verschaffen (alle anderen Möglichkeiten, die Sache zu erhalten, außer Bezahlung. Z. B. Schenken lassen, Eintauschen, Entleihen usw.).

  - Absetzen (für den Vortäter veräußern)
  - Absetzen helfen (bei der Veräußerung durch Rat und Rat mithelfen)
- *Bereicherungsabsicht*

  Der Hehler tut dies alles nur in der Absicht, sich oder einen Dritten zu bereichern.

### 2.3.4.12 Echte Unterlassungsdelikte

Die meisten Straftaten werden durch aktives Tun begangen (Schlagen, Schießen, Wegnehmen usw.)

Die überwiegende Zahl der Straftatbestände verbietet ein bestimmtes Tun bzw. stellt dieses Tun unter Strafe.

Diese Straftaten nennt man Begehungsdelikte.

Einige Straftatbestände drohen eine Strafe für den Fall an, daß eine bestimmte im Gesetz beschriebene Handlung nicht vorgenommen wird, also unterlassen wird.

Diese Straftaten nennt man Unterlassungsdelikte.

Da bei diesen Straftaten im Gesetz das Unterlassen ausdrücklich angeführt ist, nennt man sie „echte Unterlassungsdelikte".

Echte Unterlassungsdelikte sind:

§ 138 StGB Nichtanzeige geplanter Straftaten
§ 323c StGB Unterlassene Hilfeleistung
§ 123 StGB Hausfriedensbruch (unbefugtes Verweilen) – siehe 2.3.4.1.

### 2.3.4.12.1 Nichtanzeige geplanter Straftaten § 138 StGB

#### 2.3.4.12.1.1 Vorbemerkung

- Geschütztes Rechtsgut ist die staatliche Rechtspflege wie auch das durch die geplante Straftat gefährdete Rechtsgut.
- Die Rechtsordnung kennt für den Bürger keine umfassende Anzeigepflicht.

§ 138 StGB ist eine Ausnahmevorschrift. Eine Anzeigepflicht besteht nur dann, wenn die dortigen Voraussetzungen vorliegen, sonst nicht.

#### 2.3.4.12.1.2 Gesetzestext

§ 138 StGB Nichtanzeige geplanter Straftaten.

*(1) Wer von dem Vorhaben oder der Ausführung*
  *1. einer Vorbereitung eines Angriffskrieges (§ 80),*
  *2. eines Hochverrats in den Fällen der §§ 81 bis 83 Abs. 1,*

*3. eines Landesverrats oder einer Gefährdung der äußeren Sicherheit in den Fällen der §§ 94 bis 96, 97a oder 100,*

*4. einer Geld- oder Wertpapierfälschung in den Fällen der §§ 146, 151, 152 oder einer Fälschung von Vordrucken für Euroschecks oder Euroscheckkarten in den Fällen des § 152 Abs. 1 Nr. 1, Abs. 2 oder 3,*

*5. eines Menschenhandels in den Fällen des § 181 Nr. 2,*

*6. eines Mordes, Totschlags oder Völkermordes (§§ 211, 212, 220a),*

*7. einer Straftat gegen die persönliche Freiheit in den Fällen der §§ 234, 234a, 239 oder 239b,*

*8. eines Raubes oder einer räuberischen Erpressung (§§ 249 bis 251, 255) oder*

*9. einer gemeingefährlichen Straftat in den Fällen der §§ 306 bis 308, § 310b Abs. 1 bis 3, des § 311 Abs. 1 bis 3, des § 311a Abs. 1 bis 3, der §§ 311b, 312, 313, 315 Abs. 3, des § 315b Abs. 3, der §§ 316a, 316c oder 319*

*zu einer Zeit, zu der die Ausführung oder der Erfolg noch abgewendet werden kann, glaubhaft erfährt und es unterläßt, der Behörde oder dem Bedrohten rechtzeitig Anzeige zu machen, wird mit Freiheitsstrafe bis zu fünf Jahren oder mit Geldstrafe bestraft.*

*(2) Ebenso wird bestraft, wer von dem Vorhaben oder der Ausführung einer Straftat nach § 129a zu einer Zeit, zu der die Ausführung noch abgewendet werden kann, glaubhaft erfährt und es unterläßt, der Behörde unverzüglich Anzeige zu erstatten.*

*(3) Wer die Anzeige leichtfertig unterläßt, obwohl er von dem Vorhaben oder der Ausführung der rechtswidrigen Tat glaubhaft erfahren hat, wird mit Freiheitsstrafe bis zu einem Jahr oder mit Geldstrafe bestraft.*

### 2.3.4.12.1.3 Tatbestandsmerkmale

– *Katalogstraftaten*

Anzeigepflichtig nach § 138 StGB sind nur die dort im Katalog genannten Vorhaben.

Von praktischer Bedeutung sind dort vor allem die Nr. 6 bis Nr. 9.

– *Glaubhaft Erfahren vom Vorhaben oder der Ausführung*

Ausführung der Tat ist die Tatdurchführung.

Von einem Vorhaben spricht man, wenn ein ernsthafter Plan zu einer bestimmten Tat vorliegt. Die Tat muß in groben Umrissen feststehen.

Z. B. morgen einen Sprengstoffanschlag auf die XY-Werke durchführen.

Ein glaubhaftes Erfahren liegt vor, wenn die Tat für möglich gehalten wird oder nach der Sachkunde des Erfahrenden und den Umständen hätte für möglich gehalten werden müssen.

Bloße unverbürgte Gerüchte reichen nicht aus, können sich aber u. U. bei einer Nachforschung als für die Anzeigepflicht ausreichend bestätigen.

– *Zu einer Zeit, zu der die Ausführung oder der Erfolg noch abgewendet werden kann.*

Das ist immer der Fall vor der Tat. Es reicht aus, wenn ein Teilerfolg abgewendet werden kann.

Z. B. Passant stellt fest, wie ein Molotow-Cocktail durch ein Lagerhallenfenster geworfen wird. Durch sofortige „Anzeige“ kann ein Teil des zu erwartenden Brandschadens noch abgewendet werden.

Ausgeschlossen wird damit die Anzeigepflicht dort, wo der strafrechtliche Erfolg endgültig eingetreten ist. Der Fund einer Leiche fällt deshalb nicht unter § 138 StGB.

Natürlich darf und sollte auch in einem solchen Fall eine Anzeige erstattet werden, aber der § 138 StGB enthält dazu keine Pflicht.

– *Unterlassen rechtzeitiger Anzeige an die Behörde oder den Bedrohten.*

Anzeige bedeutet die Mitteilung des gesamten Wissens um die geplante Straftat, so daß Gegenmaßnahmen ergriffen werden können.

Die Anzeige ist an die Behörde (Polizei) oder den Bedrohten zu richten. Es kann bis auf wenige Ausnahmefälle zwischen den beiden Adressaten frei gewählt werden. Eine freie Wahl besteht nicht, wenn z. B. die Mitteilung an die Behörde zu spät käme (Schütze hat auf sein Opfer bereits angelegt) oder eine Mitteilung an den Bedrohten keinen Erfolg verspricht (z. B. volltrunken und kann den Sinn nicht erfassen).

Die Anzeige ist rechtzeitig zu erstatten, d. h. so frühzeitig, daß die Ausführung der Straftat und ihr Erfolg noch verhindert werden können.

Was rechtzeitig ist, richtet sich nach dem Einzelfall. Es muß berücksichtigt werden, daß behördliche Maßnahmen in der Regel beachtliche Anlaufzeiten haben. Da dies vom Anzeigepflichtigen oft nicht kalkuliet werden kann, sollte die Anzeige im eigenen Interesse möglichst frühzeitig erfolgen.

#### 2.3.4.12.1.4 Ausnahme

– Nicht anzeigepflichtig ist der Alleinbedrohte (A droht dem B mit Ermordung, keine Anzeigepflicht des B).

Dies ergibt sich auch aus dem Wortlaut des Tatbestandes.

- Ebenfalls nicht anzeigepflichtig sind Täter, Anstifter und Gehilfen der geplanten Tat.

**2.3.4.12.1.5 Weitergehende Hinweise**

- § 139 StGB enthält gewisse Ausnahmefälle von der Anzeigepflicht.
- Neben § 138 StGB ergibt sich für den Werkschutz aufgrund seiner Tätigkeit (u. a. aus der arbeitsvertraglichen Treuepflicht sowie der Dienstanweisung) eine umfassende Berichtspflicht. Ist die Firma bedroht, so wird durch die Mitteilung an den Vorgesetzten sowohl die arbeitsvertragliche wie auch die Pflicht nach § 138 StGB erfüllt.

**2.3.4.12.2 Unterlassene Hilfeleistung § 323c StGB**

**2.3.4.12.2.1 Vorbemerkung**

- Geschützt durch den § 323c StGB werden die durch die Hilfeleistungssituation bedrohten Rechtsgüter.

  Das Gesetz geht davon aus, daß sich aus dem Zusammenleben der Menschen eine Pflicht zur gegenseitigen Hilfeleistung, die kein erhebliches Risiko in sich birgt, ergibt.
- Die Vorschrift ist 1980 lediglich von § 330c StGB in § 323c StGB umbenannt worden, eine inhaltliche Änderung hat sie nicht erfahren.

**2.3.4.12.2.2 Gesetzestext**

§ 323c StGB Unterlassene Hilfeleistung

*Wer bei Unglücksfällen oder gemeiner Gefahr oder Not nicht Hilfe leistet, obwohl dies erforderlich und ihm den Umständen nach zuzumuten, insbesondere ohne erhebliche eigene Gefahr und ohne Verletzung anderer wichtiger Pflichten möglich ist, wird mit Freiheitsstrafe bis zu einem Jahr oder mit Geldstrafe bestraft.*

**2.3.4.12.2.3 Tatbestandsmerkmale**

- *Ausgangssituation*

  Unterlassene Hilfeleistung kommt nur bei Unglücksfällen, gemeiner Gefahr oder Not in Betracht.

  *Unglücksfall*

  Unglücksfall ist ein plötzlich eintretendes Ereignis, das zu einer erheblichen Gefahr für Menschen oder größere Sachwerte führt.

  Z. B. Verkehrsunfall mit Verletzten, Zusammenbrechen eines Betrunkenen auf dunkler Straße, Arbeitsunfall mit Verletzten, Gasrohrbruch usw.

*Gemeine Gefahr*

vgl. hierzu Ausführungen bei § 243 Abs. 1 Nr. 6 StGB, Ziff. 2.3.4.2.2.2.5.

*Gemeine Not*

ist eine die Allgemeinheit betreffende Notlage.
Z. B. Ausfall der Wasserversorgung, Schneekatastrophe usw.
Die gemeine Not ist kaum von praktischer Bedeutung.

- *Erforderlichkeit der Hilfeleistung*

  Hilfeleistung ist erforderlich, wenn sich die Betroffenen selbst nicht mehr wirksam helfen können (z. B. verletzt sind, unter Schockwirkung stehen, im Moment nicht alles Erforderliche tun können usw.) und andere, insbesondere Rettungsdienste, noch nicht an Ort und Stelle sind.

- *Hilfeleistung muß möglich und zumutbar sein*

  Es wird nicht verlangt, was der Verpflichtete nicht kann.
  Z. B. Nichtschwimmer braucht nicht ins Wasser zu springen, um Ertrinkenden zu retten.

  Zumutbar ist die Hilfeleistung dann, wenn dies ohne erhebliche eigene Gefahr und ohne Verletzung anderer wichtiger Pflichten möglich ist.

  Erhebliche eigene Gefahr ergibt sich z. B. bei der Bergung von Personen aus brennenden Gebäuden. Gefahr, die noch nicht erheblich ist, muß hingegen schon auf sich genommen werden (z. B. Risiken des Straßenverkehrs).

  Bei der Beurteilung der anderen wichtigen Pflichten muß eine Abwägung gegen die bedrohten Rechtsgüter aus der die Hilfe erfordernden Situation vorgenommen werden.

  Handelt es sich um verletzte Personen, so sind kaum so wichtige Pflichten denkbar, als daß diese nicht vorübergehend vernachlässigt werden könnten (denkbar bei einem Arzt, der zur Versorgung eines Schwerkranken fährt).

- *Art der Hilfeleistung*

  Das Gesetz sagt über die Art der Hilfeleistung nichts aus. Aus dem Sinn der Vorschrift ergibt sich aber, daß die *bestmögliche Hilfe* zu leisten ist. Es ist nicht in jedem Fall ausreichend, sich nur auf die Verständigung von Hilfsdiensten zurückzuziehen. Ein Zurückziehen auf niedrigere Stufen der Hilfeleistung ist erst dann zulässig, wenn die beste Form der Hilfeleistung nicht möglich oder nicht zumutbar ist.

### 2.3.4.12.2.4 Weitergehende Hinweise

Der § 323c StGB stellt hinsichtlich der Pflicht zur Hilfeleistung nur Mindestbedingungen auf.

Es steht dem Werkschutz jedoch gut an, auch darüber hinaus etwas zu tun. Die besondere Ausbildung, insbesondere in den Bereichen der ersten Hilfe wie auch die berufliche Erfahrung in kritischen Situationen bringt aber eine sicherlich nur moralische Verpflichtung mit sich.

### 2.3.4.13 Mißbrauch von Notrufen und Beeinträchtigung von Unfallverhütungs- und Nothilfemitteln § 145 StGB

#### 2.3.4.13.1 Vorbemerkung

Geschützt ist nach Abs. 1 die Allgemeinheit vor Irreführung und davor, daß fremde Hilfe, insbesondere durch Hilfsorganisationen, nicht durch unbegründete Notrufe davon abgehalten wird, einem begründeten Notruf Folge zu leisten.

Geschützt ist nach Abs. 2 die Wirksamkeit von Vorsorgemaßnahmen, die zur Verhütung oder Bewältigung von Unglücksfällen oder von gemeiner Not und Gefahr getroffen worden sind.

#### 2.3.4.13.2 Gesetzestext

*(1) Wer absichtlich oder wissentlich*

*1. Notrufe oder Notrufzeichen mißbraucht oder*

*2. vortäuscht, daß wegen eines Unglücksfalles oder wegen gemeiner Not oder Gefahr die Hilfe anderer erforderlich sei,*

*wird mit Freiheitsstrafe bis zu einem Jahr oder mit Geldstrafe bestraft.*

*(2) Wer absichtlich oder wissentlich*

*1. die zur Verhütung von Unglücksfällen oder gemeiner Gefahr dienenden Schutzvorrichtigungen oder Warn- oder Verbotszeichen beseitigt, unkenntlich macht oder in ihrem Sinn entstellt oder*

*2. die zur Verhütung von Unglücksfällen oder gemeiner Gefahr dienenden Schutzvorrichtungen oder die zur Hilfeleistung bei Unglücksfällen oder gemeiner Gefahr bestimmten Rettungsgeräte oder anderen Sachen beseitigt, verändert oder unbrauchbar macht,*

*wird mit Freiheitsstrafe bis zu zwei Jahren oder mit Geldstrafe bestraft, wenn die Tat nicht in den §§ 303 oder 304 mit Strafe bedroht ist.*

#### 2.3.4.13.3 Tatbestandsmerkmale

In beiden Fällen ist Vorsatz Voraussetzung der Strafbarkeit.

Zu Abs.1:
Der Notruf bzw. das Notzeichen müssen ohne Vorliegen einer gemeinen Not (z. B. Brandgefahr, Überschwemmungsgefahr, Gefahr durch Austreten giftiger Gase) oder eines Unglücksfalles abgegeben worden sein. Not oder schwerer

Unfall (Notfall) sind vorgetäuscht z. B. durch grundloses Auslösen eines Feueralarms mittels Feuermelder, durch Auslösung von Bombenalarm mittels Sirene oder anderer Alarmmitteln, obwohl eine solche Gefahr nicht vorliegt.

Strafbar ist ferner, wer auf andere Weise (z. B. durch Zuruf, telefonischen Anruf) einen Unglücksfall oder gemeine Not und Gefahr vortäuscht, bei der die Hilfe anderer erforderlich wäre, z. B. wegen eines angeblichen Unfalls mit schwerem Personenschaden im Kraftfahrzeugverkehr oder durch telefonische Mitteilung eines angeblichen Hauseinsturzes. Auch die Alarmierung eines Notarztwagens wegen eines nicht eingetretenen Herzinfarkts eines Betrunkenen ist verboten.

Dabei darf nicht außer acht gelassen werden, daß möglicherweise nervöse, überängstliche Personen, technische oder medizinische Laien falschen Alarm auslösen; sie bleiben mangels Vorsatzes straffrei.

Zu Abs. 2:

Verboten ist die Beseitigung, Unkenntlichmachung von Warnungs- und Verbotsschildern (z. B. Entfernung eines Stoppschildes, die Entfernung oder Unkenntlichmachung z. B. durch Überstreichen eines Rauchverbotsschildes in der Nähe feuergefährlicher Anlagen oder Gegenstände, von Warnungs- oder Verbotsschildern an elektrischen Anlagen, Beseitigung oder Unkenntlichmachung von Warnzeichen auf Behältern mit leicht entflammbaren, radioaktiven oder giftigen Materialien.

Nicht nach dieser Vorschrift verboten ist die Entfernung eines Parkschildes, durch dessen Wegnahme keine Gefahr entsteht, oder das Entfernen eines Rauchverbotsschildes, das nur im Interesse von Nichtrauchern angebracht wurde.

Das Verbot der Beseitigung, Veränderung oder Unbrauchbarmachung von Schutzvorrichtungen zur Verhütung von Unglücksfällen oder von gemeiner Not und Gefahr umfaßt das große Gebiet der Schutzvorrichtungen im Sinne der Unfallverhütungsvorschriften, z. B. Schutzblech an einer Fräsmaschine, Vorrichtungen an einer Presse, die diese zum Stillstand bringt, wenn Fremdkörper in sie geraten sind, Geländer an Übergängen oder sonstigen gefährlichen Stellen usw. Sie dürfen nicht beseitigt oder funktionsunfähig gemacht werden.

Unter das Verbot der Beseitigung, Unbrauchbarmachung usw. fallen ferner die verschiedenen Rettungsmittel, insbesondere diejenigen, die zur sofortigen Hilfe durch Sanitätsabteilungen und Feuerwehr bestimmt sind, z. B. Sanitätskästen, Krankentragen, Atemschutzgerät, aber auch Rettungsringe, Wurfleinen usw.

Beseitigen heißt die Wegnahme dieser Geräte, auch ihre Verbringung an Orte in zu großer räumlicher Entfernung, Wegschließen, so daß sie im Bedarfsfall nicht zugänglich sind.

Verändern kann z. B. bedeuten, daß sie nicht mehr als Rettungsmittel gekennzeichnet sind und daher als solche nicht erkannt werden können. Verändern kann aber auch Unbrauchbarmachen bedeuten, z. B. die Wegnahme von Teilen (Filtern und Ventilen bei Atemschutzgerät), ferner Irreführung durch falsche Aufschriften, z. B. „Kohlensäure" statt „Atemluft" oder die Aufstellung nur scheinbar brauchbaren Geräts, z. B. leerer Handfeuerlöscher.

#### 2.3.4.13.4 Gesetzeskonkurrenz

Gegenüber der Sachbeschädigung (§§ 303, 304) tritt Abs. 2 (Beschädigung von Warnzeichen, Schutzvorrichtungen, Rettungsmitteln) zurück, aber je nach den Folgen der Tat ist z. B. auch Bestrafung wegen fahrlässiger Tötung (§ 222), fahrlässiger Körperverletzung (§ 230), gefährlichen Eingriffs in den Bahn-, Schiffs- oder Luftverkehr (§ 315) oder gefährlichen Eingriffs in den Straßenverkehr (§ 325 b) möglich.

### 2.3.4.14 Verletzung der Vertraulichkeit des Wortes § 201 StGB

#### 2.3.4.14.1 Vorbemerkung

Geschützt ist der persönliche Lebens- und Geheimbereich (Intimsphäre), dessen Schutzwürdigkeit sich aus Art. 1 GG ergibt.

#### 2.3.4.14.2 Gesetzestext

§ 201 Verletzung der Vertraulichkeit des Wortes

*(1) Mit Freiheitsstrafe bis zu 3 Jahren oder mit Geldstrafe wird bestraft, wer unbefugt*

*1. das nichtöffentlich gesprochene Wort eines anderen auf einen Tonträger aufnimmt oder*

*2. eine so hergestellte Aufnahme gebraucht oder einem Dritten zugänglich macht.*

*(2) Ebenso wird bestraft, wer unbefugt*

*1. das nicht zu seiner Kenntnis bestimmte nichtöffentlich gesprochene Wort eines anderen mit einem Abhörgerät abhört oder*

*2. das nach Absatz 1 Nr. 1 aufgenommene oder nach Absatz 2 Nr. 1 abgehörte nichtöffentlich gesprochene Wort eines anderen im Wortlaut oder seinem wesentlichen Inhalt nach öffentlich mitteilt.*

*Die Tat nach Satz 1 Nr. 2 ist nur strafbar, wenn die öffentliche Mitteilung geeignet ist, berechtigte Interessen eines anderen zu beeinträchtigen. Sie ist nicht rechtswidrig, wenn die öffentliche Mitteilung zur Wahrnehmung überragender öffentlicher Interessen gemacht wird.*

*(3) . . .*

*(4) Der Versuch ist strafbar.*

*(5) Die Tonträger und Abhörgeräte, die der Täter oder Teilnehmer verwendet hat, können eingezogen werden. § 74a ist anzuwenden.*

**2.3.4.14.3 Tatbestandsmerkmale**

Die Straftat kann in dreifacher Weise begangen werden:

- durch die unbefugte Aufnahme des nichtöffentlich gesprochenen Wortes eines anderen auf einen Tonträger (z. B. Tonbandgerät, Video-Recorder, Film mit Tonspur).
- durch Gebrauch einer solchen Aufnahme oder deren Weitergabe an einen Dritten, auch wenn sie schon durch mehrere Hände gegangen ist.

  Jede dieser Handlungen (Aufnahme, Gebrauch, Weitergabe) begründet für sich eine strafbare Handlung.
- durch Abhören von Gesprächen, die nicht zu seiner Kenntnis bestimmt sind, mittels eines Abhörgerätes oder deren öffentliche Mitteilung.

**2.3.4.14.4 Begehungsmöglichkeiten bei der Aufnahme auf Tonträger**

Begehungsmöglichkeiten sind neben der unbefugten Aufnahme von Telefonaten die unbefugte Aufnahme privater oder geschäftlicher Äußerungen oder Besprechungen mittels heimlich mitgeführter oder eingebauter oder angeblich nicht eingeschalteter Tonaufnahmegeräte. Bei Tonaufnahmen ohne Wissen des Gesprächspartners ist zu unterstellen, daß die Aufnahme unbefugt ist. Letzteres gilt mit Sicherheit, wenn vertrauliche Behandlung des Gesprächs, der Konferenz erbeten oder zugesagt wurde.

**2.3.4.14.5 Ausnahmen**

Aus dem Gesetzestext ist zu entnehmen, daß derjenige, der zur Tonaufnahme befugt war, nicht rechtswidrig handelt.

Dies ist der Fall, wenn der Gesprächspartner einer Tonaufnahme zustimmt. Die Tonaufnahme von Äußerungen oder Befragungen durch den Ermittlungsdienst des Werkschutzes ist zulässig, wenn der betreffende Zeuge oder Tatverdächtige zuvor zugestimmt hat.

Ist die Aufnahme lediglich als Gedächtnisstütze genehmigt, so darf sie zu anderen Zwecken nicht gebraucht werden. Es kann zwar unterstellt werden, daß die Zustimmung zur Anfertigung einer Tonaufnahme auch die Zustimmung zur Gebrauchmachung und Weitergabe einschließt, aber es ist zweckmäßiger, mit der Zustimmung zur Aufnahme gleichzeitig die Zustimmung zur Gebrauchmachung einschl. der Anfertigung einer Niederschrift und der Weitergabe an Dritte (z. B. Geschäftsleitung, Personalwesen, Betriebsrat, Strafverfolgungsbehörden) einzuholen, damit Tonträger und davon gefertigte Kopien und Niederschriften ohne strafrechtliche Risiken verwendet werden können.

Nicht rechtswidrig handelt ferner, wer sich in einer Notwehrsituation i. S. d. § 32 StGB bzw. § 227 BGB oder im rechtfertigenden Notstand i. S. d. § 34 StGB befindet, wenn er kein anderes geeignetes Mittel zur Verteidigung des geschützten Rechtsgutes besitzt. Hier ist die Tonaufnahme auch ohne Zustimmung des anderen Teils zulässig.

Wenn der Inhaber eines Fernsprechanschlusses durch ständige telefonische Beleidigungen in seiner Ehre verletzt wird, wenn durch ständige nächtliche Anrufe seine oder die Gesundheit seiner Familie geschädigt wird, so ist die Tonaufnahme der Täterstimme ein legitimes Mittel zur Ermittlung des Täters zum Zwecke der Verhinderung weiterer Straftaten, zumal Fangschaltungen der Bundespost häufig nicht zur Ermittlung des Täters führen.

Erst recht gilt dies bei der anonymen Androhung schwerer Straftaten wie z. B. eines Bombenanschlags, einer Entführung usw. Eine Bombendrohung ist als Störung des öffentlichen Friedens durch Androhung von Straftaten i. S. d. § 126 Ziff. 6 StGB in Verbindung mit § 311 StGB als Androhung eines gemeingefährlichen Verbrechens strafbar. Je nach dem Inhalt des Anrufes kommen auch Nötigung (§ 240 StGB), Erpressung (§ 253 StGB) zum Zuge.

Die Tonaufnahme solcher Anrufe stellt sich auch als Notwehrhandlung dar, weil z. B. der mit einem solchen Anschlag bedrohte Betrieb dadurch am Vermögen geschädigt wird, daß er aufwendige Vorsorge- und Abwehrmaßnahmen, z. B. Räumung des Betriebes, treffen muß.

### 2.3.4.14.6 Begehungsmöglichkeiten mittels Abhörgeräten

In jedem Fall ist strafbar der sog. „Lauschangriff“ mit auch von Geheimdiensten verwendeten Geräten, z. B. heimlich eingebrachten Mikrophonen, Kleinstmikrophonen mit und ohne eigene Stromversorgung für drahtlose Übermittlung von Nachrichten („Wanzen“), Richtmikrophonen, Stethoskopen usw., also ausgesprochen konspirativen Lauschmitteln.

### 2.3.4.14.7 Ausnahmen

Das Verbot des Abhörens ist durch die Rechtsprechung insoweit eingeengt worden, als Mithöranlagen an Fernsprechern, die im Geschäfts- und Wirtschaftsleben üblich sind und zum Teil von der Bundespost angeboten werden, wie Zweithörer, Telefonverstärker (Lautsprecher), Telefon-Adapter, nicht mehr verboten sind. Ihr Gebrauch ist daher nicht strafbar, wenn folgendes beachtet wird:

Mitgehört werden darf auch mit erlaubten Mithörgeräten nicht, wenn

- man ausgesprochen intime Gespräche mithört und später verwendet,
- der andere Gesprächsteilnehmer zuvor ausdrücklich erklärt hat, er bitte um strengste Vertraulichkeit,
- das Gespräch bewußt auf die Täuschung des Gesprächspartners angelegt ist.

Wird durch eine Drittperson, die nicht zum Geschäftsbereich des Teilnehmers gehört, ein Ferngespräch mitgehört, so ist deren Aussage über den Inhalt des Gesprächs nicht gerichtsverwendbar (LG Kassel).

Die stenografische Aufnahme eines mit erlaubten Geräten mitgehörten Gesprächs ist nicht verboten.

#### 2.3.4.14.8 Einziehung der Geräte und Tonträger

Während in der Regel zur Einziehung eines zu einer Straftat verwendeten Gerätes Vorsatz des Eigentümers erforderlich ist (§ 74 StGB), können die verwendeten Geräte im vorliegenden Falle auch eingezogen werden, wenn der Eigentümer wenigstens leichtfertig zur Tat beigetragen hat und das Gerät zur Tatzeit in seinem Eigentum stand.

Ein firmeneigenes Gerät kann eingezogen werden, wenn die Geschäftsleitung dadurch leichtfertig handelte, daß sie das Gerät einem unzuverlässigen oder nicht über die gesetzlichen Grenzen unterrichteten Angestellten zum Gebrauch überließ und dieser eine verbotene Tonaufnahme anfertigte.

Ebenso können Gegenstände eingezogen werden, die in Kenntnis der Umstände, welche die Einziehung zugelassen hätten, in verwerflicher Weise erworben wurden, z. B. wenn Tonbandaufnahmen mit offensichtlich unbefugt aufgenommenen intimen Gesprächen durch Zahlung von Schmiergeldern erworben wurden (§ 74a StGB).

### 2.3.4.15 Unechte Unterlassungsdelikte § 13 StGB

#### 2.3.4.15.1 Vorbemerkung

- Vgl. Ausführungen zu den echten Unterlassungsdelikten.
- Auch Begehungsdelikte (also Delikte, bei denen ein bestimmtes Tun mit Strafe bedroht ist) können durch Unterlassen begangen werden. Sie werden unechte Unterlassungsdelikte genannt. Dies deshalb, weil im Gesetz bei diesen Delikten kein Gebot zum Handeln bzw. keine Strafandrohung für Unterlassen zu finden ist.

#### 2.3.4.15.2 Gesetzestext

§ 13 StGB Begehen durch Unterlassen

*(1) Wer es unterläßt, einen Erfolg abzuwenden, der zum Tatbestand eines Strafgesetzes gehört, ist nach diesem Gesetz nur dann strafbar, wenn er rechtlich dafür einzustehen hat, daß der Erfolg nicht eintritt, und wenn das Unterlassen der Verwirklichung des gesetzlichen Tatbestandes durch ein Tun entspricht.*

*(2) Die Strafe kann nach § 49 Abs. 1 gemildert werden.*

#### 2.3.4.15.3 Tatbestandsmerkmale

- Erfolgseintritt

  Eine Strafbarkeit durch Unterlassen kommt nur in Betracht, wenn ein strafrechtlicher Erfolg eingetreten ist.

  Ein strafrechtlicher Erfolg ist der mit der Begehung der Tat angestrebte Zustand.

  Z. B.

  - die Verletzung bei der Körperverletzung
  - der Tod beim Mord
  - die erfolgte Wegnahme beim Diebstahl
  - die Bereicherung beim Betrug

- Garantenpflicht

  Eine Bestrafung wegen eines Erfolgseintrittes durch Unterlassen kommt nur dann in Betracht, wenn für den Unterlassenden eine besondere Pflicht zum Handeln bestanden hat. Diese besondere Pflichtenstellung nennt man Garantenstellung.

  Der Inhaber dieser Stellung wird Garant genannt. Er hat die Pflicht, dafür zu sorgen, daß der Erfolg gerade nicht eintritt. Er hat dies sozusagen zu garantieren.

  Entscheidend ist nun die Frage, woraus sich eine derartige Garantenstellung ergibt.

  Sie ergibt sich aus:

  1. *Rechtlichen Vorschriften*

     Z. B. § 1353 BGB Pflicht für Ehegatten, Gefahren voneinander abzuhalten.

     Für den Werkschutz gibt es keine einschlägige rechtliche Vorschrift.

2. *Tatsächlicher Gewährsübernahme*

   Z. B. Übernahme bestimmter Kontroll- und Überwachungspflichten.

   Dabei kommt es hier nicht auf die vertragsmäßige Übernahme an, sondern auf die tatsächliche Übernahme.

   Eine Garantenpflicht aus tatsächlicher Gewährsübernahme entsteht nur bei ausdrücklichem Hinweis auf die verantwortliche Übertragung der Aufgabe, der Zustimmung des Übernehmenden und dessen tatsächlichem Beginn mit der Wahrnehmung der Aufgabe. Erst dann soll durch die Strafdrohung des § 13 StGB das Vertrauen des Übertragenden besonders geschützt werden.

   Es ist für den Werkschutzmitarbeiter heute umstritten, ob er für alle seine dienstlichen Verpflichtungen eine Garantenstellung hat. Die herrschende Meinung geht davon aus, daß dies eine Überdehnung der Verantwortung des Werkschutzmitarbeiters bedeuten würde. Sie nimmt eine Garantenstellung nur für einzelne besonders übertragene Pflichten an.

   Die Praxis nimmt besonders übertragene Pflichten grundsätzlich für folgende Rechtsgüter an:

   - Besitz und Eigentum des Unternehmers
   - Eigentum der Mitarbeiter, soweit erlaubt oder üblich in den Betrieb verbracht
   - Eigentum anderer Personen, wenn es in den Betrieb verbracht wurde und eine besondere Obhutspflicht des Unternehmens besteht.

3. *Vorangegangenem gefährdenden Tun*

   Z. B. Verabreichung von größeren Mengen Alkohol an einen Kraftfahrer, Verletzung eines Menschen, Öffnen eines Schachtdeckels usw.

4. *Einem besonderem Vertrauensverhältnis*

   Z. B. Ehegatten, Bergsteigergemeinschaft, Hausgemeinschaft.
   Es kommt hierbei auf die besondere Qualität des Vertrauensverhältnisses an.

– *Grenze der Garantenpflicht*

Die Garantenpflicht hört dort auf, wo dem Täter die erfolgsverhindernde Handlung entweder nicht möglich oder nicht zumutbar ist.

Z. B. nach einer anonymen Bombendrohung wird eine Nachschau angeordnet. Der Mitarbeiter prüft den ihm zugedachten Bereich sehr gründlich und meldet an die Zentrale, daß er nichts Ungewöhnliches festgestellt habe.

Als die Mitarbeiter den Bereich betreten, explodiert die Sprengladung. Es gibt zahlreiche Verletzte.

Dem Mitarbeiter war das Auffinden der Sprengladung mit seinem Wissen und den ihm zur Verfügung stehenden Mitteln nicht möglich. Er ist von der strafrechtlichen Verantwortung frei.

### 2.3.4.16 Handeln für einen anderen § 14 StGB

#### 2.3.4.16.1 Vorbemerkung

- Sinn der Vorschrift: In manchen Tatbeständen werden Täter mit besonderen Merkmalen vorausgesetzt.
  Z. B. § 120 a GewO setzt „Gewerbeunternehmer" voraus und knüpft daran die Rechtsfolge.
  § 14 StGB dehnt nun den Kreis der Täter auf Personen aus, die diese besonderen Merkmale nicht haben, aber für Personen handeln, die diese Merkmale haben.

  Sonst kann folgende Situation eintreten, daß der Handelnde nicht zur Verantwortung gezogen werden kann, weil er das besondere Merkmal nicht hat, derjenige, der das besondere Merkmal aufweist, aber nicht gehandelt hat. Diese Lücke soll § 14 StGB schließen.
- § 14 StGB ist sicherlich nicht für jeden Werkschutzmitarbeiter von Bedeutung.

#### 2.3.4.16.2 Gesetzestext

§ 14 StGB Handeln für einen anderen

*(1) Handelt jemand*

*1. als vertretungsberechtigtes Organ einer juristischen Person oder als Mitglied eines solchen Organs,*

*2. als vertretungsberechtigter Gesellschafter einer Personenhandelsgesellschaft oder*

*3. als gesetzlicher Vertreter eines anderen,*

*so ist ein Gesetz, nach dem besondere persönliche Eigenschaften, Verhältnisse oder Umstände (besondere persönliche Merkmale) die Strafbarkeit begründen, auch auf den Vertreter anzuwenden, wenn diese Merkmale zwar nicht bei ihm, aber bei dem Vertretenen vorliegen.*

*(2) Ist jemand von dem Inhaber eines Betriebes oder einem sonst dazu Befugten*

*1. beauftragt, den Betrieb ganz oder zum Teil zu leiten, oder*

*2. ausdrücklich beauftragt, in eigener Verantwortung Pflichten zu erfüllen, die den Inhaber des Betriebes treffen, und handelt er auf Grund dieses Auftrages, so ist ein Gesetz, nach dem besondere persönliche Merkmale die Strafbarkeit begründen, auch auf den Beauftragten anzuwenden, wenn diese Merkmale zwar nicht bei ihm, aber bei dem Inhaber des Betriebes vorliegen. Dem Betrieb im Sinne des Satzes 1 steht das Unternehmen gleich. Handelt jemand auf Grund eines entsprechenden Auftrages für eine Stelle, die Aufgaben der öffentlichen Verwaltung wahrnimmt, so ist Satz 1 sinngemäß anzuwenden.*

*(3) Die Absätze 1 und 2 sind auch dann anzuwenden, wenn die Rechtshandlung, welche die Vertretungsbefugnis oder das Auftragsverhältnis begründen sollte, unwirksam ist.*

### 2.3.4.16.3 Tatbestandsmerkmale

Für den Werkschutzbereich von Bedeutung kann wohl nur § 14 Abs. 2 Nr. 2 StGB sein.

Der Täter muß von dem Inhaber eines Betriebes oder einem sonst dazu Befugten ausdrücklich beauftragt sein, in eigener Verantwortung Pflichten zu erfüllen, die den Inhaber des Betriebes treffen und auf Grund dieses Auftrages handeln.

- Ausdrückliche Beauftragung mit exaktem Inhalt (in der Praxis schriftlich mit Formblatt).
- Es muß eine klare Festlegung von Umfang und Grenzen des Auftrags gegeben sein.
- Die Pflichterfüllung muß in Alleinverantwortung, nicht nur in Mitverantwortung erfolgen.
- Die übertragene Pflicht muß der Stellung des Mitarbeiters, seiner Ausbildung und Fähigkeit entsprechen. Er darf nicht extrem überfordert werden.
- Bei der Erfüllung muß eine Beaufsichtigung und Überwachung erfolgen.

*Rechtsfolge*

Der Mitarbeiter wird strafrechtlich so behandelt, wie wenn er selbst der Inhaber der Pflicht wäre.

**Die ab Ziffer 2.3.4.17 bis einschließlich Ziffer 2.3.4.42.4 dargestellten Straftaten (grau unterlegt) sind nicht Prüfungsgegenstand für die Prüfung zur Werkschutzfachkraft.**

### 2.3.4.17. Agententätigkeit zu Sabotagezwecken § 87 StGB

#### 2.3.4.17.1 Vorbemerkung

- Geschütztes Rechtsgut ist der Rechtsstaat, der gegen die Vorbereitung rechtsstaatsgefährdender Sabotagehandlungen, also Handlungen, die den Bestand und die Sicherheit des Staates gefährden, geschützt wird.
- Die Vorschrift des § 87 StGB ist weiter als § 30 StGB „Versuch der Beteiligung".

#### 2.3.4.17.2 Gesetzestext

§ 87 Agententätigkeit zu Sabotagezwecken

*(1) Mit Freiheitsstrafe bis zu fünf Jahren oder mit Geldstrafe wird bestraft, wer einen Auftrag einer Regierung, Vereinigung oder Einrichtung außerhalb des räumlichen Geltungsbereichs dieses Gesetzes zur Vorbereitung von Sabotagehandlungen, die in diesem Geltungsbereich begangen werden sollen, dadurch befolgt, daß er*

*1. sich bereit hält, auf Weisung einer der bezeichneten Stellen solche Handlungen zu begehen,*

*2. Sabotageobjekte auskundschaftet,*

*3. Sabotagemittel herstellt, sich oder einem anderen verschafft, verwahrt, einem anderen überläßt oder in diesen Bereich einführt,*

*4. Lager zur Aufnahme von Sabotagemitteln oder Stützpunkte für die Sabotagetätigkeit einrichtet, unterhält oder überprüft,*

*5. sich zur Begehung von Sabotagehandlungen schulen läßt oder andere dazu schult oder*

*6. die Verbindung zwischen einem Sabotageagenten (Nummer 1 bis 5) und einer der bezeichneten Stellen herstellt oder aufrechterhält,*

*und sich dadurch absichtlich oder wissentlich für Bestrebungen gegen den Bestand oder die Sicherheit der Bundesrepublik Deutschland oder gegen Verfassungsgrundsätze einsetzt.*

*(2) Sabotagehandlungen im Sinne des Absatzes 1 sind*

*1. Handlungen, die den Tatbestand der §§ 109e, 305, 306, 308, 310b bis 311a, 312, 313, 315, 315b, 316b, 316c Abs. 1 Nr. 2, der §§ 317 oder 318 verwirklichen, und*

*2. andere Handlungen, durch die der Betrieb eines für die Landesverteidigung, den Schutz der Zivilbevölkerung gegen Kriegsgefahren oder für die Gesamtwirtschaft wichtigen Unternehmens dadurch verhindert oder gestört wird, daß eine dem Betrieb dienende Sache zerstört, beschädigt, beseitigt, verändert oder unbrauchbar gemacht oder daß die für den Betrieb bestimmte Energie entzogen wird.*

*(3) Das Gericht kann von einer Bestrafung nach diesen Vorschriften absehen, wenn der Täter freiwillig sein Verhalten aufgibt und sein Wissen so rechtzeitig einer Dienststelle offenbart, daß Sabotagehandlungen, deren Planung er kennt, noch verhindert werden können.*

### 2.3.4.17.3 Tatbestandsmerkmale

#### 2.3.4.17.3.1 Sabotagehandlung

Der Begriff der Sabotagehandlung ist in Absatz 2 definiert. Er umfaßt die aufgezählten Taten nach Nummer 1 und die umschriebenen Taten nach Nummer 2.

**Aufzählung nach Absatz 2 Nr. 1**

- § 109e StGB Sabotagehandlungen an Verteidigungsmitteln
- § 305 StGB Zerstörung von Bauwerken
- § 306 StGB Schwere Brandstiftung
- § 308 StGB Brandstiftung
- § 310b StGB Vorbereitung einer Explosion durch Kernenergie
- § 311 StGB Herbeiführen einer Sprengstoffexplosion
- § 311a StGB Mißbrauch ionisierender Strahlen
- § 312 StGB Herbeiführen einer lebensgefährdenden Überschwemmung
- § 313 StGB Herbeiführung einer sachengefährdenden Überschwemmung
- § 315 StGB Gefährliche Eingriffe in den Bahn-, Schiffs- und Luftverkehr
- § 315b StGB Gefährliche Eingriffe in den Straßenverkehr
- § 316b StGB Störung öffentlicher Betriebe
- § 316c Abs. 1 Nr. 2 StGB Angriff auf den Luftverkehr
- § 317 StGB Störung von Fernmeldeanlagen
- § 318 StGB Beschädigung wichtiger Anlagen

**Umschreibung nach Absatz 2 Nr. 2**

- Die Sabotagehandlung muß sich richten gegen
  - ein Unternehmen, das für die Landesverteidigung oder
  - den Schutz der Bevölkerung gegen Kriegsgefahren oder
  - für die Gesamtwirtschaft wichtig ist, in jedem Fall gegen lebens- oder verteidigungswichtige Betriebe.
- Die Sabotagehandlung muß
  - den Betrieb des Unternehmens verhindern oder
  - den Betrieb des Unternehmens stören oder

- ○ dem Betrieb dienende Sachen zerstören, beschädigen, beseitigen, verändern oder unbrauchbar machen (= Ausschalten der Wirkung ohne Beschädigung).
- ○ die für den Betrieb bestimmte Energie entziehen.

**2.3.4.17.3.2 Steuerung des Sabotageagenten von außen**

Dies bedeutet, daß ein Auftrag im weitesten Sinne einer Regierung, Vereinigung oder Einrichtung außerhalb des räumlichen Geltungsbereiches vorliegen muß, den der Sabotageagent befolgt.

Eine Konkretisierung des Auftrages nach Art und Weise ist nicht erforderlich.

**2.3.4.17.3.3 Tatort**

Der Auftrag muß auf die Vorbereitung von Sabotagehandlungen, die im Geltungsbereich dieses Gesetzes begangen werden sollen, gerichtet sein.

Auch die Vorbereitungshandlungen müssen im Geltungsbereich dieses Gesetzes erfolgen.

**2.3.4.17.3.4 Tathandlung**

Die Tathandlung besteht darin, daß der Täter einen Auftrag dadurch befolgt, daß er

- sich bereithält, auf Weisung einer der bezeichneten Stellen solche Handlungen zu begehen (Stillhalteagent).
- Sabotageobjekte auskundschaftet.
  Diese Alternative betrifft den Betrieb als Ganzes wie auch empfindliche technische Einzelheiten. Es ist dabei nicht erforderlich, daß das Zielobjekt des Kundschafters geheimgehalten wird.
- Sabotagemittel herstellt, sich oder einem anderen verschafft, verwahrt, einem anderen überläßt oder in diesen Bereich einführt. Hierbei handelt es sich um Gegenstände, die zur Ausführung von Sabotagehandlungen bestimmt und geeignet sind.
- Lager zur Aufnahme von Sabotagemitteln oder Stützpunkte für die Sabotagetätigkeit einrichtet, unterhält oder überprüft.
- sich zur Begehung von Sabotagehandlungen schulen läßt oder andere dazu schult oder
- die Verbindung zwischen einem Sabotageagenten (Nr. 1 bis 5) und einer der bezeichneten Stellen herstellt oder aufrechterhält und sich dadurch wissentlich für Bestrebungen gegen den Bestand oder die Sicherheit der Bundesrepublik Deutschland oder gegen Verfassungsgrundsätze einsetzt (vgl. hierzu § 92 StGB).

### 2.3.4.17.4 Weitere Hinweise

- Absatz 3 ermöglicht ein Absehen von Bestrafung, wenn der Täter sein Verhalten aufgibt und sein Wissen einer Dienststelle so rechtzeitig offenbart, daß Sabotagehandlungen, deren Planung er kennt, noch verhindert werden können.
- Die Vorschriften des § 87 StGB dürfte in einem Spannungsfall von besonderer Bedeutung sein.

### 2.3.4.18 Verfassungsfeindliche Sabotage § 88 StGB

### 2.3.4.18.1 Vorbemerkung

Geschütztes Rechtsgut ist der Rechtsstaat. Er wird durch § 88 gegen rechtsstaatsgefährdende Sabotage geschützt.

### 2.3.4.18.2 Gesetzestext

§ 88 Verfassungsfeindliche Sabotage

*(1) Wer als Rädelsführer oder Hintermann einer Gruppe oder, ohne mit einer Gruppe oder für eine solche zu handeln, als einzelner absichtlich bewirkt, daß im räumlichen Geltungsbereich dieses Gesetzes durch Störhandlungen*

*1. die Post oder dem öffentlichen Verkehr dienende Unternehmen oder Anlagen,*

*2. Fernmeldeanlagen, die öffentlichen Zwecken dienen,*

*3. Unternehmen oder Anlagen, die der öffentlichen Versorgung mit Wasser, Licht, Wärme oder Kraft dienen oder sonst für die Versorgung der Bevölkerung lebenswichtig sind, oder*

*4. Dienststellen, Anlagen, Einrichtungen oder Gegenstände, die ganz oder überwiegend der öffentlichen Sicherheit oder Ordnung dienen,*

*ganz oder zum Teil außer Tätigkeit gesetzt oder den bestimmungsmäßigen Zwecken entzogen werden, und sich dadurch absichtlich für Bestrebungen gegen den Bestand oder die Sicherheit der Bundesrepublik Deutschland oder gegen Verfassungsgrundsätze einsetzt, wird mit Freiheitsstrafe bis zu fünf Jahren oder mit Geldstrafe bestraft.*

*(2) Der Versuch ist strafbar.*

### 2.3.4.18.3 Tatbestand

### 2.3.4.18.3.1 Täter kann ein Rädelsführer, ein Hintermann oder ein einzelner sein

- Rädelsführer

  Rädelsführer ist eine Person, die in einer Gruppe die Organisation bestimmt oder mitbestimmt, indem sie das Vorhaben anführt oder auf die Ausführung einen entsprechenden Einfluß hat.

- Hintermann

  Hintermann ist, wer einer Gruppe nicht angehört, aber maßgeblichen Einfluß auf diese hat.
  Eine Gruppe i.S. des § 88 StGB setzt einen losen Zusammenschluß von wenigstens drei Personen voraus, die einen gemeinsamen Zweck verfolgen.
- Einzelner

  Täter kann auch ein einzelner sein, der einer Gruppe nicht angehört und auch nicht für eine solche Gruppe handelt.

**2.3.4.18.3.2 Angriffsziele**

Die Angriffsziele des § 88 StGB decken sich weitgehend mit § 316b StGB (Störung öffentlicher Betriebe) und § 317 StGB (Störung von Fernmeldeanlagen). Es sind im einzelnen:

- die Post oder dem öffentlichen Verkehr dienende Unternehmen oder Anlagen,
- Fernmeldeanlagen, die öffentlichen Zwecken dienen,
- Unternehmen oder Anlagen, die der öffentlichen Versorgung mit Wasser, Licht, Wärme oder Kraft dienen oder sonst für die Versorgung der Bevölkerung lebenswichtig sind, oder
- Dienststellen, Anlagen, Einrichtungen oder Gegenstände, die ganz oder überwiegend der öffentlichen Sicherheit oder Ordnung dienen.

**2.3.4.18.3.3 Tathandlung**

- Bewirken, daß die Angriffsziele durch Störhandlungen ganz oder teilweise außer Tätigkeit gesetzt oder zweckentfremdet werden.

  Störhandlung ist jeder regelwidrige Eingriff in die Funktion. Eine Störhandlung kann auch durch Unterlassung, wie z.B. Blockieren des Betriebes durch eine Menschenansammlung, erfolgen.

  Bewirken bedeutet Verursachen oder wenigstens Mitverursachen.
- Bewirken, daß die Angriffsziele den vorgesehenen Zwecken entzogen werden. Dies kann entweder durch Stillegung, Teilbeeinträchtigung oder Zweckentfremdung (z.B. Demonstranten besetzen eine Sendeanlage) erfolgen.

**2.3.4.18.3.4 Absicht**

„Und sich dadurch absichtlich für Bestrebungen gegen den Bestand oder die Sicherheit der Bundesrepublik Deutschland oder gegen Verfassungsgrundsätze einsetzt“.

Diese Absicht liegt vor, wenn es dem Täter auf die Stillegung, Beeinträchtigung oder Zweckentfremdung ankommt.

Wann Bestrebungen gegen den Bestand oder die Sicherheit der Bundesrepublik Deutschland vorliegen oder wann ein Einsetzen gegen Verfassungsgrundsätze vorliegen, ist in § 92 StGB definiert.

§ 92 Begriffsbestimmungen

*(1) Im Sinne dieses Gesetzes beeinträchtigt den Bestand der Bundesrepublik Deutschland, wer ihre Freiheit von fremder Botmäßigkeit aufhebt, ihre staatliche Einheit beseitigt oder ein zu ihr gehörendes Gebiet abtrennt.*

*(2) Im Sinne dieses Gesetzes sind Verfassungsgrundsätze*

1. *das Recht des Volkes, die Staatsgewalt in Wahlen und Abstimmungen und durch besondere Organe der Gesetzgebung, der vollziehenden Gewalt und der Rechtsprechung auszuüben und die Volksvertretung in allgemeiner, unmittelbarer, freier, gleicher und geheimer Wahl zu wählen,*
2. *die Bindung der Gesetzgebung an die verfassungsmäßige Ordnung und die Bindung der vollziehenden Gewalt und der Rechtsprechung an Gesetz und Recht,*
3. *das Recht auf die Bildung und Ausübung einer parlamentarischen Opposition,*
4. *die Ablösbarkeit der Regierung und ihre Verantwortlichkeit gegenüber der Volksvertretung,*
5. *die Unabhängigkeit der Gerichte und*
6. *der Ausschluß jeder Gewalt- und Willkürherrschaft.*

*(3) Im Sinne dieses Gesetzes sind*

1. *Bestrebungen gegen den Bestand der Bundesrepublik Deutschland solche Bestrebungen, deren Träger darauf hinarbeiten, den Bestand der Bundesrepublik Deutschland zu beeinträchtigen (Abs. 1).*
2. *Bestrebungen gegen die Sicherheit der Bundesrepublik Deutschland solche Bestrebungen, deren Träger darauf hinarbeiten, die äußere oder innere Sicherheit der Bundesrepublik Deutschland zu beeinträchtigen.*
3. *Bestrebungen gegen Verfassungsgrundsätze solche Bestrebungen, deren Träger darauf hinarbeiten, einen Verfassungsgrundsatz (Abs. 2) zu beseitigen, außer Geltung zu setzen oder zu untergraben.*

#### 2.3.4.18.4 Weitere Hinweise

- Nach § 91 StGB gilt § 88 StGB nur, wenn die Tat im räumlichen Geltungsbereich dieses Gesetzes begangen wird.
- Neben dem § 88 StGB können gleichzeitig weitere Straftaten, wie z. B. §§ 316b, 317 StGB vorliegen. Daher ist zu beachten:

- Das Motiv i.S.d. § 88 (Bestrebungen gegen Bestand und Sicherheit der Bundesrepublik) als Teil des Straftatbestands ist schwer nachzuweisen, wenn der Täter ein anderes persönliches Motiv für seine Tat vorschieben kann, z.B. Verärgerung über seinen Betrieb, Rache an einem Vorgesetzten, Protest gegen Gebührenerhöhung. Ist das übergeordnete Sabotagemotiv nicht nachweisbar, so wird dennoch ein strafbarer Tatbestand verwirklicht sein, z.B. Nötigung (§ 240), Sachbeschädigung (§ 303), Brandstiftung (§§ 306, 307, 308), Herbeiführung einer Sprengstoffexplosion (§ 311), Störung öffentlicher Betriebe (§ 316b) usw.

### 2.3.4.19 Geheimdienstliche Agententätigkeit § 99 StGB

#### 2.3.4.19.1 Vorbemerkung

- § 99 StGB schützt die freiheitliche Gesellschaft, deren Staat – auch außerhalb der Sphäre des Staatsgeheimnisses – und seine Organe, aber auch Parteien, Verbände, Gewerkschaften, sonstige Organisationen wie auch Einzelpersonen gegen geheimdienstliche Angriffe. Er schützt bei letzteren auch den Intimbereich.
- Dieser Schutz soll durch den besonders weit gefaßten Tatbestand des § 99 StGB erreicht werden. Ob diese Wirkung jedoch ausreichend erzielt werden kann, ist umstritten.

#### 2.3.4.19.2 Gesetzestext

§ 99 Geheimdienstliche Agententätigkeit

*(1) Wer*

*1. für den Geheimdienst einer fremden Macht eine geheimdienstliche Tätigkeit gegen die Bundesrepublik Deutschland ausübt, die auf die Mitteilung oder Lieferung von Tatsachen, Gegenständen oder Erkenntnissen gerichtet ist, oder*

*2. gegenüber dem Geheimdienst einer fremden Macht oder einem seiner Mittelsmänner sich zu einer solchen Tätigkeit bereit erklärt,*

*wird mit Freiheitsstrafe bis zu fünf Jahren oder mit Geldstrafe bestraft, wenn die Tat nicht in den §§ 94 oder 96 Abs. 1, in § 97a oder in § 97b in Verbindung mit den § 94 oder § 96 Abs. 1 mit Strafe bedroht ist.*

*(2) In besonders schweren Fällen ist die Strafe Freiheitsstrafe von einem Jahr bis zu zehn Jahren. Ein besonders schwerer Fall liegt in der Regel vor, wenn der Täter Tatsachen, Gegenstände oder Erkenntnisse, die von einer amtlichen Stelle oder auf deren Veranlassung geheimgehalten werden, mitteilt oder liefert und wenn er*

*1. eine verantwortliche Stellung mißbraucht, die ihn zur Wahrung solcher Geheimnisse besonders verpflichtet, oder*

*2. durch die Tat die Gefahr eines schweren Nachteils für die Bundesrepublik Deutschland herbeiführt.*

*(3) § 98 Abs. 2 gilt entsprechend.*

### 2.3.4.19.3 Tatbestandsmerkmale

§ 99 StGB kennt zwei Begehungsformen:

- Geheimdienstliche Tätigkeit ausüben
- Sich zu einer geheimdienstlichen Tätigkeit bereiterklären.

### 2.3.4.19.3.1 Geheimdienstliche Tätigkeit ausüben

**Geheimdienst einer fremden Macht**

Ein Geheimdienst ist eine organisatorische Einrichtung, in der Regel im staatlichen oder halbstaatlichen Bereich, z. B. Staatshandelsorganisationen, Parteien nichtdemokratischer Staaten, die ausschließlich oder wenigstens teilweise der Beschaffung und Auswertung von Nachrichten aus fremden Machtbereichen dient, ihre Tätigkeit in diesem Bereich vor fremden Behörden geheimhält und daher konspirative Methoden anwendet.

Fremde Macht ist eine außerhalb der Bundesrepublik Deutschland bestehende, mit öffentlicher Gewalt ausgestattete Einrichtung auf höchster Ebene, insbesondere ausländische Regierungen.

**Geheimdienstliche Tätigkeit ausüben**

Geheimdienstliche Tätigkeit ist eine Tätigkeit, die nach ihrem äußeren Erscheinungsfeld für Agenten und Hilfspersonen solcher Dienste kennzeichnend, namentlich unmittelbar oder mittelbar auf das Zuspielen von Nachrichten und Gegenständen gerichtet und in der Regel durch Heimlichkeit und konspirative Zusammenarbeit charakterisiert ist.

Charakteristische Gesichtspunkte für eine geheimdienstliche Tätigkeit sind z. B.: konspirative Treffs, getarnte Nachrichtenübermittlung (Codierung), Verwendung von Tarnnamen, Verwendung geheimer Verbringungsmittel, Unterzeichnen einer Verpflichtungserklärung etc.

Eine so geartete Tätigkeit muß der Täter ausüben.

Diese Tätigkeit muß gegen die Interessen des Staates im weitesten Sinne gerichtet sein.

Darunter fallen nicht nur staatliche Angelegenheiten, auch politische, wirtschaftliche oder wissenschaftliche Angelegenheiten sind hier einbezogen. Auch die Abklärung von Personen fällt darunter, insbesondere die Beschaffung von Nachrichten über sog. „Kompromate“ (Schulden, Schwächen, unentdeckte Straftaten), die sich dazu eignen, die betreffende „Zielperson“ in einem Unternehmen, einer Behörde usw. unter Druck zur Mitarbeit in einem

Geheimdienst anzuwerben, aber auch die Ausforschung der Gesamtpersönlichkeit („Charakterisierung"), ihrer Fähigkeiten, Kenntnisse, Verbindungen, politischen Meinung usw.

**Gerichtet auf Mitteilung oder Lieferung von Tatsachen, Gegenständen oder Erkenntnissen**

Zweck der Ausübung der geheimdienstlichen Tätigkeit muß die Beschaffung und/oder Weitergabe von entsprechenden Tatsachen, Umständen oder Erkenntnissen sein.

#### 2.3.4.19.3.2 Sich zu einer geheimdienstlichen Tätigkeit bereiterklären

Zur Verwirklichung des Tatbestandes reicht es aus, daß sich eine Peson gegenüber dem Geheimdienst einer fremden Macht oder einem seiner Mittelsmänner zu einer solchen Tätigkeit bereiterklärt.

### 2.3.4.20 Öffentliche Aufforderung zu Straftaten § 111 StGB

#### 2.3.4.20.1 Vorbemerkung

- Geschütztes Rechtsgut sind die öffentliche Sicherheit und der öffentliche Friede, aber auch die durch die Aufforderung betroffenen Rechtsgüter.
- Grund für diesen Straftatbestand ist die besondere Gefährlichkeit von solchen öffentlichen Aufforderungen. Der Täter selbst hat auf die Wirkung seiner Tat keinen Einfluß mehr, wenn sie begangen ist.
- Strafbar ist nach § 111 StGB auch die erfolglos gebliebene Aufforderung.

#### 2.3.4.20.2 Gesetzestext

§ 111 StGB Öffentliche Aufforderung zu Straftaten

*(1) Wer öffentlich, in einer Versammlung oder durch Verbreiten von Schriften (§ 11 Abs. 3) zu einer rechtswidrigen Tat auffordert, wird wie ein Anstifter (§ 26) bestraft.*

*(2) Bleibt die Aufforderung ohne Erfolg, so ist die Strafe Freiheitsstrafe bis zu fünf Jahren oder Geldstrafe. Die Strafe darf nicht schwerer sein als die, die für den Fall angedroht ist, daß die Aufforderung Erfolg hat (Absatz 1); § 49 Abs. 1 Nr. 2 ist anzuwenden.*

#### 2.3.4.20.3 Tatbestandsmerkmale

- Aufforderung

  Aufforderung ist eine bestimmte Erklärung, daß andere etwas tun oder unterlassen sollen und zwar eine unbestimmte Vielzahl von Menschen.

  Aufgefordert werden kann auch durch eine schlüssige Handlung.

– Zu einer rechtswidrigen Tat

  Die rechtswidrige Tat braucht nur der Art nach konkretisiert zu sein. Die Tat muß nicht so genau präzisiert sein wie bei der Anstiftung. Einzelheiten der Ausführung, insbesondere Ort, Zeit und Opfer brauchen nicht enthalten zu sein.

  Es reicht z. B. die Aufforderung „Zündet die Kaufhäuser an" oder „Plündert die Betriebe".

  Eine Aufforderung zu einer Ordnungswidrigkeit reicht nicht aus. Hier greift jedoch § 116 OWiG ein.

– Öffentlich

  Öffentlich bedeutet, ohne daß es auf die Öffentlichkeit des Ortes ankommt, eine Aufforderung in der Weise, daß sie von einer größeren, nicht vorher bestimmten Gruppe von Personen wahrgenommen werden kann.

  Der Anstifter spricht im Gegensatz dazu gerade eine bestimmte Person oder Personengruppe an.

– In einer Versammlung

  Dieses Merkmal verlangt nicht eine öffentliche Versammlung, da sonst ja bereits das Tatbestandsmerkmal öffentlich verwirklicht ist.

  Es muß sich jedoch nicht nur um Versammlungen im Sinne des Versammlungsgesetzes handeln, sondern es können auch Sportveranstaltungen oder ähnliches sein.

  Die Betriebsversammlung ist zwar eine geschlossene Veranstaltung, zu der nur Betriebsangehörige (Arbeitgeber, Arbeitnehmer bzw. Arbeitnehmervertreter) Zutritt haben, aber zur Erfüllung des Tatbestandes genügt die Aufforderung vor einer Versammlung ohne Rücksicht darauf, ob sie öffentlich oder geschlossen ist. Wenn eine Vielzahl von Personen anwesend ist, wird der Tatbestand erfüllt.

– Verbreiten von Schriften

  Schriften im Sinne § 11 Abs. 3 StGB sind Schriften, Tonträger, Bildträger, Abbildungen u. a. Darstellungen.

#### 2.3.4.20.4 Weitere Hinweise

– § 111 StGB ist ein Vergehen und Offizialdelikt.

– § 111 StGB ist ein Auffangtatbestand zu den §§ 26, 30 StGB, also zur Anstiftung.

– Hat die Aufforderung des Täters Erfolg, wird er wie ein Anstifter bestraft. Hat die Aufforderung des Täters keinen Erfolg, kann die Strafe gemildert werden.

- Liegt Anstiftung nach § 26 StGB vor, tritt § 111 StGB zurück (Auffangtatbestand).

**2.3.4.21 Schwerer Hausfriedensbruch § 124 StGB**

**2.3.4.21.1 Vorbemerkung**

- Durch den schweren Hausfriedensbruch wird wie durch den Hausfriedensbruch nach § 123 StGB das Rechtsgut „Hausrecht" und damit auch das Grundrecht der „Unverletzlichkeit der Wohnung" geschützt.
- Der (qualifizierte) Sonderfall des § 123 StGB trägt der besonderen Gefährlichkeit eines von mehreren Personen gemeinschaftlich in Gewaltanwendungsabsicht begangenen Hausfriedensbruchs Rechnung. Die besondere Gefährlichkeit einer solchen Tat besteht darin, daß sich weitere Personen anschließen und in einer Menge jeder Täter mutiger ist und damit mehr kriminelle Energie entwickelt, als wenn er die Tat alleine begehen würde.

**2.3.4.21.2 Gesetzestext**

§ 124 Schwerer Hausfriedensbruch

*Wenn sich eine Menschenmenge öffentlich zusammenrottet und in der Absicht, Gewalttätigkeiten gegen Personen oder Sachen mit vereinten Kräften zu begehen, in die Wohnung, in die Geschäftsräume oder in das befriedete Besitztum eines anderen oder in abgeschlossene Räume, welche zum öffentlichen Dienst bestimmt sind, widerrechtlich eindringt, so wird jeder, welcher an diesen Handlungen teilnimmt, mit Freiheitsstrafe bis zu zwei Jahren oder mit Geldstrafe bestraft.*

**2.3.4.21.3 Tatbestandsmerkmale**

**2.3.4.21.3.1 Die Erläuterungen zu § 123 StGB zu den Merkmalen**

- Wohnung
- Geschäftsräume
- befriedetes Besitztum
- abgeschlossene Räume, welche zum öffentlichen Dienst bestimmt sind
- widerrechtliches Eindringen

gelten hier in gleicher Weise.

Als widerrechtliches Eindringen ist es auch anzusehen, wenn Betriebsangehörige in einen Betriebsteil eindringen, dessen Betreten für sie zur Erfüllung ihrer beruflichen Aufgaben nicht erforderlich ist, z. B. wenn gewerbliche Arbeitnehmer sich zu Büros in einem Verwaltungsgebäude Zutritt verschaffen. Ebenso gilt dies für das Eindringen in Betriebsteile, für deren Betreten eine ausdrückliche, besondere Erlaubnis erforderlich ist, z. B. Rechenzentren, Labors, Versuchsabteilungen oder in Betriebsteile mit auf amtliche Veranlassung geheimzuhaltender Entwicklung oder Fertigung.

Im Unterschied zu § 123 StGB werden vom § 124 StGB „abgeschlossene Räume, welche zum öffentlichen Verkehr bestimmt sind", nicht erfaßt.

Ebenso wird das „unbefugte Weiterverweilen nach Aufforderung" im Gegensatz zu § 123 StGB nicht erfaßt. Ein unbefugtes Weiterverweilen reicht zur Tatbegehung nicht aus. Eine gewalttätige Menschenmenge aufzufordern, einen bestimmten Bereich zu verlassen, wirkt eher provozierend als erfolgversprechend.

**2.3.4.21.3.2 Zusätzliche Merkmale des § 124 StGB**

**Menschenmenge, die sich öffentlich zusammenrottet**

- *Menschenmenge*

  Menschenmenge ist eine größere Zahl von Personen, die nicht sofort überschaubar ist und bei der es auf das Hinzukommen oder Hinweggehen einzelner nicht mehr ankommt. Die Rechtsprechung hat 11 Personen bereits als Menschenmenge ausreichen lassen. Ob eine Menschenmenge vorliegt, hängt jedoch sehr stark von der einzelnen Situation ab.

- *Zusammenrotten*

  Zusammenrotten bedeutet das räumliche Zusammentreten von mehreren Personen zu einem gewalttätigen und bedrohlichen Zweck, der von außen erkennbar ist.

- *Öffentlich*

  Öffentlich ist eine Zusammenrottung dann, wenn die Möglichkeit besteht, daß sich eine größere Zahl von Menschen weiter anschließen kann.

  Ein öffentlich-rechtlicher Charakter des Ortes wird zwar häufig gegeben sein (öffentlich-rechtliche Straßen und Plätze), ist aber nicht erforderlich. Auch innerhalb eines größeren Betriebes besteht die Möglichkeit, daß sich eine größere Anzahl von Menschen anschließen kann. Z. B. aber auch die Teilnehmer einer Sportveranstaltung in einem Stadion.

**Absicht, Gewalttätigkeiten gegen Personen oder Sachen mit vereinten Kräften zu begehen**

- *Gewalttätigkeiten gegen Personen:*

  Bedeutet aktive Anwendung körperlicher Kraft gegen Personen, z. B. Steinwurf, Schlag usw.

- *Gewalttätigkeiten gegen Sachen:*

  Bedeutet aktive Anwendung körperlicher Kraft gegen Sachen.

– *mit vereinten Kräften:*

Es ist ausreichend, wenn die Gewalttätigkeiten auch nur von einzelnen verübt werden, aber sozusagen von der Menge getragen werden, d. h. deren Willen entsprechen.

Danach ist jeder Täter, der in Kenntnis dieser Umstände sich einer Menge anschließt oder in der Menge verbleibt und durch seine Anwesenheit die Agierenden psychisch stärkt. Es reicht sogar aus, wenn nur eine Person Gewalttätigkeiten begeht.

– *Absicht:*

Die Absicht, Gewalttätigkeiten gegen Personen oder Sachen mit vereinten Kräften zu begehen, muß beim Eindringen vorliegen. Es braucht nicht zu Gewaltätigkeiten kommen. Es ist ausreichend, wenn die Absicht der Teilnehmer scheitert oder auch nur ein Sinneswandel eintritt.

**2.3.4.21.4 Weitere Hinweise**

- vgl. auch 2.3.4.1.5 zu § 123 StGB
- § 124 StGB ist „Ergänzungswissen“. Er ist für das Tätigwerden des Werkschutzes nicht von großer Bedeutung, da in jedem Fall des schweren Hausfriedensbruchs jeder Teilnehmer auch einen Hausfriedensbruch nach § 123 StGB begeht.

  Der § 123 StGB tritt bei der Bestrafung lediglich hinter dem § 124 StGB zurück.

  Unsicherheiten in der Abgrenzung zwischen § 123 StGB und 124 StGB sind deshalb für die Praxis nur von untergeordneter Bedeutung.
- § 124 StGB ist ein Offizialdelikt, während § 123 StGB ein Antragsdelikt ist.

**2.3.4.22 Landfriedensbruch § 125 StGB**

**2.3.4.22.1 Vorbemerkung**

- Geschütztes Rechtsgut ist die öffentliche Sicherheit und der öffentliche Friede.
- Gerade in der Zeit zunehmender Demonstrationen mit einer entsprechenden Zunahme von Gewalttaten ist die Vorschrift des § 125 StGB von besonderer Bedeutung.
- Über eine Veränderung dieser Vorschrift wird seit geraumer Zeit diskutiert.

#### 2.3.4.22.2 Gesetzestext

§ 125 Landfriedensbruch

*(1) Wer sich an*

*1. Gewalttätigkeiten gegen Menschen oder Sachen oder*

*2. Bedrohungen von Menschen mit einer Gewalttätigkeit,*

*die aus einer Menschenmenge in einer die öffentliche Sicherheit gefährdenden Weise mit vereinten Kräften begangen werden, als Täter oder Teilnehmer beteiligt oder wer auf die Menschenmenge einwirkt, um ihre Bereitschaft zu solchen Handlungen zu fördern, wird mit Freiheitsstrafe bis zu drei Jahren oder mit Geldstrafe bestraft, wenn die Tat nicht in anderen Vorschriften mit schwererer Strafe bedroht ist.*

*(2) Soweit die in Absatz 1 Nr. 1, 2 bezeichneten Handlungen in § 113 mit Strafe bedroht sind, gilt § 113 Abs. 3, 4 sinngemäß.*

#### 2.3.4.22.3 Tatbestandsmerkmale

§ 125 StGB kennt zwei Begehungsformen. Gemeinsam ist beiden Begehungsformen die Ausgangssituation, daß in einer die öffentliche Sicherheit gefährdenden Weise mit vereinten Kräften aus einer Menschenmenge Gewalttätigkeiten gegen Menschen oder Sachen oder Bedrohungen von Menschen mit einer Gewalttätigkeit begangen werden. Die zwei unterschiedlichen Begehungsformen sind nun:

- Beteiligung als Täter oder Teilnehmer
- Einwirken auf die Menschenmenge, um ihre Bereitschaft zu solchen Handlungen zu fördern

#### 2.3.4.22.3.1 Begehungsform 1: Beteiligung als Täter oder Teilnehmer

Als Täter oder Teilnehmer gilt hier jeder, der sich in der Menschenmenge befindet und aktiv handelt.

Beteiligen heißt, die Tat selbst begehen, dazu anstiften oder Beihilfe dazu leisten.

Neugierige, die sich passiv in der Menschenmenge aufhalten, werden entgegen der früheren Ausgestaltung dieser Vorschrift nicht erfaßt. Um diesen Gesichtspunkt dreht sich auch die momentane Diskussion um eine Veränderung dieser Vorschrift.

Die Tathandlung des Landfriedensbruchs setzt jedoch eine Ausgangssituation voraus, die durch folgende Merkmale gekennzeichnet ist:

**Gewalttätigkeiten gegen Menschen oder Sachen**

Vgl. Erläuterungen zu § 124 StGB.

Z. B. Steine werfen, Umstürzen von Fahrzeugen, Blockieren der Fahrbahn, Verteidigung der errichteten Barrikaden, Wegdrängen von Polizeibeamten.

Eine einzige Gewalttätigkeit reicht aus.

**Bedrohung von Menschen mit einer Gewalttätigkeit**

Das angedrohte Übel muß eine Gewalttätigkeit sein. Die Drohung muß sich unmittelbar gegen Personen richten. Es ist nicht erforderlich, daß die Drohung tatsächlich verwirklicht werden soll. Es ist aber erforderlich, daß sie vom Bedrohten ernst aufgefaßt werden soll.

**Aus einer Menschenmenge**

Eine Menschenmenge ist eine Personenmehrheit, die nicht sofort überschaubar ist. Sie braucht noch nicht unfriedlich zu sein, es reicht, wenn Einzelaktionen aus ihr heraus vorgenommen werden.

Auf den Ort, wo sich die Menschenmenge befindet, kommt es nicht an. Die Menschenmenge kann im Freien oder im Gebäude, auf öffentlichen Straßen oder auf privatem Firmengelände sein.

**In einer die öffentliche Sicherheit gefährdenden Weise**

Diese Situation liegt vor, wenn in der Allgemeinheit das Gefühl der Sicherheit vor der randalierenden Menge beeinträchtigt wird und der Eindruck einer gewissen Schutzlosigkeit entsteht.

Dies ist der Fall, wenn nach den konkreten Umständen naheliegt, daß ein Schutz gegen Verletzung von Rechtsgütern nicht mehr besteht bzw. die konkrete Gefahr eines Schadens für Personen oder Sachen besteht.

Taten mit einem Schaden für einzelne reichen aus, wenn die Gefahr der Ausweitung dieser Gewalttätigkeiten besteht.

**Mit vereinten Kräften**

Vgl. Erläuterungen zu § 124 StGB.

Es reicht aus, wenn eine Person die Gewalttätigkeiten begeht und die anderen durch unterstützende Zurufe die Tat tragen bzw. psychische Unterstützung leisten.

**2.3.4.22.3.2. Begehungsform 2:**

**Einwirken auf eine Menschenmenge**

Einwirken ist jedes Tun (aktiv oder durch Unterlassen), das auf die Menge Eindruck macht und wirkt.

Das Einwirken kann verbal, symbolisch oder psychologisch geschehen (z. B. Aufrufen mittels Megaphon, anfeuernde Parolen, Verbrennen von Fahnen, Aufhängen von Puppen etc.).

Darauf, ob das Einwirken erfolgreich ist, kommt es nicht an.

Die Tathandlung der Begehungsform 2 setzt ebenfalls die Situation, die durch die unter 2.3.4.22.3.1 genannten Merkmale gekennzeichnet ist, voraus.

**Um ihre Bereitschaft zu Gewalttätigkeiten gegen Menschen oder Bedrohungen von Menschen mit Gewalttätigkeiten zu fördern**

Die Begehungsform 2 setzt voraus, daß die Menschenmenge schon in gewissem Umfang unfriedlich ist.

Die Begehungsform 2 erfaßt die sogenannten Aufwiegler und Anheizer, die u. U. selbst keine Gewalttat begehen.

### 2.3.4.22.4 Weitere Hinweise

- § 125 StGB enthält die Subsidiaritätsklausel „wenn die Tat nicht in anderen Vorschriften mit schwererer Strafe bedroht ist“. Dies bedeutet, daß in einem solchen Fall § 125 StGB zurücktritt.
- Neben § 125 StGB können z. B. §§ 223 ff., 303 oder 241 StGB vorliegen.
- Im Bereich des Landfriedensbruchs bestehen erhebliche praktische Probleme bei der Beweissicherung, da in der Menge untertauchende Gewalttäter nur sehr schwer zu überführen sind.
- § 125 a StGB behandelt den besonders schweren Fall des Landfriedensbruchs, der nachfolgend nur zur Orientierung wiedergegeben wird.

*§ 125 a Besonders schwerer Fall des Landfriedensbruchs*

*In besonders schweren Fällen des § 125 ist die Strafe Freiheitsstrafe von sechs Monaten bis zu zehn Jahren. Ein besonders schwerer Fall liegt in der Regel vor, wenn der Täter*

1. *eine Schußwaffe bei sich führt,*
2. *eine andere Waffe bei sich führt, um diese bei der Tat zu verwenden,*
3. *durch eine Gewalttätigkeit einen anderen in die Gefahr des Todes oder einer schweren Körperverletzung (§ 224) bringt oder*
4. *plündert oder bedeutenden Schaden an fremden Sachen anrichtet.*

### 2.3.4.23 Störung des öffentlichen Friedens durch Androhung von Straftaten § 126 StGB

#### 2.3.4.23.1 Vorbemerkung

Geschütztes Rechtsgut ist der öffentliche Frieden, d. h. der Zustand allgemeiner Rechtssicherheit wie auch das Bewußtsein der Bevölkerung, in Ruhe und Frieden leben zu können. Außerdem werden die durch die Tat bedrohten Rechtsgüter geschützt.

#### 2.3.4.23.2 Gesetzestext

§ 126 StGB Störung des öffentlichen Friedens durch Androhung von Straftaten

*(1) Wer in einer Weise, die geeignet ist, den öffentlichen Frieden zu stören,*

1. *einen der in § 125 a Satz 2 Nr. 1 bis 4 bezeichneten Fälle des Landfriedensbruchs,*
2. *einen Mord, Totschlag oder Völkermord (§§ 211, 212, 220 a),*
3. *eine Körperverletzung in den Fällen des § 225 oder eine Vergiftung (§ 229),*
4. *eine Straftat gegen die persönliche Freiheit in den Fällen der §§ 234, 234 a, 239 a oder 239 b,*
5. *einen Raub oder eine räuberische Erpressung (§§ 249 bis 251 oder 255),*
6. *ein gemeingefährliches Verbrechen in den Fällen der §§ 306 bis 308, § 310 b Abs. 1 bis 3, des § 311 Abs. 1 bis 3, des § 311 a Abs. 1 bis 3, der §§ 312, 313 Abs. 1, des § 315 Abs. 3, des § 315 b Abs. 3, des § 316 a Abs. 1, des § 316 c Abs. 1, 2, des § 318 Abs. 2, des § 319 oder*
7. *ein gemeingefährliches Vergehen in den Fällen des § 311a Abs. 4, des § 311 d Abs. 1, § 316 b Abs. 1, des § 317 Abs. 1 oder des § 318 Abs. 1*

*androht, wird mit Freiheitsstrafe bis zu drei Jahren oder mit Geldstrafe bestraft.*

*(2) Ebenso wird bestraft, wer in einer Weise, die geeignet ist, den öffentlichen Frieden zu stören, wider besseres Wissen vortäuscht, die Verwirklichung einer der in Absatz 1 genannten rechtswidrigen Taten stehe bevor.*

#### 2.3.4.23.3 Tatbestandsmerkmale

§ 126 StGB kennt zwei Tatbestandsformen:

- Androhen einer Katalogstraftat in einer Weise, die geeignet ist, den öffentlichen Frieden zu stören.
- Vortäuschen einer Katalogstraftat wider besseres Wissen in einer Weise, die geeignet ist, den öffentlichen Frieden zu stören.

**2.3.4.23.3.1 Begehungsform 1:**

**Androhen**

Androhen ist die konkrete Ankündigung einer Tat gegen einen Dritten. Der Drohende bringt zum Ausdruck, daß er die Tat selbst begehen wird oder wenigstens auf ihre Begehung Einfluß hat. Es kann auch versteckt oder durch schlüssige Handlung gedroht werden (Flugblatt, Wandschmiererei, anonymer Anruf).

**Straftatenkatalog des § 126 StGB**

- Landfriedensbruch nach § 125a Satz 2 Nr. 1 bis 4.
- Mord, Totschlag oder Völkermord (§§ 211, 212, 220a).
- Körperverletzung in den Fällen des § 225 oder Vergiftung (§ 229).
- Straftat gegen die persönliche Freiheit in den Fällen der §§ 234, 234a, 239a oder 239b.
- Raub oder eine räuberische Erpressung (§§ 249 bis 251, 255).
- Ein gemeingefährliches Verbrechen in den Fällen der §§ 306 bis 308, 310b Abs. 1 bis 3, des § 311 Abs. 1 bis 3, des § 311a Abs. 1 bis 3, der §§ 312, 313 Abs. 1, des § 315 Abs. 3, des § 315b Abs. 3, des § 316a Abs. 1, des § 316c Abs. 1, 2, des § 318 Abs. 2, des § 319 StGB.
- Ein gemeingefährliches Vergehen in den Fällen des § 311a Abs. 4, des § 311d Abs. 1, des § 316b Abs. 1, des § 317 Abs. 1 oder des § 318 Abs. 1.

Die Androhung muß die Katalogstraftat konkret erkennen lassen.

**In einer Weise, die geeignet ist, den öffentlichen Frieden zu stören**

Der öffentliche Frieden ist gestört, wenn bei einer nicht unerheblichen Zahl von Personen eine Beunruhigung eintritt, mit anderen Worten das Gefühl der Rechtssicherheit bei einem größeren Personenkreis erschüttert wird.

Zu dieser Störung des öffentlichen Friedens braucht es nicht zu kommen, die Drohung muß lediglich geeignet sein, eine solche Störung herbeizuführen.

Der öffentliche Frieden kann somit auch durch einen Anruf bei einer Person gestört werden, wenn damit zu rechnen ist, daß die Drohung in die Öffentlichkeit gerät und dort eine entsprechende Wirkung entfaltet.

**2.3.4.23.3.2 Begehungsform 2:**

**Vortäuschen, daß die Verwirklichung der in Abs. 1 genannten rechtswidrigen Taten bevorstehe**

Vortäuschen bedeutet zu versuchen, einen Irrtum bei einem Dritten auf irgendeine Weise zu verursachen.

Bevorstehen heißt, daß die Tatbegehung unmittelbar zu erwarten ist.

**Wider besseres Wissen**

Dies bedeutet, daß der Täter genau weiß, daß die Verwirklichung der von ihm behaupteten Tat nicht unmittelbar bevorsteht.

**In einer Weise, die geeignet ist, den öffentlichen Frieden zu stören**

Vgl. oben 2.3.4.23.3.1

**2.3.4.23.4 Weitere Hinweise**

- Begehungsformen 1 und 2 schließen einander aus.
- Neben § 126 StGB können z. B. die §§ 240, 241 oder 145 d StGB vorliegen.

**2.3.4.24 Vortäuschen einer Straftat § 145 d StGB**

**2.3.4.24.1 Vorbemerkung**

- Geschütztes Rechtsgut ist die Rechtspflege (Strafverfolgungsorgane und Präventivorgane), die vor unnützer Inanspruchnahme und Schwächung ihrer Wirksamkeit geschützt werden sollen.
- § 145 d StGB ergänzt die §§ 164, 126 Abs. 2 und 241 Abs. 2 StGB.
- In der Kriminalstatistik 1981 wurden ca. 10500 Fälle dieser Straftat registriert.

**2.3.4.24.2 Gesetzestext**

§ 145 d Vortäuschen einer Straftat

*(1) Wer wider besseres Wissen einer Behörde oder einer zur Entgegennahme von Anzeigen zuständigen Stelle vortäuscht,*

*1. daß eine rechtswidrige Tat begangen worden sei oder*

*2. daß die Verwirklichung einer der in § 126 Abs. 1 genannten rechtswidrigen Taten bevorstehe,*

*wird mit Freiheitsstrafe bis zu drei Jahren oder mit Geldstrafe bestraft, wenn die Tat nicht in den §§ 164, 258 oder 258 a mit Strafe bedroht ist.*

*(2) Ebenso wird bestraft, wer wider besseres Wissen eine der in Absatz 1 bezeichneten Stellen über den Beteiligten*

*1. an einer rechtswidrigen Tat oder*

*2. an einer bevorstehenden, in § 126 Abs. 1 genannten rechtswidrigen Tat*

*zu täuschen sucht.*

### 2.3.4.24.3 Tatbestandsmerkmale

#### 2.3.4.24.3.1 § 145d Abs. 1 StGB verlangt das Vorliegen folgender Tatbestandsmerkmale:

- Vortäuschen einer angeblich begangenen rechtswidrigen Tat, d. h. die Tat ist in Wirklichkeit nicht begangen.

  Z. B. ein Lagerverwalter stellt vor der Inventur einen erheblichen Fehlbestand an Werkzeugen in dem von ihm verwalteten Lager fest, der dadurch entstanden ist, daß er zeitweise ohne Quittung Werkzeug an ihm nicht mehr erinnerliche Betriebsangehörige ausgegeben hat. Um den Fehlbestand zu erklären, fingiert er einen Einbruchdiebstahl, indem er an einer Außentür das Schloß aufstemmt. Den angeblichen Einbruch meldet er dem Werkschutz, auf dessen Veranlassung er von der Polizei vernommen wird und ihr den angeblichen Diebstahl bestätigt.

  Auch wenn der Täter die Angaben nur gegenüber dem Werkschutz gemacht hätte, aber damit rechnen mußte, daß dieser die Polizei einschalten würde, hätte er sich in diesem Fall als mittelbarer Täter strafbar gemacht (vgl. § 25 StGB).

  Oder z. B. Überfall vortäuschen, um einen Waffenschein zu bekommen.

- Vortäuschen einer angeblich bevorstehenden Straftat.

  Z. B. Sprengstoffanschlag, Entführung, Brandstiftung etc.

  Oder z. B. ein Fußballfan teilt der Polizei mit, daß er eine Information habe, daß um 15 Uhr drei durch Funk zu zündende Sprengkörper in seinem Betrieb explodieren würden. Er rechnet damit, daß die Polizei die Räumung des Betriebes veranlassen werde und daß er in diesem Fall noch rechtzeitig zum Beginn eines Fußballspiels kommen werde.

- Anzeige erfolgt bei einer Behörde oder einer zur Entgegennahme von Anzeigen zuständigen Stelle.

  Z. B. ermittelnde Polizeibehörde oder Staatsanwaltschaft, anwesender Polizeibeamter.

  Nur eine Behörde oder eine zur Entgegennahme von Anzeigen zuständige Stelle kommt als Adressat der Täuschung in Betracht.

- Wider besseres Wissen bedeutet, daß der Täter genau weiß, daß es nicht so ist.

#### 2.3.4.24.3.2 § 145d Abs. 2 StGB verlangt das Vorliegen folgender Tatbestandsmerkmale:

Nach Abs. 2 muß der Täter wider besseres Wissen über einen Beteiligten einer rechtswidrigen Tat oder an einer bevorstehenden, in § 126 Abs. 1 genannten rechtswidrigen Tat täuschen.

*Täuschen bedeutet, daß der Täter einen Irrtum über die Sachlage herbeizuführen sucht, indem er den Verdacht auf einen Dritten lenkt, der nicht beteiligt ist, z. B. Anzeige gegen Unbekannt.*

*Die Tat selbst muß jedoch tatsächlich begangen sein.*

**2.3.4.24.4 Weitere Hinweise**

- Der Unterschied des § 145 d StGB zu 164 StGB ist, daß der § 145 d StGB nur dann eingreift, wenn der Täter sich selbst, eine nicht existierende Person oder den großen „Unbekannten" beschuldigt oder er nicht mit der nach § 164 StGB erforderlichen Absicht, ein Ermittlungsverfahren oder eine sonstige Maßnahme herbeizuführen, handelt.
- Neben §145 d StGB kann Strafvereitelung nach § 258 StGB vorliegen.
- Dem § 145 d Abs. 1 StGB gehen die §§ 164, 258 und 258 a StGB vor.
- Bedeutsam ist § 145 d StGB im Zusammenhang mit Anzeigen wegen fingierter Schadensmeldungen bei Versicherungen.

**2.3.4.25 Falsche Verdächtigung § 164 StGB**

**2.3.4.25.1 Vorbemerkung**

- Zweck der Vorschrift ist es, einerseits die Rechtspflege zu schützen, andererseits den einzelnen gegen Mißgriffe irregeleiteter Behörden zu schützen.
- Die Vorschrift kann insbesondere dann große praktische Bedeutung erlangen, wenn es um die Weitergabe von Verdachtsmomenten geht. In diesem Bereich kann sehr schnell ein Ermittlungsverfahren nach § 164 StGB gegen einen Mitarbeiter des Werkschutzes in Gang gesetzt werden.

**2.3.4.25.2 Gesetzestext**

§ 164 Falsche Verdächtigung

*(1) Wer einen anderen bei einer Behörde oder einem zur Entgegennahme von Anzeigen zuständigen Amtsträger oder militärischen Vorgesetzten oder öffentlich wider besseres Wissen einer rechtswidrigen Tat oder der Verletzung einer Dienstpflicht in der Absicht verdächtigt, ein behördliches Verfahren oder andere behördliche Maßnahmen gegen ihn herbeizuführen oder fortdauern zu lassen, wird mit Freiheitsstrafe bis zu fünf Jahren oder mit einer Geldstrafe bestraft.*

*(2) Ebenso wird bestraft, wer in gleicher Absicht bei einer der in Absatz 1 bezeichneten Stelle oder öffentlich über einen anderen wider besseres Wissen eine sonstige Behauptung tatsächlicher Art aufstellt, die geeignet ist, ein behördliches Verfahren oder andere behördliche Maßnahmen gegen ihn herbeizuführen oder fortdauern zu lassen.*

#### 2.3.4.25.3 Tatbestandsmerkmale

##### 2.3.4.25.3.1 Verdächtigen eines anderen

Verdächtigen bedeutet, einen Verdacht hervorrufen, hinlenken oder verstärken und zwar in der Weise, daß die verdächtigte Person eindeutig identifiziert werden kann.

Z. B. durch anonyme Anzeige, Strafantrag, Mitteilung eines angeblichen Gerüchts.

Das Verdächtigen kann durch Behauptungen (z. B. bei einer Zeugenvernehmung) oder schlüssige Handlungen (z. B. belastendes Material vor der Durchsuchung in die Wohnung des Verdächtigen einbringen) geschehen.

Die Mitteilung des Täters muß einen Ansatzpunkt für Ermittlungen darstellen.

Anlaß zu erheblichen Zweifelsfragen gibt die Weiterleitung fremder Verdächtigungen, deren Unrichtigkeit der Täter nicht kennt, an die Behörde zur Überprüfung. Entsprechende Vorsicht wird in dieser Hinsicht angeraten.

Eine falsche Selbstverdächtigung fällt nicht unter § 164 StGB, da ein anderer verdächtigt werden muß. Die falsche Selbstverdächtigung fällt unter § 145 d StGB.

Die Tat ist mit der Mitteilung beendet; es ist insbesondere nicht erforderlich, daß ein Ermittlungsverfahren eingeleitet wird.

Ein Fehler in der rechtlichen Würdigung einer angezeigten Straftat begründet keine Strafbarkeit, wenn der zugrundeliegende Sachverhalt objektiv und richtig in der Strafanzeige angegeben worden ist. Stellt sich bei der weiteren Behandlung der Strafanzeige durch die Strafverfolgungsbehörden z. B. heraus, daß die als Diebstahl zur Anzeige gelangte Tat unter Berücksichtigung von Rechtslehre und Rechtsprechung tatsächlich eine Unterschlagung darstellt, ein wegen übler Nachrede gestellter Strafantrag nur zu einer Verurteilung wegen Formalbeleidigung führt, so handelt es sich nicht um falsche Verdächtigung.

##### 2.3.4.25.3.2 Stelle, bei der verdächtigt wird

- Behörde
- ein zur Entgegennahme von Anzeigen zuständiger Amtsträger (i. d. R. Staatsanwaltschaft und Polizei)
- ein militärischer Vorgesetzter
- öffentlich, d. h. wenigstens vor einem größeren Personenkreis.

##### 2.3.4.25.3.3 Wider besseres Wissen

Wider besseres Wissen bedeutet, daß die Verdächtigung objektiv falsch ist und dies der Täter sehr wohl weiß.

Kleinere Übertreibungen sind dabei unschädlich.

Wurde die Tat wirklich begangen, nur der Täter nach § 164 StGB weiß das nicht, so liegt ein Versuch vor, der nicht strafbar ist.

**2.3.4.25.3.4 Die Verdächtigung bezieht sich auf eine rechtswidrige Tat oder die Verletzung einer Dienstpflicht**

Die Verdächtigung hinsichtlich einer Ordnungswidrigkeit reicht nicht aus.

**2.3.4.25.3.5 Absicht des Täters, ein behördliches Verfahren oder andere behördliche Maßnahmen gegen den Verdächtigen herbeizuführen oder fortdauern zu lassen**

Es ist jedoch, wie oben bereits dargelegt, nicht erforderlich, daß ein Ermittlungsverfahren tatsächlich eingeleitet wird oder eine behördliche Maßnahme tatsächlich getroffen wird.

**2.3.4.25.3.6 § 164 Abs. 2 StGB bringt eine weitere Begehungsform**

- Wer in gleicher Absicht bei einer der in Abs. 1 bezeichneten Stellen oder öffentlich über einen anderen wider besseres Wissen,
- eine sonstige Behauptung tatsächlicher Art aufstellt,
- die geeignet ist, ein behördliches Verfahren oder andere behördliche Maßnahmen gegen ihn herbeizuführen oder fortdauern zu lassen.

Diese Alternative kommt in Betracht, wenn weder der Verdacht einer rechtswidrigen Tat noch eine Dienstpflichtverletzung im Spiele ist.

Sie ist z. B. bedeutungsvoll für ein Verfahren nach dem Ordnungswidrigkeitengesetz, ein gewerbliches Berufsverbot oder für den Entzug einer beruflichen Zulassung.

**2.3.4.25.4 Weitere Hinweise**

- § 164 Abs. 1 ist speziell gegenüber dem Absatz 2.
- Es sollte jedoch bei der Beurteilung des § 164 StGB bedacht werden, daß jeder das Recht hat, sich zu beschweren.
- Eine Überschneidung mit einem Beleidigungsdelikt nach § 187 StGB (Verleumdung) ist möglich.
- Nach § 154e StPO soll eine öffentliche Klage nicht erhoben werden, solange wegen der behaupteten Handlungen ein Straf- oder Disziplinarverfahren läuft.

### 2.3.4.26 Üble Nachrede § 186 StGB

#### 2.3.4.26.1 Vorbemerkung

- Geschütztes Rechtsgut ist die Ehre.
- Während § 185 StGB die Kundgabe eigener Mißachtung unter Strafe stellt, betrifft § 186 StGB das Ermöglichen fremder Mißachtung.

#### 2.3.4.26.2 Gesetzestext

§ 186 Üble Nachrede

*Wer in Beziehung auf einen anderen eine Tatsache behauptet oder verbreitet, welche denselben verächtlich zu machen oder in der öffentlichen Meinung herabzuwürdigen geeignet ist, wird, wenn nicht diese Tatsache erweislich wahr ist, mit Freiheitsstrafe bis zu einem Jahr oder mit Geldstrafe und, wenn die Tat öffentlich oder durch Verbreiten von Schriften (§ 11 Abs. 3) begangen ist, mit Freiheitsstrafe bis zu zwei Jahren oder mit Geldstrafe bestraft.*

#### 2.3.4.26.3 Tatbestandsmerkmale

*Tatsache:*

Eine Tatsache ist im Gegensatz zum Werturteil etwas Geschehenes der Vergangenheit oder Gegenwart und damit beweisbar.

Die Abgrenzung zwischen Werturteil und Tatsache ist oft recht schwierig.

*Geeignet, verächtlich zu machen oder in der öffentlichen Meinung herabzuwürdigen:*

Es reicht aus, daß die Wirkung der Verächtlichmachung oder Herabwürdigung in der öffentlichen Meinung eintreten kann, es muß nicht dazu kommen.

Verächtlichmachen heißt, die Achtung vor dieser Person mindern.

In der öffentlichen Meinung herabwürdigen bedeutet, bei einer größeren Zahl von Personen den Ruf schmälern.

*In bezug auf einen anderen:*

Der Täter des § 186 StGB berichtet einem anderen über eine dritte Person. Derjenige, dessen Ehre verletzt wird, und derjenige, dem berichtet wird, müssen verschiedene Personen sein.

*Nicht erweislich wahr:*

D. h., daß der Täter des § 186 StGB das volle Beweisrisiko für die Wahrheit seiner Behauptung trägt.

Die Wahrheitserforschung ist vom Gericht vorzunehmen. Geringe Abweichungen von der Wahrheit und geringfügige Übertreibungen schaden dabei nicht.

*Behaupten:*

Nach eigener Überzeugung als richtig hinstellen.

*Verbreiten:*

Eine Tatsache als fremdes Wissen und nicht als Gegenstand eigener Überzeugung weitergeben.

Die Weitergabe an einen einzigen anderen ist ausreichend.

**2.3.4.26.4 Qualifizierter Fall**

Die Tat ist mit höherer Strafe bewehrt, wenn sie öffentlich, in einer Versammlung oder durch Verbreiten von Schriften begangen ist.

Dies gilt insbesondere für die sog. „Betriebszeitungen" subversiver Gruppen, bei denen eine Strafverfolgung des Urhebers und die Durchsetzung presserechtlicher Ansprüche auf Gegendarstellung meist auf Schwierigkeiten stoßen, weil hier die Druckvermerke oftmals finigiert sind. Täter sind aber nicht nur Urheber und Hersteller, sondern auch die Verbreiter, die eher ermittelt werden können.

**2.3.4.26.5 Weitere Hinweise**

- Üble Nachrede ist ein Antragsdelikt, § 194 StGB gilt entgegen dem Wortlaut auch für § 186 StGB.
- Insbesondere der Werkschutz sollte es vermeiden, Vermutungen und Gerüchte weiterzuverbreiten. Die Funktion des Werkschutzes ist durchaus geeignet, einem zunächst belanglosen Gerücht Bedeutung zuteil werden zu lassen und den Betroffenen in besonderer Weise herabzuwürdigen.

**2.3.4.27 Verleumdung § 187 StGB**

**2.3.4.27.1 Vorbemerkung**

- Geschütztes Rechtsgut ist auch hier die Ehre.
- Während bei § 186 StGB die behaupteten oder verbreiteten Tatsachen nur nicht erweislich wahr sind, kommt § 187 StGB nur in Betracht, wenn feststeht, daß die Tatsachen unwahr sind und dies der Täter auch weiß.

**2.3.4.27.2 Gesetzestext**

*Wer wider besseres Wissen in Beziehung auf einen anderen eine unwahre Tatsache behauptet oder verbreitet, welche denselben verächtlich zu machen oder in der öffentlichen Meinung herabzuwürdigen oder dessen Kredit zu gefährden geeignet ist, wird mit Freiheitsstrafe bis zu zwei Jahren oder mit Geldstrafe und, wenn die Tat öffentlich, in einer Versammlung oder durch Verbreiten von Schriften (§ 11 Abs. 3) begangen ist, mit Freiheitsstrafe bis zu fünf Jahren oder mit Geldstrafe bestraft.*

**2.3.4.27.3 Tatbestandsmerkmale**

*Tatsache:*

vgl. § 186 StGB

*geeignet, verächtlich zu machen oder in der öffentlichen Meinung herabzuwürdigen:*

vgl. § 186 StGB

*geeignet, einen Kredit zu gefährden:*

Dies bedeutet, durch die unwahren Tatsachen das Vertrauen anderer Personen dahingehend zu beeinträchtigen, daß der Betroffene seine vermögensrechtlichen Verbindlichkeiten nicht erfüllen kann.

*Unwahr:*

Eine Tatsache ist unwahr, wenn sie nicht der Wirklichkeit entspricht.

*Wider besseres Wissen:*

D. h., der Täter muß genau wissen, daß die Tatsache unwahr ist.

*Behaupten:*

vgl. § 186 StGB

*Verbreiten:*

vgl. § 186 StGB

**2.3.4.27.4 Qualifizierter Fall**

Die Tat ist mit einer höheren Strafe bewehrt, wenn die Verleumdung öffentlich, in einer Versammlung oder durch Verbreiten von Schriften begangen wird.

**2.3.4.27.5 Weitere Hinweise**

- § 187 StGB ist ein Antragsdelikt. Entgegen dem Wortlaut gilt § 194 StGB auch für diese Vorschrift.
- Soweit § 187 StGB nicht nachgewiesen werden kann, kommt jedenfalls § 186 StGB für den Täter in Betracht.

### 2.3.4.28 Beleidigung trotz Wahrheitsbeweises § 192 StGB

#### 2.3.4.28.1 Vorbemerkung

- Diese Vorschrift gilt für die §§ 186–187a, auch für § 185, soweit dort ein Wahrheitsbeweis möglich ist.
- Die Vorschrift des § 192 StGB bedeutet, daß auch die Wahrheit über eine andere Person nicht in jedem Fall und nicht in jeder Form geäußert werden darf.

#### 2.3.4.28.2 Gesetzestext

§ 192 Beleidigung trotz Wahrheitsbeweises

*Der Beweis der Wahrheit der behaupteten oder verbreiteten Tatsache schließt die Bestrafung nach § 185 nicht aus, wenn das Vorhandensein einer Beleidigung aus der Form der Behauptung oder Verbreitung oder aus den Umständen, unter welchen sie geschah, hervorgeht.*

#### 2.3.4.28.3 Tatbestandsmerkmale

Das Gesetz unterscheidet zwei Fälle

- Form der Behauptung oder Verbreitung
- Umstände der Behauptung oder Verbreitung

##### 2.3.4.28.3.1 Form der Behauptung oder Verbreitung

Wenn aus der Wortwahl hervorgeht, daß der Täter beleidigen wollte, indem er in bezug auf den Beleidigten Schimpfworte, wie z. B. „Ganove", gebrauchte, so bleibt diese Beleidigung strafbar, auch wenn nachweisbar sein sollte, daß der Beleidigte, z. B. wegen Betrugs, vorbestraft ist. Dasselbe gilt, wenn der Täter eine über die ehrenrührige Tatsache hinausgehende Beleidigung ausspricht, indem er z. B. einen des Diebstahls einer geringwertigen Sache Verdächtigen als „Verbrecher" bezeichnet.

Ein Wahrheitsbeweis bei Schimpfworten, z. B. aus dem Tierreich, ist nicht möglich. In jedem Falle ist es zweckmäßig, bei Berichten die neutralen Begriffe „Täter" oder „Tatverdächtiger", nicht etwa „Dieb" oder „Betrüger" zu verwenden.

##### 2.3.4.28.3.2 Umstände der Behauptung oder Verbreitung

Z. B. Veröffentlichung wahrer Tatsachen in der Presse oder Veröffentlichung von wahren Tatsachen aus dem Intimbereich einer Person.

#### 2.3.4.28.4 Weitere Hinweise

- In einem derartigen Strafverfahren muß in der Regel der Wahrheitsbeweis erhoben werden, da dieser Umstand auch für die Strafzumessung von Bedeutung ist.

- Auch der Rechtfertigungsgrund des § 193 StGB greift nicht ein, wenn die Umstände des § 192 StGB vorliegen.

### 2.3.4.29 Wahrnehmung berechtigter Interessen § 193 StGB

#### 2.3.4.29.1 Vorbemerkung

- Die Wahrung berechtigter Interessen ist in dem von dieser Vorschrift beschriebenen Umfang unter Berücksichtigung des Ergebnisses der erforderlichen Interessenabwägung ein Rechtfertigungsgrund.
- Für die §§ 185, 186, 187a StGB ist dies ein wichtiger Rechtfertigungsgrund. Für andere Straftatbestände stellt der § 193 StGB nach herrschender Meinung keinen Rechtfertigungsgrund dar.

#### 2.3.4.29.2 Gesetzestext

§ 193 Wahrnehmung berechtigter Interessen

*Tadelnde Urteile über wissenschaftliche, künstlerische oder gewerbliche Leistungen, desgleichen Äußerungen, welche zur Ausführung oder Verteidigung von Rechten oder zur Wahrnehmung berechtigter Interessen gemacht werden, sowie Vorhaltungen und Rügen der Vorgesetzten gegen ihre Untergebenen, dienstliche Anzeigen oder Urteile von seiten eines Beamten und ähnliche Fälle sind nur insofern strafbar, als das Vorhandensein einer Beleidigung aus der Form der Äußerung oder aus den Umständen, unter welchen sie geschah, hervorgeht.*

#### 2.3.4.29.3 Tatbestandsmerkmale

§ 193 StGB setzt voraus, daß dem verletzten Rechtsgut Ehre ein höherwertiges oder wenigstens gleichwertiges Rechtsgut des Täters gegenübersteht, das durch die Tat gewahrt wird und dem Täter ausnahmsweise eine Ehrverletzung erlaubt.

Ein berechtigtes Interesse kann z. B. ein vermögensrechtliches Interesse des Täters sein.

Das Interesse ist berechtigt, wenn es unmittelbar oder mittelbar eigenes Interesse des Täters ist, d. h. er sich nach allgemeiner Ansicht als Verfechter der Sache einsetzen darf.

Z. B. beauftragter Anwalt, eingeschaltete Detektei, Belange von Angehörigen, Vereinsinteresse etc.

Es gibt auch Interessen, die jeden angehen, wie z. B. die Aufklärung strafbarer Handlungen.

Die Ehrverletzung ist aber nur dann gerechtfertigt, wenn sie ein unerläßliches, aber auch das schonendste Mittel zur Interessenwahrung ist.

Dem Verbreiter obliegt eine je nach Öffentlichkeitswirkung gesteigerte Informationspflicht im Rahmen der Möglichkeit und Zumutbarkeit.

Das Gesetz unterstellt ein berechtigtes Interesse für tadelnde Urteile über wissenschaftliche, künstlerische oder gewerbliche Leistungen und für Ausführungen zur Verteidigung von Rechten. Ebenso gilt dies für Vorhaltungen und Rügen der Vorgesetzten gegen ihre Untergebenen, dienstliche Anzeigen oder Urteile von seiten eines Beamten.

Der Betrieb hat ein berechtigtes Interesse daran, daß gegen ihn gerichtete Straftaten ermittelt und ihm mitgeteilt werden, damit er die erforderlichen Folgerungen verschiedener Art treffen kann, z. B. Vorkehrungen, aber auch arbeitsrechtliche Maßnahmen, Geltendmachung von Schadensersatzansprüchen. Zuständiges Organ ist der Werkschutz, der eine Schutzaufgabe wahrnimmt. Er hat nicht nur das Recht, sondern auch die Pflicht, in Fällen strafbarer Handlungen, die im oder gegen den Betrieb begangen werden, die Geschäftsleitung jeweils genau, umfassend und objektiv zu unterrichten, auch wenn die Tatsachenschilderung ehrenrührige Handlungen wie z. B. Diebstahl einschließt. Dies darf er jedoch nur im Rahmen seiner dienstlichen Pflicht, z. B. gegenüber Vorgesetzten, nicht aber unbeteiligten Dritten gegenüber, an deren Unterrichtung kein berechtigtes Interesse besteht.

#### 2.3.4.29.4 Weitere Hinweise

- Da § 193 StGB ein Rechtfertigungsgrund ist, braucht er erst geprüft zu werden, wenn ein Beleidigungsdelikt tatbestandsmäßig in objektiver und subjektiver Hinsicht vorliegt, der Wahrheitsbeweis nicht gelingen kann und nicht schon ein anderer Rechtfertigungsgrund eingreift.
- Da dieser Rechtfertigungsgrund oft umstritten und im einzelnen einer sehr sorgfältigen und schwierigen Prüfung bedarf, sollte er in der Praxis nicht unnötig herangezogen werden. Er beinhaltet ein gewisses Risiko für denjenigen, der sich darauf stützen will.

### 2.3.4.30 Bedrohung § 241 StGB

#### 2.3.4.30.1 Vorbemerkung

- § 241 StGB ist eine Straftat, die sich gegen die persönliche Freiheit richtet.

  Geschütztes Rechtsgut ist der Rechtsfrieden des einzelnen, d. h. die Möglichkeit des einzelnen, ohne durch den Täter verursachte Besorgnis, Furcht und Unsicherheit zu leben.
- In der Praxis kommt es insbesondere bei einer Berührung mit Straftätern öfter zu Vorfällen, die den Tatbestand des § 241 StGB erfüllen. Vom Betroffenen soll dann das Vorliegen des § 241 StGB einwandfrei beurteilt werden können.

### 2.3.4.30.2 Gesetzestext

§ 241 Bedrohung

(1) *Wer einen anderen mit der Begehung eines gegen ihn oder eine ihm nahestehende Person gerichteten Verbrechens bedroht, wird mit Freiheitsstrafe bis zu einem Jahr oder mit Geldstrafe bestraft.*

(2) *Ebenso wird bestraft, wer wider besseres Wissen einem anderen vortäuscht, daß die Verwirklichung eines gegen ihn oder eine ihm nahestehende Person gerichteten Verbrechens bevorstehe.*

### 2.3.4.30.3 Tatbestandsmerkmale

Der § 241 StGB enthält zwei Tatbestände

Begehungsform 1 = § 241 Abs. 1
Begehungsform 2 = § 241 Abs. 2

### 2.3.4.30.3.1 Begehungsform 1

**Bedrohung eines anderen mit einem Verbrechen**

- Verbrechen ist hier im Sinne § 12 Abs. 1 StGB zu verstehen und bedeutet eine rechtswidrige Tat, die im Mindestmaß mit Freiheitsstrafe von einem Jahr oder darüber bedroht ist.

  Z. B.: Mord, Totschlag, Brandstiftung, Raub, schwere Körperverletzung etc.

  Nicht ausreichend ist z. B. die Bedrohung mit einer Sachbeschädigung, übler Nachrede etc., da es sich bei diesen Straftaten nur um Vergehen handelt (vgl. § 12 Abs. 2 StGB).

  Es ist eine bekannte Tatsache, daß in manchen Gegenden, in manchen Berufen oder Schichten ein sogenannter „Grobianismus“ herrscht, der dazu führt, daß eine Unwillenskundgebung so erweitert wird, daß sie objektiv den Tatbestand einer Bedrohung erfüllt. Grund zu einer solchen Überhöhung ist oftmals die Lust an einer originellen Formulierung, besonders im Dialekt.

  Solche, mitunter landes- oder branchenübliche Drohungen sind in der Regel nicht ernst zu nehmen. Dem Drohenden fehlt es am Vorsatz, tatsächlich die Drohung in ein Verbrechen umzusetzen.

  Mit Sicherheit ist jedoch der Tatbestand der Bedrohung erfüllt, wenn der Täter neben der verbalen Bedrohung gleichzeitig eine eindeutige Handlung, wie z. B. Griff zu Messer, Schußwaffe, gefährlichem Schlagwerkzeug oder ähnlichem, vornimmt.

  Erst recht nicht reichen bloße Verwünschungen oder Prahlereien und dergleichen aus.

- Bedroht werden muß ein anderer, d.h. ein Mensch.

  Nicht ausreichend ist das Bedrohen einer Organisation oder einer juristischen Person (z.B. AG, GmbH etc.).

- Der andere muß mit einem Verbrechen bedroht werden, d.h. das Verbrechen wird ihm vom Täter in Aussicht gestellt.

  Der Täter muß wollen, daß der Bedrohte ernsthaft mit dem Verbrechen rechnet.

  Es schadet jedoch nicht, wenn der Bedrohte sich im Vertrauen auf seine Abwehrmöglichkeiten nicht einschüchtern läßt.

- Gedroht werden kann mit einer eigenen Tat des Täters oder mit der Tat eines Dritten, wenn der Drohende zu erkennen gibt, daß er auf die Tat des Dritten Einfluß hat.

**Gegen ihn oder eine ihm nahestehende Person**

- Das angedrohte Verbrechen muß gegen den Bedrohten persönlich gerichtet sein oder
- gegen eine dem Bedrohten nahestehende Person.

  Eine Person steht dem Bedrohten nahe, wenn der Bedrohte mit ihr so verbunden ist, daß er eine Bedrohung dieser Person für sich selbst als bedrohend und besorgniserregend versteht.

  Z.B. Bedrohung gegen Ehefrau, Kinder, Verwandte, langjährige Freunde, Arbeitskameraden etc.

#### 2.3.4.30.3.2 Begehungsform 2

Die zweite Begehungsform wurde erst 1976 durch das 14. Strafrechtsänderungsgesetz eingefügt.

**Wer wider besseres Wissen einem anderen vortäuscht**

- Vortäuschen bedeutet, einen Irrtum über die tatsächliche Situation zu erregen versuchen.
- Dies muß wider besseres Wissen erfolgen, d.h. der Täter weiß genau und sicher, daß es in Wirklichkeit nicht so ist.

  Ist sich der Täter selbst unsicher oder hält er es für möglich, dann handelt er nicht wider besseres Wissen.

**Daß die Verwirklichung eines gegen ihn oder eine ihm nahestehende Person gerichteten Verbrechens bevorstehe**

- Verbrechen ist auch hier im Sinne von § 12 Abs. 1 StGB zu verstehen. Vgl. oben Begehungsform 1.

- Verwirklichung eines Verbrechens bedeutet Ausführung oder Durchführung der Tat.
- gegen den Getäuschten selbst oder
- gegen eine dem Getäuschten nahestehende Person (vgl. die Erläuterungen zur Begehungsform 1).
- Z. B. Täter täuscht vor, daß der Vorstandsvorsitzende durch eine radikale Vereinigung ermodert werden soll;

  Täter täuscht durch anonymen Anruf vor, daß ein Sprengstoffanschlag verübt werden soll;

  Täter täuscht vor, daß die Tochter eines Direktors entführt werden soll.
- Die Begehungsform 2 des § 241 StGB erfaßt die heute zahlreichen telefonischen Androhungen von Geiselnahmen und Sprengstoffanschlägen, die in der Regel nur erschrecken, Unruhe stiften und verunsichern sollen.

#### 2.3.4.30.4 Weitere Hinweise

- § 241 StGB ist in beiden Tatbestandsformen ein Vergehen.
- Wenn gleichzeitig eine Nötigung vorliegt, tritt § 241 StGB hinter der Nötigung zurück.

### 2.3.4.31 Raub § 249 StGB

#### 2.3.4.31.1 Vorbemerkung

- Geschützte Rechtsgüter sind Eigentum, Gewahrsam und persönliche Freiheit.
- Raub ist ein kombinierter Tatbestand aus Diebstahl und Nötigung.
- „Raubdelikte“ haben in den letzten Jahren stark zugenommen und weisen weiterhin steigende Tendenz auf.

#### 2.3.4.31.2 Gesetzestext

§ 249 Raub

*(1) Wer mit Gewalt gegen eine Person oder unter Anwendung von Drohungen mit gegenwärtiger Gefahr für Leib oder Leben eine fremde bewegliche Sache einem anderen in der Absicht wegnimmt, sich dieselbe rechtswidrig zuzueignen, wird mit Freiheitsstrafe nicht unter einem Jahr bestraft.*

*(2) In minder schweren Fällen ist die Strafe Freiheitsstrafe von sechs Monaten bis zu fünf Jahren.*

### 2.3.4.31.3 Tatbestandsmerkmale

#### 2.3.4.31.3.1 Eine fremde bewegliche Sache einem anderen in der Absicht wegnehmen, sich dieselbe rechtwidrig zuzueignen

Dies sind exakt die Tatbestandsmerkmale des Diebstahls nach § 242 StGB. Raub umfaßt damit alle Voraussetzungen des Diebstahls. Vgl. die Erläuterungen dort.

Hervorgehoben werden soll nochmals, daß Wegnehmen fremden Gewahrsam brechen und neuen Gewahrsam begründen bedeutet.

Fremden Gewahrsam brechen verlangt, daß die tatsächliche Sachherrschaft gegen den Willen des Inhabers beendet wird. Ein Gewahrsamsbruch liegt nicht vor, wenn die Sache vom Opfer freiwillig herausgegeben wird.

#### 2.3.4.31.3.2 Mit Gewalt gegen eine Person oder unter Anwendung von Drohungen mit gegenwärtiger Gefahr für Leib oder Leben

Durch Gewalt oder Drohung wird die Freiheit angegriffen. Dies soll die Wegnahme ermöglichen.

Gewalt und Drohung mit gegenwärtiger Gefahr für Leib oder Leben werden als „Raubmittel“ bezeichnet.

**Gewalt gegen eine Person**

Gewalt sind Handlungen, die unmittelbar oder mittelbar auf den Körper des Genötigten einwirken, um die freie Willensbildung oder Willensbetätigung zu beeinträchtigen.

Zweck der Gewaltanwendung ist es, den geleisteten Widerstand zu brechen oder einen erwarteten Widerstand zu behindern.

Z. B. Niederschlagen, Wegreißen, Einschließen, Wegstoßen etc., aber auch Beibringen von Narkotika.

Es kommt nicht auf die Größe des Kraftaufwandes an, er muß nur größer sein, als es das bloße Ansichnehmen der Sache erfordert.

Gewaltanwendung gegen den Begleiter des Gewahrsamsinhabers reicht aus.

Gewaltanwendung gegen Sachen genügt nur dann, wenn sie auch als körperliche Einwirkung auf die Person empfunden wird (z. B. Einschließen).

Die Gewalt braucht keine gegenwärtige Gefahr für Leib oder Leben zu bewirken.

**Drohungen mit gegenwärtiger Gefahr für Leib oder Leben**

Drohen bedeutet ausdrücklich oder schlüssig ein Übel für das Opfer ankündigen, dessen Zufügung vom Täter abhängt, also in seiner Hand liegt.

Das angekündigte Übel muß eine gegenwärtige Gefahr für Leib oder Leben darstellen. Gegenwärtige Gefahr für Leib oder Leben bedeutet einen Zustand, in welchem nach den konkreten Umständen der Tod oder eine nicht unerhebliche Verletzung der körperlichen Unversehrtheit naheliegt.

Die Gefahr ist gegenwärtig, wenn sie unmittelbar, also in allernächster Zeit, bevorsteht.

Es reicht aus, wenn die Gefahr durch Handlungen Dritter angedroht wird.

Die Bedrohung muß vom Bedrohten ernst genommen werden (z. B. auch das Bedrohen mit einer ungeladenen Waffe, da für das Opfer nicht erkennbar).

Auf einen ernstlichen Willen des Täters, die Drohung zu verwirklichen, kommt es nicht an, er muß nur wollen, daß sie der Bedrohte ernst nimmt.

### 2.3.4.31.4 Weitere Hinweise

- Ein versuchter Raub liegt bereits vor, wenn mit der Wegnahme oder der Nötigung begonnen ist.
- Raub ist ein Verbrechen (vgl. § 12 Abs. 1 StGB). Auch der Versuch ist deshalb strafbar (vgl. § 23 StGB).
- Eine Privilegierung im Sinne des § 248a StGB bei geringwertigen Sachen gibt es beim Raub nicht.
- Bei Vorliegen eines Raubes werden Diebstahl und Nötigung verdrängt.
- Die §§ 250, 251 StGB sind Qualifizierungen des Grundtatbestandes.

### 2.3.4.32 Schwerer Raub § 250 StGB

### 2.3.4.32.1 Vorbemerkung

- § 250 StGB ist eine Qualifizierung des Grundtatbestandes § 249 StGB.
- Geschützte Rechtsgüter sind auch hier Eigentum, Gewahrsam und persönliche Freiheit.
- Das Gesetz droht dem Räuber, der einen Raub unter bestimmten erschwerenden Umständen verübt, eine gegenüber dem Grundtatbestand höhere Mindeststrafe, hier 5 Jahre, an.

  Grund für die erhöhte Strafdrohung ist die besondere Gefährlichkeit der in § 250 StGB genannten Umstände.

### 2.3.4.32.2 Gesetzestext

§ 250 Schwerer Raub

*(1) Auf Freiheitsstrafe nicht unter fünf Jahren ist zu erkennen, wenn*
*1. der Täter oder ein anderer Beteiligter am Raube eine Schußwaffe bei sich führt,*

2. *der Täter oder ein anderer Beteiligter am Raube eine Waffe oder sonst ein Werkzeug oder Mittel bei sich führt, um den Widerstand eines anderen durch Gewalt oder Drohung mit Gewalt zu verhindern oder zu überwinden.*
3. *der Täter oder ein anderer Beteiligter am Raube durch die Tat einen anderen in die Gefahr des Todes oder einer schweren Körperverletzung (§ 224 StGB) bringt oder*
4. *der Täter den Raub als Mitglied einer Bande, die sich zur fortgesetzten Begehung von Raub oder Diebstahl verbunden hat, unter Mitwirkung eines anderen Bandenmitgliedes begeht.*

*(2) In minder schweren Fällen ist die Strafe Freiheitsstrafe von einem Jahr bis zu fünf Jahren.*

### 2.3.4.32.3 Tatbestandsmerkmale

#### 2.3.4.32.3.1 Nr. 1: Der Täter oder ein anderer Beteiligter am Raube eine Schußwaffe bei sich führt

Z. B. Revolver, Pistole, aber auch Gaspistole.

Bei sich führen bedeutet, die Schußwaffe bewußt und gebrauchsbereit bei sich zu haben.

Dies ist auch dann der Fall, wenn die Schußwaffe zwar nicht geladen, die Munition aber verfügbar ist.

Ein Vorsatz des Täters, die Waffe auch anzuwenden, ist nicht erforderlich.

#### 2.3.4.32.3.2 Nr. 2: Der Täter oder ein anderer Beteiligter am Raube eine Waffe oder sonst ein Werkzeug oder Mittel bei sich führt, um den Widerstand eines anderen durch Gewalt oder Drohung mit Gewalt zu verhindern oder zu überwinden

Vgl. Erläuterungen zu § 223 a StGB.

Eine Waffe ist z. B. ein Schlagring, ein Totschläger, ein Dolch, eine ungeladene Schußwaffe ohne verfügbare Munition, Tränengassprühdose etc.

Sonstiges Werkzeug oder Mittel ist z. B. Hammer, Schraubenschlüssel, Stein, Stock, Säure, Pfeffer, Pkw.

Bei dieser Variante muß der Täter jedoch die Absicht haben, Waffe, Werkzeug oder sonstiges Mittel als Mittel des Raubes einzusetzen, d. h. zur Verhinderung oder Überwindung des Widerstandes eines anderen durch Gewalt oder Drohung.

#### 2.3.4.32.3.3 Nr. 3: Der Täter oder ein anderer Beteiligter am Raube durch die Tat einen anderen in die Gefahr des Todes oder einer schweren Körperverletzung (§ 224 StGB) bringt

Der Gefährdete braucht weder der Beraubte noch derjenige zu sein, gegen den sich Gewalt oder Drohung richten. Der andere, der in diese Gefahr gebracht wird, kann auch ein Unbeteiligter sein (z. B. durch Schüsse des Täters).

#### 2.3.4.32.3.4 Nr. 4: Der Täter den Raub als Mitglied einer Bande, die sich zur fortgesetzten Begehung von Raub oder Diebstahl verbunden hat, unter Mitwirkung eines anderen Bandenmitglieds begeht

Man spricht hier vom sogenannten „Bandenraub".

Bande ist eine Gruppe von mindestens 2 Mitgliedern. Zwei Bandenmitglieder müssen dem Tatbestand nach am Tatort zur Tatbegehung sein.

#### 2.3.4.32.4 Weitere Hinweise

- § 250 StGB ist entsprechend dem § 244 StGB (Diebstahl mit Waffen; Bandendiebstahl) aufgebaut.
- § 250 StGB ist die Qualifizierung des Grundtatbestandes § 249 StGB. Die Bestrafung erfolgt deshalb ausschließlich aus § 250 StGB.
- § 250 StGB ist ein Verbrechen (vgl. § 12 Abs. 1 StGB), damit ist auch der Versuch strafbar (§ 23 StGB).
- § 251 StGB ist ein weiterer Qualifizierungstatbestand.
  Soweit der Täter durch einen Raub nach § 249 StGB oder 250 StGB leichtfertig den Tod eines anderen verursacht, wird er nach § 251 StGB (Raub mit Todesfolge) bestraft. Der Tod muß jedoch ungewollt sein. Opfer kann auch ein Unbeteiligter sein.

### 2.3.4.33 Räuberischer Diebstahl § 252 StGB

#### 2.3.4.33.1 Vorbemerkung

- Geschütztes Rechtsgut ist wie beim Raub Eigentum, Gewahrsam und die persönliche Freiheit.
- Räuberischer Diebstahl setzt sich wie der Raub aus der Wegnahme und Nötigung zusammen. Im Unterschied zum Raub erfolgt die Nötigung jedoch nicht dazu, um die Wegnahme zu ermöglichen, sondern erst nach der Wegnahme, und dient dazu, den Besitz der bereits weggenommenen Sache zu sichern. Der Täter verteidigt sein Diebesgut.
- § 252 StGB ist ein Verbrechen. Dies deshalb, weil der Täter wahrscheinlich ebenfalls schon Gewalt oder Drohung angewandt hätte, wenn er während der Wegnahme überrascht worden wäre. Er soll deshalb nicht besser stehen als der Räuber.

**2.3.4.33.2 Gesetzestext**

§ 252 Räuberischer Diebstahl

*Wer, bei einem Diebstahl auf frischer Tat betroffen, gegen eine Person Gewalt verübt oder Drohungen mit gegenwärtiger Gefahr für Leib und Leben anwendet, um sich im Besitz des gestohlenen Gutes zu erhalten, ist gleich einem Räuber zu bestrafen.*

**2.3.4.33.3 Tatbestandsmerkmale**

**2.3.4.33.3.1 Täter wird beim Diebstahl auf frischer Tat betroffen**

Der Täter muß also bei einer Tat nach §§ 242, 243, 244, 247, 248a oder bei einem Raub (da dieser tatbestandsmäßig einen Diebstahl beinhaltet) betroffen sein.

Der Täter ist auf frischer Tat betroffen, wenn er bei der Tat am Tatort oder unmittelbar nach der Tat in der Nähe des Tatortes wahrgenommen wird.

**2.3.4.33.3.2 Der Täter setzt Raubmittel ein, d. h.**

- Gewalt gegen eine Person

oder

- Drohungen mit gegenwärtiger Gefahr für Leib und Leben.
  Vgl. hierzu Erläuterungen zu § 249 StGB.

**2.3.4.33.3.3 Um sich im Besitz des gestohlenen Gutes zu halten**

D. h. der Täter wendet die „Raubmittel" nach Vollendung der Wegnahme zur Sicherung seiner Beute an.

Kämen die „Raubmittel" bereits während der Wegnahme zur Anwendung, dann wäre es Raub.

Hat der Täter das Diebesgut schon weggeworfen, dient die Gewaltanwendung bzw. die Drohung nicht mehr der Beutesicherung. Es reicht nicht aus, wenn sich der Täter nur der Festnahme bzw. der Personalienfeststellung entziehen will.

Ob die Verteidigung des Täters erfolgreich ist, ist ohne Bedeutung. Also wird ein Täter auch nach § 252 StGB bestraft, wenn ihm das Diebesgut abgenommen werden konnte.

Die Gewaltanwendung muß sich nicht gegen den Eigentümer oder eine Schutzperson richten, sondern es reicht aus, wenn sie sich gegen irgend jemand wendet, der dem Dieb zugunsten des Berechtigten die Sache abnehmen will.

**2.3.4.33.4 Weitere Hinweise**

- Raub ist die Wegnahme mit Nötigung, um die Sache in Gewahrsam zu bekommen.

- Räuberischer Diebstahl ist Nötigung nach Wegnahme der Sache, um den Gewahrsam zu erhalten.
- Der Wert der Sache spielt keine Rolle, da § 248a StGB nicht zur Anwendung kommt.
- Da der Täter gleich einem Räuber zu bestrafen ist, gelten die §§ 250 und 251 StGB entsprechend.

### 2.3.4.34 Erpressung § 253 StGB

#### 2.3.4.34.1 Vorbemerkung

- Geschützte Rechtsgüter sind das Eigentum, das Vermögen, der Gewahrsam und die persönliche Willensfreiheit.
- Erpressung besteht in einer Nötigung, durch die der Täter einen anderen zu einer Vermögensverfügung bestimmt. Dadurch fügt der Täter dem Vermögen des Genötigten oder eines anderen einen Nachteil zu, um sich oder einen Dritten zu bereichern.
- Der Unterschied zum Raub besteht darin, daß das Opfer eines Raubes die Wegnahme erduldet, hingegen das Opfer einer Erpressung die Sache aufgrund der Nötigung selbst herausgibt oder sich vermögensschädigend verhält.
- Der Unterschied zum Betrug ist darin zu sehen, daß beim Betrug die Täuschung, bei der Erpressung Zwang als Mittel zur angestrebten Bereicherung angewandt wird.

#### 2.3.4.34.2 Gesetzestext

§ 253 Erpressung

*(1) Wer einen anderen rechtswidrig mit Gewalt oder durch Drohung mit einem empfindlichen Übel zu einer Handlung, Duldung oder Unterlassung nötigt und dadurch dem Vermögen des Genötigten oder eines anderen Nachteil zufügt, um sich oder einen Dritten zu Unrecht zu bereichern, wird mit Freiheitsstrafe bis zu fünf Jahren oder mit Geldstrafe, in besonders schweren Fällen mit Freiheitsstrafe nicht unter einem Jahr bestraft.*

*(2) Rechtswidrig ist die Tat, wenn die Anwendung der Gewalt oder die Androhung des Übels zu dem angestrebten Zweck als verwerflich anzusehen ist.*

*(3) Der Versuch ist strafbar.*

### 2.3.4.34.3 Tatbestandsmerkmale

#### 2.3.4.34.3.1 Zu einer Handlung, Duldung oder Unterlassung nötigt

Vgl. Erläuterungen zu § 240 StGB.

Die Handlung, Duldung oder Unterlassung muß eine Vermögensverfügung und zwar vermögensmindernder Art sein.

#### 2.3.4.34.3.2 Nötigungsmittel sind Gewalt oder Drohung mit einem empfindlichen Übel

Vgl. auch hier Erläuterungen zu § 240 StGB.

Die ersten beiden Tatbestandsmerkmale (2.3.4.34.3.1 und 2.3.4.34.3.2) sind exakt die Tatbestandsmerkmale der Nötigung nach § 240 StGB.

Gewalt oder Drohung dürfen jedoch nicht nur die Wegnahme ermöglichen, da sonst Raub vorliegt, sondern müssen das Opfer dazu bringen, daß es willentlich die Sache herausgibt bzw. sich vermögensschädigend verhält.

Bei § 253 StGB kommt nur Gewalt gegen Sachen in Betracht, da Gewalt gegen Personen bereits den qualifizierten Tatbestand des § 255 StGB (Räuberische Erpressung) erfüllt.
Übel ist eine empfindliche Unannehmlichkeit, welche geeignet ist, den Bedrohten zu dem mit der Drohung erstrebten Verhalten zu bestimmen. Der Eintritt des Übels muß vom Willen des Drohenden abhängig sein.

#### 2.3.4.34.3.3 Und dadurch dem Vermögen des Genötigten oder eines anderen einen Nachteil zufügt

Der Eintritt eines Vermögensnachteils muß die Folge des Handelns, Duldens oder Unterlassens sein. Der Vermögensnachteil muß also durch die abgenötigte Handlung verursacht sein.

Vermögensnachteil ist jede Verminderung oder Verschlechterung des Vermögens.

#### 2.3.4.34.3.4 Um sich oder einen Dritten zu Unrecht zu bereichern

Der Erpresser muß die Absicht der rechtswidrigen Bereicherung haben. Es reicht aus, wenn sie zum Zeitpunkt der Nötigungshandlung vorliegt. Ob die Bereicherung gelingt, ist nicht von Bedeutung.

Bereicherung ist jede Verbesserung der Vermögenslage.

Der Nachteil beim Erpreßten muß dem Vorteil beim Bereicherten entsprechen („Stoffgleichheit").

Die Bereicherung muß objektiv unrechtmäßig sein, d. h. der Täter hat auf die Vermögensverfügung nach bürgerlichem oder öffentlichem Recht keinen Anspruch.

### 2.3.4.34.3.5 Rechtswidrigkeit

Weiterhin muß die Tat rechtswidrig sein. Die Tat muß hierbei im gesamten betrachtet werden, die Beurteilung der Rechtswidrigkeit orientiert sich an § 240 Abs. 2 StGB.

Die Tat ist rechtswidrig, wenn sie verwerflich ist. Es kommt also wie bei der Nötigung auf die Zweck-Mittel-Relation an. Die Rechtswidrigkeit kann allein durch ein verbotenes Mittel, einen unerlaubten Zweck oder aber durch die Kombination von diesem Mittel zu gerade diesem Zweck verursacht sein.

Die Bereicherung ist bei der Erpressung der angestrebte Zweck. Da diese, wie unter 2.3.4.34.3.4 dargelegt, rechtswidrig sein muß, wird bereits dadurch in der Regel die Rechtswidrigkeit der Erpressung indiziert.

### 2.3.4.34.4 Weitere Hinweise

- § 253 StGB ist ein Vergehen. Auch der Versuch ist strafbar, vgl. §§ 23, 253 Abs. 2 StGB.
- §§ 240 und 241 treten hinter § 253 StGB zurück.
- Raub bzw. Diebstahl einerseits und Erpressung andererseits schließen einander aus, da der Erpreßte eine Vermögensverfügung vornimmt und somit die Sache freiwillig herausgibt.
- Nach § 154c StPO kann die Staatsanwaltschaft zum Schutze des Opfers der Erpressung von der Verfolgung einer Straftat des Erpreßten, mit deren Offenbarung er bedroht worden ist, absehen.

### 2.3.4.35 Räuberische Erpressung § 255 StGB

### 2.3.4.35.1 Vorbemerkung

- § 255 StGB ist ein Erschwerungstatbestand zur Erpressung nach § 253 StGB. Der Erschwerungsgrund ist darin zu sehen, daß der Täter zur Ausführung der Tat Raubmittel einsetzt.
- Die räuberische Erpressung unterscheidet sich vom Raub dadurch, daß der Täter die Raubmittel hier einsetzt, um sich die Beute herausgeben zu lassen, während er sie beim Raub zum Ausschluß oder zur Überwindung eines Widerstandes einsetzt.
- Geschütztes Rechtsgut sind das Eigentum, der Gewahrsam und die Willensfreiheit.

### 2.3.4.35.2 Gesetzestext

§ 255 Räuberische Erpressung

*Wird die Erpressung durch Gewalt gegen eine Person oder unter Anwendung von Drohungen mit gegenwärtiger Gefahr für Leib oder Leben begangen, so ist der Täter gleich einem Räuber zu bestrafen.*

**2.3.4.35.3 Tatbestandsmerkmale**

**2.3.4.35.3.1 Erpressung i. S. d. § 253 StGB**

Da § 255 StGB tatbestandlich eine Erpressung voraussetzt, ist die räuberische Erpressung nur dann zu prüfen, wenn eine Erpressung nach § 253 StGB vorliegt (Grundtatbestand).

**2.3.4.35.3.2 Raubmittel**

- Gewalt gegen eine Person

oder

- Anwendung von Drohungen mit gegenwärtiger Gefahr für Leib oder Leben.

Vgl. Erläuterungen zu § 249 StGB.

**2.3.4.35.3.3 Der Täter ist gleich einem Räuber zu bestrafen**

Diese Verweisung bedeutet, daß auch die §§ 250 und 251 StGB zur Anwendung kommen.

**2.3.4.35.4 Weitere Hinweise**

**2.3.4.35.4.1 Übersicht zum Einprägen**

| | |
|---|---|
| Nötigung: | Vorsätzliche und rechtswidrige Willensbeugung eines anderen, gleich mit welchem Mittel ohne Bereicherungsabsicht |
| Erpressung: | Nötigung (ohne Raubmittel) mit Bereicherungsabsicht |
| Räuberische Erpressung: | Raubmittel und Gebenlassen |
| Raub: | Raubmittel und Wegnahme |
| Räuberischer Diebstahl: | Wegnahme und Raubmittel zur Beutesicherung |

**2.3.4.35.4.2 Weiter soll in diesem Zusammenhang hingewiesen werden auf:**

- § 239a StGB Erpresserischer Menschenraub und
- § 316a StGB Räuberischer Angriff auf Kraftfahrer.

Von § 239a StGB wird bereits die Vorbereitung zu einer besonders verwerflichen Erpressung erfaßt.

§ 316a StGB dient dem Schutz des Verkehrsteilnehmers und erfaßt den Fall, daß zur Begehung eines Raubes (§§ 249, 250), eines räuberischen Diebstahls (§ 252) oder einer räuberischen Erpressung (§ 255) ein Angriff auf Leib, Leben oder Entschlußfreiheit des Führers eines Kraftfahrzeuges oder eines Mitfahrers unter Ausnutzung der besonderen Verhältnisse des Straßenverkehrs unternommen wird.

### 2.3.4.36 Strafvereitelung § 258 StGB

#### 2.3.4.36.1 Vorbemerkung

- Geschütztes Rechtsgut des § 258 StGB ist die staatliche Rechtspflege, insbesondere der Anspruch des Staates auf Durchsetzung von Strafen.
- Es handelt sich hierbei um eine Vorschrift, die ein besonderes Risiko für den Werkschutz beinhaltet, wenn „werksinterne Vorgänge" von strafrechtlicher Bedeutung den Ermittlungsbehörden gegenüber im Rahmen ihrer Ermittlungen nicht uneingeschränkt offengelegt werden.
- Insbesondere leitende Werkschutzmitarbeiter sollten sich mit dieser Vorschrift eingehend vertraut machen. Es sind aus den letzten Jahren mehrere Ermittlungsverfahren bekannt.

#### 2.3.4.36.2 Gesetzestext

§ 258 Strafvereitelung

*(1) Wer absichtlich oder wissentlich ganz oder zum Teil vereitelt, daß ein anderer dem Strafgesetz gemäß wegen einer rechtswidrigen Tat bestraft oder einer Maßnahme (§ 11 Abs. 1 Nr. 8) unterworfen wird, wird mit Freiheitsstrafe bis zu fünf Jahren oder mit Geldstrafe bestraft.*

*(2) Ebenso wird bestraft, wer absichtlich oder wissentlich die Vollstreckung einer gegen einen anderen verhängten Strafe oder Maßnahme ganz oder zum Teil vereitelt.*

*(3) Die Strafe darf nicht schwerer sein als die für die Vortat angedrohte Strafe.*

*(4) Der Versuch ist strafbar.*

*(5) Wegen Strafvereitelung wird nicht bestraft, wer durch die Tat zugleich ganz oder zum Teil vereiteln will, daß er selbst bestraft oder einer Maßnahme unterworfen wird oder daß eine gegen ihn verhängte Strafe oder Maßnahme vollstreckt wird.*

*(6) Wer die Tat zugunsten eines Angehörigen begeht, ist straffrei.*

#### 2.3.4.36.3 Tatbestandsmerkmale

§ 258 StGB kennt zwei Begehungsformen

- Verfolgungsvereitelung
- Vollstreckungsvereitelung

##### 2.3.4.36.3.1 Verfolgungsvereitelung

**Rechtswidrige Vortat eines anderen**

Eine Strafvereitelung kommt nur in Betracht, wenn ein anderer eine rechtswidrige Tat begangen hat. Diese Tat muß auch strafbar sein, d. h. es darf kein Rechtfertigungs- oder Schuldausschließungsgrund vorliegen. Im Unterschied zu § 257 StGB (Begünstigung), wo die Vortat dem Täter einen Vorteil bringen *muß, ist dies hier nicht erforderlich. Es kann jede beliebige rechtswidrige und strafbare Tat sein. Z. B. auch nur versuchter Diebstahl.*

**Absichtlich oder wissentlich ganz oder zum Teil vereitelt**

Absichtlich heißt, der Täter verfolgt mit seiner Tat den Zweck, die Strafverfolgung ganz oder zum Teil zu vereiteln. Wissentlich heißt, daß der Täter die Vereitelung der Strafverfolgung als sichere Folge seiner Handlung voraussieht. Ganz oder teilweise vereiteln bedeutet jede Besserstellung des Täters hinsichtlich seiner Verurteilung. Es wird nicht nur die endgültige Verhinderung erfaßt, auch eine Verzögerung oder Erschwerung der Ermittlungen reicht aus.

Z. B.: Beseitigen von Spuren, den Täter verbergen, behilflich sein bei der Flucht, falsche Aussage zugunsten des Täters; auch die wahrheitswidrige Behauptung, von der Tat nichts zu wissen.

Z. B.: Ein Auslandsmonteur betrügt seine Beschäftigungsfirma mittels verfälschter Abrechnungen. Im Hinblick auf familiäre Schwierigkeiten des Täters und darauf, daß er eine schwer zu ersetzende Fachkraft ist, begnügt sich die Firma mit der Rückzahlung des Schadensbetrages und einer schriftlichen Verwarnung. Ein Kollege aber schreibt an die Polizei einen anonymen Brief mit detaillierten Angaben über den Fall und benennt den Leiter der Werkfahndung, die damit befaßt war, als Auskunftsperson. Dieser erklärt der Polizei wahrheitswidrig, den Beschuldigten gebe es in der Firma überhaupt nicht, so daß die Polizei zunächst nichts mehr unternimmt.

Z. B.: Gegen einen Sachbearbeiter ist ein Strafverfahren wegen Betrugs anhängig, weil er nicht geleistete Überstunden abgerechnet hat. Er ist auch geständig. Sein Vorgesetzter, der wegen ungenügender Aufsicht berufliche Nachteile für sich befürchtet, veranlaßt ihn zum Widerruf des Geständnisses.

**Daß ein anderer dem Strafgesetz gemäß bestraft oder einer Maßnahme (§ 11 Abs. 1 Nr. 8) unterworfen wird**

- Strafe (Geld- oder Freiheitsstrafe), aber auch Nebenstrafen (z. B. Fahrverbot) oder Nebenfolgen (Verlust der Amtsfähigkeit, Verlust der Wählbarkeit etc.).
- Maßnahmen nach § 11 Abs. 1 Nr. 8, vgl. unten 2.3.4.36.3.2.

**2.3.4.36.3.2 Vollstreckungsvereitelung**

**Verhängte Strafe oder Maßnahme**

Zum Zeitpunkt der Tat muß ein anderer rechtskräftig zu einer Strafe oder Maßnahme im Sinne des § 11 Abs. 1 Nr. 8 verurteilt sein. Eine Maßnahme nach § 11 Abs. 1 Nr. 8 kann eine Maßregel der Besserung und Sicherung, der Verfall, die Einziehung oder die Unbrauchbarmachung sein. Eine Vollstreckung wegen der verhängten Strafe oder Maßnahme muß möglich sein.

**Absichtlich oder wissentlich die Vollstreckung ganz oder teilweise vereiteln**

Absichtlich heißt, der Täter verfolgt mit seiner Tat den Zweck, die Vollstreckung der Strafe oder Unterwerfung unter die Maßnahme ganz oder zum Teil zu vereiteln. Wissentlich heißt, daß der Täter die Vereitelung der Strafvollstreckung oder Unterwerfung unter die Maßnahme als sichere Folge seiner Handlung voraussieht. Ganz oder teilweise vereiteln bedeutet jede Besserstellung des Täters hinsichtlich ob, wann und wie vollstreckt wird.

Z. B.: Ein Ausländer soll wegen verschiedener Straftaten abgeschoben werden. Der Verwalter des Wohnheims, in dem der Abzuschiebende wohnt, versteckt ihn in einem schwer zugänglichen Bodenraum und erklärt der Polizei, er wisse nicht, wo der Abzuschiebende sich aufhalte. Die Polizei kann erst nach Wochen den Ausländer in Abschiebehaft nehmen.

### 2.3.4.36.4 Weitere Hinweise

- Nach neuer Rechtsprechung des BGH ist die Bezahlung einer Geldstrafe durch einen Dritten nicht als Vollstreckungsvereitelung anzusehen. Dies trifft z. B. zu, wenn der Arbeitgeber die Geldstrafe für den Fahrer eines Begleit-(Sicherungs-)Fahrzeuges bezahlt, der, wenn er durch andere Fahrzeuge von dem zu sichernden Fahrzeug (Personen, Geld, Werte) abgedrängt wurde, mit überhöhter Geschwindigkeit wieder Anschluß an das zu sichernde Fahrzeug gesucht hat und deswegen angezeigt wurde.
- Die Straftat ist vollendet, wenn eine Besserstellung des Täters erreicht ist.
- Bereits der Versuch der „Strafvereitelung“ ist strafbar (vgl. § 258 Abs. 4).
- Die Strafvereitelung ist immer Offizialdelikt, auch wenn die Vortat ein Antragsdelikt war.
- Straffrei ist die Tat, wenn der Täter ganz oder zum Teil vereiteln will, daß er selbst bestraft wird.
- Straffrei ist die Tat ebenfalls, wenn die Tat zugunsten eines Angehörigen im Sinne des § 11 Nr. 1 begangen wird. Angehörige im Sinne des § 11 Nr. 1 sind z. B. Eltern, Kinder, Ehegatte, Verlobte, Geschwister etc.
- Für Amtsträger gilt § 258a StGB Strafvereitelung im Amt.

## 2.3.4.37 Erschleichen von Leistungen § 265a StGB

### 2.3.4.37.1 Vorbemerkung

- Geschütztes Rechtsgut ist das Vermögen.
- Betrug nach § 263 StGB scheidet in diesen Fällen aus, da es an einer Täuschungshandlung gegenüber einem Menschen fehlt.

- Diebstahl nach § 242 StGB scheidet aus, da es hier nicht um Sachen, sondern um Leistungen geht.
- Angesichts zahlreicher Münzautomaten im Betrieb muß diese Vorschrift bekannt sein, damit deren Vorliegen oder Nichtvorliegen exakt beurteilt werden kann.

**2.3.4.37.2 Gesetzestext**

§ 265 a Erschleichen von Leistungen

*(1) Wer die Leistung eines Automaten oder eines öffentlichen Zwecken dienenden Fernmeldenetzes, die Beförderung durch ein Verkehrsmittel oder den Zutritt zu einer Veranstaltung oder einer Einrichtung in der Absicht erschleicht, das Entgelt nicht zu entrichten, wird mit Freiheitsstrafe bis zu einem Jahr oder mit Geldstrafe bestraft, wenn die Tat nicht in anderen Vorschriften mit schwererer Strafe bedroht ist.*

*(2) Der Versuch ist strafbar.*

*(3) Die §§ 247 und 248 a gelten entsprechend.*

**2.3.4.37.3 Tatbestandsmerkmale**

**2.3.4.37.3.1 Erschleichen**

Erschleichen ist jede Handlung, mit der die Leistung, die Beförderung oder der Zutritt unbefugt und ordnungswidrig erreicht werden soll.

Leistung kann z. B. durch Verwendung falscher Münzen, Metallronden oder Drahthaken erschlichen werden.

Zutritt kann z. B. durch Vorbeischleichen an der Eintrittskasse erreicht werden.

Es ist jedoch nicht erforderlich, daß das Erschleichen heimlich geschieht.

§ 265 a StGB ist dort nicht möglich, wo kein Eintrittsgeld zu bezahlen ist. Andererseits liegt auch dort § 265 a StGB nicht vor, wo der Täter auch bei Zahlung eines Entgelts keinen Zutritt hätte. Hier allerdings liegt bei Einschleichen § 123 StGB vor.

**2.3.4.37.3.2 Gegenstand der Erschleichung**

Gegenstand der Erschleichung kann eine Leistung, Beförderung oder der Zutritt sein.

- Leistungen eines Automaten

  z. B. Münzfernsprecher, Wiegeautomat, Musikbox, Münzfernseher, Münzwaschautomat („Leistungsautomaten“).

  Das Leeren eines Warenautomaten (z. B. Getränkeautomat oder Zigarettenautomat) mit falschen Münzen ist nach h. M. Diebstahl.

- Leistung eines öffentlichen Zwecken dienenden Fernmeldenetzes.

  Gemeint ist hier nicht der Mißbrauch eines Münzautomaten, der bereits bei der Variante „Automat“ erfaßt ist, sondern ein Eingriff in die „Gebührenerfassungssysteme“ (Impulssystem) des Fernmeldenetzes oder das illegale Anbringen von Anschlüssen.
- Beförderung durch Verkehrsmittel

  z. B. Eisenbahn, Straßenbahn, U-Bahn, Bus, Taxi oder Lkw als „blinder Passagier“.

  Es ist gleichgültig, ob die Verkehrsmittel öffentlicher oder privater Natur sind.
- Zutritt zu einer Veranstaltung

  z. B. Konzert, Tanzabend, Vortrag, Kino, Fußballveranstaltung.
- Zutritt zu einer Einrichtung

  z. B. Schwimmbad, Ausstellung, Zoo etc.

**2.3.4.37.3.3 Vorsatz**

Der Täter muß in der Absicht handeln, das Entgelt für Leistung, Beförderung oder Zutritt nicht zu entrichten.

**2.3.4.37.4 Weitere Hinweise**

- Versuch ist strafbar, vgl. §§ 265 a Abs. 2, 23 StGB.
- Bei der Erschleichung von geringfügigen Leistungen gilt § 248 a StGB entsprechend. Vgl. § 265 a Abs. 3 StGB. Strafantrag ist dann erforderlich. Dies dürfte meistens der Fall sein.
- § 265 a StGB tritt zurück, soweit die Tat nach anderen Vorschriften mit schwererer Strafe bedroht ist.
- Zweck des § 265 a StGB ist, eine Strafbarkeitslücke für die Fälle zu schließen, wo eine Leistungserschleichung weder Betrug noch Diebstahl ist.
- Neben § 265 a StGB kann u. U. § 123 StGB oder § 267 StGB vorliegen.

**2.3.4.38 Untreue § 266 StGB**

**2.3.4.38.1 Vorbemerkung**

- Geschütztes Rechtsgut ist das Vermögen.
- Untreue ist die vorsätzliche Verletzung der Pflichten zur Betreuung fremder Vermögensinteressen durch Benachteiligung des zu Betreuenden. Eine Bereicherung des Täters ist nicht erforderlich.

- Die Vorschrift ist für den Werkschutz in der Regel nur von untergeordneter Bedeutung. Dennoch sollte der Werkschutz diese Vorschrift kennen, da sie im Unternehmen durchaus von Bedeutung ist.
- Für das Verständnis dieser Vorschrift ist es wesentlich, zwischen dem „Innenverhältnis" und dem „Außenverhältnis" zu unterscheiden.

  Dies soll an einem Beispiel erörtert werden:

  A erteilt dem B Vollmacht, seinen Pkw zu verkaufen. Das Rechtsverhältnis zwischen A und B, also die Bevollmächtigung wird als Innenverhältnis bezeichnet, da dieses Rechtsverhältnis nur den A und B und keinen Dritten berührt. B kann aufgrund dieser Vollmacht den Pkw an den C oder an irgendeinen anderen Dritten mit Wirkung für A verkaufen. Ein Rechtsverhältnis zwischen B und C oder irgendeinem Dritten wird dann als Außenverhältnis bezeichnet.

### 2.3.4.38.2 Gesetzestext

§ 266 Untreue

*(1) Wer die ihm durch Gesetz, behördlichen Auftrag oder Rechtsgeschäft eingeräumte Befugnis, über fremdes Vermögen zu verfügen oder einen anderen zu verpflichten, mißbraucht oder die ihm kraft Gesetzes, behördlichen Auftrags, Rechtsgeschäfts oder eines Treueverhältnisses obliegende Pflicht, fremde Vermögensinteressen wahrzunehmen, verletzt und dadurch dem, dessen Vermögensinteressen er zu betreuen hat, Nachteil zufügt, wird mit Freiheitsstrafe bis zu fünf Jahren oder mit Geldstrafe bestraft.*

*(2) In besonders schweren Fällen ist die Strafe Freiheitsstrafe von einem Jahr bis zu zehn Jahren.*

*(3) § 243 Abs. 2 sowie die §§ 247 und 248a gelten entsprechend.*

### 2.3.4.38.3 Tatbestandsmerkmale

§ 266 StGB kennt 2 Fallgruppen:

- Mißbrauchstatbestand und
- Treuebruchstatbestand

Der Mißbrauchstatbestand ist ein Unterfall des umfassenden Treuebruchstatbestands.

#### 2.3.4.38.3.1 Mißbrauchstatbestand

Hierbei handelt es sich um einen Mißbrauch einer nach außen wirkenden Vertretungsmacht. Der Täter tut etwas, was er zwar aufgrund seiner Vertretungsmacht nach außen kann, nach innen aber nicht darf. Er überschreitet damit die internen, nach außen jedoch völlig unbedeutsamen Grenzen seiner Vollmacht. Der Täter verletzt damit seine Pflicht gegenüber dem Vollmachtsgeber (Treugeber).

– *Befugnis, über fremdes Vermögen zu verfügen:*

  Eine solche Befugnis kann sich ergeben durch:

  ○ Gesetz oder behördlichen Auftrag

    z. B. Vormund, Pfleger, Testamentsvollstrecker, Konkursverwalter, Nachlaßverwalter, Eltern für Kindesvermögen, Bürgermeister, Gerichtsvollzieher.

  ○ Rechtsgeschäft

    z. B. Vollmacht, Vertrag, Prokura, Treuhandverhältnis.

  Diese Befugnis, über fremdes Vermögen zu verfügen, muß wirksam erteilt sein, z. B. durch Handlungsvollmacht, Prokura etc.

– *Mißbrauch dieser Befugnis:*

  Die Mißbrauchshandlung muß eine rechtsgeschäftliche Handlung (= Verfügung) im Rahmen der Machtbefugnis des Täters sein. Sie muß sich gegen das Vermögen richten.

  Ferner muß hierin ein Verstoß gegen die Pflichten liegen.

– *Die Handlung muß eine Vermögensbeschädigung bewirken:*

  Eine Vermögensbeschädigung ist jede Schlechterstellung des Vermögens. Eine Gefährdung des Vermögens reicht hierzu aus. Eine Vermögensbeschädigung kann auch in einem Unterlassen bestehen.

  Ein Vermögensschaden liegt nicht vor, wenn der Schaden durch Vorteile wieder ausgeglichen wird.

  Das Eingehen von Risikogeschäften ist Untreue, soweit diese nicht üblich oder dem Verpflichteten gestattet sind.

– *Zusammenfassung:*

  Der Mißbrauchstatbestand ist Vermögensbeschädigung durch Mißbrauch der Vertretungsmacht.

#### 2.3.4.38.3.2 Treuebruchstatbestand

Der Treuebruchstatbestand bedeutet die Verletzung einer dem Treugeber gegenüber bestehenden Treuepflicht (Pflicht im Innenverhältnis) zur Wahrnehmung fremder Vermögensinteressen ohne Vertretungsmacht nach außen.

– *Treueverhältnis:*

  Es muß zunächst ein Treueverhältnis bestehen. Nicht durch jede Pflicht entsteht ein Treueverhältnis. Ein Treueverhältnis entsteht nur, wenn der Täter innerhalb eines bestimmten Pflichtenkreises eine gewisse Selbständigkeit hat. Der Pflichtenkreis muß durch Dauer, Umfang oder Bedeutung der Handlung geprägt sein.

Die jedem Vertrag innewohnende Pflicht zur Treue gegenüber dem Vertragspartner reicht nicht aus.

Z. B. kein Treueverhältnis bei einem Boten oder Ladenverkäufer.

Z. B. Treueverhältnis bei eigenverantwortlichem Kassierer, eigenverantwortlichem Warenkontrolleur.

Die rein tatsächliche Möglichkeit zu einer rechtsgeschäftlichen Tätigkeit reicht aus.

– *Pflicht zur Betreuung fremder Vermögensinteressen:*

  Inhalt des Treueverhältnisses ist die Pflicht zur Betreuung fremder Vermögensinteressen. Sie kann sich wie folgt ergeben:

  ○ Kraft Gesetzes oder behördlichen Auftrags, vgl. oben 2.3.4.38.3.1.

  ○ Rechtsgeschäft, z. B. Makleralleinauftrag, angestellter Reisevertreter, Mitgesellschafter.

  ○ Die Pflicht des Arbeitnehmers, die Interessen des Arbeitgebers zu wahren, wenn diese Pflicht gerade den wesentlichen Inhalt des begründeten Treueverhältnisses ausmacht. Nicht jedoch, wenn dies nur unwesentliche Nebenpflicht ist.

  ○ Kraft eines sonstigen Treueverhältnisses, z. B. Darlehensnehmer eines zweckgebundenen Darlehens, Architekt, der mit der gesamten Bauabwicklung betraut ist, ein mit einem besonderen Auftrag betrauter Arbeitnehmer.

– *Treuebruchshandlung:*

  Es kann sich hierbei um Handlungen jeder Art handeln, die der Täter pflichtwidrig vornimmt oder unterläßt. Also auch Handlungen tatsächlicher Art. Beim Mißbrauchstatbestand hingegen reichen nur rechtsgeschäftliche oder hoheitsrechtliche Handlungen aus. Dies ist hier der Fall.

  Z. B.: Täter eignet sich Geld aus der von ihm verwalteten Kasse an; Täter verkauft Waren des Geschäftsherrn im eigenen Namen und behält das Geld ein.

  Hier ist es auch nicht erforderlich, daß ein bürgerlich-rechtlich gültiges Geschäft zugrunde liegt.

  Untreue kann auch der Hehler begehen, der entgegen seiner Zusage die gestohlene Sache für sich und nicht für den Dieb verkauft.

  Die Treuebruchshandlung muß eine Pflichtwidrigkeit darstellen.

- *Vermögensbeschädigung:*

  Vgl. hierzu auch oben 2.3.4.38.3.1.

  Die Handlung muß eine Vermögensbeschädigung bewirken. Vermögensbeschädigung ist jede Schlechterstellung des Vermögens. Auch eine Gefährdung des Vermögens reicht aus. Die Handlung kann auch in einem Unterlassen bestehen. Vermögensbeschädigung ist die Zufügung eines Vermögensnachteils.

  Z. B. Beschädigen oder Aneignen einer Sache, vertragswidrige Benutzung einer Sache, mißbräuchliche Verwendung eines anvertrauten Computers, Bildung schwarzer Kassen.

- *Zusammenfassung:*

  Der Treuebruchstatbestand ist eine Vermögensbeschädigung durch Bruch des Treueverhältnisses.

#### 2.3.4.38.4 Weitere Hinweise

- Der Versuch des § 266 StGB ist straflos. Allerdings ist die Tat schon bei einer Vermögensgefährdung vollendet.
- Neben der Untreue kann Diebstahl, Unterschlagung, Betrug, Urkundenfälschung vorliegen.
- Untreue wird gemäß § 266 Abs. 3 in den Fällen der §§ 243 Abs. 2, 247 und 248 a StGB zum Antragsdelikt.
- Diese Vorschrift ist in der Regel für den Werkschutz kaum von praktischer Bedeutung.
- Auch das Erkennen oder Aufdecken von Straftaten dieser Art liegt kaum im Tätigkeitsbereich des Werkschutzes. Sie liegt eher im Bereich der Revision.

### 2.3.4.39 Fälschung technischer Aufzeichnungen § 268 StGB

#### 2.3.4.39.1 Vorbemerkung

- Geschütztes Rechtsgut ist die Sicherheit und Zuverlässigkeit des Rechtsverkehrs.
- Die Vorschrift des § 268 StGB ist im Jahre 1969 wegen der zunehmenden Bedeutung von Aufzeichnungen durch technische Apparate, die keine Urkunden sind, weil ein Aussteller fehlt (vgl. 2.3.4.8.3.1 zu § 267 Urkunde) durch das erste Strafrechtsreformgesetz eingeführt worden.
- Durch die Strafvorschrift des § 268 StGB soll sichergestellt werden, daß man sich auf die Richtigkeit von derartigen technischen Aufzeichnungen verlassen kann.

### 2.3.4.39.2 Gesetzestext

§ 268 Fälschung technischer Aufzeichnungen

*(1) Wer zur Täuschung im Rechtsverkehr*

*1. eine unechte technische Aufzeichnung herstellt oder eine technische Aufzeichnung verfälscht oder*

*2. eine unechte oder verfälschte technische Aufzeichnung gebraucht,*

*wird mit Freiheitsstrafe bis zu fünf Jahren oder mit Geldstrafe bestraft.*

*(2) Technische Aufzeichnung ist eine Darstellung von Daten, Meß- oder Rechenwerten, Zuständen oder Geschehensabläufen, die durch ein technisches Gerät ganz oder zum Teil selbsttätig bewirkt wird, den Gegenstand der Aufzeichnung allgemein oder für Eingeweihte erkennen läßt und zum Beweis einer rechtlich erheblichen Tatsache bestimmt ist, gleichviel ob ihr die Bestimmung schon bei der Herstellung oder erst später gegeben wird.*

*(3) Der Herstellung einer unechten technischen Aufzeichnung steht es gleich, wenn der Täter durch störende Einwirkung auf den Aufzeichnungsvorgang das Ergebnis der Aufzeichnung beeinflußt.*

*(4) Der Versuch ist strafbar.*

*(5) § 267 Abs. 3 ist anzuwenden.*

### 2.3.4.39.3 Tatbestandsmerkmale

#### 2.3.4.39.3.1 Technische Aufzeichnung

§ 268 StGB definiert den Begriff der technischen Aufzeichnung in seinem Absatz 2.

Eine Technische Aufzeichnung hat danach fünf Merkmale:

1. Darstellung von Daten, Meß- oder Rechenwerten, Zuständen oder Geschehensabläufen
2. Von technischen Geräten ganz oder zum Teil selbsttätig bewirkt
3. Der Gegenstand der Aufzeichnung ist allgemein oder für Eingeweihte verständlich

   (Es muß erkennbar sein, was worüber festgehalten wird.)
4. Zum Beweis geeignet
5. Zum Beweis bestimmt

   (Bestimmung kann von vorneherein bestehen oder nachträglich erfolgen.)

*Beispiele für technische Aufzeichnungen:*

- automatische Zählwerke (Wasser, Strom, Gas)
- automatische Gebührenabrechnungen
- Aufzeichnungen automatischer Schreibgeräte
- Wiegekarten automatischer Waagen
- Tankzettel
- Fahrtenschreiberblatt
- Radarmeßfoto
- Röntgenaufnahmen
- Dosimeterwerte
- Bankkontostandsauszüge

**2.3.4.39.3.2 Tathandlung**

§ 268 StGB kennt vier Tathandlungen:

- eine unechte technische Aufzeichnung herstellen
- eine echte technische Aufzeichnung verfälschen
- eine unechte oder verfälschte technische Aufnahme gebrauchen
- das Ergebnis der Aufzeichnung durch störende Einwirkung auf den Aufzeichnungsvorgang beeinflussen.

Dazu nun im einzelnen:

- *eine unechte technische Aufzeichnung herstellen:*

  D. h. eine Aufzeichnung herstellen, die vortäuscht, in einem ordnungsgemäßen Aufzeichnungsvorgang von einem technischen Gerät zu stammen.

  Z. B. Linien auf dem Fahrtenschreiberblatt mit der Hand zeichnen.

- *eine echte technische Aufzeichnung verfälschen:*

  D. h. den beweiserheblichen Inhalt in einer Weise verändern, die vortäuscht, daß sie aus einem ordnungsgemäßen Aufzeichnungsvorgang eines bestimmten technischen Gerätes stammt.

  Z. B. Zusätze anfügen, Teile abradieren.

- *störende Einwirkung auf den Aufzeichnungsvorgang:*

  D. h. den Aufzeichnungsvorgang des technischen Gerätes in unzulässiger Weise beeinflussen.

Z. B. falsches Einlegen von Formblättern oder Verbiegen von Aufzeichnungsstiften usw.

Es reicht nicht aus, ein technisches Gerät auszuschalten oder erst gar nicht einzuschalten, da es dann ja nicht zur Herstellung einer technischen Aufzeichnung kommt.

- *eine unechte oder verfälschte oder durch störende Einwirkung hergestellte technische Aufzeichnung gebrauchen:*

  Damit soll der Täter erfaßt werden, der weder eine unechte technische Aufzeichnung selbst herstellt, noch eine technische Aufzeichnung verfälscht, noch selbst störend auf einen Aufzeichnungsvorgang einwirkt, aber durch die Benutzung der manipulierten technischen Aufzeichnung Vorteile daraus ziehen will.

  Ein Gebrauchmachen liegt bereits vor, wenn der Täter alles auf seiner Seite Erforderliche getan hat, damit der zu Täuschende die technische Aufzeichnung zur Verwendung bekommt.

**2.3.4.39.3.3 Zur Täuschung im Rechtsverkehr**

Der Täter einer Fälschung von technischen Aufzeichnungen muß die Absicht haben, mit der „gefälschten" technischen Aufzeichnung im Rechtsverkehr zu täuschen, also eine andere Person zur Abgabe einer rechtlich erheblichen Erklärung zu bewegen, die ohne die gefälschte technische Aufzeichnung so nicht abgegeben worden wäre.

Z.B.

- Gebührenabrechnung
- Nachweis der Einhaltung der Geschwindigkeitsbegrenzung
- usw.

Diese Absicht wird nur in den seltensten Ausnahmefällen nicht vorliegen.

**2.3.4.39.4 Weitere Hinweise**

- In den meisten Fällen folgt der Manipulation der Gebrauch der technischen Aufzeichnung. Es sollten dann jeweils beide Tatbestandsalternativen angeführt werden.
- Im Gebrauchen einer „gefälschten" technischen Aufzeichnung liegt in aller Regel ein Betrug nach § 263 StGB, der meist übersehen wird.
- Manipulationen an Stempeluhren oder Stechuhren werden von der Rechtsprechung als Urkundenfälschung qualifiziert und nicht als Fälschung technischer Aufzeichnungen, da ohne die wesentliche Mitwirkung des Menschen eine Aufzeichnung nicht zustande kommt.

- § 267 und § 268 StGB haben den gleichen Unrechtsgehalt und die gleiche Strafdrohung. Es ist letztlich nicht von praktischer Bedeutung, wenn zwischen beiden Fällen falsch abgegrenzt wird, da einer der beiden Fälle dann ja in jedem Fall vorliegt.
- Entsprechend der arbeitsgerichtlichen Rechtsprechung zur Urkundenfälschung und zum Betrug reicht auch die Fälschung einer technischen Aufzeichnung mit nachfolgendem Gebrauchmachen in der Regel zur fristlosen Kündigung aus.

### 2.3.4.40 Mißbrauch von Ausweispapieren § 281 StGB

#### 2.3.4.40.1 Vorbemerkung

- Geschütztes Rechtsgut ist wie beim § 267 StGB die Sicherheit und Zuverlässigkeit des Rechtsverkehrs mit Ausweispapieren.
- § 281 StGB erfaßt auch den Werksausweis und ist damit für den Werkschutz unbedingt wissenswert.
- Die Vorschrift hat auch in der Hinsicht Bedeutung, daß die Werksausweise in der Regel aufgrund eines amtlichen Ausweises ausgestellt werden. Liegt bereits beim amtlichen Ausweis ein Mißbrauch vor, so setzt sich der dadurch erzeugte Fehler fort.

#### 2.3.4.40.2 Gesetzestext

§ 281 Mißbrauch von Ausweispapieren

(1) *Wer ein Ausweispapier, das für einen anderen ausgestellt ist, zur Täuschung im Rechtsverkehr gebraucht, oder wer zur Täuschung im Rechtsverkehr einem anderen ein Ausweispapier überläßt, das nicht für diesen ausgestellt ist, wird mit Freiheitsstrafe bis zu einem Jahr oder mit Geldstrafe bestraft. Der Versuch ist strafbar.*

(2) *Einem Ausweispapier stehen Zeugnisse und andere Urkunden gleich, die im Verkehr als Ausweis verwendet werden.*

#### 2.3.4.40.3 Tatbestandsmerkmale

##### 2.3.4.40.3.1 Mißbrauch von Ausweispapieren:

- *Ausweispapiere*

  Ausweispapiere sind amtliche Ausweise, die zum Zwecke des Identitätsnachweises ausgestellt sind. Diese Papiere werden ausschließlich von hoheitlichen Stellen ausgestellt.

  Z. B. Reisepaß, Bundespersonalausweis, Geburtsurkunde, Führerschein etc.

– *Begehungsformen*

§ 281 StGB kennt 2 Begehungsformen:

- Mißbrauch durch „Gebrauchen"
- Ermöglichen des Mißbrauchs durch „Überlassen"

– *Begehungsform 1: Mißbrauch durch „Gebrauchen"*

Ein Ausweispapier, das für einen anderen ausgestellt ist, wird vom Täter zur Täuschung im Rechtsverkehr gebraucht.

Gebrauchen liegt bereits vor, wenn das Ausweispapier dem zu Täuschenden zugänglich gemacht wird, in der Regel durch Vorzeigen.

Zur Täuschung im Rechtsverkehr bedeutet, daß der Getäuschte zu einer rechtserheblichen Handlung veranlaßt werden soll.

Z. B. Zutritt zum Werksgelände zu gewähren, obwohl Hausverbot besteht.

Diese Begehungsform erfaßt den Benützer des Ausweispapieres, das für einen anderen ausgestellt ist.

– *Begehungsform 2: Ermöglichen des Mißbrauchs durch „Überlassen"*

Diese Begehungsform verwirklicht, wer zur Täuschung im Rechtsverkehr einem anderen ein Ausweispapier überläßt, das nicht für diesen ausgestellt ist.

Täuschen im Rechtsverkehr, vgl. oben Begehungsform 1.

Einziger Zweck der Täuschung ist es, über die Identität des Benutzers zu täuschen.

Diese Begehungsform erfaßt den Überlassenden, der seinen Ausweis einem anderen zum Gebrauch überläßt.

### 2.3.4.40.3.2 Mißbrauch von einem Ausweis gleichgestellten Papieren

Einem Ausweispapier werden Zeugnisse und andere Urkunden gleichgestellt, die im Verkehr als Ausweis verwendet werden.

Z. B. Reisegewerbekarte, Waffenschein, Waffenbesitzkarte, Lohnsteuerkarte, Versicherungskarte, Scheckkarte, Betriebsausweis, Diplom, Werksausweis etc.

An einen Mißbrauch in der Form des Benützens wie des Überlassens dieser Papiere werden für den Überlassenden und den Benützenden die gleichen Folgen wie oben 2.3.4.40.3.1 geknüpft.

### 2.3.4.40.4 Weitere Hinweise

– Durch den Mißbrauch von Ausweispapieren kann natürlich gleichzeitig ein Betrug nach § 263 StGB begangen werden, wenn die Benutzung eine Täuschungshandlung im Sinne des § 263 StGB darstellt.

- Ist das benutzte Ausweispapier bereits falsch, d.h. gefälscht oder verfälscht, so handelt es sich dann um einen Gebrauch im Sinne des § 267 StGB und damit um eine Urkundenfälschung.
- Wird durch die mißbräuchliche Benutzung des Ausweispapieres gleichzeitig einer zuständigen Behörde, einem zuständigen Amtsträger oder einem zuständigen Soldaten der Bundeswehr gegenüber eine falsche Angabe hinsichtlich Vor-, Familien- oder Geburtsname, Ort oder Tag der Geburt, Familienstand, Beruf, Wohnort oder Staatsangehörigkeit gemacht, so liegt gleichzeitig eine Ordnungswidrigkeit nach § 111 OWiG vor.

**2.3.4.41 Unerlaubte Veranstaltung eines Glücksspiels § 284 StGB**

**2.3.4.41.1 Vorbemerkung**

- Die Vorschrift will die wirtschaftliche Ausbeutung der natürlichen Spielleidenschaft unter staatliche Kontrolle nehmen.

**2.3.4.41.2 Gesetzestext**

§ 284 Unerlaubte Veranstaltung eines Glücksspiels

*(1) Wer ohne behördliche Erlaubnis öffentlich ein Glücksspiel veranstaltet oder hält oder die Einrichtungen hierzu bereitstellt, wird mit Freiheitsstrafe bis zu zwei Jahren oder mit Geldstrafe bestraft.*

*(2) Als öffentlich veranstaltet gelten auch Glücksspiele in Vereinen oder geschlossenen Gesellschaften, in denen Glücksspiele gewohnheitsmäßig veranstaltet werden.*

**2.3.4.41.3 Tatbestandsmerkmale**

**2.3.4.41.3.1 Glücksspiel**

Zum Glücksspiel wird die Entscheidung über Gewinn und Verlust nicht wesentlich von den Fähigkeiten, Kenntnissen und der Aufmerksamkeit der Spieler bestimmt, sondern allein oder hauptsächlich vom Zufall (= ungewisses Ereignis). Es wird zur Unterhaltung oder aus Gewinnsucht betrieben. Es wird um Bargeld oder um hohen Geldwert verkörpernde Sachen (z.B. Uhren, Ringe etc.) gespielt.

Kein Glücksspiel sind Geschicklichkeitsspiele wie Schach und Billard oder Unterhaltungsspiele, bei denen die auf dem Spiel stehenden Vermögenswerte unbedeutend sind.

Glücksspiele sind z.B.:

Roulette, Würfeln um Geld, Mauscheln, Kümmelblättchen, meine Tante deine Tante, Fingerhütchenspiel, 17 und 4.

Bei ausländischen Glücksspielen ist deren Charakter oft schwer feststellbar.

**2.3.4.41.3.2 Öffentlich**

- Öffentlich ist das Glücksspiel, wenn das Spiel einem nicht fest geschlossenen Personenkreis erkennbar zugänglich ist.

  Regelmäßige Spiele in Arbeitspausen und Mitarbeiterwohnheimen reichen dazu aus.

  Absatz 2 des § 284 StGB legt fest, daß als öffentlich veranstaltet auch Glücksspiele in Vereinen oder geschlossenen Gesellschaften, in denen Glücksspiele gewohnheitsmäßig veranstaltet werden, gelten.

  Z. B. in Mitarbeiterwohnheimen etc.

**2.3.4.41.3.3 Ohne behördliche Erlaubnis**

Ohne behördliche Erlaubnis bedeutet, daß eine solche Erlaubnis nicht erteilt ist und in der Regel auch nicht erteilt werden kann.

**2.3.4.41.3.4 Veranstaltet oder hält oder die Einrichtungen hierzu bereitstellt**

- Veranstalten bedeutet das Verschaffen einer Spielgelegenheit

  z. B. Spielplan erstellen und zugänglich machen.

  Der Veranstalter braucht nicht mitzuspielen, es reicht aus, wenn er Gelegenheit zum Spiel gibt.

- Halter ist, wer bestimmte Spieleinrichtungen zur Verfügung stellt.

  Zwischen Veranstalten und Halten besteht ein enger Zusammenhang.

- Einrichtungen bereithalten bedeutet, daß Spieleinrichtungen (z. B. Karten, Würfel, Chips etc.) zur Verfügung gestellt werden. Aber auch z. B. die Hergabe von Räumen, Stühlen und Tischen zum Spielen genügt.

**2.3.4.41.4 Weitere Hinweise**

- § 284 StGB erfaßt das „Veranstalten bzw. Organisieren" im weitesten Sinne, also das Ermöglichen des Spiels.

- Der Spieler selbst macht sich nach § 284 a strafbar.

  *§ 284 a Beteiligung am unerlaubten Glücksspiel*

  *Wer sich an einem öffentlichen Glücksspiel (§ 284) beteiligt, wird mit Freiheitsstrafe bis zu sechs Monaten oder mit Geldstrafe bis zu einhundertachtzig Tagessätzen bestraft.*

**2.3.4.42 Zerstörung wichtiger Arbeitsmittel § 305 a StGB**

**2.3.4.42.1 Vorbemerkung**

Die Vorschrift schützt in Ziff. 1 die Errichtung öffentlicher Betriebe und Anlagen im Vorfeld ihrer Ausführung.

Die Störung bereits bestehender öffentlicher Betriebe ist gem. § 316b StGB strafbar. Öffentliche Betriebe sind i. S. der Vorschrift:

Eisenbahn, Post, dem öffentlichen Verkehr dienende Anlagen oder Unternehmen; der öffentlichen Versorgung mit Wasser, Licht, Wärme und Kraft dienende Anlagen sowie Unternehmen, die für die Versorgung der Bevölkerung lebenswichtig sind; Einrichtungen und Anlagen, die der öffentlichen Ordnung und Sicherheit dienen.

Ziff. 2 schützt Fahrzeuge von Polizei und Bundeswehr.

**2.3.4.42.2 Gesetzestext**

§ 305 a Zerstörung wichtiger Arbeitsmittel

(1) *Wer rechtswidrig*

1. *ein fremdes technisches Arbeitsmittel von bedeutendem Wert, das für die Errichtung einer Anlage oder eines Unternehmens im Sinne des § 316b Abs. 1 Nr. 1 oder 2 oder einer Anlage, die dem Betrieb oder der Entsorgung einer solchen Anlage oder eines solchen Unternehmens dient, von wesentlicher Bedeutung ist, oder*
2. *ein Kraftfahrzeug der Polizei oder der Bundeswehr*

*ganz oder teilweise zerstört, wird mit Freiheitsstrafe bis zu fünf Jahren oder mit Geldstrafe bestraft.*

*(2) Der Versuch ist strafbar.*

**2.3.4.42.3 Tatbestandsmerkmale**

- Zerstörung ist die nachhaltige Unbrauchbarmachung des Arbeitsmittels. Mit Sicherheit liegt Zerstörung vor, wenn das Arbeitsmittel nicht mehr oder nur mit so hohem Aufwand an Zeit und Kosten wiederhergestellt werden kann, daß die Wiederherstellung unwirtschaftlich wäre.

  Zerstörung liegt nicht vor, wenn das zerstörte Teil des Arbeitsmittels ohne größeren Aufwand und ohne erheblichen Zeitaufwand wieder beschafft werden kann, z. B. Zündkerze eines Motors.
- Rechtswidrig ist in jedem Falle die Zerstörung fremden Eigentums.

  Das zerstörte Arbeitsmittel darf daher nicht der rechtlichen Verfügungsgewalt des Täters unterlegen haben, z. B. als Eigentümer. Wenn Arbeitsmittel von bedeutendem Wert, die zur Errichtung öffentlicher Anlagen eingesetzt werden oder eingesetzt werden sollen, zerstört werden, so ist die Tat in einem Maße sozialschädlich, daß das von Tätern in einem solchen Falle geltend gemachte, ideelle Motiv unerheblich für die rechtliche Beurteilung der Tat ist. Dies gilt insbesondere, wenn die Tat mit Mitteln begangen wurde, deren Einsatz zu einer Gemeingefahr führt, z. B. mit Brand- oder Sprengmitteln.

- Von wesentlicher Bedeutung ist stets ein Arbeitsmittel, ohne dessen Einsatz die ordnungsgemäße Errichtung der Anlage nicht durchgeführt werden kann.
- Technische Arbeitsmittel sind Werkzeuge, Großgeräte wie Baumaschinen, Baustellenfahrzeuge, Krane, Masten, Generatoren, Motoren, Mess-, Kontroll-, Schalt-, Schweißgerät u. a. m.
- Bedeutender Wert ist bei Baufahrzeugen stets gegeben.
- Als Arbeitsmittel sind auch Bauunterkünfte anzusehen, deren Vorhandensein für die Durchführung des Auftrags unerläßlich sind.
- Arbeitsmittel, die dem Betrieb der Anlage oder seiner Entsorgung dienen und die von wesentlicher Bedeutung sind, sind ebenfalls geschützt.

#### 2.3.4.42.4 Bedeutung für Privatunternehmen

Die Vorschrift Ziff. 1 ist für die Wirtschaft von erheblicher Bedeutung, weil die Errichtung öffentlicher Anlagen und Betriebe sehr häufig nicht durch die öffentliche Hand selbst, sondern in ihrem Auftrag durch private Unternehmen durchgeführt wird, deren Arbeitsmittel vor Übergriffen durch gewalttätige Rechtsbrecher geschützt werden müssen.

## 2.4. Rechtfertigungs- und Entschuldigungsgründe

### 2.4.1 Vorbemerkung

Rechtfertigungs- und Entschuldigungsgründe bewirken im *Strafrecht*, daß der Täter wegen seiner Tat nicht bestraft wird. Zwischen beiden besteht dennoch ein tiefgreifender Unterschied: Rechtfertigungsgründe werden bei der Rechtswidrigkeit geprüft und rechtfertigen das Verhalten des Täters, d. h. es ist rechtmäßig. Entschuldigungsgründe werden bei der Schuld geprüft und entschuldigen nur das Täterverhalten, d. h. der Täter handelt rechtswidrig, wird aber wegen (vom Gesetz festgelegter) besonderer Umstände nicht bestraft.

Dagegen finden im *Zivilrecht* nur die Rechtfertigungsgründe volle Anwendung, denn was für den Bürger im Strafrecht als rechtmäßig gilt, das gilt auch im Zivilrecht als rechtmäßig (Einheit der Rechtsordnung). Entschuldigungsgründe sind nicht ohne weiteres auf das Zivilrecht übertragbar. Es kann also durchaus sein, daß ein Täter wegen Notwehrüberschreitung (§ 33 StGB – Entschuldigungsgrund) straffrei ausgeht, aber dennoch (zivilrechtlich) zum Schadensersatz (§ 823 BGB) verurteilt wird. Hier gelten andere Maßstäbe als im Strafrecht.

Im Zusammenhang mit der Tätigkeit privater Sicherheitskräfte wird oft das *Gewaltmonopol des Staates* diskutiert und behauptet, es würde von deren

Aktivitäten untergraben oder ausgehöhlt. Das Gewaltmonopol des Staates hat den Sinn, daß die Bürger nicht in ständiger Angst voreinander leben müssen (z. B. Rache, Fehde, Faustrecht im Mittelalter) und daher der Staat als neutrale Instanz zuständig ist, die Streitigkeiten unter ihnen zu regeln. Das macht er z. B. mittels Polizei und Gerichte.

Kann nun der Staat jederzeit und überall jede denkbare Auseinandersetzung für den Bürger lösen? Eine solche Forderung wäre unrealistisch. Daher wurden dem Bürger Selbstverteidigungsrechte (Notwehr, Notstand, Selbstilfe etc.) in gesetzlich bestimmtem Rahmen belassen, damit er sich gegen Rechtsbrecher verteidigen kann, gegen die der Staat ihm in dieser momentanen Lage keinen Schutz bieten kann, weil seine Amtswalter nicht anwesend sind. Diese Rechte stellen also eine Ausnahme vom Gewaltmonopol des Staates dar und sind Bestandteil der Grundlage für ein funktionierendes, vom Bürger anerkanntes Gewaltmonopol.

### 2.4.2 Rechtfertigungsgründe

Nachfolgend sind die wesentlichen Rechtfertigungsgründe für die Tätigkeit des Werkschutzes erörtert, wobei auch die Aufzählung der Prüfungsordnung „Geprüfte Werkschutzfachkraft" beachtet wurde.

Es sei an dieser Stelle angemerkt, daß die Tätigkeit des Werkschutzes dem Recht dienen soll. Daher muß er sich auch konsequent „mit beiden Beinen" im gesetzlich rechtmäßigen Bereich aufhalten. Die Kenntnis seiner Befugnisse – also der Rechtfertigungsgründe insbesondere – ist eine wesentliche Voraussetzung dafür.

#### 2.4.2.1 Notwehr § 32 StGB, § 15 Abs. 1, 2 OWiG, § 227 BGB

##### 2.4.2.1.1 Gesetzestext

Notwehr

*(1) Wer eine Tat begeht, die durch Notwehr geboten ist, handelt nicht rechtswidrig.*

*(2) Notwehr ist die Verteidigung, die erforderlich ist, um einen gegenwärtigen rechtswidrigen Angriff von sich oder einem anderen abzuwenden.*

Die Texte der oben angegebenen Vorschriften sind inhaltlich identisch; deshalb wurde hier nur beispielhaft § 32 StGB zitiert.

##### 2.4.2.1.2 Allgemeines

Aus dem Wortlaut des Gesetzestextes ergibt sich eindeutig, daß die Notwehr ein Rechtfertigungsgrund ist („handelt nicht rechtswidrig"). Ist das tatbestandsmäßige Verhalten des Täters nicht rechtswidrig, so handelt er *rechtmäßig* (s. o. 2.4.2). Das gilt wegen der Einheit der Rechtsordnung generell im

Zivilrecht wie im Strafrecht: Der die Notwehr Anwendende wird also weder zum Schadensersatz verpflichtet noch bestraft.

Wird von einem Menschen ein Angriff im Sinn des Notwehrrechts vorgenommen, so richtet sich dieser natürlich gegen ein Rechtsgut des Opfers (z. B. Gesundheit, Eigentum). Das Opfer erhält durch die Notwehr das Recht zur Verteidigung seiner Rechtsgüter. Andererseits verteidigt das Opfer praktisch nicht nur seine Rechtsgüter, sondern auch die Rechtsordnung insgesamt, denn der Angreifer verstößt mit seiner Angriffshandlung gegen Rechtsvorschriften (er könnte beispielsweise eine Straftat begehen oder eine Verbotene Eigenmacht aus dem Zivilrecht).

Die Vorschrift der Notwehr läßt sich in zwei Bereiche unterteilen: in die Notwehrsituation (die Handlung des Angreifers) und die Verteidigung (die Handlung des Angegriffenen). Im Sinne des Notwehrrechts darf sich nur verteidigen, wer sich tatsächlich in einer Notwehrsituation befindet. Was der Angegriffene dann tun darf, um sich zu verteidigen, wird bei der „Verteidigungshandlung" beurteilt.

### 2.4.2.1.3 Notwehrsituation (Angriffshandlung)

Der Gesetzestext beschreibt die Angriffshandlung als gegenwärtigen rechtswidrigen Angriff. Sie muß tatsächlich vorliegen. Zum Fall der sog. *Putativnotwehr*, bei der sich der Verteidigende einen Angriff nur vorstellt, s. u. 2.4.3.1.2.

### 2.4.2.1.3.1 Angriff

Ein *Angriff* in diesem Sinne muß von einem Menschen ausgehen. Dieser kann den Angriff auch unter Zuhilfenahme von Gegenständen durchführen (z. B. Messerstich) oder sich eines Tieres bedienen (z. B. Hund auf einen Menschen hetzen). In all diesen Fällen steht hinter der Aktion der Mensch.

Anders wäre es, wenn ein Tier selbständig einen Menschen angreift. Da in diesem Fall kein Mensch hinter dieser Attacke steht, handelt es sich nicht um einen Angriff im Sinne des Notwehrrechts; hier wäre auf den Verteidigungsnotstand zurückzugreifen (s. 2.4.2.3).

Der Angriff muß sich *gegen Rechtsgüter des einzelnen* und darf sich nicht gegen Rechtsgüter der Allgemeinheit richten. Rechtsgüter des einzelnen sind z. B. Leben, Körper, Gesundheit, Freiheit, Eigentum; Rechtsgüter der Allgemeinheit sind z. B. Sicherheit des Straßenverkehrs, Sicherheit von Urkunden im Rechtsverkehr, Innere Sicherheit.

Der Angriff kann sich auch *gegen einen Dritten* richten; das ändert nichts am Vorliegen eines Angriffs im Sinne des Notwehrrechts. Wird ein solcher von einem anderen als dem Angegriffenen abgewehrt, so bezeichnet man dies als *Nothilfe* (z. B. Werkschutzangehöriger verteidigt das Hausrecht des Unternehmens); die gesetzlichen Voraussetzungen ändern sich dadurch nicht.

### 2.4.2.1.3.2 Gegenwärtiger Angriff

Die Gegenwärtigkeit eines Angriffs wird, entsprechend den natürlichen Vorgängen, in drei Stufen unterteilt:

1. Unmittelbar bevorstehender Angriff

   In dieser Situation ist noch kein Schaden eingetreten. Er wird jedoch im nächsten Moment eintreten, wenn das Opfer sich nicht verteidigt.

   Beispiel: Angreifer holt mit seinem Eisenrohr aus, um zuzuschlagen. Hier wird verständlicherweise dem Notwehrenden nicht zugemutet, den ersten Schlag abzuwarten. Daher gilt diese Lage als gegenwärtiger Angriff.

   Ein unmittelbar bevorstehender Angriff ist nicht gegeben, wenn er lediglich für die Zukunft in Aussicht gestellt wurde.

2. Begonnener Angriff

   Dieser Fall ist gegeben, wenn der Angreifer schon tatsächlich auf das Rechtsgut eingewirkt – es ggf. sogar schon geschädigt – hat und weiter einwirkt.

   Beispiel: Angreifer hat bereits mit dem Eisenrohr zugeschlagen (vielleicht auch getroffen) und schlägt weiter auf das Opfer ein.

   Wurde der Angriff endgültig beendet (z. B. weil sich der Angegriffene zur Wehr setzte oder weil die Fensterscheibe im Fall der Sachbeschädigung zerstört wurde und damit das Rechtsgut nicht mehr verteidigt werden kann), ist er auch nicht mehr gegenwärtig im Sinne des Notwehrrechts.

3. Noch fortdauernder Angriff

   Mit diesem Begriff wird eine besondere Situation beschrieben: Der mit der Beute flüchtende Dieb. Hat dieser bereits den Diebstahl vollendet, aber noch nicht die Beute tatsächlich gesichert, gilt der Angriff noch als gegenwärtig.
   Der Angriff ist nicht mehr fortdauernd, wenn er das Diebesgut in Sicherheit gebracht hat.

### 2.4.2.1.3.3 Rechtswidriger Angriff

Der Angreifer darf kein Recht zum Angriff haben, insbesondere keinen Rechtfertigungsgrund.

Steht dem Angreifer z. B. selbst das Notwehrrecht zu oder hat er das Festnahmerecht für jedermann auf seiner Seite, so handelt er rechtmäßig und greift nicht rechtswidrig an. Daher steht dem von dieser Maßnahme Betroffenen das Notwehrrecht nicht zu.

Kann sich der Angreifer hingegen nur auf einen Entschuldigungsgrund (z. B. Entschuldigender Notstand, Schuldunfähigkeit) berufen, so handelt er zwar ohne Schuld, aber nicht gerechtfertigt. Er greift rechtswidrig an. Notwehr ist deshalb für den Angegriffenen nicht ausgeschlossen.

### 2.4.2.1.4 Verteidigungshandlung

Die Abwehrhandlung muß erforderlich und vom Verteidigungswillen getragen sein. Aus bestimmten Umständen des Angriffs können sich Einschränkungen des Notwehrrechts ergeben. Soweit der Verteidiger diese Grenze nicht einhält, sondern darüber hinausgeht, s. u. 2.4.3.1.

### 2.4.2.1.4.1 Erforderlich

In der Notwehr gilt der Grundsatz: „Das Recht braucht dem Unrecht nicht zu weichen". Dennoch darf eine Verteidigung nicht schrankenlos sein. Die Verteidigungshandlung hat im Rahmen der Erforderlichkeit zu erfolgen. Erforderlich ist die Verteidigung, die *objektiv die Wahl des mildesten Mittels, das den Angriff sicher abwehrt,* darstellt.

Die Beurteilung der *Wahl des mildesten Mittels* bestimmt sich nach der Art und der Stärke des Angriffs. Es ergibt sich aus dem oben angeführten Grundsatz, daß der Verteidiger zwar das mildeste Mittel wählen muß, dieses aber andererseits stark genug sein darf, den Angriff *sicher* abzuwehren. Von ihm wird also nicht erwartet, daß er zunächst ein solches Abwehrmittel einsetzt, dessen Erfolg zweifelhaft ist.

Anders ist es, wenn ausreichend Zeit z. B. für eine mündliche Warnung vorhanden ist.

Der Verteidiger muß dem Angreifer nicht mitteilen, daß er aktiv Kampfsport betreibt. Allerdings ist davon auszugehen, daß die Gerichte bei einem Kampfsportler einen höheren Maßstab an die Wahl des mildesten Mittels anlegen als bei einem Unbedarften. Der Verteidiger ist nicht zur Flucht verpflichtet.

Die Wahl des mildesten Mittels wird *objektiv* beurteilt. Das bedeutet, daß tatsächlich das mildeste Mittel gewählt werden mußte und es nicht ausreicht, daß der Verteidigende glaubte, das mildeste Mittel zu wählen.

Die erforderliche Verteidigung darf sich nur gegen den Angreifer richten – nicht gegen Rechtsgüter Unbeteiligter.

Die Verhältnismäßigkeit der Schäden (Abwägung der betroffenen Rechtsgüter) wird in der Notwehr grundsätzlich nicht berücksichtigt (zu möglichen Einschränkungen des Notwehrrechts siehe 2.4.2.1.4.3).

### 2.4.2.1.4.2 Verteidigungswille

Der Verteidigende muß die tatsächlichen Voraussetzungen der Notwehr kennen und mit dem Willen zur Verteidigung des angegriffenen Rechtsgutes handeln.

Im Falle der Nothilfe ist der Verteidigungswille auf den Angegriffenen zu beziehen. Hier kann grundsätzlich von der Verteidigungsbereitschaft ausgegangen werden, es sei denn, der Angegriffene hätte sich anders geäußert. Dann darf ihm eine Nothilfe nicht aufgedrängt werden.

Beispiel: Ein Unternehmen hat seinem Werkschutz mitgeteilt, daß gegen Personen, die die Werksmauer von außen mit Farbe besprühen, nichts zu unternehmen ist. Trifft ein Werkschutzmitarbeit nun eine Person in dieser Situation an, steht ihm nicht das Nothilferecht zugunsten des Eigentums des Unternehmens zu.

### 2.4.2.1.4.3 Einschränkungen des Notwehrrechts

Trotz Vorliegens der oben genannten Voraussetzungen der Notwehr ist sie nicht oder nur beschränkt anwendbar, wenn eine der nachfolgend genannten Fallgruppen eingreift:

1. *Notwehrprovokation;* wenn der Täter den Angreifer absichtlich provoziert, um ihn anschließend unter dem Deckmantel der Notwehr verletzen zu können.
2. *Krasses Mißverhältnis der betroffenen Rechtsgüter;* z. B. bei einem Schuß auf den mit einem Diebesgut von drei Stück Seife weglaufenden Täter. Hier steht das Leben des Diebes gegenüber dem unbedeutenden Sachverlust.
3. *Schuldlose Angreifer;* z. B. Geisteskranke, Kinder, Volltrunkene – hier ist grundsätzlich Zurückhaltung im Notwehrrecht zu üben (u. U. sogar darauf zu verzichten), da gegen solche Personen die Rechtsordnung nicht verteidigt werden muß. Das führt aber nicht dazu, daß eigene Rechtsgüter geopfert werden müssen.

Es existieren darüber hinaus weitere Fallgruppen, die aber für den Werkschutz weniger von Bedeutung sind.

### 2.4.2.1.5 Abgrenzung zu anderen Rechtfertigungsgründen

Die Notwehr setzt den Angriff eines Menschen voraus. Geht die Attacke (selbständig) von einem Tier aus, greift der Verteidigungsnotstand ein.

Notwehr ist nur zum Schutz von Rechtsgütern des einzelnen anwendbar, der Rechtfertigende Notstand auch zum Schutz von Rechtsgütern der Allgemeinheit (z. B. Sicherheit des Straßenverkehrs).

Im Rahmen der Notwehr dürfen nur Angreifer beeinträchtigt werden, nicht Rechtsgüter Unbeteiligter. Eingriffe gegen Sachen Unbeteiligter sind nur unter den Voraussetzungen des Angriffsnotstands gerechtfertigt.

### 2.4.2.2 Rechtfertigender Notstand § 34 StGB, § 16 OwiG

#### 2.4.2.2.1 Gesetzestext

*Wer in einer gegenwärtigen, nicht anders abwendbaren Gefahr für Leben, Leib, Freiheit, Ehre, Eigentum oder ein anderes Rechtsgut eine Tat begeht, um die Gefahr von sich oder einem anderen abzuwenden, handelt nicht rechtswidrig, wenn bei Abwägung der widerstreitenden Interessen, namentlich der betroffenen Rechtsgüter und des Grades der ihnen drohenden Gefahren, das geschützte Interesse das beeinträchtigte wesentlich überwiegt. Dies gilt jedoch nur, soweit die Tat ein angemessenes Mittel ist, die Gefahr abzuwenden.*

#### 2.4.2.2.2 Allgemeines

Der Rechtfertigende Notstand ist ein Rechtfertigungsgrund. Sein Vorliegen führt dazu, daß derjenige, der sich auf ihn beruft, weder strafbar noch schadensersatzpflichtig ist.

#### 2.4.2.2.3 Notstandssituation

Nach dem Gesetzestext muß eine *gegenwärtige Gefahr für ein Rechtsgut* bestehen.

Eine *Gefahr* ist die hinreichende Möglichkeit eines Schadenseintritts.

Die Gefahr ist *gegenwärtig*, wenn nach menschlicher Erfahrung *alsbald* mit einem Schadenseintritt zu rechnen ist, wenn nicht unverzüglich Gegenmaßnahmen getroffen werden. Wodurch die Gefahr verursacht wurde, ist unerheblich – dies könnte z.B. durch Menschen, Tiere oder auch Naturereignisse erfolgt sein.

Geschützte Rechtsgüter sind hier nicht nur die im Gesetzestext aufgezählten Rechtsgüter des einzelnen, sondern *auch Rechtsgüter der Allgemeinheit.*

Beispiel:

Mitarbeiter M schwankt volltrunken im Werk zu seinem Auto und hält den Fahrzeugschlüssel in der Hand.

Es besteht die Gefahr, daß M aufgrund seines alkoholisierten Zustands mit dem Auto einen Unfall verursacht. Nach menschlicher Erfahrung ist bei einem Volltrunkenen alsbald mit diesem Schadenseintritt zu rechnen; die Gefahr ist demnach gegenwärtig. Bei dem betroffenen Rechtsgut handelt es sich um ein Rechtsgut der Allgemeinheit – die Sicherheit des Straßenverkehrs.

Die Voraussetzungen des Rechtfertigenden Notstands liegen vor (Notstandssituation).

#### 2.4.2.2.4 Notstandshandlung

Die gegenwärtige Gefahr darf *nicht anders abwendbar* sein. Hinter dieser Formulierung steckt der gleiche Gedanke wie hinter dem Begriff der Erforderlichkeit der Notwehr: Wahl des mildesten Mittels, das die Gefahr sicher abwehrt. Auch hier ist die Wertung objektiv vorzunehmen.

Anders als bei der Notwehr wird beim Rechtfertigenden Notstand eine *Rechtsgüterabwägung* vorgenommen. Das zu schützende Interesse muß das beeinträchtige *wesentlich* übersteigen. Dabei ist exakt festzustellen, welche Rechtsgüter wie stark beeinträchtigt werden und ob die Abwägung zwischen diesen wesentlich zugunsten des zu schützenden ausfällt.

Die Gefahr kann der den Rechtfertigenden Notstand in Anspruch Nehmende von sich oder einem anderen (sog. *Notstandshilfe*) abwehren. Er muß die objektiven Voraussetzungen des Rechtfertigenden Notstands kennen und mit dem Willen zur Gefahrenabwehr handeln.

Beispiel aus 2.4.2.2.3:

Werkschutzmitarbeiter W spricht M an. Als dieser sich uneinsichtig zeigt, nimmt W ihm den Autoschlüssel ab, damit dieser nicht volltrunken fahren kann.

Hier ist die Wegnahme des Autoschlüssels das mildeste Mittel zur Gefahrenabwehr. Die Gefahr ist demnach „nicht anders abwendbar". Das zu schützende Rechtsgut „Sicherheit des Straßenverkehrs" wird durch einen volltrunkenen Autofahrer erheblich beeinträchtigt und ist gegenüber dem beeinträchtigten Interesse der „Handlungsfreiheit" des volltrunkenen M als wesentlich überwiegend anzusehen. W kannte die objektiven Voraussetzungen des Rechtfertigenden Notstands und handelte zur Abwehr dieser Gefahr von der Allgemeinheit.

Der Rechtfertigungsgrund Rechtfertigender Notstand greift ein.

Der Gesetzestext des Rechtfertigenden Notstands fordert weiterhin, daß die Tat *ein angemessenes Mittel, die Gefahr abzuwenden*, ist. Darunter fallen solche Fälle, in denen eine Berufung auf diesen Rechtfertigungsgrund wegen besonderer Umstände nicht stattfinden soll:

1. *Besondere Pflichten obliegen dem Täter* – z. B. für Polizeibeamte, Feuerwehrleute – hier ist es denkbar, daß auch für Werkschutzleute im konkreten Fall eine Berufung auf den Rechtfertigenden Notstand nicht in Frage kommen kann.
2. *Kein Eingriff in unantastbare Freiheitsrechte anderer* – z. B. darf keine Blut- oder Organspende erzwungen werden, auch wenn nur dadurch das Leben des zu Rettenden erhalten werden kann.

#### 2.4.2.2.5 Abgrenzung zu anderen Rechtfertigungsgründen

Der Rechtfertigende Notstand kann, anders als die Notwehr, auch zum Schutz von Rechtsgütern der Allgemeinheit herangezogen werden.

Soweit der Verteidigungsnotstand (s. 2.4.2.3) oder der Angriffsnotstand (s. 2.4.2.4) eingreifen, gehen diese Vorschriften dem Rechtfertigenden Notstand als Spezialregelungen vor.

### 2.4.2.3 Verteidigungsnotstand (Defensiver Notstand) – § 228 BGB

#### 2.4.2.3.1 Gesetzestext

*§ 228 BGB (Notstand)*

*Wer eine fremde Sache beschädigt oder zerstört, um eine durch sie drohende Gefahr von sich oder einem anderen abzuwenden, handelt nicht widerrechtlich, wenn die Beschädigung oder die Zerstörung zur Abwendung der Gefahr erforderlich ist und der Schaden nicht außer Verhältnis zu der Gefahr steht. Hat der Handelnde die Gefahr verschuldet, so ist er zum Schadensersatze verpflichtet.*

#### 2.4.2.3.2 Allgemeines

Der Verteidigungsnotstand hat strafrechtlich und zivilrechtlich Wirkung als Rechtfertigungsgrund. Wer sich auf den Verteidigungsnotstand berufen kann, wird demgemäß weder bestraft, noch muß er Schadenersatz leisten. Ausnahmsweise sieht das Gesetz dann eine Schadensersatzpflicht vor, wenn der Täter die Gefahr verschuldet hatte.

Seit der Einführung des § 90a BGB sind Tiere keine Sachen mehr. Die für Sachen geltenden Vorschriften werden aber entsprechend angewendet – so auch § 228 BGB.

#### 2.4.2.3.3 Notstandssituation

Die Notstandssituation verlangt eine *drohende Gefahr durch eine fremde Sache.*

Zum Begriff der „Gefahr" siehe oben 2.4.2.2.3; sie kann für Rechtsgüter des einzelnen oder der Allgemeinheit bestehen. Die Gefahr muß nur drohen und nicht gegenwärtig sein. Eine Gefahr droht, wenn die begründete Wahrscheinlichkeit eines Schadenseintritts gegeben ist.

Schließlich muß die Gefahr von einer fremden Sache ausgehen.

Beispiel: Werkschutzmitarbeiter W wird während seiner externen Zaunkontrolle von einem Schäferhund angefallen.

#### 2.4.2.3.4 Notstandshandlung

*Die erforderliche Beschädigung oder Zerstörung dieser gefährlichen Sache muß verhältnismäßig sein.*

Zur Abwehr der Gefahr, die von der Sache ausgeht, ist nur erlaubt, *diese* gefährliche Sache zu beschädigen oder zu zerstören. Das Ausmaß der Beeinträchtigung dieser Sache muß *erforderlich* sein. Auch hier bedeutet dieser Begriff wieder „Wahl des mildesten Mittels, das die Gefahr abwehrt".

Weiterhin darf diese Beeinträchtigung der fremden Sache *nicht außer Verhältnis zur Gefahr* stehen. Dabei ist zu berücksichtigen, welche Rechtsgüter in welcher Stärke durch sie gefährdet wurden.

Die Gefahr kann der Handelnde von sich oder einem anderen (sog. *Notstandshilfe*) abwehren.

Beispiel aus 2.4.2.3.3:

Werkschutzmitarbeiter W tritt dem angreifenden Schäferhund kräftig gegen das Maul. Dabei erleidet der Hund einen Kieferbruch.

W verletzte den gefährlichen, fremden Hund, indem er den Kieferbruch durch den Tritt verursachte. Ein mögliches milderes Mittel ist der Situation nicht zu entnehmen; W handelte in erforderlicher Weise. Die Gefahr durch den Hund richtete sich gegen die körperliche Unversehrtheit des W. Beißt der Schäferhund zu, so kann dadurch eine erhebliche Verletzung entstehen. Der Kieferbruch des Hundes steht dazu nicht außer Verhältnis.

W kannte die objektiven Voraussetzungen des Verteidigungsnotstandes und handelte, um die Gefahr von sich abzuwehren.

Er kann sich auf den Verteidigungsnotstand (entsprechende Anwendung) berufen.

### 2.4.2.3.5 Abgrenzung zu anderen Rechtfertigungsgründen

Der Verteidigungsnotstand geht als Spezialfall dem Rechtfertigenden Notstand vor. Die Rechtsgüterabwägung ist beim Rechtfertigenden Notstand schärfer, da dort nicht nur Verhältnismäßigkeit gefordert ist (so aber beim Verteidigungsnotsand), sondern das wesentliche Überwiegen des zu schützenden Interesses.

Im Gegensatz zum Angriffsnotstand wird beim Verteidigungsnotstand auf die Sache eingewirkt, von der die Gefahr ausgeht, und nicht auf die Sache eines Unbeteiligten.

Geht von einem Tier die Gefahr aus und ist dieses von einem Menschen dazu bestimmt (z. B. Hund gehetzt), so greift nicht der Verteidigungsnotstand, sondern die Notwehr ein, da der Angriff tatsächlich vom Menschen ausgeht.

### 2.4.2.4 Angriffsnotstand (Aggressiver Notstand) – § 904 BGB

#### 2.4.2.4.1 Gesetzestext

*§ 903 (Befugnisse des Eigentümers)*

*Der Eigentümer einer Sache kann, soweit nicht das Gesetz oder Rechte Dritter entgegenstehen, mit der Sache nach Belieben verfahren und andere von jeder Einwirkung ausschließen. Der Eigentümer eines Tieres hat bei der Ausübung seiner Befugnisse die besonderen Vorschriften zum Schutz der Tiere zu beachten.*

*§ 904 BGB (Notstand)*

*Der Eigentümer einer Sache ist nicht berechtigt, die Einwirkung eines anderen auf die Sache zu verbieten, wenn die Einwirkung zur Abwendung einer gegenwärtigen Gefahr notwendig und der drohende Schaden gegenüber dem aus der Einwirkung dem Eigentümer entstehenden Schaden verhältnismäßig groß ist. Der Eigentümer kann Ersatz des ihm entstehenden Schadens verlangen.*

#### 2.4.2.4.2 Allgemeines

Eigentum ist das umfassendste Recht einer Person an einer Sache. Der Eigentümer (gem. § 903 BGB) kann mit der Sache tun und lassen, was er will, soweit er nicht gegen Gesetze oder Rechte anderer verstößt.

Der Angriffsnotstand ist der einzige Rechtfertigungsgrund, durch den in das Recht eines Unbeteiligten eingegriffen werden darf. Er hat strafrechtlich und zivilrechtlich die Wirkung als Rechtfertigungsgrund: Der im Angriffsnotstand Handelnde wird nicht bestraft und begeht auch zivilrechtlich keine zum Schadensersatz verpflichtende Unerlaubte Handlung (§ 823 BGB). Da aber die beeinträchtigende Sache einem an der Gefahrenlage Unbeteiligten gehört, soll dieser (trotz der erlaubten Handlung im Angriffsnotstand) Schadensersatz verlangen dürfen (§ 904 S. 2 BGB).

#### 2.4.2.4.3 Notstandssituation

Sie stellt eine *gegenwärtige Gefahr für Rechtsgüter* dar.

Diese Begriffe sind bereits oben zum Rechtfertigenden Notstand erläutert worden (s. 2.4.2.2.3). Auch hier kann die Gefahr durch beliebige Umstände hervorgerufen worden sein, so z. B. Mensch, Tier oder Naturereignis.

Beispiel 1: Werkschutzmitarbeiter W wird von einem Schäferhund attackiert, der Schaum vor dem Maul hat.

Beispiel 2: Werkschutzmitarbeiter W wird von dem ihm körperlich weit überlegenen Schläger S mit einem Totschläger angegriffen.

#### 2.4.2.4.4 Notstandshandlung

*Notwendige Einwirkung auf eine fremde Sache; der daraus entstehende Schaden ist gegenüber dem aus der Gefahr drohenden verhältnismäßig gering.*

Unter *Einwirkung* auf die Sache sind z. B. Beschädigung, Zerstörung oder Benutzung zu verstehen.

*Notwendig* bedeutet erforderlich; also die Wahl des mildesten Mittels, das die Gefahr abwehrt.

Die *Rechtsgüterabwägung* muß sich hier extrem zugunsten des zu schützenden Rechtsguts ergeben, da in ein Recht eines Unbeteiligten eingegriffen wird.

Zu den Beispielen aus 2.4.2.4.3:

Werkschutzmitarbeiter W entreißt dem neben ihm stehenden Unbeteiligten U den Regenschirm und verteidigt sich damit so, daß der Schirm dabei zu Bruch geht.

Beispiel 1 aus 2.4.2.4.3:

Die fremde Sache, auf die eingewirkt wurde, ist der Regenschirm des U. Sie wurde zerstört. Bei einer kräftigen Verteidigung gegen einen der Tollwut verdächtigen Hund ist der Zerstörung des Schirms durchaus als erforderlich zu sehen. Im Verhältnis zu diesem Schaden ist der Schaden, der aus der Gefahr durch den hart attackierenden Schäferhund an der Gesundheit oder sogar dem Leben des W entstehen kann (Bißwunden mit Ansteckungsgefahr für Tollwut) unverhältnismäßig groß. W kannte die objektiven Voraussetzungen des Angriffsnotstands und handelte zur Verteidigung. Bezüglich der Zerstörung des Regenschirms kann sich W auf den Angriffsnotstand berufen.

Beachte: Verletzungen, die dem Schäferhund zugefügt werden, sind im Rahmen des Verteidigungsnotstands zu überprüfen!

Beispiel 2 aus 2.4.2.4.3:

Die fremde Sache, auf die eingewirkt wurde, ist der Regenschirm des U. Sie wurde zerstört. Bei einer entschlossenen Verteidigung gegen einen mit einem Totschläger bewaffneten, körperlich überlegenen Angreifer ist die Zerstörung des Schirms als erforderlich anzusehen. Im Verhältnis zu diesem Schaden ist der Schaden, der aus der Gefahr durch die Schläge mit dem Totschläger an Gesundheit oder sogar Leben des W entstehen kann, unverhältnismäßig groß. W kannte die objektiven Voraussetzungen des Angriffsnotstands und handelte zur Verteidigung. Bezüglich der Zerstörung des Regenschirms kann sich W auf den Angriffsnotstand berufen.

Beachte: Verletzungen, die dem Angreifer S zugefügt werden, sind im Rahmen der Notwehr zu überprüfen!

#### 2.4.2.4.5 Abgrenzung zu anderen Rechtfertigungsgründen

Im Fall des Angriffsnotstands wird auf eine fremde Sache eingewirkt, die mit der Gefahrenlage nichts zu tun hat – im Fall des Verteidigungsnotstands ist die betroffene Sache selbst gefährlich.

Der Angriffsnotstand geht als speziellere Regelung dem Rechtfertigenden Notstand vor. Die Rechtsgüterabwägung ist beim Angriffsnotstand schärfer, weil das zu schützende Interesse nicht nur wesentlich überwiegen, sondern gegenüber dem beeinträchtigten sogar unverhältnismäßig groß sein muß.

### 2.4.2.5 Festnahmerecht für jedermann – § 127 Abs. 1 StPO

#### 2.4.2.5.1 Gesetzestext

*§ 127 StPO (Vorläufige Festnahme) – Abs. 1 –*

*Wird jemand auf frischer Tat betroffen oder verfolgt, so ist, wenn er der Flucht verdächtig ist oder seine Identität nicht sofort festgestellt werden kann, jedermann befugt, ihn auch ohne richterliche Anordnung vorläufig festzunehmen. Die Feststellung der Identität einer Person durch die Staatsanwaltschaft oder die Beamten des Polizeidienstes bestimmt sich nach § 163 b Abs. 1.*

#### 2.4.2.5.2 Allgemeines

Die vorläufige Festnahme (Festnahmerecht für jedermann) ist ein Rechtfertigungsgrund aus der Strafprozeßordnung. Sie hat das Ziel, das Strafverfahren auch dann möglich zu machen, wenn die an sich zuständigen Strafverfolgungsbehörden (insbesondere die Polizei) nicht anwesend sind. Das Festnahmerecht für jedermann hat zivilrechtliche und strafrechtliche Rechtfertigung zur Folge – kein Schadensersatz und keine Bestrafung.

#### 2.4.2.5.3 Festnahmesituation

Der Täter muß *auf frischer Tat betroffen oder verfolgt und fluchtverdächtig oder seine Identität nicht sofort feststellbar* sein.

*Tat* bedeutet aus dem Zusammenhang mit der Herkunft dieses Rechtfertigungsgrundes eine rechtswidrige Tat im Sinne des Strafrechts. Damit müssen also Tatbestandsmäßigkeit und Rechtswidrigkeit gegeben sein. Soweit eine Tat nur versucht wurde, muß der Versuch strafbar sein.

Es dürfen keine vernünftigen Zweifel an der Täterschaft der Person des Festzunehmenden bestehen.

Kinder dürfen nach § 127 Abs. 1 StPO nicht festgenommen werden, da sie ohnehin keiner Strafverfolgung unterliegen.

*Auf frischer Tat betroffen wurde,* wer bei Begehung der Tat angetroffen wurde.

*Nach frischer Tat verfolgt* setzt voraus, daß sich der Täter vom Tatort fortbegeben hat, sich aber aus konkreten Umständen (z. B. Spuren) seine Täterschaft ergibt und zwischen der Tat und der Festnahme ein ununterbrochener Zusammenhang besteht.

Der Täter ist nicht alleine schon deshalb *fluchtverdächtig,* weil er sich vom Tatort entfernt. Denn dann könnte gegen ihn, so weit seine Identität bekannt ist, dennoch ein Strafverfahren eingeleitet werden. Fluchtverdacht liegt vor, wenn der Täter sich absetzen will (z. B. Flugkarten für das Ausland sind beschafft) oder wenn er ein Kapitalverbrechen (z. B. Mord) begangen hat. Nur in diesen Fällen wäre bei bekannter Identität das begründbare Risiko gegeben, daß kein Strafverfahren durchgeführt werden kann.

Das Merkmal *Identität nicht sofort feststellbar* setzt voraus, daß der Täter unbekannt ist.

Legitimiert er sich durch Vorzeigen eines ausreichenden Ausweispapieres (z. B. amtlicher Lichtbildausweis), fällt dieses Merkmal weg. Bestehen berechtigte Zweifel an der Echtheit der Papiere, ist die Identität nicht festgestellt. Kann wegen Dunkelheit, Unwetter oder einer Menschenmenge die Identität am Festnahmeort nicht festgestellt werden, so ist die Identität nicht sofort feststellbar und der Täter kann zur Durchführung dieser Maßnahme zur Werkschutzpforte gebracht werden.

Soweit sich der Festgenommene nicht ausweisen kann, ist unverzüglich die Polizei zu verständigen. Mit dem Erscheinen und Tätigwerden der Polizei hat der Werkschutz kein Recht zur Festnahme mehr.

#### 2.4.2.5.4 Festnahmehandlung

Schon aus dem Begriff der „Festnahme“ ist erkennbar, daß mit diesem Rechtfertigungsgrund eine *Freiheitsentziehung* gedeckt wird.

*Körperverletzungen* sind nur so weit im Festnahmerecht enthalten, als sie unmittelbar durch das Festhalten entstehen (z. B. blaue Flecken an den Armen). Darüber hinausgehende Verletzungen können mit dem Festnahmerecht für jedermann *nicht* gerechtfertigt werden. Für sie ist der Rechtfertigungsmaßstab der Notwehr anzulegen (mit der Voraussetzung „gegenwärtiger rechtswidriger Angriff“).

Die *Fesselung* eines renitenten Täters ist nur im Rahmen der Verhältnismäßigkeit erlaubt.

Will der Festzunehmende mit einem Fahrzeug flüchten, kann ihm der Zündschlüssel weggenommen oder auch die Fahrbahn versperrt werden (keine Gefährdungen des Straßenverkehrs!).

Eine *Durchsuchung des Festgenommenen* ist nicht statthaft. Es können ihm aber im Rahmen der Verhältnismäßigkeit gefährliche Gegenstände abgenommen weden (Eigensicherung).

Die *Durchsuchung der Wohnung des Festgenommenen* ist unzulässig.

Das Festnahmerecht für jedermann setzt bei Antragsdelikten nicht voraus, daß der Strafantrag bereits gestellt ist (s. § 127 Abs. 3 StPO).

#### 2.4.2.5.5 Abgrenzung zu anderen Rechtfertigungsgründen

Das Festnahmerecht für jedermann und die Erlaubte Selbsthilfe (§ 229f. BGB) sind nach dem Ziel der Maßnahme abzugrenzen: Das Festnahmerecht für jedermann dient der Strafverfolgung (StPO!), die Erlaubte Selbsthilfe privaten Rechtsansprüchen (BGB!).

### 2.4.2.6 Erlaubte Selbsthilfe – §§ 229, 230 BGB

#### 2.4.2.6.1 Gesetzestext

*§ 229 BGB (Erlaubte Selbsthilfe)*

*Wer zum Zwecke der Selbsthilfe eine Sache wegnimmt, zerstört oder beschädigt oder wer zum Zwecke der Selbsthilfe einen Verpflichteten, welcher der Flucht verdächtig ist, festnimmt oder den Widerstand des Verpflichteten gegen eine Handlung, die dieser zu dulden verpflichtet ist, beseitigt, handelt nicht widerrechtlich, wenn obrigkeitliche Hilfe nicht rechtzeitig zu erlangen ist und ohne sofortiges Eingreifen die Gefahr besteht, daß die Verwirklichung des Anspruchs vereitelt oder wesentlich erschwert werde.*

*§ 230 BGB (Grenzen der Selbsthilfe)*

*(1) Die Selbsthilfe darf nicht weiter gehen, als zur Abwendung der Gefahr erforderlich ist.*

*(2) Im Falle der Wegnahme von Sachen ist, sofern nicht Zwangsvollstreckung erwirkt wird, der dingliche Arrest zu beantragen.*

*(3) Im Falle der Festnahme des Verpflichteten ist, sofern er nicht wieder in Freiheit gesetzt wird, der persönliche Sicherheitsarrest bei dem Amtsgerichte zu beantragen, in dessen Bezirke die Festnahme erfolgt ist; der Verpflichtete ist unverzüglich dem Gerichte vorzuführen.*

*(4) Wird der Arrestantrag verzögert oder abgelehnt, so hat die Rückgabe der weggenommenen Sachen und die Freilassung des Festgenommenen unverzüglich zu erfolgen.*

#### 2.4.2.6.2 Allgemeines

Die erlaubte Selbsthilfe ist ein Rechtfertigungsgrund. Ihr Vorliegen bewirkt strafrechtlich Straflosigkeit und zivilrechtlich keine Verpflichtung zum Schadensersatz. Da hier (anders als bei den anderen werkschutzrelevanten Rechtfertigungsgründen) auch noch Maßnahmen zulässig sind, wenn kein unmittelbarer zeitlicher Zusammenhang mit der sie auslösenden Handlung mehr besteht, birgt sie ein hohes Maß an Verwechslungsrisiko bezüglich des Täters. Diesem begegnete der Gesetzgeber mit einer besonderen schadensersatzrechtlichen Regelung über die irrtümliche Selbsthilfe: Selbst wenn der Irrtum nicht auf Fahrlässigkeit beruhte, also wenn der sich Irrende ohne ein Verschulden die Selbsthilfe annahm, ist die Schadensersatzpflicht gegeben.

#### 2.4.2.6.3 Selbsthilfesituation

Die erste Voraussetzung ist das *Vorliegen eines klagbaren Rechtsanspruchs.* Hierbei kann es sich um einen Schadensersatzanspruch (s. 2.4.2.6.6), einen Herausgabeanspruch (z. B. § 985 BGB) oder einen sonstigen zivilrechtlichen Anspruch handeln. Dieser muß nach den Vorschriften des Zivilrechts durchsetzbar sein – er darf also beispielsweise nicht verjährt sein. Der Anspruch muß demjenigen zustehen, der sich auf die erlaubte Selbsthilfe beruft. Er kann sich aber zur Unterstützung der Hilfe Dritter bedienen (so z. B. ein Unternehmen sich des Werkschutzes).

Weiterhin darf *obrigkeitliche Hilfe nicht rechtzeitig zu erlangen* sein. In erster Linie sind für zivilrechtliche Ansprüche die Zivilgerichte zuständig. Zum Schutz privater Rechte kann, unter weiteren Voraussetzungen, auch die Polizei einschreiten, wenn gerichtlicher Schutz nicht rechtzeitig zu erlangen ist. Erst wenn beide Institutionen nicht rechtzeitig tätig werden können, darf der Privatmann selbst aktiv werden.

Schließlich fordert das Gesetz die *Gefahr, daß ohne sofortiges Eingreifen die Verwirklichung des Anspruchs vereitelt oder wesentlich erschwert* würde. Das wäre z. B. dann der Fall, wenn die Person, die einen Schaden (im Sinne des § 823 BGB) verursacht hat, sich unerkannt entfernen will. Dann könnte kein Prozeß zur Einklagung des Schadensersatzanspruchs stattfinden.

#### 2.4.2.6.4 Selbsthilfehandlung

Die Selbsthilfehandlung muß *erforderlich* sein. Das bedeutet, daß die Wahl des mildesten Mittels erfolgen muß, das die Gefahr der Vereitelung oder wesentlichen Erschwerung des Anspruchs abwendet.

Hierbei sind in der Wahl der Mittel Beschränkungen vorgegeben. Als *Mittel der Selbsthilfe* sind nur zugelassen: Wegnahme, Beschädigung oder Zerstörung einer Sache oder Festnahme des Verpflichteten, wenn er fluchtverdächtig ist. Darüber hinaus kann der Widerstand des Verpflichteten gegen eine Handlung, die er zu dulden hat, beseitigt werden; ein Recht zur Tötung besteht nicht.

Der Handelnde muß in Kenntnis der objektiven Voraussetzungen der Selbsthilfe handeln und *Selbsthilfewillen* haben.

### 2.4.2.6.5 Abgrenzung zu anderen Rechtfertigungsgründen

Das Festnahmerecht für jedermann und die erlaubte Selbsthilfe (§ 229 f. BGB) sind nach dem Ziel der Maßnahme abzugrenzen: Das Festnahmerecht für jedermann dient der Strafverfolgung (StPO!), die erlaubte Selbsthilfe privaten Rechtsansprüchen (BGB!).

Im Gegensatz zum Festnahmerecht für jedermann sind Zwangsmaßnahmen aus dem Recht zur erlaubten Selbsthilfe selbst ableitbar, so daß nicht auf die Notwehr zurückgegriffen werden muß (Beseitigung des Widerstandes des Verpflichteten gegen eine Handlung, die er zu dulden hat).

### 2.4.2.6.6 Unerlaubte Handlung (Schadensersatzpflicht), § 823 BGB

*§ 823 BGB (Schadensersatzpflicht)*

*(1) Wer vorsätzlich oder fahrlässig das Leben, den Körper, die Gesundheit, die Freiheit, das Eigentum oder ein sonstiges Recht eines anderen widerrechtlich verletzt, ist dem anderen zum Ersatze des daraus entstehenden Schadens verpflichtet.*

*(2) Die gleiche Verpflichtung trifft denjenigen, welcher gegen ein den Schutz eines anderen bezweckendes Gesetz verstößt. Ist nach dem Inhalt des Gesetzes ein Verstoß gegen dieses auch ohne Verschulden möglich, so tritt die Ersatzpflicht nur im Falle des Verschuldens ein.*

Die Vorschrift des § 823 BGB enthält in den beiden Absätzen zwei voneinander unabhängige Tatbestände, die jeweils zur selben Rechtsfolge, der Schadensersatzpflicht, führen. Im Zusammenhang damit kann ein Schmerzensgeldanspruch aus § 847 BGB entstehen.

Der **Absatz 1** fordert die *Verletzung eines Rechtsguts oder eines sonstigen Rechts eines anderen.*

Welche Rechtsgüter geschützt sind, zählt die Vorschrift ausdrücklich auf. Man nennt diese Rechtsgüter „absolute Rechte", weil sie von jedermann zu beachten sind.

Das Rechtsgut *Leben* ist verletzt, wenn ein anderer getötet wurde; der *Körper,* wenn seine Unversehrtheit beeinträchtigt wurde; die *Gesundheit,* sofern eine nicht unerhebliche Beeinträchtigung (innerer) körperlicher oder seelischer Lebensvorgänge gegeben ist; die *Freiheit* im Falle der Entziehung der Fortbewegungsfreiheit; das *Eigentum,* soweit eine Einwirkung (z. B. Entziehung, Beschädigung, Zerstörung) auf eine Sache vorgenommen wird.

Ein sonstiges *Recht* muß aus dem Zusammenhang mit den aufgezählten absoluten Rechten auch von jedermann beachtet werden müssen, denn der Gesetzgeber wollte das Recht auf Schadensersatz nicht ausufern lassen – was sonst rasch zum Ruin führen könnte –, sondern begrenzen. So ist das beispielsweise beim rechtmäßigen *Besitz* oder dem „eingerichteten und ausgeübten Gewerbebetrieb“. Kein sonstiges Recht stellt das Vermögen (im Gegensatz zum oben genannten Eigentum) dar, denn zu ihm zählen auch Ansprüche aus Verträgen (z. B. Kaufvertrag). Diese verpflichten aber nicht jedermann zur Beachtung, sondern nur die Vertragsparteien (sog. relatives Recht).

Die Rechtsverletzung alleine führt aber nicht zur Schadensersatzpflicht, sie muß zunächst auch *widerrechtlich* sein. Das ist sie insbesondere dann nicht, wenn ein Rechtfertigungsgrund (z. B. Notwehr oder auch Angriffsnotstand) gegeben ist. Daher ist ein Werkschutzmann bei rechtmäßiger Dienstausübung (z. B. im Rahmen des Festnahmerechts für jedermann) auch nicht wegen Unerlaubter Handlung schadensersatzpflichtig. Liegen jedoch die Voraussetzungen eines Rechtfertigungsgrundes nicht vor, handelt er widerrechtlich.

Schließlich ist zusätzlich ein Verschulden in Form von *Vorsatz oder Fahrlässigkeit* gefordert. Vorsatz bedeutet dabei Wissen und Wollen – Fahrlässigkeit Außerachtlassung der im Verkehr erforderlichen Sorgfalt (§ 276 BGB).

Beispiel: Der Speditionsfahrer S beschädigt mit dem Lkw beim Rückwärtsfahren aus mangelnder Sicht auf dem Werksgelände einen Absperrpfosten, den er dort nicht erwartete.

Die Beschädigung des Absperrpfostens stellt eine Verletzung des Rechtsguts Eigentum des Unternehmens dar. S kann sich nicht auf einen Rechtfertigungsgrund berufen und handelt daher widerrechtlich. Wer keine ausreichende Sicht hat, muß sich beim Rückwärtsfahren zur Erfüllung der erforderlichen Sorgfalt einweisen lassen. Dies hatte S nicht getan; er handelte fahrlässig.

Nach dem **Absatz 2** ist darüber hinaus eine Schadensersatzpflicht auch dann gegeben, wenn ein *schuldhafter, widerrechtlicher Verstoß gegen ein Schutzgesetz* vorliegt. Eine Vorschrift ist dann ein Schutzgesetz, wenn es einzelne Personen (nicht die Allgemeinheit) vor solchen Schäden wie dem eingetretenen behüten soll. Viele Tatbestände des Strafgesetzbuches sind Schutzgesetze.

Beispiel:
Täter T steckt das Fahrzeug des von ihm gehaßten Personalchefs P in Brand, das vollständig zerstört wird.

Der § 303 StGB soll den Eigentümer vor Beschädigung oder Zerstörung seiner Sachen bewahren. Ein solcher Schaden ist hier bei P eingetreten; die Vorschrift ist ein Schutzgesetz. T hat die fremde (dem P gehörende) Sache (Fahrzeug) zerstört und tat dies mit Wissen und Wollen, also vorsätzlich. Damit sind die Voraussetzungen des Schutzgesetzes (einschließlich Verschulden) gegeben. Da T auch widerrechtlich handelte, ist er P zum Schadensersatz verpflichtet.

Dagegen könnte der Mieter M des Fahrzeugs, der es am nächsten Tag hätte abholen wollen, § 303 StGB nicht als Schutzgesetz für sich anwenden, da dieser den Eigentümer vor Beschädigungen und Zerstörungen seiner Sache und nicht den Mieter dieser Sache schützen soll.

### 2.4.2.7 Selbsthilfe des Besitzers/Besitzdieners, §§ 858 ff. BGB

#### 2.4.2.7.1 Gesetzestext

*§ 858 BGB (Verbotene Eigenmacht)*

*(1) Wer dem Besitzer ohne dessen Willen den Besitz entzieht oder ihn im Besitze stört, handelt, sofern nicht das Gesetz die Entziehung oder die Störung gestattet, widerrechtlich (verbotene Eigenmacht).*

*(2) Der durch verbotene Eigenmacht erlangte Besitz ist fehlerhaft. Die Fehlerhaftigkeit muß der Nachfolger im Besitze gegen sich gelten lassen, wenn er Erbe des Besitzers ist oder die Fehlerhaftigkeit des Besitzes seines Vorgängers bei dem Erwerbe kennt.*

*§ 859 BGB (Selbsthilfe des Besitzers)*

*(1) Der Besitzer darf sich verbotener Eigenmacht mit Gewalt erwehren.*

*(2) Wird eine bewegliche Sache dem Besitzer mittels verbotener Eigenmacht weggenommen, so darf er sie dem auf frischer Tat betroffenen oder verfolgten Täter mit Gewalt wieder abnehmen.*

*(3) Wird dem Besitzer eines Grundstücks der Besitz durch verbotene Eigenmacht entzogen, so darf er sofort nach der Entziehung sich des Besitzes durch Entsetzung des Täters wieder bemächtigen.*

*(4) Die gleichen Rechte stehen dem Besitzer gegen denjenigen zu, welcher nach § 858 Abs. 2 die Fehlerhaftigkeit des Besitzes gegen sich gelten lassen muß.*

#### 2.4.2.7.2 Allgemeines

Die Selbsthilfe ist an den Besitz und nicht an das Eigentum gebunden. Soweit ein Eigentümer selbst tätig werden will, darf er das nach diesen Vorschriften nur, wenn er zugleich Besitzer ist. Die Selbsthilfe des Besitzers ist ein Rechtfertigungsgrund und führt daher zu strafrechtlicher und zivilrechtlicher Rechtfertigung.

Unter bestimmten Voraussetzungen dürfen auch Dritte von der Selbsthilfe Gebrauch machen. Es handelt sich dabei um sog. Besitzdiener (s. 2.4.2.7.5). Sie haben aber kein selbständiges Recht zur Selbsthilfe, sondern sind von den Beschränkungen des Besitzes abhängig.

#### 2.4.2.7.3 Selbsthilfesituation

Damit der Besitzer die Selbsthilfe anwenden darf, muß eine *verbotene Eigenmacht* (§ 858 BGB) vorliegen.

Für sie ist es erforderlich, daß eine Besitzstörung bzw. ein Besitzentzug ohne Willen des Besitzers und ohne gesetzliche Gestattung („rechtswidrig") vorliegt.

*Besitz* bedeutet, daß eine Person bewußt die tatsächliche Gewalt über eine Sache (§ 854 BGB) ausübt. Im Sinne der verbotenen Eigenmacht ist nur der unmittelbare Besitz maßgeblich.

*Besitzentzug* ist gegeben, wenn die Sachherrschaft dauerhaft und insgesamt beseitigt wird (z. B. durch Wegnahme einer Sache). Die Abgrenzung zur *Besitzstörung* ist fließend. Eine solche liegt vor, wenn der Besitzer seinen Besitz nicht mehr im Zustand der Rechtssicherheit ausüben kann (z. B. unberechtigter Aufenthalt auf einem Werksgelände). Der Besitzentzug bzw. die Besitzstörung müssen *ohne Willen des Besitzers* vorgenommen, d. h. ohne eine von ihm geäußerte Zustimmung.

Schließlich muß die Besitzentziehung/Besitzstörung *rechtswidrig* sein. Erlaubnisse aus den Gesetzen ergeben sich insbesondere wieder aus den allgemeinen Rechtfertigungsgründen.

Beispiele:
1. S sprüht mit Autolackfarbe Parolen auf eine Gebäudewand des Werksgeländes.
2. D nimmt sich von der Baustelle des E dessen Werkzeugkasten.
3. F parkt sein Kraftfahrzeug auf dem Privatparkplatz des P.

Soweit in diesen Fällen kein Einverständnis des jeweiligen Besitzers vorliegt, stellen sie entweder eine rechtswidrige Besitzstörung (Autolackfarbe) oder einen rechtswidrigen Besitzentzug (Werkzeugkasten und Privatparkplatz) und damit verbotene Eigenmacht dar.

#### 2.4.2.7.4 Selbsthilfehandlung

Aus § 859 Abs. 1 BGB ist zu erkennen, daß sich der Besitzer der verbotenen Eigenmacht mit Gewalt erwehren darf. Wie im Fall der anderen Rechtfertigungsgründe darf Gewalt nicht schrankenlos angewandt werden, auch wenn der Gesetzestext keine ausdrückliche Regelung vorgibt. Die Selbsthilfe muß *erforderlich* sein. Daher ist das mildeste Mittel zu wählen, das die verbotene Eigenmacht sicher abwehrt. Ein Recht zur Tötung besteht nicht.

Die zur Einschränkung des Notwehrrechts gemachten Ausführungen (s. 2.4.2.1.4.3) gelten entsprechend.

Der sich verteidigende Besitzer muß die objektiven Voraussetzungen der Selbsthilfe kennen.

Zu Beispiel 1 aus 2.4.2.7.3:

Der Besitzer darf sich verbotener Eigenmacht mit Gewalt erwehren. Die Verteidigung muß erforderlich sein. Daher kann der Besitzer den S zunächst auffordern, das Sprühen zu unterlassen, und anschließend bei Nichtbefolgung diesem die Sprühdose mit Gewalt abnehmen.

Das hier beschriebene Selbsthilfeverhalten fällt unter den Begriff *Besitzwehr.*

Sonderregelungen enthalten die Absätze 2 und 3 des § 859 für die Wegnahme einer beweglichen Sache und den Entzug eines Grundstücks mittels verbotener Eigenmacht. Die Selbsthilfe des Besitzers ist in diesen Fällen nur unter weiteren Voraussetzungen statthaft:

> Soweit der Täter eine bewegliche Sache weggenommen hat, muß er vom Besitzer auf frischer Tat betroffen (bei Tatbegehung am Tatort) oder verfolgt (Verfolgung in unmittelbarem zeitlichen Zusammenhang mit der Wegnahme) werden, damit er diesem die Sache wieder abnehmen darf (*Besitzkehr).*

Zu Beispiel 2 aus 2.4.2.7.3:

Falls B Besitzer des Werkzeugs ist und D auf frischer Tat betrifft oder verfolgt, darf er mit den erforderlichen Mitteln D das Werkzeug wieder abnehmen.

> Wird dem Besitzer mittels verbotener Eigenmacht ein Grundstück entzogen, so muß er sofort nach diesem Vorgang den Täter „entsetzen", d. h. entfernen. Unter *sofort* ist ein verhältnismäßig enger zeitlicher Zusammenhang mit dem Entzug zu verstehen.

Zu Beispiel 3 aus 2.4.2.7.3:

P als Besitzer des Parkplatzgrundstücks darf das Fahrzeug des F abschleppen lassen, wenn F es nicht entfernt und P dies sofort („Motorhaube noch warm") vornimmt.

#### 2.4.2.7.5 Besitzdiener

*§ 855 BGB (Besitzdiener)*

*Übt jemand die tatsächliche Gewalt über eine Sache für einen anderen in dessen Haushalt oder Erwerbsgeschäft oder in einem ähnlichen Verhältnis aus, vermöge dessen er den sich auf die Sache beziehenden Weisungen des anderen Folge zu leisten hat, so ist nur der andere Besitzer.*

*§ 860 BGB (Selbsthilfe des Besitzdieners)*

*Zur Ausübung der dem Besitzer nach § 859 zustehenden Rechte ist auch derjenige befugt, welcher die tatsächliche Gewalt nach § 855 für den Besitzer ausübt.*

Die Voraussetzungen der Besitzdienerschaft sind – auf den Werkschutz bezogen –:

1. Ausübung der tatsächlichen Gewalt über eine Sache,
2. für einen anderen in dessen Erwerbsgeschäft,
3. soziales Abhängigkeitsverhältnis.

In diesem Zusammenhang muß auf die Pflichten des Werkschutzangehörigen aus dem Dienstvertrag (einschließlich Direktionsbefugnis des Arbeitgebers) hingewiesen werden.

Obwohl die tatsächliche Herrschaft über eine Sache ausgeübt wird, bestimmt das BGB, daß der Inhaber dieser tatsächlichen Gewalt nicht Besitzer, sondern Besitzdiener ist. Besitzer ist der „Besitzherr", für den diese tatsächliche Gewalt ausgeübt wird. Daher bedurfte es der Regelung des § 860 BGB, denn die Selbsthilfe gemäß § 859 BGB steht nur dem Besitzer und nicht dem Besitzdiener zu. Letzterem stehen also ebenfalls aufgrund dieser Sondervorschrift die Rechte des Besitzes zu. Allerdings handelt es sich bei seinen Befugnissen nicht um selbständige, sondern nur um vom Besitzer abgeleitete Rechte. Soweit der Besitzer eine Verteidigung nicht will, handelt der Besitzdiener rechtswidrig; er kann sich nicht wirksam auf die Selbsthilfe des Besitzdieners berufen.

Abwandlung des Beispiels 1 aus 2.4.2.7.3:

Soweit der Besitzer des Werksgeländes seine Erlaubnis zum Besprühen der Gebäudewand nicht gegeben hat, aber bestimmte, daß gegen solche Aktionen seitens des Werkschutzes nicht vorzugehen ist, steht diesem die Selbsthilfe des Besitzers nicht zu. Er darf also nicht einschreiten.

Hinweis: Innerhalb der Selbsthilfe des Besitzers/Besitzdieners fällt das Problem des „abgeleiteten" Rechtfertigungsgrundes besonders ins Auge, da die Vorschriften getrennt aufgeführt sind. Ebenso liegt die Situation aber bei anderen Rechtfertigungsgründen, die der Verteidigung von Rechten des einzelnen dienen: So darf z. B. die Nothilfe dem Angegriffenen auch nicht aufgedrängt werden (s. 2.4.2.1.4.2 Verteidigungswille).

#### 2.4.2.7.6 Abgrenzung zu anderen Rechtfertigungsgründen

Im Gegensatz zur Erlaubten Selbsthilfe (§§ 229, 230 BGB) geht es hier nicht um die Sicherung eines privaten Rechtsanspruches, sondern um die Verteidigung des Besitzes. Sind Besitzstörung oder Besitzentzug der verbotenen Eigenmacht beendet, bleiben keine Verteidigungsmöglichkeiten aufgrund dieser Basis.

### 2.4.3 Entschuldigungsgründe

Entschuldigungsgründe werden erst geprüft, wenn die zu beurteilende Handlung schon als tatbestandsmäßig und rechtswidrig bewertet wurde. Damit steht zu diesem Zeitpunkt bereits fest, daß der Täter gegen das Recht verstoßen hat. Im Rahmen der Schuld wird dann gefragt, ob der Gesetzgeber aufgrund bestimmter Umstände von einer Bestrafung dennoch absehen will. So ist z. B. nach dem Alter des Täters zu fragen (vgl. § 19 StGB und § 105 JGG), das – falls dieser jünger als 14 Jahre alt ist – zur Schuldunfähigkeit führt. Darüber hinaus können weitere Gründe relevant sein (z. B. geistige Mängel oder Irrtümer). Für den Werkschutz sind in der Prüfungsverordnung „Geprüfte Werkschutzfachkraft" nur zwei Entschuldigungsgründe genannt; diese werden anschließend genauer betrachtet.

Es sei hier nochmals ausdrücklich darauf hingewiesen, daß der Täter, der sich nur auf einen Entschuldigungsgrund berufen kann, *rechtswidrig* handelt.

### 2.4.3.1 Überschreitung der Notwehr (§ 33 StGB)

#### 2.4.3.1.1 Gesetzestext

*§ 33 StGB – Überschreitung der Notwehr*

*Überschreitet der Täter die Grenzen der Notwehr aus Verwirrung, Furcht oder Schrecken, so wird er nicht bestraft.*

#### 2.4.3.1.2 Erläuterungen

Die Vorschrift betrifft den Fall, daß der Täter die Grenzen der Notwehr überschreitet. Man nennt diese Situation auch Notwehrexzeß.

Nach der oben zur Notwehr getroffenen Unterscheidung handelt es sich dabei inhaltlich um die Verteidigungshandlung (2.4.2.1.4), deren Beschränkungen nicht eingehalten werden.

Im Gegensatz dazu müssen tatsächlich die Voraussetzungen der Notwehr (Angriffshandlung 2.4.2.1.3) gegeben sein. Daher ist § 33 StGB keine Regelung für Personen, die sich nur vorstellten, ein Angriff im Sinne des Notwehrrechts liege vor *(Putativnotwehr).* Hier greift nach der Rechtsprechung des BGH § 16 StGB (entsprechend) ein.

Ist also eine Angriffshandlung im Sinne der Notwehr gegeben und liegt entweder die vorgenommene Verteidigung nicht im Rahmen der Erforderlichkeit oder wurden die genannten Einschränkungen des Notwehrrechts (2.4.2.1.4.3) nicht eingehalten, so kann sich der Täter auf § 33 StGB berufen, wenn er aus Verwirrung, Furcht oder Schrecken handelte. Nur bei Vorliegen eines solchen Affektzustandes, der z. B. bei einem überraschenden Angriff auftreten kann, ist der Entschuldigungsgrund anwendbar.

### 2.4.3.2 Entschuldigender Notstand (§ 35 StGB)

#### 2.4.3.2.1 Gesetzestext

*§ 35 StGB – Entschuldigender Notstand*

*(1) Wer in einer gegenwärtigen, nicht anders abwendbaren Gefahr für Leben, Leib oder Freiheit eine rechtswidrige Tat begeht, um die Gefahr von sich,*

*einem Angehörigen oder einer anderen ihm nahestehenden Person abzuwenden, handelt ohne Schuld. Dies gilt nicht, soweit dem Täter nach den Umständen, namentlich weil er die Gefahr selbst verursacht hat oder weil er in einem besonderen Rechtsverhältnis stand, zugemutet werden konnte, die Gefahr hinzunehmen; jedoch kann die Strafe nach § 49 Abs. 1 gemildert werden, wenn der Täter nicht mit Rücksicht auf ein besonderes Rechtsverhältnis die Gefahr hinzunehmen hatte.*

*(2) Nimmt der Täter bei Begehung der Tat irrig Umstände an, welche ihn nach Absatz 1 entschuldigen würden, so wird er nur dann bestraft, wenn er den Irrtum vermeiden konnte. Die Strafe ist nach § 49 Abs. 1 zu mildern.*

#### 2.4.3.2.2 Erläuterungen

Voraussetzung für die Anwendung des Entschuldigenden Notstands ist eine *gegenwärtige Gefahr für die Rechtsgüter Leben, Leib, Freiheit.*

Zu den Begriffen *gegenwärtig* und *Gefahr* siehe unter 2.4.2.2.3. Diese gegenwärtige Gefahr darf nur für die Rechtsgüter *Leben, Leib oder Freiheit* bestehen, wobei unter Freiheit die Fortbewegungsfreiheit zu verstehen ist.

Allerdings muß die Gefahr schon einige Erheblichkeit aufweisen; unbedeutende Verletzungen des Körpers oder der Freiheit reichen nicht aus.

Der Entschuldigende Notstand kann aber nur dann eingreifen, wenn die aufgezählten *Rechtsgüter dem Täter selbst, einem Angehörigen oder einer sonst nahestehenden Person zustehen.* Wer Angehöriger im Sinne dieser Vorschrift ist, ergibt sich aus § 11 Abs. 1 Nr. 1 StGB. Eine sonst nahestehende Person ist dann gegeben, wenn zwischen dem Täter und ihr eine länger andauernde persönliche Beziehung besteht (z. B. langjährige Freundschaft).

Die Notstandshandlung muß das letzte und einzige Mittel zur Abwehr der Gefahr sein. Existiert ein milderes Mittel zur Gefahrenabwehr, ist die Tat nicht entschuldigt *(„erforderlich“).* Der Täter hat also auch bei diesem Notstand die Rechtsgüter Dritter so wenig wie möglich zu beeinträchtigen. Auch muß er, wenn möglich, der Gefahr ausweichen.

Auf den Entschuldigenden Notstand kann sich generell nicht berufen, wer die Gefahr selbst verursacht hat und wer die Gefahr hinnehmen mußte, weil er in einem besonderen Rechtsverhältnis stand (z. B. BGS-Beamte, Polizeibeamte, Bergführer etc.).

## 2.5 Betriebsverfassung

### 2.5.1 Grundsätze der Betriebsverfassung

Das Betriebsverfassungsrecht verfolgt im wesentlichen zwei Zielsetzungen: Einmal will es die Arbeitnehmer vor Maßnahmen des Arbeitgebers schützen, indem es anordnet, daß bei einer Fülle von Tatbeständen der Unternehmer nicht allein entscheiden darf, sondern dem Betriebsrat Mitbestimmungs- oder Mitwirkungsrechte zustehen. Darüber hinaus ist es ein weiteres sozialpolitisches Ziel des Betriebsverfassungsrechts, die Arbeitnehmer in ihrer Gesamtheit an den Entscheidungen des Arbeitgebers zu beteiligen.

#### 2.5.1.1 Gewerkschaften und Betriebsverfassungsorgane

Nach Art. 9 Abs. 3 GG ist das Recht, zur Wahrung und Förderung der Wirtschafts- und Arbeitsbedingungen Vereinigungen zu bilden, für jedermann und für alle Berufe gewährleistet. Auf der Grundlage dieser Vorschrift haben die *Gewerkschaften* das Recht, mit den Verbänden der Arbeitgeber *Tarifverträge* zugunsten ihrer Mitglieder abzuschließen und gegebenenfalls hierzu Kampfmaßnahmen zu ergreifen.

Die *Betriebsverfassungsorgane* werden nach den Vorschriften des Betriebsverfassungsgesetzes (BetrVG) tätig zur Regelung *innerbetrieblicher Angelegenheiten* in einem bestimmten Betrieb.

#### 2.5.1.2 Die Zusammenarbeit zwischen Arbeitgeber und Betriebsrat

Arbeitgeber und Betriebsrat haben zum Wohl des Betriebes und der Arbeitnehmer zusammenzuwirken. Dabei gebietet das BetrVG ausdrücklich eine *vertrauensvolle Zusammenarbeit* (vgl. § 2 BetrVG). Dadurch wird bestimmt, daß trotz vorhandener natürlicher Interessengegensätze eine sachliche Arbeit gewährleistet sein muß.

#### 2.5.1.3 Zutrittsrecht der Gewerkschaften

Beauftragte von Gewerkschaften, die im Betrieb vertreten sind, haben das Recht des Zugangs zum Betrieb, soweit nicht unumgängliche Notwendigkeiten des Betriebsablaufs, zwingende Sicherheitsvorschriften oder der Schutz von Betriebsgeheimnissen entgegenstehen (vgl. § 2 BetrVG). Dieses Zutrittsrecht soll es den Beauftragten der Gewerkschaft ermöglichen, ihren gesetzlichen Aufgaben nach dem BetrVG nachkommen zu können. Auch Beauftragte der Gewerkschaft sind beim Zutritt ebenso wie alle anderen Besucher zu kontrollieren (Ausfüllen eines Besucherscheins).

#### 2.5.1.4 Störungs- oder Behinderungsverbot

Die Mitglieder des Betriebsrats sowie anderer in § 78 BetrVG genannter Organe der Betriebsvertretung dürfen in der Ausübung ihrer Tätigkeit nicht gestört oder behindert werden.

#### 2.5.1.5 Der Gleichbehandlungsgrundsatz

§ 75 BetrVG schreibt vor, daß Arbeitgeber und Betriebsrat darüber zu wachen haben, „daß alle im Betrieb tätigen Personen nach den Grundsätzen von Recht und Billigkeit behandelt werden, insbesondere daß jede unterschiedliche Behandlung von Personen wegen ihrer Abstammung, Religion, Nationalität, Herkunft, politischen oder gewerkschaftlichen Betätigung oder Einstellung oder wegen ihres Geschlechtes unterbleibt".

#### 2.5.1.6 Verbot politischer Betätigung im Betrieb

§ 74 Abs. 2 BetrVG verbietet die *parteipolitische* Betätigung von Arbeitgeber und Betriebsrat im Betrieb. Jegliche Werbung aller Art für Parteien ist damit nicht zulässig. Selbstverständlich wird „die Behandlung von Angelegenheiten tarifpolitischer, sozial-politischer und wirtschaftlicher Art, die den Betrieb oder seine Arbeitnehmer unmittelbar betreffen", von diesem Verbot nicht erfaßt (vgl. § 74 Abs. 2 Satz 3 BetrVG).

Allgemeine politische Meinungsäußerungen sind zu unterlassen, wenn dadurch der *Betriebsfriede* gestört wird.

### 2.5.2 Die Aufgaben des Betriebsrates

#### 2.5.2.1 Überwachungs- und Antragsrechte

Der Betriebsrat hat u. a. „darüber zu wachen, daß die zugunsten der Arbeitnehmer geltenden Gesetze, Verordnungen, Unfallverhütungsvorschriften, Tarifverträge und Betriebsvereinbarungen durchgeführt werden" (§ 80 Abs. 1 Nr. 1 BetrVG).

Dieses Überwachungsrecht bezieht sich auch auf alle Tatbestände der betrieblichen Sicherheit, soweit sie zugunsten der Arbeitnehmer gelten und in Gesetzen bzw. in den anderen angeführten Regelungen erfaßt sind.

Der Betriebsrat kann ferner Maßnahmen, die dem Betrieb oder der Belegschaft dienen, beim Arbeitgeber beantragen (§ 80 Abs. 1 Nr. 2 BetrVG).

Auch dieses Antragsrecht erstreckt sich auf Aspekte der betrieblichen Sicherheit. Der Betriebsrat kann daher z. B. Maßnahmen zur Verbesserung der Sicherheit, etwa zur Senkung der Diebstahlsquote, vorschlagen.

#### 2.5.2.2 Informationsrechte

Sind im BetrVG Informationsrechte des Betriebsrats festgelegt, so hat der Arbeitgeber ihn umfassend zu unterrichten und ihm Gelegenheit zur Äußerung zu geben. Eine Verpflichtung zur Beratung besteht jedoch nicht.

So hat z. B. nach § 89 Abs. 2 BetrVG der Arbeitgeber den Betriebsrat bei allen im Zusammenhang mit dem *Arbeitsschutz* oder der *Unfallverhütung* stehenden Besichtigungen und Fragen sowie bei Unfalluntersuchungen hinzuzuziehen. Für den Bereich der allgemeinen betrieblichen Sicherheit, für die regelmäßig der Werkschutz zuständig ist, besteht eine solche pauschale Festlegung eines Informationsrechts nicht.

### 2.5.2.3 Anhörungs- und Beratungsrecht

Bei den Anhörungsrechten besteht die Verpflichtung des Arbeitgebers, nicht nur die Gelegenheit zur Äußerung zu geben, sondern darüber hinaus den Betriebsrat anzuhören und sich mit seinen Argumenten auseinanderzusetzen.

Die Beratungsrechte stellen eine weitere Steigerung der Mitbestimmungsform dar: Hier ist die Thematik gemeinsam zu erörtern und die beiderseitigen Meinungen sind in allen Aspekten abzuwägen. Letztlich verbleibt die Entscheidung gleichwohl dem Arbeitgeber.

Ein Anhörungsrecht findet sich z. B. in § 102 BetrVG (Pflicht zur Anhörung des Betriebsrats bei Kündigungen), ein Beratungsrecht ist z. B. in § 96 BetrVG (Fragen der Berufsbildung der Arbeitnehmer) statuiert.

### 2.5.2.4 Widerspruchsrechte

Ist dem Betriebsrat ein Widerspruchsrecht eingeräumt, so hat die Maßnahme des Arbeitgebers gegen den Widerspruch des Betriebsrats keinen Bestand.

Hat z. B. der Betriebsrat einer Kündigung widersprochen und der betroffene Arbeitnehmer Kündigungsschutzklage erhoben, so muß der Arbeitgeber ihn bis zum rechtskräftigen Abschluß des Rechtsstreits weiterbeschäftigen, § 102 Abs. 5 BetrVG.

### 2.5.2.5 Mitbestimmungsrechte

Die Mitbestimmungsrechte stellen das *Kernstück der Betriebsverfassung* dar. In diesen Fällen muß der Betriebsrat der Maßnahme des Arbeitgebers vorher zustimmen, damit sie wirksam werden kann.

#### 2.5.2.5.1 Einzelne Mitbestimmungstatbestände

Die bedeutsamste Vorschrift der Mitbestimmung im sozialen Bereich stellt § 87 BetrVG dar. Hier ist eine Reihe von Tatbeständen festgelegt, bei denen der Betriebsrat die Mitbestimmung erzwingen kann.

Für die Tätigkeit des Werkschutzes ist wesentlich, daß „Fragen der *Ordnung des Betriebs* und des *Verhaltens der Arbeitnehmer im Betrieb*" mitbestimmungspflichtig sind (vgl. § 87 Abs. 1 Nr. 1 BetrVG).

Zum Kreis dieser mitbestimmungspflichtigen Angelegenheiten gehören z. B. Regelungen über Torkontrollen, Passierscheine, Betriebsausweise, Benutzung von Parkplätzen, Fotografieren und Filmen im Betrieb, Verteilung von Flugblättern und sonstigen Druckschriften, Benutzung von Anschlagtafeln, Aushängen von Plakaten, Handel im Betrieb, Zutrittsverbote für bestimmte Betriebsteile, Sicherung eingebrachter Sachen.

Ein weiterer, im Hinblick auf den Werkschutz bedeutsamer Tatbestand der Mitbestimmung folgt aus § 87 Abs. 1 Nr. 6 BetrVG: Einführung und Anwendung *technischer Einrichtungen zur Überwachung des Arbeitnehmerverhaltens.* Das Aufstellen von Fernsehkameras fällt z. B. hierunter, wenn die Anlage zur Überwachung geeignet ist, selbst wenn sie nicht diesem Zweck dient.

#### 2.5.2.5.2 Betriebsvereinbarungen

Zur Durchführung mitbestimmungspflichtiger Tatbestände werden regelmäßig zwischen dem Betriebsrat und Arbeitgeber Vereinbarungen getroffen, sogenannte Betriebsvereinbarungen (§ 77 BetrVG).

Der Geltungsbereich von Betriebsvereinbarungen erstreckt sich nur auf den Betrieb, für den sie abgeschlossen wurden und nur auf im Betrieb aktiv tätige Arbeitnehmer, also nicht Pensionäre. Sie gilt ferner nicht für leitende Angestellte, § 5 BetrVG, es sei denn, dies ist ausdrücklich vereinbart. Auch Betriebsfremde unterliegen ihr nicht.

Betriebsvereinbarungen wirken wie ein Gesetz auf die Arbeitsverträge ein; sie sind unabdingbar und zwingend (§ 77 Abs. 4 BetrVG). Der Arbeitgeber ist verpflichtet, die Betriebsvereinbarungen durchzuführen (§ 77 Abs. 1 BetrVG).

Die wichtigste Betriebsvereinbarung ist die Arbeitsordnung (vgl. Abschnitt 2.1.4.4).

#### 2.5.2.5.3 Die Grenzen der Mitbestimmung

Bei den oben erwähnten Beispielen (2.5.2.5.1) besteht ein Mitbestimmungsrecht nur, wenn sich die Regelungen auf den Betrieb, also die *Gesamtheit der Belegschaft*, mindestens aber auf Teile der Belegschaft beziehen. Sind nur einzelne Arbeitnehmer betroffen (Einzelfälle), so kann der Arbeitgeber auch bei diesen mitbestimmungspflichtigen Materien auf der Grundlage seines Direktionsrechts Weisungen erteilen.

Eine Mitbestimmung ist auch zu verneinen, wenn der Arbeitgeber *Ansprüche zum Schutz seines Eigentums* oder Besitzes geltend macht. Dies gilt jedenfalls dann, wenn nicht generelle präventive Maßnahmen ergriffen, sondern aktuelle Angriffe abgewehrt werden.

### 2.5.3 Die Rechte des einzelnen Arbeitnehmers aus dem Betriebsverfassungsgesetz

Die Betriebsverfassung betrifft nicht nur die Betriebsverfassungsorgane bzw. den Arbeitgeber, sondern auch den einzelnen Arbeitnehmer, dem eine Reihe von Rechten eingeräumt wird (§§ 81 ff. BetrVG).

So ist z. B. der Arbeitnehmer über *Unfall- und Gesundheitsgefahren* sowie über Gefahrenabwehrmaßnahmen vor Beginn der Beschäftigung zu *unterrichten* (§ 81 Abs. 1 BetrVG).

Er hat ferner das Recht, in *betrieblichen Angelegenheiten*, die seine Person betreffen, von seinem Vorgesetzten *gehört* zu werden (§ 81 BetrVG).

Fühlt sich der Arbeitnehmer vom Arbeitgeber oder von anderen Arbeitnehmern des Betriebs benachteiligt, so hat er das Recht, sich bei den zuständigen Stellen des Betriebs zu beschweren *(„Beschwerderecht“)*, § 84 Abs. 2 BetrVG. Ein Mitglied des Betriebsrats kann zugezogen werden. Der Arbeitgeber ist verpflichtet, sich zu der Beschwerde zu äußern (§ 84 Abs. 2 BetrVG). Dem Arbeitnehmer steht auch das Recht zu, beim Betriebsrat Beschwerden einzulegen (§ 85 BetrVG).

### 2.5.4 Die Bedeutung der Betriebsverfassung für die Arbeit des Werkschutzes

Der Werkschutz ist – wie jeder andere Teil des Betriebs – ohne Ausnahme in die Betriebsverfassung eingebunden, d. h. er muß bei allen Maßnahmen beachten, daß die Vorschriften des Betriebsverfassungsrechts eingehalten werden.

Hierzu wird auf folgende Beispiele verwiesen:

Der Gleichbehandlungsgrundsatz gebietet dem Werkschutz, bei allgemeinen Kontrollmaßnahmen Arbeitnehmer nicht wegen ihrer Nationalität, politischen Betätigung oder Einstellung sowie anderer in § 75 Abs. 2 BetrVG genannter Umstände unterschiedlich zu behandeln.

Der Werkschutz muß ferner die mitbestimmungspflichtigen Tatbestände achten und darf hierbei nur im Rahmen der Betriebsvereinbarungen tätig werden. Sind in Betriebsvereinbarungen Regelungen getroffen, so darf er nicht darüber hinaus – etwa aus Gründen der Zweckmäßigkeit – weitergehende, die Arbeitnehmer benachteiligende Maßnahmen ergreifen. Der Werkschutzleiter ist verpflichtet, darauf zu achten, daß der Betriebsrat auch aus dem Bereich des Werkschutzes informiert wird, wenn das BetrVG dies gebietet. Aus dem Grundsatz der vertrauensvollen Zusammenarbeit kann in Einzelfällen auch abgeleitet werden, daß der Betriebsrat – auch ohne ausdrückliche gesetzliche Verpflichtung – rechtzeitig von bedeutsamen sicherheitsmäßig relevanten Vorgängen unterrichtet wird.

Das Beschwerderecht des Arbeitnehmers (siehe oben 2.5.3) erstreckt sich auch auf die Tätigkeit des Werkschutzes. Jeder einzelne Arbeitnehmer kann sich daher beim Arbeitgeber oder Betriebsrat über ihn betreffende Handlungen des Werkschutzes beschweren.

# 3. Grundsätze im Umgang mit Menschen (angewandte Psychologie)

Zusammengestellt und bearbeitet von

Dr. Rudolf *Luhr*, Freiburg/Brsg.
(Verband für Sicherheit in der Wirtschaft Baden-Württemberg e. V., Stuttgart)

Ferdinand *Scheckenbach*, Berlin
(Arbeitskreis für innerbetriebliche Sicherheit, Berlin)

Kurt *Schwitzer*, Hamburg
(Verband für Sicherheit in der Wirtschaft Norddeutschland e. V., Hamburg)

Fritz *Stiebitz*, Münster
(Verband für Sicherheit in der Wirtschaft Nordrhein-Westfalen, Essen)

# 3. Grundsätze im Umgang mit Menschen (angewandte Psychologie)

## 3.1 Einführung

Beim Umgang mit anderen Menschen sprechen wir von der Bedeutung der Menschenkenntnis. Wir sprechen davon, wie wichtig sie im Privatleben und wie bedeutungsvoll sie vor allem im beruflichen Tätigkeitsfeld (zum Beispiel Karrieregründe) ist. Besonders wichtig für die richtige Einschätzung des Gegenübers ist die Menschenkenntnis im Wirkungskreis des Werkschutzes. Anders als in vielen Lebensbereichen können, ja dürfen sich Werkschutzmitarbeiter keine Fehleinschätzung über die Persönlichkeit anderer leisten. Neben materiellen und finanziellen Werten können vor allem Menschenleben in Gefahr geraten. Um die Situation genau einstufen zu können, setzen die Werkschutzmitarbeiter ihre Menschenkenntnis ein.

Was ist Menschenkenntnis? Haben manche Leute sie einfach, und andere haben sie nicht? Wie zuverlässig ist sie? Gibt es unterschiedliche Arten von Menschenkenntnis?

Jeder von uns verfügt über ein gewisses Maß an Menschenkenntnis. Sie ist die Fähigkeit, die Persönlichkeit anderer Menschen einzuschätzen, um mit ihnen gewandt und sicher umgehen zu können. Jeder braucht sie, aber nicht jeder verfügt im ausreichenden Maße darüber. Dennoch versucht jeder, anderen geschickt zu begegnen. Bei den einen gelingt dies, bei anderen geht es schief. Bei manchen findet sich eine Möglichkeit des gemeinsamen Vorgehens. Andere passen sich uns an, bei einzelnen passen wir uns an. Wenige wollen sich überhaupt nicht anpassen, gleichgültig, was wir vorschlagen. Etliche können sich nicht anpassen. Um all diese Spielarten der Persönlichkeit richtig bewerten zu können, greifen wir auf unsere Menschenkenntnis zurück.

Woher stammt diese Menschenkenntnis? Wurde sie uns in die Wiege gelegt oder haben wir sie irgendwo anders erworben? Menschenkenntnis entwickelt sich im Laufe des Lebens. Jeder von uns erwirbt sie durch Beobachtung, Erfahrung und Intuition. Instinkt hat sicher auch eine Rolle gespielt, wenn auch untergeordnet; zumindest anfangs war er wichtig.

Auf jede Verhaltensweise, die wir zeigen, erhalten wir eine Rückmeldung („feed back"). Diese Rückmeldung erfolgt durch die anderen. Sie zeigt uns, ob unsere Verhaltensweise als angebracht eingestuft wird oder ob sie als unpassend erlebt wird. Während in der einen Situation eine bestimmte Verhaltensweise empfehlenswert erscheint, ist gleiches Verhalten in einer anderen Sachlage vielleicht nicht zu brauchen.

Die Entwicklung der Menschenkenntnis ist ein nicht endenwollender Vorgang. Am Anfang standen eher die instinktiven Handlungen und Verhaltensweisen; sie sind angeboren. Durch Beobachtung – Lob oder Strafe – lernen wir, daß nicht jede Verhaltensweise bei jeder Gelegenheit angebracht ist. Wir lernen also im Umgang mit anderen deren Reaktionen und Aktionen kennen. Je häufiger wir mit anderen umgehen, je öfter wir Rückmeldungen zu bestimmtem Verhalten in bestimmten Situationen erhalten, um so sicherer werden wir in unseren Handlungen und Verhaltensweisen. Wir gewinnen dabei an Selbstsicherheit. Gleichzeitig erscheint uns unsere Einstufung des anderen zuverlässiger. Unsere Menschenkenntnis nimmt zu.

Je älter wir werden, um so höher schätzen wir unsere Menschenkenntnis ein. Wir können heute schneller und sicherer ein Urteil über einen anderen Menschen bilden, als es früher der Fall gewesen ist. Wir können dies intuitiv. So ist es wohl bei allen anderen Menschen, denkt sich jeder. Aus diesem Grunde hält sich jeder für einen zumindest guten Menschenkenner, vermißt aber die Menschenkenntnis beim anderen. Etwas scheint hier nicht zu stimmen. Wie ist dies zu erklären?

Jeder Mensch ist einzigartig. Einzigartig in seiner Persönlichkeit, einzigartig in seinen Verhaltensweisen und Handlungen sowie einzigartig in seinem Wissen, Können und Erfahrungsschatz. So ist auch die jeweilige Menschenkenntnis einzigartig.

Die Menschenkenntnis ist individuell und damit subjektiv. Sie ist auf unterschiedlichen Erfahrungswerten aufgebaut. Sie ist zum Teil eine Ansammlung verschiedener Lebens- und Erfahrungsbereiche; diese ist nicht in einem systematischen Gerüst geordnet. Sie ist nur in seltenen Fällen wirklich nachgeprüft. Sie wird auch selten ergänzt. Sie stellt eine Ansammlung von Alltagsweisheiten dar, was nicht unbedingt negativ zu sehen ist. Sie enthält sehr viele unzulässige Verallgemeinerungen und einleuchtende Erklärungen. Damit ist sie sehr stabil gegenüber Änderungen.

### 3.1.1 Menschenkenntnis als Erfahrungswert

Jeder Werkschutzmitarbeiter bringt bei Dienstantritt eine mehr oder weniger große *Menschenkenntnis* mit. *Beobachtung* des anderen (Fremdbeobachtung) ist etwas leichter als Selbstbeobachtung (Nachdenken über die eigene Wesensart); diese setzt auch später ein.

Für die Menschenkenntnis fruchtbar sind im besonderen auch Erfahrungen in kleinen oder größeren *Konfliktsituationen*, weil sich der Mensch dann noch deutlicher zeigt als in unbedrängten Augenblicken. Der Werkschutzmitarbeiter erwirbt über die Kenntnisse allgemein-menschlicher Verhaltensweisen hinaus ganz *spezielle Kenntnisse* vom Verhalten der Betriebsangehörigen und Betriebsfremden angesichts seiner Maßnahmen, z. B. bei der Ausweiskontrolle. Aus diesen Kenntnissen zieht er Schlüsse auf die Art und Weise, wie er mit anderen Menschen *umgehen* sollte.
Wenn er das rechte Selbstverständnis von seinem Beruf hat, verbessert er dadurch mit jedem neuen Erlebnis seine *Menschenbehandlung.*

Die Menschenkenntnis des Werkschutzmitarbeiters ist das Ergebnis seiner *Erfahrungen* im Umgang mit den Mitbürgern, in seinem Beruf im besonderen beim Umgang mit den Tausenden, denen er begegnet. Sie ist *unentbehrlich* und hat einen hohen Wert. Auch wenn sie nicht durch die einschlägige Wissenschaft ergänzt und korrigiert werden sollte, kann der Werkschutzmitarbeiter auf dieser *Erfahrungsbasis* gut arbeiten, vorausgesetzt, er lernt von Jahr zu Jahr hinzu und arbeitet auch die gesellschaftlichen, beruflichen und generationsbedingten Veränderungen ein.

### 3.1.2 Erklärung des Begriffes Psychologie als der Wissenschaft von den menschlichen Verhaltensweisen

Die Wissenschaft, welche die seelischen Vorgänge in uns, im Mitmenschen und bei der Kommunikation zwischen den Menschen untersucht, ist die Psychologie, die Wissenschaft und Lehre (logos) von der Seele (psyche). Sie kann die vorwissenschaftliche, die eigene Menschenkenntnis ergänzen und korrigieren. Im folgenden wird darzustellen sein, inwiefern dies sogar nötig ist.

Meist besitzt der einzelne nur Kenntnis von den Menschen, die ihm begegnet sind. Er kann *nicht alle* Menschen kennen. Seine Menschenkenntnis ist lückenhaft. Schon manche deutschen Stammeseigentümlichkeiten, erst recht ausländische Wesensarten, sind ihm unbekannt geblieben. Er ist unvorbereitet, wenn er auf ihm bisher unbekannte, andersgeartete Menschen trifft. Die Wissenschaft hingegen bemüht sich um *Vollständigkeit.*

Zum zweiten ist die Menschenkenntnis ein *persönlicher* Besitz, meist nur *unbewußt* empfunden, durchaus *nicht* immer in ihren Einzelerfahrungen *begründet.* Infolgedessen kann man sie auch *nicht* anderen *mitteilen.* Erst die wissenschaftliche Erkenntnis ist lehrbar, weil sie auf *Begriffe gebracht* und begründet ist.

Schließlich ist die Menschenkenntnis nicht systematisch überprüft. Neben vielen richtigen Feststellungen stehen Irrtümer, z. B. vorschnelle Verallgemeinerungen. Die Psychologie muß jede Erkenntnis mittels *gesicherter Methoden* überprüfen.

Das bedeutet zusammengefaßt: Eigene Erfahrungen im Umgang mit Menschen sind unentbehrlich, Ergänzungen und Korrekturen durch die Psychologie gehören notwendigerweise dazu.

Die in den folgenden Kapiteln behandelten Sachverhalte sind alle durch Erkenntnisse der Psychologie angereichert.

### 3.1.3 Methoden der Psychologie

Es ist schon erwähnt worden, daß *Selbstbeobachtung* und *Fremdbeobachtung*, falls sie kritisch und erfahren vorgenommen werden, wissenschaftliche Erkenntnisse liefern können. Ein Psychologe begann 1958 damit, Pförtnern am Tor *zuzusehen* und festzustellen, wann sie geschickt und spannungslösend, freundlich und zugleich bestimmt ihrer Aufgabe nachgingen.

Etwa 1500 Werkschutzmitarbeiter wurden seit 4 Jahren in Seminaren *befragt*, welche ihrer Tätigkeiten besonders schwierig seien. Man wandte hier die *Fragebogenmethodik* an, die Umfrage. Als Ergebnis stand fest: Der Umgang mit Betrunkenen ist besonders unerfreulich, unangenehm und belastend.

Des weiteren könnte man alle Beschwerden gegen Werkschutzmitarbeiter *sammeln* und *auswerten*. Eine solche *Fallauswertung* würde beim vorliegenden Thema zunächst ergeben, daß ein Großteil der Beschwerden unberechtigt ist. Die berechtigten Beschwerden sind dann zu untersuchen; man deutet sie, d. h. man fragt nach den Gründen des Versagens.

Bisher sind höchst selten für den Werkschutz Eignungsuntersuchungen eingeführt worden. Die dabei u. a. zu verwendende Methode wäre der *Test*, die Arbeitsprobe.

Niemand ist für alle Berufe geeignet; ist der Bewerber in etwa für diesen Beruf geeignet? – so lautet die Ausgangsfrage.

### 3.1.4 Die Rolle der Psychologie im Dienste des Werkschutzes

Wo immer vor Werkschutzmitarbeitern psychologische Erkenntnisse in Lehrgängen oder Dienstbesprechungen behandelt werden, ist es *nicht* ratsam, *allgemeine* Psychologie zu lehren. Die Hörer würden dann mit Recht nach der *Übertragung* jener Erkenntnisse auf ihre Arbeitssituation fragen, denn man verlangte von ihnen nach den allgemeinen Themen („Die Wahrnehmung", „Die Struktur der Person" etc.), daß sie dies selbst für ihren Berufsalltag fruchtbar machten. Wir lehren seit 20 Jahren *angewandte* Psychologie. Werkschutztätigkeiten werden psychologisch untersucht; aufgrund der gewonnenen Erkenntnisse erfolgt die Beratung der Berufsangehörigen. Zu Rechtskenntnissen, dienstkundlichen und technischen Kenntnissen müssen unbedingt psychologische Kenntnisse hinzutreten, weil Werkschutzdienst stets einen *mitmenschlichen* Bezug hat. Sowohl in der eigenen Person als auch in der des

„Gegenüber“ spielen sich *immerwährend* seelische Vorgänge ab. Die Lehre einschlägiger psychologischer Erkenntnisse ist also keine Zutat, kein Anhängsel, keine Randaufgabe, sondern gehört *prinzipiell* zur Klärung des Auftrags. Es kommt hinzu, daß dieser Auftrag im Überwachen, Kontrollieren, Sichern und Ermitteln nicht den erfreulichen Akzent eines gebenden Berufs hat, sondern den oft weniger angenehmen eines eingreifenden Berufs. Auch in der öffentlichen Verwaltung hat die Leistungsverwaltung in seelischer Hinsicht die weitaus leichtere Aufgabe im Vergleich zur Eingriffsverwaltung. Hier steht die Psychologie in einer *dienenden Funktion*. Sie hilft, die Aufträge des Werkschutzes sachlich und *non-aggressiv* zu gestalten.

## 3.2 Der Werkschutzmitarbeiter

### 3.2.1 Sein Selbstwertgefühl als Voraussetzung für richtiges Handeln

Wenn ein Werkschutzmitarbeiter im Betrieb die notwendige *Sicherheit und Ordnung* gewährleisten soll, sollte er wissen, daß diese *nötig* sind: Auf wenigen Quadratkilometern arbeiten in den Großbetrieben Tausende von Menschen, und die moderne Wirtschaftswelt ist kompliziert, hochentwickelt und störanfällig. Demnach können nur gut ausgebildete Kräfte diese Sicherheit und Ordnung gewährleisten. Wer daran mitwirkt, darf die Gewißheit haben, daß er einen notwendigen Dienst leistet. Folglich darf der Werkschutzmitarbeiter ein *gesundes Selbstwertgefühl* haben. Dies ist gleich weit von Unsicherheit wie von Überheblichkeit entfernt. Es befähigt den Werkschutzmitarbeiter, mit jedermann im Dienst umzugehen, wer immer dies auch sei. Nur wer sicher ist, wird *Herr* der verschiedenartigen *Situationen* sein, in denen Sicherheits- und Ordnungsgüter bedroht oder verletzt sind, so daß eingeschritten werden muß. Er wird in einer noch relativ einfachen Situation den Kraftfahrer ansprechen, der mal eben seinen Wagen vor einem Hydranten parken will, und er wird auch in der spannungsgeladenen Atmosphäre, die sich nach einem Unfall ergibt, sicher an das Geschehen herangehen und in der richtigen Reihenfolge zu arbeiten beginnen: HELFEN – UMLEITEN/ABSPERREN – ERMITTELN. Wer auf diese Weise sicher auftritt, wird Erfolg haben. Die ersten Erfolgserlebnisse machen ihn noch sicherer und handlungsfähig auch in schwierigen Lagen. Er wird dann auch im Streß, d. h. unter der seelischen Belastung in der rush hour, bei Schichtwechsel, bei Katastrophen usw. keine Fehlhandlungen begehen, sondern ruhig und gekonnt die Lage bewältigen.

### 3.2.2 Ursachen und Folgen von Unsicherheit

Unsicherheit in der Berufsausübung entsteht dann, wenn den Betreffenden das nötige rechtskundliche, dienstkundliche, technische und psychologische *Wissen* fehlt. Ist dies vorhanden, so muß gewährleistet sein, daß es *angewen-*

*det* werden kann, daß es in die Situationsbewältigung *umgesetzt* wird. Erst dann kommt zum Wissen das *Können* hinzu. Wenn dieses Können, besonders in den ersten Wochen der Tätigkeit, noch nicht vorhanden ist, entsteht ebenfalls Unsicherheit. Fehlende Sicherheit kann auch in einem zu geringen Selbstwertgefühl begründet sein. Dies wiederum hat häufig seine Ursachen in körperlichen *Mängeln*, auch im sprachlichen Unvermögen. Leider sind solchen Menschen zu selten Erfolgserlebnisse zuteil geworden. Dann entstehen *Minderwertigkeitsgefühle.* Wenn sich diese häufen und anschließend verdrängt werden, verdichten sie sich zu *Minderwertigkeitskomplexen*, die das ganze Seelenleben der Betroffenen schwer stören.

Auch wenn wir diese Zuspitzungen ausschließen und nur die leichten Fälle von Unsicherheit betrachten, so haben schon diese immer verhängnisvolle *Folgen.* Eine Folge besteht darin, daß der Unsichere z. B. bei Ausweiskontrollen an den Toren sich nur an die sogenannten „kleinen Leute" wagt. Diese empfinden das – zu Recht – als Geringschätzung. Der Unsichere wird dadurch erneut verunsichert. Die zweite Folge ist in der Psychologie als *„Überkompensation"* bekannt, als übersteigerter Ausgleich des Minderwertigkeitsgefühls. Der Unsichere wird überforsch und grob, weil er durch seine Barschheit die in ihm grassierende Unsicherheit zu übertönen hofft. Auch dies ist ein Irrweg. Der unfreundliche, verletzende Stil des Unsicheren beschwört Konflikte herauf, die gerade er dann nicht zu lösen imstande ist.

Ausbildung und Fortbildung haben hier eine entscheidende Bedeutung: Sie müssen den Werkschutzmitarbeiter so fördern, daß er *von der Sache her sicher* wird.

### 3.2.3 Die Gefahren überheblichen Handelns

Im Gegensatz zum unsicheren Werkschutzmitarbeiter fühlt sich der überhebliche den meisten Belegschaftsmitgliedern im Betrieb überlegen und behandelt sie *„von oben herab".* Meist ist es die *Uniform*, die ihm eingibt, er stehe über anderen. In Wirklichkeit hat sie nur die Aufgabe, ihn kenntlich zu machen. Sie ist eine Dienstkleidung und nicht Ausdruck des Herausgehobenseins. Zum anderen könnte ein überheblicher Werkschutzmitarbeiter sein Recht, Werkskollegen zu stoppen und z. B. ausfahrende Wagen zu *kontrollieren*, falsch deuten. Er sieht darin nicht einen notwendigen, um der *Sache* willen vorgenommenen Vorgang, sondern einen Beweis persönlicher Macht. Schließlich wirken gelegentlich *alte* Verhaltensweisen uniformierter Berufe nach. Dabei wird vergessen, daß sich in der modernen Gesellschaft der Uniformträger nicht mehr in Ausdrucksformen bewegen darf, wie sie vor 40 oder 80 Jahren üblich waren. Erfreulicherweise ist festzustellen, daß solche Überheblichkeit sehr stark abnimmt. Die Betriebsangehörigen registrieren alle Reste überheblichen Verhaltens sehr empfindlich. Sie bemerken sie in der Haltung des Werkschutzmitarbeiters in seiner Bewegung, in seiner Gestik und Mimik und besonders in der Sprache. Auf diesen *Ausdrucksfeldern* drückt ein Mensch aus, was er von den anderen hält. Jede verletzende Geste, jedes Verachtung ausdrückende Herunterziehen der Mundwinkel werden bemerkt, gedeutet und gesammelt. Erst recht belasten Worte das Verhältnis Werkschutz/Belegschaft. Jedes unangebrachte „Du", jedes herrische Befehlen der Art „Los! Vorzeigen" würden die mitmenschlichen Beziehungen aufs schwerste belasten.

### 3.2.4 Beherrschtes und unbeherrschtes Handeln

Da der Werkschutz oft bei Ordnungsverletzungen und Sicherheitsbedrohungen einschreiten muß, entstehen spannungsgeladene Situationen. Hier kommt dem *beherrschten* Verhalten eine besondere Bedeutung zu.

Die tausendfachen Torkontrollen pro Tag in großen Betrieben verlaufen nie ganz ohne *Konflikte*. Die Passierenden haben zwei negativ getönte Erlebnisse: Sie müssen sich diesen Kontrollen unterziehen (sich *fügen*) und sie *verlieren* u. U. etwas *Zeit*. Der objektiv geringe Verlust von z. B. 25 Sekunden wird subjektiv als sehr erheblich empfunden. Der bei Schichtende eilig durch das Tor Strebende erlebt beim Aufgehaltenwerden eine Verweigerung, eine Frustration. Die Folge davon ist eine *Aggression*, etwa in Gestalt einer ärgerlichen Bemerkung wie „Was soll dieser Quatsch?" In diesem Augenblick ist der Werkschutzmitarbeiter gefordert. Er bleibt natürlich nicht unbeeindruckt von den Worten des Kontrollierten, aber er hält sich unter Kontrolle, er *steuert* und *bremst* die mögliche, aus der Gefühlsschicht aufsteigende Erregung und bringt es fertig, sie zu überhören oder ruhig zu kommentieren. Diese Leistung heißt Beherrschung; sie ist eine Steuerung emotionaler Regungen durch ein rationales, bewußtes Sichbremsen. Jeder Werkschutzmitarbeiter muß über diese Fähigkeit verfügen.

Verhält sich ein Werkschutzmitarbeiter ebenfalls *unbeherrscht*, so ergibt sich eine Spirale des gegenseitigen Sich-Hochschaukelns. Er erwidert barsch, der Kontrollierte setzt eine noch gröbere Bemerkung darauf, der Erboste benützt seinerseits noch derbere Ausdrücke und der Vorgang endet in beiderseitigen Beleidigungen. Auf diese Weise ließe sich nicht ein einziger Konflikt lösen. Das Ansehen des Werkschutzes in der Belegschaft würde sinken.

### 3.2.5 Aggressionen als Folge von negativen Erlebnissen

Schon in den vergangenen Kapiteln war erwähnt worden, daß im Werkschutzdienst bei den notwendigen Kontrollaufgaben – nehmen wir als Beispiel die Überwachung des Rauchverbotes in bestimmten Gebäuden – unangenehme, ärgerliche, also negative Erlebnisse nicht ausbleiben. Die Folge sind Aggressionen beim Werkschutzmitarbeiter. Entweder äußern sich diese in Worten (verbal) oder in Handlungen (brachial). Sie brechen sofort hervor oder, nachdem sie sich angesammelt haben (Aggressionsstau), etwas später und dann doppelt heftig. Der Werkschutzmitarbeiter sollte aber die negativen Erlebnisse so verarbeiten, daß gar nicht erst feindselige Einstellungen entstehen. Zu diesem Zwecke sollte er wissen, daß die Verstöße der Betriebsangehörigen gegen die betriebliche Sicherheit und Ordnung wohl Normverletzungen, aber doch *nicht* (oder nur ganz selten) *gegen ihn persönlich* gerichtet sind. Wer solche Verstöße fälschlicherweise als Angriffe und Boshaftigkeiten auffaßt, die ihm gelten, macht sich die Arbeit allzu schwer. Er baut völlig unnötig Aggressionen gegen die Normverletzer auf, denn diese haben aus ganz anderen Motiven gehandelt, z. B. zu Unrecht auf dem Platz für die Schwerbeschädigten geparkt, etwa aus Bequemlichkeit (um einen Weg von 150 m zu sparen) oder aus Eile (sie wollen so schnell wie möglich am Arbeitsplatz zurück sein) oder aus Trotz (sie empfinden jedes Verbotsschild als Ärgernis), aber eben nicht, um einen bestimmten Werkschutzmitarbeiter herauszufordern.

Eine zweite Ursache für Aggressionen könnte in einem Betrieb, in dem ein gar nicht oder schlecht ausgebildeter, folglich auch wenig angesehener Werkschutz seinen Dienst tut, dessen geringe soziale *Rolle* sein. Als Folge davon würden in solchen Werkschutzmitarbeitern Aggressionen entstehen als ein Aufbegehren gegen alle anderen, die mehr Ansehen genießen.

Auch aus dieser Sicht ist eine qualifizierte Ausbildung dringend nötig. Sie vermittelt den Werkschutzmitarbeitern ein ausreichendes Ansehen und läßt die geschilderten Aggressionen erst gar nicht entstehen.

### 3.2.6 Die Gefahr des Hochschaukelns von Konflikten

Dieses Phänomen mußte bereits im Kapitel „Beherrschtes und unbeherrschtes Handeln" erwähnt werden. Was aber fördert jenes Hochschaukeln darüber hinaus? Wir nennen Gesichtspunkte, welche die *Konfliktforschung* erarbeitet hat.

Jede Gesprächeröffnung *ohne Gruß* verschärft die Spannung, jedes unangemessene *Ansprechen mit „Du"* desgleichen. Sollte der Angesprochene nach dem Namen des Werkschutzmannes fragen, so ist die *Namensverweigerung* eine weitere Verschärfung. Das Belegschaftsmitglied bzw. der Werksfremde haben ein Anrecht darauf, angeblickt zu werden; jedes absichtliche *Wegblicken* verletzt den Betreffenden. Ihn verletzt auch, wenn er *nicht angehört* oder wenn er in seiner Erwiderung *unterbrochen* wird. Schließlich können viele Elemente der *Sprache* ein Hochschaukeln eines anfänglich kleinen Konflikts einleiten; eine zu große, unnötige *Lautstärke*, ein höhnischer *Tonfall* und jede unpassende *Wortwahl.* Dies alles wird stets, wie wir schon sahen, von *Gestik und Mimik* begleitet, und auch diese Ausdrucksphänomene können, wenn sie schlecht gewählt sind, spannungsverschärfend wirken.

### 3.2.7 Spannungslösendes Handeln

Angenommen, die Werksleitung habe im Einvernehmen mit dem Betriebsrat eine *Taschenkontrolle* für nötig gehalten. Es gibt keinen Zweifel, daß ein entsprechender Auftrag an den Werkschutz für diesen im einzelnen schwierige Situationen schafft. Die Pförtner müssen Werkskollegen, z. B. jeden 25., den ein Klingelzeichen bezeichnet, ins Pförtnerhaus bitten und seine Tasche zu öffnen auffordern. Welche Maßnahmen sind geeignet, diese Lagen zu entschärfen?

Der *Gruß*, die *Erläuterung* und die *Begründung* für die Auswahl („Damit keine persönlichen Animositäten ins Spiel gebracht werden, damit es objektiv zugeht, hat das Werk einen Zähl- und Läuteapparat eingeschaltet. Er hat zufällig bei Ihnen angezeigt ...") *vermindern* als erste Maßnahme die Spannung. Die Öffnung der Tasche ist zu *erbitten*. Das „Bitte!" wiederholt sich, wenn in der Tasche ein weiteres Behältnis eingesehen werden muß. Der gesamte Vorgang ist seitens des Werkschutzmitarbeiters völlig *beherrscht, ruhig* und *sachlich* durchzuführen. Wenn sich in einer Tasche z. B. ein Firmenwerkzeug befindet, ist *zunächst ohne jeden Vorwurf* nach einer Bescheinigung, z. B. des Meisters, für die Mitnahme des Werkzeugs zu fragen. Sie wird vorgelegt. Der Werkschutzmitarbeiter dankt. Wie peinlich wäre in einem solchen Fall das vorschnelle und hämische Wort „Sieh an! Da haben wir ja was Interessantes gefunden!" gewesen. Der gesamte Vorgang wird mit einem *aufrichtigen Wunsch* abgeschlossen: „Gute Heimfahrt!" oder „Schönen Abend!".

Es kann vorkommen, daß ein Mitarbeiter seine Tasche zu öffnen hat, der *vorher* am Arbeitsplatz *Ärger* erlebt hatte. Er mußte z. B. einen unberechtigten Vorwurf „hinunterschlucken", weil er sich nicht geschickt oder entschieden genug wehren konnte. In ihm hat sich eine Aggression angestaut. Im Augenblick des Kontrolliertwerdens lädt er seinen Verdruß beim Werkschutzmitarbeiter ab. Es handelt sich um eine „verschobene Aggression", wie die Psychologie diesen Vorgang nennt. Er ist nicht selten. Der erfahrene Werkschutzmitarbeiter bemerkt, daß er der „Prellbock" ist für einen Ärger, der eigentlich bei einem anderen hätte abgeladen werden müssen. Er vermeidet ein gegenseitiges Sich-Hochschaukeln, indem er z. B. mit den Worten *ablenkt* „Was der Mensch alles so mitmacht ..." oder „Sie haben sicher nichts gegen mich persönlich? ..." Er *versachlicht* daraufhin das Gespräch und nimmt ihm die persönliche Schärfe.

### 3.2.8 Vorurteile als Gefahr für gerechtes Handeln

Das Zusammenleben der Betriebsangehörigen würde dadurch schwer beeinträchtigt werden, daß der Werkschutz im Umgang mit den Belegschaftmitgliedern ganze Gruppen gefühlsmäßig abwertet. Bezeichnend dafür sind Redewendungen wie „immer die Jugendlichen", „ewig die Alten", „die vom

Werk II“, „die Langhaarigen“, „die vom Versand“ usw. usw. Hier werden Menschen jeweils einer Gruppe „in einen Topf geworfen“. Weil ein einzelner sich irgendwann falsch verhalten hatte, wird die ganze Gruppe („die vom Versand“) disqualifiziert; dies ist eine der Ursachen für die Tatsache, daß dann völlig Unbeteiligte unter der Gruppenzugehörigkeit leiden. Die andere Ursache liegt darin begründet, daß man Ausdruckserscheinungen wie z. B. Haartracht, Kleidung oder Sprache kritisiert, ablehnt oder verachtet und alle Träger solcher Phänomene ebenfalls abqualifiziert. Der Wortbegriff „Vorurteil“ drückt den angesprochenen Sachverhalt sehr treffend aus: Bereits bevor man sich über einen anderen Menschen ein *Urteil* bilden konnte, mischt sich eine lebhafte Abneigung ein und behindert die sachliche Urteilsbildung. Hier hat Emotionales den rationalen Vorgang schon entscheidend beeinträchtigt.

Werkschutzmitarbeiter bemerken die Gefährlichkeit von Vorurteilen (Klischees, Stereotypen) spätestens dann, wenn sie selbst betroffen sind, beispielsweise wenn irgendein Werkschutzmitarbeiter sich falsch verhalten hat und *alle* Kollegen sich durch die verallgemeinernde, abschätzige Bemerkung getroffen fühlen: „Ach! Wenn ich schon Werkschutz höre!“. Solche Klischees sind deshalb so gefährlich, weil sie die *gerechte* Bewertung des Einzelfalles unmöglich machen. Wir haben z. B. mit einem Fahrer vom Versand zu sprechen – dieser Vorgang würde stark belastet durch eine anfängliche Bemerkung wie „immer *die* vom Versand!“.

Vorurteile waren in der Bundesrepublik Deutschland im besonderen seit 1955 gegenüber den Gastarbeitern zu bemerken. Sie sind inzwischen in erfreulicher Weise aufgearbeitet worden, wenn auch noch nicht ganz verschwunden. Bewußtmachung und Aufarbeitung heißen die beiden psychologischen Leistungen bei der Überwindung von Vorurteilen.

### 3.2.9 Vergleich früheren und heutigen Werkschutzverständnisses

Die eben geschilderte Art des *Umgangs* der Werkschutzmitarbeiter mit Belegschaftsmitgliedern und Besuchern etc., der eben dargestellte *Stil* des niemals konfliktverschärfenden Umgehens miteinander muß vor dem *Hintergrund* der politisch-gesellschaftlichen Epochen gesehen werden.

Werkschutz hat es auch in der Diktatur gegeben. Ohne zu wollen, war er in die Gewalt des totalitären Systems geraten. Die Folge war ein Stil des überkorrekten, kalten, befehlenden, anzeigenden Vorgehens. Vorher hat es Werkschutz in den Großbetrieben der Weimarer Republik und des kaiserlichen Deutschlands gegeben. Der Arbeiter als Angehöriger des „Vierten Standes“ war ein weithin rechtloser Untertan. Seine Position gegenüber den ersten Pförtnern war entsprechend schwach, deren Einschreitensstil autoritär.

Der Werkschutz von heute versteht sich in der Epoche einer freiheitlich-demokratischen Grundordnung, moderner Betriebsverfassungsgesetze und heutiger Auffassungen vom Zusammenleben im Betrieb als ein Ordnungs- und Sicherheitsorgan, das eine im guten Sinne *dienende Funktion* hat .

Er schützt sowohl das Eigentum als auch die Arbeitsstätte, die den Betriebsangehörigen ihren Lebensunterhalt ermöglicht und damit auch die Mitarbeiter selbst, ihr Eigentum und ihre Gesundheit. Nicht neben, nicht über den anderen, nicht außerhalb der Belegschaft stehen die Werkschutzmitarbeiter; sie sind integriert in das Ganze; sie haben einen besonderen Auftrag, und der heißt: Für alle im Betrieb Sicherheit und Ordnung zu garantieren.

### 3.2.10 Verschwiegenheitspflicht

Der Werkschutzmitarbeiter erfährt dienstlich, was im Betrieb besonders schutzbedürftig oder bedroht ist. Er hat z. B. sein Augenmerk auf bestimmte Räume, Maschinen, Zeichnungen und Schriftgut zu richten, desgleichen auf neuralgische Punkte der Verkehrswege. Auch auf personellem Gebiet erhält er Einblicke, die er vertraulich behandeln muß und bei denen er Unbefugten gegenüber zur Verschwiegenheit verpflichtet ist.

Wenn gefragt wird, welche Motive es sein könnten, die einen Werkschutzmitarbeiter veranlassen, die Verschwiegenheit zu brechen, so steht *Geltungsbedürfnis* an vorderer Stelle. Man schmeichelt ihm und lockt auf diese Weise Geheimzuhaltendes heraus, oder man verachtet ihn und bringt ihn dazu, sich durch Erwähnung von Geheimnissen vor anderen „aufzubauen“. Besonders schicksalhaft sind Fälle, in denen sich Werkschutzmitarbeiter als *erpreßbar* erwiesen haben. Sie hatten sich entweder noch nicht aufgedeckte private Unregelmäßigkeiten oder strafbare Handlungen zuschulden kommen lassen. Den Werkspionen der verschiedenen Herkunftsländer wurden die Schwachstellen des Betreffenden bekannt, und sie erpressen ihn. In solchen Fällen gibt es keine andere Rettung vor sich anhäufender schwerer Schuld, als sich sehr rasch dem Vorgesetzten zu offenbaren.

### 3.2.11 Gefahren arglosen, schwatzhaften, vertrauensseligen Verhaltens

Wo die eben behandelte Verschwiegenheitspflicht nicht beachtet wird, entstehen für den Betrieb u. U. große Gefahren. Was die *Forschung* mit Millionenaufwand in jahrelanger Arbeit an neuen Erkenntnissen gefunden hat, wird preisgegeben, und den Schaden haben Unternehmer *und* Belegschaft. Betriebs- und Geschäftsgeheimnisse sind gleich schutzbedürftig. Je höher der Grad der Technisierung ist, desto größer ist die Störanfälligkeit. Moderne Rechenzentren sind ein Beispiel dafür. Zur *Ausspähung* kommt in solchen Bereichen die *Sabotage* hinzu. Im Gegensatz zu den unbeabsichtigten fahrlässigen Betriebsstörungen handelt es sich hier um *vorsätzliche*. Die Motive bei der Sabotage sind vielfältig. Politische Motive stehen im Vordergrund. Daneben gibt es sehr persönliche Beweggründe, z. B. Haß gegen Vorgesetzte nach vermeintlicher Zurücksetzung, aufgestaute Aggressionen nach nicht akzeptiertem Tadel, Neid gegen manche vom Schicksal Begünstigte und Rache nach der Entlassung.

Besonders bedroht von Ausspähung und Sabotage sind geheimschutzbetreute Betriebe mit Aufträgen auf dem Verteidigungssektor. Hier würde ein arglosnaives, ein leichtfertig-schwatzhaftes und ein vertrauensseliges Verhalten gegenüber Bekannten und Unbekannten größten Schaden anrichten. Hier werden deshalb auch die Werkschutzmitarbeiter mit hoher Aufmerksamkeit die Einlaßkontrollen wahrnehmen müssen, vor allem in Anbetracht der Tatsache, daß die auf diese Betriebe angesetzten Agenten keine flüchtig ausgebildeten und unerfahrenen, leicht zu entdeckenden Täter sind, sondern „Profis" mit sicherem, höflichem, schmeichelndem, souveränem Auftreten, das die Werkschutzmitarbeiter in Sicherheit wiegen und ihnen Vertrautheit und Weltläufigkeit suggerieren soll.

### 3.2.12 Richtiges Ansprechen – Gesprächsführung

Ein hervorragender Werkschutzleiter formulierte schon vor 30 Jahren: „Werkschutzdienst vollzieht sich im Medium der *Sprache*, sie ist die häufigste ‚Waffe' des Werkschutzmitarbeiters". In den vorangegangenen Abschnitten mußte zwangsläufig bereits mehrmals auf das Ansprechen der Betriebsangehörigen und Betriebsfremden eingegangen werden.

*Wortwahl, Lautstärke* und *Satzmelodie* sind die Mittel, mit deren Hilfe der Werkschutzmitarbeiter die einzelnen Situationen angeht. Dabei begleiten Mimik und Gestik das Sprechen; die Kontaktaufnahme des Werkschutzmitarbeiters ist also, wie die Psychologie sagt, ein *ganzheitlicher* Vorgang. Man bedenke, wie z. B. dieselben vier Wörter „gehen, bitte, Sie und weiter" verschiedenartig „komponiert" werden können:

„*Gehen* Sie, bitte, *weiter*"
„*Bitte*, gehen Sie weiter"
„*Sie* gehen weiter, bitte"
„*Weitergehen*, bitte",

je nachdem, ob sie ein erstmaliges, ruhiges Auffordern, die schon etwas festere Wiederholung der Bitte, eine strikte Aufforderung oder schließlich einen Befehl an viele bedeuten, die, z. B. nach einer Betriebsversammlung, durch Gruppenbildung vor dem Hauptausgang das Abfließen der Besucher verhindern, einen Rückstau provozieren und u. U. eine Panik einleiten können. Dann ist das harte, laute, von einer Armbewegung begleitete „Weitergehen, bitte!" nicht ein unhöfliches Ansprechen, sondern eine notwendige, äußerst entschiedene Aufforderung, die um der Sache willen nicht anders lauten kann.

Die Sprachwissenschaft spricht von immer neuen, immer anders gelagerten *„Sprechsituationen“*, in die der Werkschutzmitarbeiter sich hineingestellt sieht; die Psychologie fordert zur *„sprachlichen Situationsbewältigung“* auf. Damit ist genau die nicht leichte Aufgabe umschrieben, welche täglich hundertfach gelöst werden muß. Erneut wird darauf hingewiesen, daß im ganzen der Sprechstil *non-aggressiv* sein muß. Mittels der Sprache sind die Situationen *nicht* durch ein Sichhochschaukeln zu *verschärfen*, sondern zu *entschärfen*.

Nachdem die Situationsbewältigung durch ein Ansprechen des Werkschutzmitarbeiters einleitend begonnen worden ist, kommt es dann darauf an, daß durch eine geschickte *Gesprächsführung* die aufgenommene Kommunikation gut fortgeführt und der Kontakt nicht durch Fehler verschüttet wird.

Angenommen, ein Werkschutzmitarbeiter habe am Tor beim Eintreten irrtümlich einen Dreißigjährigen um den Werksausweis gebeten. Es stellt sich heraus, daß es sich um einen Gesellen einer Fremdfirma handelt, der als Anstreicher benötigt wird. Der Werkschutzmitarbeiter ändert deshalb seine Bitte in die Frage nach dem Personalausweis und legt dem Gesellen einen Besucherschein zum Ausfüllen vor. Der Geselle antwortet patzig: „Nun laß' mal den Quatsch sein, ich werd' hier dringend gebraucht in Eurem Labor . . .“. Der Werkschutzmitarbeiter *überhört* den wenig freundlichen Ton, führt das Gespräch ruhig und ohne Erregung weiter und erläutert seine beiden Anliegen: „Bitte, haben Sie Verständnis, ich muß dies von allen Damen und Herren verlangen, die ins Werk hereinkommen . . .“. Immer wieder versachlicht der Werkschutzmitarbeiter das Gespräch, weil er aufgrund von Erfahrung und Ausbildung weiß, daß jedes andere Verhalten konfliktträchtig wäre.

Außerdem hat der erfahrene Werkschutzmitarbeiter ein Hintergrundwissen: Allzu oft unterlassen es die Fremdfirmen, ihre Betriebsangehörigen darauf hinzuweisen, daß sie sich am Werkstor auszuweisen haben. Im Verlaufe des Gesprächs hat er den Namen des Gesellen erfahren. Er spricht ihn von nun an persönlich an und erreicht hierdurch, daß er bereit ist, den Besucherschein auszufüllen. Im ganzen Verlauf des Gesprächs hat der Werkschutzmitarbeiter den Gast frei *angesehen*, auch nachdem er bemerkte, daß dieser mehrmals mißmutig wegblickte. Er behielt die *Führung* des Gesprächs in der Hand. Hätte man ihn befragt, wie seine Devise lautet, würde er geantwortet haben: *Stets freundlich, aber bestimmt!*

### 3.3 Das „Gegenüber“

Der Begriff „das Gegenüber“ will ausdrücken, daß es sich im Werkschutzdienst wie in verwandten Berufen um mitmenschliche Begegnungen handelt, in denen dem Werkschutzmitarbeiter jeweils ein Mitbürger gegenüber steht, den er anzusprechen, um einen Ausweis zu bitten, wegen eines Fehlverhaltens zu ermahnen hat usw.

### 3.3.1 Das „Gegenüber“ in seinem unterschiedlichen Verhältnis zum Betrieb

Die Anzusprechenden weisen ein unterschiedliches *Verhältnis* zum *Betrieb* auf. Die meisten sind Betriebsangehörige oder ehemalige Mitarbeiter (Pensionäre). Von außerhalb kommen Lieferanten, Kunden und sonstige Besucher. Eine Sonderstellung nehmen dabei Behördenangehörige ein, die ein Recht haben, im Betrieb Überprüfungen vorzunehmen, z. B. Beamte der Gewerbeaufsicht, die dennoch sich auszuweisen haben, weil unter dem Vorwand, zu ihnen zu gehören, sich u. U. Straftäter Einlaß verschaffen könnten. Schließlich benötigen die meisten Betriebe Arbeiter von Fremdfirmen, welche im Werk eine Fülle von Arbeiten zu verrichten haben. Bei weitem nicht alle, aber einige Betriebe empfangen ganze Besuchergruppen, z. B. angemeldete Schulklassen, Referendarseminare, Wissenschaftler oder Vereine der verschiedensten Art.

Allein aus diesem unterschiedlichen Verhältnis zum Betrieb ergibt sich vieles im Hinblick auf den Umgang mit den Betreffenden. Nur die *eigenen* Betriebsangehörigen sind über ihre Pflichten am Tor, beim Parken im Werk, hinsichtlich etwaiger Rauchverbote usw. weitgehend im Bilde. Bei den anderen Gruppen liegt in dieser Hinsicht manches *Informationsdefizit* vor. Ein Besucher, der z. B. versehentlich auf dem Parkplatz für Behinderte parkt, ist anders (rücksichtsvoller) zu behandeln als ein Werksangehöriger. Im Umgang mit Werksfremden beginnt die Werkschutztätigkeit prinzipiell mit einem Informieren.

### 3.3.2 Das „Gegenüber“ als Einzelperson, Kleingruppe, Großgruppe (Menge, Masse)

Meist hat der Werkschutzmitarbeiter einen *einzelnen* anzusprechen. In solchen Fällen bietet sich ihm die Möglichkeit, mit dieser Person *argumentativ* zu verkehren.

Anders ist es in psychologischer Hinsicht, wenn sich zu der betreffenden Person zwei Neugierige hinzugesellen, die z. B. schadenfroh einer Ermahnung beiwohnen wollen. In dieser *Kleingruppe* reagiert der einzelne anders als in der Einzelsituation. Der zu Ermahnende verhält sich uneinsichtig, weil er in Gegenwart der anderen Werksangehörigen sein Fehlverhalten aus Angst vor einer Geltungseinbuße nicht zugeben will. Der erfahrene Werkschutzmitarbeiter bittet die Neugierigen weiterzugehen, weil er „mit diesem Kollegen ganz persönlich etwas zu klären habe“. Gruppenpsychologisch durchaus zu erklärendes Verhalten liegt auch in einer solchen Kleingruppe vor, die z. B. von vier Jugendlichen gebildet wird. Alle erfahrenen Werkschutzmitarbeiter wissen auch hier Rat. Sie wenden sich an einen der vier, an den „Chef“, an den „Boß“, weil sie die Erfahrung gemacht haben, daß die anderen ihm folgen, wenn es gelungen ist, diesen zu überzeugen. Der „Boß“ fühlt sich in seiner Rolle bestätigt und will dem Werkschutzmitarbeiter zeigen, daß er der Bestimmende ist.

Wenn sich bei Unfällen, bei Katastrophen, bei Betriebsversammlungen etc. Hunderte zusammenfinden, hat sich eine *Großgruppe* gebildet. Solange in dieser Gruppe, z. B. in den Minuten *vor* Versammlungsbeginn, die einzelnen noch ihren persönlichen Gedanken nachhängen und nur ein räumliches Beieinander bilden, spricht man von einer *Menge.* Bliebe diese Menge unverändert eine lose Ansammlung von Menschen, so wäre die Arbeit des Werkschutzes nicht allzu schwer. Es gibt jedoch eine Reihe von Faktoren, die aus dieser Menge etwas ganz anderes werden lassen können:

- Ein wütender Zuruf,
- ein Schuß oder ein Knall,
- ein unüberlegtes Wort eines Redners,
- eine zunächst noch kleine Flamme,
- ein angstauslösender Schrei oder
- eine ungerechte Entscheidung.

Dann *verändert* sich die Menge rasch und durchgreifend. Aus der Menge wird eine *akute Masse.* Sie zeichnet sich aus durch

- seelische Ansteckung,
- Schwächung der Überlegung,
- hohe Gefühlserregbarkeit,
- starke Affekte,
- unüberlegte Handlungen.

Auch die akute Masse kann noch eine innere Gliederung *(„Struktur“)* aufweisen, indem z. B. unter den 120 Zuschauern nach einem Verkehrsunfall ein Anführer einen vermeintlich Schuldigen bedroht, Kreise von mehr oder weniger miterregten Neugierigen sich um dieses Paar herum bilden und am Rande Gruppen von Menschen stehen, die weniger engagiert sind. Ebenso oft aber *verschmelzen* die einer *Vermassung* anheimfallenden Menschen zu einem Ganzen. Hinterdrein urteilen die Werkschutzmitarbeiter: „Hätte doch der Redner dieses eine Wort nicht gebraucht!“ oder „Wenn doch gleich am Anfang jemand diesem Choleriker widersprochen hätte!“ oder „Konnte man die Erregten nicht ablenken?“ – alles wirkungsvolle Worte im richtigen Umgang mit vermassenden Menschen. Angesichts einer solchen Masse verbieten sich seitens des Werkschutzes

- provozierendes Auftreten,
- verletzende Gesten,
- herrische Worte,
- Freund-Feind-Gruppenbildung,
- Sicheinlassen in Streitigkeiten.

Es empfiehlt sich, da viele Vermassungserscheinungen voraussehbar sind, vorher mit der Werksleitung Maßnahmen abzusprechen. Vor und bei Streiks ist dies unabdingbar. Gleichwohl bleibt das Einschreiten angesichts einer akuten Masse *das schwierigste.*

### 3.3.3 Umgang mit Jugendlichen

Die gewerbliche Wirtschaft beschäftigt Menschen im Alter von 15 bis 65 Jahren. Nach dem Hauptschulabschluß im Alter von 15 Jahren beginnen Jugendliche in den Betrieben als *Auszubildende* ihre Berufslaufbahn. In diesem Alter stehen sie in einer eigenartigen *Phase* ihrer Entwicklung: Sie sind nicht mehr Kind, sie sind andererseits noch keine Erwachsenen. Das Ausgereiftsein wird heute etwa bei 23 Jahren angesetzt, wobei individuell Unterschiede zu berücksichtigen sind. Was ist in psychologischer Hinsicht bezeichnend für das Verhalten Jugendlicher (etwa 13–17) und Heranwachsender (etwa 18–23) – wobei wiederum z. T. erhebliche individuelle Besonderheiten vorliegen? Die weiblichen und männlichen Auszubildenden

- sind labil in ihrer Stimmungslage,
- lösen sich von der Familie,
- suchen neue Gruppen,
- sind sehr kritisch und empfindlich,
- haben einen Freiheitsdrang,
- ordnen sich daher nicht gern ein,
- leiden unter ihrem geringen sozialen Status und entwickeln ein deutliches Geltungsbedürfnis.

Bald bemerkt der Werkschutzmitarbeiter dieses, bald jenes Merkmal im Umgang mit ihnen.

Als Verhaltensempfehlungen für den Umgang mit jungen Menschen wären zu nennen:

- Junge Arbeitnehmerinnen und Arbeitnehmer verdienen nicht, geringgeschätzt zu werden.
- Jedes herablassende, verächtliche, lächerlich machende Ansprechen verbietet sich.
- Wir sprechen sie absichtlich mit „Sie“ an.
- Wir erläutern ihnen alles sachlich.
- Wir übersehen und überhören gelegentlich jugendliche Bemerkungen.

### 3.3.4 Verhaltensweisen gegenüber Frauen

Die Betriebe beschäftigen mehr oder weniger viele weibliche Mitarbeiterinnen, die Textilbetriebe relativ viele, die eisenschaffende Industrie z. B. wenige. Die beschäftigten Frauen stehen im Alter von 15 bis 60 Jahren; sie arbeiten in Positionen unterschiedlicher Art.

Die Frauen sind ebenso wie die männlichen Belegschaftsmitglieder verpflichtet, Sicherheits- und Ordnungsregeln im Betrieb zu beachten. Der Werkschutz als „Exekutive“ wird sie ebenso wie die männlichen Betriebsangehörigen um das Sichausweisen bitten, wird die Parkplatzbenützung überwachen, das Verschließen der Spinde, die Sicherheit am Arbeitsplatz etc. Hier ist *weder* Bevorzugung *noch* Benachteiligung gerechtfertigt.

Hinsichtlich der Art und Weise, wie Frauen im Betrieb anzusprechen sind, muß auf die höhere weibliche Gefühlsbeteiligung bei allen Maßnahmen hingewiesen werden. Anzüglichkeiten und Scherze verbieten sich ebenso wie ein barsches Vorgehen. *„Freundliche Sachlichkeit“* kann als Motto gelten.

Da die Intimsphäre der Frau zu schonen ist, sind bei Durchsuchungen von Taschen und Kleidern etc. vom Werkschutz seinerseits Frauen heranzuziehen. Dieser Grundsatz ist *überall zu beachten.*

Besondere Vorsicht ist bei den weiblichen Betriebsangehörgen geboten, die als Auszubildende noch in der Pubertät stehen. Bei Befragungen hat eine dritte Person im Dienstzimmer zu sein.

Die labile Gefühlslage macht die Befragung schwierig. Falschbezichtigungen seitens der Befragten sind nicht selten. Die Einordnung in das Bestehende, hier in ein betriebliches Ordnungssystem, fällt schwer; sie stellt für die junge Frau mit ihrem Suchen nach Glück, nach „dem Leben“, nach Freiheit und neuer Bindung geradezu das Gegenteil dar: „Kalte“ Ordnung , scheinbar unnötige Regeln, beeinträchtigende Pflichten. „Hier weisen sich alle Damen und Herren aus, bitte tun Sie es auch!“, erwiderte ein erfahrener Pförtner, als ihm schnippisch der Ausweis verweigert wurde.

### 3.3.5 Umgang mit ausländischen Arbeitskräften

Seit der Zeit des wirtschaftlichen Aufschwungs nach dem Krieg beschäftigt die Wirtschaft viele ausländische Arbeiter, Männer und Frauen, vor allem Südeuropäer, dazu Türken, Osteuropäer, weiter Nordafrikaner und Asiaten.

Anfangsschwierigkeiten beim Umgang mit ihnen können nicht geleugnet werden. Allerdings war es auch nicht leicht, die vielen bis dahin unbekannten, völlig andersgearteten Lebensformen, Denk- und Gefühlsverläufe, Arbeitsauffassungen und sprachlichen Schwierigkeiten, auch die sich aus der Trennung von Familie und Heimat ergebenden Probleme kennenzulernen und fair zu verarbeiten. Hier stehen Themen der *Völkerpsychologie* zur Debatte. In den Herkunftsländern sind aus anderer geschichtlicher Vergangenheit bei den dortigen, nun hier arbeitenden Menschen Sitten, Bräuche und religiöse Vorstellungen über Generationen hin gewachsen, die als Gegebenheiten vom Werkschutz hinzunehmen und zu achten sind. Erschwerend kam bei den Gastarbeitern hinzu, daß sie meist aus einer dörflich-kleinbäuerlichen Arbeitswelt kamen und nun die Regelwelt deutscher Industrieunternehmen beachten sollten.

Nach 35 Jahren der Begegnungen des Werkschutzes mit den Gastarbeitern darf festgestellt werden:

- Ursprüngliche *Vorurteile* sind weitgehend *abgebaut* worden.
- Die *Einfühlung* in die seelisch-geistigen Besonderheiten der Gastarbeiter hat sich gebessert.
- Die zunehmenden *Sprachkenntnisse* der Gastarbeiter erleichtern es ihnen, deutsche Ordnungs- und Sicherheitsnormen zu verstehen und zu befolgen.
- Heimweh, emotionale Übertreibungen, Glaubensregeln, verletzbares Ehrgefühl, Sippengesetze, aber auch politische Radikalisierung bleiben zu berücksichtigen.

## 3.4 Kontaktsituationen

Nachdem die menschlichen Belange (die psychologische Situation) sowohl beim Werkschutzmitarbeiter selbst als auch beim Gegenüber dargestellt worden sind, haben wir zu fragen: Bei welchen *Gegebenheiten,* aus welchen *Anlässen* nehmen diese Partner miteinander Kontakt auf? Wir betrachten zunächst die normalen, alltäglichen Lagen.

### 3.4.1 Die normale Situation

Der Werkschutzmitarbeiter überwacht die Einhaltung der Ordnungs- und Sicherheitsbestimmungen, welche die Werksleitung im Einvernehmen mit dem Betriebsrat festgesetzt hat. Diesem Zwecke dienen *Kontrollen* aller Art. Bei diesen Kontrollen bleibt es nicht aus, daß Ordnungswidrigkeiten leichter und schwerer Art sowie Verletzungen der Sicherheitsregeln festgestellt werden müssen. Nach der Schwere der Verstöße hat der Werkschutzmitarbeiter einen *Hinweis* zu geben, eine *Erinnerung* an den schon einmal gegebenen Hinweis auszusprechen, eine *Ermahnung* vorzunehmen, ein *Verbot* auszusprechen und schließlich darüber einen *Bericht* zu fertigen. Die Reihenfolge Hinweis – Erinnerung – Ermahnung – Verbot ist zugleich eine *Steigerung* der Entschiedenheit des Einschreitens. Sie ist psychologisch insofern von Bedeutung, als jede Steigerung die nächst schwierigere Aufgabe nennt. Folglich sind zunehmende Selbstbeherrschung des Werkschutzmitarbeiters, betonte Sicherheit seines Sprechens und Durchsetzungsfähigkeit gegenüber jedermann nötig. So führt z. B. der erste Hinweis auf ein verblassendes Foto auf dem Werksausweis zu einer verbindlichen Bitte; andererseits kann das strikte *Verbot* des Rauchens in einem bestimmten Raum von der Sache her nichts mehr von dieser Verbindlichkeit an sich haben – es muß mit *deutlicher Entschiedenheit* ausgesprochen werden.

Über wesentliche Einschreitensformen ist zu *berichten.* Die innere Einstellung und – daraus sich ergebend – die Sprache des Werkschutzmitarbeiters beim Bericht als der abschließenden Darstellung des Geschehenen haben *völlig* sachlich zu sein. Jedes schmückende Beiwort, jede phantasievolle Ausschmückung, jedes subjektive Meinen und jede Aufbauschung wären falsch. Denn im Bericht geht es um etwas *völlig anderes* als z. B. in der Darstellungsform der Erzählung. Der Stil des Berichts ist

- sachlich,
- klar und unmißverständlich,
- genau,
- wahrheitsgetreu,
- knapp und doch vollständig.

Er will nicht unterhalten, sondern unterrichten (informieren). Er antwortet auf die Fragen: Wann? Wo? Wer? Was? Wie? Womit? Warum? Sobald ein Werkschutzmann zu berichten beginnt, hat er alle Sympathie und Antipathie, alle Vorurteile und emotionalen Verdächtigungen in sich zu überwinden.

### 3.4.2 Die besondere Situation

Von der genannten alltäglichen Atmosphäre im Betrieb, wie sie als Grundlage angenommen werden kann, hebt sich diejenige *Atmosphäre* ab, welche beispielsweise vor *Arbeitskämpfen,* beim *Streik* und bei daraus sich ergebenden *Demonstrationen* entsteht. Für die psychologische Situation des Werkschutzes ist es zwar sehr bedeutungsvoll, daß er selbst aus dem Streikgeschehen herausgenommen ist, aber seelisch beeindruckt wird er von der *Spannungssteigerung* doch. Jetzt kommt es darauf an, daß nicht durch eigenes provozierendes Verhalten das Geschehen verschärft wird. Keinem Werkschutzmitarbeiter dürfen jetzt Unbedachtheiten unterlaufen. Gelegentlich zieht die Werksleitung den Werkschutz bewußt zurück.

Einen erhöhten Spannungsgehalt löst auch jeder *Betriebsunfall* im Werk aus. Verletzungen bei Personen und Schaden am Betriebseigentum bedeuten für die Einschreitenden ein Arbeiten unter Streß: Verletzte, sich gegenseitig Beschuldigende, störende Neugierige, die die Ermittlungen (die Spurensicherung) erschwerenden Anwesenden am Unfallort – dies bildet ein *„seelisches Feld“,* in das der Werkschutzmitarbeiter hineintritt. Nur sicheres Auftreten, Besonnenheit und sachgerechtes Arbeiten verschaffen ihm hier Ansehen und bringen Unvernünftige zur Besinnung. Die Arbeitsreihenfolge RETTEN – HELFEN – UMLEITEN – SICHERN – ERMITTELN muß dabei dem Werkschutzmitarbeiter in „Fleisch und Blut“ übergegangen sein. Eindeutige, klare sprachliche Weisungen sind in diesem Spannungsfeld geradezu eine Wohltat. Die erschreckten Zuschauer wünschen einen Werkschutzmitarbeiter, der nicht bewegungsstarr, sondern handlungsfähig ist. „Der wußte, was er tat" lautet dann das Lob der Werksangehörigen.

Ein erhöhter Spannungsgehalt ist auch bei Ermittlungen nach *Delikten* im Werk vorhanden, sei es Körper- oder Sachbeschädigung, Brandstiftung, Diebstahl, Unterschlagung oder anderes. In psychologischer Hinsicht kann es u. U. nötig sein, sofort *Gerüchten* entgegenzutreten, durch die Unschuldige belastet werden; Gerüchte können viel Unheil stiften. Dies gilt auch für das im folgenden Abschnitt darzustellende Katastrophengeschehen. Beim Ermitteln sind objektive und subjektive Beweise (Spuren und Aussagen) zu führen. Prinzipiell hat jeder Ermittelnde offen zu sein für viele Möglichkeiten; ein vorschnelles Ermitteln nur in einer Richtung kann verhängnisvoll sein. U. U. hat der Ermittelnde mitten in der Arbeit vor sich selbst zuzugeben, daß er neu beginnen muß. Diese menschliche Reife muß man von ihm verlangen.

Katastrophen (Großfeuer, Orkan, Hochwasser, Explosion etc.) sind besonders streßerzeugend. Der schwierige, stunden- und tagelange Einsatz des Werkschutzes zehrt an den körperlichen *und* seelischen Kräften. Hier sei wiederum nur das Psychologische erwähnt:

Katastrophen erzeugen Betroffenheit, Angst und in den ersten Stunden Ratlosigkeit infolge von Informationsdefiziten: Was ist geschehen? Wer ist betroffen? Geschieht denn etwas? Geradezu vorbildlich war in dieser Hinsicht eine *Durchsage* in einem großen Chemiewerk:

> „Hier spricht der Werkschutz:
> Giftgas strömt aus Halle VI in Richtung Parkplatz.
> Das Gas ist schwerer als Luft.
> Gehen Sie in die oberen Etagen der Gebäude!
> Alarmieren Sie Ihre Kollegen!
> Hilfe ist eingeleitet.
> Wir informieren Sie weiter."

In dieser Abfolge von Sätzen war alles enthalten, was informationsmäßig nötig war. Solche Durchsagen gelingen nicht „aus dem Stegreif"; sie werden vorformuliert und in der Grundform bereitgehalten. Werkschutzmitarbeiter haben des weiteren, wie schon angedeutet, *Gerüchte zu melden,* damit diese widerlegt werden können. Sie können sonst schwerwiegende Folgen haben. Alle Maßnahmen der Leitung hängen von den Berichten ab, die sie erhält, und diese Berichte fußen auf Wahrnehmungen, auf Gesehenem und Gehörtem. Es darf nichts in die Tatsachen hineinprojiziert werden, vielmehr sind die Fakten nüchtern und sachgetreu zu erfassen. Aus Angst und Betroffenheit sind z. B.

alle ersten Meldungen über Opferzahlen zu hoch. Werkschutzmitarbeiter haben u. U. auch hysterische Personen zu beruhigen und vernünftige Helfer zu ermutigen. Sie selbst stehen wie „Pfeiler der Besonnenheit" in der erregten Umgebung. Die Streßstabilität des Werkschutzes ist durch Fallauswertung und Übungen zu steigern.

Überall, wo Menschenmengen versammelt sind, können bei ungünstigen Bedingungen auch *Paniken* entstehen. *Auslösend* wirken können z. B.

- ein Schrei („Feuer"),
- ein Schuß (auch: versehentlich abgegeben),
- ein Knall (Explosion),
- ein Gerücht (... eine Bombe ...),
- ein Geruch (... da brennt es ...),
- ein Lichtdefekt usw.

Wenn dann nicht Besonnene einen *Gegenbann* auslösen, geraten die sich sehr schnell seelisch ansteckenden Menschen in Panik. Bezeichnend für das Verhalten sind dann

- Reduzierung auf ein Gefühl: Angst,
- ausbrechender Selbsterhaltungstrieb,
- lawinenartige Ausbreitung,
- rücksichtsloses Sichretten,
- vernunftwidriges Tun.

In Berufen mit verwandten Anforderungen werden deshalb die Angehörigen über das Phänomen Panik unterrichtet, z. B. bei der Polizei, bei Fluggesellschaften, beim Warenhauspersonal, bei Schiffsbesatzungen und in Kliniken.

Da Paniken, wenn sie ausgebrochen sind, nur sehr schwer gebannt werden können, kommt es darauf an, *präventiv* (vorbeugend) alles zu tun, um zu verhüten, daß sie ausbrechen. Solche präventive Maßnahmen richten sich natürlich nach der Eigenart des Betriebes.

Wir nennen als Beispiel:

- Strenge Einlaßkontrolle bei Betriebsversammlungen (gegen Unbefugte),
- Gliederung der Versammlungsmenge in Blöcke,
- rechtzeitige Überprüfung der Notausgänge,
- Überprüfung etwaiger Geländer auf Emporen,
- Vorformulierung von Ansagen,
- sofortige Gegenworte bei Aufwieglern,
- Sorge um das reibungslose „Abfließen" der Menge nach Veranstaltungsende.

Dies alles kann nur gelingen, wenn die Panik mit ihren Gefahren unterrichtlich überall behandelt worden ist. Allein die *Bewußtmachung* dieser Gefahren garantiert, daß der Werkschutz Herr der Situation bleiben kann.

In Warenhäusern, Bürohochhäusern und Fabriken werden *Übungen* veranstaltet, die den Zweck haben, daß Beschäftigte und Besucher das Gebäude eilig, aber geordnet verlassen. Solche Übungen können den Ernstfall nicht völlig simulieren, sind aber dennoch von großem Wert.

Das oft erwähnte sprachliche Bewältigen auch schwieriger Situationen ist auch hier ausschlaggebend. Wenn das Weggehen Hunderter aus einem Raum stockt, wenn ein „Flaschenhalseffekt" durch ein Stehenbleiben vor den Türen entsteht, ist das laute Wort „Weitergehen!", das Werkschutzmitarbeiter rufen, nötig, um einen Rückstau und somit eine Panik zu vermeiden.

### 3.4.3 Technik der Befragung

Die Darstellungen in diesem letzten Kapitel profitieren von der *Psychologie der Vernehmung* und der *Psychologie der Aussage.* Wenn ein Belegschaftsmitglied *befragt* werden soll, ist zunächst zu unterscheiden, in welcher Rolle es erscheint: als möglicher Täter, als Geschädigter, als Zeuge oder als Unbeteiligter. In jedem Fall aber hat der Befragende einen menschlichen *Kontakt* zum Erschienenen herzustellen, weil dessen Schweigen jede verwertbare Aussage verhindern würde. Kontakt wird nicht durch sofortige Fragen zum Delikt (nicht durch tatrelevante Fragen) hergestellt, sondern zunächst werden allgemeine Themen des persönlichen und des betrieblichen Lebens besprochen. Erst wenn das „Eis" gebrochen ist, kommt der Werkschutzmitarbeiter zur Sache.

Niemals darf sich dabei in das Gespräch ein vorwurfsvoller Ton hineinmischen, weil Vorwürfe den Befragten zuschließen und nicht aufschließen würden. Der Ermittelnde bedenke, daß er nicht Richter ist, sondern Wahrheitsfinder: „Was ist damals geschehen?" „Wie ist dies passiert?" „Wer war beteiligt?" „Und das Motiv?" – dies sind die Fragen, die den Ermittelnden leiten. Zu vermeiden sind einfache – sogenannte geschlossene – Fragen, die mit „ja" oder „nein" beantwortet werden können. Vorzuziehen sind dagegen sogenannte offene Fragen, die den Sprecher zu einer ausführlichen Antwort und damit zum Mitdenken zwingen. Beispiel: „Hat es gestern geregnet?" – „Wie war gestern das Wetter?". Der Befragende sollte sich möglichst zurückhalten. Dabei beobachtet er den Sprechenden. Dessen Körper drückt aus, was ihn innerlich bewegt: Seine Haltung, sein Blick, seine Gestik und seine Mimik liefern Beobachtungsmaterial. Ein verlegenes Wegblicken mit Schweißausbruch und Stottern hier, ein gelöstes, freies Sprechen dort – dies und vieles andere mehr sagen dem Ermittelnden, wie er fortzufahren hat. Dabei enthält sich der Befragende aller *Suggestivfragen.* Sie würden Antworten ergeben, die wertlos sind. Sie sind auch unfair. Wenn er z. B. bei Unfällen im Freien zwei oder mehr Zeugen zu befragen hat, so *trennt* er sie und befragt sie einzeln. Nur unabhängig voneinander gemachte Aussagen sind wertvoll. Würde man z. B. einen

Werkmeister und einen seiner Arbeiter gemeinsam befragen, so ergäbe dies oft angeglichene, absichtlich die Wahrheit verbiegende Aussagen, weil jener Arbeiter sich u. U. scheut, dem Werkmeister zu widersprechen. „Bitte, warten Sie an meinem Wagen auf mich, ich will zunächst Herrn A. etwas fragen" lautet die richtige Anweisung und zweimal: „Bitte, sagen Sie, was Sie *selbst* beobachtet haben?". Auf diese Weise tastet sich der Befragende Schritt für Schritt an die Wahrheit heran; er rekonstruiert, was vor Minuten oder Stunden geschehen ist.

Indem der befragende Werkschutzmitarbeiter sich um die Wahrheit bemüht, tut er es nicht aus Demütigungslust, Strafsucht oder hämischer Überlegenheit. Er will bei einem geringfügigen Spinddiebstahl, bei weggeworfenem Werkzeug, bei unverschlossener Tür zum Labor usw. auch deshalb die Wahrheit erforschen, damit unschuldig Verdächtige nunmehr ausscheiden und das Betriebsklima wieder bereinigt ist. Alle Betroffenen merken sehr wohl, aus welchem Motiv der Werkschutzmitarbeiter befragt.

### 3.4.4 Bewertung von Aussagen

Trotz des objektiven Beweises u. a. durch Spuren ist die menschliche Aussage unentbehrlich. Sie ist aber *nicht unproblematisch.* Sie zu bewerten und richtig einzuordnen, gelingt nicht ohne einschlägige Kenntnisse.

Beginnen wir mit der *Zeugenaussage!* Der erfahrene Werkschutzmitarbeiter erlebt z. B. furchtsame, schweigsame Zeugen. Sie glauben trotz Information noch immer, sie stünden noch selbst in Verdacht. Andere Zeugen möchten Freunde nicht belasten und verschweigen aus diesem Grunde einige Tatsachen. Umgekehrt belasten Zeugen einen Kollegen, weil sie ihren Haß und Neid nicht bremsen. Schließlich gibt es aus Geltungsbedürfnis geschwätzige Zeugen, die Wahrheit und Dichtung mischen. Der gewissenhaft, ruhig, sachlich und präzise schildernde Zeuge ist also durchaus nicht die Regel.

Eine gute *Aussage* ist eine erhebliche *Leistung.* Es muß eine unvoreingenommene *Wahrnehmung* gemacht worden sein, diese muß im Gedächtnis unverfälscht *aufbewahrt* werden, dann ist sie aus der Erinnerung *hervorzuholen* und am Ende richtig und verständlich *wiederzugeben.* Jeder der vier Akte kann mißlingen. Bereits beim *Wahrnehmen*, z. B. eines Unfalls, kann Unwichtiges, aber nicht das Entscheidende erfaßt worden sein – man bittet dann zuzugeben, daß man bestimmte Dinge nicht gesehen hat.

In der genannten Zeit des *Aufbewahrens* von Inhalten im Gedächtnis können Vermischungen stattfinden, z. B. mit später von anderen Menschen Gehörtem oder mit Geträumtem. Im Zeitpunkt des *Sicherinnerns* tauchen Inhalte nicht auf, während wir sie z. B. Stunden danach ungerufen, in der Entspannung, parat haben. Beim *Wiedergeben* (bei der Reproduktion) hängt vieles von der sprachlichen Darstellungskraft ab. So ist, wie schon oben angedeutet, die Aussage durchaus nicht unproblematisch.

Fragt man, was zuverlässiger sei, die *Glaubhaftigkeit der Aussage* oder die *Glaubwürdigkeit einer Person,* dann muß die erstere den Vorzug erhalten. Personen, die im allgemeinen einen guten Ruf haben, können durchaus, wenn sie in eine fatale Lage gekommen sind, die Unwahrheit sagen. Die Aussage hingegen, auch z. B. von einem wenig angesehenen, schon einmal kurz vor der Entlassung stehenden Mann gemacht, ist dann einwandfrei, wenn sie ohne innere Widersprüche, mit stimmigen Details, in sich geschlossen und logisch aufgebaut ist.

Der *Täter* steht unter starker innerer Spannung. Wenn er leugnet, muß er ein kunstvolles Lügengebäude errichten und das Gesagte durchhalten. Die Selbstschutztendenz führt oft zu übertriebenen Reaktionen. Der geständige Täter will sich entlasten. Schweigende Täter laden sich selbst eine große Last auf, die sie auf die Dauer krank machen kann.

Das *Geständnis* ist der Abschluß der Befragung. Der Befragende hat es dem Täter leicht zu machen, auszusprechen, was er getan hat. Er ermuntere ihn, um eines neuen Anfangs willen, „diese Sache hinter sich zu bringen". Er blicke scheinbar weg und fixiere ihn nicht bei den entscheidenden Worten. Denn ein Geständnis ist gleichsam eine hohe Hürde, die der Täter übersteigen muß. Sein Geltungsbedürfnis erleidet eine empfindliche Niederlage. Dem erfahrenen Werkschutzmitarbeiter ist nichts Menschliches fremd. Er nimmt alles mit Takt entgegen, so eindeutig er auch das Unrecht bekämpfen muß.

## 3.5 Schlußwort

So wichtig und unentbehrlich dienstkundliche, technische und rechtskundliche Kenntnisse in der Aus- und Fortbildung sowie im täglichen praktischen Einsatz für den Werkschutzmitarbeiter sind, haben sie allein wenig Wert, wenn die Fähigkeit fehlt, sich in Menschen und Situationen einzufühlen und dadurch auch schwierige Lagen verständnisvoll zu lösen. Eine fundierte, d. h. durch psychologisches Wissen angereicherte Menschenkenntnis befähigt den Werkschutzmitarbeiter dazu, mit den ihm hundertfältig gestellten Aufgaben gut fertigzuwerden. Das vorangegangene Kapital „Grundsätze im Umgang mit Menschen (angewandte Psychologie)" zeigt, daß dies nur dann gelingt, wenn der Angehörige des Werkschutzes sicher, vorurteilsfrei, beherrscht, konzentriert und angemessen handelt, d. h. sich situationsgemäß verhält.

# 4. Technische Einrichtungen und Hilfsmittel

Zusammengestellt und bearbeitet von

Walter *Bühler*, Herrenberg
(Verband für Sicherheit in der Wirtschaft Baden-Württemberg e. V. Stuttgart)

Herbert *Ehses*, Backnang
(Verband für Sicherheit in der Wirtschaft Baden-Württemberg e. V. Stuttgart)

Dr. Albert *Riester*
(Verband für Sicherheit in der Wirtschaft Baden-Württemberg e. V. Stuttgart)

Eilert *Siemens*, Dipl.-Ing., Berlin
(Arbeitskreis für Sicherheit in der Wirtschaft, Berlin)

Thomas *Winkler*, Ottobrunn
(Bayerischer Verband für Sicherheit in der Wirtschaft, München)

# 4. Technische Einrichtungen und Hilfsmittel

## 4.1 Mechanische Sicherungseinrichtungen

Grundbegriffe:
Gefährdete Objekte lassen sich nur durch mechanische Einrichtungen sichern. Dabei versteht man unter mechanischen Sicherungseinrichtungen folgende Elemente:

- Zäune, Mauern
- Türen, Tore, Schranken, Schleusen
- Rolläden, Gitter
- Stahlschränke, Panzergeldschränke
- angriffshemmende Verglasung
- Schlösser, Riegel, Beschläge usw.

Diese Sicherungseinrichtungen sollen den Zutritt zu Gebäuden oder den Zugriff auf Gegenstände verhindern bzw. verzögern.

Die Zeit, die ein Fachmann unter Zuhilfenahme modernster Werkzeuge benötigt, um ein mechanisches Hindernis zu überwinden, wird als Widerstandszeitwert definiert. Dieser Wert wird durch praktische Versuche ermittelt. Die Widerstandszeit sollte bei entsprechend zu schützenden Objekten ausreichend bemessen sein, um Hilfe (z. B. Polizei, Werkschutz) herbeizuholen.

Um die mechanischen Sicherungseinrichtungen beurteilen zu können, wurden für viele Elemente Normungen geschaffen. Auf die wichtigsten Elemente wird näher eingegangen.

### 4.1.1 Drehkreuze – Drehtüren – Drehschleusen

Für Zutrittskontrollsysteme und zum *Vereinzeln* von Personengruppen werden Drehkreuze, Drehtüren oder Drehschleusen benötigt. Die *Drehkreuze* werden sowohl im Innenbereich als auch im Außenbereich eingesetzt. Drehkreuze werden mit 90 ° Drehtakt und mit 120 ° Drehtakt gebaut. Die Sperrarme sind entweder aus Stahl, Edelstahl oder Acrylglas. Das Weiterdrehen des Drehkreuzes erfolgt durch die durchgehende Person. Durch entsprechende Verriegelung kann sichergestellt werden, daß nur Personen mit gültigem Ausweis die Drehkreuzanlage passieren können oder daß generell das Passieren nur in einer Richtung möglich ist.

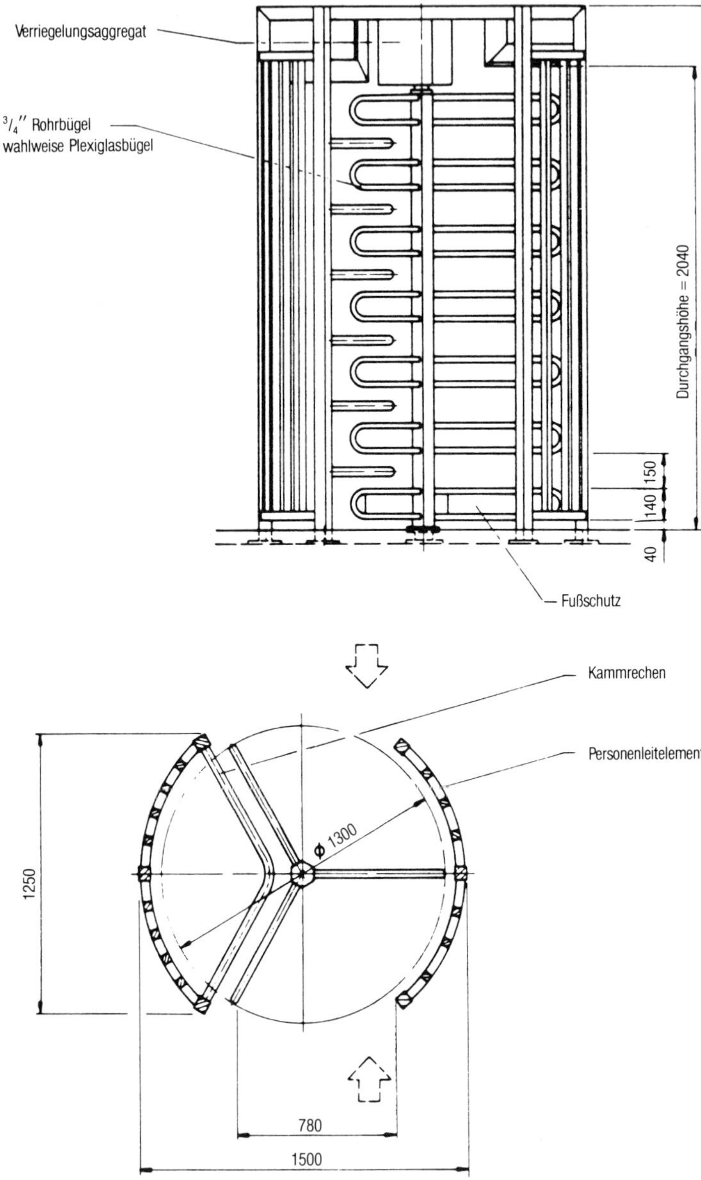


Drehkreuz-Einzelanlage mit 120° Drehtakt

Eine *Drehtür* ist von der Funktion und vom Aufbau her mit einem Drehkreuz vergleichbar. Die Drehtür ersetzt häufig die Eingangstür zu Verwaltungsgebäuden. Deswegen ist sie nicht mit Sperrarmen ausgestattet, sondern mit entsprechenden Glasflügeln. In Sicherheitsbereichen sind die Glasflügel häufig mit angriffshemmender Verglasung versehen. Da die Drehtür dadurch sehr schwer wird, erfolgt das Weiterdrehen durch entsprechende Antriebsmotoren.

Die *Drehschleuse* besteht aus einem feststehenden Außenkörper und einem drehbaren Innenkörper aus gewölbtem Verbundsicherheitsglas. Mit einer Drehschleuse erreicht man eine sehr gute Vereinzelung, da sie so bemessen ist, daß nur eine Person darin Platz hat. Der drehbare Innenkörper wird nach dem Betreten durch einen Regelantrieb betätigt.

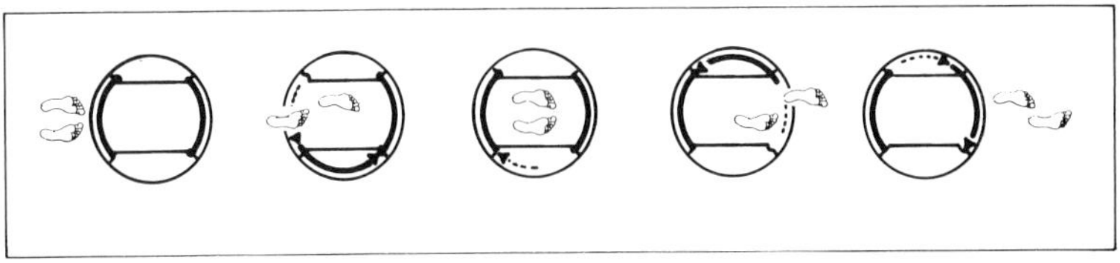

### 4.1.2 Einbruchhemmende Tür

Die einbruchhemmende Tür ist dazu bestimmt, im eingebauten und eingeschlossenen Zustand einen Einbruch eines Gelegenheitseinbrechers im ausreichenden Maße zu verhindern, wobei auch nur das üblicherweise verwendete Werkzeug berücksichtigt ist.

In der DIN-Norm *18103* sind die Mindestanforderungen und die Prüfverfahren für eine einbruchhemmende Tür festgelegt. Dies bezieht sich vorerst jedoch nur auf einflügelige Türen. Eine Norm für eine zweiflügelige, einbruchhemmende Tür wird erst erarbeitet.

Unter einer einbruchhemmenden Tür sind die vollständigen Türelemente zu verstehen. Sie bestehen jeweils aus

a) einer Zarge (Stahlzarge oder Holzzarge) mit den für die Befestigung an den angrenzenden Gebäudeteilen notwendigen Befestigungsmitteln
b) dem Türblatt
c) den nötigen Türbändern
d) einem oder mehreren Türschlössern
e) den erforderlichen Beschlägen, gegebenenfalls auch noch
f) einem Türschließer
g) einem Weitwinkelspion
h) sowie Zubehör z. B. Dichtungsmittel.

Die einbruchhemmende Wirkung ist aber nur dann gegeben, wenn die einzelnen Elemente, die zu einer einbruchhemmenden Tür gehören, exakt nach der Montageanleitung eingebaut werden. Werden die Türbeschläge und die Schließzylinder nicht vom Türlieferanten mitgeliefert, so ist sicherzustellen, daß nur Sicherheitsbeschläge nach DIN 18257 und Schließzylinder mit Bohrschutz nach DIN 18252 zum Einsatz kommen.

Einbruchhemmende Türen sind erhältlich als Stahltüren, aber auch als Holztüren. Werden Verglasungen in die Türen eingebaut, muß das Glas mindestens der Widerstandsklasse *B 2* nach *DIN 52290* entsprechen.

Eine einbruchhemmende Tür darf nicht verwechselt werden mit einer Feuerschutztür. Beide sind für verschiedene Sicherheitsaufgaben konstruiert. Soll für beide Fälle ein entsprechender Schutz erreicht werden, müssen unter Umständen 2 Türen als Schleuse hintereinander gesetzt werden.

### 4.1.3 Angriffhemmende Verglasung

Sicherheitsmäßige Gefährdungsschwerpunkte in jedem Raum und Gebäude sind die verglasten Flächen, wie Fenster, Glastüren, Zwischenwände usw. Deswegen ist man seit langem bemüht, Sicherheitsverglasungen zu entwickeln und einzusetzen. Um jedoch Mißverständnissen vorzubeugen, muß klargestellt werden, daß es bis heute völlig durchbruchsichere und durchschußsichere Verglasungen nicht gibt. Die Sicherheitsverglasungen haben immer nur eine durchbruchhemmende und durchschußhemmende Wirkung.

In der DIN 52290 sind entsprechende Begriffe für angriffhemmende Verglasungen definiert worden. Hierbei wird unter folgenden Verglasungen unterschieden:

1. Durchwurfhemmende Verglasung
   Eine Verglasung ist dann durchwurfhemmend, wenn sie das Durchdringen von geworfenen und geschleuderten Gegenständen behindert.
   Durchwurfhemmende Verglasungen erhalten den Kennbuchstaben: „A".
2. Durchbruchhemmende Verglasung
   Eine Verglasung ist dann durchbruchhemmend (ein- und ausbruchhemmend), wenn sie das Herstellen einer Öffnung zeitlich verzögert.
   Durchbruchhemmende Verglasungen erhalten den Kennbuchstaben: „B".
3. Durchschußhemmende Verglasung
   Eine Verglasung ist dann durchschußhemmend, wenn sie das Durchdringen von Geschossen behindert.
   Durchschußhemmende Verglasungen erhalten den Kennbuchstaben: „C".
4. Sprengwirkungshemmende Verglasung
   Eine Verglasung ist dann sprengwirkungshemmend, wenn sie einem bestimmten Stoßwellendruck Widerstand entgegensetzt. Sprengwirkungshemmende Verglasungen erhalten den Kennbuchstaben: „D".

Die angriffhemmenden Verglasungen bestehen je nach Anforderung aus zwei oder mehreren Glasscheiben, wobei die Scheiben durch eine entsprechende Anzahl von glasklaren Kunststoffklebefolien verbunden sind.

Werden angriffhemmende Verglasungen im Außenfenster eingesetzt, empfiehlt es sich, eine Ausführung mit Isolierverglasung zu nehmen. Die Isolierglasscheibe muß aber an der Außenseite sein.

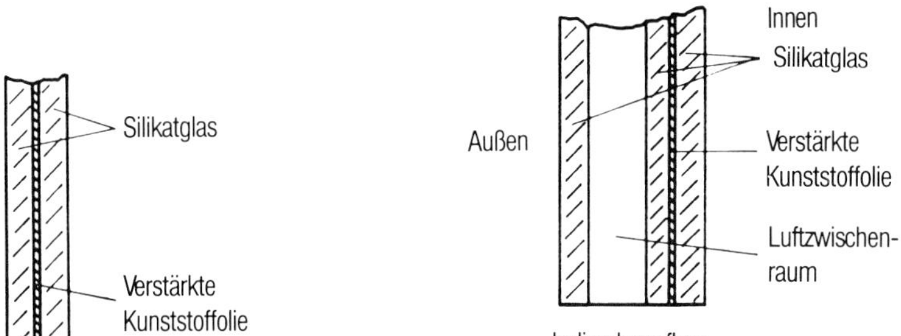


Normalaufbau

Isolierglasaufbau

Verbundsicherheitsglas

Zu 1) *Durchwurfhemmende Verglasung*

Die DIN 52290 unterteilt die Anforderungen an die Durchwurfhemmung in drei Widerstandsklassen. Die Einteilung geht von der Auftreffenergie schwerer Wurfgeschosse aus. Geprüft wird mit einer Kugelfallprüfung. Jede Scheibe muß dem dreimaligen Aufprall einer 4 kg schweren Stahlkugel standhalten. Die Fallhöhen der einzelnen Klassen betragen:

Klasse A 1 = 3,5 m
Klasse A 2 = 6,5 m
Klasse A 3 = 9,5 m

Die Widerstandsklassen lassen sich auch Anwendungsbereichen zuordnen:

| | |
|---|---|
| Widerstandsklasse A 1 | 2. Obergeschoß |
| Widerstandsklasse A 2 | 1. Obergeschoß |
| Widerstandsklasse A 3 | Erdgeschoß |

Zu 2) *Durchbruchhemmende Verglasung*

Die DIN 52290 legt die Prüfbedingungen für die durchbruchhemmende Verglasung gegen Angriffe mit einem schneidfähigen Schlagwerkzeug (Axt) fest. Die Prüfung wird mit einer Maschine durchgeführt, die den Angriff mit einer handgeführten Axt simuliert. Dabei wird ermittelt, wieviel Axtschläge notwendig sind, eine Durchbruchöffnung von 400 mm × 400 mm zu schaffen.

Die Verglasungen werden in drei Widerstandsklassen eingeteilt, und zwar:

Klasse B 1 = 30 – 50 Schläge
Klasse B 2 = 51 – 70 Schläge
Klasse B 3 = 70 Schläge

Anwendungsbeispiele sind:

| | |
|---|---|
| Widerstandsklasse B 1 | – Wohnhäuser<br>– Fachgeschäfte<br>– Kaufhäuser<br>– Apotheken<br>– Banken<br>– Verwaltungen |
| Widerstandsklasse B 2 | – EDV-Anlagen<br>– Museen<br>– Antiquitätengeschäfte<br>– Waffengeschäfte |
| Widerstandsklasse B 3 | – Juweliere<br>– Nachrichtenzentralen<br>– Strafvollzugsanstalten |

Zu 3) *Durchschußhemmende Verglasung*

Die DIN 52290 legt bei der durchschußhemmenden Verglasung 5 Widerstandsklassen fest. Auch diese Klassen sind abhängig von der Auftreffenergie der Geschosse, die vornehmlich durch die Geschoßgeschwindigkeit vorgegeben ist.

Geprüft wird die Durchschußhemmung durch Beschuß mit verschiedenen Waffen.

| Widerstandsklasse | Waffe |
|---|---|
| C 1 | Pistole 9 mm |
| C 2 | Revolver 357 Magnum |
| C 3 | Revolver 44 Magnum |
| C 4 | Natogewehr G 3<br>Standardmunition |
| C 5 | Natogewehr G 3<br>Sondermunition |

Zu 4) *Sprengwirkungshemmende Verglasung*

Für diese Anforderungsart liegt noch keine Normung vor, obwohl schon Fenster hierfür angeboten werden.

### 4.1.4 Stahl- und Panzergeldschränke

| | |
|---|---|
| 1. *Einwandiger Stahlschrank*<br>Sicherheitsstufe A | Er dient hauptsächlich zur Aufbewahrung von Schriftgut; aufgestellt in Räumen, in denen die Brandgefahr gering ist. |
| Sicherheitsmerkmale: | Leichter Schutz gegen Angriffe mit mechanisch wirkenden, leichten Einbruchswerkzeugen. Kein Schutz gegen thermisch wirkende Werkzeuge. Kein Schutz gegen Brände. |
| 2. *Zweiwandiger Stahlschrank*<br>Sicherheitsstufe B | Er dient hauptsächlich zur Aufbewahrung von Schriftgut und Wertgegenständen; aufgestellt in Räumen, in denen die Brandgefahr gering ist. Mindestgewicht 200 kg im Privatbereich, gewerblich 300 kg, sonst muß der Stahlschrank verankert werden. |
| Sicherheitsmerkmale: | Begrenzter Schutz gegen Angriffe mit mechanisch wirkenden, leichten Einbruchswerkzeugen. Kein Schutz gegen thermisch wirkende Werkzeuge. Schutz gegen leichte Brände. |
| 3. *Dreiwandiger Stahlschrank*<br>Sicherheitsstufe C | Stahlschrank in zwei Sicherheitsstufen; dient hauptsächlich zur Aufbewahrung von Schriftgut und Wertgegenständen; aufgestellt in Räumen, in denen die Brandgefahr gering ist.<br>Stahlschränke der Sicherheitsstufe C mit hitzebeständiger Isolierung erhalten die zusätzliche Kennzeichnung F. Diese Schränke bieten Schutz gegen leichte Brände. |
| Sicherheitsmerkmale:<br>Stahlschrank<br>Sicherheitsstufe C 1 | Definierter, begrenzter Schutz gegen Angriffe mit mechanisch wirkenden, leichten Einbruchswerkzeugen. Kein Schutz gegen Brände. |

| | |
|---|---|
| Stahlschrank Sicherheitsstufe C 2 | Definierter, weitgehender Schutz gegen Angriffe mit mechanisch wirkenden, leichten Einbruchswerkzeugen. Kein Schutz gegen Brände. |
| 4. *Panzer-Geldschrank* | Mehrwandiger Panzer-Geldschrank, der einem bestimmten Widerstandswert nach den Prüfvorschriften der Forschungs- und Prüfgemeinschaft Geldschränke und Tresoranlagen e. V. entspricht; dient zur Sicherung von Geld, Wertgegenständen und Schriftgut.<br>Der Widerstandswert wird durch Widerstandseinheiten (WE) gekennzeichnet, die bei einer Typprüfung mit der optimalen Werkzeugkombination von mechanisch und/oder thermisch wirkenden Einbruchswerkzeugen ermittelt werden kann. |
| Sicherheitsmerkmale:<br>Panzer-Geldschrank Sicherheitsstufe D 10 | Definierter, begrenzter Schutz mit 100 Widerstandseinheiten (WE) gegen Angriffe mit schweren Einbruchswerkzeugen einschließlich thermisch wirkender Werkzeuge.<br>Begrenzter Schutz gegen Brände. |
| Panzer-Geldschrank Sicherheitsstufe D 20 | Definierter, weitgehender Schutz mit 165 Widerstandseinheiten (WE) gegen Angriffe mit schweren Einbruchswerkzeugen einschließlich thermisch wirkender Werkzeuge.<br>Begrenzter Schutz gegen Brände. |
| Panzer-Geldschrank Sicherheitsstufe E 10 | Definierter, hervorragender Schutz mit 350 Widerstandseinheiten (WE) gegen Angriffe mit schweren Einbruchswerkzeugen einschließlich thermisch wirkender Werkzeuge.<br>Begrenzter Schutz gegen Brände. |

Stahl- und Panzergeldschränke werden durch ein fest eingenietetes Schild gekennzeichnet.

### 4.1.5 Schließanlagen

Eine Schließanlage ist ein Sicherheitsinstrument und ein Organisationsmittel, das ermöglicht, statt mit einer Vielzahl von Einzelschlüsseln mit wenigen Schlüsseln genau abgegrenzte Schließbereiche zu erfassen.

Die Schließbereiche können entweder funktionsbezogen oder gebäudebezogen sein. Die Schließanlagen bringen dem Anwender damit Zeitersparnis und Bequemlichkeit in den funktionellen und organisatorischen Abläufen.

Wegen der großen Anzahl von Variationsmöglichkeiten eignen sich die Schließzylinder sehr gut für den Aufbau von Schließanlagen. Bei diesen Schließanlagen sind außer den Sicherheitsanforderungen auch Forderungen nach Handhabung (z. B. ein Schlüssel für viele Einzelschlösser) und nach organisatorischen Gesichtspunkten zu erfüllen. Jede Schließanlage muß auf das Objekt abgestimmt werden. Dabei kommt der sorgfältigen Planung der Schließanlage besondere Bedeutung zu. Hierzu haben die Hersteller der Anlagen Entwurfsformulare entwickelt, die die Planung erleichtern. Je nach Wirkungsweise unterscheidet man folgende Schließanlagen:

- Hauptschlüsselanlage
- Generalhauptschlüsselanlage
- Zentralschloßanlage
- Kombinierte Hauptschlüssel-Zentralschloßanlage.

Die verschiedenen Schließanlagen werden wie folgt eingesetzt:

*Hauptschlüsselanlage*

Hierbei hat jedes Schloß seine eigene Schließung und damit seinen eigenen Schlüssel. Ein übergeordneter Hauptschlüssel jedoch schließt alle Schlösser dieser Schließanlage. Hauptschlüsselanlagen werden z. B. in Handwerks- und Industriebetrieben, Banken, Verwaltungen und Einfamilienhäusern eingesetzt.

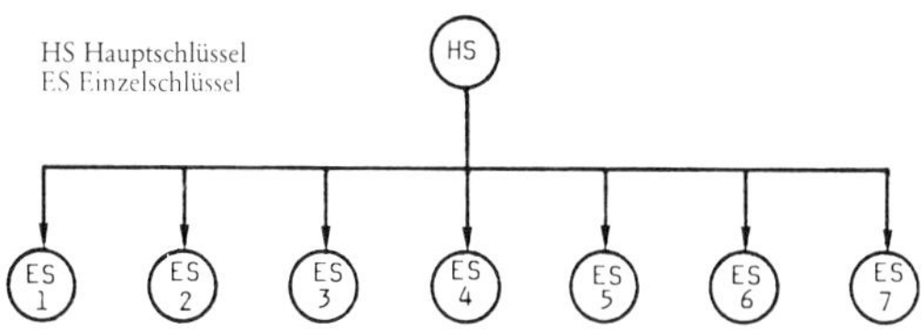


*Generalhauptschlüsselanlage*

Bei dieser Anlage sind mehrere Hauptschlüsselanlagen, die man in diesem Falle „Gruppen“ nennt, unter einem Generalhauptschlüssel zusammengefaßt. Bei sehr umfangreichen Anlagen ist es notwendig, mehrere Gruppen zu einer Hauptgruppe zusammenzufassen. Mehrere Hauptgruppen werden dann unter einem Generalhauptschlüssel vereinigt.

Auch bei einer Generalhauptschlüsselanlage ist die Schließung sämtlicher Schlösser verschieden. Die Einzelschlüssel passen nur in die dazugehörenden

Schlösser. Der Gruppenschlüssel schließt alle Schlösser seiner Gruppe, der Hauptgruppenschlüssel alle Schlösser der Hauptgruppe und der Generalhauptschlüssel schließlich alle Schlösser der Anlage.

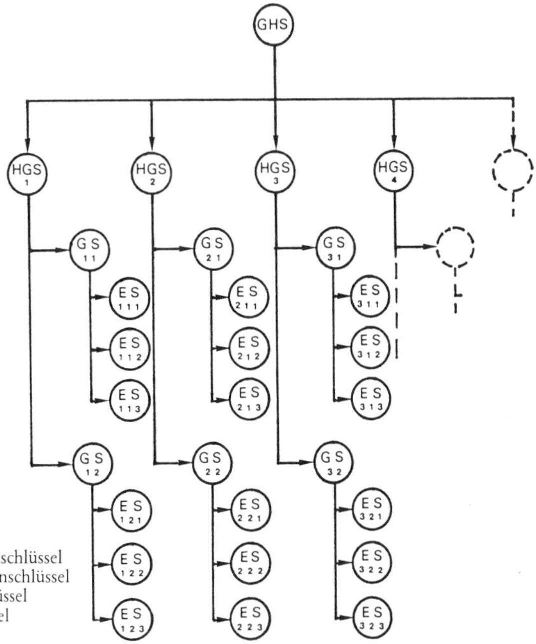


GHS Generalhauptschlüssel
HGS Hauptgruppenschlüssel
GS Gruppenschlüssel
ES Einzelschlüssel

Generalhauptschlüsselanlagen werden in großen Industriebetrieben, Verwaltungen, Krankenhäusern, Behörden usw. eingesetzt. Die Untergliederung der Anlage wird zweckmäßigerweise in Abhängigkeit von der Betriebsorganisation vorgenommen. Auch können alle gebräuchlichen Schloßarten wie z. B. Möbelschlösser, Schrankschlösser, Hangschlösser und Schaltschlösser mit in die Anlage einbezogen werden. Der Einsatz gleichschließender Schlösser für organisatorisch gleichwertige Schließaufgaben ist ebenfalls möglich und trägt oftmals zur Übersichtlichkeit der Anlage bei.

*Zentralschloßanlage*

Besonders für Mehrfamilienhäuser werden Zentralschloßanlagen verwendet. Hierbei haben die einzelnen Wohnungen unterschiedliche Schließungen. Die Wohnungstürzylinder sind mit einer Profilsperre ausgestattet, die nicht genau passende Schlüssel aussperrt. Alle Türen, die von jedem Mieter benutzt werden dürfen, wie Haustür, Kellertür, Tiefgarage usw. werden mit einem Zentralschloß versehen. Alle Einzelschlüssel passen auch für das Zentralschloß.

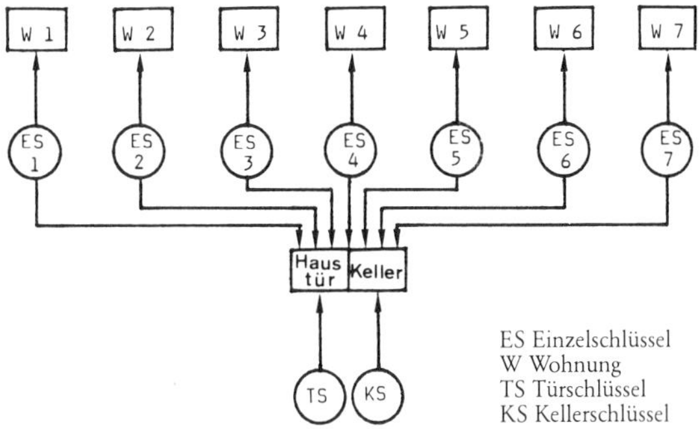


Für die Haustür und die Kellertür können noch gesonderte Einzelschlüssel geliefert werden, die dann an Postboten, Lieferanten, Wartungsdienste usw. vergeben werden können.

In Zylinder-Schließanlagen können außerdem viele Sonderverschlüsse z. B. für Aufgaben der Gefahrmeldeanlagen eingerichtet werden.

Zylinderschließanlagen werden fast immer in herstellerspezifischen Sonderprofilen hergestellt. Hiermit soll erreicht werden, daß Nachbestellungen nur mit einem Sicherungsschein bei dem Hersteller möglich sind. Außerdem wird der Nachbau der Schlüssel sehr erschwert. Da jedoch der Nachbau der Schlüssel bei entsprechender technischer Ausrüstung jederzeit möglich ist, ist der gewissenhafte Umgang gerade mit übergeordneten Schlüsseln besonders wichtig.

## 4.2 Zutrittskontrollsysteme

### 4.2.1 Systemaufbau

Zutrittskontrollsysteme werden eingesetzt, um bei der Zutrittskontrolle zum Werksgelände den Pförtner durch technische Hilfsmittel zu unterstützen. Aber auch innerhalb von Gebäuden werden sie eingesetzt, um den Zugang zu besonderen Bereichen wie Rechenzentren, Laborräumen, Archiven usw. nur den berechtigten Personen zu ermöglichen und nichtberechtigte Personen auszuschließen.

Zutrittskontrollsysteme werden deshalb häufig in Verbindung mit Drehtüren, Drehsperren, Drehschleusen usw. eingesetzt. Die Aufgaben eines Zutrittskontrollsystems kann man wie folgt definieren:

- Überwachung und Kontrolle der Personalbewegung
- Identifizierung von Personen
- Feststellung der Zutrittsberechtigung
- Auslösung von Alarmen bei Normabweichung.

Die Zutrittskontrollsysteme, die möglichst unabhängig von der betrieblichen Datenverarbeitungsanlage betrieben werden, haben folgenden Systemaufbau:

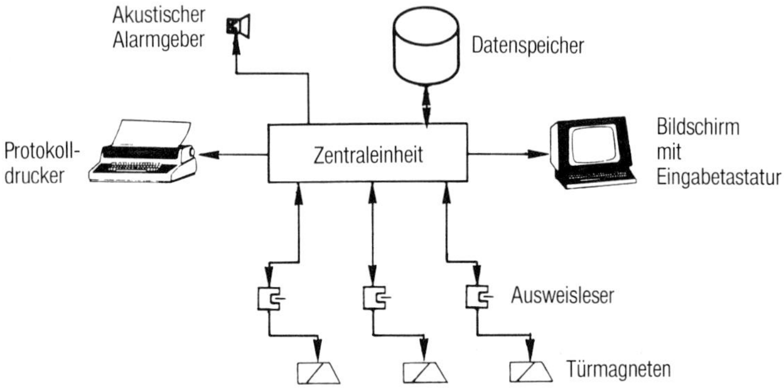


Danach besteht ein Zutrittskontrollsystem neben den Drehtüren, Drehsperren und Drehschleusen (siehe Teil 4.1.1) aus folgenden Geräten:

- Ausweisleser und codierbare Ausweise
- Zentraleinheit und Datenspeicher
- Bildschirm mit Eingabetastatur
- Protokolldrucker
- akustischer Alarmgeber.

*Ausweisleser*

Die Ausweisleser dienen dazu, die Dateninformation aus einer Ausweiskarte auszulesen und diese an die Zentraleinheit weiterzuleiten. Bei den Ausweislesern werden drei Grundkonzepte unterschieden, und zwar

Einsteckleser
Einzugsleser
Durchzugsleser

Bei dem Einsteckleser wird die Ausweiskarte von Hand bis zu einem Anschlag in das Lesemodul eingeführt. Daraufhin beginnt der Auslesevorgang. Beim Einzugsleser wird die Ausweiskarte von Hand in den Einführungsschlitz eingeführt. Danach wird sie von einem elektrisch angetriebenen Schlitten weitertransportiert und an einem Lesekopf vorbeigeführt. Wenn der Ausweis ungültig ist, wird er bei dieser Geräteausführung automatisch einbehalten. Bei einem Durchzugsleser wird die Ausweiskarte durch eine Führungsschiene gezogen und dabei an einem Lesekopf vorbeigezogen, der jetzt die Information auslesen kann.

*Zentraleinheit*

Die Zentraleinheit ist im Prinzip ein Computer, z. B. ein Personalcomputer (PC). Sie übernimmt die Berechtigungsprüfung der Dateninformation der Ausweiskarte. Dies betrifft alle Dateninformationen, angefangen von der generellen Berechtigung über die speziellen zeitlichen und räumlichen Sonderberechtigungen. Nach entsprechender Überprüfung der Berechtigung werden die elektrisch aussteuerbaren Türen, Drehkreuze, Schleusen oder Schranken freigegeben und damit der Zutritt ermöglicht.

*Datenspeicher*

Jeder zutrittsberechtigten Person muß ein entsprechender Datensatz zugeordnet werden und in einem Speicher erfaßt werden. Aus diesem Datensatz erkennt die Zentraleinheit die zugeteilten Berechtigungen. Zusätzlich können noch weitere Aufgaben wie Name und zugehörige Betriebsabteilung oder Dienststelle mit abgespeichert werden.

Datenspeicher werden in Form von Floppy-Disk oder als Festplattenspeicher eingesetzt.

*Bildschirm mit Eingabetastatur*

Über die Tastatur werden die Stammdaten der Ausweisinhaber eingegeben.

Ebenfalls erfolgt die Ansteuerung der Anlage über die Tastatur, um wichtige Vorgänge optisch auf dem Bildschirm darzustellen, z. B. Listung der Besucher, Listung der Zeitbereiche usw.

*Protokolldrucker*

Der Protokolldrucker hat die Aufgabe, die wichtigen Daten, z. B. Sabotageversuche usw., sofort auszudrucken, damit die Informationen nicht verloren gehen. Ebenfalls können damit alle gewünschten Listen über Personal-, Orts- und Zeitdaten ausgedruckt werden.

*Akustischer Alarmgeber*

Dieser wird von der Anlage angesteuert, wenn ein ungültiger oder gesperrter Ausweis benutzt wird oder wenn jemand ohne die entsprechende Berechtigung einen Bereich betreten will.

### 4.2.2 Codierbare Ausweise

Der wichtigste Baustein für ein Zutrittskontrollsystem ist der codierbare Ausweis. Aufgabe der Codierung ist es, den Ausweis mit den benötigten Dateninformationen zu versehen und diese Informationen jederzeit maschinell auslesbar zu machen. Als Dateninformation ist dem Ausweis folgendes einzugeben:

- Firmencode
- Personalnummer
- örtliche Zutrittsberechtigung
- zeitliche Zutrittsberechtigung
- Gültigkeitsdauer usw.

Der Firmencode auf dem Ausweis ist ein firmenspezifisches Kennzeichen, das maschinell schnell erkannt werden kann. Die Personalnummer ist die individuelle Erkennungsnummer des Ausweisinhabers.

Die örtliche Zutrittsberechtigung kennzeichnet die Räume oder Gebäude, für die die Berechtigung zum Zutritt besteht.

Die zeitliche Zutrittsberechtigung grenzt den Zeitpunkt der Berechtigung ein.

Die wichtigsten Codierverfahren, um die Ausweise maschinell lesbar zu machen, sind:

*Magnetstreifen-Codierung*

Bei diesen Ausweisen handelt es sich um Plastikkarten mit einem auf der Rückseite angebrachten Magnetstreifen. Auf diesem werden die Informationen gespeichert. Diese Codierung ist preiswert und schnell.

*Infrarot codierte Ausweise*

Bei diesem Verfahren wird in den Ausweis eine für Infrarotlicht undurchlässige Schicht eingebaut. An festgelegten Punkten kann die Schicht unterbrochen werden, so daß an diesen Stellen das Infrarotlicht durch den Ausweis gelangen kann.

*Induktiv codierte Ausweise*

Hierbei wird in die Ausweiskarte eine dünne Metallschicht eingebaut. Vor dem Zusammenschweißen der Karte wird diese dadurch codiert, daß an festgelegten Punkten Löcher in die Metallplatte gestanzt werden können. Im Ausweisleser werden die einzelnen Codepunkte induktiv abgetastet und ausgewertet.

*Elektronisch codierte Ausweise*

Diese Karten haben zwischen den Kunststoffschichten einen winzigen Mikroprozessor und einen Speicherbaustein. Von diesen gehen feine Drähte zum Rand, an dem sich die Anschlußkontakte befinden. In den Speicherbaustein werden die Dateninformationen eingespeichert.

### 4.2.3 Erhöhung der Sicherheit bei Zutrittskontrollsystemen

Das zuvor beschriebene Zutrittskontrollsystem hat den Nachteil, daß nur geprüft wird, ob der Ausweis gültig ist. Aus diesem Grunde sind in gefährdeten

Bereichen Maßnahmen zur Erhöhung der Sicherheit erforderlich, die einen direkten Bezug zur berechtigten Person herstellen. Diese Maßnahmen beruhen alle darauf, besondere persönliche Merkmale zur weiteren Identifikation heranzuziehen, und zwar zusätzlich zu den Dateninformationen von der Ausweiskarte. Folgende Verfahren sind gebräuchlich:

- persönliche Identifikationsnummer (PIN)
- Unterschriftenvergleich
- Bildvergleich
- Handgeometrieerkennung
- Spracherkennung
- Augenhintergrunderkennung
- Fingerabdruck.

Für alle aufgeführten Verfahren gilt, daß sie einen mehr oder weniger hohen Aufwand an Geräten erfordern und vor allem zeitaufwendig sind. Für eine einfache Zutrittskontrolle kommen diese Verfahren nicht in Betracht. Die Anwendung beschränkt sich auf erhöhte Sicherheitsanforderungen, wie z. B. Zugang zu Rechenzentren, gefährdeten Bereichen.

*Persönliche Identifikationsnummer (PIN)*

Bei dieser zusätzlichen Sicherung muß während des Auslesens der Ausweiskarte über Zahlentastatur des Ausweislesers eine mehrstellige Zahl eingetippt werden. Man nennt diese Zahlenkombination „persönliche Identifikaktionsnummer". Sie muß von Mitarbeiter zu Mitarbeiter verschieden sein.

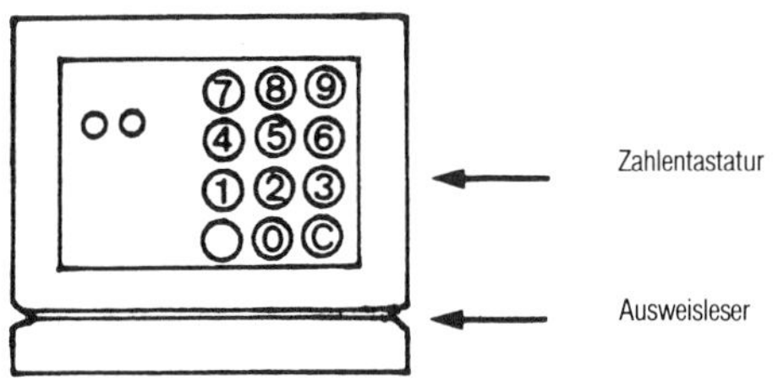


Dieses Verfahren ist am weitesten verbreitet, da sich der Zeit- und Geräteaufwand noch in Grenzen hält. Der Grad der zusätzlichen Sicherheit ist jedoch nicht sehr hoch.

*Unterschriftenvergleich*

Ein besonderes persönliches Merkmal ist die Unterschrift. Dieses wird zur zusätzlichen Sicherung des Zutrittskontrollsystems genutzt. Die Unterschriftsprobe muß auf einem besonderen Erfassungsgerät vorgenommen werden. Beim Unterschreiben auf der Schreibfläche des Gerätes gibt eine in einem besonderen Kugelschreiber eingebaute Sendespule elektrische Signale ab. Unterhalb der Schreibfläche werden diese Signale aufgenommen.

Eine typische Unterschriftsprobe wird vor Inbetriebnahme des Systems analysiert und als zu der betreffenden Person gehörend gespeichert. Bei späteren Arbeiten mit diesem System erkennt die Zentraleinheit durch die Ausweiskarte, welche Person Zutritt verlangt. Durch die jetzt erneut aufgenommene Unterschriftsprobe kann ein Vergleich mit der abgespeicherten Probe vorgenommen werden. Bei Übereinstimmung wird der Zugang freigegeben.

*Bildvergleich*

Auch bei diesem Verfahren werden personenbezogene Merkmale, die in einem entsprechenden Speicher abgespeichert sind, zum Vergleich herangezogen. Zu jedem Ausweis wird das zugehörige persönliche Bild digital abgespeichert und der Ausweisnummer zugeordnet.

Der Bildvergleich geschieht durch eine Person (Pförtner), die sich aber nicht unbedingt an der Kontrollstelle, sondern möglicherweise in einer entfernt liegenden Pförtnerstelle befindet.

*Handgeometrieerkennung*

Dieses Verfahren zählt zu den biometrischen Verfahren, da hierbei direkt Körperteilabmaße für Kontrollzwecke verwendet werden. Zur Personenerkennung werden hierbei die Fingerlängen herangezogen. Dazu muß entweder die rechte oder die linke Hand auf eine vorgezeichnete Aufnahmeplatte gelegt werden, wo die benötigten Maße erfaßt werden. Jetzt werden diese Maßdaten wiederum mit vorher gespeicherten Daten verglichen. Stimmen diese Daten überein und erweist sich der Ausweis als gültig und berechtigt, wird der Zugang freigegeben.

*Spracherkennung*

Ein völlig automatisierbares Verfahren mit guter Sicherheit stellt die Spracherkennung dar. Hierbei muß im speziellen Verfahren die Stimme der zutrittsberechtigten Person vorher analysiert und besondere Merkmale gespeichert werden. Solche Merkmale können bestimmte Konsonanten oder Vokale sein.

Nach Betätigen des Ausweislesers erscheinen auf einem kleinen Bildschirm nun einzelne Worte, die die markanten Konsonanten oder Vokale enthalten, z.B. Tasse – Straße usw. Diese Worte müssen von dem Zutrittsberechtigten in ein Mikrofon gesprochen werden. Nun werden sie analysiert und mit den gespeicherten Worten verglichen. Besteht eine Übereinstimmung, wird der Zugang freigegeben.

Der Nachteil dieses Verfahrens besteht darin, daß eine hohe Speicherkapazität nötig ist und vor allem, daß dieses Verfahren sehr zeitaufwendig ist.

*Augenhintergrunderkennung*

Über ein optisches Verfahren wird der Augenhintergrund (Gefäßstruktur der Augennetzhaut) analysiert. Kein Netzhautmuster gleicht dem anderen, und es verändert sich auch bei Krankheiten oder zunehmendem Alter kaum. Die eindeutige Zuordnung der erfaßten Gefäßstruktur ermöglicht es nur, dieses Verfahren in Sicherheitsbereichen einzusetzen. Hierbei muß die zutrittsberechtigte Person in ein Okular sehen und einen Leuchtpunkt fixieren. Dann tastet auf Knopfdruck ein empfindlicher Sensor innerhalb von Sekunden den Augenhintergrund ab und vergleicht die ermittelten Werte mit den abgespeicherten Werten. Der Vorteil dieses Verfahrens liegt in seiner hohen Sicherheit, der hohen Geschwindigkeit und dem geringen Speicherbedarf.

*Fingerabdruck*

Als biometrische Maße sind auch die Linien und Vertiefungen der Fingerhaut anzusehen. Mit einem Scanner wird dieses Muster gelesen und mit dem gespeicherten Muster verglichen.

Das im Computer gespeicherte Muster kann parallel in einer Smart-Card abgelegt werden. Der Benutzer steckt beim Zutrittsversuch diese Karte in einen Kartenleser und läßt dann über einen Scanner den Finger abtasten. Der Computer vergleicht dann die aktuellen Fingerdaten mit den Daten auf der Smart-Card und gibt bei Übereinstimmung den Zutritt frei.

## 4.3 Gefahrenmeldeanlagen (GMA)

### 4.3.1 Begriffsbestimmung

Der Begriff „Gefahrenmeldeanlagen" ist ein Sammelbegriff und umfaßt die Teilbereiche

- Brandmeldeanlage (BMA)
- Einbruchmeldeanlage (EMA)
- Überfallmeldeanlage (ÜMA).

In der Praxis setzen sich immer mehr die Meldeanlagen durch, die auch die drei Teilbereiche in einer integrierten Anlage vereinen. Dies trifft besonders bei sehr großen Anlagen zu. In der DIN 57833/VDE 0833 sind die Anforderungen an Gefahrenmeldeanlagen festgelegt.

Definitionen: Gefahrenmeldeanlagen sind Fernmeldeanlagen zum sicheren Melden von Gefahren für Leben und Sachwert.

*Brandmeldeanlagen*

Brandmeldeanlagen sind Gefahrenmeldeanlagen, die Personen zum direkten Hilferuf bei Brandgefahren dienen und/oder Brände zu einem frühen Zeitpunkt erkennen und melden.

*Einbruchmeldeanlagen*

Einbruchmeldeanlagen sind Gefahrenmeldeanlagen, die dem automatischen Überwachen von Gegenständen auf Diebstahl oder von Flächen und Räumen auf unbefugtes Eindringen dienen.

*Überfallmeldeanlagen*

Überfallmeldeanlagen sind Gefahrenmeldeanlagen, die Personen zum direkten Hilferuf bei Überfällen dienen, z. B. zur Werkschutzleitung oder Polizei.

### 4.3.2 Systemaufbau

Eine Einbruchmeldeanlage besteht aus folgenden Teilen:

- Meldezentrale
- Energieversorgung
- Meldelinien
- Melder
- Scharfschalteinrichtung
- Signalgeber
- Zusatzgeräte.

*Meldezentrale*

Die Zentrale ist das wichtigste Teil einer Einbruchmeldeanlage. Sie hat folgende Aufgaben zu erfüllen:

- Entgegennahme und Bewertung der von den einzelnen Meldern ankommenden Signale
- Auslösen der Alarmierungseinrichtungen (Sirenen, Blitzleuchte)
- Weitergabe von Meldungen an hilfeleistende bzw. abwehrleistende Stellen
- Überwachung der Energieversorgung
- Anzeigen von Störungen, bezogen auf die jeweils gestörte Meldelinie
- Anzeige des Zustandes der Scharf-Unscharf-Schalteinrichtung – evtl. Ansteuerung von Telefonwählgeräten.

Das Blockschaltbild einer Zentrale kann wie folgt aussehen:

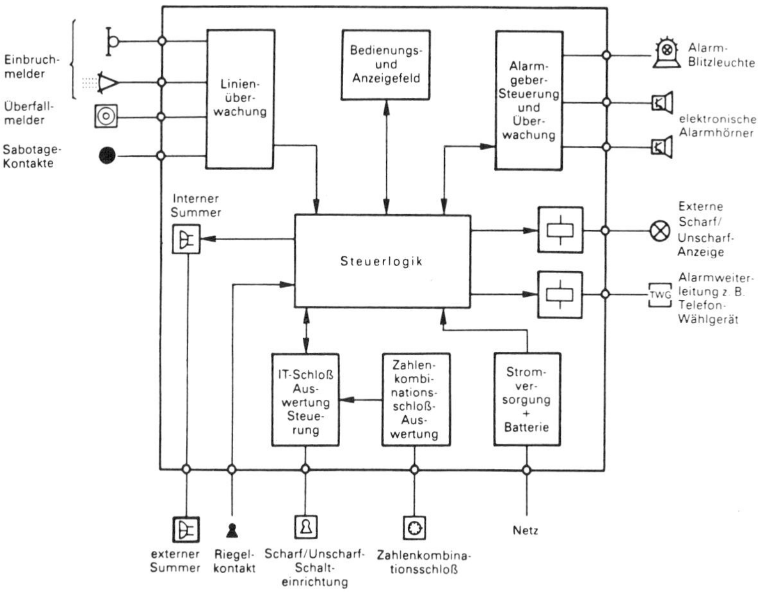


Für den Baustein „Alarmorganisation“ könnten die Funktionen aus nachfolgender Tabelle entnommen werden

| Meldung bzw. Störung | Anlage scharf geschaltet | Anlage unscharf geschaltet |
|---|---|---|
| Einbruch | Hauptmelder und örtliche Alarmgabe | keine Auswertung |
| Überfall | Stiller Alarm, wahlweise zusätzliche Alarmgabe | |
| Sabotage | Hauptmelder und örtliche Alarmgabe | Internalarm (opt. u. akustisch) |
| Schloß-Sabotage (Manipulation an der Scharfschaltleitung) | Hauptmelder und örtliche Alarmgabe | Hauptmelder und örtl. Alarmgabe |
| Netzausfall | keine Funktionsbeeinträchtigung | Internanzeige (optisch) |
| Batterieausfall | keine Funktionsbeeinträchtigung | Internanzeige (opt. u. akustisch) |

*Energieversorgung*

Nach den Vorschriften des VdS sind bei anerkannten Einbruchmeldeanlagen zwei unabhängige Energiequellen erforderlich. Außer dem 220 V-Netzanschluß muß eine eigene Batterie mit Ladeteil als Notstromversorgung vorhanden sein. Die Batterie muß kapazitätsmäßig so bemessen sein, daß bei Netzausfall die Anlage normalerweise 60 Stunden uneingeschränkt weiterbetrieben werden kann.

*Scharfschalteinrichtung*

Hierunter versteht man eine Schalteinrichtung, die den eingehenden Alarm der Meldelinien zu externen Alarmgebern, also Sirenen oder Rundumleuchten und zu den hilfeleistenden Stellen durchschaltet bzw. unterbricht. Diese Schalteinrichtung kann ein Blockschloß, Riegelschaltschloß, Kastenschloß usw. sein, aber auch eine geistige Schalteinrichtung, z. B. in Form eines elektronischen Codierschalters, ist möglich.

*Primärleitung (Meldelinie)*

Eine Primärleitung ist eine elektrisch überwachte Verbindungsleitung zwischen einem oder mehreren Meldern und einer Zentrale. Sie dient somit dem sicheren Erfassen und Übertragen von Informationen und Meldungen. Je nach Funktion wird zwischen Sabotage-, Einbruch- und Überfallmeldelinie unterschieden. An eine einzelne Primärleitung dürfen nicht mehr als 32 Melder angeschaltet werden.

*Sekundärleitungen*

Sekundärleitungen sind nicht überwachte Verbindungsleitungen.

### 4.3.3 Melder

Ein Melder ist eine Einrichtung zum Erkennen eines Einbruchs, einer Sabotagehandlung, einer technischen Störung. Das gezielte Auslösen eines Alarms geschieht meistens mit *nicht automatischen* Meldern, z. B. Druckknopfmeldern. Dagegen kann das Erkennen z. B. eines Einbruchversuchs nur mit einem *automatischen* Melder erfolgen. Hierbei werden folgende Melder unterschieden:

- Elektro-mechanische Melder
- Elektro-akustische Melder
- Elektro-optische Melder
- Elektrische Melder

Ein zusätzliches Unterscheidungsmerkmal bei den Meldern ist das Kriterium *aktiv* oder *passiv*. So wertet ein aktiver Melder das von ihm gesendete Signal selber wieder aus. Die Auswertung kann sich aber auch auf den reflektierten Anteil des ursprünglichen Signals beziehen. Somit bestehen aktive Melder aus einem Sender und einem Empfänger. Ein Ausfall des Senders oder des Empfängers führt auch zur Alarmierung. Durch diese Form der Selbstüberwachung auf technische Ausfälle erreicht man eine wesentlich höhere Sicherheit.

Ein passiver Melder hingegen ist nur in der Lage, bestimmte physikalische Werte meßtechnisch zu erfassen und bei einer Änderung der Werte eine Meldung abzusetzen.

*Elektro-mechanische Melder*

Bei dieser Gruppe handelt es sich in erster Linie um die unterschiedlichsten Formen von Kontakten. Die wichtigsten dabei sind:

*Magnetkontakt*

Der Magnetkontakt besteht aus zwei getrennten Teilen und zwar aus einem Permanentmagneten und aus einem Reedkontakt. Er eignet sich besonders für die Überwachung von Fenstern, Türen und Rolläden. Die Magnetkontakte gibt es in zwei Ausführungen und zwar mit oder ohne Teilwiderstand.

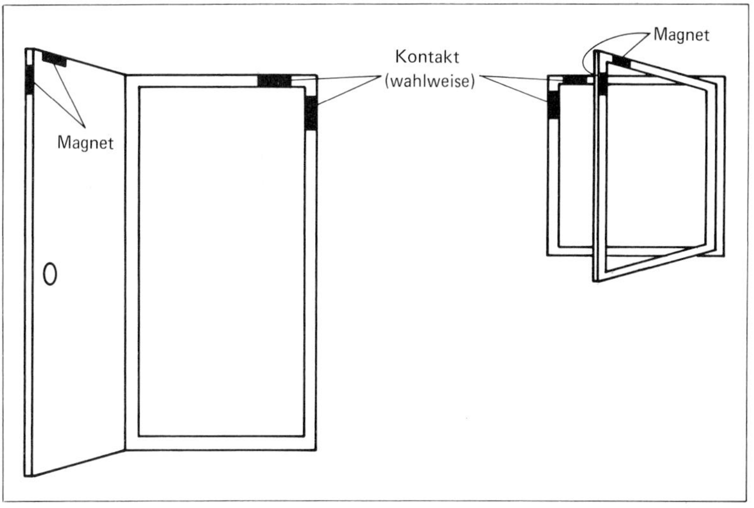


*Riegel-/Schließblechkontakte*

Ein Riegelkontakt ist ein Melder, bei dem durch den Riegel eines Zuhalteverschlusses oder durch ein Türverschlußgestänge ein Mikroschalter betätigt wird. Damit dient er zur elektrischen Überwachung des Schließzustandes, z. B.

des Zuhalteschlosses. Der Riegelkontakt wird am Schließblech bzw. in der Schließblechkammer montiert.

*Erschütterungskontakt (Vibrationskontakt)*

Der Erschütterungskontakt ist ein automatischer Melder, bei dem eine federnd gelagerte Masse durch Erschütterungen zum Schwingen gebracht wird. Hierbei öffnet und schließt ein Kontakt mehrmals nacheinander die Primärleitung, wodurch in der Zentrale ein entsprechender Alarm ausgelöst wird. Die Ansprechempfindlichkeit sollte zur Vermeidung von Fehlalarmen einstellbar sein. Der Erschütterungskontakt dient zur Überwachung von Fenstern, Türen, Vitrinen u. ä. gegen gewaltsames Eindringen. Er wird auf die zu schützende Fläche aufgeklebt und meldet die Erschütterungen wie z. B. durch Schläge gegen das überwachte Fenster.

*Fadenzugkontakt*

Der Fadenzugkontakt dient der Überwachung von Gebäudeöffnungen auf Durchstieg, z. B. Lichtkuppel. Der Fadenzugkontakt besteht aus dem Kontakt selber, einer Spannvorrichtung und einem Spanndraht. Der Spanndraht wird quer über eine zu überwachende Öffnung geführt und hält den Kontakt in Mittellage. Durch Entspannen des Spanndrahtes oder durch zusätzlichen Zug wird über den Kontakt die Primärleitung unterbrochen.

*Folien*

Zur Überwachung von Tür- und Fensterverglasungen auf Durchbruch eignen sich auch Folien. Dieses ist jedoch nur bei einfachen Verglasungen möglich, nicht jedoch bei Verbundsicherheitsgläsern. Die Anbringung der Folien muß über Fensteranschlußklemmen so erfolgen, daß die Primärleitung zweiadrig über die zu überwachende Fläche geführt wird, wie aus der nachfolgenden Skizze zu ersehen ist.

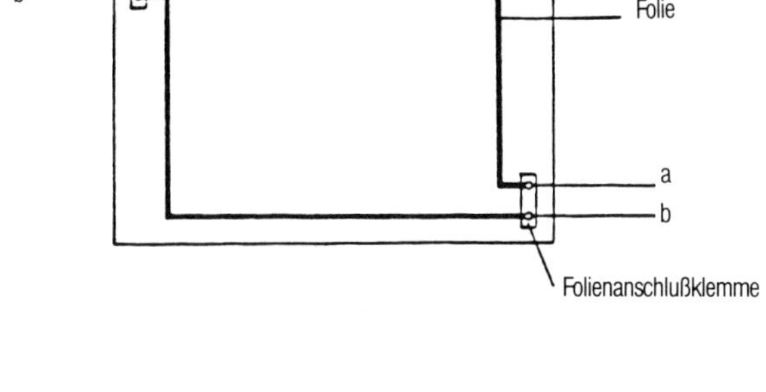

*Alarmdrahttapete*

Zur Überwachung von Türen, Wänden und sonstigen Flächen auf Durchbruch können Alarmdrahttapeten eingesetzt werden. Hierbei handelt es sich um eine 2-schichtige Tapete mit eingelegten mäanderförmig verlaufenden Drähten. An den Schnittkanten der Alarmdrahttapete erfolgt die Anschaltung in eine Primärleitung. Beim Durchbruch durch die zu überwachende Fläche reißt dieser Draht und unterbricht die Primärleitung, wodurch die Alarmierung ausgelöst wird.

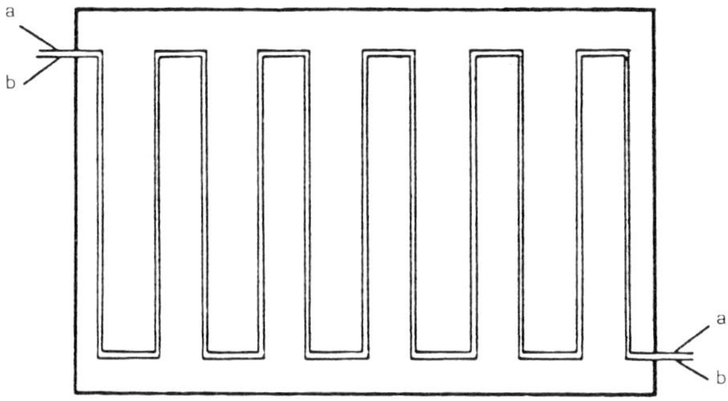


*Alarmdrahtglas*

Dieses besteht aus einer Verbundsicherheitsglasscheibe mit mäanderförmig eingelegtem Draht. Dieser Draht wird in eine Primärleitung eingeschleift. Beim Bruch dieser Scheibe reißt dieser Draht und unterbricht damit die Primärleitung.

*Elektro-akustischer Melder*

Bei den elektro-akustischen Meldern werden Schallwellen in elektrische Signale umgewandelt und als Auslöseimpuls für eine Alarmierung benutzt. Bei diesen Schallwellen handelt es sich um für den Menschen hörbare und nicht hörbare Schallwellen. Zu den elektro-akustischen Meldern zählen:

- passiver Glasbruchmelder
- aktiver Glasbruchmelder
- Körperschallmelder
- Ultraschallbewegungsmelder.

*Passiver Glasbruchmelder*

Beim Brechen von Glas entstehen hochfrequente Schallwellen, die sich im Glas als Körperschall fortpflanzen. Diese Schwingungen, die nur beim Brechen des Glases auftreten, liegen im Frequenzbereich von ca. 100 kHz. Mit einem piezokeramischen Wandler werden diese Schwingungen in elektrische

Signale umgewandelt. Der Wandler muß mit einem Spezialkleber fest auf die zu überwachende Scheibe aufgeklebt werden. In dem Glasbruchmelder ist eine Auswerteelektronik eingebaut, die die Signale, die vom Schallwandler aufgenommen werden, auswertet. Werden die charakteristischen Glasbruchsignale in der Elektronik festgestellt, wird ein Alarm ausgelöst. Die Prüfungen eines eingebauten Glasbruchmelders ist nur mit einem entsprechenden Testgerät möglich. Passive Glasbruchmelder werden vorzugsweise an Fenstern im Wohnbereich und bei gewerblichen Gebäuden mit niedrigem Schadensrisiko eingesetzt.

*Aktiver Glasbruchmelder*

Aktive Glasbruchmelder eignen sich zur Überwachung größerer Glasflächen und zur Absicherung hoher gewerblicher Risiken. Der aktive Glasbruchmelder besteht aus zwei Teilen und zwar einem Schallsender und einem Körperschallempfänger. Der Sender und der Empfänger werden getrennt voneinander auf die zu überwachende Glasscheibe aufgeklebt. Der Sender gibt über einen piezoelektrischen Geber definierte, hochfrequente Schallwellen an die Glasfläche ab. Diese Schallwellen breiten sich in der Glasscheibe aus und werden im Empfänger von einem piezoelektrischen Wandler wiederum in elektrische Signale umgewandelt. Durch die Zerstörung der Glasscheiben gelangen die vom Sender ausgehenden Schallwellen nicht mehr an den Empfänger. Dies führt sofort zum Alarm.

*Körperschallmelder*

Körperschallmelder werden zur Überwachung von Wand-, Boden- und Deckenflächen sowie von Tresorräumen und Panzergeldschränken eingesetzt.

Die Funktionsweise des Körperschallmelders ist folgendermaßen zu erklären: Bei der gewaltsamen Zerstörung von Beton- und Metallflächen mit mechanisch oder thermisch wirkenden Werkzeugen entstehen charakteristische mechanische Schwingungen mit sehr niedriger Frequenz, die sich in dem Material als Körperschall fortpflanzen. Diese Schwingungen werden von dem piezokeramischen Sensor des Körperschallmelders aufgenommen und in elektrische Signale umgewandelt. Die in dem Melder eingebaute Elektronik wertet die elektrischen Signale aus und löst ggf. Alarm aus.

*Ultraschall-Bewegungsmelder*

Der Ultraschall-Bewegungsmelder ist besonders zur Überwachung von Innenräumen auf unbefugtes Betreten geeignet.

Er ist ein aktiver Melder, der seine Funktionsfähigkeit weitgehend selber überprüft und deshalb besonders sicher gegenüber Sabotageversuchen ist. Für kleinere Räume ist ein Melder mit Sender und Empfänger in einem Gehäuse sinnvoll. Der Sender strahlt Ultraschallwellen aus, deren Frequenz oberhalb der

Hörgrenze des menschlichen Ohres liegt. Je nach Hersteller liegen die Frequenzen zwischen 20 und 40 kHz. Die abgestrahlten Schallwellen werden von den Wänden und allen anderen festen Gegenständen reflektiert. Wenn innerhalb des Wirkungsbereichs des Melders keine Bewegung stattfindet, dann ist die Frequenz der reflektierten Schallwellen, die von dem Empfänger aufgenommen werden, genau gleich der Sendefrequenz. Bewegt sich nun im Wirkungsbereich des Melders eine Person oder auch ein Gegenstand, dann haben die vom Empfänger aufgenommenen Reflektionsschallwellen eine leicht veränderte Frequenz gegenüber der Sendefrequenz. Diese Reflektionsfrequenz ist höher als die Sendefrequenz, wenn die Bewegung in Richtung des Ultraschallsenders erfolgt. Bei der Bewegung weg vom Ultraschallsender ist die aufgenommene Reflektionsfrequenz niedriger.

Dieser physikalische Effekt (Dopplereffekt) wird von der Empfänger-Elektronik ausgewertet. Das daraus gewonnene Signal wird zur Auslösung eines Alarms benutzt.

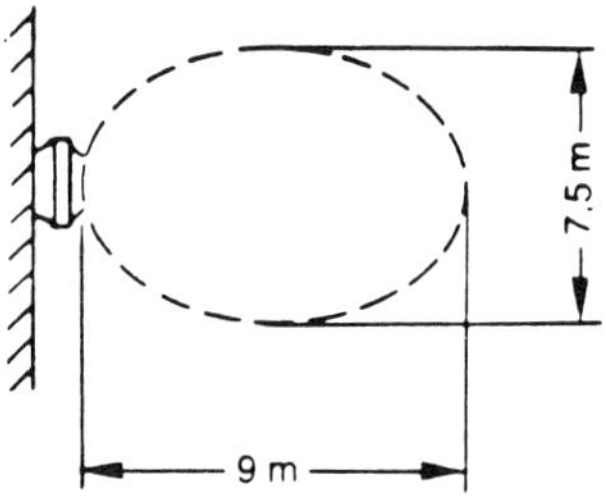


*Wirkungsbereich eines Ultraschall-Bewegungsmelders*

Eingesetzt werden Ultraschall-Bewegungsmelder in Schrankenform, d. h. Sender und Empfänger sind voneinander getrennt und im Überwachungsbereich gegenüberstehend montiert. In dieser Weise lassen sich z. B. Flure mit einer Länge von ca. 18–20 m überwachen.

*Elektro-optische Melder*

Ein anderes physikalisches Prinzip, das in der Sicherheitstechnik zur Anwendung kommt, beruht auf der Umwandlung von Licht in elektrische Signale. Zu diesen elektrooptischen Meldern gehören

- Infrarot-Bewegungsmelder
- Infrarot-Schranke
- Geldscheinkontakt.

*Infrarot-Bewegungsmelder*

Neben den für den Menschen sichtbaren Lichtwellen gibt es auch unsichtbare Lichtwellen. Man bezeichnet die längeren Wellen als Infrarotstrahlung oder auch Wärmestrahlen. Mit einem entsprechenden Bauelement lassen sich Infrarotstrahlen messen. Um die Funktionssicherheit der Melder zu erhöhen, hat man Wege gesucht, neben einer Temperaturveränderung auch Bewegungen zu erfassen. Durch die Aufteilung des Überwachungsbereiches in mehrere „aktive“ und „inaktive“ Zonen wird dies erreicht. In der nachfolgenden Skizze ist ein Infrarot-Melder mit 7 aktiven Zonen dargestellt.

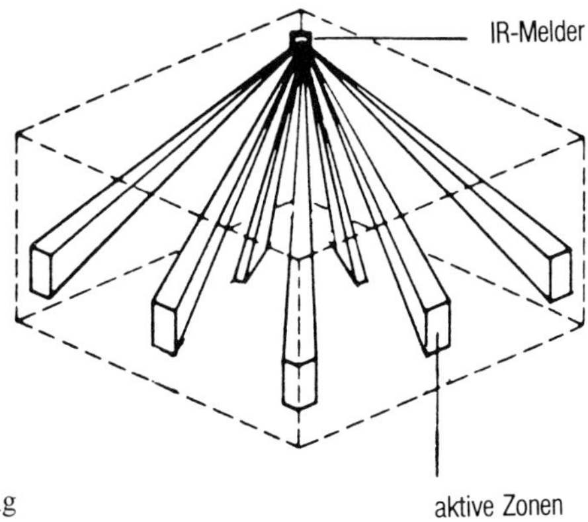


Wirkungsbereich
Räumliche Darstellung

Geht nun eine Person durch den Überwachungsbereich des Infrarot-Melders, erfassen die einzelnen aktiven Zonen nacheinander die von der Person ausgehenden Infrarotstrahlen. Diese werden in einem Bauelement nun in elektrische Signale umgewandelt. In einer entsprechenden Auswerteelektronik werden die Signale ausgewertet und führen ggf. zur Alarmierung. Da der Infrarot-Melder nur von einer vorhandenen Strahlungsquelle Infrarotstrahlen aufnehmen kann, wird er auch als Passiv-Infrarot-Bewegungsmelder bezeichnet.

Die Ausführungsformen des Infrarot-Melders sind sehr unterschiedlich. So gibt es Infrarot-Melder mit einem sehr breiten Überwachungsbereich für eine Raumüberwachung. Ein solcher Melder hat in drei Ebenen übereinander jeweils mehrere aktive Zonen, so daß eine Fläche von 12 m × 15 m überwacht werden kann.

Eine andere Ausführungsform ist für Flure und Korridore geeignet. Bei einem solchen Infrarot-Melder ist dann in 3 oder 4 Ebenen jeweils eine aktive Zone (meist sogar Doppelzone) angeordnet. Die Reichweite eines solchen Melders liegt bei ca. 50 m.

Die Empfindlichkeit eines Infrarot-Melders sollte so eingestellt sein, daß eine Person, die sich mit einer Geschwindigkeit von 10 cm pro Sekunde quer zur

Infrarot-Melder-Längsachse im Überwachungsbereich bewegt, noch einwandfrei detektiert wird.

*Infrarotschranke für Innenräume*

Die Infrarotschranke wird sowohl in Gebäuden als auch im Außenbereich eingesetzt. In der Ausführung als Innenschranke dient sie insbesondere zur Überwachung von Korridoren, Hallenzwischengängen, Wänden, Türen, Fenstern und auch anderen eng begrenzten Flächen und Räumen.

Die Infrarotschranke besteht aus einem Sender und einem Empfänger in getrennten Gehäusen. Der Sender sendet einen durch eine Halbleiterdiode erzeugten Infrarotstrahl aus, der für das menschliche Auge unsichtbar ist, sich aber physikalisch wie sichtbares Licht verhält. In dem Empfänger wird der Infrarotstrahl von einem optischen System aufgenommen und in ein elektrisches Signal umgewandelt. In einer Auswerteelektronik wird das empfangene Infrarotsignal ausgewertet. Wird der Infrarotstrahl nur für Bruchteile einer Sekunde unterbrochen oder stimmt das empfangene Infrarotsignal nicht mit dem ausgesendeten überein (z. B. durch einen Manipulationsversuch mit einer Fremdlichtquelle), wird über ein Relais ein Alarm in der Zentrale ausgelöst. Die Reichweite der Infrarotschranke ist auf ca. 50–100 m beschränkt.

*Infrarotschranke für Außeneinsatz*

Diese Infrarotschranke besteht aus einem oder mehreren Sendern und einem oder mehreren Empfängern. Die Arbeitsweise des optischen Systems und der Elektronik gleicht der zuvor beschriebenen Infrarotschranke. Für den Einsatz im Freien werden die Sender und Empfänger häufig nicht in Einzelgehäuse, sondern in wetterfeste säulenförmige Gehäuse eingebaut. Um das optische System vor Feuchtigkeit zu schützen, werden die Säulen auch noch mit einer thermostatgesteuerten Heizung ausgerüstet. Die Reichweite der Infrarotstrahlen ist abhängig von den klimatischen Bedingungen, wie z. B. Regen, Schnee und vor allem Nebel. Sie reicht deswegen kaum über 50 m Entfernung hinaus.

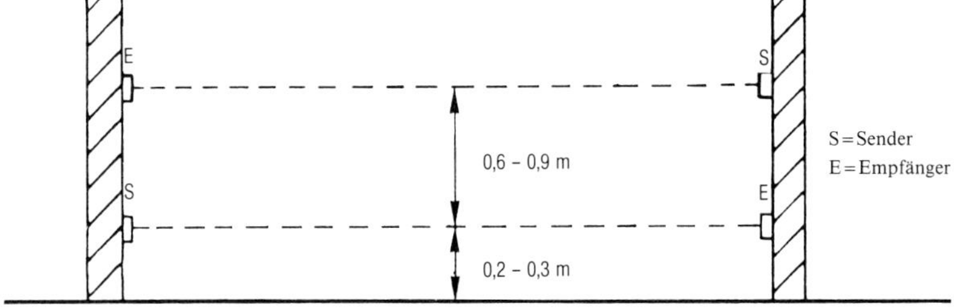

*Geldscheinkontakt*

Der Geldscheinkontakt ist im Grunde nur eine Fotodiode, die durch das zu schützende Objekt abgedeckt wird, so daß kein Licht auf die Fotodiode fallen kann. Wird das zu schützende Objekt entfernt, kann Licht an den Geldscheinkontakt gelangen. Von einer Auswertungselektronik wird das Alarmrelais angesteuert.

*Elektrische Melder*

Bei den rein elektrischen Meldern werden elektromagnetische Wellen oder Kapazitätsänderungen für die Feststellung von Bewegungen oder für Zustandsänderungen verwendet.

Entsprechende Feststellungen führen dann zum Auslösen eines Alarms. Zu den elektronischen Meldern gehören:

- Mikrowellen-Bewegungsmelder
- Mikrowellen-Richtstrecke
- Kapazitiver Melder.

*Mikrowellen-Bewegungsmelder*

Der Mikrowellen-Bewegungsmelder eignet sich besonders zur Überwachung von Innenräumen auf unbefugtes Betreten. Er wird bevorzugt eingesetzt für Objekte mit hohem Gefährdungsgrad und bei Objekten mit hohem Sachwertrisiko. Der Mikrowellen-Bewegungsmelder besteht aus einem Sender, einem Empfänger und einer Auswertungselektronik, die in einem Gehäuse untergebracht sind. Der Sender erzeugt eine Sendefrequenz im Bereich um 9,5 GHz (Gigaherz). Die abgestrahlte Sendefrequenz (Mikrowellen) wird von Mauerwerk und Beton reflektiert, nicht jedoch von Holzwänden, Türen und Glasflächen. Die reflektierten Wellen werden vom Empfangsteil aufgenommen und mit den Sendefrequenzen verglichen. Ist in dem zu überwachenden Raum kein sich bewegendes Objekt, gleicht die Reflexionsfrequenz der Sendefrequenz. Bewegt sich im Überwachungsbereich aber ein Objekt oder eine Person, verändert sich auch die Reflexionsfrequenz (Dopplereffekt). Diesen Effekt wertet eine Elektronik aus und schaltet einen Alarmkontakt. Da Mikrowellen-Bewegungsmelder durch Hochfrequenzeinstrahlung (z. B. CB-Funk) und Störfrequenzen von Leuchtstoffröhren beeinflußt werden können, müssen entsprechende Abschirmungen gegen Hochfrequenz und eine 100 Hz-Sperre die Störung verhindern. Die Reichweite eines Mikrowellen-Bewegungsmelders liegt bei 15 bis max. 30 m, wobei Geschwindigkeiten von 0,25 – 18 km/h erfaßt werden.

*Kapazitiver Melder*

Dieser Melder ist besonders zur Überwachung von Einzelobjekten wie Stahlschränken und Panzergeldschränken geeignet. Er basiert auf dem Kapazitätsänderungsprinzip und registriert bereits die bloße Annäherung von Personen. Dadurch wird bereits dann Alarm ausgelöst, bevor der Täter noch irgendwelche Manipulationen an dem überwachten Einzelobjekt vornehmen kann.

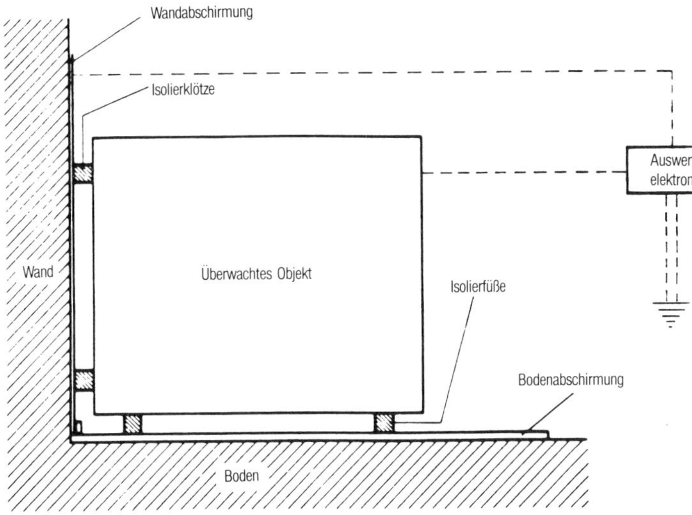


Der in der Skizze dargestellte Panzergeldschrank und die in einem gewissen Abstand dahinter angebrachte metallische Abschirmung wirkt wie ein Plattenkondensator. Schon bei Annäherung einer Person wird der Kapazitätswert verändert. Eine Elektronik wertet nun diese Kapazitätsänderung aus und schaltet ein Alarmrelais.

### 4.3.4 Freigeländeüberwachung

Eine wirksame Freigeländeüberwachung ist nur möglich, wenn ein abgestimmtes System aus Zaunanlage (Innen- und Außenzaun), einem entsprechenden Flächenmelder und zusätzlich zur Beobachtung eine Fernsehanlage vorhanden ist.

Die Meldersysteme bestehen in den meisten Fällen aus zwei wesentlichen Teilen:

1. Dem eigentlichen Melder, der bestimmte physikalische Effekte nutzt, um eine Störung des Umfeldes in der sterilen Zone zu erkennen,

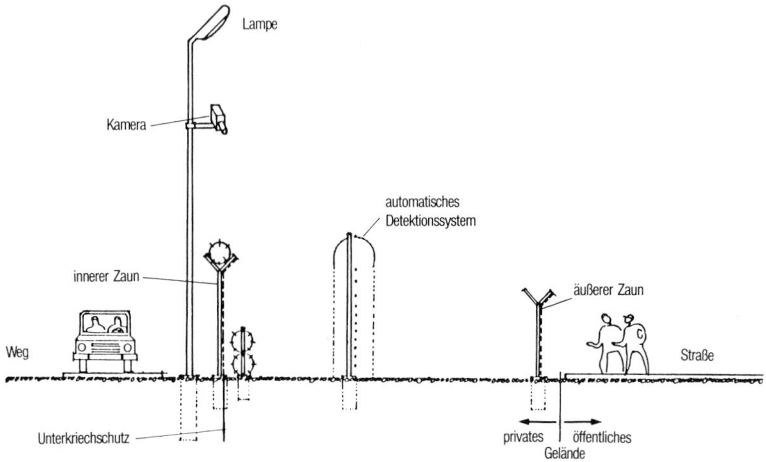


2. einer nachgeschalteten Auswerteelektronik, die im Idealfall aus allen vom Melder übertragenen Signalen eindeutig das Signal erkennt, das auf einen Eindringling hinweist. Bei Alarm wird die Meldung über einen Relaisausgang an eine Gefahrenmeldeanlage übertragen.

*Zaun-Meldersystem*

Häufig wird der Zaun selbst als Träger des Melders benutzt oder ist selbst als Detektor ausgebildet.

Folgende Melder sind gebräuchlich:

- Zugfadenmelder
  Über die gesamte Länge des Zaunes werden in gewissen Abständen mit einer Feder vorgespannte Drähte eingebaut, die an einem Zugschalter befestigt sind. Wird nun an dem Draht gezogen oder wird er durchschnitten, dann löst der Schalter Alarm aus.
- Melder nach dem Ruheschleifenprinzip
  Im Maschennetz des Zaunes werden isolierte Drähte eingeflochten, die auf Durchbruch oder Kurzschluß überwacht werden. Bei manchen Systemen besteht das gesamte Zaungeflecht aus einem Stahlkabel mit isoliertem Kern. Schon ein Quetschen des Kabels führt zu einem Alarm.
  Ähnliche Ausführungen gibt es auch mit Lichtwellenleitern.
- Körperschallaufnehmer (Geophone)
  Die aus Bodenuntersuchungen bekannten Geophone sind auch gut als Zaundetektoren einsetzbar. Durch ihren mikrophonartigen Aufbau erfas-

sen sie einen Frequenzbereich von 1 – 1000 Hz. Mit einer aufwendigen Auswerteelektronik wird versucht, die für das Übersteigen oder Durchschneiden typischen Frequenzbereiche auszufiltern.

- Zaun-Erschütterungsmelder
  Dieser Melder arbeitet nach einem mechanisch-elektrischen Prinzip. Eine bewegliche Masse, die starr mit einem elektrischen Kontakt verbunden ist oder sogar selber diesen Kontakt bildet, ist in eine Ruhestromschleife eingebunden und wird bei einer Zaunerschütterung mit bewegt. Über diesen Kontakt wird die Ruhestromschleife unterbrochen, so daß es zur Alarmauslösung kommt.

*Bodenmeldersysteme*

Bodenmelder sind horizontale Oberflächen-Detektoren, die meistens in Erdreich eingegraben werden.

- Körperschallaufnehmer (Geophone)
  Im Prinzip werden die gleichen Geophone verwendet, wie sie schon bei den zaunmontierten Systemen beschrieben wurden. Bei der Auswertung wird allerdings stärker auf den unteren Teil des Frequenzbereiches Wert gelegt, da die höheren Frequenzen im Erdbereich sehr stark gedämpft werden. Die Geophone werden in Abständen von 1 bis 2 m in einer Tiefe von 15 bis 30 cm als Kette vergraben. Ihre Aufgabe besteht darin, den Trittschall eines Eindringlings anzuzeigen.
- Mikrofon-Kabeldetektoren
  Mikrofonkabel zum Detektieren von Eindringlingen können in Erdreich eingegraben werden. Manche sprechen auf Körperschall, manche auf Erschütterung und andere auf Druckänderung an. Bei einfacher gerader Verlegung sind sie leicht zu umgehen. Aus dem Grunde ist eine mäanderförmige Verlegungsart zu empfehlen.
- Druckschläuche und Druckmatten
  Mit Flüssigkeit gefüllte Schläuche oder Matten werden in die Erde vergraben. Am Ende sind sie mit einem druckempfindlichen Schalter ausgerüstet. Ein Eindringling ruft eine Druckveränderung hervor, die zur Alarmierung führt. Grundsätzlich verwendet man zwei Systeme, die über ein Differenzverfahren miteinander verglichen werden.

*Volumen-Detektoren*

Volumen-Detektoren wirken sowohl in horizontaler als auch in vertikaler Richtung. Sie erzeugen grundsätzlich ein unsichtbares elektromagnetisches Feld. Eine Störung dieses Feldes führt zu einem Alarm.

- Koaxkabel-Detektor
  Dieser Detektor verwendet zwei Koaxkabel, die entweder eingegraben oder auf der Erdoberfläche frei verlegt sein können. Ein Kabel wird mit einem

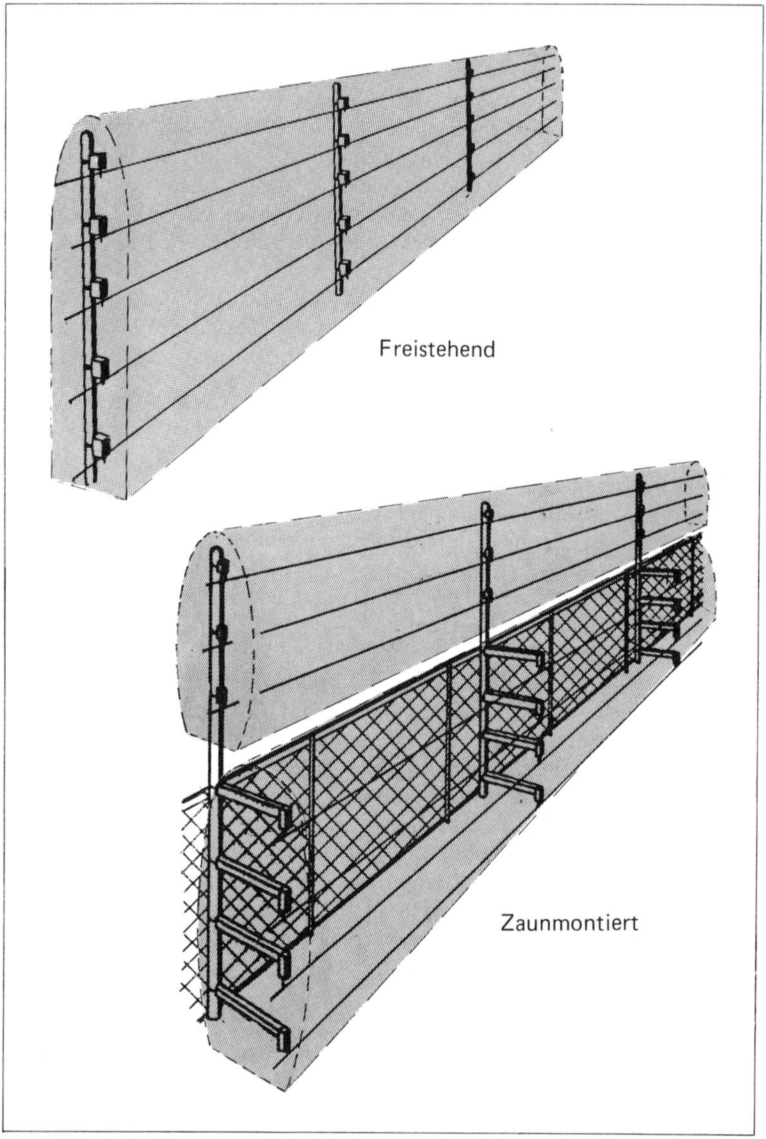
Freistehend
Zaunmontiert

Hochfrequenzsender, das andere mit einem Hochfrequenzempfänger verbunden. Zwischen beiden Kabeln, die mit einem HF-durchlässigen Schirm versehen sind, entsteht ein elektromagnetisches Feld. Ein Eindringling stört das Feld zwischen den Kabeln. Dies führt im Empfänger zu einer Änderung des empfangenen Signals und damit zum Alarm.
Bei diesem System sind Streckenlängen von ca. 120 m möglich.

- Mikrowellen-Richtstrecken
  Dieser Melder arbeitet nach dem Radar-Richtfunkprinzip. Ein Sender mit Parabolantenne erzeugt am Anfang der überwachten Strecke ein scharf gebündeltes Feld im GHz-Bereich. Am Ende der Strecke wird dieses Feld von einem hochempfindlichen Empfänger auf Änderungen überwacht. Ein Eindringling, der die geschützte Zone betritt, bewirkt Veränderungen im elektrischen Feld.
  Bei diesem System sind Streckenlängen von 200 m möglich.
- Drahtgebundenes Feldänderungssystem
  Dieser Melder ist ein hochwertiges Überwachungssystem für eine Freigeländeüberwachung. Es ist drahtgebunden und arbeitet im Frequenzbereich von ca. 10 kHz. Die Drähte können entweder an einem Tragwerk aus freistehenden Pfählen oder an den Pfosten von Maschendrahtzäunen in Verbindung mit Auslegern gespannt werden. Voraussetzungen sind einwandfrei geerdete Maschendrahtzäune. Die Detektion beruht auf einem Sende- und Empfangsverfahren, bei dem Kapazitätsänderungen des elektromagnetischen Feldes ausgewertet werden.

## 4.4 Betriebsfunk

### 4.4.1 Begriffsbestimmung und Grundlagen

Neben dem Rundfunk und dem Fernsehen gibt es eine große Menge besonderer Funkdienste für bestimmte Aufgabengebiete.

Für die Industrie und den Nahverkehr (Speditionen, Taxi usw.) ist der bewegliche Betriebsfunk als besonderer Funkdienst reserviert. Verwaltet werden die Funkdienste von der Deutschen Bundespost. Zum Betreiben einer Funkstelle im „beweglichen Betriebsfunk" benötigt man eine Lizenz von der Bundespost. In das nötige Antragsverfahren ist die ABIN (Arbeitsgemeinschaft Betriebsfunk für Industrie und Nahverkehr) eingeschaltet.

Unter einem beweglichen Funkdienst versteht man den Funkverkehr zwischen einer beweglichen und einer ortsfesten Funkstelle oder zwischen beweglichen Funkstellen. Praktisch ist ein Handsprechfunkgerät oder ein Fahrzeugfunkgerät eine bewegliche Funkstelle.

Jeder Funkstelle wird ein Rufzeichen zugeteilt, mit dem sich der Benutzer der Funkstelle melden muß.

Genauso wie ein Rundfunksender sein Programm auf einer festgelegten Sendefrequenz ausstrahlt, wird einem Betriebsfunkteilnehmer eine Sendefrequenz zugeteilt. Diese Sendefrequenz wird in den Funkgeräten fest eingestellt. So können nur die Funkgeräte mit der gleichen Sendefrequenz miteinander kommunizieren.

Die den Betriebsfunkteilnehmern zugeteilten Sendefrequenzen liegen überwiegend im UKW-Bereich und werden in MHz (Mega-Hertz = 1 Million Schwingungen pro Sekunde) angegeben. Diese hohe Frequenz dient nur zur Übertragung der sehr viel niedrigeren Sprachfrequenz. Sie ist also nur Transportmittel.

Die Frequenzbänder liegen

| | | |
|---|---|---|
| um 80 MHz | (4 m Band) | für Industriebetriebe, Energieversorgungsunternehmen sowie Sicherheitsbehörden, Polizei und Feuerwehr, |
| um 160 MHz | (2 m Band) | für gewerbliche Unternehmen und Dienstleistungsbetriebe, wie Taxen, Personen- und Güternahverkehr usw., |
| um 450 MHz | (0,7 m Band) | für die gleichen Bedarfsträger wie im 160 MHz-Bereich, jedoch vorzugsweise in Ballungsgebieten. |

Der Begriff 4-m-Band sagt aus, daß die Sendefrequenzen, die ca. 80 MHz betragen, in etwa eine Wellenlänge von 4 m aufweisen.

Die Genehmigungen zum Betrieb auf den Frequenzbereichen 160 MHz und 450 MHz werden für einen Funkversorgungsbereich von im allgemeinen bis 10 km, jedoch nicht mehr als 15 km Radius erteilt. In dem Frequenzbereich 80 MHz können Funkversorgungsbereiche von max. 30 km Radius genehmigt werden. Die meisten Betriebsfunkanlagen arbeiten im Wechselsprechverfahren auf einer Frequenz (simplex), d. h. Senden und Empfangen kann nur zeitlich nacheinander ausgeführt werden. Eine andere Arbeitsweise ist das Gegensprechverfahren (duplex). Hierfür sind 2 Frequenzen erforderlich und zwar eine für die eine Richtung, die andere für die Gegenrichtung. Außerdem müssen Geräte für diese Arbeitsweise besonders ausgelegt sein.

Die Reichweite der für den Betriebsfunk zugelassenen Frequenzen (UKW-Bereich) ist durch die optische Sichtweite begrenzt. Geländeerhebungen und Gebäude wirken abschirmend. Dennoch können die überall auftretenden Reflexionen meist ausreichende Feldstärken bewirken. Es ist jedoch ratsam, den Einsatzbereich der Funkgeräte auf eventuelle Funkschatten zu untersuchen.

Neben der Reichweite ist auch der Störpegel mit ausschlaggebend für die Verständigungsqualität. Das neben dem Nutzsignal hörbare Rauschen hat folgende Ursachen:

a) Empfängerrauschen, das im Empfänger selber entsteht.
b) Störungen, die über die Antenne in das Gerät kommen, wie z. B. atmosphärische Störungen sowie Störungen durch elektrische Einrichtungen.

Durch eine eingebaute Rauschsperre können die Störungen weitgehend ausgefiltert werden.

### 4.4.2 Geräte für den Betriebsfunk

**Handsprechfunkgerät**

Das wichtige Funkgerät ist das Handsprechfunkgerät. Das Fernmeldetechnische Zentralamt der Deutschen Bundespost (FTZ) prüft die für den deutschen Markt vorgesehenen Geräte und erteilt die Zulassung.

Die wichtigsten Funktionen eines Handsprechfunkgerätes sind: Hören, Sprechen, Rufen, evtl. Notruf.

Diese Funktionen sind als Grundfunktionen in jedem Gerät vorhanden. Dementsprechend bestehen die Geräte aus folgenden Bauteilen: Antenne, elektr. Schaltung, Mikrofon, Lautsprecher, Sendetaste, Ruftaste, Notruftaste, Ein-Aus-Schalter kombiniert mit Lautstärkeregler, Rauschsperre sowie Stromversorgung.

Mit der Ruftaste wird ein Weckton mit einer Frequenz von 900 Hz 5 sec. lang abgegeben. Dieses Signal kann man dazu benutzen, in einer Leitstelle einen sonst geschlossenen Lautsprecher zu öffnen.

Der Notruf ist ein Signal mit einer Frequenz von 2800 Hz und einer Dauer von 10 sec. Beim Betätigen der Notruftaste wird dieser Notrufton automatisch gesendet. Danach schaltet das Gerät für weitere 10 sec. auf Empfangen, um anschließend wiederum das Notsignal abzusetzen. Dies wiederholt sich so lange, bis das Funkgerät durch Abtrennen der Stromversorgung ausgeschaltet wird.

Die Stromversorgung eines Handsprechfunkgerätes bedarf besonderer Beachtung.

Für einen 8-Stunden-Betrieb reichen Akkus mit 450 mAh, für längere Betriebszeiten gibt es auch Akkus mit 800 mAh. Der Akku sollte leicht auswechselbar und verpolungssicher sein. Zum Aufladen der Akkus stehen heute Ladegeräte mit automatischer Schnelladung zur Verfügung, die in ca. 1 1/2 Std. die Akkus auf 80% der Nennkapazität aufladen. Danach erfolgt die Normalladung bis auf 100% in weiteren 1 1/2 Std.

Das abgesetzte Bedienteil ist für Handsprechfunkgeräte ein Zusatzgerät. Neben der Sende- und Ruftaste besitzt das Bedienteil ein Mikrofon und einen Lautsprecher. Verbunden ist es mit dem Funkgerät über ein ca. 2 m ausziehbares Spiralkabel.

Mit der Sendetaste wird das Handsprechfunkgerät automatisch von Empfangen auf Senden umgeschaltet. Die Sendeleistung der Geräte liegt bei 0,5 – 2,5 W. Eine mittlere Sendeleistung von 1,0 W ist durchweg ausreichend.

**Feststation**

Ortsfeste Sprechfunkanlagen stellen die Funkverbindung zwischen der Zentrale und den mobilen Sprechstellen her. Sie sind das Bindeglied zwischen der Einsatzleitung und den im Einsatz befindlichen Personen.

Die Feststation muß der Größe des Funknetzes, der Art des gewünschten Tonrufsystems und nach der Anzahl der Bedienplätze entsprechend ausgerüstet sein (s. Kapitel Handsprechfunkgerät). Üblicherweise besteht eine Feststation aus

- Bedienteil
- Sende- und Empfangsteil
- Netzteil
- Antenne.

Das Bedienteil enthält alle nötigen Bedien- und Anzeigeelemente entsprechend der Ausbaustufe der Funkanlage. Dies sind z. B. Mikrofon, Lautsprecher, Lautstärkenregler, Ein-Aus-Schalter, Löschtaste, Kanalwahlschalter mit Anzeige, Ruftaste, Sammelruf bzw. Notruftaste, Tonruftastatur und Anzeige für Selektivruf usw. Für größere Funkanlagen gibt es auch Bedienteile zum Einbau in einen Leitstellentisch.

**Fahrzeugfunkgerät**

Das Funkgerät unterscheidet sich von einem Handfunkgerät nur in folgenden Punkten:

- Gehäuseform
- Stromversorgung
- erforderliches Handbedienteil.

Die Gehäuse neuerer Fahrzeugfunkgeräte entsprechen den DIN-Abmessungen der Autoradios (DIN 75 500) und lassen sich somit in jedes Autoradiofach leicht einbauen. Das Sende- und Empfangsteil kann auch getrennt von dem Bedienteil an beliebiger Stelle im Fahrzeug montiert werden.

Die Ausgangsleistung des Fahrzeugfunkgerätes liegt bei 6 W. Die Stromversorgung wird über die Fahrzeugbatterie sichergestellt, sofern eine Batteriespannung von 12,6 V (10,8 V bis 15,6 V) vorhanden ist.

### 4.4.3 Zusatzeinrichtungen

**Tonrufeinrichtungen**

Bei den stark beanspruchten Betriebsfunknetzen werden Tonrufeinrichtungen immer unentbehrlicher, da nur hiermit das sichere Ansprechen eines gewünschten Teilnehmers möglich ist. Bewährt hat sich das 5-Tonfolge-Rufsystem nach den Empfehlungen des ZVEI.

Hiermit lassen sich folgende Funktionen verwirklichen:

**Selektivruf**

Aus einer Tonreihe mit 10 Frequenzen und einer zusätzlichen Frequenz für einen Wiederholton lassen sich bei einer Tonfolge von 5 Tönen 100000 Rufnummern darstellen. Die Zuordnung der einzelnen Ziffern zu den Frequenzen ist aus der Zeichnung zu entnehmen.

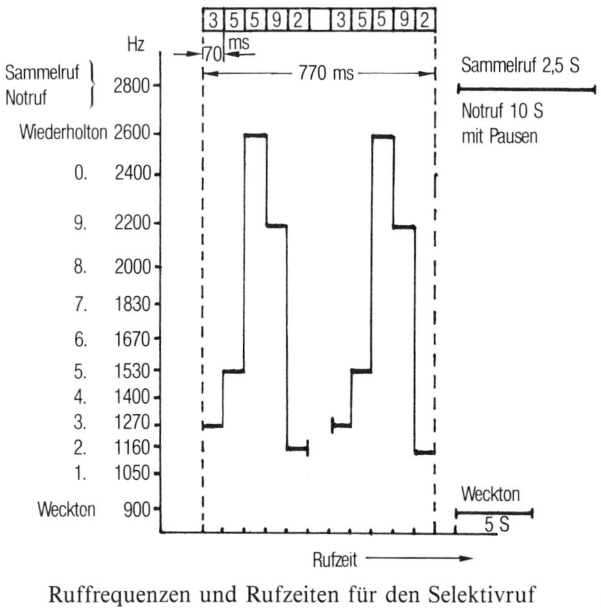


Ruffrequenzen und Rufzeiten für den Selektivruf

Soll nun ein Handsprechfunkgerät, das für Selektivruf ausgerüstet ist, mit seinem Selektivrufkennzeichen von der Leitzentrale gerufen werden, so muß über eine Tonruftastatur die entsprechende Kennziffer eingegeben werden. Durch das Betätigen der Ruftaste werden die einzelnen Töne automatisch auf die Trägerfrequenz aufmoduliert. Die Tonfrequenz öffnet nun im angesprochenen Funkgerät den Lautsprecher und die Funkverbindung ist hergestellt.

Wird von einem Handsprechfunkgerät die Leitzentrale mit Selektivruf gerufen, betätigt man nur die Ruftaste. Hierbei wird automatisch das Selektivkennzeichen des Handsprechfunkgerätes abgesandt. In der Leitzentrale ist auf einer Zifferanzeige erkennbar, welches Handsprechgerät gerufen hat. Neben der ortsfesten Funkanlage können auch Handsprechfunkgeräte mit einer Tonruftastatur zur Eingabe von Selektivnummern ausgerüstet werden.

**Gruppenruf**

Sinn des Gruppenrufes ist es, mehrere Teilnehmer mit einer Kennung gleichzeitig zu rufen. Hierzu wird die 3., 4. oder 5. Stelle des Tonfolgesignals mit einer bestimmten Rufnummer, z. B. 0, programmiert. Somit können Gruppen mit 9 Teilnehmern mit einem Gruppenruf angesprochen werden.

**Quittungsgeber**

Hierbei wird eine Rufquittung in Form eines 5-Tonfolgesignals automatisch ohne Betätigen einer Ruftaste abgesetzt, aus der sich erkennen läßt, daß der gewünschte Teilnehmer erreicht wurde.

**Totmannschalter**

Dies ist ein lageabhängiger Schalter, z. B. ein Quecksilberschalter. Dieser löst einen Notruf aus, wenn das Gerät je nach Einstellung z. B. 60° aus der Vertikalen länger als 15 sec. gebracht wird. Gleichzeitig wird auch der Kennungsgeber aktiviert, der das Selektivrufzeichen automatisch aussendet in Verbindung mit dem Notrufton.

## 4.5 Fernsehüberwachung

Industrielle Fernseheinrichtungen eignen sich sehr gut für Überwachungsaufgaben im Innenbereich, z. B. als Beobachtungseinrichtungen in Geschäften, bei Notausgangstüren, in Banken usw. Fast ausnahmslos wird in diesen Fällen in Schwarzweißtechniken gearbeitet, weil hierbei keine hohen Ansprüche an die Beleuchtung gestellt werden.

Ein Einsatz im Außenbereich ist dann etwas problematischer, wenn keine Anbindung an eine Gefahrenmeldeanlage erfolgt. Bei der Kombination der Fernseheinrichtung mit einer Gefahrenmeldeanlage kann bei einem eingehenden Alarm oftmals sehr schnell die Alarmursache überprüft werden.

### 4.5.1 Bildaufnahme

Für die Bildaufnahme wird benötigt

- Kamera
- Objektiv
- Zubehör.

Für die Kamera ist die Lichtempfindlichkeit und die Auflösung ein wichtiges Kriterium. Beide Faktoren werden durch den Bildsensor bestimmt. Früher verwendete man zur Umwandlung eines optischen Bildes Bildaufnahmeröhren, während jetzt CCD-Bildsensoren allgemein verbreitet sind. Diese CCD-Bildsensoren haben sehr große Vorteile, da sie folgende positive Eigenschaften haben:

- fast unbegrenzte Lebensdauer
- hohe Lichtempfindlichkeit
- kein Nachziehen
- gute Auflösung
- hohe Stoß- und Vibrationsfestigkeit
- wartungsarm.

Um das zu beobachtende Objekt in der benötigten Größe und Tiefenschärfe auf dem CCD-Bildsensor abbilden zu können, benötigt man ein Objektiv. Zum Einsatz kommen die Standardobjektive, Teleobjektive oder Weitwinkelobjektive je nach dem Einsatzbereich. Neben Objektiven mit fester Brennweite gibt es auch solche mit veränderbarer Brennweite. Diese bezeichnet man als Zoomobjektive. Als Zubehör kommt z. B. ein Kameraschutzgehäuse in Frage oder ein Schwenkantrieb, um die Kamera in verschiedene Richtungen zu schwenken.

### 4.5.2 Bildübertragung

Das von der Kamera aufgezeigte Bild wird zum Bildschirm übertragen und zwar mit folgenden Techniken:

- Koaxialübertragung
- Zweidrahtübertragung
- Lichtwellenleiter-Übertragung.

Die Koaxialkabelübertragung wird am häufigsten eingesetzt. Hierbei sind Übertragungsfeldlängen von 2,8 km möglich oder Gesamtlängen von 14 km. Für Entfernungen bis zu max. 10 km ist die Übertragung von Videosignalen über symmetrische Zweidrahtleitungen gebräuchlich. Dabei beträgt die Übertragungsfeldlänge 2,0 km. Die Übertragung von Videosignalen ist auch über Lichtwellenleiter (Glasfaser) möglich. Vorteilhaft hierbei ist die große Störsicherheit. Hierbei sind Feldlängen von 6,5 km möglich und eine maximale Übertragung von 13 km. Bisher ist diese Technik jedoch sehr teuer.

### 4.5.3 Bildverteilung

Für Objektschutzaufgaben kann es notwendig sein, ein Videosignal auf mehrere Monitore zu verteilen. Dies kann dann der Fall sein, wenn das Signal in der Pforte und im Kontrollraum sichtbar werden soll.

Eine andere Aufgabenstellung bei Objektschutz ist dann gegeben, wenn mehrere Kameras vorhanden sind und die verschiedenen Videosignale in beliebiger Reihenfolge auf einen Monitor geschaltet werden. Dies geschieht dann durch einen manuellen Videoumschalter.

Eingesetzt werden aber auch automatische Videoumschalter mit einer Umlaufautomatik, bei der die Zykluszeit einstellbar ist. Zusätzlich besitzt der Umschalter Alarmeingänge zur gezielten Umschaltung durch externe Ereignisse.

Bei komplexen Anlagen erfolgt eine Umschaltung über eine mikroprozessgesteuerte Videokreuzschiene. Auch hierbei ist eine automatische Kameraaufschaltung durch externe Ereignisse, z. B. von einer Gefahrenmeldeanlage, äußerst wichtig.

### 4.5.4 Bildwiedergabe

Für die Bildwiedergabe werden spezielle Schwarzweißmonitore mit Metallgehäuse eingesetzt. Üblich sind Monitore mit 23 bis 61 cm Bilddiagonale. Die gewählte Monitorgröße ist abhängig vom Betrachtungsabstand.

| Bildschirmdiagonale | Betrachtungsabstand |
|---|---|
| 23 cm | ca. 0,8 – 1,2 m |
| 31 cm | ca. 1,0 – 1,5 m |
| 44 cm | ca. 1,5 – 2,5 m |
| 61 cm | für > 2,5 m |

Die räumlichen Gegebenheiten sollten eine Montage in Augenhöhe ermöglichen. Eine Blendung durch Fenster und Beleuchtung sollte vermieden werden.

### 4.5.5 Bildaufzeichnung

Die Aufzeichnung der Videosignale im Alarmfalle ist für die Beweissicherung von besonderer Bedeutung. Hierfür sind heute folgende Geräte gebräuchlich:

- digitaler Bildspeicher
- Langzeit-Videorecorder
- Videoprinter.

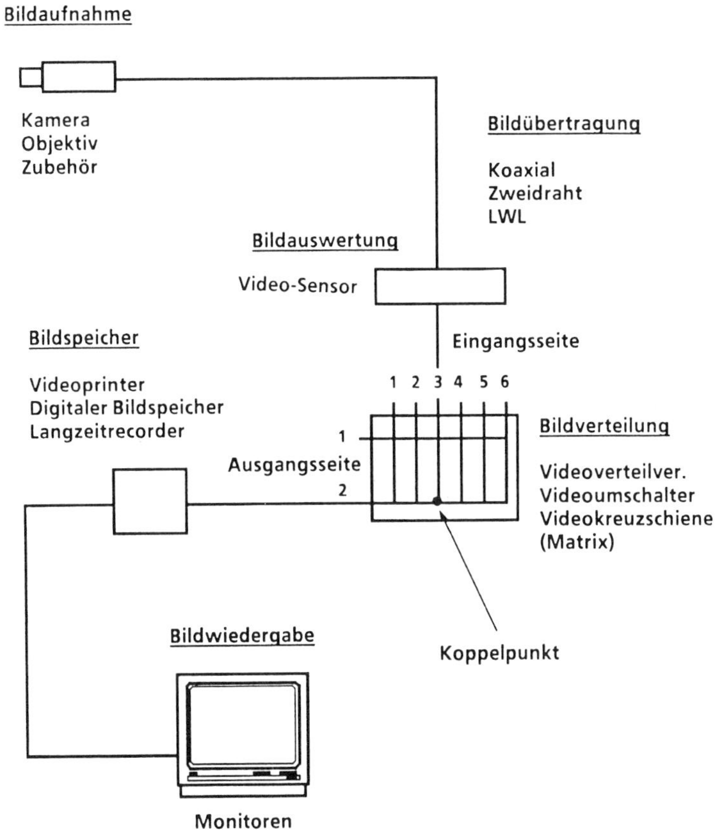


Komponenten einer Bildtechnikanlage

Der digitale Bildspeicher besteht im wesentlichen aus verschleißfreien Speicherbausteinen, die ein oder mehrere Schwarzweißbilder speichern können. Dieses Gerät kommt dann zur Anwendung, wenn das erste Alarmbild oder ein Bild mit bis zu 2 Sekunden nach Eingang des Alarms abgespeichert werden soll.

Ein Langzeitrecorder kommt dann zur Anwendung, wenn Aufzeichnungen zur Alarmdokumentation erforderlich sind. Diese speziellen Recorder sind für Aufnahmezeiten von 240 Stunden geeignet. Gute Recorder ermöglichen auch das automatische Auffinden von Alarmen.

Die Videoprinter (Drucker) dienen auch der Alarmdokumentation. Innerhalb weniger Sekunden kann ein Monitorbild ausgedruckt werden. Dieses kann dann einem Protokoll beigefügt werden. Die modernen Drucker ermöglichen eine gute Auflösung und damit eine gute Bildqualität.

### 4.5.6 Automatische Bildauswertung

Eine große Hilfe bei der Durchführung von Überwachungstätigkeiten im Objektschutz bietet eine automatische Bildauswertung (Video-Sensor-System).

Ähnlich wie der Mensch Veränderungen mit dem Auge wahrnimmt und mit dem Gehirn auswertet, wird durch eine Bildauswerteeinheit das Fernsehbild als Referenzbild abgespeichert. Alle nachfolgenden Fernsehbilder werden mit dem Referenzbild verglichen. Bei Abweichungen gegenüber dem Referenzbild erfolgt eine Alarmierung. In regelmäßigen Abständen wird das Referenzbild aktualisiert.

Schwierig ist der Einsatz im Außenbereich, in dem natürliche Bewegungen durch bewegte Pflanzen, Bäume sowie Kleintiere gegeben sind. In diesen Fällen kann nur ein digital arbeitender Bildauswerter eingesetzt werden, der durch eine entsprechende Programmierung über einen Lichtgriffel und durch angepaßte Software den aktuellen Verhältnissen angepaßt wird.

## 4.6 Brandschutztechnik

### 4.6.1 Funktion von Handlöschgeräten

*Feuerlöscher*

sind tragbare Löschgeräte mit einem Gesamtgewicht bis zu 20 kg, deren Löschmittel durch Druck ausgestoßen wird. Sie werden einer oder mehreren Brandklassen zugeordnet.

Feuerlöscher sind auf Grund ihrer Bauart, ihrer Löschmittel-Füllmenge und ihrer relativ kurzen Spritzdauer dazu bestimmt, Entstehungsbrände zu bekämpfen und zu löschen.

| Bezeichnung | Brandkl. | Löschzeit | Wurfweite |
|---|---|---|---|
| Einzellspritze<br>Kübelspritze | A | | bis 14 m |
| Wasserlöscher | A | 60 Sek. | bis 7 m |
| Pulverlöscher (P 6 kg) | BC | 14 Sek. | bis 6 m |
| Pulverlöscher (PG 12 kg) | ABC | 20 Sek. | bis 7 m |
| Kohlendioxidlöscher (6 kg) | BC | 60 Sek. | bis 3 m |
| Halonlöscher (2 kg) | B | 25 Sek. | bis 6 m |

Die in Betrieben und Behörden verwendeten Feuerlöscher (DIN 14 406) sind tragbare Löschgeräte, die das Löschmittel durch gespeicherten oder bei Inbetriebnahme erzeugten Druck selbständig ausstoßen und spätestens 5 Sekunden nach Betätigung der Auslösung voll wirksam sind.

*Grundsätzlich besteht ein Feuerlöscher aus:*

- Löschmittelbehälter
- Treibmittelbehälter
- Betätigungs- und Sicherungseinrichtungen
- Löschmittelfüllung und
- Aufhängevorrichtung.

*Löschmittel, Treibmittel und Gerät bilden eine Baueinheit.*

Aufbau und Wirkungsweise der Feuerlöscher werden durch die Art der Löschmittel bestimmt. Der Anfangsbuchstabe des Löschmittels kennzeichnet die Geräteart:

- W = Wasserlöscher
- P = Pulverlöscher für reine Flammenbrände
- PG = Pulverlöscher für Flammen- und Glutbrände
- HA = Halonlöscher
- K = Kohlendioxidlöscher
- S = Schaumlöscher.

Die Zahlen nach den Kennbuchstaben bezeichnen den Löschmittelinhalt bei flüssigen Löschmitteln in Litern (l), bei Pulver- und Kohlendioxidlöschern in Kilogramm (kg).

Die Art des *Treibmittels* wird mit seinem Anfangsbuchstaben gekennzeichnet:

- C = Chemische Druckerzeugung im Löschmittelbehälter nach Inbetriebsetzung
- H = Hochdruckgas in besonderen Treibmittelbehältern
- L = Luft oder sonstiges Gas unter Druck im Löschmittelbehälter.

Die *Beschriftung* muß in folgender Reihenfolge enthalten:

- Verbandszeichen DIN
- Benennung des Löschmittels
- Zahl, die die Füllmenge angibt.

Bei *Wasserlöschern* außerdem Angaben über die *Frostbeständigkeit:*

- nicht frostbeständig = n
- frostbeständig bis −30° C = −f −30.

Ist ein Feuerlöscher mit einer *Anzeigevorrichtung* für Druck ausgerüstet, so muß diese den erforderlichen Betriebsdruck aufweisen. Ist dies nicht der Fall, ist der Feuerlöscher nicht mehr voll betriebsbereit.

*Einrichtungen zur Inbetriebsetzung der Löscher müssen plombiert sein.*

*Warnhinweise,* die bei Anwendung der Wasser- und Halonlöscher mögliche Gefährdungen des Bedienungspersonals ausschließen sollen, müssen in der *Gebrauchsanweisung* enthalten sein, z. B.:

- Wasserlöscher:
  nicht für elektrische Anlagen
- Halonlöscher:
  nicht zu verwenden in engen, schlecht belüfteten Räumen (gesundheitsschädliche Gase!).

Alle Löscher sind in regelmäßigen Zeitabständen – nicht länger als 2 Jahre – durch fachkundige Prüfer zu überprüfen.

*Wasserlöscher*

Beim Wasserlöscher ist der Löschmittelbehälter mit Wasser gefüllt. Beim Betätigen des Drückers wird der innenliegende Treibmittelbehälter geöffnet, und der Löschmittelbehälter erhält seinen Betriebsdruck. Das Löschmittel strömt durch ein Steigrohr, durch Schlauchleitung und abstellbare Löschpistole mit Mundstück aus.

*Pulverlöscher* mit außen angebrachter Druckgasflasche

Durch das Betätigen des Drehventils der außenliegenden Treibmittelflasche strömt das Treibgas ($CO_2$) durch ein Blasrohr in den Löschmittelbehälter. Der Druck treibt das Löschpulver durch das Steigrohr in die Schlauchleitung. Nach Betätigen der Löschpistole wird das Pulver mit hoher Geschwindigkeit herausgedrückt.

*Pulverlöscher* mit innen angebrachter Druckgasflasche

Dieser Pulverlöscher ist durch seine Kompaktheit schneller einsatzbereit, da hier nicht erst die Druckgasflasche geöffnet und dann der Bedienungshebel betätigt werden muß, sondern durch das Niederdrücken eines Drückers am Tragegriff die Treibmittelflasche geöffnet wird und der Löschmittelbehälter über das Blasrohr seinen Betriebsdruck erhält.

*Halonlöscher*

Im Löschmittelbehälter befindet sich das Halon bereits unter Druck. So ist dieser Feuerlöscher nach dem Herausziehen der Sicherungstaste einsatzbereit. Nach dem Betätigen der Drucktaste gelangt das Löschmittel durch das Steigrohr zur Löschdüse.

*Kohlendioxidlöscher*

Dieser Feuerlöscher wird in folgenden Typen hergestellt:

a) Mit Niederschraubenventil und Bügelgriff
b) Mit Druckhebelventil und Bügelgriff
c) Mit Druckhebelventil ohne Bügelgriff
d) Mit Pistolengriff.

An die Ventile a) bis c) ist jeweils ein Steigrohr angesetzt, das fast bis auf den Boden des Behälters reicht. An den seitlichen Anschlußstützen der Ventile der Typen a) und b) ist ein Hochdruckschlauch mit einer Schneebrause angeschlossen. Bei Typ c) ist der Handgriff mit dem Schneerohr direkt verbunden. Beim Gerätetyp d) ist anstelle des Hochdruckschlauches an das Pistolenventil eine Schneebrause bzw. Gasdüse direkt angeschlossen.

In dem Löschmittelbehälter befindet sich komprimiertes Kohlendioxid, das nach dem Herausziehen der Sicherung und Betätigen des Drückers durch die Schneebrause oder die Gasdüse auf den Brandherd gerichtet werden kann.

### 4.6.2 Funktion automatischer Löschanlagen

Bei einem erhöhten Schadensrisiko werden automatische ortsfeste Feuerlöschanlagen installiert. Diese Anlagen erkennen, melden und löschen Brände im Entstehungsstadium. Mit dem Auslösen der automatischen Feuerlöschanlage erfolgt automtisch auch eine Meldung an die betriebliche Einsatzleitzentrale oder direkt an die Feuerwehr. Parallel zur Meldung erfolgt die automatische Abschaltung der Abluft, der Zuluft, der Energieversorgung, der Versorgung mit Arbeitsstoffen usw.

Zu den wichtigsten automatischen Feuerlöschanlagen gehören:

- Sprinkleranlage
- $CO_2$-Feuerlöschanlage
- Halon-Feuerlöschanlage.

Von geringerer Bedeutung sind folgende automatische Löscheinrichtungen:

- Sprühwasserlöschanlagen
- Schaumlöschanlagen
- Pulverlöschanlagen.

*Sprinkleranlage*

Sprinkleranlagen werden für die Brandklasse A eingesetzt. Die gute Löschwirkung moderner Sprinkler (Wasseraustrittsdüsen) beruht im wesentlichen auf den physikalischen Eigenschaften des Löschmediums Wasser und dem konstruktiven Aufbau der Sprinkler. 1 kg Löschwasser von 10° benötigt zur Verdampfung 630 kcal. Diese Wärmemenge wird dem Brandherd entzogen. Wesentlich dabei ist jedoch die gleichmäßige Wasserverteilung bei optimaler Größe der Wassertropfen. Durch den besonders gestalteten Sprühteller wird der Wasserstrahl in Tröpfchen definierter Größe zerrissen, die infolge eines günstigen Verhältnisses von Oberfläche zu Volumen eine besonders gute Löschwirkung erzielen. Zusätzlich zur Löschwirkung durch Wärmeentzug wird auch noch der Stickeffekt des entstandenen Wasserdampfes mit ausgenutzt. Die Sprinkler werden gleichmäßig verteilt an der Decke des zu schützenden Raumes montiert, und zwar an ein zuvor installiertes Rohrnetz, durch das sie dann mit Wasser versorgt werden. Die einzelne Düse ist normalerweise durch ein Glasfäßchen verschlossen, das mit einer Spezialflüssigkeit gefüllt ist. Diese Spezialflüssigkeit hat eine definierte Verdampfungstemperatur. Wird diese Temperatur erreicht, dehnt sich die Flüssigkeit in dem Glasfäßchen aus und bringt dieses zum Zerplatzen. Daraufhin strömt das unter hohem Druck stehende Wasser aus, wird durch den Sprühteller verteilt und löscht den darunterliegenden Brandherd. Außerdem wird automatisch eine Alarmglocke betätigt. Gleichzeitig kann über einen Druckschalter Alarm zur Feuerwehr gegeben werden. Für eine Sprinkleranlage müssen zwei verschiedene Wasserquellen zur Verfügung stehen, und zwar eine erschöpfliche Wasserquelle, z. B. aus einem Druckbehälter, und eine unerschöpfliche Wasserquelle, z. B. ein Wasserleitungsnetz oder andere natürliche Quellen.

Bei den Sprinkleranlagen unterscheidet man

a) Naßanlagen für Bereiche ohne Frost- oder Überhitzungsgefahr. Hierbei ist die Rohrleitung ständig mit unter Druck stehendem Wasser gefüllt, so daß nach Zerplatzen des Glasfäßchens das Wasser sofort ausströmen kann.

b) Trockensystem für frost- oder überhitzungsgefährdete Bereiche. Bei diesem System steht die Rohrleitung unter Luftdruck und erst nach Platzen eines Glasfäßchens kann die Luft entweichen und Wasser strömt nach.

Die Schutzfläche pro Sprinkler kann zwischen 21 qm (Bürofläche) und 12 qm oder 9 qm für Produktionsstätten und Lager betragen.

### *$CO_2$-Löschanlagen*

*$CO_2$*-Feuerlöschanlagen werden zur Brandbekämpfung von Bränden ohne Glutbrandcharakter eingesetzt, also Brandklassen B und C, für die ein schnell wirkendes rückstandsfreies Löschmittel erforderlich ist, wie beispielsweise bei Rechenzentren, Steuerzentralen, Lackieranlagen, Ölbädern usw. Kohlendioxid ist ein nichtbrennbares, farbloses, geruch- und geschmackloses Gas. Die Löschwirkung beruht auf dem Stickeffekt. Bei Durchflutung eines Raumes mit $CO_2$ wird der zur Verbrennung benötigte Luftsauerstoff teilweise verdrängt und die Flammen ersticken. Leider hat $CO_2$ auch einen Nachteil, der in der Gefährdung des Menschen gegeben ist. So wirken bereits $CO_2$-Konzen-

trationen von 8 Vol. % und höher in der Atemluft tödlich. Besondere Vorkehrungen sind deshalb bei dem Einsatz von $CO_2$ nötig. Eine sichere Löschwirkung von $CO_2$ ist dann zu erwarten, wenn der zu 21 Vol. % in der Luft enthaltene Sauerstoff auf etwa 15 Vol. % herabgesetzt wird.

Die für die Löschung im Brandfalle benötigte $CO_2$-Menge muß exakt für den Raum bzw. das Schutzobjekt berechnet werden und komplett bereitgestellt werden. Dies geschieht entweder in einer Hochdruckanlage, bei der das $CO_2$ in Stahlflaschen mit hohem Druck (250 bar-Prüfdruck) gelagert wird, oder in einer Niederdruckanlage, bei der das $CO_2$ mittels einer Kältemaschine auf -20 ° C heruntergekühlt wird. Bei dieser Temperatur stellt sich im Behälter ein Druck von etwa 19 bar ein. Zur Kontrolle des Behälterinhaltes wird der gesamte Behälter auf eine Waage gestellt. Von dem Behälter sind Rohrleitungen bis zu dem Schutzraum bzw. dem Schutzobjekt geführt. In der Rohrleitung ist auch ein entsprechendes Absperrventil montiert.

Die Auslösung der $CO_2$-Feuerlöschanlage kann durch Tastendruck oder durch eine automatische Brandmeldeanlage erfolgen. Bei Einsatz von automatischen Meldeanlagen ist eine Zweischleifenabhängigkeit Bedingung. Mit der automatischen Alarmierung erfolgt notfalls die automatische Stillsetzung der Be- und Entlüftung, der Förderanlagen, der technischen Einrichtung, aber auch gleichzeitig die Auslösung der Warnhupe und das Ingangsetzen von Blitzlampen. Von diesem Moment an läuft die Vorwarnzeit, die den in dem Raum befindlichen Mitarbeitern Gelegenheit geben soll, den Raum rechtzeitig zu verlassen. Die Vorwarnzeit ist abhängig von der Raumgröße und der Anzahl der Personen, die in diesem Raum normalerweise beschäftigt sind (ca. 30 – 60 sec.). Nach Ablauf der eingestellten Vorwarnzeit beginnt das Fluten des Raumes oder des Objekts. Dieses soll im Normalfalle bei Hochdruckanlagen in 60 sec. beim Raumschutz und in 30 sec. beim Objektschutz abgeschlossen sein. Bei Niederdruckanlagen beträgt die Flutungszeit 120 sec. für Raumschutz und 60 sec. für Objektschutzanlagen. Bevor nach einem Löschvorgang das Betriebspersonal den gefluteten Raum betreten kann, muß dieser gut durchgelüftet werden.

Die Querschnitte der Rohrnetze und die Bohrungen der Löschdüsen müssen exakt errechnet und sorgfältig ausgeführt werden, damit das benötigte Löschmittel sich gleichmäßig im Raum verteilen kann und es nicht zu Verstopfungen durch die Bildung von $CO_2$-Schnee kommen kann.

### *Halon-Löschanlagen*

Feuerlöschanlagen, die mit dem Löschmittel Halon arbeiten, werden ebenfalls in den Brandklassen B und C eingesetzt, wo rückstandsfreies Löschen erforderlich ist, z. B. in der Datenverarbeitung, in Druckereien, Rundfunk- und Fernsehanlagen, Kunststoffverarbeitung, Luftfahrt, Energieversorgung, Tankanlagen, Erodiermaschinen usw. Der Vorteil gegenüber den in ähnlichen Bereichen eingesetzten $CO_2$-Feuerlöschanlagen besteht darin, daß bei der erforderlichen Löschmittelkonzentration von 5–7 Vol. % keine Gefährdung für den Menschen gegeben ist. In den meisten Fällen ist deshalb eine Raumflutung ohne Vorwarnung, d. h. ohne vorherige Räumung durch das Betriebspersonal möglich. Der Löscheffekt der Halone basiert auf einer chemischen Einwirkung in die Flammenreaktion, dem sog. antikatalytischen Effekt.

Bis zu einer Löschkonzentration von 5–7 Vol. % sind, unter Berücksichtigung der relativ kurzen Kontaktzeit, die Halone für den Menschen verträglich. Bei höheren Konzentrationen ist eine Vorwarnung erforderlich, die in den Arbeitsräumen tätige Personen zum Verlassen auffordert.

Das Löschmittel wird in Stahlflaschen, bei Großanlagen in Behältern, außerhalb der Löschbereiche vorgehalten. Über ein Schnellöffnungsventil, eine Rohrleitung und die Düsen kann das Halonlöschmittel in den Schutzraum bzw. in das Schutzobjekt gelangen. Die Auslösung erfolgt über einen Druckknopfmelder oder über eine automatische Brandmeldeanlage. Beim Einsatz einer automatischen Brandmeldeanlage ist eine Zweischleifenabhängigkeit nötig, d. h. daß bei Ansprechen von mindestens 2 Meldern erst die Ansteuerung der Halon-Feuerlöschanlage erfolgt. Dadurch wird eine mögliche Auslösung infolge eines Fehl- oder Täuschungsalarms vermieden. Mit dem Ansteuern der Löschanlage erfolgt gleichzeitig von der Brandmeldezentrale aus auch die Ansteuerung der optischen und akustischen Alarmgeber bei gleichzeitigem Schließen der Türen und Abschaltung eines Teils der Klimaanlage, sofern vorhanden, um ein Abströmen des Löschmittels zu verhindern und den schnellen Aufbau einer löschfähigen Halonkonzentration sicherzustellen.

Sobald die Schnellöffnungsventile der Löschmittelflaschen geöffnet sind, strömt das Halon flüssig durch das Rohrnetz und vergast bei Austritt an den Löschdüsen bei gleichmäßiger Verteilung im Löschbereich.

Die Flutungszeit liegt etwa bei 10–20 sec. und ist damit deutlich kürzer als bei der $CO_2$-Flutung. Allerdings sollte nicht unerwähnt bleiben, daß das Löschmittel Halon wesentlich teurer ist als $CO_2$.

### 4.6.3 Brandmeldeanlage

Brandmeldeanlagen (BMA) sind Gefahrenmeldeanlagen (GMA), die Personen zum direkten Hilferuf bei Brandgefahren dienen und/oder Brände zu einem frühen Zeitpunkt erkennen und melden (Definition nach VDE 0833).

Folglich weist eine Brandmeldeanlage einen ähnlichen Aufbau auf wie andere Gefahrenmeldeanlagen. Sie unterliegen den Bestimmungen nach VDE 0833/ DIN 57833.

*Allgemeines*

Die meisten Brände beginnen in einer Schwelphase mit einer Rauch- oder Rauchgasentwicklung. Die Rauchgase werden auch als Aerosole bezeichnet. Sie sind eine Mischung aus feinen, fast unsichtbaren Rauchteilchen.

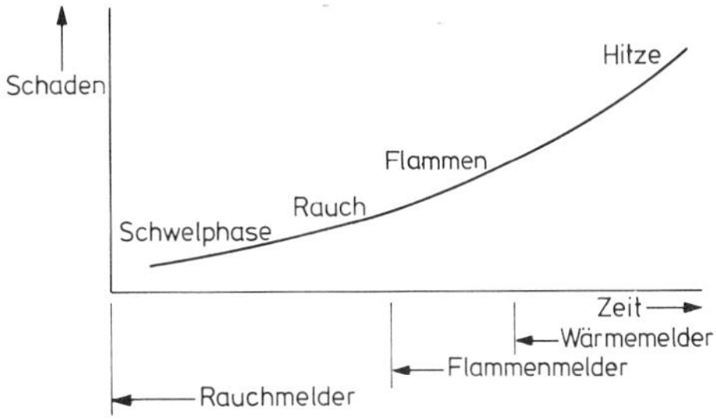


Aus der Skizze ist ersichtlich, daß eine möglichst frühe Erkennung eines Brandes mit unterschiedlichen Meldern erreicht wird. Die schlechteste Methode der Branderkennung ist die mit Wärmemeldern, weil zum Zeitpunkt hoher Wärmeentwicklung auch der Schaden schon recht hoch ist. Kommt es zu einer schnellen Flammenentwicklung, kann nur ein Flammenmelder eine sichere Anzeige liefern. Beginnt aber ein Entstehungsbrand mit einer langen Schwelphase oder entsteht bei dem verbrennenden Material viel Rauch, dann gibt der Rauchmelder die sicherste Alarmierung.

*Rauchmelder*

Als Rauchmelder werden zwei verschiedene physikalische Prinzipien angewandt und zwar das elektrische Ionisationsprinzip und das optische Streulichtprinzip. Beide Verfahren sind in ihrer Funktionssicherheit gleichwertig. Der Ionisationsmelder arbeitet folgendermaßen: Das physikalische Prinzip basiert auf der Ionisierung der Luft durch radioaktive Strahlung und nicht, wie oft angenommen wird, auf Ionisierung von Rauchgasen. Ein sehr schwacher radioaktiver Strahler sendet Strahlen aus, die elektrisch neutrale Luftmoleküle zu Ionen machen. Durch die Strahlung werden Elektronen freigesetzt. Aus dem neutralen Luftmolekül wird nun ein freigewordenes Elektron (negativ) und ein positives Molekül-Ion, wie aus der linken Skizze (S. 402) zu ersehen ist.

In dem Melder sind zwei Metallpole, die mit einem Strommeßkreis verbunden sind. Die freien Elektronen werden vom Pluspol angezogen, die positiven Ionen vom Minuspol. Dadurch entsteht ein meßbarer Ruhestrom.

Kommen nun zwischen die Metallpole Aerosole (Rauchpartikel), so lagern sich hieran noch die Ionen und bilden somit Großmoleküle. Diese sind jetzt

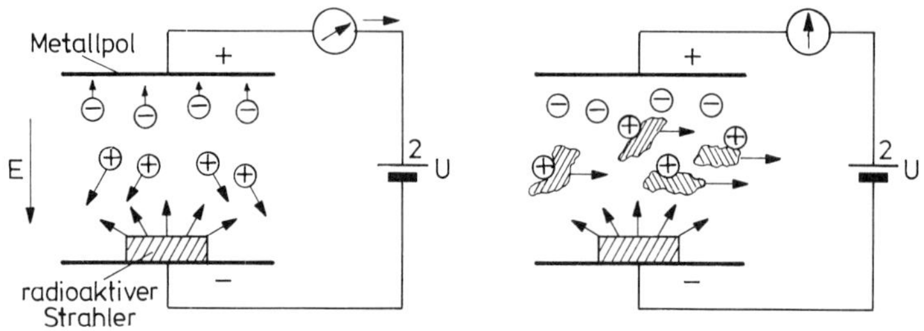


so träge, daß die Ladung des Minuspoles nicht mehr ausreicht, sie anzuziehen. Die Großionen verlassen den Melder wieder, während die Elektronen übrig bleiben und sich noch vermehren. Hierdurch wird der Meßstrom geschwächt, so daß es zum Alarm kommt (rechte Skizze).

Mit dem Ionen-Melder lassen sich Flächen bis 120 $m^2$ überwachen bei Raumhöhen bis 6 m.

### *Streulichtmelder*

Der Streulichtmelder beruht auf einem optischen Prinzip. Die Meßkammer des Melders bildet ein kleines Labyrinth. In diesem befindet sich eine Lichtquelle und eine Photodiode. Normalerweise erreicht kein Licht von der Lichtquelle die Photodiode. Sobald jedoch eine ausreichende Rauchmenge in das Labyrinth eindringt, wird das Licht durch den Rauch gestreut und kann nun auch die Photodiode erreichen. Der von der Photodiode gelieferte Strom löst den Alarm aus.

### *Flammenmelder*

Eine Flamme sendet Strahlen im ultravioletten, im sichtbaren und im infraroten Bereich aus. Da die Infrarotstrahlen die größte Strahlungsintensität ausweisen, werden diese im Flammenmelder ausgewertet. Mit einem Flammenmelder können deshalb Flächen bis zu 1000 $m^2$ überwacht werden, bei Höhen von 20 m.

Über ein optisches System wird die Infrarotstrahlung auf eine IR-empfindliche Photodiode geleitet. Da Flammen die Eigenart haben zu flackern, wird vom Flammenmelder auch nur die IR-Strahlung für ein Alarmsignal ausgewertet, die in ihrer Intensität entsprechend der Flackerfrequenz von 8 Hz schwankt.

Die Flammenmelder eignen sich auch zum Einsatz bei Außenanlagen, z. B. für freistehende Tankanlagen. Dann sind sie jedoch nur mit einer Empfindlichkeit für Ultraviolettstrahlen gebaut.

*Wärmemelder*

Wärmemelder eignen sich besonders für Räume, in denen Rauchmelder nicht eingesetzt werden können, weil durch die Arbeitsprozesse bedingt mit einer Rauchentwicklung zu rechnen ist.

Moderne Wärmemelder arbeiten mit einem Heißleiter als Temperaturfühler. Ausgewertet wird bei einem Maximalmelder eine eingestellte Temperatur, z. B. 72 °C. Bei Erreichen dieser Temperatur wird der Alarm ausgelöst.

Bei einem Differentialmelder ist die absolute Temperatur nicht interessant. Bei diesem Melder wird ein bestimmter Temperaturanstieg pro Zeiteinheit ausgewertet. Üblich sind Ansprechwerte von beispielsweise 5 °/min. oder 10 °/min. Wird nun eine Temperaturerhöhung von 5 ° in einer Minute gemessen, erfolgt die Alarmauslösung. Oftmals sind jedoch Wärmedifferentialmelder zusätzlich noch mit einem Maximalkontakt ausgestattet, der auch bei sehr langsamer Brandentwicklung bei Erreichen der Maximaltemperatur noch Alarm auslöst.

*Brandmeldezentrale*

Eine Brandmeldezentrale wertet die von den Meldern eingehenden Signale aus und übermittelt Alarme und Steuerbefehle nach einem vorbestimmten Programm. Die an die Zentrale angeschlossenen automatischen Brandmelder werden ergänzt durch Druckknopfmelder, damit auch manuell Alarm ausgelöst werden kann. Alle Melder sind nach Meldebereichen gegliedert, die den Brandabschnitten entsprechen können, und werden dementsprechend zu Meldelinien zusammengefaßt. Jede dieser Linien ist überwacht und mit der Zentrale verbunden. So kann der eingehende Alarm sofort recht gut lokalisiert werden. Die Zentrale leitet bei entsprechenden Signalen die Alarmierung und gleichzeitig nötigen Steuervorgänge ein.

Mit dem Auslösen eines Melders wird ein „interner Alarm“ gegeben. Dies geschieht optisch und akustisch, gleichzeitig kann optische und akustische Signalisierung des betreffenden Fluchtleitsystems ausgelöst werden und über ein automatisches Telefonwählgerät können weitere Informationen an hilfeleistende Stellen erfolgen.

Ein „externer Alarm“ geht direkt an die zuständige Feuerwehr. Die Brandmeldezentrale übernimmt parallel zur internen und externen Alarmierung auch die automatische Steuerung betriebsinterner Systeme, wie:

- Klima- oder Belüftungsanlagen müssen abgeschaltet und die Ventilationsklappen geschlossen werden,
- Maschinen werden ausgeschaltet,
- Brandschutztüren werden geschlossen,
- Rauchabzugsklappen werden geöffnet,
- automatische Löschanlagen werden in Betrieb gesetzt.

Zu einer Brandmeldeanlage gehört selbstverständlich auch die nötige Energieversorgung über Netzgerät und Batterie. Ebenfalls sind die Möglichkeiten zur Protokollierung zu schaffen.

### 4.6.4 Baulicher Brandschutz

Bauliche Anlagen sind so anzuordnen, zu errichten und zu unterhalten, daß der Entstehung und der Ausbreitung von Schadenfeuern vorgebeugt wird und bei einem Brand wirksame Löscharbeiten und die Rettung von Menschen möglich sind.

Durch bauliche Maßnahmen ist das Ausmaß eines möglichen Brandes soweit wie möglich zu begrenzen. Die Bauordnungen der Länder schreiben vor, mit welcher Feuerwiderstandsdauer wesentliche Bauteile (Wände, Stützen, Träger, Decken usw.) ausgeführt werden müssen, in welchen Abständen Brandwände und Gebäude voneinander anzuordnen und wo und wie notwendige Treppen und Ausgänge anzulegen sind.

*Brandabschnitte*

In der offenen Bauweise einer Gebäudeanlage erreicht man die notwendigen Brandabschnitte durch die Abstandsflächen der Gebäude untereinander.

Bei der geschlossenen Bauweise, insbesondere bei großen Lagerhallen und großen brandgefährdeten Anlagen, sollen die Gebäude durch Brandwände in Brandabschnitte unterteilt werden. Die Brandabschnitte sollen eine Länge von 40 m nicht überschreiten.

Brandwände müssen unabhängig von der Gebäudekonstruktion auch bei Einsturz eines Gebäudeteiles stehenbleiben und die Übertragung des Brandes in die angrenzenden Brandabschnitte verhindern.

Alle betriebsbedingten Öffnungen in Brandwänden müssen daher besonders geschützt sein. Durchbrüche bei Bauarbeiten und zum Verlegen von Leitungen sind unverzüglich fachgerecht zu schließen.

*Feuerschutzabschlüsse*

Unvermeidliche Öffnungen in Brandwänden, Geschoßdecken und anderen Bauteilen, an die brandschutztechnische Anforderungen gestellt werden, sind mit zugelassenen, selbstschließenden Feuerschutzabschlüssen zu schützen.

Diese Feuerschutzabschlüsse müssen grundsätzlich geschlossen bleiben. Ist aus betrieblichen Gründen ein längeres Offenstehen notwendig, können die Feuerschutzabschlüsse mit zugelassenen Feststellanlagen ausgestattet werden, die im Brandfalle automatisch die Schließung bewirken.

Das Offenhalten von Feuerschutzabschlüssen durch Holzkeile oder Drähte usw. ist verboten.

*Rauch- und Wärmeabzugsanlagen*

Durch ausreichend dimensionierte und entsprechend angeordnete Zu- und Abluftöffnungen wird erreicht, daß im Brandfall der Rauch und die heißen Brandgase weitgehend abgeführt werden.

Durch Rauch- und Wärmeabzugsanlagen werden im Brandfalle die Fluchtwege vor Verqualmung geschützt. Sie ermöglichen auch den schnellen Löschangriff der Feuerwehr und reduzieren die Brandfolgeschäden, die von den Brandgasen ausgehen.

*Brandschutzverglasung*

Neben den Verglasungen für den Objektschutz werden auch Verglasungen für den Bereich Brandschutz angeboten, die sowohl im Innenbereich als auch im Außenbereich einzusetzen sind.

Bei der Klassifizierung der Brandschutzverglasung hat man sich an die Normung anderer Brandschutzmaßnahmen nach DIN 4102, Teil 2 angelehnt, also Feuerwiderstandklassen F 30, F 60 und F 90.

Die Brandschutzwirkung erreicht man dadurch, daß zwei Scheiben durch einen Abstandshalter miteinander verbunden werden. Der entstandene Zwischenraum wird mit einer glasklaren Gelschicht gefüllt, die im Brandfalle die Wärmstrahlung absorbiert. Das Gel selbst ist ein Polymer, in das eine stark wasserhaltige organische Salzlösung eingebettet ist. Durch die Brandhitze bildet das Gel eine hochwärmedämmende Isolierschicht. Außerdem werden durch das verdampfende Wasser der Salzlösung erhebliche Energiemengen verzehrt. Je nach Schichtaufbau wird 30, 60 oder 90 Minuten lang Brandschutz erreicht.

Als Folge der gleichzeitigen Brandenergievernichtung und der Hitzedämmung bleibt die Temperatur auf der vom Feuer abgewandten Seite unterhalb der nach DIN 4102 vorgegebenen Temperaturgrenze.

### 4.6.5 Datensicherungsschränke

Datenträger in Form von Papier, Magnetbändern, Magnetplatten und Disketten müssen vor Brandgefahren besonders geschützt werden. Hierzu sind Datensicherungsschränke entwickelt worden, die sich in folgende Güteklassen unterteilen:

*Güteklasse S 60*

Ein Datensicherungsschrank dieser Güteklasse wird bei der Prüfung 60 min. lang mit 4 Ölbrennern beflammt. Gleichzeitig wird dieser Schrank noch einer Fallprobe unterzogen.

*Güteklase S 120*

Ein Datensicherungsschrank dieser Güteklasse wird bei der Prüfung 120 min. lang mit 4 Ölbrennern beflammt, danach erfolgt die Fallprobe.

*S 60 und S 120 mit Zusatz P*

Ein Datensicherungsschrank dieser Bezeichnung dient zur Aufbewahrung von Papier. Während der Beflammzeit von 60 bzw. 120 min. darf sich die Innenraumtemperatur nicht mehr als 150 °C erhöhen.

*S 60 und S 120 mit Zusatz D*

Ein Datensicherungsschrank dieser Bezeichnung dient zur Aufbewahrung von Magnetbändern und Magnetplatten. Während der Beflammzeit von 60 oder 120 min. darf sich die Innenraumtemperatur nicht mehr als 50 °C erhöhen.

*S 60 und S 120 mit Zusatz DIS*

Ein Datensicherungsschrank dieser Bezeichnung dient zum Aufbewahren von Disketten. Während der Beflammzeit darf sich die Innenraumtemperatur nicht mehr als 30 °C erhöhen.

Die Datensicherungsschränke werden durch ein fest eingenietetes Schild gekennzeichnet.

Nur die Datensicherungsschränke, die einer derartigen Prüfung unterzogen wurden und entsprechend gekennzeichnet sind, bieten einen definierten Schutz vor Brandgefahren. Datensicherungsschränke sind meist nur bedingt einbruchgeschützt.

*Datensicherungsräume*

Müssen größere Mengen von Magnetbändern, Magnetplatten und andere Datenträger gesichert untergebracht werden, ist es sinnvoll, hierfür einen Datensicherungsraum zu bauen. Auch ein solcher Raum wird durch Beflammung geprüft. Nach einer Beflammzeit von 60 min. darf die Temperatur des Innenraumes nicht mehr als 50 °C ansteigen. Der Datensicherungsraum erhält dann die Güteklasse R 60 D und ist damit geeignet zur Aufbewahrung von Datenträgern.

Die Datensicherungsräume gewährleisten damit den gleichen Brandschutz wie Datensicherungsschränke der gleichen Güteklasse.

## 4.7 Kontroll- und Informationssysteme

### 4.7.1 Wächterkontrolleinrichtungen

Der Einsatz des Werkschutzes im Kontrolldienst erfolgt vorwiegend in der Nacht und an arbeitsfreien Tagen. Durchweg sind die Mitarbeiter dabei allein auf Streifengang. Zum Nachweis über die durchgeführte Bewachungstätigkeit verlangen immer mehr Firmen und auch Versicherungen ein lückenloses, sicheres und auswertbares Überwachungsprotokoll. Basis hierfür ist ein Wächterkontrollsystem. Zu den eingesetzten Wächterkontrolleinrichtungen gehören:

*Stechuhr*

In einem zu sichernden Objekt werden an den vorgesehenen Kontrollstellen Schlüsselkästen angebracht, in denen ein Schlüssel deponiert ist. Der Schlüsselbart dieses Schlüssels ist mechanisch codiert und kennzeichnet die jeweilige Kontrollstelle. Der Schlüssel wird von dem Kontrolldienstmitarbeiter in die Stechuhr eingeführt. Durch ein betätigtes Druckwerk wird auf einem Kontrollstreifen in der Stechuhr nun die Uhrzeit, das Datum und die Nummer der Kontrollstelle festgehalten. Eine Überprüfung des Kontrollganges und die Erstellung eines Überwachungsprotokolls ist erst dann möglich, wenn der Kontrollstreifen der Auswertestelle vorliegt.

*Elektronische Stechuhr*

An den Kontrollstellen von zu sichernden Objekten werden anstelle der Schlüsselkästen unscheinbare Codestreifen befestigt. Mit einem elektronischen Datensammler werden die in dem Codestreifen vorhandenen Daten erfaßt, indem der Datensammler über den Codestreifen geführt wird. Sind die Daten vom Datensammler erfaßt worden, wird gleichzeitig die Uhrzeit mit abgespeichert. Dies wird durch ein Signal angezeigt.

Nach Dienstende werden die im Datensammler lückenlos gespeicherten Daten in einem Auswertesystem (Personal-Computer) nach vorbestimmtem Programm ausgewertet. Die Auswertezeit beträgt nur wenige Sekunden.

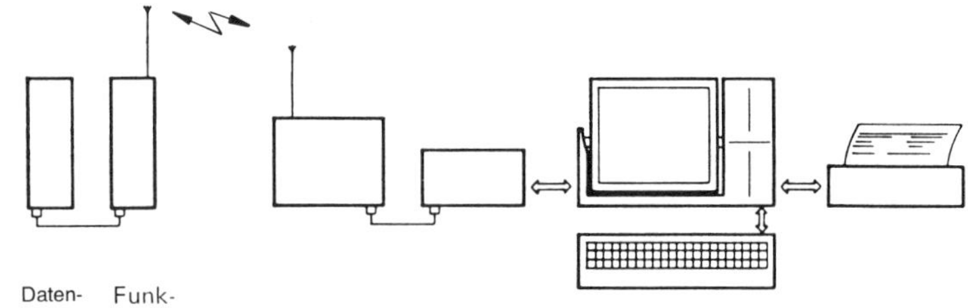


*Funkstechuhr*

Bei diesem Kontrollsystem wird anstelle der Stechuhr ein Funkgerät verwendet, das für Datenübertragung ausgerüstet ist (Selektivruf). An der Kontrollstelle wird entweder ein Schlüsselkasten mit einem codierten Schlüssel angebracht, oder ein entsprechender Codestreifen. Mit einer Zusatzeinrichtung am Funkgerät werden die Daten der Kontrollstelle aufgenommen und mit der Kennung des Funkgerätes als Funksignal an die Einsatzleitzentrale gegeben. Die Uhrzeit wird beim Empfang des Signals von der Zentrale erfaßt.

Zur Bestätigung, daß das Signal angekommen ist, wird von der Zentrale ein Quittungssignal ausgestrahlt. Dieses bewirkt am Funkgerät ein akustisches und optisches Signal. Der Nachteil dieses Kontrollsystems liegt darin, daß sich Kontrollstellen im Funkschatten befinden und somit von dieser Stelle aus kein Funkkontakt mit der Zentrale möglich ist. Vorteilhaft ist dagegen, daß eine Auswertung sofort erfolgen kann. Das bedeutet mehr Sicherheit, denn bei Abweichung von der vorgegebenen Route oder beim Auslassen einer Kontrollstelle wird sofort Alarm ausgelöst.

*Drahtgebundene Wächterkontrolleinrichtungen*

Über das bestehende Telefonnetz, über ein vorhandenes Zutrittskontrollsystem oder über extra verlegte Leitungen lassen sich Wächterkontrolleinrichtungen installieren. Der jeweilige Kontrollgang wird an der Kontrollstelle erfaßt und in der Zentrale registriert. Die Auswertung kann sofort erfolgen.

Nachteil bei diesem System ist, daß die Leitungsverlegung sehr kostenintensiv ist und Änderungen nur schwer möglich sind.

### 4.7.2 Funkrufdienste

In vielen Anwendungsfällen kann es erforderlich sein, Informationen an bestimmte Personen zu geben, die nicht über Telefon oder Betriebsfunk zu erreichen sind. Dies ist besonders bei Feuerwehr, Not- und Instandhaltungsdiensten usw. gegeben. Hierfür verwendet man besondere Melde- und Alarmempfänger, die entweder nur einige Signale empfangen können oder die auch neben Signalen eine Sprachdurchsage ermöglichen.

Um jedoch nur den einen gewünschten Teilnehmer anzusprechen, sind diese Geräte alle mit einem entsprechenden Selektivrufbauteil ausgestattet. Das Ansprechen des Rufteilnehmers erfolgt entweder direkt über eine Zentrale oder über ein Telefon, das bei der Zentrale die entsprechende Funktion auslöst.

Neben der Vielzahl privat betriebener drahtloser Personenrufanlagen, Melde- und Alarmempfänger, die regional begrenzt sind, wurde von der Konferenz der Europäischen Post und Fernmeldeverwaltungen ein Konzept für einen europäischen Funkrufdienst geschaffen. Bekannt ist dieser Funkrufdienst unter dem Begriff Eurosignal. Es soll exemplarisch für andere Systeme erläutert werden:

*Eurosignal*

Über diesen Funkrufdienst können Meldungen in Form von Tonsignalen von Sprechstellen des öffentlichen Fernsprechnetzes (Telefon) zu tragbaren Empfängern oder Empfängern in Fahrzeugen übermittelt werden. Die Bundesrepublik ist hierzu in drei Funkbereiche aufgeteilt und zwar in den

Bereich Nord = Kanal B (87, 365 MHz)
Bereich Mitte = Kanal A (87,340 MHz)
Bereich Süd = Kanal B.

In den anderen europäischen Staaten werden auch noch die Kanäle C (87,390 MHz) und D (87, 415 MHz) verwendet. Die Sender eines jeden Bereichs sind an eine Funkzentrale angeschlossen, die Anrufe an die Sender des Funkbereiches weiterleitet.

Die Bundespost teilt jedem Teilnehmer bis zu 4 Funkrufnummern für seinen Empfänger zu. Der Empfänger kann somit auf vier unterschiedlichen Rufnummern angesprochen werden. Der Auswerteteil des Empfängers schaltet einen Anrufton und ein für jede Rufnummer unterschiedliches optisches Signal ein. Gerufen wird der Empfänger über ein beliebiges Telefon mit Anschluß an das öffentliche Netz. Dabei wird zuerst die Kennzahl der Funkzentrale gewählt, in deren Bereich der Teilnehmer vermutet wird und danach die gewünschte Funkrufnummer. Der Anrufer hört als Quittung eine Tonbanddurchsage, wie z.B. „Eurosignal Nord". Danach wird der gewünschte Teilnehmer automatisch über die Sender der angewählten Funkrufzentrale gerufen. Zwischen dem Teilnehmer und dem Anrufer muß jedoch verabredet sein, welche Bedeutung das übermittelte neutrale Funksignal hat.

### 4.7.3 Temex

*Allgemeines*

Die Übertragung von Alarmsignalen oder von technischen Meßwerten bzw. Steuersignalen von dem Einsatzort zu einer hilfeleistenden Stelle bzw. Einsatzleitzentrale geschah bisher über fest eingerichtete Verbindungen (Standleitungen) oder über Telefonwählgeräte. Hierbei entsprachen die Standleitungen nach den VDE-Richtlinien 0833 dem angestrebten höchsten Sicherheitsgrad. Dafür sind die Standleitungen auch sehr teuer. Die preiswertere Lösung war die Übermittlung der Daten über ein Telefonwählgerät. Da es hierbei zur „Besetzt-Situation" kommen kann und eine Überwachung der Telefonleitungen nicht gegeben ist, war mit diesem System auch nur eine sehr geringe Sicherheit zu erreichen.

Von der Bundespost wird nunmehr ein neuer Dienst angeboten, der die Bezeichnung Temex trägt. Dieser Begriff kommt von Telemetrie Exchange und bietet für viele Fernwirkaufgaben neue und wirtschaftliche Lösungsmöglichkeiten an. Der neue Temex-Dienst deckt somit die Forderungen nach einer kostengünstigen, sicheren und universell einsetzbaren Lösung, eine bisherige Marktlücke, ab. Der Begriff Fernwirken umfaßt das Fernüberwachen und das Fernsteuern räumlich entfernter Objekte von einem oder mehreren Orten aus.

Die Fernwirksignale stellen technisch gesehen Informationen einfacher Art dar. Sie können als Datentelegramm innerhalb eines Netzes bearbeitet werden.

*Das Temex-Netz*

Der Temex-Dienst nutzt das vorhandene Telefon-Netz ohne selber das Telefon zu benutzen. Die Telefonleitungen sind in der Lage, Signale von 300 Hz bis 60 kHz zu übertragen. Für die Telefongespräche genügt jedoch ein Frequenzbereich von 300 bis 3400 Hz. Es bleibt deshalb ein genügend großer Frequenzbereich, um auch noch Datentelegramme über die Leitung zu versenden. Das Temex-Signal wird in einem Frequenzbereich von etwa 40 kHz übermittelt. Die Deutsche Bundespost stellt bei dem Nutzer des Temex-Dienstes an der Telefoneinspeisestelle des Grundstückes bzw. Gebäudes und beim Anbieter in der entsprechenden Temex-Empfangszentrale ein Modem (Übergabegerät) zur Verfügung. Die Signalübertragung erfolgt über eine logisch fest eingerichtete, quasi ständig überwachte Verbindung und ist somit kein Wählnetz. Die Bundespost bietet also ausschließlich zwischen den beiden Endprodukten den Übertragungsweg an.

Die technischen Einrichtungen außerhalb des Modems bei dem Nutzer und dem Modem bei dem Anbieter sind von privaten Anbietern zu installieren und zu betreuen.

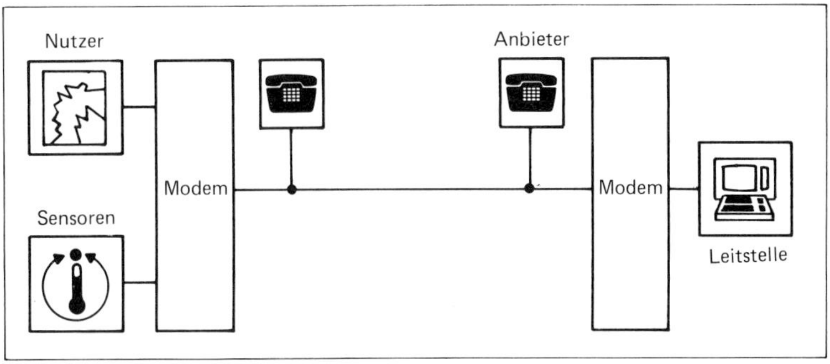


Konzeption der Temex-Übermittlung

Das Telefonieren und das Übertragen von Fernwirkinformationen erfolgt gleichzeitig und ohne gegenseitige Störungen. Hingewiesen werden muß jedoch darauf, daß es keinen Temex-Betrieb geben wird, der von jedem beliebigen Ort der Bundesrepublik Deutschland zu jedem anderen Ort einen Informationsaustausch ermöglicht. Die Bundesrepublik Deutschland ist vielmehr in 76 Temex-Versorgungsbereiche eingeteilt. Innerhalb dieser Versorgungsbereiche ist jedoch ein ortsnetzübergreifender Informationsaustausch zwischen beliebigen Sendestellen (Nutzer) und Empfängerstellen (Anbieter) möglich. Ist ein Datenaustausch über den Versorgungsbereich hinaus erforderlich, kann dies über die DATEL-Dienste der Post erfolgen.

## 4.8 Einsatzleitzentrale

### 4.8.1 Aufgaben einer Einsatzleitzentrale

Für jeden Sicherheitsdienst besteht die Notwendigkeit, eine Einsatzleitzentrale zu haben. Der Name ist allerdings etwas irreführend, denn kein Einsatz wird von der Leitzentrale aus geleitet, sondern dies geschieht immer vor Ort. Die Aufgaben einer Einsatzleitzentrale kann man wie folgt definieren:

- Ereigniserfassung
- Informationsbereitstellung
- Nachrichtenabwicklung
- Dokumentation.

Die nachfolgende Skizze soll den Zusammenhang der Einzelaufgaben verdeutlichen.

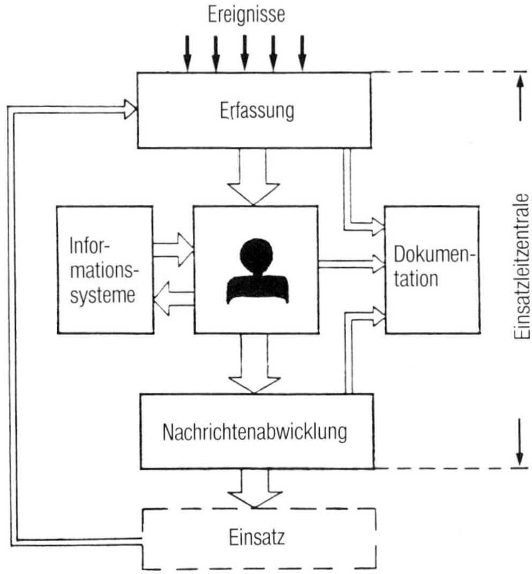


Aufgaben einer Einsatzleitzentrale

### 4.8.2 Ereigniserfassung

Als Ereignisse sind Alarme, technische Störmeldungen, Notrufe und Hilfeersuchen, Meldungen des Werkschutzpersonals, aber auch besondere Wetterwarnungen usw. anzusehen. Für die Erfassung der Ereignisse sind folgende Geräte notwendig bzw. möglich:

- Gefahrenmeldeanlagen
- Telefon
- Direkt- bzw. Notrufleitungen
- Betriebsfunk
- Fernschreiber
- Fernsehmonitor.

### 4.8.3 Informationsbereitstellung

Die Werkschutzmitarbeiter, die ihren Kontroll- und Streifendienst versehen, können nicht alle im Notfall benötigte Unterlagen mit sich führen. Deshalb muß die Einsatzleitzentrale die nötigen Informationen bereitstellen. Ebenfalls benötigen angeforderte Rettungs- und Hilfsmannschaften Informationen, um ihre Aufgaben durchführen zu können. Als Informationsmittel sind je nach Anforderung verwendbar:

- Karteien
- Geländezeichnungen

- Lagepläne
- Listen
- elektronische Datenspeicher
- Fernsehmonitor
- Dia-Projektionsgerät
- Mikrofilmgeräte.

### 4.8.4 Nachrichtenabwicklung

Nachrichten sind in erster Linie mit den im Einsatz befindlichen Werkschutzmitarbeitern abzuwickeln, aber auch mit Hilfs- und Rettungsmannschaften. Häufig sind auch Hilfskräfte zur Störungsbeseitigung herbeizuführen. Bei Bombendrohungen und Katastrophenfällen ist die Belegschaft durch geeignete Mittel zu warnen und zu informieren. Für diese Aufgaben sind folgende Geräte notwendig:

- Betriebsfunk
- Personenrufanlagen
- Telefon
- Gegensprechanlagen
- Lautsprecheranlagen
- Signalgeber.

*Angesichts der vielgestaltigen Sicherheitstechnik ist eine eingehende Einweisung der Werkschutzmitarbeiter in die Funktionen der im Betrieb verwendeten Geräte unerläßlich.*

Einsatzleitzentrale

### 4.8.5 Dokumentation

Zur Beweissicherung und zur exakten Protokollierung der Vorgänge ist es nötig, alle ankommenden Alarme und Meldungen präzise, d. h. fehlerfrei zu erfassen. Zusätzlich ist noch das Datum und die Uhrzeit festzuhalten. Diese Forderung gilt natürlich auch für die ganze Nachrichtenabwicklung. Für diese Aufgabe sind folgende Geräte nötig:

- Protokolldrucker
- Uhrenanlage
- Tonbandgerät
- Videobildspeicher
- Meßwertschreiber.

## 4.9 Sicherheitskennzeichnungen

### 4.9.1 Sicherheitskennzeichnungen am Arbeitsplatz

Zweck der Sicherheitskennzeichnung ist es, schnell und leichtverständlich die Aufmerksamkeit auf Gegenstände und Sachverhalte zu lenken, die bestimmte Gefahren verursachen können.

Die Unfallverhütungsvorschrift 1.6 „Sicherheitskennzeichnung am Arbeitsplatz“ (VBG 125) legt die nachstehenden Grundsätze für die Sicherheitskennzeichnung am Arbeitsplatz fest.

Die Sicherheitsfarben sind mit den vier nach der DIN-Norm festgelegten identisch.

| Sicherheitsfarbe | Bedeutung | Sicherheitsfarbe | Bedeutung |
|---|---|---|---|
| ROT<br>RAL 3000 | a) Halt! Unmittelbare Gefahr<br>b) Notschalteinrichtungen<br>c) Verbote<br>d) Brandbekämpfung | GRÜN<br>RAL 6001<br>(in Österreich RAL 6010) | a) Gefahrlosigkeit, freier Weg<br>b) Erste Hilfe (bei Personenschäden) |
| GELB<br>RAL 1004 | Vorsicht!<br>a) Warnung vor verdeckten Gefahren und gefährlichen Stoffen<br>b) Warnung vor Anstoß-, Sturz- und Quetschgefahr. | BLAU<br>RAL 5010<br>(in Österreich RAL 5007) | Sicherheitstechnische Gebote und betriebliche Anordnungen |

Die Sicherheitsfarben werden in Verbindung mit geometrischen Formen und Symbolen als Piktogramme (O Bilderschrift-Symbole) in Form von Schildern in den Betrieben benutzt.

*Zweck der Sicherheitsfarben*

Die Kennzeichnung durch Sicherheitsfarben im Betrieb soll:

- *Unfälle* und *gesundheitliche Schäden* verhüten helfen,
- auf Gefahren hinweisen.

Sicherheitsfarben finden Anwendung in der Gefahrenabwehr bei:

- Einrichtungen für die *Brandbekämpfung,*
- Arbeitssicherheits-technische Hinweise,
- *Arbeitssicherheits-Gebote* und Betriebliche *Anordnungen,*
- *Erste-Hilfe*-Einrichtungen,
- *Fluchtwege-Türen* (Notausgänge).

**Sicherheitsschilder und -kennzeichnungen**

**Sicherheitszeichen:**

Die Verwendung von Sicherheitszeichen ist auf wichtige Fälle zu beschränken. Zu viele im Sichtbereich befindliche Zeichen schränken die Wirkung des Einzelzeichens ein. Verbots-, Warn- und Gebotszeichen sollen eine schnelle Reaktion bei den angesprochenen Menschen auslösen. Deshalb verwendet man solche geometrischen Formen, die von der sonst üblichen Rechteckform deutlich abweichen.

**Symbole in festgelegter Form sind Beschriftungen vorzuziehen!**

### 4.9.2 Verbotsschilder

**Durchgang verboten**

**Rauchen verboten**

**Feuer, offenes Licht und Rauchen verboten**

**Form:** rund, ∅ 100, 200, 400, 600, 750 mm.
**Farbe:** Kontrastrand und Diagonalstrich rot. Untergrund weiß. Symbol und Beschriftung schwarz.

### 4.9.3 Warnschilder

**Warnung vor giftigen Stoffen**

**Warnung vor ätzenden Stoffen**

**Warnung vor Explosivstoffen**

**Warnung vor einer Gefahrenstelle**

**Warnung vor schwebender Last**

**Warnung vor Flurförderfahrzeugen**

**Form:** gleichseitiges Dreieck, Spitze nach oben. Schenkellänge: 50, 100, 200, 400, 630 mm.
**Farbe:** Untergrund gelb.
Symbol und Kontrastrand schwarz.

**Zusatzschilder**

**Gefährdung von Datenträgern**

**Form:** rechteckig (nur in Verbindung mit einem Verbotsschild, Gebotsschild oder Warnschild)

**Farben bei Verbotsschildern:**
Untergrund weiß, Rand rot, Beschriftung schwarz.

**Farben bei Warnschildern:**
Untergrund gelb, Kontrastrand und Beschriftung schwarz.

**Farben bei Gebotsschildern:**
Untergrund blau, Beschriftung weiß.

### 4.9.4 Schilder für Rettung und Erste Hilfe

**Rettungsweg (Richtungsangabe für Rettungsweg)**

**Hinweis auf „Erste Hilfe"**

**Form:** rechteckig
**Farben:** Untergrund grün, Beschriftung und Symbol weiß

### 4.9.5 Gebotsschilder

**Form:** rund, ∅ 100, 200, 400, 600, 750 mm
**Farben:** Untergrund blau,
Symbol und Beschriftung weiß.

### 4.9.6 Hinweisschilder

– für betriebliche Mitteilungen etc. –

**Hier liegen die Unfallverhütungsvorschriften aus**

**Form:** Rechteck
**Farben:** Untergrund blau,
Beschriftung weiß.

Die Kennzeichnung ständiger Gefahrenstellen, wie Stellen, an denen Gefahr des Anstoßens, Stürzens, Stolperns von Personen oder des Fallens von Lasten besteht, an Treppenstufen und Fußbodenluken, erfolgt durch gelb/schwarze Schraffierung.

Zur Sicherheitskennzeichnung am Arbeitsplatz gehören Verbotszeichen, Warnzeichen, Gebotszeichen und Rettungszeichen.

### 4.9.7 Kennzeichnung von Rohrleitungen

Die Kennzeichnung von Rohrleitungen erfolgt nach der DIN-Norm 2403. Die in den Rohrleitungen beförderten Durchflußstoffe werden nach ihren allgemeinen Eigenschaften in 10 Gruppen eingeteilt:

| Durchflußstoff | Gruppe | Farbname | Nächstliegendes Farbmuster im RAL-Farbregister RAL 840 HR |
|---|---|---|---|
| Wasser | 1 | Grün | RAL 6018 |
| Wasserdampf | 2 | Rot | RAL 3000 |
| Luft | 3 | Grau | RAL 7001 |
| Brennbare Gase | 4 | Gelb | RAL 1021 |
| | | oder Gelb<br>mit Zusatzfarbe Rot | RAL 1021<br>RAL 3000 |
| Nichtbrennbare Gase | 5 | Gelb<br>mit Zusatzfarbe Schwarz | RAL 1021<br>RAL 9005 |
| | | oder Schwarz | RAL 9005 |
| Säuren | 6 | Orange | RAL 2003 |
| Laugen | 7 | Violett | RAL 4001 |
| Brennbare Flüssigkeiten | 8 | Braun | RAL 8001 |
| | | oder Braun<br>mit Zusatzfarbe Rot | RAL 8001<br>RAL 3000 |
| Nichtbrennbare Flüssigkeiten | 9 | Braun<br>mit Zusatzfarbe Schwarz | RAL 8001<br>RAL 9005 |
| | | oder Schwarz | RAL 9005 |
| Sauerstoff | 0 | Blau | RAL 5015 |

Farbringe vor und hinter Mauerdurchgängen, Farbringe vor und hinter Abzweigungen, Farbringe vor und hinter Absperrschiebern und Farbringe mit Pfeilzeichen der Fließrichtung in Abständen je nach Lage der Rohrleitungen

### 4.9.8 Kennzeichnung von Druckgasflaschen

Für Druckgasflaschen sind die nachstehenden Anstrichfarben vorgeschrieben:

Sauerstoff = blau,
Azetylen = gelb,
Stickstoff = grün,
Wasserstoff = rot (Ausnahme: Heizgase, Feuerlöscher),
nichtbrennbare Gase = grau (Ausnahme: Ammoniak, CO).

### 4.9.9 Kennzeichnung gefährlicher Güter bei Transporten

Gefährliche Güter, von denen bei Unfällen oder bei unsachgemäßer Behandlung Gefahren ausgehen können, unterliegen bei ihrem Transport umfangreichen Gefahrgutvorschriften.

Sie regeln u. a.,

- welche gefährlichen Güter befördert werden dürfen;
- wie gefährliche Güter verpackt und gekennzeichnet sein müssen;
- wie die Beförderungsmittel zu kennzeichnen sind.

Solche Vorschriften bestehen für Transporte innerhalb der Bundesrepublik Deutschland und auch für grenzüberschreitende Transporte.

Man unterscheidet:

- Gefahrgutverordnung Straße (GGVS)
- Gefahrengutverordnung Eisenbahn (GGVE)
- Gefahrengutverordnung See (GGVSee)
- Gefahrengutverordnung-Binnenschiffahrt (GGVBinSch)
- IATA-DGR, Beförderung gefährlicher Güter im Luftverkehr.

Nachfolgend sind die für den Werkschutz wichtigsten Kennzeichnungen für Gefahrguttransporte auf der Basis der vorgenannten Vorschriften abgedruckt.

*Versandstücke*

Versandstücke mit gefährlichen Gütern werden mit folgenden Gefahrzetteln gekennzeichnet:

**Explosiv**
schw. auf orange-farb. Grund

**Explosiv Unterklasse 1.4**
schw. auf orangef. Grund

**Feuergefährlich (entzündbare flüssige Stoffe)**
schw. auf rotem Grund

**Feuergefährlich (entzündbare feste Stoffe)**
schw. auf rot-weißem Grund

**Selbstentzündlich**
schw. auf rot-weißem Grund

**Entzündliche Gase bei Berührung mit Wasser**
schw. auf blauem Grund

**Entzündend wirkende Stoffe oder organische Peroxide**
schw. auf gelbem Grund

**Giftig**
schw. auf weißem Grund

**Gesundheitsschädlich**
schw. auf weißem Grund

**Radioaktiver Stoff in Versandstücken der Kategorie I-WEISS**
schw. auf weißem Grund m. rotem I

**Ätzend**
schw. auf weißem Grund

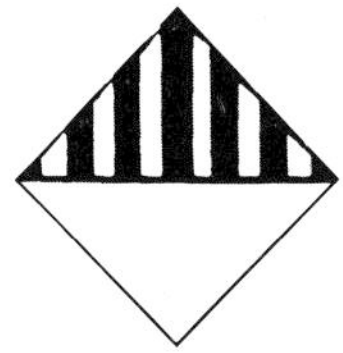

**versch. Stoffe und Gegenstände, die während der Beförderung eine Gefahr darstellen, die nicht unter die Begriffe anderer Klassen fällt**
schw. auf weißem Grund

Gefahrenzettel können zusätzlich mit einer Aufschrift in Zahlen oder Buchstaben versehen sein.

Aufgrund anderer Rechtsvorschriften können zusätzlich Kennzeichnungen erforderlich sein.

*Straßenfahrzeuge*

Straßenfahrzeuge, die gefährliche Güter in gewissen Mengen transportieren, haben jeweils vorn und hinten eine 40 cm × mindestens 30 cm große orangefarbene Warntafel.

Bei Tankfahrzeugen mit mehreren Kammern ist jede Kammer seitlich mit einer Warntafel gekennzeichnet, wenn sich in den Kammern unterschiedliches Ladegut befindet.

Die Warntafel kann in der oberen Hälfte eine Ziffernkombination – die Gefahrnummer (Kemmler-Zahl) – tragen. Sie ermöglicht auch aus gewisser Entfernung Informationen über Art und Gefährlichkeit des Transportgutes.

Die Ziffern weisen im allgemeinen auf folgende Gefahren hin:

2 Entweichen von Gas durch Druck oder durch chemische Umsetzung
3 Entzündbarkeit von Flüssigkeiten (Dämpfen und Gasen)
4 Entzündbarkeit fester Stoffe
5 Oxidierende (brandfördernde) Wirkung
6 Giftigkeit
8 Ätzwirkung
9 Gefahr einer spontanen heftigen Reaktion

Die Verdoppelung einer Ziffer weist auf die Zunahme der entsprechenden Gefahr hin (Beispiel 66 = sehr giftig).

Falls die Gefahr eines Stoffes ausreichend von einer einzigen Ziffer angegeben werden kann, wird diese Ziffer mit einer Null an zweiter Stelle ergänzt (Beispiel: 30).

Nachstehende Ziffernkombinationen haben eine besondere Bedeutung:

| | | |
|---|---|---|
| | 22 | tiefgekühltes Gas |
| X | 323 | entzündbarer flüssiger Stoff, der mit Wasser gefährlich reagiert, wobei entzündbare Gase entweichen |
| X | 333 | selbstentzündliche Flüssigkeit, die mit Wasser gefährlich reagiert |
| X | 423 | entzündbarer fester Stoff, der mit Wasser gefährlich reagiert, wobei brennbare Gase entweichen |
| | 44 | entzündbarer fester Stoff, der sich bei erhöhter Temperatur in geschmolzenem Zustand befindet |
| | 539 | entzündbares organisches Peroxid |

X vor der Nummer der Kennzeichnung der Gefahr = Stoff darf nicht mit Wasser in Berührung gebracht werden.

Die Ziffer in der unteren Hälfte – die Stoffnummer (UN-Nummer) – dient zur Ermittlung des Stoffnamens entsprechend einer von den Vereinten Nationen erstellten Stoffliste unter Zuhilfename einschlägiger Nachschlagewerke (z. B. Hommel).

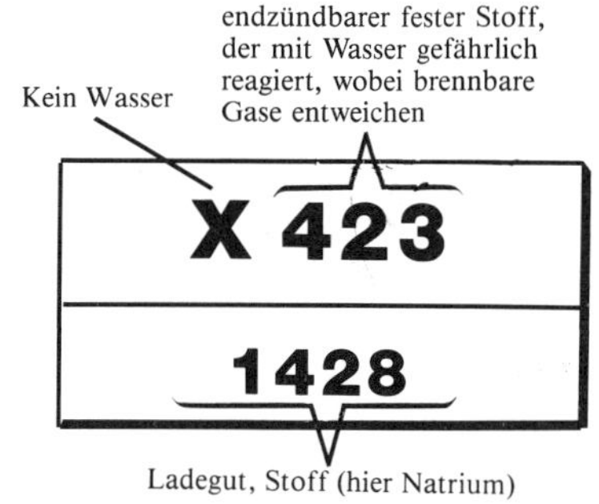


Straßenfahrzeuge können außerdem mit den vorher beschriebenen Gefahrzetteln versehen sein.

Straßenfahrzeuge mit radioaktiven Stoffen sind hinten und an beiden Seiten mit Gefahrenzetteln gekennzeichnet.

*Eisenbahnfahrzeuge*

Kesselwagen mit bestimmten gefährlichen Gütern tragen an beiden Längsseiten je eine 40 cm x mindestens 30 cm große orangefarbene Warntafel mit Nummer. Die Bedeutung der Nummern ist dieselbe, wie sie vorstehend für Straßenfahrzeuge angegeben ist. Außerdem können Güter- und Kesselwagen die vorstehend beschriebenen Gefahrzettel tragen.

*Unfallmerkblätter*

Für das Transportpersonal, aber auch für die Hilfskräfte werden bei Gefahrguttransporten im Führerhaus Unfallmerkblätter mitgeführt. Sie enthalten neben Angaben über die Eigenschaften und Gefahren des Ladegutes auch Hinweise für Notmaßnahmen, Erste Hilfe sowie Maßnahmen bei Leckage und Feuer.

### 4.9.10 Verkehrstechnisches Gerät

Zur innerbetrieblichen Verkehrsregelung werden heute fast ausnahmslos die Sicherheitszeichen der Straßenverkehrsordnung (StVO) verwendet, da diese im öffentlichen Verkehr angewandten Vorschriften den Mitarbeitern weitgehend bekannt sind.

Eine innerbetriebliche Verkehrsregelung ist erforderlich an Fahrbahnverengungen, an bestimmten Arbeits- oder Baustellen, im Bereich unfallträchtiger Kreuzungen und Einmündungen, an Werksausfahrten und Werkseinfahrten sowie an sonstigen für die Verkehrsführung wichtigen Stellen.

Die Verkehrsregelung erfolgt im wesentlichen durch:

*Gefahrzeichen*

Die Gefahrzeichen mahnen, sich auf die angekündigte Gefahr einzurichten, und sind dort angebracht, wo dies für die Sicherheit des Verkehrs *unbedingt* erforderlich ist. Das kann notwendig sein an unübersichtlichen Kurven, bei unebener Fahrbahn, bei Schleudergefahr, an Fahrbahn-Verengungen, an Gegenverkehrsstrecken, an Baustellen oder Fußgängerüberwegen, wie nachstehende Gefahrzeichen zeigen:

*Vorschriftzeichen*

Vorschriftzeichen sollen einem ordnungsgemäßen Verkehrsablauf und der Unfallverhütung dienen. Hierzu gehören die Schilder wie Warte- oder Haltegebote an Kreuzungen, Einmündungen oder Bahnübergängen, Geschwindigkeitsbeschränkungen, Hinweis für vorgeschriebene Fahrtrichtung, Vorrang für den Gegenverkehr, Verkehrsverbote, Halteverbote sowie Markierungen, Fahrstreifenbegrenzungen und Sperrflächen. Nachstehend sind einige Vorschriftzeichen wiedergegeben:

*Richtzeichen*

Die Richtzeichen geben zur Erleichterung des Verkehrs besondere Hinweise. Hierzu gehören Schilder an Vorfahrtsstraßen, an Parkflächen, über Vorrang vor dem Gegenverkehr, Hinweise auf Fußgängerwege, auf Umleitungen des Verkehrs bei Straßensperrungen oder bei Bauarbeiten. Hierzu einige Beispiele für Richtzeichen:

*Verkehrseinrichtungen*

Verkehrseinrichtungen haben einen wesentlichen Unfallverhütungs-Effekt und dienen zusammen mit roten Absperr- oder gelben Warnleuchten der optischen Verkehrsführung und der speziellen Verkehrsregelung im Bereich von Arbeits- und Baustellen. Die bedeutsamsten Verkehrseinrichtungen sind:

- Geländer, Absperrgeräte, Leiteinrichtungen sowie Blinklicht- und Lichtzeichenanlagen

Sämtliche Absperrmaßnahmen sollen so getroffen werden, daß ihre Dauer und räumliche Ausdehnung die Verkehrsabwicklung möglichst wenig erschweren.

Entfallen vorübergehend die Gründe für die Maßnahmen oder lassen die Umstände zeitweise Erleichterungen zu, sollten die Maßnahmen für diese Zeit unbedingt aufgehoben oder eingeschränkt werden.

Die einzelnen Verkehrseinrichtungen:

Geeignete Absperrgeräte für Arbeits-, Schaden-, Unfall- und andere Stellen sind:

– Absperrschranken

– Leitkegel

– Absperrbaken

– fahrbare Absperrtafeln

– Leitpfosten, um den Straßenverlauf kenntlich zu machen

– schraffierte Leittafeln oder Leitmale an gefährlichen Stellen, wie Richtungstafeln in Kurven

- Querabsperrungen einer gesamten Fahrbahn bei Baustellen oder aus anderen Anlässen (Unfälle). Die Warnleuchten zeigen rotes Dauerlicht:

- Querabsperrung eines Fahrstreifens. Die Warnleuchten zeigen gelbes Blinklicht.

- Behelfsmäßig können „weiß–rot–weiße Warnfahnen“, aufgereihte „rot–weiße Fahnen“ oder andere „rot–weiße Warneinrichtungen“ verwendet werden.
- Die Schranken an Bahnübergängen sind „rot–weiß“ gestreift.

### 4.10 Notwehr-Geräte und -Mittel

Unter Notwehrgeräten sind Geräte zu verstehen, die nach ihrer Beschaffenheit und ihrem Zweck dazu bestimmt sind, Angriffe auf Rechtsgüter wie Leben, körperliche Unversehrtheit, Freiheit, Eigentum usw. von sich selbst (Notwehr) oder auf andere (Nothilfe) abzuwehren (vgl. 2.2.4 und 2.4.2.1), nicht aber beliebige Gegenstände, die zufällig zur Hand sind, z. B. Latte, Schaufel usw., und sich dazu eignen, sich gegen einen Angriff zu wehren.

#### 4.10.1 Verhältnismäßigkeit bei Notwehr

Beschaffenheit und Wirksamkeit von Notwehrgeräten oder anderen zur Notwehr eingesetzten Mitteln stehen in engem Zusammenhang mit der Frage, ob das eingesetzte Notwehr-Gerät oder -Mittel dem Wert des bedrohten Rechtsguts und der Intensität des Angriffs angemessen ist. Bei der Abwehr ist der von der Rechtsprechung entwickelte Grundsatz der Verhältnismäßigkeit zwischen dem Mittel des Angriffs und dem der Abwehr zu berücksichtigen. Insbesondere ist auch in Rechnung zu stellen, welche Abwehrmittel dem Angegriffenen zur Verfügung stehen. Reicht z. B. die körperliche Kraft des Angegriffenen nicht aus, um den Angriff abzuwehren, so darf er sich mit Mitteln wehren, die über die Anwendung körperlicher Gewalt hinausgehen.

Notwehr bzw. Nothilfe wären überschritten, wenn auf einen Jugendlichen, der mit einem gestohlenen Päckchen Zigaretten flüchtet, gezielte Schüsse abgegeben würden. Zwar ist hier der Angriff auf das Eigentum noch fortbestehend, aber der Angriff auf Eigentum von geringem Wert rechtfertigt nicht das äußerste Mittel der Notwehr, den Schußwaffengebrauch. Dies gilt auch für andere Mittel; z. B. darf ein unbewaffneter, körperlich nicht überlegener Täter nicht mittels eines Schlages mit einer Spatenkante auf den Kopf abgewehrt werden. Ebenso darf ein bei einem Einsteigeversuch gestellter Täter nicht durch einen Stoß von einem hohen Baugerüst gestürzt werden.

Je mehr ein Notwehrgerät oder sonstiges Abwehrmittel objektiv geeignet ist, den Tod oder schwere Verletzungen zu verursachen, um so mehr muß der Grundsatz der Verhältnismäßigkeit beachtet werden. Die Entscheidung darüber, was angemessen ist, muß der die Notwehr Ausübende selbst treffen. Angesichts der zahllosen Varianten, die bei der Ausübung der Notwehr in der Praxis möglich sind, ist es nicht möglich, diese von vornherein zu kodifizieren. Dies kann mitunter zu Schwierigkeiten führen, wenn der Angegriffene sich auf Notwehr beruft, ihm aber im nachhinein vorgehalten wird, welche Gesichtspunkte er hätte bedenken müssen, obwohl er in einer Streßsituation und auch in Zeitnot handeln mußte. Um zu vermeiden, daß der die Notwehr Ausübende sich strafbar und/oder schadensersatzpflichtig macht, ist größte Sorgfalt bei der Wahl des Notwehr-Gerätes oder -Mittel ratsam.

#### 4.10.1.1 Warnschuß

Ebenso ist zu bedenken, ob nicht die Abgabe von Warnschüssen ausreicht, um einen Rechtsbrecher von der Fortsetzung des Angriffs – darunter ist z. B. auch die Flucht mit einer durch Raub erlangten Geldsumme zu verstehen – abzuhalten. Soweit es die Situation ohne eigene Gefährdung erlaubt, soll zuerst ein Warnschuß abgegeben werden, ehe gezielt geschossen wird. Hat der Täter selbst schon gezielt von seiner Schußwaffe Gebrauch gemacht, so kann dem Angegriffenen nicht zugemutet werden, daß er sich weiteren Schüssen ohne Gegenwehr aussetzt.

### 4.10.2 Gefährliche Werkzeuge

Immerhin kann ein Ansatzpunkt festgehalten werden:

Wer einen anderen mit einer Waffe oder mit einem Gegenstand angreift, der objektiv geeignet ist – oder absichtlich diesen Eindruck hervorruft –, den

Tod oder schwere Verletzungen des Angegriffenen herbeizuführen, muß in Kauf nehmen, daß gegen ihn ebenfalls gefährliche Abwehrmittel eingesetzt werden.

Dies gilt nicht nur bei einem Angriff mit Waffen im engeren Sinne, z. B. Schußwaffen einschl. Leuchtpistolen, Dolchen, Spring- und Haumessern, sondern auch für zahlreiche echte Werkzeuge, die als Gebrauchsgegenstände nicht einem generellen Verbot unterliegen wie große Schraubenschlüssel, Schienenkrallen, Eisenstangen, Hämmer, Montiereisen, Eisenketten, spitze Feilen, Metzgermesser, Tapeziermesser, Brieföffner, Handbeile usw.

Weiter gilt dies auch für Molotow-Cocktails, Stahlkugelschleudern mit Armstütze und Zielvorrichtung, Würgehölzer, abgebrochene Glasflaschen, gefüllte Säurebehälter usw.

Ebenso fällt darunter die Anwendung von Kampfsporttechniken, die den Tod oder schwere Verletzungen hervorrufen können wie z. B. Karateschläge an den Hals, Fußtritte gegen den Unterleib.

Sobald solche Werkzeuge und Mittel gegen Menschen eingesetzt werden, sind sie „gefährliche Werkzeuge“ im strafrechtlichen Sinne (§ 223a StGB – Gefährliche Körperverletzung – vgl. 2.3.4.5.2.2), ohne Rücksicht darauf, ob sie durch eine andere gesetzliche Vorschrift wie das Waffengesetz verboten sind oder nicht.

Auch Gegenstände, die objektiv nicht gefährlich sind, aber den Eindruck der Gefährlichkeit machen, z. B. Schußwaffenattrappen, rechtfertigen die Notwehr.

Grundregel bleibt auch in diesen Fällen: Zweck der Notwehr bzw. Nothilfe ist es nicht, den Angreifer schwer zu verletzen oder gar zu töten, sondern ihn von der Fortsetzung des Angriffs abzuhalten bzw. ihn angriffsunfähig zu machen. Daß bei einem Schußwechsel trotz dieser Absicht der Angreifer dennoch getötet wird, läßt sich nicht ausschließen, da der Angegriffene in einer solchen Situation nicht in der Lage sein wird, weniger empfindliche Körperteile des Angreifers, z. B. bei einem Raubüberfall auf einen Geldtransport, zu treffen, solange er selbst Objekt auf ihn gezielter Schüsse des Angreifers ist, zumal der Angegriffene auch insofern im Nachteil ist, als er eine Gefährdung unbeteiligter Dritter, z.B. Passanten, vermeiden muß.

### 4.10.3 Waffenlose Notwehr

Da die Erlaubnis zum Tragen von Schußwaffen restriktiv gehandhabt wird, ist das Interesse an Techniken der waffenlosen Notwehr gewachsen. Kampfsportarten wie Boxen, Ringen, Judo, Ken Jitsu, Karate usw. werden nicht nur für den sportlichen Wettkampf, sondern auch zur Selbstverteidigung erlernt.

Umgekehrt muß auch damit gerechnet werden, daß diese Techniken von Rechtsbrechern bei der Verübung von Straftaten eingesetzt werden.

Die Tatsache, daß die Notwehr mittels solcher Techniken ohne Waffen im engeren Sinne geübt wird, darf nicht zu dem Fehlschluß verleiten, daß diese unbeschränkt und insbesondere ohne die Beachtung des Grundsatzes der Verhältnismäßigkeit angewandt werden dürften. Der Schlag eines trainierten Boxers mit der unbehandschuhten Faust gegen den Kopf, ein Karateschlag gegen den Kehlkopf, ein harter Ringergriff können so gefährlich wie ein Schuß sein.

Je geübter und erfahrener derjenige ist, der solche Techniken bei der Notwehr anwendet, desto mehr ist er verpflichtet, seine Notwehrmaßnahmen so zu dosieren, daß kein unverhältnismäßiger Körperschaden beim Angreifer entsteht.

Die Kenntnis solcher Kampfsportarten mag für den Werkschutz unter dem Gesichtspunkt von Bedeutung sein, daß durch ihre Anwendung der Einsatz von Schußwaffen im Einzelfalle möglicherweise vermeidbar wird. Das Erlernen und Trainieren ist jedoch nicht in jedem Falle zumutbar oder möglich; immerhin sollte der Werkschutz mit den Grundbegriffen soweit vertraut sein, daß er bei einem Angriff mittels solcher Kampfsportarten dem Angreifer nicht völlig hilflos gegenübersteht.

### 4.10.4 Einsatz von Hunden

Die Möglichkeiten des Einsatzes von Hunden im Dienste des Werkschutzes sind begrenzt. Ihre Verwendung stößt je nach Branche, Art der Fertigung usw. auf Schwierigkeiten. Hunde können zum Beispiel in einem metallverarbeitenden Betrieb mit spanabhebender Fertigung kaum eingesetzt werden, da sich die Tiere ständig verletzen würden.

Einsatz, Haltung und Ausbildung von Hunden werden in VBG 68, §§ 12–17, geregelt.

#### 4.10.4.1 Suchhunde

Auch als Suchhunde sind sie nur unter besonderen Umständen einsetzbar, da die zahlreichen in einem Werk vorhandenen, häufig sich kreuzenden Spuren verwirrend sind. Dazu kommen die besonderen Gerüche des Betriebes selbst, Öle, Chemikalien usw., die vom Hund besonders stark wahrgenommen werden und die andere Geruchsspuren überdecken. Hingegen ist denkbar, daß Suchhunde zur Verfolgung eines flüchtenden Täters in einer Umgebung mit aufgelockerter Bauweise, Grünanlagen usw. mit Erfolg eingesetzt werden können.

### 4.10.4.2 Schutzhunde

Im Einsatz als Schutzhund kann der Hund für den Werkschutz gute Dienste leisten. Dies gilt in verstärktem Maße für Einsätze bei Nachtstreifen. Wenn das zu bestreifende Objekt wirksam kontrolliert werden soll, so ist der Einsatz des Hundes fast unverzichtbar, besonders wenn sich das Objekt am Rande oder inmitten von Gehölz, Gärten oder Parkanlagen befindet, da dem Hunde die Anwesenheit von versteckten Personen nicht entgehen wird, während bei Zwielicht oder bei Nacht eine Streife sie nur schwer, mit erheblicher Gefahr für sich selbst und unter größerem Zeitaufwand entdecken könnte.

Es ist eine Erfahrungstatsache, daß viele Rechtsbrecher einen Hund mehr fürchten als einen Schußwaffenträger. Während der Schußwaffenträger von einem Rechtsbrecher, der schon vor seiner Entdeckung seine Schußwaffe gezogen hat, eingeschüchtert oder gezwungen werden kann, seine eigene Waffe niederzulegen, greift ein gut ausgebildeter Schutzhund an. Da er in schneller Bewegung ist, bietet er zudem ein schlechtes Ziel. Während der Rechtsbrecher versuchen muß, sich der Angriffe des Hundes zu erwehren, wird der Hundeführer in die Lage versetzt, seinerseits Gegenmaßnahmen zu ergreifen.

Sog. „Kampfhunde“ sind für den Werkschutz ungeeignet; wegen ihrer Gemeingefährlichkeit ist ihre Haltung z. T. verboten (z. B. Rasse „Filas Brasileiros“ durch Saarl. OVerwG). Z. T. wird die Genehmigung zur Haltung an bestimmte Auflagen (Zwingerhaltung) geknüpft (Niedersachsen). Ein generelles Verbot wird angestrebt.

### 4.10.4.3 Ausbildung und Führung

Als Schutzhund wird im allgemeinen der Deutsche Schäferhund bevorzugt. In jedem Fall muß der Hund die notwendige Dressur aufweisen. Dressurübungen müssen laufend wiederholt werden. Dafür bieten sich sowohl polizeiliche Einrichtungen als auch z. B. die zahlreichen Vereine für Deutsche Schäferhunde an. Nach der Fassung der UVV „Wach- und Sicherungsdienste“ (VBG 68) v. 1. Okt. 1990 kann die Ausbildung von Wachpersonen als Hundeführer zu einem Beitragsbonus führen.

Der Hundeführer sollte nach Möglichkeit nicht gewechselt werden, da ein Wechsel die Einsatzfähigkeit des Hundes beeinträchtigen kann. Um einen Wechsel der Hundeführer zu vermeiden, können geeignete Werkschutzmänner, unter denen sich oft Hundeliebhaber befinden, Hunde erwerben und halten, wofür ihnen ganz oder teilweise Kaufpreis, Ausbildungskosten, Futtergeld, Steuer, Versicherung ersetzt werden. Als Gegenleistung übernimmt der Hundeführer die Verpflichtung, bei seiner Streifentätigkeit den Hund einzusetzen. Die Anlage eines Hundezwingers im Werk empfiehlt sich aus den verschiedensten Gründen – auch aus optischen – im Regelfall nicht.

Beim Transport eines Hundes mit einem Kraftfahrzeug ist darauf zu achten, daß zwischen Fahrer und Beifahrer einerseits und dem Hunde andererseits ein Nylonnetz, Maschendraht oder eine ähnliche Zwischenwand eingezogen werden kann, damit ein durch einen Verkehrsunfall in Panik geratener Hund nicht die Besatzung angreifen kann.

### 4.10.5 Notwehrgerät im Werkschutz

Soweit die waffenlose Notwehr nicht ausreicht, kommen für den Werkschutz drei Arten von Notwehrgeräten infrage:

- Chemische Abwehrmittel (Reizgas)
- Hiebwaffe (Schlagstock)
- Handfeuerwaffe (Selbstladepistole, Revolver).

Einen Sonderfall stellen Atomkraftwerke dar. Mit der atomrechtlichen Genehmigung kann die Auflage verbunden sein, einen bewaffneten Werkschutz zum Schutz des AKW aufzustellen, da seine Gefährdung sehr hohe Risiken mit sich bringt (BVerwG). S. auch 4.6.10.1.

#### 4.10.5.1 Reizgas

Um einen Angreifer zur Fortsetzung des Angriffs unfähig zu machen, genügt häufiger der Einsatz von handelsüblichen Spraydosen mit CS-Gas (Konzentration 1%). Bei der Abwehr mittels CS-Gas ist zu beachten, daß der Angreifer nicht länger besprüht werden darf, als der Angriff andauert. Bei der Verwendung von CS-Gas ist weiter zu beachten, daß der Angreifer bereits aus einer Entfernung von 1 Meter und mehr, nicht aber aus geringerer Entfernung besprüht werden soll, um zu vermeiden, daß die Reizwirkung länger als nötig andauert oder zu starke Wirkungen hervorruft. Eine richtig dosierte Anwendung von Reizgas verursacht keine Dauerschädigung. Es eignet sich zur Anwendung gegen nur in einer Ausnahmesituation, z.B. Volltrunkenheit, aggressive Personen, die normalerweise keine kriminelle Energie aufweisen. Auch zur Abwehr von bissigen Hunden ist Reizgas geeignet. In jedem Falle Windrichtung beachten!

Werden Kleidungsstücke, z. B. Pullover, besprüht, so hält die Wirkung des CS-Gases länger an, da die Körperwärme immer wieder Gas-Rückstände verflüchtigt. Dies gilt auch, wenn der Betreffende aus dem Freien in einen beheizten Raum verbracht wird. Unter keinen Umständen darf eine Probe mit der Wirkung des CS-Gases in einem geschlossenen Raum gemacht werden.

Von der Verwendung von sog. Gaspistolen zum Verschießen von Reizstoffen wird abgeraten. Ein Angreifer, der mit einer echten Schußwaffe bewaffnet ist, kann durch das Vorweisen einer Gaspistole oder Schreckschuß-Pistole dazu provoziert werden, von seiner Schußwaffe Gebrauch zu machen. Ferner kann der Gebrauch einer Gaspistole auf kurze Entfernung Verbrennungen hervorrufen. Schließlich kann ungeachtet der Versicherung mancher Hersteller es nicht mit Sicherheit ausgeschlossen werden, daß zusammen mit dem Reizstoff auch Festteile ausgestoßen werden, die auf kurze Entfernung z. B. Augenschäden verursachen können.

#### 4.10.5.2 Hiebwaffen

Das Waffengesetz (WaffG) definiert wie folgt:

*Hieb- und Stoßwaffen im Sinne dieses Gesetzes sind Waffen, die ihrer Natur nach dazu bestimmt sind, unter unmittelbarer Ausnutzung der Muskelkraft durch Hieb, Stoß oder Stich Verletzungen beizubringen. Den Hieb- und Stoßwaffen stehen Geräte gleich, die ihrer Natur nach dazu bestimmt sind, unter Ausnutzung einer anderen als mechanischen Energie durch körperliche Berührung Verletzungen beizubringen.*

*(§ 1 Abs. 7 WaffG)*

Für den Gebrauch des Werkschutzes fallen Waffen weg, die durch Stich oder Stoß Verletzungen hervorrufen. Als Hiebwaffe verbleibt nur der Schlagstock aus Gummi, Holz oder ähnlichem Material mit Handgriff und mit einem Schaft von etwa 40 cm, mit Tragschlaufe.

Auch beim Einsatz des Schlagstockes muß der Grundsatz beachtet werden, daß bei der Abwehr eines Angriffs nicht über das erforderliche Maß hinausgegangen wird. Wenn z. B. ein Schlag auf Arm oder Hand ausreicht, um den mit einem gefährlichen Gegenstand angreifenden Täter zu entwaffnen, so darf dem Angreifer nicht durch einen Schlag ins Gesicht etwa ein Kiefer- oder Nasenbeinbruch zugefügt werden. Ob es zweckmäßig ist, daß der Schlagstock ständig getragen wird, bestimmt sich nach der örtlichen Situation. Bei Torwachen sollte er, wenn er nicht ohnehin getragen wird, in greifbarer Nähe vorhanden sein. Bei Nachtstreifen sollte er in jedem Fall getragen werden.

Im Handel sind auch mit einem Reizstoff-Spray kombinierte Schlagstöcke, deren Reichweite unter der Spraydose liegt.

#### 4.10.5.3 Schußwaffen

Herstellung, Prüfung, Erwerb, Führung usw. von Waffen sind im Waffengesetz (WaffG) und den dazu gehörenden Verordnungen geregelt. Besitz, Führung usw. sind für den Werkschutz und das Bewachungsgewerbe in der VBG 68 (abgedruckt auf S. 457 ff.) grundsätzlich geregelt.

*Schußwaffen im Sinne dieses Gesetzes sind Geräte, die zum Angriff, zur Verteidigung, zum Sport, Spiel oder zur Jagd bestimmt sind und bei denen Geschosse durch einen Lauf getrieben werden.*

*Tragbare Geräte, die zum Abschießen von Munition bestimmt sind, stehen den Schußwaffen gleich.*

*(§ 1 Abs. 1 u. 2 WaffG)*

Für den Gebrauch des Werkschutzes scheiden aus

- Geräte nach Abs. 2 (z. B. Bolzenschußgeräte), die für gewerbliche oder technische Zwecke bestimmt sind, und Selbstschußgeräte.
- Langfeuerwaffen (z. B. Gewehre), die ihrer Natur nach dazu bestimmt sind, in erster Linie auf größere Entfernung zu wirken. Liegt aber eine solche Entfernung vor, so wird in der Regel noch keine persönliche Notwehrsituation gegeben sein.
- Kriegswaffen i. S. d. Gesetzes über die Kontrolle von Kriegswaffen bzw. der dazu gehörenden Kriegswaffenliste mit sehr wenigen, besonders gelagerten Ausnahmefällen.

Für den Einsatz beim Werkschutz kommen sowohl Selbstlade-Pistolen als auch Revolver in Betracht.

#### 4.10.5.4 Handfeuerwaffen

*Handfeuerwaffen im Sinne dieses Gesetzes sind*

1. *Schußwaffen, bei denen zum Antrieb der Geschosse heiße Gase verwendet werden.*
2. *Geräte nach Abs. 2.*

*(§ 1 Abs. 4 WaffG).*

#### 4.10.5.5 Selbstladewaffen

*Selbstladewaffen im Sinne dieses Gesetzes sind Schußwaffen, bei denen nach dem ersten Schuß lediglich durch Betätigen des Abzuges weitere Schüsse aus demselben Lauf abgegeben werden können.*

*(§ 1 Abs. 5 WaffG).*

### 4.10.6 Voraussetzungen für Schußwaffenerlaubnisse

Die Erlaubnis zum Erwerb und Besitz einer Schußwaffe innerhalb des eigenen Besitztums (Waffenbesitzkarte) oder zur Führung der Schußwaffe auch außerhalb des befriedeten Besitztums (Waffenschein) ist an strenge gesetzliche Bestimmungen geknüpft.

Zum Erwerb von Munition bedarf es eines speziellen Munitionserwerbscheins.

#### 4.10.6.1 Nachweis des Bedürfnisses für eine Schußwaffe

Zunächst muß das Bedürfnis zum Erwerb oder zur Führung einer Schußwaffe nachgewiesen werden. Ein allgemeiner Hinweis auf die gefahrengeneigte Tätigkeit des Werkschutzes reicht nicht aus, es muß vielmehr konkretisiert werden, daß der Antragsteller mehr als die Allgemeinheit durch Angriffe auf Leib oder Leben gefährdet ist und daß der Erwerb einer Schußwaffe bzw. von Munition geeignet ist, diese Gefährdung zu mindern. Für Jäger und Mitglieder von Schießsportvereinen gelten besondere Bestimmungen (§ 32 WaffG).

#### 4.10.6.2 Persönliche Zuverlässigkeit

Die erforderliche Zuverlässigkeit gilt als gegeben, wenn nicht Tatsachen die Annahme rechtfertigen, daß der Antragsteller

- Waffen oder Munition mißbräuchlich oder leichtfertig verwenden wird,
- mit Waffen und Munition nicht vorsichtig und sachgemäß umgehen und diese Gegenstände sorgfältig verwahren wird,
- Waffen und Munition Personen überläßt, die zur Ausübung der tatsächlichen Gewalt über Waffen nicht berechtigt sind.

(§ 5 WaffG).

Dieselbe Vorschrift enthält auch einen Katalog von Straftaten, deren Begehung in der Regel die Annahme der Zuverlässigkeit ausschließt, wenn der Antragsteller innerhalb der letzten 5 Jahre rechtskräftig verurteilt wurde; die Haftzeit ist auf die Frist nicht anzurechnen.

Diese Straftaten sind:

- Friedensverrat, Hochverrat, Landesverrat, Gefährdung des demokratischen Rechtstaats, Gefährdung der äußeren Sicherheit,
- vorsätzlicher Angriff auf Leben und Gesundheit, Vergewaltigung, Zuhälterei,
- Land- oder Hausfriedensbruch, Widerstand gegen die Staatsgewalt,
- gemeingefährliche Straftaten, worunter nach neuerer Rechtsprechung auch Trunkenheit am Steuer fällt,
- Straftaten gegen Eigentum und Vermögen,
- mindestens zweimal im Zustand der Trunkenheit begangene Straftaten,
- fahrlässige Straftaten im Umgang mit Waffen, Munition oder Sprengstoff,
- Straftaten gegen die Waffengesetze, das Sprengstoffgesetz, Bundesjagdgesetz und wiederholte und gröbliche Verstöße gegen diese Vorschriften.
- Außerdem sind in der Regel Personen ausgeschlossen, die geschäftsunfähig, in der Geschäftsfähigkeit beschränkt, geisteskrank, geistesschwach, trunksüchtig oder rauschmittelsüchtig sind.

Vor Einreichung eines Antrags auf Ausstellung eines Waffenscheins sollte daher geprüft werden, ob nicht eine Ablehnung wegen einer Straftat auch geringeren Gewichts zu besorgen ist, um ärgerliche Vorkommnisse zu vermeiden.

### 4.10.6.3 Sachkundeprüfung

Der Nachweis der Sachkunde über Schußwaffen ist durch eine Prüfung durch die Polizeibehörde oder deren vorgesetzte Dienststelle zu erbringen. Nach Beschluß der Innenministerkonferenz besteht ein einheitlicher Fragekatalog für die Sachkundeprüfung.

Geprüft werden Waffenrecht, Notwehrrecht und technische Fragen der Funktion und Wirkung von Schußwaffen.

Die Sachkundeprüfung kann durch den Nachweis einer entsprechenden Ausbildung (Jäger, Schützen, fr. Polizeibeamte; bei fr. Grundwehrdienst in der Bundeswehr nur durch Nachweis der Ausbildung an der beantragten Waffe, z. B. Pistole, durch Rückfrage bei Kreiswehrersatzamt) ersetzt werden.

### 4.10.6.4 Haftpflicht-Versicherung

Eine weitere Voraussetzung für die Erteilung eines Waffenscheins ist der Nachweis des Abschlusses einer Haftpflicht-Versicherung, die Personenschäden bis zu einer Höhe von DM 500000,– und Sachschäden bis zu DM 50000,– abdeckt, durch den Antragsteller.

(§ 36 WaffG).

### 4.10.6.5 Waffenschein für eine Mehrzahl von Personen

Ein Waffenschein kann dergestalt ausgestellt werden, daß neben dem „Hauptinhaber", der Bedürfnis und Versicherung nachzuweisen hat, weitere Personen zur Führung desselben berechtigt sind. Sie sind der zuständigen Behörde vorher zu melden. Sie müssen die Vorbedingungen: Zuverlässigkeit, Sachkunde und körperliche Eignung ebenfalls erfüllen. Von dieser Regelung Gebrauch zu machen, ist sinnvoll, wenn Schichtdienst geleistet wird oder Mehraufgaben oder eine größere Ansammlung von Waffen vermieden werden soll, die immer wieder als Vorwand für absurde Verdächtigungen des Werkschutzes („Privatarmee") benutzt wird.

(§ 35 Abs. 3 WaffG).

### 4.10.6.6 Ausweispflicht

Wer eine Schußwaffe führt, muß einen amtlichen Personalausweis außer dem Waffenschein bei sich tragen.

(§ 35 Abs. 5 WaffG).

**Die ab Ziffer 4.10.7 bis einschl. 4.10.10.2.2 dargestellten Bestimmungen und Wissensgebiete (grau unterlegt) sind nicht Prüfungsgegenstand der Prüfung als Werkschutzkraft.**

### 4.10.7 Auswahl der Handfeuerwaffen

Zwischen Waffensachverständigen nicht nur des Werkschutzes bestehen seit langem Meinungsunterschiede darüber, welche Waffe – Selbstladepistole oder Revolver – und welche Fabrikate am zweckdienlichsten sind. Beide Arten weisen Vorteile auf. Der Revolver ist z B. wenig empfindlich gegen Verschmutzung, wenn die Waffe auf sandigen oder lehmigen Boden gefallen ist. Andererseits dauert das Nachladen des Revolvers, auch unter Zuhilfenahme eines Ladegeräts, erheblich länger als das Einführen des Magazins und das Spannen einer Selbstladepistole. Wenn ein längerer Schußwechsel z. B. beim Personenschutz oder bei der Sicherung von Geldtransporten in Betracht gezogen werden muß, ist die Führung der Selbstladepistole zweckmäßig, zumal die in den letzten Jahren neuentwickelten Selbstladepistolen weniger störanfällig durch Ladehemmungen sind als die alten Modelle, denen noch nicht durch Lastenheft die heutigen Auflagen gemacht worden waren.

Nach häufigen Schießübungen treten auch beim Revolver, hauptsächlich bei solchen in Leichtbauweise (Alu-Rahmen) Defekte auf.

Aus der Wahl der Waffe sollte man keinen Glaubenssatz zu machen versuchen, sondern in erster Linie diejenige Waffe wählen, mit der die besten Schußergebnisse erzielt werden, d. h. notfalls unterschiedliche Waffen erproben. Eine einheitliche Ausstattung ist wünschenswert, aber nicht unbedingt erforderlich, da angesichts der geringen Zahl der Waffen des Werkschutzes nicht wie bei Polizei- oder militärischen Einheiten logistische Probleme entstehen.

#### 4.10.7.1 Kriterien für die Auswahl der Waffe

- Sie muß ein in der Bundesrepublik anerkanntes Beschlußzeichen tragen.
- Die Waffe muß handlich und ihr Äußeres so beschaffen sein, daß sie sich beim Ziehen nicht leicht in Holster, Tasche oder Kleidungsstücken verhakt.
- Das Kaliber soll 9 mm nicht unterschreiten, um eine nachhaltige Wirkung durch die Auftreffenergie des Geschosses und damit eine Schockwirkung zu erzielen. Vor allem glatte Muskeldurchschüsse mit Kaliber 6,35 mm und 7,65 mm erzielen erfahrungsgemäß keine Stop-Wirkung. Das große Kaliber ist in gewisser Weise fast „schonender“: Um eine Stop-Wirkung mit einem Geschoß vom Kaliber 9 mm zu erreichen, kann ein Schuß in die Schulter ausreichen, während ein Geschoß vom Kaliber 6,35 mm kaum Wirkung zeigt, wenn nicht ein besonders empfindlicher Körperteil, z. B.

Kopf, getroffen wird, was wiederum eher Tod oder schwere Verletzung mit möglichen Dauerfolgen verursachen würde.

- Die eine hohe Mannstop-Wirkung ergebenden Teilmantel- und Hohlspitzgeschosse sind für den Werkschutz nicht erlaubt. Die Zielenergie des Geschosses sollte mindestens 350 Joule aufweisen.
- Die Lauflänge sollte etwa 90 mm betragen, um auf kürzere Entfernung – bis zu 25 m – eine gewisse Zielgenauigkeit zu erreichen. Eine Lauflänge von 120 mm und mehr (Scheibenpistole) ermöglicht zwar ein genaueres Zielen, setzt aber die Handlichkeit der Waffe herunter. Selbstladepistole und Revolver sind für den Einsatz auf kürzere Entfernungen bestimmt.
- Der Rückstoß beim Schuß soll nicht zu hart sein, um zu vermeiden, daß Waffenhand und Arm zu stark aus der Zielrichtung für den nächsten Schuß gebracht werden.

### 4.10.8 Schieß-Ausbildung

Es ist selbstverständlich, daß der einmalige Nachweis des Könnens im Umgang mit der Schußwaffe anläßlich der Sachkundeprüfung nicht ausreichen kann, sondern daß der Umgang weiterhin geübt werden muß. Dies ist auch unter dem Gesichtspunkt notwendig, jederzeit nachweisen zu können, daß bei der Auswahl der Schußwaffenträger die erforderliche Sorgfalt beachtet wurde.

- Schieß-Übungen sollten mindestens einmal im Vierteljahr abgehalten werden. Dabei ist nicht in erster Linie aus großer Distanz auf Ringscheiben, sondern aus Distanzen von 25 m und darunter auf Mannscheibe zu schießen. Vor allem soll der schnelle Schuß geübt werden.
  Da eigene Schießstände kostspielig und nicht hinreichend ausgelastet wären, bieten sich Abmachungen mit örtlichen Schieß-Sportvereinen an. Die dort geltenden Sicherheitsvorschriften sind strengstens einzuhalten.
- Über die Ergebnisse des Übungsschießens soll für jeden Teilnehmer ein Schießbuch geführt werden.
- Für Sicherungsbegleiter im Personenschutz oder für Geldtransporte, die einer stärkeren Gefährdung ausgesetzt sind, müssen häufigere Schießübungen angesetzt werden. Außerdem könnten sie im sog. Combat-Schießen ausgebildet werden. In diesem Falle sollte auch die Frage einer höheren Lebens- bzw. Invaliditäts-Versicherung geprüft werden.

#### 4.10.8.1 Verwahrung und Ausgabe von Handfeuerwaffen

- Schußwaffen müssen in einem gesicherten Behältnis, z. B. Stahlschrank, vor unbefugtem Zugriff sicher unter Verantwortung des Werkschutzleiters bzw. dessen Stellvertreters (Wachleiter, Schichtführer) untergebracht werden. Über Empfang und Rückgabe der Waffen sollte ein Quittungsbuch mit Angabe der Waffen-Nummer, des Datums und der Tageszeit geführt werden.

- Schußwaffen sollen nur für bevorstehende, spezielle Gefahrensituationen, z. B. bei der Sicherung einer Hauptkasse, bei der hohe Bargeldsummen (Kundengelder) verwahrt werden, ausgegeben werden. Das Gefahrenmoment ist bei Nachtwachen und bei Nachstreifen höher einzuschätzen, insbesondere wenn das Wach- und Aufsichtspersonal in dieser Zeit reduziert ist. Entsprechendes gilt für arbeitsfreie Tage.

#### 4.10.8.2 Ausschluß vom Tragen einer Handfeuerwaffe

Vom Tragen eine Schußwaffe sollten zur Vermeidung von Unglücksfällen durch betriebsinterne Regelung diejenigen Personen ausgeschlossen werden, die

- aus Lust am Schießen oder aus Geltungsbedürfnis dazu geneigt („trigger-happy") sind, ohne zwingende Notwendigkeit von der Schußwaffe Gebrauch zu machen,
- aus Ängstlichkeit dazu neigen, vorschnell von der Schußwaffe Gebrauch zu machen,
- sich der Gefährlichkeit einer Schußwaffe nicht hinreichend bewußt sind und
  z. B. mit der geladenen oder ungeladenen Schußwaffe auf einen anderen zielen,
  z. B. beim Hantieren mit der Schußwaffe (Durchsicht, Reinigung, Übergabe) die Laufmündung auf sich oder andere richten,
  z. B. bei der Übergabe der Schußwaffe keine oder eine falsche Meldung über den Zustand der Schußwaffe (geladen, gespannt, gesichert) machen,
- bei Schießübungen nicht die festgesetzte Zahl von Treffern erreichen,
- die Schußwaffe Unbefugten überlassen.

### 4.10.9 Verbotene Waffen

Generell sind folgende Waffen und waffenähnliche Gegenstände verboten:

#### 4.10.9.1 Vollautomatische Waffen und deren Nachbildungen

Vollautomatische Selbstladewaffen – die zudem meist als Kriegswaffen verboten sind –, z. B. Maschinenpistolen, ferner Waffen, die den Eindruck erwecken, solche Waffen zu sein, und deren Nachbildungen, z. B. Maschinenpistolen-Attrappen aus Plastik, ferner unbrauchbar gemachte Kriegswaffen oder unbrauchbare Schußwaffen, die den Eindruck von vollautomatischen Kriegswaffen hervorrufen.

#### 4.10.9.2 Waffen, die zur Erleichterung von Straftaten dienen

Schnell zerlegbare, verkürzbare, zusammenklappbare, zusammenschiebbare Schußwaffen, soweit dies über das bei Sport- und Jadgwaffen Übliche hinausgeht, z. B. zerlegbare Wildererstutzen oder für verbrecherische Organisationen typische, abgesägte Schrotflinten („Lupara").

#### 4.10.9.3 Getarnte Waffen

Schußwaffen, die einen Gebrauchsgegenstand vortäuschen, z. B. ein als Füllfederhalter getarnter Schußapparat, Hieb- und Stoßwaffen, die einen Gebrauchsgegenstand vortäuschen, z. B. Stockdegen als Spazierstock.

#### 4.10.9.4 Geschosse mit Betäubungsstoffen

Solche Geschosse werden bei der Großtierjagd verwendet.

#### 4.10.9.5 Spezielle Messer mit feststellbarer Klinge

Hierunter fallen Messer, deren Klingen auf Knopf- oder Hebeldruck hervorschnellen und festgestellt werden können, z. B. Springmesser und Messer, deren Klingen durch Lösung einer Sperre aus dem Griff hervorschnellen und selbstätig festgestellt werden, z. B. Fallmesser. Bei beiden darf die Klinge nicht länger als 6,5 cm, in der Mitte nicht schmäler als 14% ihrer Länge, nicht zweiseitig geschliffen, der Rücken zur Spitze hin nicht verjüngt sein.

#### 4.10.9.6 Schlagwaffen

Verboten sind Stahlruten, sowohl einfache als auch zusammenschiebbare Stahlspiralen, Totschläger und Schlagringe.

#### 4.10.9.7 Brandmittel

Geschosse, Wurfkörper oder sonstige Gegenstände, die zu Angriffs- oder Verteidigungszwecken dienen und dazu bestimmt sind, leicht entflammbare Stoffe so zu verteilen und zu entzünden, daß schlagartig ein Brei entstehen kann, z. B. „Molotow-Cocktails".

- Nicht nur die Anwendung, sondern schon der Besitz ist strafbar, wenn nicht eine Sondergenehmigung, z. B. für kriminaltechnische Untersuchung und dergl., vorliegt.
  (§ 37 WaffG).
- Durch Verordnungen und landesrechtliche Vorschriften können weitere Verbote ergehen.

#### 4.10.9.8 Schleudern

Herstellung, Einfuhr, Erwerb und Besitz von Schleudern ist verboten, wenn diese im Falle ihrer Anwendung Platzwunden verursachen können. Darunter fallen insbesondere sog. Präzisions-Schleudern, mit denen Stahlkugeln, Eisenkrampen usw. verschossen werden. Jede Schleuder, die eine Spannkraft von 23 Joule und mehr entwickelt, fällt unter das Verbot (VO z. WaffG vom 1. 1. 1987).

### 4.10.10 Sonderfälle

Für den Erwerb und Besitz von Kriegswaffen sowie für den Schußwaffengebrauch durch von der Bundeswehr beschäftigte Wachdienste bestehen besondere Regelungen.

#### 4.10.10.1 Kriegswaffen

Den Umgang mit Kriegswaffen regelt das Gesetz über die Kontrolle von Kriegswaffen.

- Was als Kriegswaffe zu betrachten ist, ergibt sich aus der jeweils gültigen Kriegswaffenliste (§ 1 KriegswaffenG). Dabei ist zu beachten, daß auch Teile von Kriegswaffen, z. B. MG-Schloß, Geschützverschluß, Läufe, als Kriegswaffen zu betrachten sind.
- Der Erwerb einer Kriegswaffe bedarf einer speziellen Erwerbsgenehmigung (§ 2 Abs. 2 KriegswaffenG).
- Wer eine Kriegswaffe außerhalb eines geschlossenen Gebietes befördert oder befördern läßt, bedarf hierzu einer Transportgenehmigung, z. B. bei der Beförderung einer defekten Kriegswaffe zur Reparatur durch den Hersteller (§ 3 Abs. 1 u. 2 KriegswaffenG).
- Zuständig für den Bereich der Wirtschaft ist der Bundesminister der Wirtschaft (§ 11 Abs. 2 Ziff. 4 KriegswaffenG).
- Dem Besitzer einer Kriegswaffe werden strenge Auflagen gemacht: Führung eines Kriegswaffenbuches, Meldepflicht, Nachweis des Verbleibs durch jederzeitige amtliche Kontrollen, Nachweis der gesicherten Unterbringung, um Verlust oder Mißbrauch zu verhindern. Weitere Auflagen und Befristungen können auch nachträglich auferlegt werden (§§ 12 und 14 KriegswaffenG).

  Kontrollbehörde mit Inspektionsrecht ist das Bundesamt für die Gewerbliche Wirtschaft. Für den Werkschutz in der gewerblichen Wirtschaft kommt der Erwerb einer Kriegswaffe praktisch nicht infrage. Nur wenn z. B. zu besorgen ist, daß ein terroristischer Angriff auf besonders gefährdete Anlagen, z. B. KKW, zu einem hohen Risiko für die Bevölkerung werden könnte, ist eine Erwerbsgenehmigung denkbar. Selbst wenn nachweislich ein Geldtransport von einer Bande mit Maschinenpistolen angegriffen wurde, weitere Überfälle zu befürchten sind und daher der nicht unberechtigte Wunsch nach Waffengleichheit mit den Rechtsbrechern geltend gemacht wird, wird die Genehmigung zum Erwerb und Transport von Kriegswaffen nicht erteilt.

### 4.10.10.2 Schußwaffengebrauch durch zivile Wachpersonen im militärischen Bereich

Der Gebrauch von Schußwaffen im militärischen Bereich ist im „Gesetz über Anwendung unmittelbaren Zwanges und die Ausübung besonderer Befugnisse durch Soldaten der Bundeswehr und zivile Wachpersonen" (UZwGBw) geregelt. Es regelt die Anwendung von Schußwaffen z. T. anders als das Notwehrrecht, schränkt es einerseits ein und erweitert es andererseits, so daß seine Kenntnis für Angehörige bei der Bundeswehr eingesetzter Wachdienste erforderlich ist. Dies wird auch ausdrücklich vorgeschrieben:

*Wer, ohne Soldat zu sein, mit militärischen Wachaufgaben der Bundeswehr beauftragt ist (zivile Wachperson), hat in rechtmäßiger Erfüllung dieser Aufgaben die Befugnisse nach diesem Gesetz, soweit sie ihm durch den Bundesminister der Verteidigung oder eine von diesem bestimmte Stelle übertragen werden. Zivile Wachpersonen, denen Befugnisse nach diesem Gesetz übertragen werden, müssen daraufhin überprüft werden, ob sie persönlich zuverlässig, körperlich geeignet und im Wachdienst ausreichend vorgebildet sind sowie gute Kenntnisse der Befugnisse nach diesem Gesetz besitzen. Sie sollen das 20. Lebensjahr vollendet und das 65. Lebensjahr nicht überschritten haben.*

*(§ 1 Abs. 2 UZwGBw)*

#### 4.10.10.2.1 Generelle Einschränkungen des Schußwaffengebrauchs

- Gegen Personen, die den äußerlichen Eindruck von Kindern machen, darf von der Schußwaffe nicht Gebrauch gemacht werden. Dies gilt vor allem für neugierige oder spielende Kinder, die in einen militärischen Sperrbereich eingedrungen sind (§ 16 Abs. 3 UZwGBw).
- Der Gebrauch der Schußwaffe muß angedroht werden: Ein Warnschuß gilt als Androhung (§ 17 Abs. 1, danach Ausnahmen Abs. 2 UZwGBw).
- Schußwaffen dürfen nur angewandt werden, wenn andere Maßnahmen erfolglos angewandt wurden oder keinen Erfolg versprechen.
- Zweck des Schußwaffengebrauchs ist nur die Herbeiführung von Angriffs- oder Fluchtunfähigkeit. Wenn erkennbar Unbeteiligte mit hoher Wahrscheinlichkeit gefährdet werden, ist der Schußwaffengebrauch verboten (§ 16 Abs. 1 u. 2 UZwGBw).

#### 4.10.10.2.2 Schußwaffengebrauch gegen Einzelpersonen

Die Generalklausel lautet: Schußwaffen dürfen gegen einzelne Personen nur gebraucht werden, wenn es den Umständen nach erforderlich ist (§ 15 UZwGBw) und dazu noch weitere Umstände hinzutreten:

- Wenn die unmittelbar bevorstehende Ausführung einer Straftat gegen die Bundeswehr verhindert werden soll, die als ein Verbrechen oder als ein Vergehen unter Anwendung oder Mitführung von Schußwaffen oder Explosivmitteln begangen werden soll oder ausgeführt wird.

Aus dieser Bestimmung ist zu schließen, daß nur bei Verbrechen, ferner Vergehen unter Mitführung oder Anwendung von Schußwaffen oder Explosivmitteln, nicht aber bei anderen Vergehen, z. B. Diebstahl (§ 242 StBG), Sachbeschädigung (§ 303 StGB), oder bei Ordnungswidrigkeiten, z. B. verbotswidrigem Betreten militärischer Anlagen (§ 114 OWiG), von der Schußwaffe Gebrauch gemacht werden darf.

Für die Praxis ist diese Bestimmung nicht sehr hilfreich. Sie setzt voraus, daß der Wachmann die in seinem Postenbereich möglichen Straftaten, ihre Einstufung als Verbrechen oder Vergehen unter Einschluß der Ausnahmen bei Vergehen ständig im Gedächtnis hat. Zudem kann er bei bevorstehenden Straftaten in der Regel gar nicht wissen, welche Tatumstände erfüllt werden sollen. Trägt der Eindringling eine Pistole oder eine Sprengstoffpatrone mit sich, so ist zu unterstellen, daß der Schußwaffengebrauch zulässig ist. Trägt der Störer hingegen nur eine Farbspraydose in der Tasche, mit der er „Friedensparolen" an eine Bretterwand sprühen will, so liegt nur die Absicht vor, ein nicht zum Schußwaffengebrauch berechtigendes Vergehen (Sachbeschädigung) zu begehen. Wie aber soll der Wachmann erkennnen, was der Störer tatsächlich beabsichtigt?

Erst nach Anhaltung, evtl. vorläufiger Festnahme und anschließender Durchsuchung wird sich im nachhinein feststellen lassen, welche Absicht der Störer verfolgte und ob Schußwaffengebrauch zulässig gewesen wäre.

Praktikabler ist daher die Vorschrift des § 15 Abs. 2 ff. UZwGBw, wonach die Schußwaffe eingesetzt werden darf, um eine Person anzuhalten, die sich einer Personenüberprüfung trotz wiederholter Aufforderung, zu halten, durch Flucht zu entziehen versucht oder die sich der vorläufigen Festnahme zu entziehen versucht, obwohl sie auf frischer Tat betroffen oder verfolgt wird oder die sich bereits im Gewahrsam der Bundeswehr befindet oder befand.

Die weiteren Bestimmungen sind weniger problematisch, z. B. daß von der Schußwaffe bei tätlichem Angriff auf Leib und Leben des Wachmannes Gebrauch gemacht werden darf. Dennoch sind manche Vorschriften so kompliziert, daß eine eingehende und wiederholte Einführung des Wachpersonals unabdingbar ist, wenn entweder Untätigkeit oder Fehler in der Anwendung des UZwGBw vermieden werden sollen.

# 5. Bildanhang

Muster von im Werkschutz verwendetem technischen Gerät

**Aufbauschema PORTAMAT 5150**

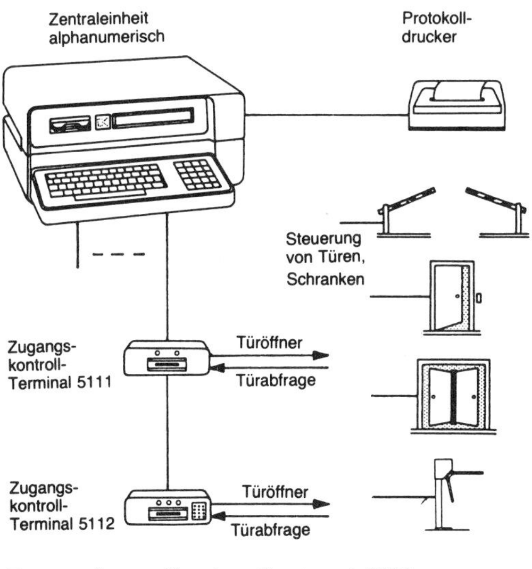


*Zugangskontrollsystem Portamat 5150*

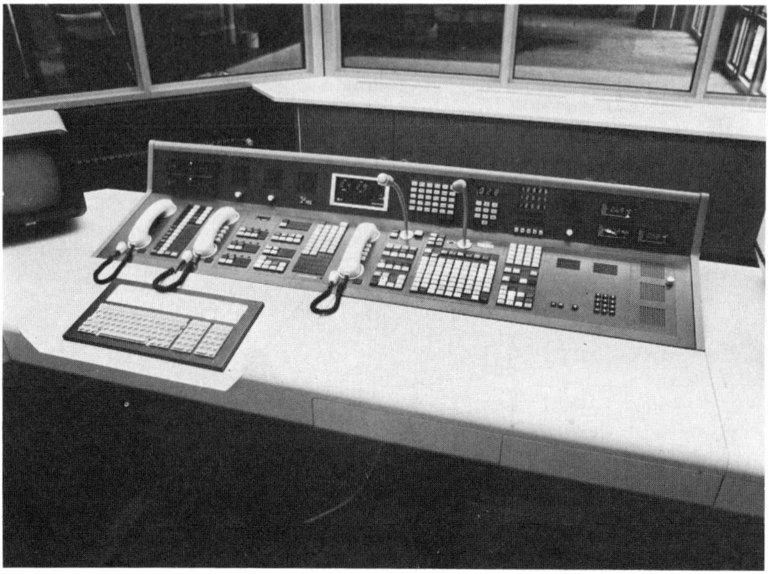

*Notfalleitstelle*

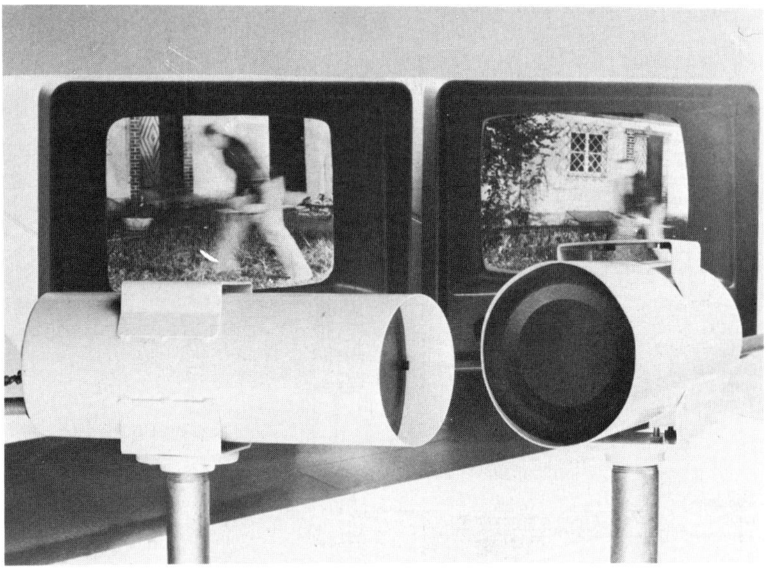

*Freilandsicherungsschranke MIBA 150 mit TV-Überwachung*

*Überwachungskamera T6 VK*

*Infoprint (stationär)*

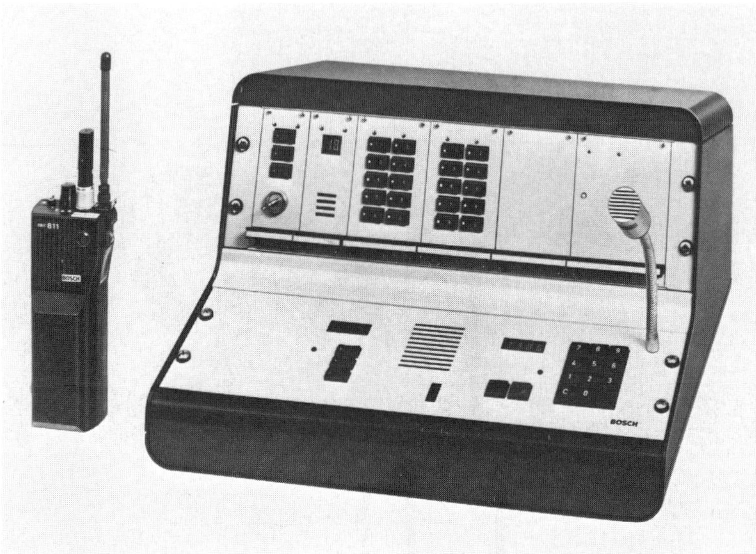


*Funkstelle POS*

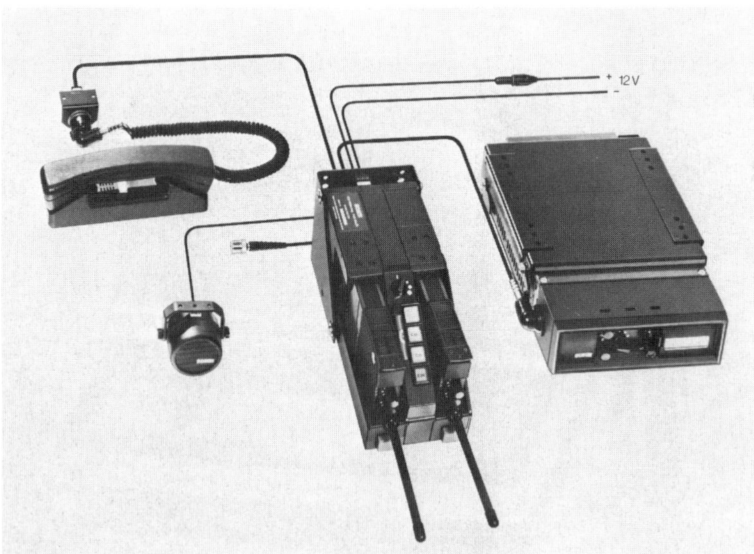


*Fahrzeug-Funkeinrichtung*

*Türüberwachung TYK*

*Funkgerät*

*Perimeter-Sicherungssystem „Perifield“*

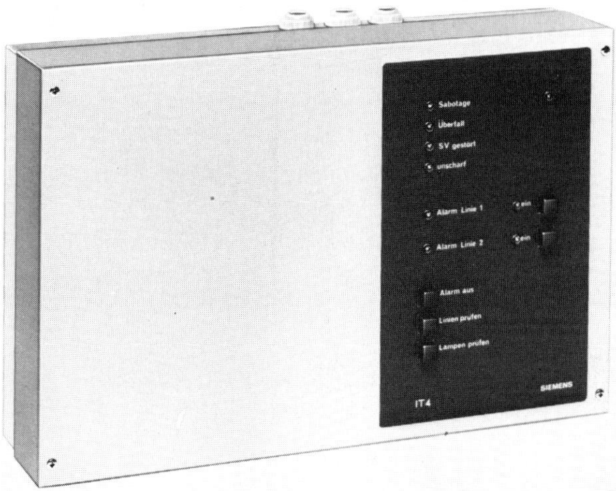


*Intrusionsmeldezentrale IT 4*

*Ultraschall-Bewegungsmelder SUS 6*

*Infrarot-Bewegungsmelder „Sira" 41/43*

# 6. Unfallverhütungsvorschrift Wach- und Sicherungsdienste (VBG 68)

vom 1. Oktober 1990
mit Durchführungsanweisungen vom Oktober 1990

## I. Geltungsbereich

*Geltungsbereich*

*§ 1. Diese Unfallverhütungsvorschrift gilt für Wach- und Sicherungstätigkeiten zum Schutze von Personen und Sachwerten.*

### Zu § 1:

Wach- und Sicherungstätigkeiten im Sinne dieser Unfallverhütungsvorschrift sind z. B.

- Bewachung von Objekten einschließlich Werkschutz,
- Revier- und Streifendienst,
- Veranstaltungs- und Ordnungsdienst,
- Alarmverfolgung,
- Geld- und Werttransport,
- Personenschutz.

## II. Gemeinsame Bestimmungen

*Allgemeines*

*§ 2. Soweit nichts anderes bestimmt ist, richten sich die Bestimmungen der Abschnitte II und III an Unternehmer und Versicherte.*

*Eignung*

*§ 3. Der Unternehmer hat dafür zu sorgen, daß Wach- und Sicherungstätigkeiten nur von Versicherten ausgeführt werden, die die erforderlichen Befähigungen besitzen. Die Versicherten dürfen für diese Tätigkeit nicht offensichtlich ungeeignet sein. Über die Befähigungen sind Aufzeichnungen zu führen.*

### Zu § 3:

Durch diese Bestimmungen hinsichtlich der Eignung soll auch einer Überforderung des Wach- und Sicherungspersonals entgegengewirkt werden. Dies gilt z. B. für die Einsatzbereiche: Revier- und Streifendienst, Alarmverfolgung, Geld- und Werttransport, Personenschutz, Sicherungsposten sowie Werkschutz.

Nach § 5 der Verordnung über das Bewachungsgewerbe darf der Unternehmer für Wach- und Sicherungstätigkeiten nur zuverlässige Personen beschäftigen, die das 18. Lebensjahr vollendet haben.

Die Verpflichtung zur Aufzeichnung von Befähigungen beinhaltet das Festhalten der Eignung für bestimmte Einsatzbereiche.

Besondere Befähigungsnachweise sind z. B. erforderlich für das Führen von Diensthunden oder Schußwaffen. Befähigungsnachweis für Wach- und Sicherungstätigkeiten können z. B. auch Bescheinigungen über die Teilnahme an Werkschutzlehrgängen sein.

Siehe auch:

§§ 14 und 36 UVV „Allgemeine Vorschriften" (VBG 1),

§ 4 UVV „Arbeiten im Bereich von Gleisen" (VBG 38 a).

*Dienstanweisungen*

*§ 4. (1) Der Unternehmer hat das Verhalten des Wach- und Sicherungspersonals einschließlich des Weitermeldens von Mängeln und besonderen Gefahren durch Dienstanweisungen zu regeln.*

*(2) Der Unternehmer hat dafür zu sorgen, daß das Wach- und Sicherungspersonal anhand der Dienstanweisungen vor Aufnahme der Tätigkeit und darüber hinaus regelmäßig unterwiesen wird. Außerdem ist das sicherheitsgerechte Verhalten bei besonderen Gefahren soweit wie möglich zu üben.*

*(3) Die Versicherten haben die der Arbeitssicherheit dienenden Maßnahmen zu unterstützen und die Dienstanweisungen zu befolgen. Sie dürfen keine Weisungen des Auftraggebers befolgen, die dem Sicherungsauftrag entgegenstehen.*

**Zu § 4:**

Besondere Gefahren können unter anderem auftreten bei Angriffen auf das Wach- und Sicherungspersonal sowie auf zu schützende Personen und Sachwerte, bei technischen Schadensfällen in besonderen Objektbereichen, im Zusammenhang mit dem Einsatz von Hunden sowie beim Führen und Handhaben von Schußwaffen. Die Weitermeldung von Mängeln und besonderen Gefahren kann z. B. im Wachbuch sowie durch Mitteilung an einen eventuellen Ablöser erfolgen.

Siehe auch:

§ 6 Verordnung über das Bewachungsgewerbe,

Waffengesetz,

Gesetz über die Anwendung unmittelbaren Zwanges und die Ausübung besonderer Befugnisse durch Soldaten der Bundeswehr und zivile Wachpersonen,

Verordnungen zum Waffengesetz,

Ausführungsbestimmungen zum Gesetz über die Anwendung unmittelbaren Zwanges und die Ausübung besonderer Befugnisse durch Soldaten der Bundeswehr und zivile Wachpersonen,

§§ 2, 7, 8, 14, 17, 36, 37 und 43 bis 45 UVV „Allgemeine Vorschriften" (VBG 1),

UVV „Fahrzeuge" (VBG 12),

UVV „Arbeiten im Bereich von Gleisen" (VBG 38a),

UVV „Tragbare Schußwaffen" (VBG 88),

UVV „Erste Hilfe" (VBG 109).

*Verbot berauschender Mittel*

*§ 5. Der Genuß von alkoholischen Getränken und die Einnahme anderer berauschender Mittel sind während der Dienstzeit verboten. Dies gilt auch für einen angemessenen Zeitraum vor dem Einsatz. Bei Dienstantritt muß Nüchternheit gegeben sein.*

*Übernahme von Wach- und Sicherungsaufgaben*

*§ 6. (1) Der Unternehmer darf Wach- und Sicherungsaufgaben nur übernehmen, wenn vermeidbare Gefahrenstellen im jeweiligen Objektbereich beseitigt oder ausreichend abgesichert werden.*

*(2) Sicherungsumfang und -ablauf einschließlich vorgesehener Nebentätigkeiten müssen schriftlich festgelegt werden.*

**Zu Abs. 1:**

Zur Erfüllung dieser Forderung muß insbesondere die sichere Begehbarkeit aller für das Wach- und Sicherungspersonal vorgegebenen Wege gewährleistet sein. Die sichere Begehbarkeit beinhaltet im allgemeinen auch eine ausreichende Beleuchtung. Dies gilt insbesondere für die Zugänge zu Stationen von Kontrollsystemen sowie zu betrieblichen Einrichtungen, die in die Kontrollgänge einbezogen sind.

Siehe auch:

Arbeitsstättenverordnung mit zugehörigen Arbeitsstätten-Richtlinien (ASR), §§ 2, 5, 6, 16 bis 34, 37, 43 bis 49 UVV „Allgemeine Vorschriften" (VBG 1), DIN 5035 Teil 1 „Innenraumbeleuchtung mit künstlichem Licht; Begriffe und allgemeine Anforderungen",

DIN 5035 Teil 2 „Innenraumbeleuchtung mit künstlichem Licht; Richtwerte für Arbeitsstätten".

*Sicherungstätigkeiten mit besonderen Gefahren*

*§ 7. Der Unternehmer hat sicherzustellen, daß das Wach- und Sicherungspersonal überwacht wird, wenn sich bei Sicherungstätigkeiten besondere Gefahren ergeben können.*

**Zu § 7:**

Die Überwachung des Wach- und Sicherungspersonals kann z. B. durch persönliche Kontrollen, Sprechfunk, Telefonanrufe oder automatisch und willensunabhängig arbeitende Signalgeber erfolgen.

Siehe auch:

§ 4 dieser Unfallverhütungsvorschrift,

§§ 2, 12, 13 und 36 UVV „Allgemeine Vorschriften“ (VBG 1),

§ 4 UVV „Erste Hilfe“ (VBG 109).

*Überprüfung von zu sichernden Objekten*

*§ 8. (1) Der Unternehmer hat unabhängig von den Pflichten des Auftraggebers sicherzustellen, daß die zu sichernden Objekte auf Gefahren geprüft werden. Über diese Prüfungen sind Aufzeichnungen zu führen. Die Prüfungen haben regelmäßig, bei besonderem Anlaß unverzüglich zu erfolgen.*

*(2) Der Unternehmer hat vom Auftraggeber zu verlangen, daß vermeidbare Gefahren beseitigt oder Gefahrstellen abgesichert werden. Bis zum Abschluß dieser Sicherungsmaßnahmen hat der Unternehmer Regelungen zu treffen, die die Sicherheit des Wach- und Sicherungspersonals auf andere Weise gewährleisten.*

*(3) Die Versicherten haben festgestellte Gefahren und die dagegen getroffenen Maßnahmen dem Unternehmer zu melden.*

**Zu Abs. 3:**

Meldungen über festgestellte Gefahren und die Maßnahmen zu deren Anwendung sollen grundsätzlich schriftlich festgehalten und auch dem am Objekt eingesetzten Wach- und Sicherungspersonal zur Kenntnis gebracht werden.

Siehe auch:

Arbeitsstättenverordnung mit zugehörigen Arbeitsstätten-Richtlinien (ASR),

§§ 2, 6, 12 bis 14, 16 bis 34, 36, 37 und 44 bis 47 UVV „Allgemeine Vorschriften“ (VBG 1).

*Objekteinweisung*

*§ 9. (1) Der Unternehmer hat dafür zu sorgen, daß das Wach- und Sicherungspersonal in das jeweilige zu sicherende Objekt und die spezifischen Gefahren eingewiesen wird.*

*(2) Die Einweisungen sind zu den Zeiten vorzunehmen, zu denen die Tätigkeit des Wach- und Sicherungspersonals ausgeübt wird.*

*(3) Der Unternehmer hat dafür zu sorgen, daß für alle Objekte und Objektbereiche, in denen Hunde eingesetzt sind, das Wach- und Sicherungspersonal über das Verhalten bei der Begegnung mit diesen Hunden unterwiesen wird.*

**Zu Abs. 2:**

Durch die Einweisung soll sichergestellt werden, daß auch während der Nacht eingesetztes Wach- und Sicherungspersonal ausreichende Kenntnisse der örtlichen Gegebenheiten besitzt.

*Ausrüstung des Wach- und Sicherungspersonals*

*§ 10. (1) Der Unternehmer hat dafür zu sorgen, daß sich die für das Wach- und Sicherungspersonal erforderlichen Einrichtungen, Ausrüstungen und Hilfsmittel in ordnungsgemäßem Zustand befinden und daß das Wach- und Sicherungspersonal in deren Handhabung unterwiesen ist.*

*(2) Anlegbare Ausrüstungen und Hilfsmittel müssen so beschaffen und angelegt sein, daß die Bewegungsfreiheit, insbesondere die der Hände, nicht mehr als nach den Umständen unvermeidbar beeinträchtigt wird.*

*(3) Der Unternehmer hat dafür zu sorgen, daß der jeweiligen Wach- und Sicherungsaufgabe entsprechendes Schuhwerk von den Versicherten getragen wird.*

*(4) Der Unternehmer hat dafür zu sorgen, daß bei Dunkelheit eingesetztes Wach- und Sicherungspersonal mit leistungsfähigen Handleuchten ausgerüstet ist.*

*(5) Die Versicherten haben die zur Verfügung gestellten Ausrüstungen und Hilfsmittel bestimmungsgemäß zu benutzen.*

**Zu Abs.1:**

Diese Forderung schließt ein, daß z. B. die Kleidung und Ausrüstung des Wach- und Sicherungspersonals in explosionsgefährdeten Bereichen hierfür geeignet ist. Hinsichtlich persönlicher Schutzausrüstungen siehe § 4 UVV „Allgemeine Vorschriften“ (VBG 1).

Maßnahmen zur Ersten Hilfe siehe UVV „Erste Hilfe“ (VBG 109).

Hinsichtlich des verkehrssicheren Zustandes von Fahrzeugen aller Art siehe auch:

Straßenverkehrs-Zulassungs-Ordnung, deren §§ 63 bis 67 auch für Fahrräder gelten,

UVV „Fahrzeuge“ (VBG 12),

Grundsätze für die Prüfung von Fahrzeugen durch Fahrpersonal (ZH 1/282.1),

Grundsätze für die Prüfung von Fahrzeugen durch Sachkundige (ZH 1/282.2).

**Zu Abs. 3:**

Diese Forderung ist erfüllt, wenn z. B. im unwegsamen Gelände festes Schuhwerk, welches widerstandsfähig gegen mögliche mechanische Belastungen einschließlich Knöchelschutz und mit rutschhemmenden Profilsohlen versehen ist, getragen wird.

**Zu Abs. 4:**

Die Leistungsfähigkeit schließt eine den Wach- und Sicherungsaufgaben angepaßte Reichweite und Gebrauchsfähigkeit der Handleuchten einschließlich erreichbarer Ersatzlampen und -batterien ein.

*Brillenträger*

*§ 11. Versicherte, die bei Wach- und Sicherungsaufgaben zur Korrektur ihres Sehvermögens eine Brille tragen müssen, haben diese gegen Verlieren zu sichern oder eine Ersatzbrille mitzuführen.*

**Zu § 11:**

Diese Forderung beinhaltet, daß beim Tragen von Kontaktlinsen eine Ersatzsehhilfe mitgeführt wird.

*Hunde*

*§ 12. (1) Als Diensthunde dürfen nur geprüfte Hunde mit Hundeführern eingesetzt werden. Hunde, die für die Aufgabe nicht geeignet sind, die zur Bösartigkeit neigen oder deren Leistungsstand nicht mehr gegeben ist und die dadurch Personen gefährden können, dürfen nicht eingesetzt werden.*

*(2) Abweichend von Absatz 1 dürfen auch ungeprüfte Hunde zu Wahrnehmungs- und Meldeaufgaben eingesetzt werden, wenn hierbei der Führer seinen Hund unter Kontrolle hat.*

*(3) Eine Überforderung der Hunde durch Ausbildung und Einsatz ist zu vermeiden.*

**Zu Abs. 1:**

Als Diensthunde sind nur Hunde geeignet, die für den vorgesehenen Einsatz ausgebildet sind, eine entsprechende Prüfung mit Erfolg abgelegt haben und deren Eignung bei Bedarf, in der Regel jedoch jährlich erneut überprüft wird.

Angemessene Qualifikationen sind z. B.: Gebrauchshundprüfungen entsprechend der Schutzhundprüfung A sowie Diensthundprüfungen der Bundeswehr, des Bundesgrenzschutzes, der Polizei oder des Zolls.

Siehe auch Prüfungsordnung für Diensthunde der Bundeswehr.

**Zu Abs. 3:**

Zum Schutze der Versicherten ist diese Forderung z. B. erfüllt, wenn für jeden Hund

- die Ausbildungs- und Trainingsinhalte einschließlich spielerischer Übungen zur Vertiefung der Bindung an den jeweiligen Hundeführer sich an der Veranlagung und dem Leistungsstand des Hundes orientieren,
- Ausbildung oder Training regelmäßig durchgeführt werden und ausschließlich hierfür eine Dauer von ca. 15 Minuten pro Tag nicht überschritten wird,
- der Schutzdienst nicht öfter als einmal in der Woche geübt wird,
- die Dauer des einzelnen Einsatzes nicht mehr als 2 Stunden beträgt und zwischen zwei Einsätzen mindestens eine Ruhepause von 2 Stunden, nach der Fütterung von mindestens 4 Stunden eingehalten wird, sowie
- die tägliche Gesamtbelastungsdauer 10 Stunden nicht überschreitet.

*Hundezwinger*

*§ 13. (1) Werden Hunde in Zwingern oder Zwingeranlagen gehalten, hat der Unternehmer dafür zu sorgen, daß die Zwinger so beschaffen und ausgestattet sind, daß eine Einzelhaltung aller Hunde ermöglicht wird.*

*(2) Der Unternehmer hat dafür zu sorgen, daß an den Zwingern auf das Zutrittsverbot durch das Verbotszeichen „Zutritt für Unbefugte verboten" hingewiesen ist.*

*(3) Belegte Zwinger dürfen nur von Hundeführern oder vom Unternehmer beauftragten Personen, die mit dem jeweiligen Hund vertraut sind, betreten werden.*

*(4) Belegte Zwinger müssen abgeschlossen sein, sofern ein Entweichen des Hundes oder der Zutritt Unbefugter nicht auf andere Weise verhindert ist.*

*(5) Die Säuberung und Instandhaltung von Zwingern darf nur dann durchgeführt werden, wenn diese nicht durch Hunde belegt sind.*

**Zu Abs. 1:**

Diese Forderung beinhaltet, daß die Einfriedungen von Zwingern sicher gegen Durchbeißen sind und von den Hunden nicht überwunden werden können.

Für die gegebenenfalls erforderliche Einzelhaltung von Hunden in einer Zwingeranlage können z. B. auch geeignete Trennvorrichtungen in ausreichender Zahl Verwendung finden.

Zur Ausstattung für eine Einzelhaltung zählen z. B. abschließbare Türen von Zwingern und Einzelboxen, die unmittelbar in freie Zugangsbereiche führen und mindestens 1,90 m hoch sowie 0,80 m breit sind, sowie Fütterungs- und Tränkeinrichtungen, die gefahrlos von außen betätigt und gefüllt werden können.

Siehe auch:

Verordnung über das Halten von Hunden im Freien,

§§ 24 bis 27 UVV „Allgemeine Vorschriften“ (VBG 1).

**Zu Abs. 2:**

Siehe UVV „Sicherheitskennzeichnung am Arbeitsplatz“ (VBG 125).

**Zu Abs. 3:**

Diese Forderung umfaßt auch das Betreten zum Zweck der Hundepflege.

*Hundehaltung in Objekten*

*§ 14. (1) Der Unternehmer hat dafür zu sorgen, daß im Bereich von Objekten, in denen Hunde gehalten werden, Zwinger nach § 13 vorhanden sind.*

*(2) Abweichend von Absatz 1 ist außerhalb der Verkehrs- und Streifenwege auch eine vorübergehende Anbindehaltung zulässig, wenn hierfür geeignete Einrichtungen vorhanden sind und sich die Hunde jeweils nur für die Dauer einer Schicht im Bereich des Objektes befinden. Der Unternehmer hat dafür zu sorgen, daß auf das Zutrittsverbot durch das Verbotszeichen „Zutritt für Unbefugte verboten“ an den Einrichtungen hingewiesen ist.*

**Zu Abs. 2:**

Einrichtungen für die Anbindehaltung sind z. B. geeignet, wenn sich die Hunde nicht verbeißen oder befreien können.

Die Mitnahme von Hunden in Wach- und Bereitschaftsräume ist zulässig, wenn eine Gefährdung anderer Personen ausgeschlossen werden kann. Dies sind auch andere Hundeführer oder sonstige für Wach- und Sicherungsaufgaben eingesetzte Personen.

Siehe auch

Verordnung über das Halten von Hunden im Freien,

UVV „Sicherheitskennzeichnung am Arbeitsplatz" (VBG 125).

*Hundeführer*

*§ 15. (1) Als Hundeführer dürfen nur Versicherte eingesetzt werden, die entsprechend unterwiesen worden sind und dem Unternehmer ihre Befähigung nachgewiesen haben.*

*(2) Der Unternehmer hat dafür zu sorgen, daß ihm die Befähigung zum Hundeführer regelmäßig nachgewiesen wird. Bei nicht mehr ausreichender Befähigung ist die Befugnis zum Führen von Hunden zu entziehen.*

**Zu Abs. 1:**

Ein Nachweis der Befähigung zum Hundeführer soll mindestens jährlich erfolgen. Die Befähigung zum Hundeführer setzt neben den erforderlichen Kenntnissen und praktischen Fähigkeiten voraus, daß der Hundeführer ruhig und besonnen ist, Verständnis und Einfühlungsvermögen für den Hund besitzt und fähig ist, in eindeutiger Weise auf den Hund einzuwirken.

Siehe auch:

§ 3 Straßenverkehrs-Ordnung,

§§ 2, 7 Abs. 2, §§ 8, 12 und 14 UVV „Allgemeine Vorschriften" (VBG 1).

*Hundeführung*

*§ 16. (1) Die Übernahme und Abgabe des Hundes einschließlich des An- und Ableinens müssen im Zwinger bei geschlossener Tür vorgenommen werden. Bei zulässiger Anbindehaltung kann die Übernahme und Abgabe auch an den entsprechenden Einrichtungen erfolgen. Eine Übergabe von Person zu Person ist nicht erlaubt.*

*(2) Vor jeder Kontaktaufnahme mit einem Hund haben sich die vom Unternehmer hierzu beauftragten Versicherten in geeigneter Weise davon zu überzeugen, daß der Hund folgsam und nicht aggressiv ist. Andernfalls ist der Direktkontakt zu unterlassen und der Hund nicht einzusetzen.*

*(3) Werden Hunde mit verschiedenen Hundeführern eingesetzt, so ist eine einheitliche Kommandosprache festzulegen und anzuwenden.*

*(4) Die Befestigung der Führleine am Körper des Hundeführers sowie am Fahrrad oder Moped ist untersagt.*

*(5) Eine Hundeführung ohne Führleine darf nur in Objektbereichen erfolgen, in denen eine Begegnung mit Dritten nicht zu erwarten ist.*

*(6) Bei einer Begegnung mit Dritten ist der angeleinte Hund fest an der kurzen Leine so zu führen, daß er Dritte nicht erreichen kann.*

**Zu Abs. 1:**

Das An- und Ableinen des Hundes im Zwinger oder an der Einrichtung für die Anbindehaltung soll eine Gefährdung anderer Personen verhindern und trägt der nur personenbezogenen Unterordnung des Hundes unter den Menschen Rechnung. Deshalb soll zur Verringerung des Unfallrisikos ein Wechsel des Hundeführers nur aus zwingenden Gründen erfolgen.

**Zu Abs. 2:**

Die Kontaktaufnahme mit dem Hund soll durch Ansprechen und unter Nennung seines Namens erfolgen. Hierbei soll auf die Möglichkeit einer Geruchswahrnehmung durch den Hund geachtet werden. Anzeichen für eine aggressive Stimmung des Hundes sind unter anderem gefletschte Zähne, zurückgezogene Lefzen, Knurren, gesträubte Nacken- und Rückenhaare oder ein Steifhalten der Rute.

**Zu Abs. 3:**

Die Kommandos sollen mit ruhiger Sprechstimme gegeben werden. Große Lautstärke soll besonderen Ausnahmesituationen vorbehalten bleiben.

**Zu Abs. 4:**

Siehe auch § 28 Straßenverkehrs-Ordnung (StVO).

**Zu Abs. 5:**

Dritte sind auch andere Hundeführer oder sonstige für Wach- und Sicherungsaufgaben eingesetzte Personen.

**Zu Abs. 6:**

Zum Anleinen und festen Führen eignen sich nur Halsbänder und Führleinen mit Handschlaufen in einwandfreiem Zustand, wobei die Verbindung mit dem Halsband so ausgeführt ist, daß ein unbeabsichtigtes Lösen oder Verdrehen der Führleine ausgeschlossen werden kann.

Ist z. B. in öffentlichen Verkehrsmitteln und in Menschenansammlungen ein sicherer Abstand nicht möglich, so kann eine entsprechende Sicherheit durch einen angelegten Beißkorb erreicht werden. Das Anlegen eines Beißkorbes stellt auch eine Sicherheitsmaßnahme bei der Hundepflege und einer gegebenenfalls erforderlichen tierärztlichen Behandlung dar.

*Transport von Hunden*

*§ 17. Der Unternehmer hat dafür zu sorgen, daß Kraftfahrzeuge für den Transport von Hunden mit einer Abtrennung zwischen Transportraum und Fahrgastbereich ausgerüstet sind. Werden mehrere Hunde gleichzeitig in einem Fahrzeug transportiert, muß zusätzlich eine Trennung der Hunde voneinander möglich sein und dann erfolgen, wenn das Verhalten der Hunde ihren Transport zusammen in einem Transportraum nicht zuläßt.*

**Zu § 17:**

Als Trennvorrichtung eignen sich z. B. Gitter oder Netze, die fest verspannt und sicher gegen Durchbeißen ausgeführt sind. Kofferräume sind für den Transport von Hunden nicht geeignet.

Siehe auch UVV „Fahrzeuge" (VBG 12).

*Ausrüstung mit Schußwaffen*

*§ 18. (1) Der Unternehmer hat unter Beachtung der waffenrechtlichen Bestimmungen sicherzustellen, daß eine Ausrüstung des Wach- und Sicherungspersonals mit Schußwaffen nur dann erfolgt, wenn er dies ausdrücklich anordnet. Es dürfen nur Versicherte mit Schußwaffen ausgerüstet werden, die nach dem Waffenrecht zuverlässig, geeignet und sachkundig sowie an den Waffen ausgebildet sind.*

*(2) Der Unternehmer hat sicherzustellen, daß Versicherte, die Träger von Schußwaffen nach Absatz 1 sind, regelmäßig an Schießübungen teilnehmen und ihre Schießfertigkeit sowie Sachkunde nach dem Waffenrecht ihm oder einem Sachkundigen nachweisen.*

*(3) Schießübungen nach Absatz 2 müssen unter der Aufsicht eines nach Waffenrecht Verantwortlichen auf Schießstandanlagen durchgeführt werden, die den behördlich festgelegten sicherheitstechnischen Anforderungen entsprechen.*

*(4) Der Unternehmer hat sicherzustellen, daß über die Schießübungen, die Schießfertigkeit und den Sachkundestand Aufzeichnungen geführt werden.*

*(5) Der Unternehmer hat sicherzustellen, daß der Entzug von Schußwaffen nach Absatz 1 unverzüglich erfolgt, wenn die Voraussetzungen der Absätze 1 und 2 bei den Versicherten nicht mehr gegeben sind.*

**Zu § 18:**

Die Ausrüstung mit Schußwaffen soll aufgrund der sich daraus ergebenden Gefahrmomente auf das zwingend notwendige Maß begrenzt werden.

Bei besonderen Wach- und Sicherungsaufgaben, z. B. Geld- und Werttransporten, Personenschutzaufgaben oder der Sicherung von militärischen Objektbereichen kann eine Ausrüstung mit Schußwaffen erforderlich sein.

Die Zuverlässigkeit und Eignung zum Tragen von Schußwaffen ist nicht gegeben bei

- offensichtlich erkennbarer Einschränkung der geistigen oder körperlichen Voraussetzungen,
- der Einwirkung von Alkohol, berauschenden oder anderen die Reaktionsfähigkeit beeinträchtigenden Mitteln,
- nicht ausreichendem Stand der Sachkunde oder nicht regelmäßiger und erfolgreicher Teilnahme an den Schießübungen,
- Mißbrauch von Schußwaffen oder dem Führen unzulässiger Schußwaffen oder Munition
  oder
- eigenmächtig vorgenommenen technischen Veränderungen von Schußwaffen oder Munition.

Als ausreichend ausgebildet und sachkundig gilt, wer die erforderlichen Fähigkeiten und Kenntnisse über den Umgang mit Schußwaffen und Munition, die Reichweite und Wirkungsweise der Geschosse, die waffenrechtlichen Vorschriften sowie insbesondere über die Bestimmungen über Notwehr und Notstand nachgewiesen hat.

Eine regelmäßige Teilnahme an den Schießübungen ist dann gegeben, wenn die Teilnahme an den Übungen in der Regel mindestens viermal jährlich erfolgt und hierbei grundsätzlich ein Zeitabstand von drei Monaten eingehalten wird.

Der ausreichende Stand der Sachkunde ist anzunehmen, wenn ein entsprechender Nachweis einmal jährlich erbracht wird.

Sachkundiger für die Prüfung der Handhabungssicherheit von Schußwaffen siehe Durchführungsanweisungen zu § 19.

Siehe auch:

- Waffengesetz,
- Verordnungen zum Waffengesetz,
- Ausführungsbestimmungen zum Gesetz über die Anwendung unmittelbaren Zwanges und die Ausübung besonderer Befugnisse durch Soldaten der Bundeswehr und zivile Wachpersonen,
- Allgemeine Verwaltungsvorschrift zum Waffengesetz,

- § 24 UVV „Explosivstoffe und Gegenstände mit Explosivstoff – Allgemeine Vorschrift“ (VBG 55a),
- UVV „Lärm“ (VBG 121),
- Richtlinien für die Errichtung und Abnahme von Schießstandanlagen für sportliches und jagdliches Schießen sowie für Verteidigungsschießen (Richtlinien Schießstandbau).

*Schußwaffen*

*§ 19. (1) Es dürfen nur Schußwaffen bereitgehalten und geführt werden, die amtlich geprüft sind und ein in der Bundesrepublik Deutschland anerkanntes Beschußzeichen tragen.*

*(2) Der Unternehmer hat dafür zu sorgen, daß Schußwaffen bei Verdacht auf Mängel, mindestens jedoch einmal jährlich durch Sachkundige hinsichtlich ihrer Handhabungssicherheit geprüft werden.*

*(3) Der Unternehmer hat dafür zu sorgen, daß die Instandsetzung von Schußwaffen nur durch Inhaber einer Erlaubnis nach § 7 oder § 41 WaffG erfolgt.*

*(4) Das Bereithalten und Führen von Schreck- oder Gas-Schußwaffen ist bei der Durchführung von Wach- und Sicherungsaufgaben unzulässig.*

**Zu § 19:**

Sachkundiger für die Prüfung der Handhabungssicherheit von Schußwaffen ist, wer aufgrund seiner Ausbildung und Erfahrung ausreichende Kenntnisse über die jeweiligen Schußwaffen besitzt und mit den einschlägigen staatlichen Vorschriften, Unfallverhütungsvorschriften, Richtlinien, Sicherheitsregeln und allgemein anerkannten Regeln der Technik soweit vertraut ist, daß er die Handhabungssicherheit der Waffen beurteilen kann.

Die Instandsetzung oder Bearbeitung von Schußwaffen ist nach den §§ 7 oder 41 WaffG nur Personen erlaubt, die hierfür eine Erlaubnis der zuständigen Behörde besitzen. Dies können z. B. Büchsenmacher oder entsprechend ausgebildetes Personal einschlägiger Hersteller und Fachwerkstätten sein.

Schreck- oder Gas-Schußwaffen sind bei der Durchführung von Wach- und Sicherungsaufgaben als gefährlich anzusehen, da sie ein trügerisches Sicherheitsgefühl vermitteln und ihr Einsatz bei Konfrontationen mit schußwaffentragenden Tätern zu einer extremen Gefährdung ohne ausreichende Selbstverteidigungsmöglichkeit führt.

Siehe auch:

- Waffengesetz,
- Verordnungen zum Waffengesetz,

- UVV „Tragbare Schußwaffen“ (VBG 88),
- Allgemeine Verwaltungsvorschrift zum Waffengesetz.

*Führen von Schußwaffen und Mitführen von Munition*

*§ 20. (1) Schußwaffen müssen in geeigneten Trageeinrichtungen geführt werden. Das Abgleiten oder Herausfallen der Waffe muß durch eine Sicherung verhindert sein.*

*(2) Munition darf nicht lose mitgeführt werden.*

*(3) Außer bei drohender Gefahr darf sich keine Patrone vor dem Lauf befinden. Dies gilt nicht, wenn durch konstruktive Maßnahmen sichergestellt ist, daß sich bei entspanntem Hahn kein Schuß lösen kann.*

*(4) Geführte Schußwaffen mit einer äußeren Sicherungseinrichtung sind, ausgenommen bei ihrem Einsatz, zu sichern.*

*(5) Von den Bestimmungen der Absätze 3 und 4 darf für Bereiche abgewichen werden, in denen entsprechende behördliche oder militärische Sonderregelungen bestehen.*

**Zu Abs. 1:**

Diese Forderungen gelten auch innerhalb befriedeten Besitztums.

**Zu Abs. 3:**

Diese Forderungen sind bei Revolvern z. B. erfüllt, wenn das Patronenlager vor dem Lauf leer ist.

**Zu Abs. 5:**

Dies trifft z. B. auf Bereiche der Bundeswehr, der Deutschen Bundesbank und Objektbereiche von kerntechnischen Einrichtungen zu.

*Übergabe von Schußwaffen, Kugelfangeinrichtungen*

*§ 21. (1) Schußwaffen dürfen nur in entladenem Zustand übergeben werden.*

*(2) Der Übernehmende hat sich sofort vom Ladezustand der Waffe zu überzeugen und diese auf augenfällige Mängel zu kontrollieren.*

*(3) Bei Feststellung von Mängeln darf die Waffe nicht geführt werden. Vor einer Wiederverwendung ist sie einer sachkundigen Instandsetzung zuzuleiten.*

*(4) Beim Laden und Entladen von Schußwaffen müssen diese an sicherem Ort auf eine geeignete Kugelfangeinrichtung gerichtet sein. Jegliches Hantieren*

*mit der Waffe hat hierbei so zu erfolgen, daß keine Versicherten durch einen sich lösenden Schuß verletzt werden können.*

**Zu § 21:**

Als eine geeignete Kugelfangeinrichtung kann z. B. ein Behälter mit einer Grundfläche von mindestens 0,6 m × 0,6 m angesehen werden, der zumindest 0,3 m hoch mit Sand gefüllt ist. Der Ort, an dem sich die Kugelfangeinrichtung befindet, ist als sicher anzusehen, wenn er außerhalb von Verkehrs- und Aufenthaltsbereichen liegt und ausreichende Bewegungsfreiheit für das Laden und Entladen gegeben ist.

Siehe auch:

- Waffengesetz,
- Verordnungen zum Waffengesetz,
- Allgemeine Verwaltungsvorschrift zum Waffengesetz,
- §§ 2, 7, 36 und 37 UVV „Allgemeine Vorschriften" (VBG 1),
- UVV „Tragbare Schußwaffen" (VBG 88).

*Aufbewahrung von Schußwaffen und Munition*

*§ 22. (1) Der Unternehmer hat dafür zu sorgen, daß für die Aufbewahrung von Schußwaffen und Munition zumindest Stahlblechschränke mit Sicherheitsschloß oder entsprechend sichere Einrichtungen vorhanden sind, die eine getrennte Unterbringung von Waffen und Munition ermöglichen und Schutz gegen Abhandenkommen oder unbefugten Zugriff gewährleisten.*

*(2) Die Aufbewahrung von Schußwaffen und Munition muß in verschlossenen Einrichtungen nach Absatz 1 erfolgen. Schußwaffen dürfen nur im entladenen Zustand aufbewahrt werden.*

**Zu § 22:**

Die Maßnahmen zur sicheren Aufbewahrung von Schußwaffen und Munition sollten mit der zuständigen kriminalpolizeilichen Beratungssstelle abgestimmt werden.

Siehe auch:

- Waffengesetz,
- Verordnungen zum Waffengesetz,
- Allgemeine Verwaltungsvorschrift zum Waffengesetz,
- §§ 2, 5 und 36 UVV „Allgemeine Vorschriften" (VBG 1),
- UVV „Tragbare Schußwaffen" (VBG 88).

*Alarmempfangszentralen*

*§ 23. Der Unternehmer hat dafür zu sorgen, daß Alarmempfangszentralen, die aufgrund ihrer Aufgabenstellung als überfallgefährdet anzusehen und mit Wach- und Sicherungspersonal besetzt sind, ausreichend gesichert sind.*

**Zu § 23:**

Von einer Überfallgefährdung ist insbesondere immer dann auszugehen, wenn z. B. Einbruchmeldeanlagen oder dergleichen auf die Empfangszentrale aufgeschaltet sind.

Diese Forderung nach ausreichender Sicherung ist z. B. erfüllt, wenn

- Fenster, die ohne Hilfsmittel von außen erreichbar sind, Sicherungen gegen Einblick von außen haben, feststehend sind und die Verglasung mindestens der Widerstandsklasse B2/C2 auf Durchbruch- und Durchschußhemmung nach DIN 52290 „Angriffhemmende Verglasungen" entspricht;
- sonstige Fenster Sicherungen gegen Einblick von außen haben, außer zum Zwecke der Reinigung nur kippbar geöffnet werden können und die Verglasung mindestens der Widerstandsklase A 3 auf Durchwurfhemmung nach DIN 52290 „Angriffhemmende Verglasungen" entspricht;
- die Beschläge der Fenster dem Widerstandswert der Verglasungen entsprechen;
- Außentüren mindestens der Widerstandsklasse B2/C2 auf Durchbruch und Durchschußhemmung nach DIN 52290 „Angriffhemmende Verglasungen" entsprechen, selbstschließend ausgeführt sind, sich von außen nur mit Schlüsseln oder entsprechenden Elementen öffnen lassen, einen Durchblick von innen nach außen gewähren, ein Einblick von außen verhindert ist und Schlösser und Beschläge der Widerstandsklasse der Türen entsprechen
  sowie
- eine den Regeln der Technik entsprechende Überfallmeldeanlage installiert ist.

Siehe auch:

§§ 2, 5 und 18 UVV „Allgemeine Vorschriften" (VBG 1),

Richtlinien für Überfall- und Einbruchmeldeanlagen mit Anschluß an die Polizei (ÜEB),

DIN 18103 „Türen; Einbruchhemmende Türen; Begriffe, Anforderungen und Prüfungen",

DIN 52290 Teil 1 „Angriffhemmende Verglasungen; Begriffe",

DIN 52290 Teil 2 „Angriffhemmende Verglasungen; Prüfung auf durchschußhemmende Eigenschaft und Klasseneinteilung",

DIN 52290 Teil 3 „Angriffhemmende Verglasungen; Prüfung auf durchbruchhemmende Eigenschaft gegen Angriff mit schneidfähigem Schlagwerkzeug und Klasseneinteilung",

DIN 52290 Teil 4 „Angriffhemmende Verglasungen; Prüfung auf durchwurfhemmende Eigenschaft und Klasseneinteilung",

DIN VDE 0833 Teil 1 „Gefahrenmeldeanlagen für Brand, Einbruch und Überfall; Allgemeine Festlegungen",

DIN VDE 0833 Teil 3 „Gefahrenmeldeanlagen für Brand, Einbruch und Überfall; Festlegungen für Einbruch- und Überfallmeldeanlagen".

## III. Besondere Bestimmungen für Geldtransporte

*Eignung*

*§ 24. Der Unternehmer darf für Geldtransporte nur Personen einsetzen, die mindestens 18 Jahre alt, persönlich zuverlässig und geeignet sowie für diese Aufgaben besonders ausgebildet und eingewiesen sind.*

**Zu § 24:**

Die Ausbildung kann betriebsintern durchgeführt werden, wenn hierbei gewährleistet ist, daß alle sicherheitstechnisch erforderlichen Kenntnisse und Fähigkeiten sowie die geltenden Rechtsnormen und Vorschriften in ausreichendem Maße vermittelt werden. Hiervon unbenommen sind behördliche Prüfungen.

*Geldtransporte durch Boten*

*§ 25. (1) Der Unternehmer hat dafür zu sorgen, daß Geldtransporte durch Boten in öffentlich zugänglichen Bereichen von mindestens zwei Personen durchgeführt werden, von denen eine Person die Sicherung übernimmmt. Dies gilt auch für entsprechende Wegstrecken zwischen Tansportfahrzeugen und Übergabe- oder Übernahmestellen.*

*(2) Von Absatz 1 darf nur abgewichen werden, wenn*

- *das Geld unauffällig in der bürgerlichen Kleidung getragen wird,*
- *der Transport nicht als Geldtransport erkennbar ist,*
- *der Anreiz zu Überfällen durch technische Ausrüstungen, die für Außenstehende deutlich erkennbar sind, nachhaltig verringert wird*
  *oder*
- *ausschließlich Hartgeld transportiert wird und dies auch für Außenstehende durch Transportverlauf und Transportabwicklung erkennbar ist.*

*(3) Zum Tragen bestimmte Geldtransportbehältnisse müssen ausreichend handhabbar sein. Sie dürfen mit Boten nicht fest verbunden sein.*

**Zu Abs. 1:**

Zur Vermeidung von Wegstrecken durch öffentlich zugängliche Bereiche eignen sich z. B.

- Fahrzeug-Andocksysteme,
- Fahrzeug-Schleusen,
- geschlossene Hofräume
  sowie
- vorübergehend unter Verschluß zu nehmende Gebäudeteile, die durch ihre Ausführung und Anordnung Außenstehenden den Zugang verwehren und entsprechend verwendet werden.

**Zu Abs. 2:**

Als bürgerliche Kleidung sind alle Kleidungsstücke anzusehen, die keine Dienstkleidung sind und keine Hinweise auf die Firmenzugehörigkeit oder dergleichen geben.

Hierzu gehören auch Taschen und Behältnisse, die allgemein üblich sind und keinen Rückschluß auf ihren Inhalt zulassen.

Geldtransporte gelten als für Außenstehende erkennbar, wenn z. B. Ausrüstung des Personals, eingesetzte Fahrzeuge, Transportverlauf oder Transportabwicklung entsprechende Rückschlüsse zulassen.

Technische Ausrüstungen zur nachhaltigen Verringerung des Anreizes zu Überfällen sind z. B.:

- Geldtransportbehältnisse, die nach einer erzwungenen Übergabe oder dem Entreißen automatisch sofort oder in angemessenem Zeitabstand einen optischen Alarm durch eine wirksame Farbrauchentwicklung gewährleisten
  sowie
- entsprechend ausgeführte Geräte, die mit den Geldtransportbehältnissen während des Transportes fest verbunden sind.

Zusätzliche Einrichtungen in Verbindung mit der Aktivierung der Farbrauchentwicklung wie z. B. ein akustischer Alarm sind empfehlenswert.

Die Funktionssicherheit von Technischen Ausrüstungen zur nachhaltigen Verringerung des Anreizes zu Überfällen kann durch eine Prüfung des zuständigen Unfallversicherungsträgers nachgewiesen werden.

**Zu Abs. 3:**

Eine ausreichende Handhabbarkeit von Geldtransportbehältnissen wird z. B. durch deren Ausführung, Formgebung, Abmessungen und Gewicht bestimmt. Hierbei ist als Grenzlast bei häufiger Handhabung für einen Mann ein Gesamtgewicht von 25 kg und für eine Frau ein Gesamtgewicht von 12 kg anzusehen. Im Interesse einer besseren Handhabbarkeit sind geringere Gesamtgewichte anzustreben.

Siehe auch:

DIN 30784 Teil 1 „Transportkette; Transportkette für Geld und Werte; Maßliche Koordination",

DIN 30784 Teil 2 „Transportkette; Transportkette für Geld und Werte; Anforderungen für die Stapelfähigkeit.

*Geldtransporte mit Fahrzeugen*

*§ 26. (1) Der Unternehmer hat dafür zu sorgen, daß Geldtransporte nur mit hierfür besonders gesicherten Fahrzeugen – Geldtransportfahrzeugen – durchgeführt werden.*

*(2) Abweichend von Absatz 1 dürfen Transporte, bei denen ausschließlich Hartgeld transportiert wird, oder Transporte, die für Außenstehende nicht durch äußere Hinweise auf dem Fahrzeug, die Bauart des Fahrzeuges, die Ausrüstung der Personen, Transportverlauf oder Transportabwicklung als Geldtransporte zu erkennen sind, auch in sonstigen Fahrzeugen durchgeführt werden.*

*(3) Belegtransporte, die für Außenstehende mit Geldtransporten verwechselbar sind oder bei denen regelmäßig Geld mitgeführt wird, müssen wie erkennbare Geldtransporte in Geldtransportfahrzeugen durchgeführt werden.*

*(4) Sind bei Fahrten zu Übernahme- oder Übergabestellen Umstände erkennbar, die auf eine erhöhte Gefährdung schließen lassen, ist vor jedem Verlassen des Fahrzeugs die weitere Vorgehensweise mit anderen Stellen abzustimmen.*

*(5) Geldtransportfahrzeuge müssen während des Be- und Entladens in öffentlich zugänglichen Bereichen ständig besetzt bleiben. Hierbei müssen die Türen des mit mindestens einer Person besetzten Fahrzeugteils verriegelt sein.*

*(6) Überfälle sind unverzüglich über Funk zu melden. Akustisch-optisch wirkende Fahrzeug-Alarmanlagen sind jedoch nur den jeweiligen Umständen entsprechend zu betätigen, sofern hierdurch keine zusätzliche Gefährdung zu erwarten ist.*

**Zu Abs. 1 bis 3:**

Geldtransportfahrzeuge gelten als ausreichend gesichert, wenn sie den Bestimmungen der UVV „Fahrzeuge“ (VBG 12) und insbesondere den „Sicherheitsregeln für Geldtransportfahrzeuge“ (ZH 1/209) entsprechen.

**Zu Abs. 4:**

Umstände, die auf eine erhöhte Gefährdung schließen lassen und gegebenenfalls der Täuschung dienen, können z. B. sein:

Verkehrsunfälle, plötzliche Verkehrskontrollen, neue Fahrbahnblockierungen, Umleitungen, Baustellen und Bauzelte, im Ladebereich abgestellte, auffällige Fahrzeuge sowie sich ungewöhnlich verhaltende Personen.

Andere Stellen sind z. B. die Einsatzzentrale, die anzufahrende Stelle oder die örtlich zuständige Polizei.

**Zu Abs. 5:**

Durch die festgelegte ständige Besetzung von Geldtransportfahrzeugen während des Be- und Entladens in öffentlich zugänglichen Bereichen soll sichergestellt werden, daß die Verbindung mit anderen Stellen jederzeit erfolgen kann. Die Festlegungen für die Durchführung von Geldtransporten durch Boten nach § 25 gelten unabhängig hiervon.

**Zu Abs. 6:**

Ein zusätzlicher Funkkontakt zwischen Geldboten und Geldtransportfahrzeugen ist empfehlenswert.

*Werteräume*

*§ 27. (1) Der Unternehmer hat dafür zu sorgen, daß zum Schutze der Versicherten Werteräume für die Bearbeitung von Banknoten gegen Überfälle gesichert sind.*

*(2) Der Unternehmer hat sicherzustellen, daß Türen von Geldschränken und Tresoranlagen beim Öffnen keine Quetsch- und Scherstellen mit Bauwerksteilen oder Einrichtungsgegenständen bilden können.*

**Zu Abs. 1:**

Die Forderung nach ausreichender Sicherheit ist unabhängig von den Auflagen der Sachversicherer dann erfüllt, wenn z. B. die in den Durchführungsanweisungen zu § 23 aufgeführten Sicherungen installiert sind.

**Zu Abs. 2:**

Diese Forderung ist z. B. durch ausreichende Abstände bei der Aufstellung, durch Anbringung ausreichend dimensionierter Abstandshalter oder durch Türstopper erfüllt.

## IV. Ordnungswidrigkeiten

*Ordnungswidrigkeiten*

*§ 28. Ordnungswidrig im Sinne des § 710 Abs. 1 Reichsversicherungsordnung (RVO) handelt, wer vorsätzlich oder fahrlässig den Bestimmungen des § 2 in Verbindung mit*

*§ 3,*
*§ 4 Abs. 1, 2 Satz 1, Absatz 3 Satz 2,*
*§ 5 Satz 1 oder 3,*
*§ 6 Abs. 2,*
*§§ 7, 8 Abs. 1 Satz 1 oder 2, Absatz 2 Satz 2, Absatz 3,*
*§§ 9, 10 Abs. 1, 3, 4 oder 5,*
*§ 12 Abs. 1 Satz 1,*
*§ 13,*
*§ 14 Abs. 1, 2 Satz 2,*
*§ 15 Abs. 1,*
*§ 16 Abs. 1 Satz 1 oder 3, Absatz 3, 4 oder 6,*
*§ 17,*
*§§ 18, 19, 20 Abs. 1 Satz 2, Absatz 2, 3 Satz 1, Absatz 4,*
*§ 21 Abs. 1 bis 3, Absatz 4 Satz 2,*
*§§ 22, 24, 25 Abs. 1, 3 Satz 2,*
*§ 26 Abs. 1, 3 oder 5*
*oder*
*§ 27*
*zuwiderhandelt.*

## V. Inkrafttreten

*Inkrafttreten*

*§ 29. Diese Unfallverhütungsvorschrift tritt am 1. 10. 90 in Kraft. Gleichzeitig tritt die Unfallverhütungsvorschrift „Bewachung“ (VBG 68) vom 1. Mai 1964 außer Kraft.*

*Genehmigung*

Die vorstehende Unfallverhütungsvorschrift „Wach- und Sicherungsdienste" (VBG 68) wird genehmigt.

Bonn, den 6. September 1990
Az.: III b2-34583-1(1)-34124-2

Der Bundesminister für Arbeit
und Sozialordnung

Im Auftrag

(Siegel) (gez. Weinmann)

Veröffentlicht im Bundesanzeiger Nr. 182 vom 27. 9. 1990

# Literatur


Bauer, Regina, Werkschutz, Heidelberg 1985

Beck, Walter/Obergfell, Heinz, Mechanische Sicherungstechnik, Stuttgart 1990

Britsch, Werner/Königseder, Franz Xaver, Die IHK-Prüfung Geprüfte Werkschutzfachkraft, Bd. 1, 2. Auflage, Stuttgart 1990; Bd. 2, Stuttgart 1989

Britsch, Werner/Königseder, Franz Xaver, Vorschriftensammlung für den Werkschutz und private Sicherheitsdienste, 2. Auflage, Stuttgart 1989

Bundesverband der Hersteller- und Errichterfirmen von Sicherheitssystemen e. V. (Hrsg.), Aspekte der Sicherungstechnik, Heidelberg 1989

Ebert, Frank, Lehrbuch für den Werkschutz und andere private Sicherheitseinrichtungen – Recht, Stuttgart 1990

Egli, Heinz, Grundformen der Wirtschaftskriminalität, Heidelberg 1985

Freitag, Ernst/Thomas, Udo, Handbuch Geld- und Werttransport, Heidelberg 1988

Handbuch betrieblicher Katastrophenschutz einschl. Gebäuderäumung, Heidelberg 1983

Handbuch Werksanalyse, 2. Auflage, Heidelberg 1983

Isterling, Fritz (Hrsg.), Handbuch Betrieblicher Brandschutz, Heidelberg 1988

Kühn, R./Birett, K., Gefahrgut-Schlüssel, 14. Auflage, Landsberg 1991

Pohl, Georg/Stüllenberg, Klaus (Hrsg.), Werkschutz ABC, Heidelberg 1991

Riester, Albert, Leitfaden für den Ermittlungsdienst im Werkschutz, 2. Auflage, Heidelberg 1989

Riester, Albert (Hrsg.), Rechtskundlicher Leitfaden für den Werkschutz, 3. Auflage, Heidelberg 1985

Schiffl, Peter, Elektronische Sicherungstechnik, Stuttgart 1988

Siemens, Eilert, Handbuch Sicherungstechnik, Heidelberg 1985

Stüllenberg, Klaus/Fox, Dieter, Personenschutz, Stuttgart 1990

Tuck, Jay/Liebl Karlhans (Hrsg.), Direktorat T, Industriespionage des Ostens, Heidelberg 1988

Winkler, Karlheinz, Das Sicherheitsrisiko in Betrieben der deutschen Wirtschaft, Köln 1980

# Sachverzeichnis

# Autoren

*Werner Britsch*, Dr. jur., geb. 1943. Studium der Rechtswissenschaft; Verwaltungsbeamter im höheren Dienst; Sicherheitsbevollmächtigter eines Großunternehmens; Rechtsanwalt. Mitglied des Vorstandes des Verbandes für Sicherheit in der Wirtschaft Baden-Württemberg e. V. Stuttgart; Leiter des Instituts für Sicherheitsforschung e. V., München; Vorsitzender eines IHK-Prüfungsausschusses „Geprüfte Werkschutz-Fachkraft"; Stellv. Vorsitzender des Ausschusses für Sicherheitsfragen beim Bundesverband der Deutschen Industrie e. V. (BDI), Köln.

*Walter Bühler*, geb. 1939. Lehre als Werkzeugmacher; 6 Jahre uniformierte und 6 Jahre Kriminalpolizei; seit 1970 in der Industrie tätig mit den Aufgaben Ermittlungsdienst, Notfallplanung; Werkschutzleiter; Leiter der Abteilung Informationssicherung; Programmleiter Informationssicherung.

*Peter Bueß*, geb. 1958. Studium der Rechtswissenschaft; seit 1982 Tätigkeit im Werkschutz bei der Höchst AG; Mitglied eines IHK-Prüfungsausschusses „Geprüfte Werkschutz-Fachkraft", Vorsitzender eines Prüfungsausschusses „Werkschutzmeister/in".

*Hans Hermann Eberstein*, Dr. jur., geb. 1920. Studium der Rechtswissenschaft; Anwaltstätigkeit; seit 1956 beim Bundesverband der Deutschen Industrie als Referent tätig, dann Leiter der Rechtsabteilung; seit 1975 Leiter der Abt. Öffentliches Auftragswesen / Verteidigungswirtschaft und Stellvertreter des Leiters der Hauptabteilung II. Seit April 1985 pensioniert.

*Herbert Ehses*, geb. 1952. Nach Ausbildungs- und Öffentlichkeitsarbeit im Zivilschutz als Ausbildungsleiter eines führenden Unternehmens der Sicherheitsbranche tätig; seit 1985 Werkschutzleiter eines Unternehmens in der Elektroindustrie; Mitglied eines IHK-Prüfungsausschusses.

*Franz Xaver Königseder*, geb. 1947. Studium der Rechtswissenschaft; Rechtsanwalt; Leiter des Instituts für Sicherheitsforschung e. V., München; Geschäftsführer des Bildungszentrums für Sicherheit in der Wirtschaft GmbH, München.

*Rudolf Luhr*, Dr. phil., geb. 1946, Diplom-Psychologe.

*Walter A. Penka*, geb. 1924. Seit 1961 in der Elektroindustrie in den Bereichen Planung / Kontrolle und Sicherheitswesen in leitenden Funktionen.

*Albert K. Riester*, Dr. rer. pol., geb. 1916. Studium der Wirtschaftswissenschaft, Rechtswissenschaft und Zeitungswissenschaft; Redakteur; Pressereferent im Innenministerium Baden-Württemberg; 24 Jahre Sicherheitsbevollmächtigter eines Großunternehmens; 16 Jahre Vorsitzender der Landesstelle für Betriebsschutz e. V. (Verband für Sicherheit in der Wirtschaft Baden-Württemberg e. V.), Stuttgart.

*Ferdinand Scheckenbach*, geb. 1918. Studium der Betriebswirtschaftslehre; 1949 bis 1981 bei Fa. Siemens tätig, zuletzt als Kaufmännischer Leiter eines Werkes in Berlin; seit 1981 Lehrbeauftragter.

*Kurt Schwitzer*, geb. 1930. Kaufmännische Ausbildung; 1954 bis 1972 Innenministerium Nordrhein-Westfalen; seit 1973 Leiter Zentralabteilung Sicherheit der deutschen Philips-Organisation; 1. Vorsitzender Verband für Sicherheit in der Wirtschaft Norddeutschland e. V.; Vorsitzender eines IHK-Prüfungsausschusses.

*Eilert Siemens*, Dipl.-Ingenieur, geb. 1936. Studium Maschinenbau u. Elektrotechnik; Leiter der Hauptabt. Technische Dienste u. Sicherheit der Siemens AG, Berlin; stv. Vors. des Arbeitskreises für Sicherheit in der Wirtschaft b. d. IHK Berlin.

*Wilhelm Siemon*, geb. 1935. Nach Dienst im Bundesgrenzschutz und in der Bundeswehr Studium der Betriebswirtschaft; Geprüfte Fachkraft Werkschutz; Fachkraft für Arbeitssicherheit; Führungsausbildung an der Staatlichen Feuerwehrschule Würzburg und Regenburg; Prüfung nach der Ausbildereignungsverordnung; Leiter der Allgemeinen Verwaltung der TA Triumph-Adler AG; Mitglied einer IHK-Prüfungskommission.

*Fritz Stiebitz*, geb. 1910. Studium u. a. der Psychologie an der Universität Leipzig; sächsischer Schuldienst; ab 1947 Polizeischuldienst in Düsseldorf, dann im Polizei-Institut Hiltrup, Einführung der Praktischen Psychologie in die Ausbildung; Oberschulrat a. D.; seit 1958 beratende und lehrende Tätigkeit im Werkschutz.

*Thomas Winkler*, geb. 1947. Militärpolizeidienst; ab 1979 Geheimschutz, Objektschutz bei MBB, Ottobrunn; seit 1984 stellvertretender Hauptsicherheitsbevollmächtigter des MBB-Konzerns bei der Geschäftsführung.